Das Kapital der Bildung

Historische Bildungsforschung

herausgegeben von
Patrick Bühler, Lucien Criblez,
Claudia Crotti und
Andreas Hoffmann-Ocon

Band 13

Michael Geiss

Das Kapital der Bildung

Pädagogische Ambitionen in der Schweizer Privatwirtschaft im 20. Jahrhundert

Die Druckvorstufe dieser Publikation wurde vom Schweizerischen Nationalfonds zur Förderung der wissenschaftlichen Forschung unterstützt.

Informationen zum Verlagsprogramm:
www.chronos-verlag.ch

Umschlagbild: «Ausschnitt aus dem Lehrlingsunterricht»; Lehrer erklärt den Lernenden die Vorteile einer Bankkarte (SOZARCH, F 5062-Fb-014).

© 2023 Chronos Verlag, Zürich
Print: 978-3-0340-1713-8

Für Frieda und Walter Kämpfert

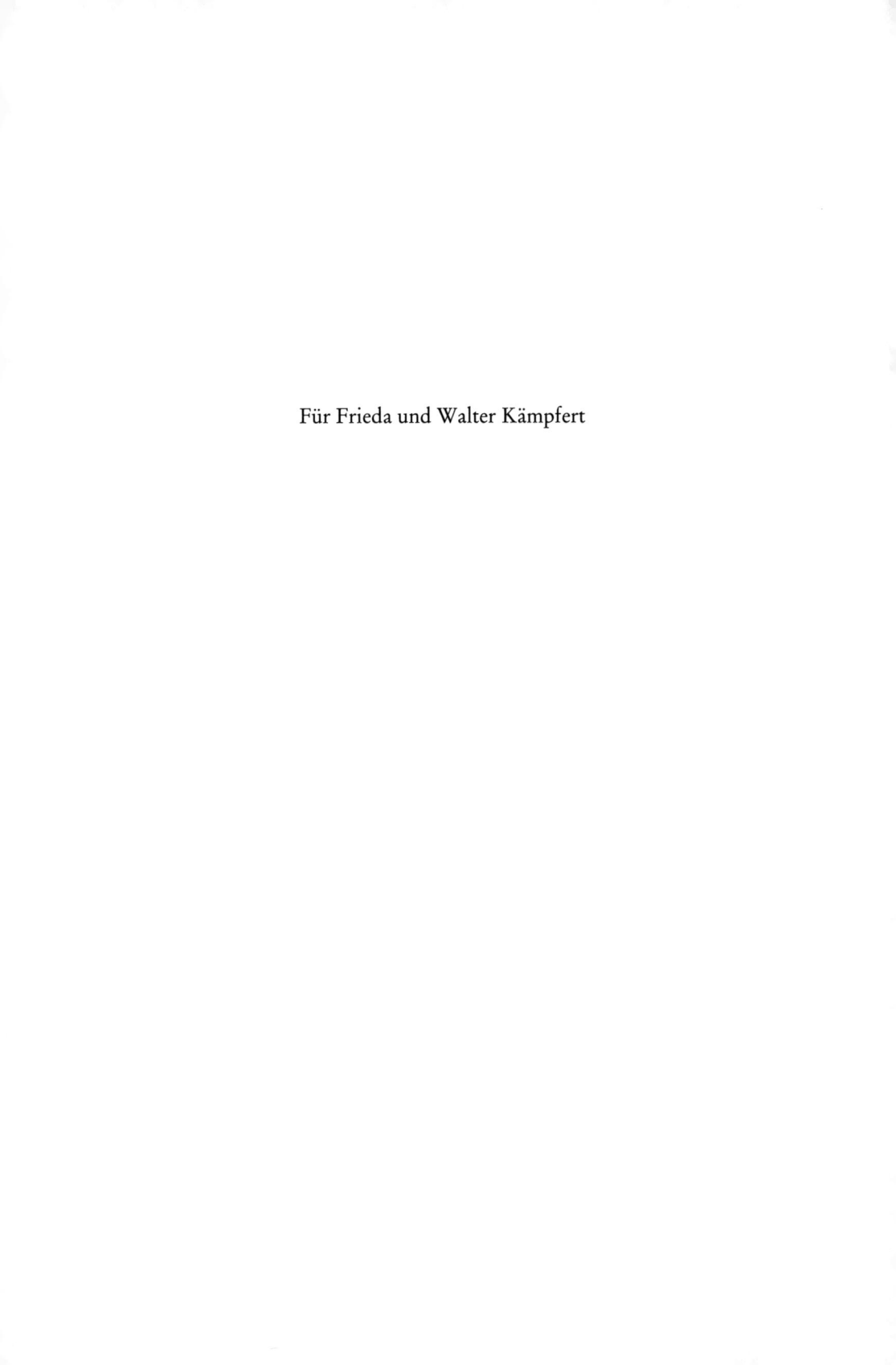

Inhalt

1	Einleitung	11
1.1	Forschungsstand	14
1.2	Pädagogische Ambitionen als historischer Gegenstand	22
1.3	Methodische Überlegungen und Quellenkorpus	26
1.4	Vorgehen	29
2	Ausbildung und Ausbeutung	37
2.1	Nachwuchssorgen	38
2.2	Lehrwerkstätten und schwarze Listen	44
2.3	Patronage	48
2.4	Gewerbepolitik und Regierungshandeln	55
2.5	Industrie versus Handwerk	62
3	Integration	69
3.1	Berufsqualifikation und Industriefürsorge	69
3.2	Köpfe mit Charakter	74
3.3	Selbstdisziplinierung der Arbeitgeber	79
3.4	Die Koordination des Arbeitskräftebedarfs	84
4	Nationale Wirtschaft	91
4.1	Konsumerziehung	92
4.2	Der Weg in die Schulen	101
4.3	Die Grenzen der Zusammenarbeit	106
4.4	Konsolidierung und Ausbau	110
5	Kaderbildung	113
5.1	Karrierelust und jugendlicher Eifer	114
5.2	Die Qualifikation der Erwachsenen	119
5.3	Ein eigenes Institut	124
5.4	In der Krise	128
6	Erfahrung und Efficiency	135
6.1	Von den Grossen lernen	137
6.2	Erfahrungsaustausch und Wissenstransfer	142
6.3	Bessere Geschäfte	151

7	Menschenführung	161
7.1	Soziale Kompetenz und beruflicher Ehrgeiz	162
7.2	Die Erziehung der Leistungsgemeinschaft	164
7.3	Gesinnungsarbeit	172
8	Der Mangel an Fachkraft	183
8.1	Ordnung und Arbeit	184
8.2	Personalnot	188
8.3	Die Stunde des Delegierten	196
8.4	Eine Gesetzesrevision	207
9	Berufs- und Geschäftsfrauen	211
9.1	Frauenarbeit als Mütterarbeit	212
9.2	Die Schweizerische Ausstellung für Frauenarbeit 1958	214
9.3	Berufstätige Frauen organisieren sich	219
9.4	Die Geschlechterordnung der Berufsbildung	225
10	Die Zivilisierung des Unternehmers	235
10.1	Eine Verschwörung	236
10.2	Wirtschaftsfreiheit als Erziehungsmaxime	240
10.3	Kärrnerarbeit	244
10.4	Das Betriebspädagogische Institut	247
10.5	Breitenwirkung und Fundamentalreflexion	251
11	Business Schools	257
11.1	Die Firmen investieren	257
11.2	Eine nationale Alternative	266
11.3	Das Gewerbe zieht nach	271
11.4	Keine Sättigung in Sicht	275
12	Jugend und Wirtschaft	279
12.1	Der ökonomische Sachverstand	280
12.2	Im Bemühen um Verständigung	291
12.3	Lehrmittel und Planspiele	296

13	Alle umschulen?	303
13.1	Durchhalteparolen	304
13.2	Unklare Qualifikationserfordernisse	309
13.3	Weiterbildung als Eigenleistung	320
14	Die Herrschaft der Halbleiter	325
14.1	Neue Technologiepolitik	325
14.2	Computerexpertise	329
14.3	Nachfrage und Entwertung von Qualifikationen	336
14.4	Die Dynamisierung der informatischen Bildung	343
15	Das Kapital der Bildung: ein Resümee	349
Dank		357
Quellen und Literatur		359
	Archive und Dokumentationszentren	359
	Systematisch ausgewertete Periodika	359
	Forschungsliteratur	360

1 Einleitung

Am 4. Juni 1902 trat in Zürich die Belegschaft der Maschinenfabrik Escher, Wyss & Cie. in den Ausstand.[1] Als die Geschäftsleitung die Streikführer nach acht Tagen Arbeitskampf zu einem Gespräch einlud, versuchte der Generaldirektor des Unternehmens, den Konflikt zu entschärfen. Er lobte die Gegenseite für ihren Organisationsgrad und bescheinigte ihr, dass ihn die «Kraftprobe» beeindruckt habe. Zugleich kritisierte er die Streikenden dafür, jegliches Mass verloren zu haben: «Sie sind ziemlich rücksichtslos vorgegangen und ziemlich gleichgültig gegenüber der Firma an und für sich. Es sollte ein gewisser Corpsgeist zwischen Ihnen und uns bestehen. Ich glaube, dass bei uns, wo die Bildung der Arbeiterschaft eine ziemlich gute ist, ein gewisses Verständnis für die Entwicklung der Industrie vorhanden sein sollte».[2]

Dass Krisen und Konflikte in der Privatwirtschaft nach pädagogischen Antworten verlangen, ist keine Selbstverständlichkeit. Und dass sich Unternehmer, Mitglieder des Managements oder Arbeitgeberfunktionäre einen pädagogischen Deutungsrahmen zu eigen machen, ist erklärungsbedürftig. Die vorliegende Untersuchung geht diesem Befund nach. Sie widmet sich der Frage, welche Bedeutung Unternehmerinnen und Unternehmer, Verbandsfunktionäre und andere wirtschaftsnahe Personengruppen der beruflichen Aus- und Weiterbildung, der ökonomischen Erziehung und Aufklärung oder der Selbstbildung im 20. Jahrhundert zuschrieben.

Das Buch zielt also *nicht* auf eine Stärkung ökonomischer Perspektiven auf Bildung und Erziehung.[3] Vielmehr wird im Folgenden anhand eines unwahrscheinlichen Falls gezeigt, dass hochindustrialisierte Gesellschaften im 20. Jahrhundert von Deutungsfiguren durchdrungen waren, die in Erziehung und Bildung eine selbstverständliche Antwort auf diagnostizierte Krisen sahen. Dies galt in der Schweiz selbst für die Wirtschaftsverbände und Unternehmen.[4]

---

1 Aufruf des Giesserfachvereins an die Genossen vom 5. Juni 1902 (StadtA ZH, VII.419.:7.6.1.1); Tages-Anzeiger vom 10. Juni 1902; Zürcherische Freitagszeitung vom 13. Juni 1902.
2 Protokoll der Sitzung der Direktion der A-G. Escher, Wyss & Cie. mit der Arbeiterkommission E. W. Cie, im Beisein des Bureaus der Streikkommission vom 11. Juni 1902, o. P. (StadtA ZH, VII.419.:7.6.1.1).
3 Siehe zur Geschichte der Bildungsökonomie und Humankapitaltheorie Bernet, Gugerli 2011; Geiss 2015; Teixeira 2020.
4 Für diesen Zugang gibt es in der historischen Bildungsforschung bisher nur wenige Anknüpfungspunkte. Siehe aber Carla Groppes explizit erziehungs-, bildungs- und soziali-

Ausgangspunkt dieser Arbeit ist Johannes Bellmanns Diagnose einer unzureichenden erziehungswissenschaftlichen Analyse ökonomischer Zusammenhänge.[5] Während Bellmann dafür plädiert, ökonomische Bedingungen nicht nur als Kontexte pädagogischen Handelns stärker zu berücksichtigen, sondern sie als ein «internes Konstitutionsmoment»[6] von Bildung zu verstehen, versuche ich im Folgenden zu zeigen, dass ausufernde Bildungs- und Erziehungsambitionen auch dort anzutreffen waren, wo staatliche, gemeinwohlorientierte oder – im engeren Sinne – pädagogische Akteure deutlich seltener auftraten als im öffentlichen Bildungswesen: nämlich in den Unternehmen, Branchen-, Berufs- und Arbeitgeberverbänden.

Die Privatwirtschaft dient hier also als ein unwahrscheinlicher Fall pädagogischer «Entgrenzung».[7] Die historische Analyse folgt den konkreten pädagogischen Ambitionen von Personen oder Personengruppen, die sich selbst aufseiten der Privatwirtschaft positionierten beziehungsweise als deren Fürsprecher auftraten. Der Wandel des Verhältnisses von Wirtschaft und Gesellschaft, der sich im Bildungs- und Erziehungsehrgeiz arbeitgeber- oder wirtschaftsnaher Akteure offenbart, muss dabei als ein konfliktbehafteter, vielgestaltiger und zukunftsoffener Prozess gelesen werden, wobei den innerwirtschaftlichen Rationalitäten und Problemlagen durchaus Rechnung getragen wird.[8]

Als Fallbeispiel der historischen Untersuchung dient die Schweizer Privatwirtschaft im 20. Jahrhundert.[9] Dabei werden sowohl die Positionen der grossen Unternehmen als auch die der kleinen und mittelgrossen Betriebe und ihrer Interessensverbände berücksichtigt. Im Gegensatz zum schweizerischen Kleingewerbe positionierten sich die Industrieunternehmen dieser kleinen Volkswirtschaft auf einem internationalen Markt. In einem wohlhabenden Land in der Mitte Europas mit einem sehr beschränkten Binnenmarkt galt es als konstitutiv, dass der Zugang zum Weltmarkt stets offengehalten wurde. Eine funktionierende schweizerische Exportwirtschaft schien von der fortlaufenden Entwicklung marktgängiger Produkte und förderlichen politischen Bedingungen

---

sationstheoretisch ausgerichtete Arbeiten zur Geschichte des deutschen Wirtschaftsbürgertums: Groppe 2004, S. 17–35; Groppe 2018, S. 5–18.
5   Bellmann 2001a; Bellmann 2001b; Bellmann 2016.
6   Bellmann 2001a, S. 236.
7   Heise 2002.
8   Ich orientiere mich dabei an der jüngeren Wirtschaftssoziologie. Vgl. Beckert 2009.
9   Die Deutschschweiz ist in dieser Arbeit überrepräsentiert, was in der Auswahl der mir zugänglichen Quellenbestände begründet liegt. Es wäre eine eigene Untersuchung wert, die Unterschiede zwischen der deutschsprachigen und der lateinischen Schweiz herauszuarbeiten. Die thematisch verwandten Arbeiten von Jaun (1986) und Leimgruber (2001) liefern hierfür erste Anhaltspunkte.

im Innern genauso abhängig zu sein wie von guten Kenntnissen potenzieller Absatzmärkte und möglichst wenigen Handelsschranken.[10]
Der Politologe Peter Katzenstein hat aber gezeigt, dass sich kleine exportorientierte Volkswirtschaften wie die Schweiz im gleichen Zug stark nach innen integrierten.[11] Das Instrument zur Integration nach Innen war in der Schweiz die Verhandlung zwischen verschiedenen Interessengruppen in den Grenzen des Nationalstaats. Dies schloss eine Rezeption der Entwicklungen in anderen Ländern oder Weltregionen durchaus mit ein. Die internationalen Trends wurden aber in der Regel so umgedeutet, dass sie zu den nationalen, sektoralen und mitunter auch zu den regionalen Strukturen und Selbstverständnissen von Industrie, Handel und Gewerbe passten.[12]
Im Folgenden wird argumentiert, dass sich die vielgestaltigen pädagogischen Ambitionen in der Privatwirtschaft nicht allein durch die zunehmende gesellschaftliche und wirtschaftliche Bedeutung von Wissen, Innovation und Qualifikation erklären lassen. Vielmehr findet sich bei denjenigen wirtschaftlichen Akteuren, die im Zentrum dieser Arbeit stehen, ein viel ambitionierteres pädagogisches Programm, das neben beruflicher Aus- und Weiterbildung auch hehre Bildungsideale und manifeste Erziehungsabsichten umfasste.
Der pädagogische Aktivismus der Unternehmensvertreter und anderer Funktionsgruppen in der Privatwirtschaft war in der Regel eine Reaktion auf virulente Krisendiagnosen. Sowohl in der Industrie als auch im Handwerk, später selbst im Bankwesen wurde die Kontingenz der jeweiligen Organisation des Wirtschaftslebens durchgängig – und durchaus offensiv – reflektiert. Was jeweils als Krise erlebt wurde, änderte sich jedoch im Verlauf des 20. Jahrhunderts. Zunächst sahen sich Bürgertum, Arbeitgeber und konservative Kreise durch das Erstarken der Arbeiterbewegung, durch die öffentliche Präsenz linker Parteien und Gewerkschaften und vor allem durch die Oktoberrevolution und den nationalen Landesstreik herausgefordert.[13] Liessen sich diese Streiks und Proteste noch als Angriffe interpretieren, erschütterten die Folgen der Weltwirtschaftskrise, aber auch die lange Phase der Hochkonjunktur nach dem Ende des Zweiten Weltkriegs, die mit einem bedrohlichen Personalmangel einherging,[14] oder der wirtschaftliche Strukturwandel seit den 1970er-Jahren das Vertrauen in die Selbstheilungskräfte des Marktes und den Eigenwert des freien Unternehmertums. Die Krisen schienen auf einmal hausgemacht zu sein. Auf

10 Müller 2012.
11 Katzenstein 1993; Katzenstein 2003.
12 Siehe zur Bedeutung der Verbände in der Schweiz Hürlimann, Mach, Rathmann-Lutz, Schaufelbuehl 2016; Farago, Kriesi 1986.
13 Hodel 1994, S. 20 f.; Rossfeld 2018.
14 Dazu Jakob Tanner: «Und auch eine Hochkonjunktur treibt Menschen in Existenzängste». Vgl. Tanner 2014, S. 163.

diese äusseren und inneren Bedrohungsszenarien wurde in der Schweiz jeweils auch pädagogisch reagiert – diskursiv wie praktis ch.

1.1 Forschungsstand

In der historischen Forschung fristen berufliche Bildung, ökonomische Aufklärung und Erziehung oder die betriebliche Weiterbildung insgesamt ein Nischendasein.[15] Auch die Wirtschafts- und Unternehmensgeschichte berücksichtigt pädagogische Fragestellungen eher selten. Aus historischer Perspektive wurde das Verhältnis von Bildung, Erziehung und Wirtschaft bisher vor allem in drei Forschungsbereichen untersucht: Erstens in der äusserst differenzierten Sozial- und Wirtschaftsgeschichte (A), zweitens in der historischen Bildungsforschung (B) und drittens in der Geschlechtergeschichte (C). In jedem dieser Felder gibt es wichtige Vorarbeiten, auf die die vorliegende Untersuchung aufbaut.
(A) Aus einer wirtschaftshistorischen Perspektive ist relativ unbestritten, dass die Ansprüche an die Aus- und Weiterbildung der Arbeitnehmerschaft massiv gestiegen sind und Wissen als Faktor unternehmerischen Handelns seit dem 19. Jahrhundert deutlich wichtiger geworden ist.[16] Dass qualifizierte Mitarbeiterinnen und Mitarbeiter[17] für die Unternehmen an Bedeutung gewonnen haben, ist auch für die Schweiz bereits wiederholt nachgewiesen worden.[18] Aus- und Weiterbildung, Wissen oder Innovation gelten für diesen Zeitraum als zentrale Momente individuellen und unternehmerischen wirtschaftlichen Erfolgs. Eine entsprechende Bedeutung wird in der Literatur zur Schweiz den technischen Schulen und Hochschulen zugeschrieben.[19]

---

15 Vgl. für die englischsprachige Literatur Freeman, Kirke 2017. Dasselbe Ergebnis zeigen entsprechende Suchanfragen in der International Bibliography of History of Education and Children's Literature, der FIS Bildung Literaturdatenbank und der UK History of Education Society's Online Bibliography. Einen umfassenden europäischen Überblick zur aktuellen historischen Forschung im Bereich der Berufsbildung bieten Berner, Gonon 2016.
16 Pierenkemper 2015, S. 62–70; Vogel 2004.
17 Wo sowohl Frauen als auch Männer gemeint sind, werden in dieser Arbeit beide Geschlechter genannt. Wenn davon auszugehen ist, dass aller Wahrscheinlichkeit nach nur Männer Teil der bezeichneten Akteursgruppe sind, findet die männliche Form Verwendung. Wo allein Frauen als Akteurinnen oder als Adressatinnen auftreten, wird die weibliche Form benutzt. Bei Wendungen wie «Arbeitgeber» oder «Arbeiterschaft» wird weiterhin die männliche Form verwendet.
18 Sacchi, Salvisberg, Buchmann 2005; Sheldon 2008.
19 Gugerli, Tanner 2012; Gugerli, Kupper, Speich Chassé 2005.

Besonders die sozialhistorische Angestelltenforschung, aber auch die Unternehmensgeschichte hat sich mit der Ausbildung von Lehrlingen oder der betrieblichen Bedeutung von Wissen und Bildungszertifikaten beschäftigt. Die Situation der Angestelltenschaft, des kaufmännischen und technischen Personals in den Büros der Industrie, des Handels, der Banken und Versicherungen wurde im 20. Jahrhundert in mehreren Konjunkturen beforscht, so auch seitens der Geschichtswissenschaft in der Schweiz.[20] Anhand der Arbeiter- und Angestelltengeschichte lässt sich gut zeigen, wie der Konflikt von Kapital und Arbeit die Machtverhältnisse innerhalb der Unternehmen strukturierte. Bildung war hier nicht allein ein Instrument zur Bindung und Qualifizierung der Arbeiterschaft, sondern für die Angestellten auch eine Möglichkeit, innerhalb der zunehmend differenzierten Unternehmen aufzusteigen. Neben den Antagonismus von Arbeiterschaft und Management traten dabei die Partialinteressen der verschiedenen Berufsgruppen, etwa die unterschiedlichen Rekrutierungspools und Laufbahnen kaufmännisch und technisch gebildeter Angestellter. Aus- und Weiterbildung waren in diesem Zusammenhang Mittel im Kampf um bessere Positionen. Für die Berufsvereinigungen stand die Qualifikation der eigenen Klientel damit häufig im Zentrum der Auseinandersetzungen um bessere berufliche Bedingungen der Verbandsmitglieder. Und nicht zuletzt kann vor allem für die kaufmännischen Angestellten belegt werden, wie hier innerhalb des Berufsstandes Konflikte zwischen den Geschlechtern immer auch Kämpfe um Bildungsoptionen, Karrieren und Einfluss in der Arbeitswelt bedeuteten. Mit den angestellten Werkmeistern existierte zudem eine Gruppe in den Industrieunternehmen, die der Arbeiterschaft vorgesetzt war, damit aber auch die Konflikte gegenüber den gehobenen Kadern abzufedern hatte.[21]
Ein Versuch der Produktivitätssteigerung und gleichzeitigen Harmonisierung der betrieblichen Verhältnisse war in den ersten Jahrzehnten des 20. Jahrhunderts die sogenannte Rationalisierung. Sowohl vonseiten der Gewerkschaften als auch der Firmenleitungen schien die wissenschaftliche Durchdringung der Produktionsabläufe verheissungsvoll zu sein. Die Arbeitervertretungen wiederum erhofften sich durch Effizienzsteigerungen Lohnzuwächse und Arbeitszeitreduktion; das Management in den Unternehmen sah viel Potenzial für eine höhere Produktivität. Der Taylorismus, der zur Chiffre zahlreicher Versuche der Rationalisierung werden sollte, hatte immer auch eine pädagogische Komponente. Er setzte die Schulung derjenigen Teile der Belegschaft voraus, die die verbesserten Abläufe zu beaufsichtigen hatten. Rezeption und Praxis des Taylorismus und anderer Rationalisierungsmethoden sind sowohl für die

20 König 1997.
21 König 1990; König, Siegrist, Vetterli 1985.

deutschsprachige Schweiz als auch für die Romandie bereits eingehend untersucht worden.[22]

Die Forschung zu Rationalisierung und Taylorismus zeigt zudem auf, wie sehr sich die grösseren Betriebe in der Schweiz Anfang des 20. Jahrhunderts bereits vom Typus eines paternalistisch geführten Betriebs hin zu einem Managementunternehmen gewandelt hatten. Da die Führungskräfte und die Mitglieder der Geschäftsleitungen sich nun aber über besondere Qualifikationen legitimieren mussten und die bisherigen ungesteuerten Bildungswege nicht mehr auszureichen schienen, wuchsen auch die Ansprüche an die Ausbildung der Unternehmenskader.[23] Die Vorgeschichte der formalisierten *management education* und dann der international orientierten Business Schools ist sowohl international als auch zum Teil für die Schweiz bereits untersucht worden. In der Wirtschaftsgeschichte existiert spätestens seit Chandlers Arbeiten zur Entstehung moderner Managementstrukturen in den Unternehmungen ein ganzer Zweig, der sich intensiv mit der Frage beschäftigt, wie die nationalen Unterschiede in der Organisation der Führungskräftebildung zu erklären sein könnten.[24] Insgesamt finden sich drei verschiedene Ansätze in der Literatur zur Geschichte der *management education*: der erste stellt auf das funktionale Bedürfnis ab, in den wachsenden Unternehmen mit erhöhtem Koordinations- und Kontrollbedarf sowie stärkeren Rechenschaftspflichten das entsprechende Führungspersonal vorzuhalten. In einer zweiten Lesart werden die unterschiedlichen kulturellen Traditionen betont, aus denen dann bereits im 19. Jahrhundert spezifische institutionelle Arrangements hervorgingen, die auch im folgenden Jahrhundert die nationalen Lösungen für eine Managementausbildung bestimmten. Dem wirkten auch Internationalisierungsschübe wie der Taylorismus oder die an den Vorbildern aus den USA angelehnten Business Schools, die im Zuge des Wiederaufbaus nach Ende des Zweiten Weltkriegs in Europa Fuss fassten, nur bedingt entgegen. In einer dritten Variante werden hingegen die Interessen der Berufsverbände, eine aussichtsreiche Startposition für die eigene Klientel zu garantieren und entsprechend auf die Ausgestaltung der Führungskräftebildung hinzuwirken, betont.[25] Die Schweiz ist ein interessanter Fall für diese Zusammenhänge, da sie einerseits eine starke Orientierung an amerikanischen Vorbildern sowohl in den 1920er-Jahren als auch nach 1945 kennt, andererseits aber ein Land ist, das starke Berufsverbände und selbstbewusste Institutionen zur Ausbildung technischer und kaufmännischer Kader vorweisen kann. Die erste eigenständige Business School Europas nach amerikanischem Vorbild

22 Jaun 1986; Leimgruber 2001.
23 Siegrist 1981.
24 John 1997; Amdam, Kvålshaugen, Larsen 2003.
25 Whitley 1980; van Baalen, Karsten 2010; Locke 1998.

entstand in der Schweiz, was in der vergleichenden Literatur immer wieder gewürdigt, wenn auch in der Regel nicht weiter diskutiert wird.[26]
Ein zentraler Kontext für die Ausgestaltung der Managementausbildung ist die schweizerische Struktur der grossen Wirtschaftsverbände, über die sich die verschiedenen einflussreichen Stakeholder koordinieren und den staatlichen Akteuren als Verhandlungspartner gegenübertreten konnten. Die jüngere, historisch interessierte soziologische Forschung zu den Schweizer Wirtschaftseliten hat dabei gerade der Rekrutierung und Qualifikation der Verbandsfunktionäre und Unternehmensvorstände besondere Beachtung geschenkt und diese über das 20. Jahrhundert nachvollzogen. Dabei ist auffallend, wie national selbst die exportorientierten Unternehmen der Schweiz hinsichtlich ihres Toppersonals lange Zeit aufgestellt waren und dass Frauen in den Spitzenverbänden und den betrieblichen Leitungsfunktionen der grossen Firmen nicht vorkamen. Ausserdem wird hier abermals ersichtlich, wie stark die schweizerische Wirtschaft noch im 20. Jahrhundert nach innen integriert und verflochten war. Dieser nationale Fokus auch der Spitzenfunktionäre, Unternehmer und Topmanager ist für die vorliegende Arbeit entsprechend zu berücksichtigen.[27]
Führungskräfteschulungen hatten neben einer Qualifikations- und Legitimations- immer eine – mindestens latente – Erziehungsfunktion, auch wenn das in den bisher vorliegenden historischen Untersuchungen zumeist eher am Rande thematisiert wird. Viel stärker wurden pädagogische Ambitionen in der Forschung berücksichtigt, wo Unternehmer, zivilgesellschaftliche Gruppen wie Frauenverbände, Wirtschaftsberater oder Verbandsfunktionäre versucht hatten, die Arbeiterschaft oder gleich die gesamte Bevölkerung zu erziehen. Besonders die Konsumgeschichte hat diesen pädagogischen Aspekten ihres Gegenstands bereits Beachtung geschenkt.[28] Fürsorge- und Wohlfahrtsmassnahmen und umfassende Kampagnen zur Konsumerziehung sind auch für die Schweiz vereinzelt untersucht worden, woran im Folgenden angeschlossen wird.[29] Umfassender wurden die verschiedenen Anstrengungen zur ökonomischen Erziehung für Deutschland erforscht.[30] Die in diesem Zusammenhang vorliegenden Arbeiten sind ein wichtiger Ausgangspunkt auch für die vorliegende Untersuchung, die sich neben eher formalen Qualifikationserwartungen in der Privatwirtschaft eben auch umfassenden Erziehungsprogrammen annehmen wird.

26 Siehe aber David, Schaufelbuehl 2015.
27 Mach, David, Ginalski, Bühlmann 2017; David, Ginalski, Rebmann, Schnyder 2009; Bühlmann, David, Mach 2012a, b.
28 Aléx 1999; Chessel 2002.
29 Tanner 1999; Oberer 1990.
30 Mass 2018.

(B) Nach einer kurzen Aufwertung der Berufsbildungsgeschichte im Kontext einer sozialwissenschaftlich orientierten pädagogischen Historiografie der 1970er- und 1980er-Jahre,[31] war dieses Thema, von einzelnen Qualifikationsarbeiten abgesehen,[32] wieder aus dem Mainstream der historischen Bildungsforschung verschwunden. Relevant sind hier vor allem die Arbeiten zur Geschichte der deutschen Berufsbildung im ersten Drittel des 20. Jahrhunderts, insbesondere zum Verhältnis von Industrie und Handwerk in der Berufsbildungspolitik. Greinert hat gezeigt, dass die deutsche Industrie zunächst wenig Interesse an Ausbildungsfragen hatte und die gewerblichen Akteure hier ihre Ziele durchzusetzen wussten. Diese Situation änderte sich aber in den zwanziger Jahren zugunsten der Industrie. Handwerk und Industrie konkurrierten um die kriegsbedingt knappen Arbeitskräfte und Letztere entwickelte zusehends eigene, attraktivere Ausbildungsangebote. In der Frage, ob die Berufsbildung privatwirtschaftlich oder staatlich organisiert werden solle, waren sich die beiden aber einig. Eine Verstaatlichung kam nicht infrage.[33] Die «Bildungsoffensive der Industrie»[34] im Zeichen des Mangels an qualifizierten Arbeitskräften seit Mitte der 1920er-Jahre hat Schütte eingehend analysiert. Er zeigt auf, dass Qualitätsarbeit und eine entsprechende Qualifizierung der Arbeiterschaft als zentrale Erfolgsfaktoren der deutschen Grossunternehmen galten.[35]

Für die Schweiz sind hingegen gerade in jüngerer Zeit zahlreiche historische Arbeiten entstanden, die sich der beruflichen Bildung annehmen. Besonders die Geschichte der gesetzlichen Regulierung der Berufsbildung ist in mehreren Forschungsprojekten eingehend und umfassend untersucht worden. Dabei wurden die Kantone als «Reformlabore» ins Zentrum gerückt, die viele der späteren bundeseinheitlichen Regulierungen bereits vorwegnahmen.[36] Durch diese Arbeiten werden Darstellungen ergänzt und deutlich relativiert, die vor allem auf die Bundessubventionen seit den 1880er-Jahren und auf das Bundesgesetz von 1930 abstellten, mit dem erstmals eine gesamtschweizerische Regulierung für die Ausbildung in Industrie, Gewerbe und Handel existierte.[37]

Eine andere Linie der Forschung zur Geschichte der beruflichen Bildung in der Schweiz fokussiert nicht zuerst auf die politischen Entwicklungen, sondern rückt die sektoralen Unterschiede in der Privatwirtschaft selbst ins Zentrum. Diese waren etwa selbstverständlicher Ausgangspunkt der älteren Überblicks-

---

31 Greinert 1975; Greinert 1987; Schriewer 1986.
32 Schütte 1992; Körzel 1996; Götzl 2015.
33 Greinert 1975, S. 106–111.
34 Schütte 1992, S. 60.
35 Schütte 1992, S. 61 f.
36 Berner, Ritter 2011; Gonon 2009; Gonon 2012; Bonoli, Berger, Lamamra 2018. Als Überblick auf Grundlage des aktuellen Forschungsstands vgl. Wettstein 2020.
37 Kübler 1986; Späni 2008; Bauder 2008.

literatur zur Geschichte der Berufsbildung in der Schweiz, die den Unterschied von Industrie, kaufmännischen und handwerklichen Berufen durchgehend mitreflektierte.[38] Die Berufsbildung erscheint hier als Teil einer bis ins Mittelalter zurückgreifenden zünftigen Tradition. Die zentrale Auseinandersetzung der Neuzeit ist dann die zwischen Zunftzwang und liberalem Freihandel, ein Konflikt, der in modernisierter Form auch im 20. Jahrhundert die Antworten auf die Frage mitbestimmte, wie die Qualifikation des beruflichen Nachwuchses langfristig und nachhaltig sichergestellt werden sollte. Auch werden in diesem Zusammenhang bereits die unterschiedlichen Bedeutungen sichtbar, die der beruflichen Bildung von den wirtschaftlichen Akteuren zugeschrieben wurden und die weitaus mehr umfassen konnten als eine blosse technische Qualifikation der benötigten Arbeitskräfte.[39]

Während die gegenwärtige international ausgerichtete historische Bildungsforschung Fragen der beruflichen Bildung und ökonomischen Erziehung kaum behandelt, schenkt die vergleichende und historisch argumentierende Politikwissenschaft dem Thema grosse Beachtung. Sie greift in den Arbeiten zur *political economy of skill formation* auf die vorhandene bildungshistorische Forschung zurück und bereitet diese systematisierend auf.[40] Die Organisation der Berufsbildung hat in der Forschung zu den *varieties of capitalism* früh Berücksichtigung gefunden, da sie, zumindest in den sogenannten koordinierten Marktwirtschaften, die verschiedenen Interessengruppen zu einer engeren Zusammenarbeit zwingt.[41] In der politikwissenschaftlichen Literatur werden beide oben bereits skizzierten Facetten der Berufsbildungsorganisation gemeinsam diskutiert: Sowohl die Konfliktlinien zwischen unterschiedlichen Branchen als auch die Bedeutung der politischen Verfasstheit werden ins Feld geführt, um die verschiedenen Ausprägungen kapitalistischer Gesellschaften analytisch fassen zu können.[42] Die Schweiz stellt hier ein Paradebeispiel – oder gar einen Extremfall[43] – für Qualifizierungsregime dar, die die Bereitstellung der benötigten Fähigkeiten und Fertigkeiten kollektiv bewältigen. Dabei wurde die historische Genese der Interessenskoordination zwischen korporativen Akteuren, also Wirtschafts- und Berufsverbänden, Gewerkschaften und staatlichen Behörden besonders berücksichtigt, worauf auch in dieser Arbeit zu achten sein wird. Im Vergleich zu Deutschland ist der Einfluss der schweizerischen Gewerkschaften in der Berufsbildung aber deutlich geringer zu veranschlagen.[44]

38 Mägli 1989; Wettstein 1987.
39 Gonon 1998; Bonoli 2012; Berner, Gonon, Ritter 2011.
40 So etwa die Arbeiten von Greinert 1998 und 2017.
41 Hall, Soskice 2001; Thelen 2007.
42 Busemeyer, Trampusch 2012.
43 Trampusch 2010; Gonon, Maurer 2012.
44 Emmenegger, Graf, Strebel 2019; Bonoli 2019.

Die Gewerkschaften spielen in der jüngeren historischen Bildungsforschung selten überhaupt eine Rolle.[45] Auch in der vorliegenden Arbeit kommen sie nur als Gegenüber der Arbeitgeberorganisationen in den Blick. Kaum berücksichtigt wurden in der Geschichtsschreibung zudem diejenigen, die unmittelbar von den Entwicklungen in der Berufsbildung betroffen waren: die Lehrlinge. Doch widmen sich nun einzelne Arbeiten dieser bis zum ersten Berufsbildungsgesetz von 1930 in der Schweiz äusserst uneinheitlich gehandhabten Kategorie, an der sich zudem gut die unterschiedlichen Ansprüche und Probleme von Industrie und Gewerbe in der beruflichen Bildung nachzeichnen lassen.[46] Der Blick auf die Lehrlinge selbst eröffnet Perspektiven auf die Praxis der Ausbildung des gewerblichen und industriellen Nachwuchses. Anregend und für die Schweiz bisher unzureichend aufgegriffen sind hier auch jüngere Arbeiten zur Berufsbildung in der Industrie, in denen aus einer technik- und kulturgeschichtlichen Perspektive Fotografien als Quellen Verwendung finden.[47]

Auch wenn die Jugendlichen in der vorliegenden historischen Untersuchung nur als Adressatinnen in den Blick kommen, sind die historischen Vorarbeiten zu den Lehrlingen für die Kontextualisierung der verschiedenen Bildungs- und Erziehungsambitionen in der Privatwirtschaft unabdingbar. Besonders die Geschichte der Lehrlingsproteste und ihrer Einhegung durch verschiedene Interessengruppen ist geeignet, auch die sozialgeschichtliche und politische Dimension des Lehrlingswesens auszuleuchten.[48] Die Protestgeschichte zeigt zudem auf, wie im Laufe des 20. Jahrhunderts in der Berufsbildungspolitik neue Akteure tätig wurden, um sich stellvertretend für die Belange dieser prekären Gruppe einzusetzen. Um aber sozialpolitisch und professionell überhaupt tätig werden zu können, musste zunächst einmal eine gesicherte Datengrundlage geschaffen werden. Die Geschichte der Berufsbildungsstatistik zeigt also zugleich auch eine zunehmende öffentliche Sensibilität für die soziale Seite der beruflichen Bildung auf.[49] Eine hinreichende Statistik wurde vor allem von der Berufsberatung gefordert, die sich seit der Jahrhundertwende in rasantem Tempo institutionalisierte und eigene professionelle Standards ausbildete. In der Berufsberatung trafen sich unternehmensfreundliche mit staatlichen oder gewerkschaftlichen Akteuren, die in einer besseren Passung von individueller

---

45 Siehe aber Wolf 2017; die Gewerkschaftsgeschichte hat sich jedoch umgekehrt jüngst wieder den Themen Jugend und Berufsbildung angenommen. Vgl. Andresen 2016; Templin 2013.
46 Berner 2019.
47 Herman, Priem, Thyssen 2017.
48 Berner 2017; Eigenmann, Geiss 2016a, b; Bonoli 2017.
49 Bonoli 2016.

Eignung der Jugendlichen und Berufswahl ein gemeinsames Ziel gefunden hatten.[50]
Insbesondere die Psychotechnik, mit der die Berufsberatung auf eine präzise wissenschaftliche Grundlage gestellt werden sollte und die ebenfalls eine eigene Berufsgruppe hervorbrachte, ist sowohl für die Schweiz als auch international bereits gut erforscht worden.[51] Im Kontext der Forschung zur Geschichte der Verwissenschaftlichung des Sozialen wurde die Psychotechnik als ein frühes Beispiel für die Bedeutungszunahme wissenschaftlicher Experten in verschiedenen Praxisfeldern aufgegriffen.[52]
(C) In den Überblicksarbeiten zur Geschichte der beruflichen Bildung bleibt eine Unterscheidung häufig unberücksichtigt, die die Realitäten in der Schweiz bis heute stark prägt: die zwischen männlichen und weiblichen Jugendlichen oder jungen Erwachsenen. Weder in der Literatur zur politischen Geschichte der Berufsbildung noch in den Arbeiten, die die verschiedenen wirtschaftlichen Traditionen und die Bedeutung von Berufs- und Wirtschaftsverbänden hervorheben, wird besonders berücksichtigt, dass bis weit in die zweite Hälfte des 20. Jahrhunderts hinein in mehrfacher Hinsicht zwischen Frauen- und Männerberufen unterschieden wurde. In der Berufsbildungsstatistik des Bundes wurden nicht nur jeweils «Lehrlinge» und «Lehrtöchter» ausgewiesen, sondern auch die Lehrberufe selbst getrennt nach Geschlechtern dargestellt.[53]
Die zentralen Vorarbeiten zur Geschichte der sogenannten weiblichen Berufsbildung stammen entsprechend aus der geschlechterhistorischen Forschung. Besondere Berücksichtigung hat hier der enge Nexus von beruflicher Qualifikation und Frauenerwerbsarbeit gefunden.[54] Insbesondere beschäftigt sich die historische Genderforschung mit dem Erziehungsaspekt der verschiedenen Formen der Qualifikation zukünftiger Arbeitskräfte, ein Punkt, der auch in der vorliegenden Arbeit aufgegriffen und für beide Geschlechter nachvollzogen wird.[55] Zudem wurden in der Geschlechtergeschichte Konzepte der Ehre und des Ehrverlusts methodisch innovativ auf die Situation und Handlungsoptionen von Lehrmeisterinnen zu Beginn des 20. Jahrhunderts bezogen.[56]

---

50 Bachem 2013a; Bachem 2013b.
51 Berner 2013; Walter-Busch 2006.
52 Gelhard 2012. Daran anschliessend gibt es nun erste Ansätze, die Geschichte des Personalmanagements, die etwa für Deutschland bereits eingehend untersucht worden ist, auch für die Schweiz nachzuvollziehen. Vgl. Bernet 2017; Rosenberger 2008.
53 Die vom Bundesamt für Industrie, Gewerbe und Arbeit erstellten Statistiken wurden jährlich in der Zeitschrift Die Volkswirtschaft publiziert.
54 Barben, Ryter 1988.
55 Mantovani Vögeli 1944.
56 Sutter 1993.

Die geschlechtergeschichtliche Forschung reflektiert viel stärker als andere historische Arbeiten den Zusammenhang von gesellschaftlicher Struktur und Berufsbildung und fragt auch nach dem Verhältnis von privater, beruflicher und öffentlicher Sphäre. Dabei kommen Erziehungserwartungen privatwirtschaftlicher Akteure in den Blick, die nicht nur die Produktionssphäre betrafen, sondern darüber hinaus eine bestimmte Form der Gesellschaftsorganisation garantieren sollten. Dem wird in der vorliegenden Arbeit Rechnung getragen. Besonders deutlich werden diese unterschiedlichen Vorstellungen zur beruflichen Zukunft junger Männer und Frauen in der Berufsberatung, der sich entsprechend einzelne feministisch orientierte Untersuchungen detailliert angenommen haben.[57] In der Geschichte der Beratung von Frauen wird zudem deutlich, welche Rolle diesem Bereich für den geschlechterpolitischen Kampf zukam, bevor dann das Frauenstimmrecht eingeführt wurde.[58]

Die vorliegende Untersuchung folgt der bisherigen historischen Forschung, wo sie sich auf die Positionen der Industrie- und Gewerbeverbände zur beruflichen Aus- und Weiterbildung konzentriert. Die Untersuchung setzt sich aber zugleich von der bestehenden Forschung ab, da sie keine Geschichte der Institutionalisierung der Berufsbildung schreibt oder auf das Verhältnis zwischen staatlichen und privaten Akteuren abstellt, sondern danach fragt, wann und warum den Unternehmerinnen und Unternehmern oder den Verbandsfunktionären pädagogische Lösungen ökonomischer Probleme attraktiv erschienen. Sie erweitert damit das Spektrum der untersuchten pädagogischen Ansätze, die in den Unternehmen und Verbänden diskutiert worden sind, über die blosse berufliche Aus- und Weiterbildung hinaus und situiert die Entwicklungen in der Privatwirtschaft in einem grösseren historischen Kontext, der Geschichte pädagogischer Ambitionen.

1.2 Pädagogische Ambitionen als historischer Gegenstand

Dass sich seit der frühen Neuzeit die Erziehungsansprüche und Bildungsangebote insgesamt stark ausdifferenziert haben, ist in der bildungshistorischen Forschung gut belegt.[59] Im Folgenden werde ich die Expansion des pädagogischen Raums mit dem Konzept der «educational ambitions» zu fassen versuchen. Jeroen Dekker bezeichnet damit alle historisch vorfindlichen Erziehungs- und Bildungsanstrengungen, mit denen das Verhalten nachhaltig und zielgerichtet beeinflusst werden sollte. Er differenziert in diesem Zusammenhang verschie-

---

57 Renold 1998; Angehrn 2015.
58 Angehrn 2019.
59 Dekker 2010; Decker 2022; Bosse 2012.

dene, zum Teil parallel existierende pädagogische Vorhaben, die sich jedoch in ihren Zielen und Methoden beträchtlich unterscheiden konnten.[60]
Pädagogische Ambitionen setzen in einer als krisenhaft erlebten Gegenwart an, um in der Zukunft Effekte zu zeitigen. Sie strukturieren die diskursive Auseinandersetzung mit spezifischen Problemlagen, gehen in der Regel von einer Krisendiagnose aus und enthalten eine Handlungsaufforderung. Dekkers Ansatz hat meines Erachtens seine Stärken darin, dass er a) nicht zwingend auf eine Referenz zur Leitinstitution Schule angewiesen ist, b) Ziele und Mittel pädagogischer Interventionen sichtbar macht und c) sowohl nicht realisierte als auch nachhaltig institutionalisierte Vorhaben zur Bildung und Erziehung unterschiedlicher Adressatengruppen bestimmbar macht. Daran wird im Folgenden angeschlossen.
Um Erziehungs- und Bildungsambitionen in der Privatwirtschaft historisch untersuchen zu können, ist aber nicht nur eine Konzeptualisierung der pädagogischen Anstrengungen notwendig, sondern auch eine theoretische Annäherung an die Besonderheiten wirtschaftlicher Verhältnisse in der Moderne. Die vorliegende Untersuchung verortet sich im Kontext neuerer Ansätze einer Historisierung des Kapitalismus, die Deutungen und Praktiken ins Zentrum stellen.[61] Der «Kapitalismus» kann mit Thomas Welskopp «als dominierender Modus des Wirtschaftens in der Moderne» verstanden werden, «der durch den systematisch projektiven Einsatz von Ressourcen Wirtschaftsaktivitäten auslöst, und zwar im spekulativen Vorgriff auf ein Ergebnis – beziehungsweise in Erwartung eines Ergebnisses –, das den Umfang der eingesetzten Ressourcen übertrifft».[62] Dieser Ansatz ist für die vorliegende Arbeit in zweifacher Hinsicht weiterführend: Er nimmt historische Akteure und die vorübergehende Institutionalisierung bestimmter Praktiken ernst. Und er berücksichtigt den explizit zukunftsbezogenen Charakter wirtschaftlicher Handlungen. Die Akteure handeln in einer kapitalistischen Wirtschaft grundsätzlich unter einer konstitutiven Ungewissheit und werden mit der Kontingenz ihrer Entscheidungen fortlaufend konfrontiert, was die wirtschaftliche Dynamik zu einem guten Teil ausmacht.[63]
Dort, wo das Vertrauen geschwunden ist, Kontingenz regelkonform bewältigen zu können, wird diese im Modus der Krise verhandelt. Krisen sind, so bereits Hansjörg Siegenthaler, nicht einfach objektive Gegebenheiten, sondern müssen, um zum zentralen Handlungskontext zu werden, auch als solche gedeutet werden. Erst durch die «Zuschreibung krisenträchtiger Bedeutung»

---

60 Dekker 2010, S. 33–66.
61 Berghoff, Vogel 2004; Dejung, Dommann, Speich Chassé 2011.
62 Welskopp 2017, S. 88.
63 Siehe dazu grundlegend Beckert 2018.

werden die Handlungen der Akteure so kanalisiert, dass es möglicherweise zu «Situationsdefinitionen mit koordinierender Wirkung» kommt.[64] Dies kann sowohl zu einer Verschärfung der Ausgangslage beitragen als auch den ersten Schritt zur Lösung des Problems bedeuten, je nach Kontext und historischer Konstellation. In jedem Fall führt die Interpretation einer historischen Situation als krisenhaft zu einer Mobilisierung von Ressourcen und einer Restrukturierung des Feldes. Unter dem Eindruck der Krise entstehen neue soziale Zusammenschlüsse oder Kommunikationswege und es werden neue institutionelle Strukturen ausgebildet, die dann restabilisierend wirken, wobei geteilte Erfahrungen, auf die die beteiligten Personen zurückgreifen, diesen Prozess unterstützen mögen.[65]

«Ökonomische Rationalität» erscheint dann aber nicht mehr als realisierter Paradefall von «Rationalität», also nicht als der kalkulierte Einsatz klar bezeichneter Mittel zur Erreichung eines bekannten Ziels, hier der Profitmaximierung. Wirtschaftsunternehmen müssen sich zwar nach aussen als besonders effiziente Organisationen darstellen, können aber intern auch anderen Prozessformen den Vorzug geben. Sie legitimieren ihre Arbeit zugleich durch Bezugnahme auf weitere kulturelle Vorgaben, die in der Umwelt geteilt werden. Diese dürften – zumindest zeitweilig – mitunter sogar wichtiger sein als die eigentlich wettbewerbsrelevanten Bedingungen.[66] Die starke Betonung von Erziehung und Bildung als Instrumente zur Lösung verschiedener Probleme in ganz unterschiedlichen sozialen Feldern wäre etwa ein solcher Kontext, an dem sich auch Unternehmen orientieren können.

Um zu verstehen, welche Bedeutung Bildungs- und Erziehungsambitionen in der Privatwirtschaft im 20. Jahrhundert hatten, sind die Eigenheiten unternehmerischen Handelns gleichzeitig ernst zu nehmen und die Koexistenz ganz unterschiedlicher, nichtökonomischer Kalküle im Wirtschaftsleben nicht zu ignorieren. Die Untersuchung orientiert sich an neueren Ansätzen, die von verschiedenen Ausprägungen einer kapitalistischen Wirtschaft ausgehen und den historischen Prozess betonen, der diese hervorbringt. Dieses Vorgehen bedeutet, die geschichtlichen Akteure in ihren Kenntnissen und beschränkten Sichtweisen ins Zentrum zu rücken. Es unterstellt, «dass der ‹Kapitalismus› eben keine zentrale Steuerung, kein Steuerungsorgan in seinem Zentrum, nicht einmal ein solches Zentrum sein Eigen nennen kann».[67]

Das individuelle Handeln in privatwirtschaftlichen Zusammenhängen ist auf ein gewisses Vertrauen in die Kenntnis der jeweiligen Handlungskontexte angewie-

---

64 Siegenthaler 1993, S. 181.
65 Ebd., S. 182–185.
66 Knoll 2012; Hasse, Krücken 2012.
67 Welskopp 2017, S. 85.

sen. Da im Wirtschaftsleben ständig Entscheidungen prozessiert werden, sollten die Rahmenbedingungen des Handelns relativ stabil und vorhersehbar bleiben. Die Akteure müssen meinen zu wissen, welche Folgen mit der Wahl einer bestimmten Alternative voraussichtlich verbunden sind. Stabiles Wirtschaften setzt voraus, dass sie zumindest den Eindruck haben, das Handlungsgefüge, in dem sie tätig sind, einigermassen zu durchschauen. Erziehungsambitionen und Bildungsinvestitionen von Unternehmen und Wirtschaftsverbänden lassen sich entsprechend in einer ersten Annäherung als Versuch der Stabilisierung von «Entscheidungshorizonten» interpretieren.[68]
Überraschungsarme Handlungskontexte werden zwar überall vorausgesetzt, wo regelmässig Entscheidungen getroffen werden – auch ausserhalb des Wirtschaftslebens. Erst Ungewissheit erzeugt überhaupt Entscheidungsbedarf. In einer kapitalistischen Wirtschaft stellt sich das Problem aber nochmals gesondert, da die Ungewissheit über das Handeln der Konkurrenz und den eigenen Erfolg konstitutiv für das Selbstverständnis privatwirtschaftlicher Akteure ist. Die Frage, wie Unternehmer und andere wirtschaftliche Entscheidungsträger mit dieser Alltagsungewissheit umgehen, hat die wirtschaftswissenschaftliche Literatur entsprechend bereits früh beschäftigt.[69]
Einen anregenden Vorschlag, wie sich wirtschaftliches Handeln unter der Bedingung von Ungewissheit konzeptualisieren lässt, hat der Soziologe Jens Beckert vorgelegt.[70] Beckert geht zunächst davon aus, dass kein Unternehmen längerfristig davon absehen kann, seine Mittel möglichst effizient einzusetzen und auf den eigenen Organisationszweck auszurichten, das heisst also den Profit zu maximieren oder zumindest das Überleben in einem kompetitiven Umfeld zu sichern. Die Vorstände und Führungskräfte wissen aber nicht, welche der unterschiedlichen Möglichkeiten tatsächlich die Position des Unternehmens verbessert. Beckert kritisiert nicht die Annahme, dass den Einzelhandlungen wirtschaftlicher Akteure eine ökonomische Eigenrationalität innewohnt, sondern weist die Vorstellung zurück, dass in individuellen Wahlakten bestimmte Entscheidungen tatsächlich aus einer Präferenzordnung abgeleitet werden können. Die soziologische Frage nach der Entstehung sozialer Ordnung ist dann die Frage nach dem Handeln der Akteure, wenn sie nicht wissen können, was sie tun sollen. Oder anders ausgedrückt: wie die wirtschaftlichen Akteure auf Kontingenz jeweils reagieren. Hierfür rekonstruiert Beckert eine Reihe von Mechanismen, auf die im Wirtschaftsalltag häufig zurückgegriffen wird: Neben Tradition, Gewohnheiten oder Routinen helfen auch Institutionen oder Konventionen, die Komplexität in Entscheidungssituationen zu reduzieren.

---

68 Siegenthaler 1983.
69 Beckert 2013.
70 Beckert 2003.

Moden, das Verhalten der Konkurrenz oder die Einbindung in netzwerkartige Strukturen spuren das jeweils angezeigte Handeln ebenfalls vor.[71]

Ein weiterer Modus, in dem die Unternehmen und Verbände im 20. Jahrhundert auf die neuen Ungewissheiten dynamischer Märkte und strukturellen Wandels reagierten, spielt bei Beckert keine Rolle, steht aber im Zentrum der vorliegenden Untersuchung: die Bedeutung von Bildung, Erziehung, Schulung oder Aufklärung. Investitionen in Aus- und Weiterbildung sind immer eine Wette auf die Zukunft, auch eine Verhandlung über die gewünschte Zukunft. Dasselbe gilt für Programme zur ökonomischen Erziehung. Die Effekte etwa von Bildungsinvestitionen oder ökonomischen Aufklärungskampagnen lassen sich nur schwer überprüfen. Die Erträge pädagogischer Interventionen diffundieren relativ schnell, zerfasern in unterschiedliche Effektfelder, verpuffen häufig oder sind schwer einzelnen Faktoren zuzuordnen. Ausserdem ist der Zeitpunkt, zu dem eine Massnahme im Bildungsbereich Folgen zeitigt, kaum zu bestimmen. Vielmehr bewährt sich ein Teil einer pädagogischen Intervention vielleicht unmittelbar, ein zweiter erst zu einem späteren Zeitpunkt, ein dritter gar nicht und ein vierter nicht in der Art und Weise, wie das ursprünglich gedacht war.[72]

Pädagogische Vorhaben in Unternehmen und Verbänden der Privatwirtschaft sind also als ein Aufschub zu verstehen, als ein Versuch der Gestaltung, ohne sich schon direkt den Resultaten stellen zu müssen – oder auch nur das genaue Ziel zu kennen. Unternehmen versprechen sich von pädagogischen Massnahmen also durchaus einen Nutzen. Dort, wo sie etwa auf qualifiziertes Personal angewiesen sind, können sie Arbeitskräfte entweder auf dem Arbeitsmarkt rekrutieren – oder selbst aus- und weiterbilden.[73] Wenn auch der Horizont der Letztbegründung ein wirtschaftlicher ist, heisst das aber nicht, dass andere Kalküle keine Rolle spielen.[74]

1.3 Methodische Überlegungen und Quellenkorpus

In dieser Arbeit werden historisch vorfindliche *explizite* Bezugnahmen wirtschaftsnaher Akteure (Unternehmer und einzelne Unternehmerinnen, Funktionäre aus den Verbänden oder Wirtschaftsberater) auf Erziehung und Bildung als Ausdruck pädagogischer Ambitionen verstanden. Es wird gezeigt, dass päd-

---

71 Beckert 1996.
72 Dieses Phänomen wird in der Regel anhand von Reformen des öffentlichen Bildungswesens thematisiert. Siehe etwa Bellmann 2006.
73 Wolter, Ryan 2011.
74 Schmitz 1978.

agogische Deutungen in wirtschaftsnahen Zusammenhängen ausgesprochen häufig Verwendung fanden und dass sie nicht als blosse Ideologie den schnöden wirtschaftlichen Alltag überdecken sollten, sondern die verschiedenen Personengruppen in einer Weise umtrieben, die mehr vermuten lässt: Anhand von Erziehung und Bildung wurden die Krisen und Konflikte, die mit einer kapitalistischen Marktwirtschaft einhergehen, reflektiert und einer vermeintlichen oder tatsächlichen Lösung zugeführt. Die Wirtschaftsordnung schuf Probleme, denen sich ihre Exponenten irgendwie stellen mussten. Und Bildungsinvestitionen und Erziehungsmassnahmen erschienen als ein probates Mittel, um die aus den Fugen geratenen Verhältnisse wieder zu stabilisieren.

Erstens habe ich die im engeren Sinne bildungshistorisch relevanten Entwicklungen und Ereignisse (Lehrlingswesen, Investitionen in die berufliche Aus- und Weiterbildung, Führungskräftetrainings, Berufsberatung) daraufhin befragt, wie sich Arbeitgeberfunktionäre und andere Wirtschaftsvertreter zu ihnen verhielten. Zweitens galt es, die weniger bekannten Formen pädagogischen Engagements in der Privatwirtschaft (Erfa-Gruppen, freiwillige Vereinigungen, Bildungsclubs) historisch zu kontextualisieren. Drittens zeichneten sich ökonomische Aufklärungskampagnen (Konsumerziehung, Konsumentenbildung, Jugendbildung) ab, die ebenfalls pädagogisch codiert waren. Massgeblich war aber in jedem Fall, dass die verschiedenen Akteure ihre diskursiven und praktischen Interventionen erkennbar und konsequent pädagogisch rahmten, also auf Topoi wie Bildung, Erziehung, Schule, Familie oder Meisterschaft abhoben.[75]

Relevant für die historische Untersuchung war somit zunächst jede vorgefundene pädagogische Bezugnahme, insofern sie im Kontext der Unternehmen, Wirtschaftsverbände oder anderer privatwirtschaftlicher Akteure erfolgt ist. Diese Bezugnahmen wurden als Ausdruck pädagogischer Ambitionen interpretiert und historisch kontextualisiert. Dabei wurde die Form, etwa ein Weiterbildungskurs oder eine Aufklärungskampagne, von der ihr zugeschriebenen Funktion unterschieden. So konnte ein Weiterbildungskurs sowohl eine Qualifikations- als auch eine Erziehungsfunktion haben. In der Darstellung wurde dann versucht, dominante und langlebige von eher obskuren und kurzlebigen pädagogischen Ambitionen zu unterscheiden. Wenn auch die zu lösenden Probleme oder die diagnostizierten Krisen in der Regel wirtschaftlicher Natur waren, folgten die angestrebten pädagogischen Lösungen häufig anderen Rationalitäten, waren also nicht unbedingt selbst marktförmig organisiert, auf Effizienz ausgerichtet oder umsatzfördernd.

---

75 Siehe zum Programm einer pädagogischen Metaphorologie Reichenbach 2014; Drerup 2015.

Der Untersuchungszeitraum umfasst ein langes 20. Jahrhundert, das die Konflikte zwischen Industrie und Gewerbe sowie zwischen Kapital und Arbeit seit den 1880er-Jahren zum Ausgangspunkt nimmt, dann die wirtschaftlichen Krisen in den 1920er- und 1930er-Jahren einbezieht, die drei Jahrzehnte andauernde Hochkonjunktur nach 1945 eingehend untersucht und mit den Folgen der beiden Ölpreiskrisen und der Durchsetzung mikrochipbasierter Anwendungen in Wirtschaft, Verwaltung und Privathaushalten schliesst.[76]
Die Darstellung wird also nicht primär durch bildungspolitische Ereignisse, wissenschaftliche oder gesellschaftliche Entwicklungen getragen, sondern orientiert sich an den Gesichtspunkten, die von den wirtschaftlichen Akteuren in ihrem Arbeitsalltag selbst als bedeutsam für ihr Handeln wahrgenommen wurden. Arbeiterinnen und Arbeiter, Angestellte, Politik, öffentliche Bildung und die allgemeine Bevölkerung kommen damit zumeist nur als Adressatinnen und Kontexte, nicht als handelnde Akteure in den Blick. Gesetzgebungsverfahren, öffentlich verhandelte Ereignisse und gesellschaftliche Entwicklungen werden dann einbezogen, wenn die Unternehmensvertreter und Wirtschaftsfunktionäre sich hier unmittelbar beteiligten oder diese als bedeutsam erachteten.
Damit unterscheiden sich die Orientierungsmarken von denen, die sonst für die Schweizer Bildungsgeschichte in Anschlag gebracht werden.[77] Nicht der Ausbau der Massenbeschulung im 19. Jahrhundert, die Konsolidierung des öffentlichen Unterrichtswesens und die Bildungsexpansion im 20. Jahrhundert sind die zentralen Wegmarken dieser Geschichte, sondern im engeren Sinne wirtschaftliche Entwicklungen wie industrielle Beziehungen, Konjunkturverlauf, Wandel der Wirtschaftsstruktur, technologische Innovation und Arbeitsmarktsituation.[78] Da der Verflechtungsgrad zwischen Unternehmen, Verbänden und Bundesbehörden in der Schweiz im 20. Jahrhundert hoch und die Aufgabe der Regierung gerade in der Wirtschaftspolitik häufig von den Bedürfnissen der schweizerischen Unternehmen geprägt war, werden aber auch Vertreter von Wirtschaftsinteressen in öffentlichen Ämtern, etwa Delegierte des Bundesrates, einbezogen, solange sie in regem Austausch mit privatwirtschaftlichen Akteuren stehen und sich zu bildungspolitischen Problemen äussern.[79]
Die empirische Basis der Untersuchung besteht aus heterogenen Archivalien, vor allem aber Schriftwechseln, Protokollen und Vortragsmanuskripten sowie

76 Allgemein zur Schweiz im 20. Jahrhundert Tanner 2015.
77 Siehe dazu den umfassenden Überblick auf dem aktuellen Stand der Forschung bei Brühwiler, Criblez, Crotti, Helfenberger, Hofmann, Manz 2023.
78 Siehe grundsätzlich zur Schweizer Wirtschaftsgeschichte Halbeisen, Müller, Veyrassat 2012; Siegenthaler 1976; Siegenthaler 1987.
79 Zu den Wirtschaftseliten der Schweiz siehe Bühlmann, David, Mach 2012a, b; Eichenberger, Mach 2011.

Jahresberichten, Broschüren und weiteren gedruckten Schriften, Tageszeitungen, Fach-, Firmen- und Verbandszeitschriften. Vier historische Verbandsbestände bilden den Kern des Quellenkorpus: das private historische Archiv des Schweizerischen Arbeitgeberverbandes beziehungsweise Zentralverbandes Schweizerischer Arbeitgeber-Organisationen (ZSAO), die historischen Bestände des Schweizerischen Handels- und Industrie-Vereins (Vorort) und der beiden Spitzenverbände der Maschinenindustrie, des Vereins Schweizerischer Maschinen-Industrieller (VSM) und des Arbeitgeberverbands schweizerischer Maschinen- und Metall-Industrieller (ASM). Die ausgewerteten Dokumente des Schweizerischen Gewerbevereins beziehungsweise -verbands entstammen hingegen entweder Beständen des Archivs für Zeitgeschichte und des Schweizerischen Bundesarchivs in Bern oder öffentlichen Bibliotheken sowie Dokumentationen des Schweizerischen Wirtschaftsarchivs. Auf die Akten des Bundesarchivs und einzelner Staats- oder Stadtarchive wurde zudem für bestimmte politische Entwicklungen zurückgegriffen, in die die Unternehmen und Verbände direkt oder indirekt involviert waren. Für einzelne historische Phänomene wurden darüber hinaus das Archiv der Eidgenössischen Technischen Hochschule Zürich (ETH), das Sozialarchiv in Zürich (SOZARCH), das Gosteli Archiv zur Geschichte der schweizerischen Frauenbewegung (AGoF), die Zentrale für Wirtschaftsdokumentation an der Universität Zürich und der Privatnachlass von Carl Oechslin, Mitbegründer der Vereinigung für freies Unternehmertum, konsultiert.

1.4 Vorgehen

Die historische Darstellung setzt mit den Nachwuchssorgen im Handwerk ein und zeichnet nach, wie Industrie und Gewerbe seit dem 19. Jahrhundert verstärkt in die berufliche Ausbildung investierten. Unternehmen und Verbände waren zugleich darum besorgt, die Kontroll- und Fürsorgesysteme für ihre Lehrlinge auszubauen. Die Investitionen sollten sich schliesslich lohnen. Eine von den Vertretern des Handwerks und lokalen Handels geforderte staatlich regulierte Berufsbildung sorgte für heftige Konflikte innerhalb des Arbeitgeberlagers, wobei sich das Gewerbe letztlich gegen die Grossindustrie durchsetzen konnte. 1930 wurde für die Schweiz ein nationales Berufsbildungsgesetz verabschiedet, das die Ausbildung in Industrie und Gewerbe regulierte (Kapitel 2).
Das Lehrlingswesen war aber nur ein Bereich, in dem die Unternehmen pädagogisch tätig wurden. Die Arbeitgeber schufen bereits im Laufe des 19. Jahrhunderts zahlreiche Fürsorgeeinrichtungen, die nicht nur die Not unter den

Arbeiterinnen und Arbeitern lindern sollten, sondern auch einen Erziehungsanspruch hatten, beispielsweise den Streikwillen zu brechen und die Belegschaften zu integrieren. Sie reagierten damit auf die erfolgreichen Anstrengungen der organisierten Arbeiterschaft, durch Bildung und Fürsorge die eigene Klientel zu mobilisieren und die Klassenloyalität zu stärken. Doch nicht nur die Arbeiterinnen und Arbeiter galten den Arbeitgebern als erziehungsbedürftig, auch die Unternehmer und wirtschaftlichen Funktionseliten selbst wurden pädagogisch adressiert. Unternehmen und Wirtschaftsverbände versuchten, die Wirtschaftsstruktur zu stabilisieren und zu ihren Gunsten auszurichten, indem sie Ordnung stifteten (Kapitel 3).

Die Akteure in Industrie und Gewerbe richteten sich in ihren pädagogischen Ordnungsanstrengungen nicht nur nach innen, sondern wollten auch die Gesamtbevölkerung erreichen. Der Verband Schweizerwoche arbeitete seit Ende des Ersten Weltkrieges am Aufbau einer nationalen Wirtschaftsgemeinschaft. Zunächst durch Verkaufsevents, dann durch Klassenausflüge, Plakataktionen oder Schülerwettbewerbe sollte die Schweizer Bevölkerung so gebildet und erzogen werden, dass sie heimischen Produkten den Vorzug gab. Diese langfristig angelegte Aktion hatte klare Wurzeln im Gewerbe, in den Konsumvereinigungen und der bürgerlichen Frauenbewegung, wurde aber nach anfänglichem Zögern auch seitens der Industrie unterstützt. Die Schweizerwoche zielte zwar auf alle Branchen und Betriebsgrössen, schöpfte aber ideologisch ganz aus der Rhetorik des Handwerks und Kleinhandels. Der Fluchtpunkt der Handlungen dieser Gruppe war die geeinte Wirtschaftsnation, die im internationalen Wettstreit verschiedener Unternehmen und Volkswirtschaften gestärkt werden sollte. Die antisozialistische Stossrichtung der Schweizerwoche machte sie aber auch für die auf den Freihandel angewiesenen grossen Unternehmen zu einem interessanten Ansprechpartner (Kapitel 4).

Mit der Idee eines wissenschaftsbasierten Managements gingen Ansprüche an die Qualifikation des Personals einher, die nicht mehr einfach durch berufliche Grundbildung, Arbeitserfahrung oder Studium gewährleistet werden konnten. Führungsarbeit in Unternehmen, die zunehmend grösser und arbeitsteiliger wurden, schien auch eine ständige Weiterqualifikation des gehobenen Personals erforderlich zu machen. Entsprechend entstanden in der Schweiz seit den 1920er-Jahren zahlreiche Initiativen zur Weiterbildung der Kaderkräfte. Neben verschiedenen Interessengruppen, die im Umfeld der Rationalisierungsbewegung agierten, belebten diejenigen Bildungsanbieter das Angebot, die bereits seit dem 19. Jahrhundert für die Qualifikation der karriereaffinen Arbeitskräfte verantwortlich zeichneten. Sowohl Fach- und Hochschulen als auch Berufsverbände waren darum besorgt, ihren Mitgliedern eine hochstehende und karriererelevante Weiterqualifikation zu gewährleisten. In der Schweiz waren

dies der Kaufmännische Verein auf der einen und der Schweizerische Ingenieur- und Architektenverein auf der anderen Seite. Aber auch andere, kleinere Verbände engagierten sich auf diesem Gebiet (Kapitel 5).
Sowohl die Rationalisierungs- als auch die Konsumerziehungsbewegung orientierten sich an Vorbildern in den USA oder dem europäischen Ausland. Zugleich mussten sie aber versuchen, je spezifische Lösungen zu finden, die zur heimischen Wirtschaft passten. Begeisterte Amerikafahrer importierten die neuesten Konzepte zur effizienteren Gestaltung wirtschaftlicher Abläufe in die Schweiz. Wissenserwerb und die Vermittlung vorausschauenden Denkens galten dabei als wichtige Instrumente zur Steigerung der Wirtschaftskraft. Ein auch praktisch umgesetztes pädagogisches Instrument zur Effizienzsteigerung war die sogenannte Erfahrungsaustauschgruppe, angelehnt an die amerikanische Manufacturer's Research Association in der Region Boston. Diese Idee fand wie in der Schweiz auch andernorts in Europa begeisterte Abnehmer (Kapitel 6).
Mit der Weltwirtschaftskrise in Folge des Börsenkrachs in New York taugten die USA kaum noch als Vorbild wirtschaftlicher Reformansätze. Allein aufgrund der engen wirtschaftlichen Beziehungen war Deutschland auch früher schon ein ebenfalls wichtiger Referenzpunkt gewesen, wenn es darum ging, Arbeit und Qualifikation in den Unternehmen neu zu organisieren. Mit dem Faschismus in Italien und der «Machtergreifung» der Nationalsozialisten in Deutschland schien auch wirtschaftspolitisch eine durchsetzungsstarke und fundamentaler ansetzende Alternative zum liberalen Modell zu existieren. Für verschiedene der vormals amerikabegeisterten Reformer in der Schweiz wurde nun Deutschland zum eigentlichen Stichwortgeber, was sich auch in der Managementliteratur und den pädagogischen Konzepten der Wirtschaftsberater und Verbandsfunktionäre zeigte (Kapitel 7).
Die Weltwirtschaftskrise hatte die Schweiz zwar zunächst weniger hart getroffen als ihre Nachbarländer, dafür liess der Aufschwung länger auf sich warten. Während des Zweiten Weltkrieges fiel die Arbeitslosigkeit dann aber rasch auf das Vorkrisenniveau zurück. Die nun folgenden drei Jahrzehnte Hochkonjunktur stellten alles infrage, was an älteren Erfahrungen und bekannten Rezepten zur Verfügung stand. Zwar gab es einen vergleichsweise kleinen Anstieg der Arbeitslosenzahlen um 1950, der die Entwicklungen nach Ende des Ersten Weltkriegs zu wiederholen schien. Doch erholte sich die Konjunktur dann schnell. Qualifizierte Arbeitskräfte blieben knapp. Mit Fritz Hummler als Delegiertem des Bundesrats, einem gut vernetzten ehemaligen Arbeitgeberfunktionär aus der Maschinenindustrie, gingen die Behörden, Verbände und Unternehmen nun die verstärkte Aus- und Weiterbildung des wissenschaftlichen und technischen Personals an. Damit sollten die dringend benötigten

Fachkräfte bereitgestellt werden, damit die Schweiz in Zeiten der Hochkonjunktur nicht Opfer ihres eigenen Erfolgs würde. Für die weniger attraktiven Positionen wurden gelernte und ungelernte Arbeitskräfte aus Südeuropa angeworben. Aus Erziehungserwartungen wurden in diesem Zusammenhang Bildungsansprüche. Die Unternehmen waren auf hinreichend Personal angewiesen. Eine starke Berufsbildung, in die auch die Betriebe involviert waren, ein Ausbau der weiterführenden Schulen, eine reiche Weiterbildungslandschaft – all dies waren sowohl Instrumente zur Qualifizierung als auch zur Bindung des Personals (Kapitel 8).

Das grösste brachliegende Reservoir an Humanressourcen fand in der Schweiz und andernorts zunächst kaum Berücksichtigung: die weiblichen Arbeitskräfte. Ein traditionelles Bild der Geschlechterrollen, das in den Unternehmen und Wirtschaftsverbänden, aber auch in Politik, Medienhäusern und Gewerkschaften die selbstverständliche Hintergrundfolie der wirtschafts- und bildungspolitischen Diskussionen darstellte, prägte den Blick auf die Möglichkeiten der Rekrutierung neuer Bevölkerungsschichten. In den Berufs- und Branchenverbänden waren die Anliegen der weiblichen Beschäftigten kaum präsent. Die gesamte Funktionärslandschaft in den Interessenverbänden in der Schweiz war rein männlich geprägt. Und in den bürgerlichen Frauenvereinigungen achtete man auch nach Ende des Zweiten Weltkrieges peinlich darauf, dass kämpferische Positionen, die das etablierte Verhältnis von Kapital, Geschlecht und Arbeit grundsätzlich infrage stellten, keine Plattform bekamen.

Eine Gruppe von Frauen drängte aber auch innerhalb der Privatwirtschaft darauf, öffentlich stärker Gehör zu finden: die sogenannten Berufs- und Geschäftsfrauen. Bereits seit den 1930er-Jahren existierten an verschiedenen Orten Clubs, in denen Unternehmerinnen und ambitionierte erwerbstätige Frauen versammelt waren. Aber erst in der Hochkonjunktur nahm ihr Engagement an Schwung auf. Besonders Fragen der beruflichen Eignung, der Berufsbildung und des informellen Lernens standen im Zentrum der Clubtreffen. Durch die Institutionalisierung sollten die Geschlechterstereotype vernehmbar und öffentlich durchkreuzt werden, ohne die direkte Konfrontation suchen zu müssen (Kapitel 9).

Während der schweizerische Verband der Berufs- und Geschäftsfrauen auf Öffentlichkeitsarbeit und eine sanfte Form des Empowerments setzte, wollte die 1950 gegründete Vereinigung für freies Unternehmertum den wilden Kapitalismus durch Selbsterziehung und Bildung der Unternehmer zähmen. Der Zusammenschluss ging aus verschiedenen Netzwerken hervor, hatte Vorläufer in der Efficiency-Bewegung, in den bürgerlichen *pressure groups* oder der sogenannten Geistigen Landesverteidigung – und der Anthroposophie. Ziel der Vereinigung war eine Zivilisierung des Unternehmers, wobei darunter mit

der Zeit grosszügig auch andere Personengruppen verstanden wurden. Durch den informellen Austausch, durch Tagungen und Workshops sollten diese dazu gebracht werden, über den tieferen Sinn einer freien Marktwirtschaft nachzudenken. Auf diese Weise wollten die Protagonisten der Vereinigung für freies Unternehmertum sicherstellen, dass die Bilder des freibeuterischen Kapitalisten, wie sie der politische Gegner zeichnete, nicht doch auch eine Wirklichkeit spiegelten (Kapitel 10).
Der Aufbau von institutionellen Strukturen zur Qualifikation des Managements nach Ende des Zweiten Weltkriegs war keine schweizerische Besonderheit. Vorbild für die vielen verschiedenen Gründungen und Versuche in Europa waren zunächst und vor allem die USA. Gerade die auf spezifische Praktiken gerichtete Agenda der neuen Managementbildung provozierte verschiedentlich den Widerstand der Wirtschaftsfunktionäre und Unternehmer. Auch galt es, bei der Umsetzung der neuen Ansprüche, die an das Management gestellt wurden, nationalen Besonderheiten Rechnung zu tragen. Nicht zuletzt existierte in der Schweiz ja bereits eine differenzierte Bildungslandschaft mit je eigenen Traditionen und etablierten Akteurskonstellationen. All dies bedeutete für die Diffusion des amerikanischen Modells eine alles andere als eindeutige Rezeptionslandschaft, in der sich viele verschiedene Varianten der Schulung des Führungsnachwuchses herausbildeten (Kapitel 11).
Um die grosse Bedeutung von Aus- und Weiterbildung für die Jahrzehnte nach Ende des Zweiten Weltkriegs zu verstehen, reicht es jedoch nicht aus, den Fachkräftemangel und die Professionalisierung des Managements zu berücksichtigen. Vielmehr stehen die pädagogischen und bildungspolitischen Anstrengungen in der zweiten Hälfte des 20. Jahrhunderts auch im Kontext des Systemkonflikts von plan- und marktwirtschaftlich organisierten Gesellschaften. Dass der Kalte Krieg nicht nur eine militärpolitische und geostrategische Angelegenheit war, sondern auch in kulturellen oder pädagogischen Belangen ausgefochten wurde, ist in der Literatur mittlerweile gut belegt. Dies betraf neben den Kultureinrichtungen und Medien auch die Schulen und die Bildungsforschung.[80] In diesen Kontext gehören die Anstrengungen der Privatwirtschaft selbst, die sich direkt an die nachwachsende Generation richteten und nicht auf die berufliche Ausbildung zielten. In der Schweiz begannen die Arbeitgeber in den 1950er-Jahren, die Jugend mit dem aus ihrer Sicht angemessenen Wissen über die ökonomischen Verhältnisse zu versorgen. In enger Kooperation mit den Lehrerverbänden wurden Betriebsbesichtigungen und Vorträge organisiert. Zunächst waren diese Kampagnen noch sehr einseitig aus Sicht der Arbeitgeber angelegt, obwohl man sich dagegen verwahrte, bloss

---

80 Siehe etwa Rohstock 2014; Tröhler 2013.

Propaganda zu betreiben und dies auch institutionell unter Beweis zu stellen suchte. Zu Beginn der 1970er-Jahre wurde dann die Aktion auf neue Füsse gestellt und tatsächlich dafür gesorgt, dass die verschiedenen gesellschaftlichen Akteure und selbst die Gewerkschaften in den Publikationen für die Lehrkräfte, Schülerinnen und Schüler angemessen repräsentiert waren (Kapitel 12). Die Krise Mitte der 1970er machte die Anstrengungen zur ökonomischen Jugenderziehung nicht obsolet, vielmehr wurde sie neu justiert. Zwar schien nun die Gefahr einer vermeintlichen Wohlstandsverwahrlosung erst einmal gebannt zu sein. Dafür drohten mit den unsicheren Zukunftsaussichten radikale Alternativen zur Organisation von Wirtschaft und Gesellschaft an Attraktivität zu gewinnen. Die gewaltige Vernichtung von Arbeitsplätzen in der Schweiz, die sich in der Statistik aber kaum bemerkbar machte, da die ausländischen Arbeitskräfte als Konjunkturpuffer dienten, stellte nach Jahrzehnten der Hochkonjunktur und einer durchgängigen Knappheit an Arbeitskräften die nunmehr eingeschliffenen Bildungsprogrammatiken infrage, zumal der Konjunktureinbruch auf Arbeitgeberseite schnell auch als ein Strukturbruch interpretiert wurde. Doch die kostspielige Umschulung ganzer Bevölkerungsteile galt nur in denjenigen Wirtschaftszweigen als probates Mittel, in denen Personal weiterhin eine knappe Ressource darstellte. Andernorts konzentrierte man sich in Politik und Verbänden lieber darauf, dafür zu sorgen, dass die Unternehmen in ihrer Ausbildungsbereitschaft nicht nachliessen. Auch wurde kaum mehr infrage gestellt, dass selbst in wirtschaftlich schwierigeren Zeiten eine gut qualifizierte Stammbelegschaft benötigt wurde. Aber für ambitionierte bildungspolitische Programme, die über den direkten Bedarf hinausgingen, war das Verständnis auf Arbeitgeberseite nun deutlich schwächer ausgeprägt als noch zu Zeiten der Hochkonjunktur (Kapitel 13).
Mit der Krise wurde nicht nur in der Schweiz die Industrie vom Dienstleistungssektor als wichtigstem Arbeitgeber überholt. Tätigkeiten, aus denen nicht zwingend ein physisch greifbares Produkt hervorging, waren nun deutlich wichtiger geworden. Dass dies mit einer Zunahme der Bedeutung flexiblen Wissens als Grundlage der Erwerbsarbeit einherging, wurde seitens der zeitdiagnostischen Literatur wiederholt bemerkt, bis es zur selbstverständlichen Prämisse auch der öffentlichen Verhandlung über eine angemessene Organisation der beruflichen Aus- und Weiterbildung wurde. Im gleichen Zeitraum setzten sich elektronische Datenverarbeitung und Computertechnologie durch. In der Schweiz reagierten die Bundesbehörden darauf wiederholt mit einzelnen Impulsprogrammen, die nicht nur die technologische Entwicklung vorantreiben sollten, sondern auch einen bildungspolitisch angelegten Teil enthielten. Für die etablierten schweizerischen Wirtschaftsverbände wurde es in diesem Zusammenhang zunehmend schwierig, die Interessen ihrer Mitgliedsfirmen

auf einen Nenner zu bringen. Mit einer rein ordnungspolitischen Agenda, mit der es der Vorort des Schweizerischen Handels- und Industrievereins (genannt «Vorort») zunächst noch versuchte, war den neuen Herausforderungen kaum beizukommen (Kapitel 14).

Berufsbildung und ökonomische Erziehung stellten im 20. Jahrhundert also attraktive Antworten dar, wenn innerhalb der Privatwirtschaft eine Krise ausgemacht wurde. Je nach Kontext und Problemstellung wechselten zwar die Inhalte, Adressatengruppen und bevorzugten Instrumente. Doch bleibt es im Ganzen erstaunlich, wie schnell pädagogische Wege beschritten wurden, wenn die ökonomischen Verhältnisse aus den Fugen zu geraten schienen. Dass sich dies für das gesamte 20. Jahrhundert durchgängig zeigen lässt, spricht dafür, dass privatwirtschaftliche Bildungs- und Erziehungsambitionen tiefer mit der Kultur und Praxis kapitalistisch verfasster Gesellschaften verbunden sind, als man vielleicht auf den ersten Blick vermuten könnte (Kapitel 15).

2　Ausbildung und Ausbeutung

Um die Jahrhundertwende war es in der Schweiz bereits gute Tradition, pädagogische oder bildungspolitische Antworten auf wirtschaftliche Probleme zu geben.¹ Die «Lehrlingsfrage» war bei der Gründung eines gesamtschweizerischen Gewerbevereins 1880 eines der zentralen Anliegen gewesen. In einer Preisfrage sollte umgehend nach Möglichkeiten gesucht werden, die Berufsbildung zu reformieren.² Nach dem Scheitern der sogenannten Schulvogtvorlage von 1882, mit der ein Unterrichtsbeamter auf Bundesebene installiert und mit statistischen Aufgaben betraut werden sollte, liessen sich für lange Zeit nur noch in Fragen einer wirtschaftsorientierten Bildungspolitik lagerübergreifende Kompromisse finden.³ Der Bund engagierte sich seit 1884 finanziell in der Lehrlingsbildung, die Kantone erliessen, beginnend in der Westschweiz, nach und nach Gesetze, die das Lehrlingswesen regulierten.⁴

Neben der Vermittlung derjenigen Wissensbestände und Fertigkeiten, die für die Ausübung eines Berufs notwendig waren, galt den Gewerbetreibenden auch eine Formung des Charakters als unabdingbar für den Geschäftserfolg. Der Fluchtpunkt der forcierten Anstrengungen in der Berufsbildung war aber eine Steigerung der Leistungsfähigkeit des Gewerbes und der heimischen Industrie. In den letzten Jahrzehnten des 19. Jahrhunderts hatten sich die grossen Wirtschaftsverbände bereits intern auf eine reglementierte Lehrlingsausbildung in ihren Betrieben verständigt. Für die exportorientierten Unternehmen und Vertreter des Freihandels wiederum war Berufsbildung eine Möglichkeit, protektionistische Massnahmen, wie sie von bestimmten Kreisen in Handwerk und Kleingewerbe wiederholt gefordert worden waren, abzuwehren. Diese Position wurde auch von den Modernisierern unter den Gewerbetreibenden vertreten: Durch eine Qualitätsoffensive, nicht durch den staatlichen Schutz der kleineren Unternehmen, sollte die heimische Produktion international wettbewerbsfähig gemacht werden.⁵

Über eine Verbesserung der schulischen und betrieblichen Ausbildung wollte das Gewerbe die allseits diskutierte Krise des Handwerkerstandes beheben. Mit

---

1　Zu Bildungsinitiativen in den lokalen Gewerbevereinigungen, der Kaufmannschaft und in den Schriften der sogenannten Volksaufklärer vgl. Gonon 2019.
2　Gonon 2012, S. 227.
3　Widmer 1992, S. 283–332; Mattmüller 1982.
4　Berner, Ritter 2011, S. 188.
5　Widmer 1992, S. 354–356.

den staatlichen Subventionen für Lehrwerkstätten und Fachschulen hatte sich zudem in Bern eine Tür geöffnet, die der Gewerbeverband immer besser für sich zu nutzen wusste. Durch den Einsatz für eine bessere Berufsbildung hatte das Gewerbe den Bund als Partner an seiner Seite und konnte sich gegenüber der eindrucksvollen Industrie und ihren Verbänden, die sonst die wirtschaftspolitische Diskussion zu dominieren wussten, Gehör verschaffen.

2.1 Nachwuchssorgen

Anfang des 20. Jahrhunderts begann der Gewerbeverband, ein Gesetz für die gesamte Eidgenossenschaft vorzubereiten, das das schweizerische Lehrlingswesen regulieren sollte. 1902 beauftragte der Zentralvorstand des Gewerbevereins die verbandseigene Zentralprüfungskommission, Möglichkeiten einer gesetzlichen Regulierung des schweizerischen Lehrlingswesens zu eruieren. Nach einem internen Vortrag gelangte diese zum Schluss, dass der Gewerbeverein bei der Regierung vorstellig werden solle, um ein Berufsbildungsgesetz oder ein Gewerbegesetz, das sich auch auf die Ausbildung erstreckt, vorzuschlagen. Innerhalb des Verbandes gab es aber Uneinigkeit über das genaue Vorgehen, das die Delegierten in den nächsten Jahren noch intensiver beschäftigen sollte.[6] Als Propagandist der «Erziehung eines erwerbskräftigen Mittelstandes»[7] betätigte sich gleich nach seinem Amtsantritt der Gewerbefunktionär Werner Krebs, ein gelernter Buchdrucker mit Arbeitserfahrung im angrenzenden Ausland, der in Bern einen Verlag betrieben und 1884 die Zeitschrift «Das Gewerbe» gegründet hatte, den Vorläufer des bis heute offiziellen Organs des Schweizerischen Gewerbeverbandes. Krebs war entsprechend auch an der Etablierung des Gesamtverbandes beteiligt und blieb für mehr als vierzig Jahre dessen Sekretär, nachdem er sich, so zumindest die Überlieferung, gegen fünfzig andere Bewerber durchgesetzt hatte.[8]
Der Verbandsfunktionär erkannte die bisherigen staatlichen Bemühungen im Bereich der beruflichen Bildung durchaus an, hielt aber zugleich weitaus grössere Anstrengungen für notwendig, um den gewachsenen Qualifikationsansprüchen in Industrie und Gewerbe gerecht zu werden. An die Selbstmobilisierung der Arbeiterschaft und des Handwerkerstandes glaubte er nur bedingt. Krebs hielt es auch nicht für ratsam, nur auf die bessere Ausbildung des Nach-

---

6 21. Jahresbericht des Schweizerischen Gewerbevereins 1900, S. 12 f.; 23. Jahresbericht des Schweizerischen Gewerbevereins 1902, S. 18–20.
7 Krebs, Werner: Die Fürsorge für unsere gewerbliche Jugend. Zürich 1891: Leemann, S. 5.
8 «Werner Krebs, 1854 bis 1937». Der Bund, Morgen-Ausgabe vom 6. April 1937, S. 3; Zürcher 2011.

wuchses zu setzen. Stattdessen schlug er ein umfassendes Szenario vor, das sich auf die geistige, körperliche und sittliche Erziehung der zukünftigen Beschäftigten erstrecken sollte. Die zu bewältigende Aufgabe war für ihn letztlich eine moralische: Unter «Fürsorge» verstand Krebs ein pädagogisches Programm, das die sorgfältige Aufsicht und Pflege der Kinder in der Familie in das Jugend- und frühe Erwachsenenalter verlängerte. Auf diese Weise sollte gewährleistet werden, dass die männlichen und weiblichen Jugendlichen auf ihrem Weg in die Erwerbsbevölkerung nicht vom rechten Weg abkommen. Die Interessen der Eltern und der Ausbildungsbetriebe kamen in diesem Ansatz zur Deckung. Sie sollten demselben Ziel dienen.[9]

Die Krise der heimischen Wirtschaft galt dem Sekretär Krebs also auch als hausgemacht. Handwerk und Kleingewerbe schienen die pädagogischen Möglichkeiten, die sich in diesem kleinräumigen und überschaubaren Kontext durchaus boten, nicht richtig auszunutzen. Zugleich sah Krebs die alltäglichen Probleme, mit denen die Mitgliedsfirmen konfrontiert waren, aber vor allem durch den industriellen Wandel bedingt. Das Anliegen der Lehrlingsausbildung sollte den ideologischen Graben überbrücken helfen, der sich in der Krise der 1880er-Jahre zwischen Befürwortern protektionistischer Massnahmen und Anwälten des freien Warenverkehrs aufgetan hatte. Krebs zeigte sich überzeugt, dass staatliche Eingriffe zugunsten des Lehrlingswesens von beiden Seiten befürwortet würden. Der Untergang des alten Zunftsystems hatte eine Lücke gerissen, die sich nun im Problem der Qualifizierung des Nachwuchses zeigte: Für die Integration von Wirtschaft und Gesellschaft über berufliche Bildung und Erziehung gab es keinen Ansprechpartner, an den man diese Aufgabe hätte delegieren können. Das alte Qualifizierungsregime, in dem Verantwortlichkeiten klar definiert waren und eine allseitige Kontrolle gesichert schien, war mit der Einführung der Gewerbefreiheit verschwunden. «Diese Ordnungen», so Krebs, «sicherten Jahrhunderte lang der Gesellschaft einen tüchtigen, fleissigen Arbeiterstand».[10]

Der Gewerbesekretär Krebs konstruierte hier eine Vergangenheit, die zugleich das Programm für die Zukunft vorgab: Die gewerbliche Aufsicht über die Ausbildungsstandards, gute und auskömmliche Lehrverhältnisse, die Überprüfung des Ausbildungserfolgs nach Abschluss der Lehre und die Förderung der Weiterqualifikation über das Arbeitsleben hinweg. Durch den Ausbau der Berufsberatung sollte die Passung von individueller Eignung und beruflichen Anforderungen sichergestellt werden. Dass dies deutlich komplexer werden würde als zu Zeiten der Zunftordnung lag nicht allein daran, dass Interessen

---

9 Krebs, Werner: Die Fürsorge für unsere gewerbliche Jugend. Zürich 1891: Leemann, S. 5.
10 Ebd., S. 8.

der Betriebe, der Eltern und der Kinder miteinander in Beziehung gesetzt werden mussten. Vielmehr standen mit den Lehrkräften und der professionalisierten Ärzteschaft weitere Experten bereit, die in der Sache vernommen werden wollten. All diese Instanzen bot Krebs auf, um das Problem einer Lehrlingsausbildung zu umreissen, die die charakterliche, intellektuelle und körperliche Eignung gleichermassen berücksichtigte und auch die Besonderheiten der Jugendphase in Rechnung stellte.[11]

Das Gewerbe hatte einen mächtigen Gegner, wenn es versuchte, sich Gehör zu verschaffen: Die Maschinenindustrie. Sie erhielt nicht nur einen grossen Teil der öffentlichen Aufmerksamkeit, sondern zog auch Arbeitskräfte ab und machte einzelne Berufe besonders attraktiv, während andere zu verschwinden drohten. Die kleineren Betriebe klagten entsprechend, dass sie für nicht industrialisierte Tätigkeiten kaum noch interessierte Lehrlinge finden könnten. Der Gewerbeverein versuchte verschiedentlich, sich ein Bild von den Verhältnissen in den eigenen Betrieben zu machen. Im Gegensatz zum Schweizerischen Handels- und Industrieverein und den kantonalen Behörden hatte er intensiv an der vom Bund angestossenen gewerblichen Enquete mitgewirkt, die in der bürgerlichen Presse dann *en détail* zerpflückt worden war.[12]

1886 veröffentlichte der Gewerbeverein die Ergebnisse einer Befragung seiner Mitglieder zum «Lehrlings- und Gesellenwesen».[13] In zahlreichen Vorträgen und kleinen Publikationen äusserten sich Mitglieder der lokalen Gewerbevereine und pädagogische Fachleute in der Folge zur Notwendigkeit, die Fachschulen zu stärken und vermehrt sogenannte Lehrwerkstätten einzurichten. Das Gewerbe sah sich zunehmend vor die grundsätzliche Frage gestellt, ob die Ausbildung in einem Lehrbetrieb bei einem Meister noch zeitgemäss sei. Selbst im Dachverband des Gewerbes galten öffentliche Lehrwerkstätten Ende des 19. Jahrhunderts zum Teil als eine attraktive Alternative zur herkömmlichen Berufslehre.[14] Pädagogisch deutlicher konturierte und dem Arbeitsalltag enthobene Ansätze in der Berufsbildung schienen besser zur neuen Zeit zu passen als das alte Lernen am Arbeitsplatz. Umgekehrt entstand der Eindruck, die grösseren Betriebe mit ihrem beeindruckenden Maschinenpark vermöchten keinen «allseitig durchgebildeten Arbeiterstand» mehr hervorzubringen. In den kleinen Firmen wiederum behinderte die zunehmende Spezialisierung eine umfassende Ausbildung der Lehrlinge. Ein Projekt, bei dem bundesstaat-

---

11 Ebd., S. 9.
12 Widmer 1992, S. 356–358.
13 Zentralvorstand des Schweizerischen Gewerbevereins: Ergebniss der in den Sektionen des schweizerischen Gewerbevereins gemachten Erhebungen betreffend das Lehrlings- und Gesellenwesen. Zürich 1886: Lohbauer.
14 Gonon 2012, S. 224 f.

liche Subventionen direkt an diejenigen Lehrmeister weitergegeben wurden, «welche einer mustergiltigen Heranbildung von Lehrlingen ihre besondere Sorgfalt widmen», wurde nach wenigen Jahren wieder eingestellt, da weder der Bund noch die Kantonsregierungen gewillt schienen, dauerhaft mehr Mittel bereitzustellen.[15] Um aber einer Verschulung der Berufslehre und einer Ausgliederung in eigene Lehrwerkstätten in allen Berufsfeldern entgegenzuwirken, musste erstens sichergestellt werden, dass die Ausbilder hinreichend kompetent waren und die Betriebe die notwendigen Arbeitsbereiche aufwiesen, um die unterschiedlichen Kenntnisse und Fertigkeiten auch vermitteln zu können. Der Gewerbeverein machte zweitens deutlich, dass sich eine Lehre für den Meister weiterhin lohnen müsse, was nur gewährleistet werde, wenn hinreichend andere Betriebe ebenfalls bereit und fähig seien, Lehrlinge aufzunehmen. Andernfalls hätten die verbleibenden kompetenten Lehrmeister weit über ihren eigenen Bedarf ausbilden müssen.[16]
Angesichts der Vielzahl an Branchen, in denen um die Jahrhundertwende junge Menschen in der Schweiz für einen bestimmten Beruf qualifiziert wurden, war die Zuspitzung auf den Widerspruch von Industrie und Gewerbe eigentlich eine unzulässige Vereinfachung. In einem Bericht zur Landesausstellung von 1896 in Genf etwa wurde aus vierzig verschiedenen Branchenrapporten dasjenige zusammengestellt, was für den Stand der Berufsbildung in den einzelnen Feldern relevant erschien. Von der Chemie über die Hotellerie bis hin zu Landwirtschaft oder Metall- und Maschinenindustrie unterschieden sich die Klientel, die Anspruchsgruppen, die Bildungsanbieter und die aktuellen Herausforderungen. Aus dieser Vielfalt liessen sich aber keine direkten Forderungen oder Massnahmenpakete ableiten. Die Konzentration auf den Widerspruch von Gewerbe und Industrie bedeutete also eine zweckdienliche Reduktion der Komplexität wirtschaftlicher Verhältnisse und Qualifikationsregime. Dem entsprach eine Formalisierung der bildungspolitischen Konzepte: Um sich nicht in den Niederungen der betrieblichen Realitäten einzelner Branchen zu verkämpfen, fokussierte der Gewerbeverein auf wenige pädagogische Instrumente, mit denen Handwerk und lokaler Handel wettbewerbsfähig gemacht werden sollten.[17] Ein zentrales Mittel zur Verbesserung der Berufsbildung waren Lehrlingsprüfungen, die sich seit dem letzten Drittel des 19. Jahrhunderts zuneh-

15   22. Jahresbericht des Schweizerischen Gewerbevereins 1901, S. 30.
16   Zentralvorstand des Schweizerischen Gewerbevereins: Die Förderung der Berufslehre beim Meister: Bericht des Centralvorstandes des Schweizerischen Gewerbevereins über seine diesbezüglichen Untersuchungen, Verhandlungen und Beschlüsse. Zürich 1895: Verlag des Schweizerischen Gewerbevereins, S. 4–10.
17   Bendel, Heinrich: Winke und Anregungen für das gewerbliche und industrielle Bildungswesen der Schweiz (Gewerbliche Zeitfragen 16). Bern 1899: Verlag des Schweizerischen Gewerbevereins.

mend durchsetzten. Ein entsprechendes Reglement erliess der Dachverband des Gewerbes 1888.[18] 1892 forderte die Delegiertenversammlung des Gewerbevereins den Bund auf, Lehrlingsprüfungen für obligatorisch zu erklären.[19]
Um ebenfalls über eine hinreichend qualifizierte Arbeiterschaft verfügen zu können, waren in der Industrie viele der erfolgreichen Unternehmen gleichzeitig dazu übergegangen, eigene Ausbildungsgänge anzubieten. Sulzer in Winterthur hatte bereits 1870 eine Lehrwerkstatt für Schlosser eingerichtet, 1874 eine zusätzliche für Giesser und 1905 eine für Dreher. Seit 1897 gab es eine Werkstatt für die Giesser auch bei den von Roll'schen Eisenwerken in Olten. Es folgten Brown, Boveri & Cie. in Baden, die von Roll'schen Eisenwerke in Choindez, Rondez und Clus, die Maschinenfabrik Oerlikon und Georg Fischer in Schaffhausen sowie Edouard Dubied & Cie. in Couvet mit Werkstätten für dieselben Ausbildungsgänge. In diesen Unternehmen wurden die praktischen Ausbildungseinrichtungen nicht selten mit Werkschulen verbunden, die der theoretischen Unterweisung dienen sollten. Bereits im Laufe des 19. Jahrhunderts waren an verschiedenen Orten zudem spezialisierte Schulen und Technika gegründet worden, häufig in Zusammenarbeit mit den jeweils einschlägigen Berufs- und Gewerbeverbänden.[20]
Die Ausbildung des Nachwuchses im Gewerbe und in den Industrieunternehmen sollte nicht allein für hinreichend qualifiziertes Personal sorgen. Lehrlinge waren im Vergleich zu ungelernten Jungarbeitern während ihrer Ausbildungszeit schlicht billige Arbeitskräfte, was in der Publizistik auch beklagt wurde. Die Ausbeutung von Lehrlingen und die so entstehenden Konkurrenzverhältnisse unter den jungen Beschäftigten eigneten sich entsprechend als Agitationsmittel, um die Jugend für die gewerkschaftliche Arbeit zu rekrutieren.[21] Die Beschäftigung von Kindern und Jugendlichen sah sich von unterschiedlicher Seite unter Rechtfertigungsdruck gesetzt, blieb aber eine gesellschaftliche Realität. Kinder- und Jugendarbeit war bereits in der öffentlichen und sozialpolitischen Diskussion des 19. Jahrhunderts ein breit diskutiertes Problem. Eine Möglichkeit, von staatlicher Seite zumindest die Arbeitszeit einzuschränken, lag in der

---

18 Gonon 2009.
19 Botschaft des Bundesrates an die Bundesversammlung zum Entwurf eines Bundesgesetzes über die berufliche Ausbildung vom 9. November 1928 (Bundesblatt Nr. 46 von 14. November 1928), S. 727.
20 Ebd., S. 725 f.
21 Eigenmann, Geiss 2016a; Die Klagen wurden aber auch seitens des Gewerbes selbst geführt: Krebs, Werner: Die Fürsorge für unsere gewerbliche Jugend. Zürich 1891: Leemann, S. 10; aus Sicht der Berufsberatung vgl. Stocker, Otto: Die erzieherische und volkswirtschaftliche Bedeutung der Berufslehre. In: Schweizerische pädagogische Zeitschrift vom 15. März 1917, S. 1–25.

Durchsetzung der Schulpflicht.[22] Das Fabrikgesetz von 1877 hatte die Arbeit von Kindern unter vierzehn Jahren erstmals für die gesamte Schweiz untersagt, galt aber nur für die Fabrikbetriebe. Eine Erhebung aus dem Jahr 1904 zur Situation in zwölf Kantonen kam zum Schluss, dass im Untersuchungsgebiet noch immer 300 000 Kinder arbeiteten. In der Heimarbeit und der Landwirtschaft war Kinderarbeit sowieso eine gängige Praxis. 1922 wurde auch im Gewerbe ein Mindestalter von vierzehn Jahren festgelegt und die Nachtarbeit für Jugendliche verboten.[23] Der Anteil der jugendlichen Arbeiterschaft zwischen vierzehn und achtzehn Jahren lag zwischen 1888 und 1901 stabil bei gut 14 %. Absolut gesehen nahm er sogar um etwa 12 000 Jugendliche zu.[24] In der Heimarbeit wurde die Beschäftigung von Kindern erst 1940 untersagt.[25]

Vor diesem Hintergrund ist auch die Diskussion um eine Verbesserung der Situation im Lehrlingswesen zu lesen. Ähnlich wie für die Kinder- und Jugendarbeit waren die statistischen Kenntnisse hier Ende des 19. Jahrhunderts ausgesprochen dürftig. Die genaue Zahl der Lehrverhältnisse im Gewerbe war unbekannt. Auch wusste man nicht, wie gross der Anteil der Lehrlinge war, die nicht nur im Betrieb ausgebildet wurden, sondern zugleich noch eine Schule besuchten. Zur Zahl der offenen Lehrstellen hatte der zentrale Gewerbeverband ebenfalls nur Erfahrungswerte und forderte deshalb einen Ausbau der Statistik. Zwei kantonale Gewerbeverbände aus der Ostschweiz hatten zu Beginn des 20. Jahrhunderts bereits versucht, dem Mangel an Zahlen zum Lehrlingswesen abzuhelfen.[26] Tatsächlich stellte die Erfassung der Lehrlinge durch die öffentliche Statistik in einer Zeit, in der keine einheitlichen, schweizweit gültigen gesetzlichen Regulierungen für dieses Feld vorhanden waren, eine kaum zu unterschätzende methodische Herausforderung dar.[27] Allein schon die Frage, inwiefern Lehrlinge überhaupt einer Erwerbstätigkeit im engeren Sinne nachgingen, war Anlass einer anspruchsvollen Reflexion der Chefstatistiker des Bundes.[28]

In der Volkszählung von 1900 wurde der frühere Erhebungsmechanismus leicht angepasst, sodass erstmals etwas verlässlichere Angaben über die Zahl

---

22   Hofmann 2016, S. 13 f.
23   Gull 2015; Hauser 1956.
24   Buomberger, Ferdinand: Frauen- und Kinderarbeit in den Fabriken Deutschlands und der Schweiz. Freiburg 1903: Basler Volksblatt, S. 12.
25   Hofmann 2016, S. 13.
26   «Lehrlingsstatistik». Illustrierte schweizerische Handwerker-Zeitung vom 4. Oktober 1902, S. 565–567.
27   Bonoli 2016.
28   Statistisches Bureau des eidgenössischen Departementes des Innern: Die Ergebnisse der eidgenössischen Volkszählung vom 1. December 1888. Band 3: Die Unterscheidung der Bevölkerung nach dem Berufe. Bern 1894: Orell Füssli, S. 11 f.

der Lehrlinge in der Schweiz gemacht werden konnten. Die Lehrlinge wurden hier zu den Berufstätigen gezählt und machten ca. 3.5% der Erwerbstätigen über vierzehn Jahren aus, insgesamt gab es gut 50 000 Lehrlinge in den kaufmännischen, technischen und handwerklichen Berufen.[29] Überdurchschnittlich viele der Beschäftigten, die als Lehrlinge bezeichnet wurden, arbeiteten im Handwerk. Hier lag der Anteil junger Menschen in Ausbildung in den ersten Jahrzehnten des 20. Jahrhunderts zwischen knapp 10 und knapp 12%. In den Fabriken oder Mischbetrieben, die zwischen Handwerk und Industrie einzuordnen waren, wurden nur 4 bis höchstens 6.5% zu den Lehrlingen gezählt. Kaum ausgebildet wurde auf dem Bau.[30]

2.2 Lehrwerkstätten und schwarze Listen

In der Maschinenindustrie wurde der Lehrlingsstatus, parallel zur Regelung der Bundessubventionen für die Berufsbildung in den 1880er-Jahren, auf das Jugendalter bezogen. Er sollte auf das Alter von vierzehn bis achtzehn Jahren begrenzt sein. Mit den Vätern sollten fortan in allen Mitgliedsfirmen Lehrverträge abgeschlossen werden, für die der Verband eine Vorlage bereitstellte, die aber nicht verpflichtend war. Die Eltern wurden angehalten, ihre Kinder angemessen zu kleiden und zu versorgen sowie daran mitzuwirken, dass sie ihren Ausbildungspflichten auch wirklich nachkamen. In den vier Jahren Ausbildungszeit, die das Reglement vorsah, war kein Lehrgeld, sondern umgekehrt ein gestaffelter Lohn auszuzahlen. Ausserdem sollte dort, wo eine Fachschule vorhanden war, der Schulbesuch verpflichtend sein. Von einer über diese formalen Vorgaben hinausgehenden Regulierung, die vorab innerhalb des Verbandes intensiv diskutiert worden war und für die ebenfalls Vorschläge vorlagen, hatte der Vorstand Abstand genommen. Die Richtlinien sollten nicht nur eine Chance haben, von den Mitgliedern tatsächlich unterstützt zu werden, sondern auch von allen Firmen in der Maschinenindustrie tatsächlich umgesetzt werden können.[31]

29 Statistisches Bureau des eidgenössischen Departements des Innern: Die Ergebnisse der eidgenössischen Volkszählung vom 1. Dezember 1900. Band 3: Die Unterscheidung der Bevölkerung nach dem Berufe. Bern 1907: Gustav Grunau, S. 16.
30 Eidgenössisches Statistisches Bureau: Eidgenössische Volkszählung vom 1. Dezember 1920. Zusammenfassende Darstellung für die Schweiz. Zweites Schlussheft: Berufsstatistik. Bern-Bümpliz 1924: Benteli, S. 57 f.
31 Verein Schweizerischer Maschinen-Industrieller: Bericht und Antrag des Vorstandes an die Tit. Generalversammlung vom 2. Oktober 1885, betreffend die Heranbildung tüchtiger Maschinenhandwerker, resp. das Lehrlingswesen in den schweizerischen Maschinen-

Der Verein Schweizerischer Maschinen-Industrieller holte regelmässig Auskünfte über die Situation in den Mitgliedsfirmen ein und veröffentlichte Auszüge aus den Rückmeldungen in seinen Jahresberichten. Die einzelnen Berichte zeigen an, wie unterschiedlich Schulbesuch und betriebliche Ausbildung in der Industrie gehandhabt wurden. An vielen Orten erhielten die Fabriklehrlinge eine theoretische Unterweisung in den lokalen Gewerbe- beziehungsweise Fortbildungsschulen. Andere Firmen unterhielten eigene Werkschulen oder verpflichteten einen Lehrer, der betriebsintern einige Schulstunden in bestimmten Fächern gab. An einem anderen Ort wurde der Unterricht durch Betriebsangehörige erteilt. Mehrere Unternehmen klagten darüber, dass die Frequenz des Schulbesuchs und der persönliche Einsatz der Lehrlinge zu wünschen übriglasse. Einzelne Firmen lösten dieses Problem, indem sie den Besuch einer externen Schule im Lehrvertrag verpflichtend machten.[32]

Der Besuch externer Schulen und die Einrichtung eigener Werkschulen und Lehrlingswerkstätten sollten verhindern helfen, dass die Jugendlichen allein als günstige Arbeitskräfte genutzt wurden. An denjenigen Orten, an denen die Lehrlinge Gelegenheit zum Unterrichtsbesuch erhielten, streute die Intensität der Beschulung aber stark. Während die Jugendlichen in einigen Firmen jede Woche für drei halbe Tage in die Schule entlassen wurden, wurde in anderen Betrieben die theoretische Unterweisung am Abend nach Arbeitsschluss oder am Sonntagmorgen eingeschoben. Hier schien dann die Forderung, wenigstens einen halben Tag für den Unterrichtsbesuch freizuräumen, kaum durchsetzbar, da sie nicht kontrolliert werden konnte. Auch die Einrichtung einer eigenen Lehrlingswerkstatt bedeutete nicht automatisch, dass der Nachwuchs hier umfassend einen Beruf erlernte. Besonders in grossen Unternehmen wurde in den Werkstätten häufig ein einseitiges Training in sehr ausgewählten Handlungsvollzügen absolviert, sodass die ausgelernten Arbeitskräfte anschliessend nur in einem begrenzten Tätigkeitsfeld eingesetzt werden konnten.[33] Der Verein Schweizerischer Maschinen-Industrieller räumte ein, dass durch die zunehmende Arbeitsteilung und die Spezialisierung einzelner betrieblicher Abläufe kaum noch Gelegenheiten bestünden, eine breitere Ausbildung in einem bestimmten Berufsfeld zu erlangen. Zu Beginn der 1890er-Jahre griff der Verband ein Votum auf, das die Einrichtung einer internen Kommission von Fachleuten angeregt hatte, die einen den Bedürfnissen der Industrie gerecht

---

fabriken. Nebst Anhang, enthaltend das gesammte Berathungsmaterial. Zürich 1885: J. Herzog, S. 2 f.

32 Verein Schweizerischer Maschinen-Industrieller, Bericht des Vorstandes an die Mitglieder auf die Generalversammlung vom 23. Mai 1890, S. 5–10.

33 Verein Schweizerischer Maschinen-Industrieller, Bericht des Vorstandes an die Mitglieder auf die Generalversammlung vom 2. Juni 1893, S. 6 f.

werdenden Lehrplan für die Fortbildungsschulen ausarbeiten sollte. Damit sollte einerseits ein Mitspracherecht der Industrie garantiert, andererseits aber der Zugriff auf die Bundesmittel zur Förderung der Berufsbildung ermöglicht werden.[34]

Der Problematik einer anspruchsvollen industriellen Lehrlingsausbildung wurde vom Verein Schweizerischer Maschinen-Industrieller Ende des 19. Jahrhunderts zwar durchaus Beachtung geschenkt. Zugleich fehlten ihm aber die Zwangsmittel, die Mitgliedsfirmen zu einer hochwertigen zweigliedrigen beruflichen Grundbildung anzuhalten, die theoretisch wie praktisch den Ansprüchen der eigenen Experten entsprach.[35] Auch nachdem das ursprüngliche Reglement bereits gut zwanzig Jahre in Kraft und einmal revidiert worden war, musste der Vorstand noch darauf hinweisen, dass nach Möglichkeit eine Lehrzeit von vier Jahren zu garantieren sei und dass doch für die weniger qualifizierten Ausbildungsgänge wenigstens drei Jahre veranschlagt werden sollten. Zudem wurde für das erste Lehrjahr vorgeschlagen, die Lehrlinge nicht zur Akkordarbeit heranzuziehen.[36]

Neben diesen Zugeständnissen an den Schutz der Lehrlinge legte die organisierte Maschinenindustrie aber auch eine Reihe von Mechanismen fest, mit denen sie aufmüpfige oder säumige Personen disziplinieren konnte. Der Arbeitgeber war befugt, von dem Lohn einen Teil zurückzubehalten, der dann als Kaution diente und erst – wenn auch verzinst – nach der Lehrzeit ausbezahlt werden musste. Darüber hinaus war das Unternehmen berechtigt, eine zusätzliche Summe zu verlangen, die ebenfalls als Kaution diente. Für den Fall, dass der Lehrling vorzeitig entlassen wurde oder seinen vertraglich festgelegten Verpflichtungen nicht nachkam, ging die einbehaltene Lohnsumme aber nicht einfach zurück an den Arbeitgeber, sondern sollte den Kranken- und Vorsorgeeinrichtungen für die Arbeiterschaft zugutekommen. Die Gründe, die zu einer Entlassung führen durften, waren weit gesteckt. Sie umfassten neben «Ungehorsam» oder dem unentschuldigten Fehlen auch «Trägheit» oder «unmoralische Aufführung» innerhalb und auch ausserhalb des Betriebes.[37]

---

34 Verein Schweizerischer Maschinen-Industrieller, Bericht des Vorstandes an die Mitglieder auf die Generalversammlung vom 23. Mai 1891, S. 5–10.
35 Verein Schweizerischer Maschinen-Industrieller, Bericht des Vorstandes an die Mitglieder auf die Generalversammlung vom 27. Mai 1892, S. 8 f.
36 Verein Schweizerischer Maschinen-Industrieller, Beschluss des Vorstandes vom 2. März 1907 (AfZ, IB VSM-Archiv 3222).
37 Verein Schweizerischer Maschinen-Industrieller, Beschlüsse der Generalversammlung von 2. Oktober 1885 revidiert von der Generalversammlung vom 8. August 1896 betreffend die Heranbildung tüchtiger Maschinenhandwerker, resp. das Lehrlingswesen in den schweizerischen Maschinenfabriken, §18 (AfZ, IB VSM-Archiv 18).

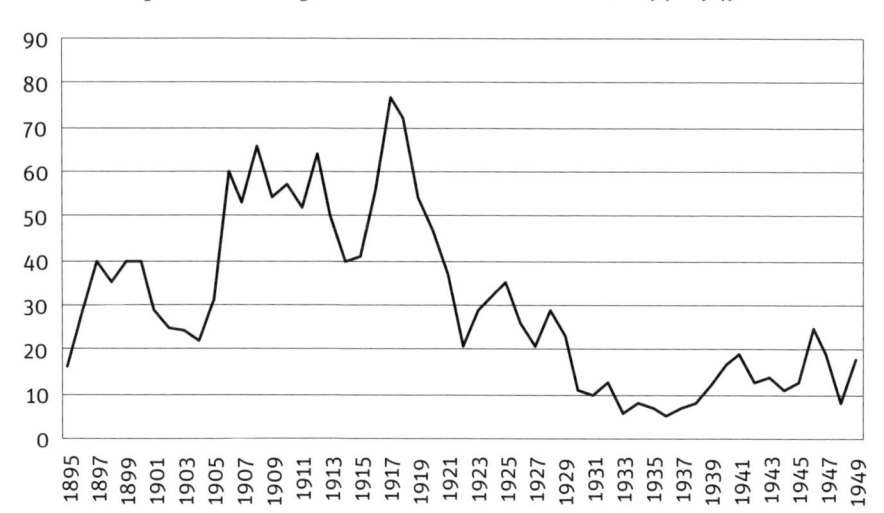

Abb. 1: Gesperrte Lehrlinge in der Maschinenindustrie, 1895–1949

Quelle: Jahresberichte und Zirkulare ASM und VSM

Ausserdem hatte sich der Verein Schweizerischer Maschinen-Industrieller bei seiner Selbstverpflichtung zur unentgeltlichen beruflichen Ausbildung ausbedungen, dass diejenigen Lehrlinge, die sich nicht angemessen verhielten oder aus anderen Gründen den Betrieb verlassen mussten, für einige Jahre auch in anderen Unternehmen nicht mehr angestellt würden. Jährlich wurden allen Mitgliedsfirmen sogenannte schwarze Listen zugeschickt, auf denen die männlichen Jugendlichen verzeichnet waren, die entlassen worden oder schlicht weggeblieben waren. Die Lehrlinge mussten von den Firmen namentlich gemeldet werden, samt Adresse, Kündigungsgrund, Lehrberuf und Dauer der Lehranstellung.[38]

Nach gut zehn Jahren Erfahrung mit dem Instrumentarium musste sich der Verband aber eingestehen, dass es in dieser Form nicht praktikabel sei, viel Papier erzeuge, ohne wirklich sicherzustellen, dass die Mitgliedsfirmen entlassenen Lehrlingen den Einstieg in eine Ausbildung an einem anderen Ort nicht doch ermöglichten. Auch wurde die Sorge geäussert, dass sich die Jugendlichen

---

38 Siehe etwa Verein Schweizerischer Maschinen-Industrieller an die Vereinsmitglieder vom 2. Januar 1896 (StadtA ZH, VII.419.:8.1.4).

und jungen Männer der Konsequenzen ihres Fehlverhaltens nicht bewusst seien und der Ausschluss für mehrere Jahre eine zu harte Massnahme darstelle. Dies besonders, zumal die sanktionierten Lehrlinge dann die durch das Reglement festgelegte Altersgrenze für eine Berufslehre in der Maschinenindustrie bereits überschritten hatten. Entsprechend verkürzte man die Dauer des Ausschlusses nun auf zwei Jahre.[39]

Die schwarzen Listen wurden trotz dieser Einschränkungen und Bedenken über Jahrzehnte akkurat geführt. Fortlaufend verschickten die beiden grossen Verbände der Maschinenindustrie die Namen, Ausbildungsberufe und Lehrbetriebe der säumigen Jugendlichen und stellten zum Jahresabschluss dann bereinigte Listen zur Verfügung, die wiederum handschriftlich visiert werden mussten. Die Sorgfalt in der Kommunikation über Lehrlinge, die für zwei Jahre nicht mehr beschäftigt werden sollten, stand im Kontrast zu der insgesamt tiefen Quote des ausgeschlossenen Nachwuchses. Eine Auswertung der schwarzen Listen, die ursprünglich nicht für statistische Zwecke erstellt wurden, zeigt, dass nach einem Höhepunkt zum Ende des Ersten Weltkriegs die Zahl der ausgeschlossenen Lehrlinge stark abnahm. Möglicherweise wurden mit den Ausschlüssen auch Lehrlinge bestraft, die sich im Arbeitskampf hatten mobilisieren lassen. Aus den Unterlagen der Verbände und den Listen selbst ist das aber nicht zu entnehmen.[40]

2.3 Patronage

Ein funktionales Äquivalent zu diesem Doppelmodus von Fürsorge und Strafe waren die sogenannten Lehrlingspatronate, die im Laufe des 19. Jahrhunderts in vielen Kantonen und Gemeinden Stellenvermittlung, Berufsberatung, Aufsicht, Unterstützung und Kontrolle besorgten. Häufig sassen die örtlichen Geschäftsleute gemeinsam mit Lehrkräften und anderen Personen des öffentlichen Lebens in den Patronatsausschüssen und beaufsichtigten das lokale Lehrlingswesen. Die Gewerbeverbände alimentierten die Patronate auch finanziell. Mit der Durchsetzung einer kantonalen Gesetzgebung im Berufsbildungsbereich verlor dieses Instrument dann aber rasch an Bedeutung.[41]

---

39 Verein Schweizerischer Maschinen-Industrieller, Beschlüsse der Generalversammlung vom 2. Oktober 1885, revidiert von der Generalversammlung vom 24. Juli 1897, S. 11 f.
40 Die vorläufigen und definitiven Listen finden sich im Archivbestand des Arbeitgeberverbands Schweizerischer Maschinen- und Metallindustrieller und des Vereins schweizerischer Maschinen-Industrieller im Archiv für Zeitgeschichte.
41 Heiniger 2003, S. 12 f.

Zwar gab es einzelne Vorläufer, doch die Institution des kantonalen oder städtischen Lehrlingspatronats wurde erst nach 1893 durch einen entsprechenden gemeinsamen Aufruf des Schweizerischen Gewerbevereins und der Gemeinnützigen Gesellschaft im Gefüge der Berufsbildung verankert. Im Kern dieses Programms standen die bereits etablierten, von den Verbänden organisierten öffentlichen Lehrlingsprüfungen, um die herum nun spezialisierte Kommissionen gegründet werden sollten, um das Mandat der Verbände in der Berufsbildung schliesslich auszuweiten. Die Patronate sollten für die «berufliche und moralische Tüchtigkeit des Gewerbestandes» sorgen, waren also als Instrument gedacht, für gute Arbeit und anständiges Verhalten in Handwerk und lokalem Handel zu sorgen. Die Reform zielte auf die Branche, wenn auch der Adressat der berufliche Nachwuchs war.[42]

Explizit waren die Anstrengungen in diesem Bereich als Ergänzung zur bisherigen staatlichen Initiative für die schulische Seite der Berufsbildung gedacht. Gemeinnützige Gesellschaft und Gewerbe wollten, durchaus im Einklang mit den Bundesbehörden, der betrieblichen Seite zu ihrem Recht verhelfen und hofften darauf, dass die staatlichen Mittel, die die Bundesbehörden bisher für die Prüfungen bereitgestellt hatten, auch für diesen erweiterten Fördertatbestand eingesetzt werden konnten. Durch die Patronate sollte eine Passung von Fähigkeiten des Lehrlings und Betätigungsfeld garantiert, das Lehrverhältnis vertraglich abgesichert, vor allem aber sollten die Ausbilder von ihren Kontrollaufgaben entlastet werden. Es sollte aber auch sichergestellt werden, dass diese zur Ausbildung befähigt waren, der Schulbesuch garantiert, in besonderen Fällen eine Kooperation von mehreren Lehrbetrieben ermöglicht und eine Anschlusslösung gesucht würde.[43]

Der Sekretär des Gewerbevereins Werner Krebs betonte, dass mit den Patronaten keine Zentralisierung der gewerblichen Ausbildung angestrebt, sondern gerade der lokale Charakter der bisherigen Organisation gewahrt werde. Die Patronate würden «das ethische Moment bei den Lehrlingen» stützen, seien aber auch «ökonomisch» gesehen sinnvoll.[44] Doch die nationale Regierung nutzte die Gelegenheit zugleich, um mehr gesicherte Erkenntnisse über die beruflichen Verhältnisse zu erlangen. Sie beauftragte den Gewerbeverband

---

42 Schweizerischer Gewerbeverein und Schweizerische Gemeinnützige Gesellschaft an die hohen Kantonsregierungen sowie die gewerblichen und gemeinnützigen Vereine und Institute der Schweiz, Errichtung von Lehrlingspatronaten und Lehrstellennachweisen, 1902 (SWA, Volksw. N I 1a); Illustrierte schweizerische Handwerker-Zeitung vom 30. September 1893, S. 358.

43 «Zum Lehrlingswesen». Illustrierte schweizerische Handwerker-Zeitung vom 7. Mai 1892, S. 75 f.

44 «Schutz und Förderung der Handwerks-Lehrlinge». Illustrierte schweizerische Handwerker-Zeitung vom 24. September 1892, S. 319 f.

damit, bei seinen Mitgliedern eine Umfrage zu veranstalten, die in elf knappen Fragen die betrieblichen Ausbildungsbedingungen zum Gegenstand hatte.[45] Die ersten Kantone, die eigene Lehrlingspatronate einführten, waren Zürich und der Thurgau. In Zürich orientierten sich die Initianten bei ihrer Gründung an den in Deutschland in verschiedenen Städten eingerichteten Lehrlingsheimen. Entsprechend entsprang die Etablierung eines eigenen Patronats ganz aus der Perspektive der Sittlichkeitserziehung. Aufsicht, Fürsorge und Kontrolle der Jugendlichen sollten auch in der Lehrzeit gegeben sein.[46] Das häufig bemühte Bild war das der Familie, in der der Meister als Vater seinen Sorgfaltspflichten nachzukommen, die Lehrlinge zu erziehen und Verantwortung dafür zu übernehmen hatte, dass seine Schützlinge auch wirklich die Eignung für den erlernten Beruf besassen. Jeder der Jugendlichen sollte «einen verständigen und wohlwollenden Mann als Patron oder väterlichen Freund» an seiner Seite wissen.[47] Nicht unwesentlich dafür war, dass die Eltern ihre Kinder nicht in die günstigsten Betriebe geben mussten. Zudem konnte der Lehrmeister nur dann seiner Verantwortung gerecht werden, wenn er nicht aus finanziellen Gründen darauf verzichtete, einen sichtlich ungeeigneten Lehrling wieder an das Patronat zurückzuweisen.[48]

Der Anstoss zur Gründung eines Lehrlingspatronats in Zürich ging von den ansässigen Verbänden und Gesellschaften aus. Man bot zu diesem Zweck die lokalen Vereine des Gewerbes und der Gewerbeschule, der Spengler, Buchbindermeister und Metallarbeiter sowie einzelne lokale Gemeinnützige Gesellschaften auf und bestellte ein Initiativkomitee, das den Aufbau eines Zürcher Patronats vorantreiben sollte. Eine Delegiertenkonferenz der beteiligten Verbände wählte dann das eigentliche Patronat. Diesem gehörten im ersten Jahr als Präsident ein ehemaliger Bankdirektor und ein Buchdrucker, der Gewerbesekretär Werner Krebs, zwei Kaufmänner sowie ein Zeichenlehrer an. Die Gruppe wurde dann noch um einen Kaufmann und ein weiteres, in einem der lokalen Gewerbevereine engagiertes, Mitglied erweitert.[49]

45 «Kreisschreiben Nr. 136 an die Sektionen des Schweizerischen Gewerbevereins betreffend die Förderung der Berufslehre beim Meister». Illustrierte schweizerische Handwerker-Zeitung vom 4. November 1893, S. 428 f.
46 Erster Jahresbericht über die Tätigkeit des Lehrlings-Patronates Zürich im Zeitraum vom 1. April bis 31. Dezember 1894.
47 «Ein Lehrlingspatronat». Beilage zu Nr. 228 des Intelligenzblatts vom 26. September 1894, S. 3.
48 «Ueber die schweizerischen Lehrwerkstätten, die Berufslehren beim Meister und die Berufswahl». Illustrierte schweizerische Handwerker-Zeitung vom 9. Dezember 1893, S. 498 f.
49 Erster Jahresbericht über die Tätigkeit des Lehrlings-Patronates Zürich im Zeitraum vom 1. April bis 31. Dezember 1894, S. 4.

Das Zürcher Lehrlingspatronat speiste sich damit personell stark aus den ansässigen Vereinigungen des Gewerbes und den Gemeinnützigen Gesellschaften. Es wurde nicht von staatlichen Instanzen getragen, sondern von Vertretern des örtlichen Mittelstandes. Alle sieben Mitglieder des Patronats im ersten Jahr waren männlich, zum Teil kaufmännisch, zum Teil handwerklich gebildet. Das Patronat sollte Lehrlinge und Lehrmeister vermitteln helfen, sich fürsorgerisch betätigen und die Ausbildungspraxis kontrollieren. Es setzte sich aber auch zum Ziel, die Lehr- und Lebensverhältnisse der Handwerkerjugend zu verbessern und gewährte entsprechend Darlehen für diejenigen, die sich eine Ausbildung ansonsten nicht hätten leisten können. Auch Stipendien wurden durch die Lehrlingspatronate vergeben.[50]

Gleich im ersten Jahr veranstaltete das Zürcher Patronat eine Umfrage unter denjenigen Lehrlingen, die auch die Gewerbeschule besuchten und befragte diese zu ihren Wohnverhältnissen. 70% der Befragten gaben an, weiterhin bei ihren Eltern zu wohnen, 13% bei ihren Lehrmeistern, der Rest in anderen Unterkünften.[51] Als Alternative zur Unterbringung in der Familie des Lehrmeisters, die zunehmend kritisiert wurde, galt ein Lehrlingsheim, das 1894 in Zürich-Riesbach eröffnet wurde und zunächst elf Lehrlinge aufnahm. Den Auszubildenden sollten einerseits angemessene Wohnbedingungen geboten werden, um ihre Ausbildung erfolgreich absolvieren zu können. Das Lehrlingsheim galt aber auch als ein Familienersatz für die männlichen Jugendlichen. Man ging davon aus, dass die Lehrmeister dieses Umfeld nicht immer garantierten, und wollte auf diese Weise der Ausbeutung der Lehrlinge vorbeugen und eine sittliche Lebensführung gewährleisten. Gestiftet hatte das Gebäude ein Zürcher Bauunternehmer, das Heim gegründet hatte das Lehrlingspatronat, verwaltet wurde es wiederum durch eine der lokalen Gemeinnützigen Gesellschaften.[52]

Tätig für eine bessere Koordination der Anstrengungen im Lehrlingswesen wurde man aber nicht allein im städtischen Zürich. Auch im Kanton Thurgau waren es die Handels- und Gewerbevereinigungen, die zusammen mit der kantonalen Gemeinnützigen Gesellschaft ein eigenes Patronat initiierten. Der Kanton Schaffhausen hatte seit 1898 ebenfalls ein eigenes Lehrlingspatronat, dem im Gründungsjahr ein Schreinermeister und ein Dekorationsmaler angehörten. Den Vorsitz hatte aber ein Kantonalaktuar, der beim Staat angestellt

---

50 Statuten des Lehrlings-Patronates Zürich vom 27. März 1894 (SWA, Aemter 39).
51 Erster Jahresbericht über die Thätigkeit des Lehrlings-Patronates Zürich im Zeitraum vom 1. April bis 31. Dezember 1894, S. 5.
52 «Das Lehrlingsheim ‹Luisenstift› in Zürich V». Illustrierte schweizerische Handwerker-Zeitung vom 16. März 1894, S. 725 f.

war. Ausserdem gehörten ihm ein Mitglied der kantonalen Exekutive und eines der städtischen Legislative an.[53]

In ihren Jahresberichten zählten die Lehrlingspatronate nicht allein Mitglieder und finanzielle Verhältnisse auf. Vielmehr berichteten sie ausführlich über die Erfahrungen mit dem neuen Instrumentarium und gingen dabei auch auf einzelne Lehrlinge ein. In Schaffhausen suchten im ersten Jahr fünfzehn Eltern um ein Patronat für ihre Kinder nach. Darunter befand sich auch ein Mädchen, das für eine Ausbildung zur Damenschneiderin vorgesehen war. Da die Eltern nicht für das Lehrgeld aufkommen konnten, sollte das Patronat hier Abhilfe schaffen. Nach einem Konflikt zwischen dem Lehrbetrieb und dem Mädchen wurde das Lehrverhältnis aufgelöst. Da von den Eltern kein Geld zu bekommen war, blieb das Patronat auf den Kosten sitzen und wollte auch keinen Patron für die anschliessend gefundene Lehrstelle bereitstellen.[54]

Das Lehrlingspatronat erkundigte sich jeweils vorab nach dem Ruf des Lehrlings und seinen Schulleistungen, bevor es ein Angebot machte. In einigen Fällen galt es nur, eine angemessene Lehrstelle für die Jugendlichen zu finden. Hierbei wurden, so zumindest die Selbstauskunft, die Interessen der Lehrlinge berücksichtigt. Konflikte gab es mit den Eltern, wenn sie eine andere Einschätzung der Fähigkeiten ihrer Kinder hatten als die Mitglieder des Patronats. Scheitern konnte das Betreuungsverhältnis auch am Betragen oder den Leistungen des Lehrlings selbst. Wenn die Aussichten schon im Vorfeld nicht günstig schienen, lehnte das Patronat bereits bei der Anfrage ab, hier die Vermittlung und Begleitung zu übernehmen.[55]

Etwas überrascht zeigten sich die Schaffhauser Mitglieder des Lehrlingspatronats darüber, wie sehr sie in innerbetriebliche Konflikte einbezogen wurden. Sie waren nicht nur für Aufsicht und Fürsorge, Stellenvermittlung und Berufsberatung zuständig, sondern wurden auch angerufen, wenn eine aussenstehende Instanz notwendig war, um vor Ort zu vermitteln. Gerade deshalb setzten die Patronate sich für die Anwendung des nicht-obligatorischen Normallehrvertrags ein, wie er seitens des zentralen Gewerbevereins ausgestellt und vor Ort kostenlos bezogen werden konnte.[56] In Schaffhausen sah man aber die Problematik selten aufseiten der Lehrmeister und konnte im zweiten Berichtsjahr nirgends «Ausbeutung» erblicken. Vielmehr hielt man den Lehrlingen vor,

---

53   1. Jahresbericht des Lehrlingspatronats Schaffhausen vom 1. Januar bis 31. Dezember 1898.
54   Ebd., S. 5 f.
55   Ebd., S. 6.
56   2. Jahresbericht des Lehrlingspatronats Schaffhausen vom 1. Januar bis 31. Dezember 1899, S. 3.

sich nicht immer angemessen zu verhalten und damit den ordnungsgemässen Abschluss des Lehrverhältnisses zu gefährden.[57]
Dennoch zeigt die Arbeit der Lehrlingspatronate in den ersten Jahren, dass sie durchaus auch der Disziplinierung der Lehrmeister oder zumindest der Auswahl geeigneter Lehrbetriebe dienten. Die Jugendlichen sollten bei «braven und soliden Meistersleuten»[58] ihr Handwerk erlernen. Das sollte durch die Patronate ebenso gewährleistet werden wie die Eignung der Lehrlinge. Die Auskunft über die einzelnen Lehrlinge erfolgte meist nur anhand der laufenden, vorab vergebenen Nummern, womit eine gewisse Anonymität gewahrt wurde. Hier unterschied sich die Praxis der Lehrlingspatronate von den schwarzen Listen in der Maschinenindustrie. Die Zürcher Rechenschaftslegung enthielt aber anfangs auch eine «Uebersichtstabelle», mit der die Nummern dann im Folgejahr wieder einzelnen Personen zugeordnet werden konnten.[59]
Die Urteile über die fehlbaren Lehrlinge waren in der Regel hart formuliert und offenbarten die moralische Entrüstung darüber, dass diese die angebotenen Unterstützungsmassnahmen nicht angemessen gewürdigt hatten. Mild ging man mit Entlassungen um, die aufgrund einer zu schwächlichen körperlichen Konstitution notwendig geworden waren. Mitunter wurden ärztliche Abklärungen veranlasst, die dann dazu führen konnten, dass kein Patronatsverhältnis zustande kam. Wenig verständnisvoll wurde hingegen mit als verweichlicht eingestuften männlichen Jugendlichen verfahren. Einem Konditorlehrling, der bereits in der Probezeit entlassen wurde, bescheinigte das Patronat: «ist Heim zu Muttern, weil Meister zu strenge sei und Knabe nach Bericht von dessen Patron: ein verzogenes Muttersöhnchen». Anderen gestand man aber im selben Jahr durchaus zu, dass das Lehrverhältnis bereits frühzeitig aufgelöst werden musste, weil die Situation derart unzumutbar gewesen sei.[60]
Um die Jahrhundertwende zog das Zürcher Lehrlingspatronat eine Bilanz seiner bisherigen Vermittlungsbemühungen, die zeigten, wie häufig Lehrverhältnisse selbst dort aufgelöst wurden, wo diese durch einen Patron begleitet wurden. Von den insgesamt gut fünfhundert beim Patronat angemeldeten Lehrlingen hatten 65% ihre Anmeldung wieder zurückgezogen oder waren entlassen worden.[61]

57 Ebd., S. 6 f.
58 Zweiter Jahresbericht über die Thätigkeit des Lehrlings-Patronats Zürich im Zeitraum vom 1. Januar bis 31. Dezember 1895, S. 8.
59 Erster Jahresbericht über die Thätigkeit des Lehrlings-Patronates Zürich im Zeitraum vom 1. April bis 31. Dezember 1894, o. P.
60 Zweiter Jahresbericht über die Thätigkeit des Lehrlings-Patronats Zürich im Zeitraum vom 1. Januar bis 31. Dezember 1895, S. 15.
61 Sechster Jahresbericht über die Thätigkeit des Lehrlings-Patronats Zürich im Zeitraum vom 1. Januar bis 31. Dezember 1899, S. 4.

Aus Schaffhausen drängte man darauf, den überall in der Schweiz entstehenden Patronaten auch eine gemeinsame Form zu geben. Ziel war es, durch jährliche Treffen der hier engagierten Personen dafür zu sorgen, dass nicht in bestimmten Berufsbereichen ein Überangebot an qualifizierten Nachwuchskräften entstand, während in anderen Mangel herrschte.[62] Besonders beklagt wurde, dass viele männliche Jugendliche sich für den Beruf des Mechanikers und des Elektrotechnikers entschieden, niemand aber Bäcker, Maler, Schneider oder Schuhmacher werden wolle.[63] Bereits 1887 hatte aus demselben Grund der Schweizerische Gewerbeverein gemeinsam mit dem Zürcher Kantonalverband einen Ratgeber herausgegeben, der in die gewerblichen Berufe einführte. Der Text wurde in verschiedenen Fassungen als «Wegleitung für Eltern, Schul- und Waisenbehörden» bis in die 1930er-Jahre immer wieder aufgelegt. Er sollte helfen, zum einen die Passung von Begabung und Beruf im Gewerbe zu garantieren, andererseits aber auch dem Mangel an Fachkräften in bestimmten Tätigkeitsfeldern entgegenwirken.[64]

1902 konstituierte sich denn auch ein eigener Verband der Schweizer Lehrlingspatronate. An der Gründungsveranstaltung nahmen bestehende Patronate, Gewerbevereine, die Lehrstellennachweise organisiert hatten, oder mit entsprechenden Aufgaben betraute staatliche Ämter teil. Einzig aus einer Appenzeller Gemeinde war eine Absage gekommen, weil man hier eine stärkere Zentralisierung fürchtete, was von den Initianten des Zusammenschlusses umgehend zurückgewiesen wurde. Der Verband sollte dem Austausch zwischen den einzelnen Mitgliedern dienen, war aber nicht als kantonsübergreifende Aufsichtsstruktur gedacht. Immerhin wurde eine ehrenamtlich bediente Zentralstelle geschaffen und die Absicht formuliert, auch einen Zentralvorstand einzurichten. Ziel des Verbandes war es vor allem, die Gründung weiterer Patronate und Lehrlingsheime anzuregen.[65] In der französischsprachigen Schweiz, wo die gesetzliche Regelung des Lehrlingswesen viel weiter vorangeschritten war als in der Deutschschweiz, bestand kein Bedarf an einer erweiterten privaten Initiative. Werner Krebs, weiterhin Sekretär des Gewerbevereins, schlug

---

62 Dritter Jahresbericht des kantonalen Lehrlingspatronates Schaffhausen vom 1. Januar bis 31. Dezember 1900, S. 8.

63 Vierter Jahresbericht des kantonalen Lehrlingspatronates Schaffhausen vom 1. Januar bis 31. Dezember 1901, S. 10; «Lehrlingspatronat Schaffhausen». Illustrierte schweizerische Handwerker-Zeitung vom 16. August 1902, S. 417.

64 Hug, Gottlieb: Die Wahl eines gewerblichen Berufes, hg. unter Mitwirkung des Schweizerischen Gewerbevereins vom kant. zürcherischen Gewerbeverein. Winterthur 1887: Ziegler; Hug, Gottlieb: Die Wahl eines gewerblichen Berufes: Wegleitung für Eltern, Schul- und Waisenbehörden. 9., revidierte Auflage. Bern 1931: Büchler.

65 «Schweizer. gewerbliche Lehrlingsprüfungen». Illustrierte schweizerische Handwerker-Zeitung vom 8. März 1902, S. 1001 f.

vor, wieder einen entsprechenden Aufruf an die Gewerbevereine und Gemeinnützigen Gesellschaften zu verschicken, der auf den Ausbau des Patronatswesens drängen sollte. Adressiert wurden hierbei auch die Kantonsregierungen, die ebenfalls mithelfen sollten, der ausgemachten Misere im Lehrlingswesen entgegenzuwirken.[66]

Das Engagement trug schnell Früchte. Bevor der Verband 1916 seinen Zweck neu definierte und der Begriff der Lehrlingspatronate gar aus seinem Namen verschwand, kamen eine Reihe weiterer Stellen hinzu, die sich um Unterkunft, Vermittlung, Beratung und Aufsicht kümmerten oder schlicht auf offene Ausbildungsplätze aufmerksam machten. Von den nun insgesamt 35 Mitgliedsorganisationen waren 25 tatsächlich in irgendeiner Weise in der Lehrlingsfürsorge tätig, die anderen waren meist Teil der kantonalen Exekutive und in dieser Hinsicht mit dem Ausbildungswesen betraut.[67]

2.4 Gewerbepolitik und Regierungshandeln

Die Vereinigung der Lehrlingspatronate konzentrierte sich fortan auf eine der Aufgaben, die schon von Beginn an Teil des eigenen Leistungsspektrums gewesen war: die Berufsberatung. Dass sie aber das Patronat aus dem Namen tilgte, signalisiert die rapiden Entwicklungen in der Lehrlingsfürsorge, die zu Beginn des 20. Jahrhunderts zu beobachten waren. Die Lehrlingspatronate waren eng mit dem Gewerbe und den lokalen gemeinnützigen Bestrebungen verknüpft und wurden auch von den kantonalen Verwaltungen unterstützt. Nun begann der Gewerbeverein aber, einen grossen Schritt weiterzugehen und setzte sich für ein einheitliches Berufsbildungsgesetz für die gesamte Eidgenossenschaft ein. Viel Konfliktpotenzial bot die Unklarheit darüber, inwiefern die bereits vielerorts getroffenen kantonalen Regelungen für das Lehrlingswesen auch Geltung für Betriebe hatten, die dem eidgenössischen Fabrikgesetz unterstanden. Zwischen Bund und Kantonsregierungen, zwischen Betrieb und Kanton, aber auch innerhalb der Verbände gab es Auseinandersetzungen darum, wie mit den sogenannten Fabriklehrlingen umzugehen sei.[68] Was als Fabrik zu gelten habe, war zunächst sehr uneinheitlich interpretiert worden.[69] Festgelegt

---

66 Errichtung von Lehrlingspatronaten und Lehrstellennachweisen, 1902 (SWA, Volksw. N I 1a).

67 Mitglieder-Verzeichnis des Verbandes der Schweizerischen Lehrlingspatronate, ohne Jahr (SWA, Bv Q 43).

68 Die Anwendung kantonaler Lehrlingsgesetze auf Lehrlinge in Fabrikbetrieben: Eingabe des Schweizerischen Gewerbevereins an den Schweizerischen Bundesrat (11. Dezember 1906). Bern 1906: Haller.

69 Kreisschreiben des Bundesrathes an die Kantonsregierungen vom 21. Mai 1880; Kreis-

worden war 1877 nur, dass eine Fabrik eine «industrielle Anstalt» sei, «in welcher gleichzeitig und regelmässig eine Mehrzahl von Arbeitern ausserhalb ihrer Wohnungen in geschlossenen Räumen beschäftigt wird».[70] Die Maschinisierung der betrieblichen Abläufe verwässerte die Unterscheidung von Handwerk und Industrie aber zusehends. Für die Fabriken galten anders als für das Gewerbe die Regelungen zur Kinder- und Frauenarbeit. Die kantonalen Gesetze zum Lehrlingswesen mussten hingegen nicht zwingend Anwendung finden. Im Kanton Zürich hatten sich zwei bekannte Winterthurer Unternehmen direkt nach Inkrafttreten eines kantonalen Lehrlingsgesetzes zunächst an die Zürcher Regierung gewandt und darauf gedrängt, dass die neuen Regelungen für ihre Ausbildung nicht bindend zu gelten hätten. Nachdem sie hier auf taube Ohren gestossen waren, gelangten Sulzer und die Schweizerische Lokomotiv- und Maschinenfabrik an die nationale Regierung und das Bundesgericht. In Teilen waren sie mit ihrer Klage erfolgreich. Vor allem konnten sie nicht verpflichtet werden, ihre Lehrlinge in die Fortbildungsschule zu schicken. Nach der Revision des Schweizerischen Obligationenrechts von 1911 und des eidgenössischen Fabrikgesetzes von 1914 wurde auch die Fabriklehre in den Regulierungsbereich des Bundes aufgenommen, der Ausbildungscharakter des Lehrverhältnisses hervorgehoben und festgelegt, dass für dieses grundsätzlich ein schriftlicher Lehrvertrag abgeschlossen werden musste.[71]

Der Text des neuen Fabrikgesetzes wies aber auch darauf hin, dass alle weiteren Vorgaben dem bereits debattierten zukünftigen Bundesgesetz zum Lehrlingswesen vorbehalten bleiben sollten. Bis dahin musste der Flickenteppich kantonaler Ordnungen ausreichen.[72] Im Ringen zwischen den verschiedenen Wirtschaftsverbänden um ein eidgenössisches Gesetz zeichneten sich nicht nur unterschiedliche Verständnisse der beruflichen Bildung ab. Vielmehr ging es hier auch um die Frage, inwiefern sich die Industrie stärker in das politische Gefüge integrieren lassen wollte. Eine einheitliche und für alle Betriebe jeglicher Grösse gültige Regulierung des Lehrlingswesens wurde vom Gewerbe vorangetrieben, in der Industrie hingegen zumeist eher skeptisch gesehen.

> schreiben des Bundesrathes an die Kantonsregierungen vom 6. Januar 1882; Kreisschreiben des Bundesrathes an die Kantonsregierungen vom 29. November 1884; Rekurs-Entscheid des Bundesrathes, v. 24. Sept. 1886. In: Schweizerisches Handels- und Landwirtschaftsdepartement: Das Bundesgesetz betreffend die Arbeit in den Fabriken vom 23. März 1877, kommentiert durch seine Ausführung in den ersten 10 Jahren seines Bestehens, 1877–1887. Bern 1888: Schmid, Francke & Co.
> 70 Bundesgesetz betreffend die Arbeit in den Fabriken vom 23. März 1877 (Bundesblatt Nr. 18 von 25. April 1877), §1.
> 71 Berner 2019, S. 334.
> 72 Bundesgesetz betreffend die Arbeit in den Fabriken vom 18. Juni 1914. Textausgabe mit Einleitung und Sachregister. Zürich 1915: Orell Füssli., Art. 77.

Die Anstrengungen des Gewerbevereins standen im Kontext weitergehender Bestrebungen zum gesetzlichen Schutz des Gewerbes, das sich von Industrie und Freihandel in seiner Existenz bedroht sah. Der Gewerbeverein konnte hierbei auf zahlreiche Vorarbeiten, Postulate und Programmpapiere seit seiner Gründung zurückgreifen. 1903 wurde die Verbandsleitung auf der Delegiertenversammlung beauftragt, sich für eine Verfassungsänderung einzusetzen, die eine gesetzliche Regulierung des Gewerbes einschliesslich des Lehrlingswesens erlauben würde. Diese Anpassung, die in einem ersten Anlauf 1894 noch gescheitert war, wurde nun von der Stimmbevölkerung 1908 mit einer deutlichen Mehrheit angenommen.[73]

Der Bund lud anschliessend die Berufsverbände ein, gemeinsam ein Programm für die Gesetzgebung aufzustellen. Der 1917 in «Schweizerischer Gewerbeverband» umbenannte Schweizerische Gewerbeverein beschloss, statt eines einzigen Gewerbegesetzes drei verschiedene Ordnungen auszuarbeiten, die sich der Gewerbeförderung, dem Schutz der Arbeitnehmer und nicht zuletzt dem Lehrlingswesen annehmen sollten.[74] Der Dachverband zeigte auf, in welchen Berufen seiner Ansicht nach «Lehrlingsnot» herrschte. Doch nicht nur die Zahl, sondern auch die Qualität derjenigen Jugendlichen, die sich für ein Handwerk entschieden, erschien ihm ungenügend: «Intelligentere, besser vorgebildete und besser erzogene junge Leute, oder auch besser Bemittelte, werden den wissenschaftlichen und technischen Berufsarten, dem Kaufmannsstande, der Beamten-Carrière zugewiesen und vermehren dort das gebildete Proletariat, während dem Handwerk tüchtige Kräfte mangeln».[75] Für diese Lesart konnte der Gewerbeverband zum Teil auf die erwähnte Betriebszählung zurückgreifen, in der auch die jeweilige Vorbildung der Beschäftigten miterhoben worden war. Die These, dass das Gewerbe hinsichtlich Erziehung und sozialer Herkunft des Nachwuchses benachteiligt war, wurde nicht weiter belegt. Sie schien evident zu sein. Verstärkt sah der Verband diese Negativselektion durch Lehrmeister, die ihrer Verantwortung nicht mehr richtig nachkämen und entsprechend der Erziehung des Nachwuchses nicht angemessen Rechnung trügen.[76]

Die Mängel in qualifikatorischer Hinsicht wurden vom Gewerbeverband auch arbeitspsychologisch ausgedeutet. Die Einseitigkeit der Ausbildung in vielen Betrieben, bei denen wichtige Kompetenzen und eine umfassende berufliche

---

73 Criblez 2015; Schweizerischer Gewerbeverband: Entwurf eines Bundesgesetzes betreffend Berufslehre und Berufsbildung. Beschluss der Jahresversammlung vom 9. Juni 1918. Bern 1918: Verlag des Schweizerischen Gewerbeverbandes.

74 Schweizerisches Eidgenössisches Arbeitsamt: Vorentwurf und Motive zu einem Bundesgesetz über die berufliche Ausbildung. Bern 1924: Zimmermann & Co.

75 Schweizerischer Gewerbeverband, Vorlage des Zentralvorstandes vom 7. Februar 1918, S. 10 f. (SWA, HS 404 J).

76 Ebd., S. 11.

Bildung gar nicht erworben werden könnten, stellten weniger ein Problem im alltäglichen Geschäftsgang dar. Vielmehr galten die Folgen für Arbeitseifer und Engagement als das eigentliche Problem. Eine staatlich regulierte Berufsbildung sollte «rechte Schaffensfreudigkeit, die Lust am Beruf, die Energie zur Fortbildung und Selbständigmachung» erzeugen – und damit den Gewerbestand wieder zu einem attraktiven und produktiven Wirtschaftssektor machen.[77]

Der Fokus auf die «innere Zufriedenheit», auf «wahres Glück» und «Leistungsfähigkeit»[78] speiste sich nicht allein aus gewerbepolitischen Gesichtspunkten und dem Selbstverständnis des Verbandes. Die umfassende Regulierung des Lehrlingswesens über die Branchen hinweg sollte auch die Verbreitung von «utopistischen Ideen» unterbinden, war also gegen die organisierte Arbeiterschaft und die linke Parteipolitik gerichtet. Das Gewerbe betrachtete die gesetzliche Kodifizierung der Berufsbildung als gerechtfertigt, da es diese als eine öffentliche Aufgabe verstand, nicht nur als ein privatrechtliches Verhältnis. Den Vertretern eines komplett freien Unternehmertums mit möglichst wenigen nationalen Restriktionen hielt die Verbandsleitung entgegen, dass der Wohlstand eines Volkes von der Verfassung der Berufsbildung abhänge und diese entsprechend eine «gesellschaftliche Einrichtung» sei. Die Eigeninitiative der Unternehmen und Verbände reiche nun nicht mehr aus.[79]

Nicht zuletzt sollte aber durch eine Aufwertung der heimischen Berufsbildung das inländische Potenzial an Fachkräften besser genutzt und so der Anwerbung von Personen aus dem Ausland entgegengewirkt werden. Der Gewerbeverband sah zum einen das Problem, dass angeworbene Arbeitskräfte die Löhne in der Schweiz drückten und ihren Lohn, statt ihn direkt vor Ort auszugeben, in die Heimat schickten. Zum anderen ging er aber auch von Qualitätseinbussen durch die Beschäftigung schlecht ausgebildeter Personen aus dem angrenzenden Ausland aus. Besonders für italienische Arbeitskräfte hielt der Verband es für erwiesen, dass diese kaum zu integrieren seien, schweizerische Gesetze und Bräuche auch nach langer Zeit nicht beachteten, ihre Kinder nicht in die Schulen schickten und so das Bildungsniveau der Gesamtbevölkerung senkten. Denjenigen zugewanderten Personen aus Italien, die sich mit einem eigenen Betrieb selbständig gemacht hatten, wurde zudem unterstellt, dass sie durch einen Preiskampf, geringen Arbeitseinsatz und «Ausbeutung der jugendlichen Arbeitskräfte» den Konkurrenzdruck auf die angestammten Unternehmen massiv erhöhten. Der Gewerbeverband markierte seine Position zwar durchaus auch als Weckruf nach innen. Argumentativer Gegenpol war aber weiterhin

77 Ebd., S. 12.
78 Ebd.
79 Schweizerischer Gewerbeverband, Vorlage des Zentralvorstandes vom 7. Februar 1918, S. 12 f. (SWA, HS 404 J).

die exportorientierte Grossindustrie, die auf Zugang zum Weltmarkt, Rekrutierung grosser Mengen an Arbeitskräften und möglichst wenig staatliche Vorgaben drängte.[80]

Als der Gewerbeverband 1918 seine Stellungnahme zu einem eidgenössischen Berufsbildungsgesetz abgab, lagen bereits die Positionspapiere des Schweizerischen Arbeiterbundes (1911) und des Schweizerischen Gewerkschaftsbundes (1913) vor. Der Kaufmännische Verein und eine Vereinigung der Zeichen- und Gewerbeschullehrer hatten sich ebenfalls bereits zu dem Anliegen geäussert. Alle diese Interessensvertretungen befürworteten eine einheitliche gesetzliche Regulierung des Lehrlingswesens. Als einzige grössere Organisation, die wie der Gewerbeverband auf der Arbeitgeberseite angesiedelt war, publizierte der Vorort des Schweizerischen Handels- und Industrievereins und seiner Mitgliedsverbände eine Stellungnahme.[81]

Insgesamt dauerte es nach der Annahme des neuen Verfassungsartikels zur Regulierung des Gewerbes von 1908 gut zwanzig Jahre, bis ein eigentliches nationales Berufsbildungsgesetz in Kraft treten konnte. Mit der Krise Anfang der 1920er-Jahre brachen in der Maschinenindustrie auch die Lehrlingszahlen ein. In einem Rundschreiben forderte der Arbeitgeberverband schweizerischer Maschinen- und Metallindustrieller die Firmen auf, nun nicht allzu kurzfristig zu denken, sondern auch die zukünftigen Bedarfe an qualifizierten Fachkräften im Blick zu behalten. Er empfahl aber, im Lehrvertrag keinen Lohn über die gesamte Ausbildungsdauer festzulegen, um diesen konjunkturbedingt anpassen zu können. Auch betriebsbedingte Kündigungen sollten vorab bereits als eine Möglichkeit in die Vereinbarungen aufgenommen werden. Diese Praxis wurde vonseiten der Behörden, zumindest im Fall des Kantons Zürich, sogar begrüsst. Der Kanton Bern äusserte hingegen rechtliche Bedenken gegen diese konjunkturabhängige Form der Ausbildung von Jugendlichen.[82]

Für die Industrie war die Krise Anfang der 1920er-Jahre auch ein Anlass, grundsätzlich gegen zu viele Regulierungen im Lehrlingsbereich anzugehen. Eine weiterhin hohe Ausbildungsbereitschaft hielt der Arbeitgeberverband schweizerischer Maschinen- und Metall-Industrieller nur dann für wahrscheinlich, wenn nicht durch weitgehende Einschnitte in die unternehmerische Freiheit und zahlreiche Vorgaben die Qualifikation des beruflichen Nachwuchses erschwert würde. Der Verband begrüsste entsprechend auch einen Vorschlag

---

80 Ebd., S. 15.
81 Botschaft des Bundesrates an die Bundesversammlung zum Entwurf eines Bundesgesetzes über die berufliche Ausbildung vom 9. November 1928 (Bundesblatt Nr. 46 von 14. November 1928), S. 728.
82 Arbeitgeberverband Schweizerischer Maschinen- und Metallindustrieller, 16. Jahresbericht des Ausschusses und des Vorstandes an die Mitglieder für 1921, S. 76–79.

der Stiftung Pro Juventute, die sich kritisch mit einzelnen kantonalen Regulierungen auseinandergesetzt und bestimmte Paragrafen zur Streichung empfohlen hatte.[83]

Kaum Thema in den Auseinandersetzungen der Wirtschaftsverbände auf dem Weg hin zu einem eidgenössischen Berufsbildungsgesetz waren die sehr unterschiedlichen Geschlechterverhältnisse im Lehrlingswesen. In der Berufsbildungsstatistik wurden die unterschiedlichen Angaben bei männlichen und weiblichen Lehrlingen hingegen grundsätzlich mit abgebildet: Ein gutes Viertel der von der öffentlichen Berufsstatistik erfassten Personen in einem Lehrverhältnis war um 1900 weiblich. Die Ausbildungsberufe selbst wurden zu diesem Zeitpunkt nicht erhoben, sondern die Branchen, in denen die Lehrlinge jeweils beschäftigt waren. Während die Mädchen nur in wenigen Branchen überhaupt eine Ausbildung machen konnten, war die Angebotslandschaft für die Jungen deutlich differenzierter. In den zwei folgenden Volkszählungen veränderten sich trotz verschiedener Nachjustierungen in den Erhebungsmethoden diese Verhältnisse kaum. Der Anteil der erfassten Lehrlinge an der erwerbstätigen Bevölkerung machte laut Volkszählung durchgängig um die 4 % aus, der Anteil der weiblichen Auszubildenden an diesen lag durchgängig bei unter 30 %.[84] In der Metall- und Maschinenindustrie stand laut der Betriebszählung von 1929 von allen erfassten weiblichen Beschäftigten gerade einmal ein Prozent in einem Lehrverhältnis.[85]

1912 hatte der Bund schweizerischer Frauenvereine eine Umfrage in Auftrag gegeben, die sich den Bedingungen widmete, unter denen Frauen in der Schweiz berufstätig waren. Die Erhebung nahm sich insbesondere den sogenannten Lehrtöchtern an und erfasste hier vor allem die gewerblichen Berufe. Knapp 2000 der Fragebögen waren von Mädchen und jungen Frauen ausgefüllt worden, die sich in einem Ausbildungsverhältnis befanden, wobei ein grosser Teil der Erhebungen im Kanton Zürich durchgeführt und die lateinische Schweiz kaum erfasst worden war. Gut 60 % der befragten Personen wurden zur Damenschneiderin ausgebildet, gefolgt von Näherinnen von Haushalts- oder Leibwäsche, Hutmacherinnen und Verkäuferinnen. Gemessen an der eidgenössischen Berufsstatistik waren also etwa die Coiffeusen in dieser Umfrage

83 Ebd., S. 80.
84 Berechnungen gemäss der Angaben in: Statistisches Bureau des eidgenössischen Departements des Innern: Die Ergebnisse der eidgenössischen Volkszählung vom 1. Dezember 1900. Band 3: Die Unterscheidung der Bevölkerung nach dem Berufe. Bern 1907: Gustav Grunau; Eidgenössisches Statistisches Amt (Hg.): Eidgenössische Volkszählung vom 1. Dezember 1920: Zusammenfassende Darstellung für die Schweiz. Zweites Schlussheft. Berufsstatistik. Bern 1924: Francke, S. 56.
85 Arbeitgeberverband Schweizerischer Maschinen- und Metallindustrieller, 26. Jahresbericht des Ausschusses und des Vorstandes an die Mitglieder für 1931, S. 114.

deutlich unterrepräsentiert. In den erfassten Branchen zeigte sich aber immerhin, dass trotz der mittlerweile in vielen Kantonen für gewerbliche Berufe vorgeschriebenen schriftlichen Lehrverträgen insgesamt 11% der Mädchen ohne einen solchen Vertrag beschäftigt wurden.[86]
1920 wurde in Aarau von insgesamt 28 Frauen ein Schweizerischer Frauengewerbeverband gegründet, der von Beginn an das Anliegen einer besseren Ausbildung der weiblichen Jugendlichen ins Zentrum seiner Diskussionen rückte. Versammelt waren hier verschiedene Textilverarbeitungsberufe sowie die Glätterinnen und Stickerinnen. Trotz anfänglicher Bedenken entschied sich der frisch gegründete Verband gegen eine Aufnahme der männlichen Damenschneider.[87] Er war der erste Verband in der Schweiz, der explizit die Perspektive der Arbeitgeberinnen zum Ausgangspunkt der Interessenspolitik machte. Die neue Interessenvereinigung trat dann auch dem Schweizerischen Gewerbeverband bei und drängte dort auf mehr Frauen in zentralen Funktionen. Grund für den Beitritt war die gemeinsame Organisation der Lehrlingsprüfungen.[88]
Innerhalb der schweizerischen Frauenbewegung wurde der Frauengewerbeverband – zusammen mit anderen weiblich dominierten Berufsverbänden – nun für einige Jahre zu einem wichtigen Akteur.[89] 1923 entstand in der Schweiz mit der Zentralstelle für Frauenberufe eine Interessensorganisation, die sich der Berufsberatung und der Vertretung der weiblichen Erwerbsbevölkerung verschrieben hatte. Frauengewerbeverband und Zentralstelle waren zudem beide um eine Verbesserung der empirischen Kenntnisse zu den Ausbildungsbedingungen besorgt.[90]
Die Ausbildung von Mädchen in den gewerblichen Berufen erfolgte in der Regel auch durch weibliche Lehrmeisterinnen.[91] Hier kollidierten dann mitunter Geschlechtersolidarität und unternehmerische Interessen, etwa in Fragen der angemessenen Lehrlingslöhne. In einem Bericht über eine Veranstaltung, bei der sowohl die Zentralstelle als auch der Frauengewerbeverband mit einem Vortrag vertreten gewesen waren, bemerkte der Verfasser süffisant, dass die

---

86 Buomberger, Ferdinand: Gewerbliche Frauenarbeit in der Schweiz: Ergebnisse einer vom Bund schweizerischer Frauenvereine veranstalteten Enquête. Bern 1916: Francke, S. 3–15.
87 «Ein Schweizerischer Frauengewerbeverband». Frauenbestrebungen vom 1. November 1920, S. 83 f.; Angehrn 2019, S. 70.
88 «Schweizerische Gewerbetagung in Luzern». Neue Zürcher Zeitung, Morgenausgabe, vom 17. Juni 1929, Blatt 3; «Kreisschreiben Nr. 312 an die Sektionen des Schweizer. Gewerbeverbandes». Illustrierte schweizerische Handwerker-Zeitung vom 14. Juni 1923, S. 107 f.
89 Mesmer 2007, S. 112 f.
90 Renold 1998, S. 582–596.
91 Sutter 1993, S. 208.

Forderung nach einer besseren Entlohnung der Mädchen von den Chefinnen nicht zwingend geteilt worden sei.[92]
In den Verhandlungen zur Ausgestaltung des ersten eidgenössischen Berufsbildungsgesetzes kamen die Interessen der Frauen aber kaum vor. In ihrer Stellungnahme sorgte sich die Zentralstelle für Frauenberufe, die für die Anliegen der weiblich dominierten Arbeitsfelder eintrat, vor allem um die hauswirtschaftlichen, gesundheitlichen, erziehenden und sozialen Berufe.[93] Mit ihren Anliegen scheiterten die betroffenen Berufs- und Frauenverbände nahezu auf ganzer Linie. Im Zentrum des Gesetzesvorhabens zur beruflichen Ausbildung stand nicht eine generelle Regulierung der Erstqualifikation in allen vorhandenen Berufsfeldern, sondern vor allem das Lehrlingswesen in Gewerbe und Industrie.[94] Bereits der erste Gesetzentwurf einer Expertenkommission von 1921 trug entsprechend deutlich die Handschrift des männlich dominierten Gewerbeverbandes. 1924 wurde dann eine Vorfassung in die Vernehmlassung gegeben, die von der zuständigen Bundesbehörde ausgearbeitet worden war.[95]

2.5 Industrie versus Handwerk

In den anschliessenden finalen Auseinandersetzungen um die Ausgestaltung des Berufsbildungsgesetzes wurde deutlich, dass auch innerhalb des Arbeitgeberlagers die Linie nicht einheitlich war. Die Differenzen traten deutlich hervor, nachdem der Bund Behörden, Verbände und andere Fachorganisationen aufgefordert hatte, bis Ende August 1924 Stellung zum vorgelegten Gesetzesentwurf zu nehmen, der die «berufliche Ausbildung» regeln sollte. Der Gewerbeverband gelangte sogleich an den Vorort des Industrie- und Handelsvereins, erbat sich dessen Unterstützung und bot eine mündliche Unterredung zu strittigen Punkten an. Dieser musste aber erst bei seinen zahlreichen Mitgliedern Rückmeldungen einholen, bis er sich in der Lage sah, verbindlich auf das Angebot einzugehen.[96] Auch mit dem Zentralverband der schweizerischen Arbeitge-

92 «22. Jahresversammlung des schweiz. Verbandes für Berufsberatung und Lehrlingsfürsorge in St. Gallen». Illustrierte schweizerische Handwerker-Zeitung vom 24. Dezember 1925, S. 450 f.
93 Schweizerische Zentralstelle für Frauenberufe an das Eidgenössische Arbeitsamt vom 12. September 1924 (BAR, E7169-01#1971/168#3*).
94 Renold 1998, S. 644–647; «Spitalbauten und Pflegepersonal». Neue Zürcher Zeitung, Mittagausgabe, vom 26. Februar 1930, Blatt 5.
95 Gonon 2012, S. 235.
96 Schweizerischer Gewerbeverband an den Vorort des Schweizerischen Handels- und Industrievereins vom 18. März 1924; Vorort des Schweizerischen Handels- und Industrievereins an den Schweizerischen Gewerbeverband vom 20. März 1924 (AfZ, IB Vorort-Archiv 203.1.1.1.).

ber-Organisationen tauschte sich der Vorort vorab aus und übermittelte ihm die internen Rückmeldungen auf den Entwurf der Bundesbehörden.[97]
Der Vorort des Schweizerischen Industrie- und Handelsvereins erkannte zwar durchaus das Anliegen des Bundes an, die Position der schweizerischen Qualitätsproduktion gegenüber der ausländischen Konkurrenz zu stärken. Das Vorhaben, mit einem Gesetzestext nicht nur die Ausbildung zu regulieren, sondern auch die Betriebe der Industrie und des Gewerbes zukünftig gleich zu behandeln, ging ihm aber viel zu weit. Er machte, unter Rückgriff auf die ablehnenden, teils scharfen Voten seiner Mitgliedsverbände, verfassungsmässige Bedenken geltend, ob sich die Regelungskompetenz im Gewerbebereich so einfach auf die Industrie und den Handel ausdehnen lasse. Der Vorort kam damit zu einer eindeutig formulierten Position: «Aus allen diesen Gründen glauben wir der Auffassung Ausdruck geben zu sollen, dass die Frage der beruflichen Ausbildung keine bundesrechtliche Regelung finden möchte».[98]
Da der Verbandssekretär des Vororts seine Bedenken nicht nur in der internen Korrespondenz zwischen den Verbänden zum Ausdruck gebracht hatte, sondern diese auch in der Neuen Zürcher Zeitung zum Abdruck kamen, traten die Differenzen innerhalb des Arbeitgeberlagers deutlich zu Tage. Für den Vertreter des Handels- und Industrievereins gab es gar keine Notwendigkeit für eine bundeseinheitliche Regelung, da in den meisten Kantonen bereits Lehrlingsgesetze erlassen worden seien und man vorhandene Defizite auch über eine angepasste Subventionierungspraxis abbauen könne. Er ging davon aus, dass die Widerstände aus Wirtschaftskreisen zu gross sein würden und dass das Gesetz letztlich über ein Referendum gekippt werden könnte. Er deutete an, dass die Bundesbehörden den Vorschlag vielleicht besser gleich wieder zurückzögen, da eine erfolgreiche Durchsetzung des Regelwerks mehr als fraglich sei.[99] Die deutsche und die französischsprachige Version der Verfassung enthielten «dank der liederlichen Terminologie» zahlreiche Ungenauigkeiten[100] – die aber von den Wirtschaftsverbänden früher nicht beanstandet worden waren.

---

97 Vorort des Schweizerischen Handels- und Industrievereins an den Zentralverband der schweizerischen Arbeitgeber-Organisationen vom 20. August 1924; Vorort des Schweizerischen Handels- und Industrievereins an den Zentralverband der schweizerischen Arbeitgeber-Organisationen vom 26. August 1924 (AfZ, IB Vorort-Archiv 203.1.1.1.).
98 Vorort des Schweizerischen Handels- und Industrievereins an das Eidgenössische Arbeitsamt vom 28. August 1924, S. 27 (AfZ, IB Vorort-Archiv 203.1.1.1.).
99 «Betrachtungen zum Vorentwurf für ein Bundesgesetz über die berufliche Ausbildung». Neue Zürcher Zeitung vom 23. September 1924, Erstes Abendblatt.
100 Zentralverband Schweizerischer Arbeitgeber-Organisationen an den Vorort des Schweizerischen Handels- und Industrievereins vom 29. September 1924 (AfZ, IB Vorort-Archiv 203.1.1.1.).

Von seinen Mitgliederverbänden hatte der Schweizerische Handels- und Industrieverein tatsächlich überwiegend negative Rückmeldungen zum Entwurf der Bundesbehörden erhalten. Neben staatspolitischen Argumenten wurde ins Feld geführt, dass eine einheitliche Regulierung hier schlicht nicht durchsetzbar sei, weil sich die Verhältnisse zwischen verschiedenen Branchen, Berufen, Regionen oder Kommunen so sehr unterschieden. Daraus folgerte etwa die Basler Handelskammer, dass der «Hauptfehler» des Entwurfs darin bestehe, «Handwerk, Industrie und Handel im Gesetz zusammenspannen» zu wollen.[101] Für die Vertreter von Freihandel und möglichst wenig regulierter Gewerbefreiheit boten die bestehenden Unklarheiten, auf wen sich die verfassungsmässigen Kompetenzen letztlich erstreckten, zahlreiche Möglichkeiten, Einspruch zu erheben. Aus der Verfassung liess sich in dieser Lesart nicht eindeutig ableiten, ob der Bund nun eine Befugnis zur gesetzlichen Regulierung auch der industriellen Ausbildungsverhältnisse habe. Ein Vorschlag lautete deshalb, nicht auf Motivlagen bei der Gesetzgebung abzustellen, sondern den Wortlaut mit den realen Verhältnissen zur Deckung zu bringen.[102]

Der Zentralverband der Arbeitgeber-Organisationen, der nicht nur die Interessen der Arbeitgeberseite in Handel und Grossindustrie zu vertreten versuchte, sondern auch die Betriebsinhaber im Gewerbe repräsentieren wollte, sah davon ab, öffentlich auf das Pressestatement des Vororts zu reagieren. Stattdessen äusserte er seine Kritik bilateral, da «Meinungsverschiedenheiten innerhalb der Industrie nicht vor der Öffentlichkeit ausgetragen werden sollten».[103] In die Ausarbeitung des Vorentwurfs war der Arbeitgeberverband nicht einbezogen worden. Aus Industrie und Handel hatte neben einem kantonalen Verbandsfunktionär einzig ein Mitarbeiter der Bally Schuhwerke Einsitz in die Expertenkommission genommen und dort ein gemeinsames Interesse an einer einheitlichen Ausgestaltung für die gesamte Schweiz behauptet, ohne weiter auf die Befindlichkeiten in den vielen verschiedenen Unternehmen Rücksicht zu nehmen.[104]

---

101 Vorort des Schweizerischen Handels- und Industrievereins an das Eidgenössische Arbeitsamt vom 28. August 1924, S. 7 (AfZ, IB Vorort-Archiv 203.1.1.1.).
102 «Verfassungsrechtliche Unklarheiten». Schweizerische Arbeitgeberzeitung vom 2. August 1924, S. 185 f.
103 Zentralverband Schweizerischer Arbeitgeber-Organisationen an den Vorort des Schweizerischen Handels- und Industrievereins vom 29. September 1924 (AfZ, IB Vorort-Archiv 203.1.1.1.).
104 Zentralverband Schweizerischer Arbeitgeber-Organisationen an die Mitgliedschaftsverbände vom 13. März 1924 (ZSAO, 3.37); Expertenkommission, Protokoll der Eintretensdebatte am 19. und 20. Januar 1921, S. 6 f. (BAR, E7170B#1971/189#1*); Volkswirtschaftsdepartement an die Mitglieder der Expertenkommission zur Vorbereitung des eidgenössischen Lehrlingsgesetzes vom 5. Januar 1921 (BAR, E7169-01#1971/168#5*).

In seiner Rückmeldung an die Bundesbehörden räumte der Arbeitgeberverband zwar ein, dass der Bund möglicherweise tatsächlich befugt sei, in die wirtschaftlichen Verhältnisse einzugreifen, verliess dann aber schnell das verfassungstheoretische Terrain, um stattdessen die wirtschaftspolitischen Gefahren einer staatlichen Regulierung herauszustreichen. Er drohte mit dem Scheitern des Entwurfs in dieser Fassung vor dem Volk und verglich das Anliegen einer umfassenden Regulierung der Berufsbildung mit dem Vollmachtenregime im Ersten Weltkrieg. Die Folge sei eine Verschlechterung im Lehrlingswesen, da immer weniger Betriebe sich bereit erklären könnten, sich hier zu engagieren. Insgesamt kam der Arbeitgeberverband auf Grundlage der internen Stellungnahme seiner Mitglieder zu einem negativen Votum. Er hielt die vorliegenden kantonalen Regelungen für ausreichend.[105]

Den Vergleich mit dem Vollmachtenregime hatte der Arbeitgeberverband aus einer Stellungnahme des Arbeitgeberverbandes schweizerischer Maschinen- und Metallindustrieller übernommen, der zudem anmerkte, dass man mittlerweile «in einem Polizeistaate» zu leben meine. Als besonders gefährlich schien dem Verband, dass durch die Überlastung der federführenden Bundesbeamten viele Geschäfte nach unten delegiert würden, wo wenig Expertise, dafür aber viel Gestaltungswille vorhanden sei. Von einem Bundesgesetz erhoffte man sich stattdessen die Zurücknahme weitgehender Regelungen in den Kantonen.[106]

Erschwert wurde eine zügige Verhandlung der Lehrlingsgesetzgebung ausserdem, da der Gewerbeverband darauf drängte, alle drei angestrebten Gewerbegesetze dem Bundesrat gemeinsam zukommen zu lassen.[107] Eigentlich war im Gewerbeverband 1921 nämlich der Beschluss gefasst worden, eine einheitliche Gewerbegesetzgebung anzustreben, in der die Berufsbildung nur einen von drei Schwerpunkten bilden sollte. Seitens der Bundesbehörden wurde nun argumentiert, dass in Fragen des Lehrlingswesens die meisten Vorarbeiten bereits vorlägen und hier wohl auch am leichtesten eine Einigung zu erzielen sei. Entgegen seines ursprünglichen Beschlusses trat der Gewerbeverband nun also dafür ein, doch zunächst allein die Berufsbildung zu regulieren und erst dann die anderen Vorhaben in Angriff zu nehmen, die sich der Gewerbeförderung und der Arbeit in den Betrieben widmeten. Die Verfassungsgrundlage sah er, trotz der uneinheitlichen Formulierungen in den verschiedenen Sprachfassungen, als gegeben an. Auch ein einheitliches Interesse des Gewerbes glaubten die

---

105 Zentralverband Schweizerischer Arbeitgeber-Organisationen an das eidgenössische Arbeitsamt vom 1. September 1924 (ZSAO, 3.37).
106 Arbeitgeberverband Schweizerischer Maschinen- und Metallindustrieller an den Zentralverband Schweizerischer Arbeitgeber-Organisationen vom 8. Juli 1924 (ZSAO 3.37).
107 «Berufliche Ausbildung». Neue Zürcher Zeitung, Morgenausgabe, vom 11. Juli 1925, Blatt 2.

Verbandsfunktionäre auszumachen, wenn auch in der französischsprachigen Schweiz weitaus grössere Bedenken gegen eine nationale Gewerbegesetzgebung bestanden. Wichtig erschien ihm, dass der Geltungsbereich des Gesetzes sich auch auf die Industrielehre, die Ausbildung in den Behörden und auf die kaufmännischen Berufe erstreckte. Der durchaus vorhandenen Sorge, dass die anderen Anliegen, so auch eine Stärkung der Rolle der Wirtschaftsverbände, nicht mehr durchsetzbar seien, wenn die Berufsbildung einmal reguliert sein würde, stand entgegen, dass sich der Gewerbeverband genau in dieser Angelegenheit als kompetenter Gesprächspartner der Bundesbehörden profilieren konnte.[108]

Insgesamt gingen 27 Eingaben zum von den Bundesbehörden ausgearbeiteten Entwurf ein, Unterlagen und Protokoll der internen Verhandlung des Gewerbeverbandes fanden gesondert Berücksichtigung.[109] Die eigentliche Ausarbeitung der definitiven Vorlage verzögerte sich nochmals, wovon der Gewerbeverband und der Arbeitgeberverband eigens in Kenntnis gesetzt und ersterem eine weitere mögliche Abstimmung über die Fassung in Aussicht gestellt wurde – nachdem er sich nach dem Stand der Dinge erkundigt hatte.[110] In der zuständigen Bundesbehörde hatte man wenig Hoffnung, dass sich die Gegner in Industrie und Handel noch von dem Nutzen einer einheitlichen Gesetzgebung in der Berufsbildung überzeugen lassen würden. Es schien also auch wenig aussichtsreich, mit diesen nochmals in Verhandlung zu treten. Der Gewerbeverband erschien nach seinem revidierten Beschluss als ein wichtiger Faktor, das Gesetzesvorhaben nun endlich zu einem Abschluss zu bringen. Die weiteren Anliegen im Rahmen einer umfassenden Gewerbegesetzgebung schienen zu diesem Zeitpunkt hingegen nur in geringerem Masse realisierbar zu sein.[111]

1928 legte der Bundesrat dann einen Gesetzesentwurf und die zugehörige Botschaft vor, die den Entstehungsprozess nochmals rekapitulierte. Der Arbeitgeberverband schweizerischer Maschinen- und Metallindustrieller war, wie auch der Zentralverband der Arbeitgeber-Organisationen, weiterhin nicht überzeugt, dass der Bund überhaupt befugt sei, in die Fabriklehre einzugreifen.

---

108 Protokoll der ordentlichen Jahresversammlung des Schweizerischen Gewerbeverbandes vom 4. Juli 1925, S. 13–19 (ZSAO, 3.37).

109 Eingaben der Berufsverbände zum Vorentwurf eines Bundesgesetzes über die berufliche Ausbildung (BAR, E7169-01#1971/168#12*).

110 Gewerbeverband an Eidgenössisches Arbeitsamt vom 3. Oktober 1927; Eidgenössisches Arbeitsamt an Gewerbeverband vom 4. Oktober 1927; Eidgenössisches Arbeitsamt an Zentralverband der schweizerischen Arbeitgeber-Organisationen vom 5. März 1927; Zentralverband der schweizerischen Arbeitgeber-Organisationen an Eidgenössisches Arbeitsamt vom 2. März 1927 (BAR, E7169-01#1971/168#3*).

111 Eidgenössisches Arbeitsamt an Bundesrat Schulthess vom 5. Juli 1926 (BAR, E7169-01#1971/168#3*).

Besonders kritisierte er, dass das gesamte Regelwerk viel zu sehr von den Traditionen und Bedürfnissen des Handwerks und Kleingewerbes ausging und die Besonderheiten der Industrie zu wenig berücksichtigt worden seien. Auch die Hoffnung auf einen Rückbau kantonaler Regulierungen, die seitens der Industrie als zu weitreichend empfunden wurden, war spätestens mit dem definitiven Gesetzesentwurf enttäuscht worden.[112] Dieser wurde auch nach der Verhandlung im Parlament nur noch geringfügig angepasst. Im Sommer 1930 passierte das Gesetz schliesslich das Parlament und trat dann nochmals drei Jahre später in Kraft.[113]

Die Vernehmlassung zur bundesrätlichen Verordnung, die den Vollzug des Gesetzes regeln sollte, verlief naturgemäss weniger scharf als die früheren Verhandlungen, in denen es noch um den Grundsatz einer einheitlichen Regulierung der Berufsbildung gegangen war.[114] Diesen innerwirtschaftlichen Kampf hatte das Gewerbe gegen die Industrie gewonnen. Für die Verbände bedeutete die neue Situation, dass die bestehenden Expertengremien, die sich bisher mit Fragen der Lehrlingsbildung beschäftigt hatten, neu organisiert werden mussten. Die internen Richtlinien, die seit Jahrzehnten entwickelt worden waren, galten nur noch unter Vorbehalt und waren revisionsbedürftig. Auch für die Berufsbezeichnungen in der Industrie, die Praxis der Diplomvergabe und Prüfungsorganisation und die interne Statistik hatte das Berufsbildungsgesetz weitreichende Konsequenzen.[115] Die neuen Anforderungen an die Betriebe begünstigten die pädagogischen Experten in den Verbänden der Industrie und des Gewerbes. Gleichzeitig barg das Kooperationsgebot in der Berufsbildung in der Folge der aufgehobenen Trennung von Fabrik- und Gewerbelehre neues Konfliktpotential innerhalb der Spitzenverbände.[116]

112 Arbeitgeberverband Schweizerischer Maschinen- und Metallindustrieller an den Zentralverband der schweizerischen Arbeitgeber-Organisationen vom 6. April 1929; Zentralverband der schweizerischen Arbeitgeber-Organisationen an die ständerätliche Kommission für das Bundesgesetz über die berufliche Ausbildung vom 6. Januar 1930 (SWA, Volksw N I 1a).

113 Revision des Bundesgesetzes vom 26. Juni 1930 über die berufliche Ausbildung. Bericht und Text des Gesetzesentwurfes der Expertenkommission vom Dezember 1960, S. 5–8 (AfZ, IB Vorort-Archiv 203.1.2.1.4).

114 Gewerbeverband an das Volkswirtschaftsdepartement vom 11. Dezember 1931; Zentralverband der schweizerischen Arbeitgeber-Organisationen an das Volkswirtschaftsdepartement vom 18. November 1931 (AfZ, IB Vorort-Archiv 203.1.1.3).

115 Arbeitgeberverband Schweizerischer Maschinen- und Metallindustrieller, 25. Jahresbericht des Ausschusses und des Vorstandes an die Mitglieder für 1930, S. 112–126.

116 Arbeitgeberverband Schweizerischer Maschinen- und Metallindustrieller, 25. Jahresbericht des Ausschusses und des Vorstandes an die Mitglieder für 1930, S. 122–126; Arbeitgeberverband Schweizerischer Maschinen- und Metallindustrieller, 26. Jahresbericht des Ausschusses und des Vorstandes an die Mitglieder für 1931, S. 124–126; Arbeitgeberverband Schweizerischer Maschinen- und Metallindustrieller, Lehrlingskommission

Die Sache war aber grundsätzlich entschieden. Die Industrie fügte sich nun nicht nur der neuen Situation, sie machte sie sich zu eigen und präsentierte sich fortan als Garantin einer starken Berufsbildung. Einerseits boten die eigenen beeindruckenden Fertigungsanlagen und die grossen Ausbildungseinrichtungen die Möglichkeit, sich in den gedruckten Selbstdarstellungen verantwortungsbewusst und gemeinwohlorientiert zu präsentieren. Anderseits gewann mit dem neuen Berufsbildungsgesetz eine Personalgruppe an Bedeutung, die sich gut zu vernetzen wusste und ein ganz eigenes Selbstverständnis ausprägte: Die Ausbildungsexperten in den Grossbetrieben und Wirtschaftsverbänden sassen häufig mit den Fachleuten aus der Lehrerschaft, den kantonalen und nationalen Behörden, aus der Berufsberatung und anderen Interessensgruppierungen auf Tagungen zusammen und kämpften für eine qualitativ hochstehende berufliche Ausbildung. In der Industrie selbst entstand umgehend nach Inkrafttreten des neuen Gesetzes ein umfangreicher Ratgeber für alle, die mit Lehrlingsfragen beschäftigt waren. 1934 erschien erstmals das über dreihundert Seiten umfassende Buch «Lehrlinge: Ihre Ausbildung, Behandlung und Fürsorge», das Charles Schaer, Ingenieur und Verantwortlicher für die Lehrlingsausbildung beim Winterthurer Sulzerkonzern, zusammengestellt hatte. In den folgenden zwanzig Jahren wurde der Band in stetig angepasster Fassung insgesamt vier Mal aufgelegt.[117] Selbst in der Monatsschrift des Schweizerischen Gewerkschaftsbundes wurde das Buch kurz, aber herzlich und anerkennend besprochen.[118] Die Konfliktlinien zwischen Industrie, Gewerbe, Gewerkschaften und Staat blieben in den nächsten Jahrzehnten zwar bestehen, die Grenzen wurden in Fragen der Berufsbildung aber deutlich durchlässiger.

       des Schweizerischen Gewerbeverbands: Praktische Lehrlingsprüfungen: Vorlagen für Prüfungsstücke der Berufe: Eisen- & Metalldreher, Hobler & Fräser, Mechaniker, Maschinen- & Werkzeugschlosser. Winterthur 1930: o. V.
117 Schaer, Charles: Lehrlinge: ihre Ausbildung, Behandlung und Fürsorge. Winterthur 1934: A. Vogel; Schaer, Charles: Lehrlinge: ihre Behandlung und Fürsorge. 4. Auflage. Winterthur 1953: Selbstverlag.
118 «Buchbesprechungen». Gewerkschaftliche Rundschau der Schweiz 27 (1935) 6, S. 203 f.

3 Integration

Forderungen aus dem Gewerbe, Fachkräftebedarf und staatlicher Druck waren für die Industrie nicht der einzige Anlass, sich stärker mit Fragen der Qualifikation der Belegschaft zu befassen. Eine echte Bedrohung der industriellen Ordnung schien aus Sicht der Arbeitgeber die schlagkräftige Organisation der Arbeiterschaft zu sein, die Zusammenhalt und Kampfgeist vor allem auch über Bildung sicherstellte. In der ersten Hälfte des 20. Jahrhunderts kam es in der Schweiz häufig zu heftigen Arbeitskämpfen, bei denen zumeist um höheren Lohn, um Arbeitszeit und Mitbestimmungsrechte gestritten wurde.[1] In der Arbeiter- und Sozialreformbewegung waren im Laufe des 19. Jahrhunderts bereits vielfältige Anstrengungen zur allgemeinen, politischen und beruflichen Bildung der Arbeiterschaft unternommen worden. In den Arbeitervereinigungen wurden nicht nur allgemeine und fachliche Kenntnisse erworben. Vielmehr galt es auch, das Klassenbewusstsein über entsprechende Angebote zu festigen.[2]
Die Arbeitgeberseite sah sich durch das Erstarken der Arbeiterbewegung herausgefordert, ein pädagogisches Gegenprogramm zu entwickeln. Sie reagierte darauf nicht allein mit einer verbesserten Ausbildung, sondern auch mit sogenannten Wohlfahrtseinrichtungen. Die Unternehmen bauten ihre Fürsorge aus, schufen Lehrlingsheime und Lehrlingsfonds, verbesserten die betriebsinternen Sportangebote, errichteten Wohnanlagen oder Bibliotheken.

3.1 Berufsqualifikation und Industriefürsorge

Bekannt für sein Engagement in der Industriefürsorge war der Winterthurer Industriekonzern Sulzer. Bereits seit Mitte des 19. Jahrhunderts hatte das Unternehmen eine Betriebskrankenkasse eingerichtet, der die Fabrikarbeiterschaft beitreten musste. Ein ähnliches Arrangement gab es auch bei Escher, Wyss & Cie. Später wurde dieses Paket bei Sulzer durch weitere Leistungen ergänzt. Auf die Wohnungsknappheit in Winterthur infolge des starken Bevölkerungswachstums reagierte das Unternehmen, indem es der Arbeiterschaft bezahlbaren Wohnraum zur Verfügung stellte oder Unterkünfte subventionierte, die von den Arbeitern selbst geführt wurden. Bereits 1872 war in Win-

---

1 Koller 2009; Degen 2013.
2 Basler Arbeitersekretariat: Die Bildungsbestrebungen der Arbeiterunionen in Basel, Bern und Zürich. Basel 1902: Birkhäuser; Neumann 1948; Eigenheer 1993, S. 33 f.

terthur eine eigene Gesellschaft gegründet worden, die auf den Bau «billiger Wohnhäuser» ausgerichtet war. Auch hier war Sulzer stark engagiert. Die einzelnen Sulzer-Werke verfügten über sogenannte Wohlfahrtshäuser, in denen sich diejenigen Arbeiter günstig verpflegen konnten, die nicht verheiratet waren oder von auswärts kamen.[3]

Ebenso tat sich das Schaffhauser Stahlunternehmen Georg Fischer im betriebseigenen Wohnungsbau hervor und verstand seine Aktivität explizit als Beitrag zur Sittlichkeitserziehung. Blosse Lohnzuwächse schienen dem Unternehmen nicht geeignet, den moralischen Stand der Arbeiterschaft zu heben. Vielmehr sah man hierin eine Gefahr, wenn der bessere finanzielle Status nicht mit einer entsprechenden Fürsorge einherging. Betriebsnahe Behausungen wurden zunächst aus dem praktischen Bedürfnis errichtet, immer ausreichend Personal für die Produktionsstätten in der Nähe zu haben. Erst anschliessend, mit dem starken Wachstum der Belegschaft, entstand in Schaffhausen eine gezielte unternehmerische Wohnungsbaupolitik.[4] Neben Einfamilienhäusern und Doppelhaushälften wurde zu Beginn des 20. Jahrhunderts in Schaffhausen ein Wohnheim für die ledigen Arbeiter errichtet. Daneben baute man ein Speisehaus, das bis zu 700 Menschen fassen konnte, und eine Badeanstalt. Da die Zahl der in Schaffhausen beschäftigten Arbeitskräfte weiter wuchs, kamen schnell neue Siedlungen hinzu.[5]

Die mit dem Bau betrauten Architekten sollten nicht einfach Wohnraum schaffen. Vielmehr arbeiteten sie an einem ausgefeilten Gesamtkonzept, das auf die ganze Familie gerichtet war. Diese galt im Rahmen der Schaffhauser Arbeiterfürsorge als Anker der Sittlichkeit. Nicht der Staat und schon gar nicht die Angebote der Arbeiterbewegung, sondern die Frau der Arbeiter sollte in einem von Unternehmerseite bereitgestellten Arrangement für die Systemintegration sorgen. Dafür war es zentral, dass die Wohnanlagen nicht einfach wild in den industrienahen Städten aus dem Boden sprossen, wie es in den ersten Jahrzehnten der Hochindustrialisierung in vielen boomenden Regionen der Fall gewesen war. Vielmehr wurden nun gut durchdachte «Arbeiterkolonien» errichtet, die werksnah, zusammenhängend und voll ausgestattet waren. Das Zentrum dieses Projekts zur Sittlichkeitserziehung sollte die Wohnküche sein, in der Arbeiterfrau und Arbeiterkinder dann die meiste Zeit verbringen würden. Sie bestand aus dem Wohnzimmer und einer Kochecke, die sich lüften liess.[6]

3 Bálint 2015, S. 438–451.
4 Georg Fischer AG: Dreissig Jahre Aktiengesellschaft der Eisen- und Stahlwerke vormals Georg Fischer Schaffhausen: 1896–1926. Zürich 1926: Orell Füssli, S. 81.
5 Curjel und Moser Architekten: Arbeiterkolonie Eisen und Stahlwerke vormals Georg Fischer. Schaffhausen 1911, S. 2.
6 Ebd., S. 5.

Die Frage des Arbeiterwohnungsbaus und der richtigen Einrichtung der Häuser wurde von den Fachleuten zu Beginn des 20. Jahrhunderts intensiv debattiert. Studien und Ausstellungen gaben Hinweise darauf, welche Varianten bezahl- und finanzierbar waren. Die mit dem Bau in Schaffhausen beauftragten Architekten befassten sich zeitgleich mit zahlreichen ähnlichen Projekten in der Schweiz und in Deutschland. Für einzelne, komplett möblierte Wohnungen wurden Handwerker aus Schaffhausen engagiert. Während die effiziente Ausnutzung des zur Verfügung stehenden Baugrundes eher städtischen Massstäben folgte, wurden in der Aussengestaltung der Häuser denn auch dörfliche Motive aufgegriffen. So sollte der ländlichen Herkunft der Arbeiterinnen und Arbeiter Rechnung getragen werden.[7]

Arbeiterwohnungen wurden sowohl in der deutsch- als auch in der französischsprachigen Schweiz im Laufe der zweiten Hälfte des 19. Jahrhunderts serienweise gebaut. Während alleinstehende Häuser in einer nachempfundenen Dorfstruktur die Ausnahme blieben, finden sich zahlreiche Beispiele für Gebäude, in denen gleichzeitig viele Arbeiter unterkommen konnten. Gemein war den Anstrengungen, dass sie auf die Zivilisierung und Entpolitisierung der Arbeiterschaft gerichtet waren. Eine besondere Bedeutung kam hierbei der Frage des bedingten Besitzes zu. So gingen die Arbeitgeber davon aus, dass mit dem Eigenheim auch eine bestimmte bürgerliche Haltung einhergehen würde. Entsprechend sorgten die Bauherren dafür, dass in denjenigen Fällen, in denen das angestrebte Wohlverhalten der Bewohner nicht eintrat oder diese den Betrieb wieder verliessen, auch die Nutzungsrechte nicht mehr bestanden. Als Familienvorstand mit einem Eigenheim, so die Mutmassung, wäre der Arbeiter weniger bereit, den einmal erreichten Grad an privater Versorgungssicherheit wieder aufs Spiel zu setzen. Der Preis für diesen Zugewinn war, dass er sich noch mehr in die Hände der Unternehmer begeben musste, die bereits über Lohn, Arbeitszeit, Produktionstempo und Arbeitssicherheit entschieden.[8]

Die Begriffe «Fürsorge» und «Wohlfahrt» dienten in diesem Zusammenhang als Klammerbezeichnungen für eine wachsende Palette an Massnahmen, denen höchstens gemeinsam war, dass sie sich nur mittelbar rechneten und nicht direkt den Zweck verfolgten, die engeren betrieblichen Abläufe aufrechtzuerhalten oder zu optimieren. Die Angebote griffen stark in die privaten Verhältnisse der Beschäftigten ein. Sie boten dafür Schutz in prekären Lebenslagen und eine Reihe von Erleichterungen für den Alltag. Ziel war eine Integration von Leben und Arbeit: Bei Landis & Gyr in Zug wurde es den Arbeiterinnen etwa gestattet, «zwecks Zubereitung der Mittagsmahlzeit den Betrieb eine halbe Stunde

7   Strebel 1982.
8   Steinmann 1982.

vor Mittagsschluss zu verlassen», wenn auch «ohne Vergütung des Lohnausfalls». Das Unternehmen versorgte seine Belegschaft ferner mit Bibliotheken und Zeitschriften, stellte Gesellschaftsspiele und einen Tennisplatz bereit und hatte ein Orchester, das von Arbeitern und Angestellten gemeinsam betrieben wurde.[9] Diese Zusammenfassung so unterschiedlicher Massnahmen, von Ferien über Versicherungsleistungen bis hin zu Werksbibliotheken unter den Begriff der «Wohlfahrtseinrichtungen», wurde von der organisierten Arbeiterschaft heftig kritisiert. Der Begriff brachte etwas als freiwillige Leistung der Arbeitgeber zur Darstellung, das von der Arbeiterschaft erkämpft worden war. Im Gegensatz zu Lohnerhöhungen zielten die Wohlfahrtseinrichtungen auf den ganzen Menschen. Mit den Fürsorgemassnahmen, den Hauskrediten und Werksleistungen waren die Beschäftigten eng an die Unternehmen gekettet, was durchaus beabsichtigt war. In Krisenzeiten, wenn einzelne finanzielle Posten in den Betrieben wieder zur Disposition standen, zeigte sich, wie fragil dieses Konstrukt war.[10]

Die Einführung von Massnahmen, die nur mittelbar mit dem Kerngeschäft in den Industriebetrieben zu tun hatten, machte eine Professionalisierung des dafür zuständigen Personals notwendig. Häufig kümmerte sich zunächst allein der sogenannte Sozialsekretär um den Wohlfahrtsbereich.[11] Die starke Ausdifferenzierung der vielfältigen Instrumente zur Bindung der Arbeiterschaft schien aber eine stärkere Spezialisierung notwendig zu machen. Dies war eine Möglichkeit für erwerbstätige Frauen, sich innerhalb der Privatwirtschaft ein neues Beschäftigungsfeld zu erschliessen. Entsprechend forderte Marie-Louise Schumacher, die seit 1922 der Personalabteilung des Schweizer Verbands Volksdienst vorstand, die verstärkte Anstellung von «Fabrikfürsorgerinnen» oder «Wohlfahrtssekretärinnen».

In der Schweiz dauerte es etwas länger als in anderen Ländern, bis die Fürsorgerinnen Einzug in die Unternehmen hielten. Mitte der 1920er-Jahre gab es bei Landis & Gyr sowie beim Schuhfabrikanten Bally, den Schokoladenherstellern Suchard und Tobler oder der Zigarrenfabrik Villiger Söhne sogenannte Familienfürsorgerinnen. Bei Georg Fischer in Schaffhausen kümmerte sich die Fabrikfürsorgerin ebenfalls vor allem um die Familien der Arbeiter. Bei den Maschinenfabrikanten Gebrüder Bühler war seit 1918 erstmals eine selbständig

---

9   Die Wohlfahrtseinrichtungen der Landis & Gyr A.-G. [1920], o. P. (ZSAO, 3.8).
10 «Die Krise und die Wohlfahrtseinrichtungen in den Fabriken». Schweizerische Metallarbeiter-Zeitung vom 16. April 1921, S. 1.
11 Wirz, Hans: Die Arbeiterschaft und das Sozialsekretariat: Einführungs-Vortrag gehalten vor der Arbeiterschaft der Aktiengesellschaft Chocolat Tobler in Bern. Bern 1920: o. V.; Besichtigung der Wohlfahrtseinrichtungen der Firma C. F. Bally A.-G. in Schönenwerd. In: Jahrbuch der Schweizerischen Gesellschaft für Schulgesundheitspflege 21 (1920), S. 6–44.

arbeitende Fabrikfürsorgerin tätig. Diese Neuerung ging auf eine Anregung des Schweizer Verbands Volksdienst zurück, dessen Vorgängerinstitution unter der Leitung von Else Züblin-Spiller im Ersten Weltkrieg zunächst schweizweit Soldatenstuben aufgebaut hatte und sich nun auch der Arbeiterverpflegung und -fürsorge annahm. Der Verband Volksdienst fusste also auf den weiblich konnotierten Tätigkeitsbereichen Fürsorge und Nahrungszubereitung, die nun angesichts der wachsenden Bedürfnisse seitens der Unternehmen zu einem eigenen Geschäftsfeld ausgebaut wurden.[12]

Die Fabrikfürsorgerin war eine Art betriebliche Sozialarbeiterin. Sie übernahm die Unterstützung und Beratung der Arbeiterinnen und Arbeiter und war um das Wohl der Kinder besorgt. Massstab der Hilfeleistung war dabei, die männlichen Arbeiter in die Lage zu versetzen, mit vollem Einsatz der Kräfte ihrer Tätigkeit im Unternehmen nachzugehen. Im Zentrum der fürsorgerischen Arbeit standen also die «Zusammenhänge von Arbeitsleistung und Familienarbeit». Wenn die Ehefrau erkrankt war und so die anfallenden Arbeiten im Haus nicht mehr besorgen konnte, suchte der Familienvater die Fürsorgerin auf, die zunächst die heimischen Verhältnisse begutachtete und dann eine Unterstützung organisierte. Doch auch für die Beratung der Arbeiterinnen in der Familienerziehung, in der Berufswahlphase oder Lehrstellensuche der Kinder, für die Schuldnerberatung, bei Eheproblemen und Alkoholismus des Partners bot sich die Fürsorgerin an. Die Unternehmen gelangten mitunter selbst an das Fürsorgepersonal und beauftragten dieses, in den Familien einmal nach dem Rechten zu sehen, wenn sie den Eindruck hatten, dass die Verhältnisse nicht in Ordnung waren.[13]

Die Argumentation der betrieblichen Fürsorgerinnen, dass die Einrichtung spezialisierter Wohlfahrtsstellen notwendig sei, war voll auf die Wünsche der Industriellen ausgerichtet. Sie verstanden sich als eine Berufsgruppe, die den Arbeitgebern zudiente. Normativ bezogen sich die Fachfrauen aber nicht allein auf die Profitinteressen der Unternehmen. Vielmehr richteten sie sich an einem Familienmodell aus, das im Vater den Ernährer und in der Mutter die Verantwortliche für Haushalt und Kinder sah. Dabei waren beide so zu stützen, dass sie nicht durch einen unsteten Lebenswandel, Alkoholsucht oder unsittliches Verhalten davon abgehalten wurden, ihren angestammten Aufgaben nachzukommen. Die Fabrikfürsorgerinnen standen auch mit den kommunalen Stellen

---

12 Schumacher, Marie-Louise: Betätigungsmöglichkeiten der Fabrikfürsorgerin und ihr Wert für Arbeitgeber und Arbeitnehmer: Vortrag gehalten an der 12. Sozialkonferenz in Olten (Separatabdruck aus der Schweizerischen Arbeitgeber-Zeitung, 1926); Tanner 1999, S. 273–331.
13 Schumacher, Marie-Louise: Aus der praktischen Arbeit der Fabrikfürsorgerin. Zürich 1929: o. V., S. 2.

in Verbindung, wenn eine Vermittlung zwischen Arbeitern und Behörden notwendig schien. Sie organisierten Fortbildungskurse im Bereich der Haushaltsführung, klärten in Gesundheitsfragen auf und kümmerten sich darum, dass die Arbeiterinnen und Arbeiter mit angemessener Literatur versorgt wurden.[14] Wohnungsbau und betriebliche Sozialarbeit blieben wichtige Instrumente, um die Arbeiterschaft so zu erziehen, dass sie sich in den industriellen Produktionszusammenhang einbrachte und die Abläufe nicht durch Arbeitskämpfe störte. Die unterschiedlichen Fürsorgemassnahmen lassen sich als umfassende Anstrengungen zur Integration der Arbeiterschaft in eine liberale Wirtschaftsordnung lesen. Mit der immer besseren Organisation der Arbeiterschaft wurde aber deutlich, dass die bisherigen Anstrengungen nicht ausreichten.

3.2 Köpfe mit Charakter

Die Unternehmer richteten sich in Ansprachen und Aufrufen auch direkt an die Arbeiterschaft und hielten sie dazu an, in den Arbeitskämpfen Mass zu halten.[15] 1906 erschien unter dem Titel «Schweizerische Industrie und Sozialismus» ein kleiner Text, mit dem der bejahrte Winterthurer Industrielle Heinrich Sulzer-Steiner «denkende Arbeiter» angesprochen wissen wollte. Sulzer-Steiner hatte selbst eine Lehre im familieneigenen Unternehmen gemacht, in Karlsruhe studiert, England und Deutschland bereist und dann bei Sulzer Dampfmaschinen mitentwickelt.[16] Als die Rede an die Arbeiterschaft 1906 erschien, hatte Sulzer-Steiner dreissig Jahre den Winterthurer Familienkonzern geleitet (und war dann überraschend verstorben). Den Sozialismus empfand er als ein fremdes Gedankengut, das die Verhältnisse in der Schweiz zu vergiften drohte. Alle Analysen, die in den Kapitalisten bloss Unterdrücker und in den Arbeiterinnen und Arbeitern entfremdete und unterjochte Wesen sahen, hielt er für Ideologie. Stattdessen beschrieb er die Schweiz als eine Industrienation, in der findige und ehrbare Männer Unternehmen aufgebaut hatten und der Bevölkerung somit Beschäftigung und ein Auskommen ermöglichten. In dieser Lesart gingen Lohnzuwächse automatisch mit wirtschaftlicher Prosperität einher. Die von der Gegenseite ausgemachte Selbstbereicherung der Industriellen hingegen erschien ihm als eine böse Unterstellung. Sulzer-Steiners Gedanken kreisten im Kern aber nicht um eine liberale Analyse des Konflikts von Kapital und Arbeit. Vielmehr verstand er die industriellen Beziehungen in der Schweiz als ein pädagogisches Verhältnis, in dem der Unternehmer sich zunächst selbst

14 Ebd., S. 3.
15 Sulzer-Ziegler, Eduard: An unsere Arbeiterschaft. Winterthur 1910: o. V.
16 Baertschi 2012.

disziplinierte und dann eine väterliche Rolle gegenüber der Arbeiterschaft einnahm. Die eigentliche Aufgabe sah Sulzer-Steiner aber bei den Beschäftigten: Die Verbesserung der Lage in der Schweiz könne nur durch «Tätigkeit, Sparsamkeit und Selbstbeherrschung» erreicht werden. Notwendig seien «bessere Gewohnheiten eines jeden Einzelnen». Die Sozialisten aber forderten immer neue Leistungen von der Industrie ein und bliesen zum «Ansturm auf die bürgerliche Gesellschaft». Dieser Versuchung solle die Arbeiterschaft unbedingt widerstehen.[17]
Der Idee, dass die Arbeiterschaft erziehungsbedürftig sei, stand ein Bild des Unternehmers gegenüber, das ebenfalls pädagogisch konnotiert war. Im Laufe des 19. Jahrhunderts hatte sich in der Schweizer Industrie eine Unternehmerschaft herausgebildet, die sich deutlich von den protoindustriellen Fabrikanten unterschied. Da es keine formalisierten Ausbildungen zum Unternehmer gab, wurden die zukünftigen Geschäftsführer innerhalb der Industriellenfamilien rekrutiert und sozialisiert. Hierbei standen nicht die individuellen Befähigungen oder Vorlieben der jungen Männer im Fokus, sondern die Erfordernisse des Betriebs. Dort, wo mehrere geeignete Söhne vorhanden waren, wurden diese durch entsprechende spezialisierte Zusatzqualifikationen im technischen oder kaufmännischen Bereich auf die zu besetzenden Positionen in der Firmenleitung vorbereitet. Bereits als Kinder eigneten sie sich diejenigen Verhaltensweisen an, die für eine erfolgreiche Geschäftsleitung als zentral erachtet wurden. Wanderschaft und Auslandsaufenthalte, Berufslehren in befreundeten Unternehmen und zunehmend auch der Besuch einer weiterführenden Schule oder sogar einer Handels- oder technischen Lehranstalt ergänzten diese Grundausbildung.[18]
Die heftigen Arbeitskämpfe zu Beginn des 20. Jahrhunderts und die Entstehung des Managementkapitalismus waren nun Anlass, über Sinn und Form des Unternehmertums in einer Industriegesellschaft zu reflektieren, in der gewaltige Mengen ökonomischen Kapitals darauf warteten, in neue Projekte investiert zu werden. Im November 1908 hielt Eduard Sulzer-Ziegler, wieder ein Spross des Familienkonzerns Sulzer, strammer Antisozialist und seit nunmehr acht Jahren Mitglied des Nationalrats, einen Vortrag vor den Winterthurer Werkmeistern, also denjenigen Männern in den Industriebetrieben, die häufig als Puffer zwischen dem oberen Management und der Arbeiterschaft herhalten mussten, bei Konflikten zwischen Arbeitern und Firmenleitung direkt angegangen wurden und im normalen Betriebsalltag die Arbeiter zu beaufsichti-

---

17 Sulzer-Steiner, Heinrich: Schweizerische Industrie und Sozialismus. Von einem alten schweizerischen Industriellen für denkende Arbeiter geschrieben. Winterthur 1906: Buchdruckerei Winterthur, S. 10.
18 Pfister 1997, S. 30 f.

gen hatten.[19] Damit Vorträge von wirtschaftspolitischer Bedeutung bei einem Verbandstreffen überhaupt möglich waren, hatten die Werkmeister eigens ihre Zentralstatuten angepasst. Es sprach also ein einflussreicher Arbeitgeber und Abkömmling einer der mächtigsten Unternehmerfamilien der Schweiz zu den angestellten Werkmeistern, die zumeist selbst der Arbeiterschaft entstammten und sich ein wenig emporgearbeitet hatten.[20]

Sulzer-Ziegler wählte als Thema seines Vortrags das Unternehmertum und positionierte seine Rede sogleich als Beitrag zur Aufklärung gegen die sozialistische Propaganda, der er vorwarf, ein gänzlich verzerrtes Bild der Arbeitgeber zu zeichnen. Er schlug dabei zunächst einen Bogen von den grossen Industrie- und Handelsunternehmen über das Gewerbe bis hin zur Landwirtschaft. Sulzer-Ziegler sah hier überall richtige Unternehmer am Werk und unterschied diese von den Kapitalisten. Als charakteristisch für die Schweiz erschien ihm nicht, dass der Unternehmer die Verfügungsgewalt über das Kapital habe. Ganz im Gegenteil versuchte er, verschiedene Varianten zu beschreiben, bei denen der selbständige Unternehmer mit fremdem Kapital zu wirtschaften hatte. Notwendig erschienen ihm vielmehr «Mut» und «Tüchtigkeit», die Sulzer als Kardinaltugenden des Unternehmers einführte. Hinzu kamen noch «Geist» und «Wissen», die der Industrielle als zentral erachtete, wenn das Unternehmertum sich praktisch bewähren sollte: «Es braucht für eine solche Unternehmung Elite-Naturen mit einer Unsumme von Kenntnissen, Erfahrungen und mit den nötigen Charaktereigenschaften». Ein «paar Geldsäcke» hingegen reichten nicht aus, um einen erfolgreichen privaten Wirtschaftsbetrieb aufzubauen.[21]

Alle Tugenden, die Sulzer-Ziegler für das Unternehmertum als zentral erachtete, passten zu der Vorstellung, dass die rasante industrielle Entwicklung nicht möglich gewesen wäre ohne die «schöpferische» Tätigkeit des Unternehmers. Die Dynamik wirtschaftlicher Entwicklung erwuchs in dieser Lesart nicht aus dem investierten Kapital, sondern aus dem Wagemut und der Kreativität einiger Männer, für die eigene oder fremde ökonomische Ressourcen nur ein Mittel zum Zweck waren. Und der Zweck des Unternehmertums lag folglich nicht in der persönlichen Bereicherung Einzelner durch Ausbeutung, sondern in der

---

19 Vetterli 1978, S. 73–81.
20 Sulzer-Ziegler, Eduard: Ueber Unternehmertum. Vortrag von Herrn Nationalrat Dr. Ed. Sulzer-Ziegler im Schosse der Sektion Winterthur des Schweizerischen Werkmeister-Verbandes am 1. November 1908 (Separatabdruck aus der Schweizerischen Werkmeister-Zeitung, 1908), o. P.
21 Ebd.

Schöpfung innovativer Produkte.[22] Die Unternehmer verfolgten in der Diktion Sulzer-Zieglers eine «Kulturmission».[23]
Diese Arbeit der Schweizer Unternehmer wiederum sollte Voraussetzung für eine funktionierende Volkswirtschaft und bessere Lebensbedingungen auch der Bevölkerung sein. Um die Werkmeister ebenfalls in dieses Modell zu integrieren, bediente sich Sulzer-Ziegler eines anderen Bildes, dessen der Armee. Die Unternehmer waren für ihn gleichbedeutend mit der «obersten Heeresleitung», das mittlere Management, die Werkmeister und leitenden Angestellten galten ihm als die «unteren Kommandierenden» und die Arbeiter als «Soldaten». Wie der Sieg in einer kriegerischen Auseinandersetzung nicht allein von Letzteren verantwortet werde, so sei auch der Erfolg einer wirtschaftlichen Unternehmung nicht allein der Arbeiterschaft zuzurechnen. Die sich zunehmend funktional differenzierende Struktur der schweizerischen Grossbetriebe sah Sulzer-Ziegler also als eine Möglichkeit, Teile der qualifizierten Belegschaft so zu integrieren, dass sie nicht gemeinsam mit der organisierten Arbeiterschaft gegen die Arbeitgeber aufbegehrten.[24]
Bevor der Industrielle Sulzer-Ziegler auf die nationale politische Bühne trat, hatte er sich bereits in Winterthur heftige Kämpfe mit dem ideologischen Gegner geliefert. Ein besonderes Augenmerk lag dabei auf den städtischen Schulen. Er beobachtete argwöhnisch, wie in den Volksschulen seiner Ansicht nach die Gegenpartei mehr und mehr an Boden gewann und die Lehrerschaft für sich einzunehmen wusste. Schulen sollten die Kinder zu guten Bürgern erziehen und sie ansonsten auf das spätere Erwerbsleben vorbereiten. Sie waren damit ein Garant dafür, dass die sozialistischen Vorstellungen in der Bevölkerung nicht Fuss fassen konnten. Egalitäre pädagogische Ideen lehnte Sulzer-Ziegler rundherum ab. Der Fokus habe auf der Förderung der Talente zu liegen und nicht bei jenen, die gar nicht für hervorgehobene gesellschaftliche und wirtschaftliche Positionen geeignet seien. Die Einrichtung eines Realgymnasiums in Winterthur hingegen unterstützte Sulzer-Ziegler mit aller Kraft, damit die technische Bildung neben der humanistischen ebenfalls zu ihrem Recht komme. Entsprechend enttäuscht war er, als diese Reform von den Stadtbürgern verworfen wurde.[25]
Während sich Eduard Sulzer-Ziegler zunächst direkt in die Schulpolitik seiner Heimatstadt einmischte und dann auf nationaler Ebene für ein anderes, vergeis-

22 Ebd.
23 Sulzer-Ziegler, Eduard: Unternehmertum. In: Wissen und Leben vom 1. Oktober 1911, S. 3–8, hier S. 6.
24 Sulzer-Ziegler, Eduard: Ueber Unternehmertum. Vortrag von Herrn Nationalrat Dr. Ed. Sulzer-Ziegler im Schosse der Sektion Winterthur des Schweizerischen Werkmeister-Verbandes am 1. November 1908 (Separatabdruck aus der Schweizerischen Werkmeister-Zeitung, 1908), o. P.
25 Straessle 1968, S. 61–67.

tigtes Verständnis des Unternehmertums kämpfte, regte ein weiterer Industrieller aus Winterthur ein Projekt an, das sich systematisch und umfassend dem Verhältnis von «Jugendbildung und Volkswirtschaft» annehmen sollte. Theodor Reinhart, ein hochgebildeter und weitgereister Kaufmannssohn, hatte 1876 in die Firma der Gebrüder Volkart eingeheiratet, die vor allem im Baumwollhandel und im Handel mit Kolonialwaren tätig war, und dann die Geschäftsleitung übernommen. Im Jahr seines Todes erschien eine Schriftenreihe, die das Problem der Integration der Bevölkerung in die bestehende Wirtschaftsordnung deutlich umfassender und mit allen pädagogischen Mitteln angegangen wissen wollte und die von Reinhart noch angeregt und dann aus seinem finanziellen Nachlass finanziert worden war. Dieses «Mahnwort an das Schweizervolk», das 1920 auch als Sammelwerk erschien, wurde vom Zürcher Erziehungssekretär Friedrich Zollinger editorisch begleitet, der dann auch noch ein Vorwort und einige emphatische Schlussbetrachtungen zu den einzelnen Beiträgen beisteuerte. Reinhart hatte zunächst im Sinn gehabt, ein Preisausschreiben zum Problem der Jugendbildung aus volkswirtschaftlicher Sicht veranstalten zu lassen, war dann aber überzeugt worden, dass ein einzelner Experte gar nicht in der Lage sei, alle hiermit berührten pädagogischen Fragen kompetent zu beantworten. So erschienen in der Schriftenreihe im selben Jahr kleinere Artikel, die sich dem Beitrag der Frauen oder der Schule für die Volkswirtschaft, der landwirtschaftlichen, kaufmännischen und gewerblichen Berufsbildung, der Erziehung durch Arbeit und den akademischen Berufen widmeten.[26]

Gemein war den meisten Beiträgen, dass sie Haltung und Erziehung ins Zentrum stellten und weniger auf die Verstandesbildung zielten. Die schweizerische Nation wurde hier als eine tätige, schaffende entworfen, die den oder die Einzelne durch das produzierte Werk integriert. Besonders deutlich wird das in dem Beitrag von Hedwig Bleuler-Waser, Abstinenzaktivistin und Mitglied der bürgerlichen Frauenbewegung. Bleuler-Waser hatte sich zum Ende des Ersten Weltkrieges für die Einrichtung von Frauenbildungskursen in Zürich engagiert und steuerte nun den Artikel «Die Schweizerfrau als Erzieherin zur Tüchtigkeit und Arbeitsfreude» zur vom Industriellen Reinhart finanzierten Reihe bei. Sie argumentierte gegen eine vorschnell intellektualisierte Erziehung und warnte eindringlich davor, den pädagogischen Wert der Arbeit zu unterschätzen: Das «Geheimnis der Erziehung» sei, «dass Kinder sich nur bei der Arbeit und durch die Arbeit recht erziehen lassen».[27]

---

26 Zollinger, Friedrich (Hg.): Jugendbildung und Volkswirtschaft: ein Mahnwort an das Schweizervolk. Zürich 1920: Fretz.
27 Bleuler-Waser, Hedwig: Die Schweizerfrau als Erzieherin zur Tüchtigkeit und Arbeitsfreude. Zürich 1919: Fretz, S. 9 f.

Neben einigen eugenischen Vorschlägen zur Eheanbahnung und kritischen Worten zur Situation von Frauen, die einer Erwerbstätigkeit nachgingen und sich damit weniger der Erziehung ihrer Kinder widmen konnten, sprach sich Bleuler-Waser für eine Professionalisierung der Hausarbeit aus, von der die sittliche und nationale Erziehung der Jugend ihren Ausgang nehmen sollte. Hausfrauen, Landfrauen und Heimarbeiterinnen sollten sich berufsständisch organisieren, sodass sie zu einem mächtigen und ernstzunehmenden politischen Faktor würden. Von einer ausgebauten staatlichen Fürsorge erhoffte sich Bleuler-Waser eine «Rückgabe der Arbeiterfrau an ihre Familie», damit sie sich ganz dem nationalwirtschaftlichen Werk der Kinder- und Jugenderziehung widmen konnte.[28] Wenn auch der stramme Etatismus in diesem Beitrag kaum zur Position der Arbeitgeber gepasst haben dürfte, stimmten die Unternehmer und die bürgerliche Frauenbewegung in der Schweiz darin überein, dass die Arbeiterschaft erziehungsbedürftig sei und den Frauen dabei eine besondere Rolle zukommen sollte. Entsprechend wurde bereits wenige Jahre zuvor auch Katharina Sulzer-Neuffert, Teil der Gründerfamilie des Sulzer-Konzerns, im Rahmen einer Reihe von Frauenporträts als «Gattin und Mutter» vorgestellt.[29]

3.3 Selbstdisziplinierung der Arbeitgeber

Doch die Erziehungsambitionen in der Privatwirtschaft galten nicht nur der Jugend, den Frauen oder der Arbeiterschaft. Angesichts der gut organisierten und schlagkräftigen Arbeitnehmerseite galt es auch, die eigenen Reihen zu schliessen. Dies war nur möglich, wenn die einzelnen Firmen sich zumindest partiell nicht als Kontrahenten betrachteten und sich gewissen gemeinsamen Standards unterwarfen. Das zentrale Instrument zur Selbstdisziplinierung der Arbeitgeber war der Verband. Wirtschaftliche Zusammenschlüsse mit gemeinsamen Regeln, an die sich alle zu halten hatten, sind nicht erst mit der Durchsetzung einer kapitalistischen Marktwirtschaft entstanden. Es gab sie mit den Zünften und Gilden bereits im Mittelalter. Verbände neueren Typus wurden dann im Laufe der Industrialisierung für nahezu alle Branchen und Berufe geschaffen, für Arbeiterinnen und Arbeiter, Kaufleute, Betriebsinhaber und andere. Die meisten der bis heute massgeblichen Spitzenverbände der Privatwirtschaft entstanden ebenfalls nicht erst im 20. Jahrhundert. Der Schweize-

---

28 Ebd., S. 20 f.
29 Isler, Alexander: Die Frau als Gattin und Mutter – Katharina Sulzer-Neuffert. In: Gertrud Villiger-Keller (Hg.): Die Schweizer Frau: ein Familienbuch. Neuenburg 1910: Zahn, S. 1–65.

rische Handels- und Industrieverein beziehungsweise «Vorort» wurde 1870 gegründet und war zunächst vor allem in Zollfragen engagiert. Es folgte 1879/80 der Schweizerische Gewerbeverband, der die Interessen des Handwerks und des kleinräumigen Handels vertrat. Erst 1897 wurde dann ein gesamtschweizerischer Bauernverband gegründet. Als grosser und einflussreicher Branchenvertreter existierte seit 1883 ein Verein Schweizerischer Maschinen-Industrieller, der die Interessen dieses für die Schweizer Volkswirtschaft über lange Zeit zentralen Sektors gegenüber Staat und Öffentlichkeit vertrat.[30]
Mit den zunehmenden Streiks Anfang des 20. Jahrhunderts kam ein weiterer Verbandstypus hinzu, der eine viel engere Zielsetzung hatte als die bestehenden Berufs- und Branchenverbände und auch mehr Disziplin von den Mitgliedern verlangte. Die gut organisierte Arbeiterschaft konnte in den Arbeitskämpfen zahlreiche Erfolge erzielen. Die begleitenden Demonstrationen auf den Strassen, in denen weitere Forderungen erhoben wurden, erzeugten bei den Firmeninhabern den Eindruck, dass sie auf verlorenem Posten stünden, wenn sie sich nicht selbst stärker formierten. Bisher hatten die Verhandlungen zwischen der streikenden Belegschaft oder den Gewerkschaften, die seit 1881 zumal einen Spitzenverband vorzuweisen hatten, und der jeweiligen Firmenleitung stattgefunden. Die Unternehmensführungen konnten es sich kaum leisten, eine Verhandlung mit den Streikführern auf lange Sicht zu verweigern, weil dann der ganze Betrieb zum Erliegen kam und schmerzliche wirtschaftliche Verluste zu verzeichnen waren. Deshalb wurde vom Verein Schweizerischer Maschinen-Industrieller ein eigener Arbeitgeberverband ausgegründet, der viel stärker als Kampfvereinigung angelegt war als die bisherigen Verbände. Es sollte eine Einheitsfront der Arbeitgeber geschaffen werden, die durch den Schulterschluss auch bei länger währenden Kämpfen mit der Arbeiterschaft Bestand haben würde. Es folgten weitere Branchen, die einen eigenen Arbeitgeberverband für notwendig erachteten. 1908 bildeten dann unterschiedliche dieser neuen Vereinigungen einen Zentralverband schweizerischer Arbeitgeber-Organisationen. Eine kleinere Vorgängerinstitution, die bereits seit 1906 die Arbeitgeberzeitung herausgegeben hatte, übergab dieses Publikationsorgan an den Zentralverband und widmete sich anderen Aufgaben.[31]
Der Arbeitgeberverband nahm anfangs ausschliesslich Funktionen in der Vertretung der Seite des Kapitals gegenüber der organisierten Arbeiterschaft wahr und repräsentierte dieses, anders als die älteren Spitzenverbände der Privatwirtschaft, zunächst nicht gegenüber dem Staat. Die Arbeitgeber suchten mit der Gründung eines Kampfverbandes, der der organisierten Arbeiterschaft ent-

30 Gruner 1956.
31 Eichenberger 2016, S. 85–147.

gegentreten konnte, nicht eine Rückkehr zu den alten Verhältnissen, sondern eine Lösung der hochkonfliktiven Situation, die den unternehmerischen Interessen hinreichend Rechnung trug. In der Ordnung der Privatwirtschaft, der Strukturierung der heterogenen betrieblichen Interessen und der Ausrichtung auf ein gemeinsames Ziel glichen sich die verschiedenen Verbandstypen aus Industrie und Gewerbe. Sie hatten eine ähnliche Funktion, unterschieden sich aber in den konkreten Anliegen, Bedürfnissen und Organisationsformen. Zwischen Gewerbe, Grosshandel und Industrie oder auch zwischen verschiedenen Unternehmen derselben Branche konnten die Interessen durchaus divergieren. Die erforderliche Geschlossenheit implizierte deshalb spezifische Disziplinierungsansprüche gegenüber den Mitgliedern.[32]

Im Kleinhandel und Handwerk nutzten die Verbandsfunktionäre ein pädagogisches Argumentarium, um die Mitglieder von der Notwendigkeit einer stärkeren Zusammenarbeit zu überzeugen. Gefahr drohte in dieser Lesart nicht nur von aussen, sondern von den Betrieben und ihren eigensinnigen Inhabern selbst. «Handwerksmeister und Gewerbetreibende vereinigt euch», forderte der Schweizerische Gewerbeverein die vielen Unternehmer in der Schweiz auf, die sich bisher nicht organisiert hatten. Nur so konnte aus Sicht des Verbandes in Zeiten eines rapiden industriellen Wandels, einer aufbegehrenden Arbeiterschaft und einer anspruchsvoller werdenden Kundschaft überhaupt eine nachhaltige Interessenspolitik betrieben werden.[33]

Zwar berief man sich im Gewerbeverein weiterhin auf die Zünfte und stellte die vielen lokalen und kantonalen Gründungen in diese mittelalterliche Tradition. In der zweiten Hälfte des 19. Jahrhunderts waren aber im Gewerbe ebenfalls besondere Verbandstypen entstanden mit dem Ziel, die Arbeitgeberseite zu vertreten. Die selbständigen Handwerker und andere Gewerbetreibende beschäftigten ja, wenn auch in kleinerem Umfang, Personal. Um diese Berufsverbände der Meister bemühte sich nun der Gewerbeverein und versuchte so, zu den organisierten Arbeitgebern in der Industrie ein Pendant zu schaffen. Auf diese Weise sollte die Einheit des Gewerbestandes gewährleistet bleiben und eine Spaltung zwischen selbständigen und unselbständigen Handwerkern verhindert werden. Wie bei den Arbeitgebern in der Industrie orientierte sich diese Politik an der organisierten Arbeiterschaft, deren Einsatz und Leistungsbereitschaft sich die Gewerbetreibenden zum Vorbild nehmen sollten.[34]

32 Meyer, Hermann: Die Arbeiterbewegung in der schweizerischen Maschinen-Industrie im Jahre 1905: im Auftrag und an Hand der Akten des Vereins Schweizerischer Maschinen-Industrieller. Zürich 1906: VSM, S. 38.
33 Schweizerischer Gewerbeverein: Handwerksmeister und Gewerbetreibende vereinigt euch! Bern 1900: Sekretariat des Schweizerischen Gewerbevereins.
34 Ebd., S. 6 f.

Den unterschiedlichen Vereinigungen im Gewerbe kamen zunächst viele eher technische Aufgaben zu. Die Verbände dienten der Regulierung und Reform der Berufsbildung, der Ordnung der betrieblichen Verhältnisse, der Sozialfürsorge und der Wettbewerbs- und Preiskontrolle. Wie jeder Verein waren sie auch als ein Ort der Geselligkeit gedacht. Zugleich beanspruchten die Verbände des Gewerbes, in Abgrenzung zu den blossen Berufsverbänden, ein «Wirkungsfeld» für sich, das auf «höhere ideale Zwecke» ausgerichtet sein würde: «Sie sollen die Mitglieder aus dem engern beruflichen Gesichtskreis durch regen Austausch der Gedanken und Erfahrungen, durch gegenseitige Belehrung und Anregung emporheben zu einem höhern Gemeinschaftsgefühl und Gemeinsinn».[35]

Die Verbandsfunktionäre des Gewerbevereins versuchten, Handwerk und Kleinhandel durchaus als Bestandteil einer industrialisierten Gesellschaft zu begreifen, sahen sich aber zugleich durch «Grosskapital» und «Sozialismus» bedroht.[36] Die Rückgriffe auf die zünftige Tradition und die vormoderne Organisation des Gewerbes erfolgten dabei dosiert. Die starke Regulation und der Ausschluss aufstrebender Handwerker passte nicht zu einer auf Freihandel und Berufsfreiheit fussenden Wirtschaftsordnung. Zugleich schienen Massenproduktion und effizientes Fabrikwesen den Gewerbestand an den Rand zu drängen, da die Kundschaft zunehmend auf günstigere Produkte auszuweichen drohte. Da die vormodernen Formen der Integration des Berufsstandes nicht mehr zur Verfügung standen und vonseiten des Dachverbands auch nicht mehr als geeignet angesehen wurden, war ein Motiv vonnöten, um das sich die integrativen Anstrengungen des Gewerbes gruppieren liessen. Als Kern gewerblichen Wirtschaftens galt nunmehr eine spezifische Qualität der Produkte, die durch die Qualifikation der Gewerbetreibenden sicherzustellen war. In der Debatte über die Einführung eines Befähigungsnachweises im Handwerk, der erst die Berechtigung zur Führung eines Betriebes verleihen sollte, zeigte sich dieser Ansatz besonders deutlich.[37]

In einem Vortrag auf der Delegiertenversammlung des Schweizerischen Gewerbevereins brachte Heinrich Meili, Redaktor der Schweizerischen Schuhmacher-Zeitung, Ende des 19. Jahrhunderts eine Lesart ein, die eine pädagogische Alternative zur engen Verknüpfung von Meisterprüfung und Betriebsführung anbot. Meili war skeptisch, was die Einführung einer Zertifizierung im Handwerk anging, sah aber durchaus den Wert einer besseren Qualifikation des Meisterstandes für die Hebung und Absicherung des Gewerbes. Er

---

35 Ebd., S. 13.
36 «An die Meister- und Arbeitgeber-Verbände der Schweiz». Illustrierte schweizerische Handwerker-Zeitung vom 14. Dezember 1901, S. 755–757.
37 Hurter 1946.

argumentierte dagegen, das Handwerk so abzuschotten, dass Konkurrenz und umtriebiges Unternehmertum faktisch ausgeschaltet würden. Stattdessen plädierte Meili dafür, die «erzieherische Seite der Meisterprüfung»[38] ins Zentrum zu stellen. Eine ausgebaute Qualifikation derjenigen, die einen Betrieb führen wollten, sollte diese zugleich wettbewerbsfähig machen. Ein differenziertes und anspruchsvolles Bildungsangebot auch für diejenigen, die ihre Lehre bereits absolviert und Erfahrungen im Beruf gesammelt hatten, sollte das Gewerbe im Kontext von Industrie und Grosshandel stärken, sodass das Auskommen kleinerer Betriebe gesichert war. Meili brachte also eine pädagogische Deutung ins Spiel, um gegen eine stärkere Regulierung der Wirtschaft zu argumentieren. Dafür musste die Meisterprüfung aber einen «moralisch unantastbaren Wert» erhalten.[39]
Der Kampf für den Befähigungsausweis wurde von verschiedenen Meisterverbänden bestritten, die damit einerseits unfähige Personen vom Handwerk fernhalten wollten, andererseits auf eine Aufwertung des Handwerkerstandes hofften. Die Forderungen nach einem obligatorischen Titel, um ein eigenes Geschäft führen zu können, wurden dann auch Teil der Gewerbepolitik des Gesamtverbandes. Virulent blieb jedoch die Idee eines freiwilligen, stärker pädagogisch ausgerichteten Ansatzes in der Qualifikation der Gewerbetreibenden.[40]
Die Erziehungsambitionen der Verbände der Arbeitgeber und Grossindustrie gingen deutlich weniger weit als die des Gewerbes. In den Gründungsdokumenten der Arbeitgeberverbände finden sich kaum Forderungen nach einer geistigen Durchdringung und sittlichen Hebung der Unternehmerschaft. Hier waren aber auch die Integrationsleistungen, die erbracht werden mussten, um die Reihen zu schliessen, deutlich kleiner. Den unzähligen kleinen Handwerksbetrieben und lokalen Geschäften stand eine überschaubare Zahl an potenten Industrieunternehmen gegenüber. Die heftige Agitation der Arbeiterschaft führte konkret vor Augen, warum es sich lohnte, sich gemeinsamen Regularien zu unterwerfen. Aber auch in der Industrie gab es Forderungen nach Selbstzivilisierung, die sich im Bild des Unternehmers verdichteten und im ersten Jahrzehnt des 20. Jahrhunderts vor allem von Eduard Sulzer-Ziegler propagiert wurden. Seine Skizzen des modernen Unternehmers dienten nicht nur der Rehabilitierung des Industriellen, sondern boten auch nach innen ein Vorbild an, das als normative Richtschnur für das Handeln der Arbeitgeber

38 Meili, Hans: Ist die Einführung des Befähigungs-Nachweises im Handwerk zweckmässig und durchführbar? Referat gehalten vor der Delegierten-Versammlung des Schweizerischen Gewerbevereins in Herisau am 8. Juli 1894. Zürich 1894: Schweizerischer Gewerbeverein, S. 7.
39 Ebd., S. 12.
40 Dieser wurde dann mit dem ersten Berufsbildungsgesetz von 1930 auch realisiert. Vgl. Hurter 1946, S. 54 f.

fungieren sollte. Entsprechend kam der Vortrag zum «Unternehmertum», den Sulzer-Ziegler vor den Winterthurer Werkmeistern gehalten hatte, auch in einem Jahresbericht des Arbeitgeberverbands Schweizerischer Maschinen- und Metallindustrieller zum Abdruck, wo sonst über die Arbeitskämpfe in den Mitgliedsunternehmen berichtet wurde.[41]

3.4 Die Koordination des Arbeitskräftebedarfs

Damit die Arbeitgeberseite geschlossen auftreten konnte, mussten die Mitgliedsunternehmen ihre Interessen in Teilen vernachlässigen. Wo sie sonst als Konkurrenten auftraten, mussten nun die eigenen Belange zurückgestellt werden. Dies war bereits den Berufs- und Branchenverbänden, die im 19. Jahrhundert entstanden waren, ein wichtiges Anliegen, und es galt nochmals verschärft für die Arbeitgeberverbände. Die Firmen gaben in einem so zentralen Bereich wie den betrieblichen Arbeitsbeziehungen die Verhandlungshoheit an den Verband ab und unterwarfen sich den gemeinsamen Standards. Dafür durften sie auf den Schutz durch die Organisation zählen.[42]
Die Zusammenschlüsse der Unternehmen und Arbeitgeber in Form von Verbänden hatten über ihren eigentlichen Zweck hinaus aber mittelbar auch einen Effekt auf das weitere Verhältnis von Qualifikation, Arbeit und Kapital, der sich in den folgenden Jahrzehnten noch bemerkbar machen sollte: Betriebe konkurrierten nicht allein um Kundschaft und Kapital. In Zeiten einer boomenden Industrie wurde mitunter auch das Personal knapp. Die Arbeitgeberverbände dienten dann als Orte der Vermittlung, um einen unlauteren Wettstreit um die qualifizierten Arbeitskräfte zu verhindern. Direkt im Jahr der Gründung eines Zentralverbands schweizerischer Arbeitgeber-Organisationen veröffentlichte der Verbandssekretär Otto Steinmann eine Studie zum sogenannten Arbeitsnachweis. Der Arbeitsnachweis war ein um die Jahrhundertwende stark diskutiertes Instrument der Vermittlung freier Arbeitskräfte. Die Notwendigkeit von Arbeitsnachweisen wurde in der Schweiz seit den 1880er-Jahren erkannt. Sie galten als Instrument zur Bekämpfung der Arbeitslosigkeit.[43] Es entstanden nebeneinander zahlreiche gewerbliche Arbeitsnachweise, die Berufs- und Branchenverbände wurden ebenfalls tätig. In den Städten waren zu Beginn des

---

41 Arbeitgeberverband Schweizerischer Maschinen-Industrieller, Jahresbericht des Ausschusses und des Vorstandes an die Mitglieder pro 1908.
42 Eichenberger 2016, S. 85–147.
43 Studer, Johannes: Was bezweckt der öffentliche Arbeitsnachweis und wie soll sich die Arbeitgeberschaft zu demselben stellen? Gehalten im Schosse des Handwerksmeister- und Gewerbevereins. St. Gallen 1907: o. V.

20. Jahrhunderts bereits verschiedentlich öffentliche Arbeitsämter eingerichtet worden, die sich 1903 zu einem Verband zusammenschlossen. 1909 wurde dann ein Beschluss zur «Förderung des Arbeitsnachweises durch den Bund» verabschiedet. Der Bund beteiligte sich in der Folge an den Kosten für die kommunalen und kantonalen Arbeitsnachweise. Daneben bemühten sich Gewerkschaften wie Arbeitgeber darum, einen Arbeitsnachweis zu installieren, der ihren Bedürfnissen am besten Rechnung trug. Auch paritätische Ansätze zur Kontrolle des Arbeitsmarktes wurden debattiert.[44]
Während der öffentliche Arbeitsnachweis zunächst ein Hilfsmittel zur Bekämpfung der Arbeitslosigkeit sein sollte und die Gewerkschaften mit der Kontrolle der Arbeitskräfte versuchten, mehr Druck auf die Unternehmen aufzubauen, galt den Arbeitgebern die souveräne Stellenvermittlung als Hilfsmittel bei Personalknappheit. Durch die gewaltige Zahl an Beschäftigten in den expandierenden Industrieunternehmen, die je nach konjunktureller Lage in kurzer Zeit deutlich mehr oder weniger Personal benötigten, schienen die herkömmlichen Informationsmittel nicht mehr zweckmässig zu sein. Da die spezifische Organisation des Arbeitsnachweises sowohl für die Arbeitssuche als auch für die betriebliche Personalrekrutierung bedeutende Konsequenzen hatte, war dieser Gegenstand zu Beginn des 20. Jahrhunderts heftig umkämpft.[45]
Der Arbeitgebersekretär Otto Steinmann hatte für seinen Überblick zum Arbeitsnachweis nicht bloss Aktenstudium betrieben, sondern war eigens nach Deutschland gereist, um dort unterschiedliche Praktiken der Arbeitsvermittlung kennenzulernen.[46] Die Lage schien dringlich, da in den Kommunen und bei den Gewerkschaften bereits an vielen Orten an eigenen Vermittlungsstellen gearbeitet wurde. Weniger problematisch schien die Situation zu sein, wenn die konjunkturelle Lage die Unternehmer in eine mächtige Position versetzte. Die Arbeiterinnen und Arbeiter waren dann auf der Suche nach einem Auskommen und kümmerten sich voraussichtlich kaum darum, wer ihnen dieses verschaffte. Wenn aber «der flotte Geschäftsgang den Arbeitgeber zwingt, Arbeitnehmer zu gewinnen, wo immer er sie findet», sah die Situation ganz anders aus.[47] Bei guter Konjunktur hatten die Gewerkschaften durch die Kontrolle der qualifizierten und weniger qualifizierten Arbeitskräfte ein Druckmittel in der Hand und die Arbeiterschaft musste nicht einfach die offerierten Stellen annehmen.

44 Jobin, Albert: Arbeitsnachweis. In: Handbuch der schweizerischen Volkswirtschaft, Bd. 1. Bern 1939: Benteli, S. 88–90.
45 Steinmann, Otto: Die Frage des Arbeitsnachweises vom Standpunkte des Arbeitgebers. Zürich 1908: A. Kreutler.
46 Bericht des Sekretärs über die Resultate seiner Reise nach Mannheim und Hamburg (ZSAO, 6.5).
47 Steinmann, Otto: Die Frage des Arbeitsnachweises, Schlussteil der Entwurfsfassung (ZSAO, 6.5).

In Zeiten der Hochkonjunktur waren die Arbeitgeber also besonders anfällig für die Schwächen eines unregulierten oder gar von Arbeitnehmerseite kontrollierten Arbeitsmarktes. In der Koordination des Arbeitskräftebedarfs zeigten sich aber auch die Schwierigkeiten, konkurrierende Unternehmen und unterschiedliche Bedürfnislagen unter einem Dach zusammenzubringen. So waren einzelne Wirtschaftssektoren in der Schweiz eher bereit, einem gemeinsamen Verbund für die Anzeige offener Stellen beizutreten. Andere wollten lieber innerhalb der Branche die notwendigen Arbeitskräfte vermitteln. Wiederum andere stellten sich ganz gegen eine Koordinationsstelle für die Arbeiterinnen und Arbeiter. Im Zentralverband der Arbeitgeber-Organisationen vermutete man, dass dies nicht nur mit branchentypischen Bedingungen zu tun hatte, sondern auch daran lag, dass vor allem im Bausektor gar keine wirklich strukturierte Geschäftsleitung vorhanden war und eher auf kurze Sicht geplant wurde. Der Baumeisterverband gehörte nämlich zu den stärksten Gegnern eines Arbeitsnachweises der Arbeitgeber. Die Meisterverbände stellten sich insgesamt gegen eine Vermittlungsstelle, was nach Ansicht des Verbandssekretärs Steinmann seinen Grund darin hatte, dass in ihrem Arbeitsalltag neues Personal häufig auf informellem Weg in die Unternehmen gebracht wurde. Die Meister wollten sich weiterhin der etablierten Seilschaften bedienen und dieses Instrument nicht einfach aus der Hand geben.[48]

Ein gemeinsamer Arbeitsnachweis der Arbeitgeber war nicht nur aus technischen und praktischen Gründen schwer zu realisieren. Vielmehr kämpften in Zeiten wirtschaftlichen Aufschwungs die Unternehmen selbst miteinander um die für den Betrieb benötigten Arbeitskräfte. Die Schwierigkeit, «beruflich durchgebildete[] tüchtige[] Arbeitskräfte» zu gewinnen war mit der Hochindustrialisierung zu einem echten Problem geworden. Die Unternehmer sollten dennoch ihre Partialinteressen zurückstellen und sich einer Koordination der Arbeitsvermittlung öffnen.[49]

Getestet wurde der Arbeitsnachweis des Zentralverbandes der Arbeitgeberorganisation zunächst in und um Zürich, wo hinreichend Industrieunternehmen vorhanden waren. Zu Beginn waren die Angestellten nicht Teil der Vermittlungsmasse, dafür berücksichtigte man aber sowohl Arbeiter als auch Arbeiterinnen. Geografisch wurde die Grenze des Vermittlungsbüros so gezogen, dass Firmen beitreten konnten, die höchstens 20 Kilometer von Zürich entfernt lagen. Die Beitrittsgebühr bemass sich an der Zahl der Beschäftigten, die der Betrieb hatte. So wurde sichergestellt, dass diejenigen Unternehmen,

48 Bericht des Sekretärs über die Resultate seiner Reise nach Mannheim und Hamburg (ZSAO, 6.5).
49 Zentralverband Schweizerischer Arbeitgeber-Organisationen vom 27. August 1909 (ZSAO, Zirkulare 1909–1914).

die am meisten von dem Arbeitsnachweis profitieren würden, sich auch stärker an den Kosten beteiligen mussten. Hinzu kamen Jahresbeiträge.[50] Die Unternehmen waren gehalten, sich zunächst und ausschliesslich an das Vermittlungsbüro zu wenden, wenn sie neue Arbeitskräfte benötigten. Ausnahmen galten aber für Frauen, für Arbeiter, die bereits beim Unternehmen beschäftigt gewesen waren, und für die lokale Bevölkerung. Wenn ein Unternehmen Arbeitskräfte entliess, musste dies dem Vermittlungsbüro gemeldet werden. Dabei sollte auch die Qualifikation der Entlassenen genannt werden. Diejenigen, die arbeitssuchend waren, konnten nun direkt an den Arbeitsnachweis gelangen. Dort wurden die Unterlagen geprüft und die Personen dann erfasst. Das Vermittlungsbüro hatte damit also eine Filterfunktion, was die Qualifikation, aber auch was die Kündigungsgründe anging.[51]

Die Mindestanzahl an beteiligten Unternehmen, die den Arbeitsnachweis funktionstüchtig gemacht hätte, wurde aber nicht erreicht. Zu wenige Firmen sahen einen Nutzen darin, diesem branchenübergreifenden Arbeitsnachweis beizutreten.[52] Von Schwierigkeiten, die konsequente Nutzung eines Arbeitsnachweises durch die Firmen zu etablieren, berichtete beispielsweise der Verein Schweizerischer Maschinen-Industrieller, der bereits seit 1898 ein eigenes Nachweisbüro unterhielt.[53] Die Firmen schienen häufig lieber informelle Wege und Ad-hoc-Massnahmen zu wählen, wenn sie dringend Arbeiterinnen und Arbeiter benötigten. Auch gab es wiederholt Klagen darüber, dass die Qualifikation oder das Verhalten der vermittelten Arbeitskräfte nicht ihren Erwartungen entsprachen.[54] Die Konkurrenz unterschiedlicher Arbeitsnachweise auf Ebene der grossen Verbände war einer Konsolidierung des Vermittlungsgeschäfts nicht zuträglich. 1916 übernahm der Arbeitgeberverband das «Arbeitsnachweisbureau» der Maschinenindustrie.[55]

50 Statuten des Arbeitsnachweises der Industrie und des Gewerbes Zürich und Umgebung vom 3. November 1909 (ZSAO, Zirkulare 1909–1914).
51 Geschäftsreglement des Arbeitsnachweises der Industrie und des Gewerbes Zürich und Umgebung vom 3. November 1909 (ZSAO, Zirkulare 1909–1914).
52 Zentralverband der Schweizerischen Arbeitgeber-Organisation an die Mitglieder vom 18. März 1910 (ZSAO, Zirkulare 1909–1914).
53 Verein Schweizerischer Maschinen-Industrieller, Bericht des Vorstandes an die Mitglieder auf die Generalversammlung vom 16. Juli 1898.
54 Siehe etwa Verein Schweizerischer Maschinen-Industrieller, Bericht des Vorstandes an die Mitglieder vom 1. Juli 1905, S. 18; Verein Schweizerischer Maschinen-Industrieller, Jahresbericht des Vorstandes an die Mitglieder pro 1911, S. 20 f., Verein Schweizerischer Maschinen-Industrieller, Jahresbericht des Vorstandes an die Mitglieder pro 1912, S. 47 f.
55 Verein Schweizerischer Maschinen-Industrieller, 33. Jahresbericht des Vorstandes an die Mitglieder pro 1916, S. 68; Arbeitgeberverband Schweizerischer Maschinen-Industrieller, Jahresbericht des Ausschusses und des Vorstandes an die Mitglieder pro 1916, S. 51.

In der Industrie diente der Arbeitsnachweis praktisch nie seinem offiziellen Zweck, der Vermittlung qualifizierter Arbeitskräfte, sondern war vielmehr ein Instrument zur Dokumentation streikbereiter Arbeitskräfte und zur Rekrutierung potenzieller Streikbrecher.[56] Implizit bedeutete die grössere Kontrolle der Arbeitskräfte durch die Arbeitgeber aber auch, die Qualifikationsstruktur der Beschäftigten besser kennen zu müssen. Im traditionellen Handwerk war das etwas weniger kompliziert, da die Berufsbilder hier stabiler waren. Der rasante technologische Wandel in der Industrie liess immer weitere Berufsprofile entstehen, die schon bald kaum mehr zu überblicken waren. Die Vereinheitlichung der Ausstellung von Arbeitszeugnissen, die wiederum im Rahmen der Arbeitervermittlung eine Rolle spielte, machte eine Konsolidierung der stark differenzierten Berufsbezeichnungen notwendig. Dabei wurden in der Maschinenindustrie seit 1910 Berufsbezeichnungen, in denen die Beschäftigten einmal eine Lehre gemacht hatten (etwa Drechsler oder Maschinenschlosser), unterschieden von solchen, für die sie zusätzliche Erfahrungen in spezialisierten Tätigkeitsfeldern erworben haben mussten (wie Autogenschweisser oder Stanzer), und auch von solchen, die einfach frei gebraucht werden durften (verschiedene Hilfsarbeitertätigkeiten).[57]

Die Organisation der Arbeitgeber, die Strukturierung der Arbeitskräftevermittlung oder die Vereinheitlichung der Berufsbezeichnungen stellten allesamt Versuche zur Systemstabilisierung dar. Sie sind die Kehrseite eines umfassenden Programms zur Integration der unterschiedlichen sozialen Gruppen in den privatwirtschaftlichen Gesamtzusammenhang. Dabei waren nicht nur die Konflikte zwischen Kapital und Arbeit zu bewältigen, sondern auch die zwischen Gewerbe und Industrie oder zwischen unterschiedlichen Teilbranchen und einzelnen Unternehmen. Die Massnahmen zur organisatorischen Integration der Arbeitgeber entsprachen funktional gesehen den Erziehungsprogrammen und Fürsorgepaketen für die Arbeiterschaft. Während die Überzeugungsarbeit aufseiten des Kapitals profitorientiert erfolgte, mussten sich die Unternehmer und Wirtschaftsfunktionäre gegenüber der Arbeiterschaft als soziale Akteure darstellen, die letztlich das Wohl der Beschäftigten im Blick hätten. 1930 erschien entsprechend eine aufwendig gestaltete Sonderausgabe der Schweizerischen Arbeitgeber-Zeitung, die sich dem Thema «Industrielle Betriebshygiene und Wohlfahrtspflege in der Schweiz» annahm. Die Anstrengungen der Unternehmen in der Gesundheitsprävention und Unfallverhütung, der Sozialfürsorge und Arbeiterwohlfahrt, dem betrieblichen Wohnungsbau und Lehrlingswesen oder den Betriebskantinen wurden so skizziert, als wären sie genau aufeinan-

---

56 Balthasar, Gruner, Hirter 1988, S. 1355.
57 Arbeitgeberverband Schweizerischer Maschinen-Industrieller, Jahresbericht des Ausschusses und des Vorstandes an die Mitglieder pro 1910, S. 47–50.

der abgestimmt. Der Sekretär des Arbeitgeberverbandes der Textilindustrie, Arthur Steinmann, hatte zum grossformatigen Sonderdruck einen Text beigesteuert, in dem er beteuerte, dass die Vereinigungen der Arbeitgeber nicht etwa Institutionen im Kampf gegen die organisierten Beschäftigten seien, sondern sie einzig den Zweck «der Erhaltung der Bedingungen» hätten, «unter denen die Industrie, als Ernährerin Tausender von Arbeitern und Arbeiterinnen, noch leben und weiteste Kreise an dem Ertrag teilhaben lassen kann».[58]
Die Arbeitgeber versuchten in den ersten Jahrzehnten des 20. Jahrhunderts wieder Herr über die Organisation des Wirtschaftslebens zu werden, auch wenn dies bedeutete, sich gemeinsamen Standards unterwerfen zu müssen und bestimmte soziale Leistungen zu erbringen, die sich nur mittelbar rechnen würden. Die Umwälzungen, die die Industrialisierung mit sich gebracht hatte, wurden nicht nur in weiten Teilen des Gewerbes als krisenhaft erlebt. Die gut organisierte Arbeiterschaft, die in der Lage war, viele ihrer Forderungen durch Arbeitsniederlegungen durchzusetzen, hatte – mit Verspätung und als Reaktion – eine gewaltige Mobilisierung des Arbeitgeberlagers bewirkt. Aufseiten der Geschäftsinhaber und Verbandsfunktionäre hatte sich aber auch die Überzeugung durchgesetzt, dass der Kampf um die Gestaltungshoheit in wirtschaftlicher Hinsicht nicht allein durch soziale Leistungen und Lohnerhöhungen zu gewinnen war. Stattdessen schien, wie der katholisch-konservative Bundesrat Jean-Marie Musy es auf einer Tagung zum Verhältnis von Staat und Arbeitgebern in der Schweiz ausdrückte, neben der materiellen Absicherung der Arbeiterschaft nur «eine solide Erziehung» die «sittliche Grundlage» schaffen zu können, auf der Volkswirtschaft und politisches Gemeinwesen aufbauten.[59]

58 Industrielle Betriebshygiene und Wohlfahrtspflege in der Schweiz: Sonderausgabe der Schweizerischen Arbeitgeber-Zeitung vom 24. Mai 1930, S. 38.
59 Musy, Jean-Marie: Staat und Arbeitgeber im sozialen Leben. 2. Auflage. Luzern 1928: Räber, S. 27.

4 Nationale Wirtschaft

Neben Lehrlingen, Arbeiterinnen und Arbeitern oder den Arbeitgebern selbst rückte in den ersten Jahrzehnten des 20. Jahrhunderts eine weitere Gruppe als Adressatin pädagogischer Anstrengungen in den Blick: die Konsumentinnen und Konsumenten. Noch während des Ersten Weltkrieges wurden aus dem Gewerbe, aber auch aus den zivilgesellschaftlichen Vereinen und bürgerlichen Frauenverbänden Forderungen laut, die einheimische Wirtschaft über Erziehungs- und Aufklärungskampagnen zu stärken. 1917 wurde dann der Schweizerwoche-Verband gegründet, der es sich zur Aufgabe machte, die Binnenwirtschaft anzukurbeln, indem die Schweizer Bevölkerung zum patriotischen Kaufen angehalten wurde. Unter dem Label «Schweizerwoche» wurden über Jahrzehnte vielfältige Anstrengungen unternommen, von Plakataktionen und Propagandaveranstaltungen bis hin zu Schülerwettbewerben.[1]

Angestossen wurde die Aktion Schweizerwoche, aus der dann der Verband hervorging, bereits 1915 an einem eher unscheinbaren Ort. Die wirtschaftspolitische Kommission der Gruppe Schaffhausen – eine Teilgruppe der Neuen Helvetischen Gesellschaft – verabredete im Frühling dieses zweiten Kriegsjahres, die günstige patriotische Stimmung im Land dafür zu nutzen, die heimische Wirtschaft zu unterstützen. Bereits jetzt wurde das Label «Schweizerwoche» ventiliert und um den Nationalfeiertag im August desselben Jahres eine entsprechende Aktion angedacht.[2] Diskussionen zur wirtschaftlichen «Überfremdung» hatte es in den ersten beiden Kriegsjahren sowohl in der Neuen Helvetischen Gesellschaft Luzern als auch in Schaffhausen gegeben. Federführend war aber die Schaffhauser Gruppe, in der vor allem zwei Männer die Sache der Schweizerwoche vorantrieben:[3] Zum einen Ernst Müller, ein Bauernsohn, der in Winterthur das Technikum besucht, dann eine Banklehre absolviert hatte und anschliessend bei Georg Fischer in Schaffhausen eine Karriere machte, die ihn bis ins Topmanagement des Stahlkonzerns führte.[4] Müller engagierte sich in dieser Zeit zudem stark im Bereich des sogenannten Auslandsschweizertums,

---

1 Vgl. grundsätzlich zur Schweizerwoche Oberer 1990; König 2004; Kühschelm 2014.
2 Schreiben an den volkswirtschaftlichen Ausschuss der Gruppe Schaffhausen der NHG vom 4. Mai 1915, unsigniert; wirtschaftspolitische Kommission der Gruppe Schaffhausen der Neuen Helvetischen Gesellschaft an die Neue Helvetische Gesellschaft Lausanne vom 5. Mai 1915 (SWA, PA 48b A3).
3 Schweizer Woche (Hg.): 50 Jahre Schweizer Woche 1917–1967. Bern 1967: Geschäftsstelle der Schweizer Woche, S. 2.
4 Bächtold 1969.

wo er gegen die Auswanderung seiner Landsleute polemisierte, die er für eine «Überfremdung» der Schweiz verantwortlich machte.[5] Zum anderen Werner Minder, ein in Biel aufgewachsener und bereits in jungen Jahren weit gereister Kaufmann, der zunächst als Abteilungsleiter in ein Neuhauser Fabrikationsunternehmen für Mundwasser, Zahn- und Haarpflege eingetreten war und sich dann 1920 mit einem der Produkte selbständig gemacht hatte.[6]

4.1 Konsumerziehung

Mit ihren Aktionen zur Erziehung der Konsumentinnen und Konsumenten war die Schweiz nicht allein. Die Gründung des Verbandes Schweizerwoche orientierte sich an der «All British Shopping Week», die bereits 1911 in London durchgeführt worden war. Man erkundigte sich eigens beim Handelsdepartement des Bundes, ob hier Erfahrungen zu den britischen Aktivitäten vorlägen.[7] Grosse Bedeutung mass die Aktionsgruppe für die Schweizerwoche auch dem Verband «Deutsche Arbeit» bei. Dessen Programm einer «nationalwirtschaftlichen Erziehung» schien der Schweizerwoche so ähnlich zu sein, dass man sich später genötigt sah, den Eigencharakter des schweizerischen Ansatzes besonders hervorzuheben.[8]

Während des Ersten Weltkriegs folgten weitere Formen eines pädagogischen Protektionismus, die einerseits klar gegen eine «Überfremdung» des einheimischen Marktes gerichtet waren, sich aber zugleich auch von fremdenfeindlichen Bestrebungen abzugrenzen suchten.[9] Kaufen wurde im Rahmen der Schweizerwoche zwar als eine patriotische Tat verstanden. Von ähnlichen Bestrebungen der Warenerziehung in England, Deutschland oder Frankreich suchten sich die Initiatoren aber insofern abzusetzen, als sie den wirtschaftlichen Nationalismus der kriegsführenden Länder nicht voll übernehmen wollten. Die kleine, geografisch günstig gelegene Schweiz mit ihren verschiedenen Sprachräumen schien prädestiniert zu sein für einen Showdown der wirtschaftlichen Kriegsführung. Da von Deutschland aus Staatsbürger, die im Ausland lebten oder ein Geschäft führten, bereits direkt registriert und adressiert wurden, schien es hinreichend Belege für diese drohende Gefahr zu geben. Auch andere Länder

---

5   Siehe dazu Kreis 2013.
6   «Werner Minder». Schaffhauser Nachrichten vom 12. Juli 1952, S. 15.
7   Schreiben an das Eidgenössische Handelsdepartement vom 5. Mai 1915 (SWA, PA 48b A3).
8   Minder, Werner: Schweizerwoche und wirtschaftliche Selbstbehauptung: Vortrag. Zürich 1917: Buchdruckerei der Neuen Zürcher Zeitung, S. 8.
9   Vgl. die Statuten des «Schweizerwoche-Verbandes» vom 24. Juli 1919, Art. 3 (ZWD, d-815).

hatten die Schweiz im Blick, wenn es um die exterritoriale Wirtschaftskriegsführung ging.[10]
Der Erste Weltkrieg hatte deutlich gezeigt, wie stark die Schweiz wirtschaftlich mit dem Ausland verflochten war und dass dies nicht nur für den Export von Waren galt, sondern auch für den Import von Lebensmitteln und anderen Gütern für den täglichen Gebrauch. Die wirtschaftliche Abhängigkeit schien auch politische Implikationen zu haben. Wenn die Schweiz für die Versorgung ihrer Bevölkerung auf das Wohlwollen anderer Staaten mit anderen nationalen Selbstverständnissen angewiesen war, konnte auch die politische Eigenständigkeit schnell infrage gestellt werden. Die zunehmende wirtschaftliche Verflechtung bedeutete unmittelbar eine Herausforderung für die politische Autonomie. Besonders die inländische, exportorientierte Industrie galt als ein Risiko für die Unabhängigkeit der Schweiz. Entsprechend sollte der Binnenmarkt so gestärkt werden, dass die heimische Industrie ausreichend Nachfrage im Inland fand.[11]
Aus diesem Bedrohungsszenario bezog die Schweizerwoche 1917 ihr Programm für die «nationalistische Schulung der Käufer».[12] Die schweizerische Bevölkerung sollte so erzogen werden, dass nicht mehr allein ihr Eigeninteresse, sondern auch die Stärkung der gesamten nationalen Volkswirtschaft den Kaufentscheid anleitete. Das bedeutete aber, dass der Preis der Ware nicht mehr das erste Kriterium sein durfte.[13]
Dieses Programm stiess nicht überall auf unbedingte Zustimmung. Aus der Bundesverwaltung wurde die Vermutung geäussert, dass angesichts der beschränkten finanziellen Mittel der Bevölkerung ein solcher Appell zum Kauf teurerer Produkte wenig erfolgreich sein würde. Ausserdem sorgte sich die verantwortliche Bundesbehörde, dass mit einer konzertierten, auf Autarkie zielenden Aktion die Versorgung der Bevölkerung mit dringend benötigten Waren erschwert werden könnte.[14]
Besonders die Frauen standen zunächst im Zentrum des moralischen Appells an die Käuferschaft. Die «systematische Beeinflussung der Frauenwelt» galt von Beginn an als ein probates Mittel, um die eigenen Ziele zu erreichen. Indem die Frauen von der patriotischen Mission der Schweizerwoche überzeugt wurden,

---

10   Minder, Werner: Schweizerwoche und wirtschaftliche Selbstbehauptung: Vortrag. Zürich 1917: Buchdruckerei der Neuen Zürcher Zeitung, S. 7–13.
11   Müller, Ernst: Referat gehalten an der Delegiertenversammlung der Neuen Helvetischen Gesellschaft am 24. Oktober 1915, S. 1–5 (SWA, PA 48b A17).
12   Minder, Werner: Schweizerwoche und wirtschaftliche Selbstbehauptung: Vortrag. Zürich 1917: Buchdruckerei der Neuen Zürcher Zeitung, S. 13.
13   Ebd., S. 14.
14   Schweizerisches Volkswirtschaftsdepartement an die Neue Helvetische Gesellschaft, Gruppe Schaffhausen vom 22. Juni 1915 (SWA, PA 48b A4).

sollten sie den Kerngedanken bis in die letzten Winkel der Gesellschaft tragen. Ihnen traute man das zu, da sich die bürgerlichen Frauenvereinigungen seit Ausbruch des Krieges bereits stark für die nationale Sache eingesetzt hatten und gerade auch die Frage der Versorgung der schweizerischen Bevölkerung mit einheimischen Produkten immer wieder thematisiert hatten.[15] Der Krieg wurde von den verschiedenen Frauenverbänden als Chance begriffen, die eigene Agenda durchzusetzen – die aber auf zum Teil entgegengesetzte Ziele ausgerichtet war.[16]

Unter den Mitgliedern des Organisationskomitees, das die Idee der Schweizerwoche in die Tat umsetzen sollte, waren die Frauen vor allem als Repräsentantinnen der Konsumseite stark vertreten. Für den Gemeinnützigen Frauenverein und den katholischen Frauenbund, aber auch für die Soziale Käuferliga traten jeweils weibliche Mitglieder in die Aktionsgruppe ein. Produktion und Handel hingegen wurden, soweit die Namen hinter den Verbänden bekannt sind, von Männern vertreten.[17]

Das Vorhaben der Schweizerwoche war ambitioniert. Man wollte nichts weniger als eine «Volksbewegung» starten, die sich ganz dem Grundgedanken des Projekts verpflichtet sehen sollte. Dafür musste zunächst dafür gesorgt werden, «den dem Unternehmen zugrunde liegenden Gedanken» zu ihrem Recht zu verhelfen.[18] Durch Erziehung, Aufklärung und Öffentlichkeitsarbeit wollte die Schweizerwoche einen «aufnahmefähigen, kaufkräftigen nationalen Markt» schaffen. Ziel war es also, Waren nicht mehr aus dem Ausland importieren zu müssen, sondern in Schweizer Betrieben für die Schweizer Haushalte zu produzieren. Dieses Autarkieideal hatte das schweizerische Handwerk und den lokalen Handel im Fokus. Diese sollten wirtschaftlich so gestärkt werden, dass sie vom Absatz ihrer Produkte leben konnten. Zugleich ging man davon aus, dass nur durch einen gestärkten Binnenmarkt die Qualität der Produkte garantiert, insgesamt die inländische Kaufkraft gestärkt und das Steueraufkommen vergrössert werden könne. Geformt wurde das pädagogisch-propagandistische Reformprogramm der Schweizerwoche durch ein Gesellschaftsbild, das vom Gewerbe ausgehend alle Schweizerinnen und Schweizer einbezog.[19]

Von der Direktion des Gewerbeverbands wurden alle Sektionen aufgefordert, der Sache die entsprechende Aufmerksamkeit zu schenken und der Schwei-

15 Müller, Ernst: Referat gehalten an der Delegiertenversammlung der Neuen Helvetischen Gesellschaft am 24. Oktober 1915, S. 13 f. (SW, PA 48b A17).
16 Mesmer 2007, S. 25–30.
17 Mitgliederliste des Organisations-Komitees der Schweizerwoche (SWA, PA 48b A8).
18 Bericht über die erste Schweizerwoche vom 27. Oktober bis 4. November 1917. Zürich 1918, S. 3.
19 Minder, Werner: Schweizerwoche und wirtschaftliche Selbstbehauptung: Vortrag. Zürich 1917: Buchdruckerei der Neuen Zürcher Zeitung, S. 4.

zerwoche eine «tatkräftige Unterstützung» zukommen zu lassen. Der Gewerbeverband bot seinen Mitgliedern an, kostenlos Materialien und Referenten bereitzustellen.[20] Die Initiativgruppe der Schweizerwoche war sich bewusst, dass sie, um wirklich erfolgreich zu sein, nicht nur die Funktionsträger ansprechen durfte, sondern auf alle Schichten der Bevölkerung zielen musste. Man wollte «jede Arbeiterfrau» und «jedes Dienstmädchen» erreichen, damit die nationale Warenerziehung nicht allein eine Idee der Eliten bliebe. Über die Volksschule sollten diejenigen erreicht werden, die nicht Mitglied der Verbände und Vereinigungen waren, weshalb den kantonalen Bildungsverwaltungen eine zentrale Rolle für die Schweizerwoche zukam.[21]

Die Aktivistinnen und Aktivisten der Schweizerwoche verstanden ihr Projekt nicht bloss als ein technisches Mittel zu einem hehren Zweck. Vielmehr strichen sie fortlaufend heraus, dass dem eigenen Programm ein spezifischer «Gedanke» zugrunde liege, der eine eigene Geschichte habe und dem nun zum Durchbruch verholfen werde. Die Mitglieder des Verbandes sahen sich in einer Tradition, die im 18. Jahrhundert mit den patriotischen Bewegungen gestiftet worden sei. So wie für die republikanischen Kräfte Erziehung das probate Mittel zur Einigung und Festigung der Eidgenossenschaft gewesen war, galt es nun, durch ökonomische Aufklärung, Schulung und Propaganda die Wirtschaftsnation neu zu begründen. Die Schweizerwoche sollte ein Pendant zur Helvetischen Gesellschaft bilden, die im 18. Jahrhundert republikanisch gesinnte Männer versammelt hatte.[22]

Durch die Anhebung der Kenntnis und Achtung für einheimische Erzeugnisse wollte man nicht allein die Produzenten fördern. Auch ging es um mehr als um eine Sicherung der schweizerischen Selbständigkeit in politischen Angelegenheiten. Die Schweizerwoche war umfassender gedacht: als ein Programm zur Sittlichkeitserziehung, ein Versuch, die gesellschaftliche Ordnung von Grund auf zu festigen. Ein stärkerer Konsum heimischer Produkte sollte die «Lebensweise» der schweizerischen Bevölkerung wieder ihrer Bestimmung zuführen. Der Wunsch, ausländische Kleider zu tragen, galt den Protagonisten der Schweizerwoche als eine «Sucht», die durch Auslandsreisen und ausländische Unternehmen genährt worden sei.[23]

20 Kreisschreiben Nr. 273 an die Sektionen des Schweizerischen Gewerbeverbandes vom 28. August 1917 (SWA, PA 48b B11).
21 Minder, Werner: Schweizerwoche und wirtschaftliche Selbstbehauptung: Vortrag. Zürich 1917: Buchdruckerei der Neuen Zürcher Zeitung, S. 23.
22 Der Schweizerwoche-Gedanke in Vergangenheit und Zukunft. Solothurn 1922: Zepfel'sche Buchdruckerei, S. 2.
23 Müller, Ernst: Referat gehalten an der Delegiertenversammlung der Neuen Helvetischen Gesellschaft am 24. Oktober 1915, S. 12 (SWA, PA 48b A17).

Für die erste Schweizerwoche forderte man zunächst über Inserate die inländischen Produzenten und den Binnenhandel auf, ausreichend einheimische Waren bereitzuhalten. Den Zentralverband der Arbeitgeber-Organisationen erreichte ein Schreiben mit der Bitte, doch wohlwollend über die Aktivitäten der Gruppe zu berichten.[24] Erst anschliessend wurde die Gesamtbevölkerung auf das Projekt aufmerksam gemacht, indem in der Tagespresse – in gut dreihundert deutschsprachigen und knapp hundert romanischen Blättern – ebenfalls Anzeigen geschaltet wurden. In Zürich rief man zudem eine Reihe von Referentinnen und Referenten aus dem Handwerk und verschiedenen Verbänden zusammen, um in Vorträgen über die «Idee der Schweizerwoche» zu informieren. Es folgten eine ähnliche Veranstaltung in Yverdon und zahlreiche weitere Vorträge. Die Initiatoren der Schweizerwoche gingen nun dazu über, sich organisational zu verstetigen, richteten ein entsprechendes Komitee ein und gründeten zahlreiche kantonale Sektionen. Von der Zentrale aus versorgte man die hastig eingerichteten neuen Aktionsgruppen mit den entsprechenden Materialien.[25]

Die ersten Erfahrungen waren aber ernüchternd. Ein Vorstandsmitglied wies in einem Schreiben darauf hin, dass sich viele der Mobilisierungshoffnungen nicht erfüllt hatten. Im Vorstand führte dieser wenig motivierende Start jedoch nicht dazu, das ganze Unternehmen zu beenden. Vielmehr wurde aus der «Indifferenz weiter Kreise» gerade die Notwendigkeit abgeleitet, am Programm festzuhalten. Das Projekt hatte einen «erzieherischen Zweck» und entsprechend mühsam und langfristig musste die eigene Arbeit sein.[26]

Die exportorientierte Industrie tat sich aus ersichtlichen Gründen zunächst schwer mit dieser stark vom Gewerbe und Mittelstand getragenen Bewegung. Besonders wurde befürchtet, dass Importschranken in der Schweiz entsprechende Gegenmassnahmen anderer Staaten zur Folge haben könnten. Auch sah die Industrie nicht unmittelbar ein, wie sich eine autarke Schweizer Volkswirtschaft auch nur annähernd verwirklichen lassen sollte. Für die Protagonisten der Schweizerwoche war ebenfalls klar, dass sich die Schweiz nicht vollkommen würde abschotten können. Sie plädierten deshalb pragmatisch dafür, wenigstens einen grösseren Grad an Unabhängigkeit zu erreichen als bisher. Im Kontext des tobenden Wirtschaftskriegs habe die Aktion Schweizerwoche

---

24 Schweizerwoche, Schreiben an die Redaktionen vom 20. August 1917 (ZSAO, 8.51).
25 Bericht über die erste Schweizerwoche vom 27. Oktober bis 4. November 1917. Zürich 1918: Druck der Genossenschaft Schweizerische Sonntagsblätter, S. 4.
26 Protokoll der 2. Sitzung des Vorstandes des Schweizerwoche-Verbandes vom 1. Dezember 1919 (SWA, BA 48b B4).

den Status von «reinsten Waisenkinder[n]» und die eigenen Massnahmen seien doch eher harmlos.[27]
Für die Schweizerwoche war klar, dass sie sich nicht allein auf das Gewerbe verlassen konnte. Unmittelbar nach ihrer Gründung investierte der Verband entsprechend in seine Kontakte zur exportorientierten Industrie. Der Appell an die grossen Unternehmen blieb nicht allein moralischer Natur. Vielmehr versuchte die Schweizerwoche, diese davon zu überzeugen, dass sie trotz ihrer Exportorientierung von einem starken Binnenmarkt profitieren würden.[28] Die wechselseitige Abhängigkeit von Produktion, Handel und Konsumption in einem umkämpften Nachkriegsgefüge schien jedoch noch keinen hinreichenden Anlass für die Unternehmen darzustellen, sich ebenfalls zu beteiligen. Die Schweizerwoche argumentierte darüber hinaus, dass mit dem Erziehungsprogramm nicht nur nationaler Zusammenhalt, Kaufkraft und Binnenmarkt gestärkt würden. Vielmehr wollte sie auch helfen, in der Bevölkerung ein «vermehrtes Verständnis für die Bedürfnisse unseres gesamten Wirtschaftsorganismus» zu schaffen.[29] Die kulturellen Grundlagen einer kapitalistischen Volkswirtschaft galten dem Verband als eigentlich tragendes Argument für ein Engagement der Industrie.[30]
Von der Industrie kamen dann tatsächlich die notwendigen Mittel, um die Aufklärungsaktion voranzutreiben. Diese finanzielle Beteiligung geschah nicht durch die Hintertür: Zahlreiche Industrieverbände traten der Schweizerwoche auch offiziell als Mitglieder bei.[31] Der Vorort informierte seine Mitglieder knapp über die erste Schweizerwoche, wenn auch im Vergleich zum Gewerbeverband deutlich weniger enthusiastisch.[32] Für den Handels- und Industrieverein standen weniger Fragen der Volkserziehung als vielmehr das Problem der Zertifizierung schweizerischer Produkte im Zentrum. Er wurde also durchaus tätig, um die «wirtschaftliche Ueberfremdung» zu bekämpfen.[33]
Das ehrenamtliche Engagement zivilgesellschaftlicher Gruppen und der Gewerbevereinigungen reichte jedoch nicht aus, um die Koordination der viel-

27 Das Verhältnis der Produzenten zur Schweizerwoche. Referat gehalten an der Referenten-Konferenz vom 18. August 1917 im Zunfthaus zur Waag in Zürich, S. 11 (SWA, PA 48b A17).
28 Die Schweizerwoche und die Industrie (Separatabdruck aus der Neuen Zürcher Zeitung vom 9. September 1917), S. 3 f.
29 Ebd., S. 6.
30 Ebd., S. 7–10.
31 Bericht über die erste Schweizerwoche vom 27. Oktober bis 4. November 1917. Zürich 1918: Druck der Genossenschaft Schweizerische Sonntagsblätter, S. 6.
32 Zirkular Nr. 373, Vorort des Schweizerischen Handels- und Industrievereins an die Sektionen vom 15. September 1917, Punkt 2 (SWA PA 48b B11).
33 Vorort des Schweizerischen Handels- und Industrievereins an die Sektionen vom 3. Dezember 1917 (SWA, PA 48b B11).

fältigen Tätigkeiten auf eine solide Basis zu stellen. Deshalb sollten auch staatliche Stellen das Anliegen unterstützen. Die Erziehungsdirektionen vieler Kantone forderten die Lehrkräfte auf, die Idee der Schweizerwoche in den Schulen zu behandeln. Auch von hier konnte der sehr disparate Strauss an Massnahmen aber nicht so organisiert werden, dass er zu einem einheitlichen Programm wurde. Die Finanzierung der Planung und Verwaltung der Schweizerwoche war auf Mittel aus der Privatwirtschaft angewiesen, die weiter aufgefordert wurde, dem Verband als Mitglied beizutreten.[34] Auch wurden direkt Mittel akquiriert, um mitten in der Krise der frühen 1920er-Jahre eine Plakataktion zu finanzieren, die die Öffentlichkeit auf den Zusammenhang des Konsums schweizerischer Waren und Arbeitslosigkeit aufmerksam machen sollte. Die Schweizerwoche erhoffte sich von diesem moralischen Appell, «die Aufmerksamkeit weitester Volksschichten von unfruchtbarem politischen Zank auf die unendlich wichtigeren Angelegenheiten wirtschaftlichen Lebens ablenken» zu können.[35] Mit den eingeworbenen Geldern konnten insgesamt 5500 Plakate in 1500 Ortschaften angebracht werden. Parallel erschienen in der Presse verschiedene Artikel, die auf die Plakataktion hinwiesen. Ausserdem wurden die Frauenvereine und andere Organisationen, die die verschiedenen Zielgruppen vertraten, mit standardisierten Schreiben direkt angegangen und über das Anliegen informiert.[36]

Die Schaufenster der Ladeninhaber dienten der Schweizerwoche als pädagogisches Tor zur Bevölkerung. Die Gestaltung der Auslage in den Geschäften wurde in den ersten Jahrzehnten des 20. Jahrhunderts auch sonst zu einem viel diskutierten Gegenstand innerhalb des Handels. Ganze Reformprogramme und gar theoretische Modelle für die Funktion und Gestaltung der Schaufenster wurden erdacht.[37] Im Kontext eindrucksvoller Warenhäuser schien die pädagogische Seite des Konsums unmittelbar ersichtlich zu sein. Die neue Warenwelt schien selbst bildenden Charakter zu haben, aber auch erzieherische Anstrengungen notwendig zu machen.[38]

Auf dem Land wandten sich nun die örtlichen Komitees der Schweizerwoche direkt an die Inhaber kleiner Geschäfte, um diese als Mitglieder zu gewinnen. In den grösseren Städten griff man für die eigenen Propagandatätigkeiten auf kaufmännische Verbände und Frauenvereine zurück oder rekrutierte – wie in

34 Zentralsekretariat der Schweizerwoche an Landis + Gyr vom 28. Dezember 1921 (AfZ, IB Landis & Gyr-Archiv 3018).
35 Schreiben der Schweizerwoche [an Firmen und Verbände] vom Januar 1921 (AfZ, IB Landis & Gyr-Archiv 3018).
36 Schreiben der Schweizerwoche [an die Subskribenten] vom April 1921 (AfZ, IB Landis & Gyr-Archiv 3018).
37 Lindemann 2015, S. 248–261.
38 Lenz 2009.

Zürich – gleich zwei Jahrgänge der lokalen Handelsschule.[39] Die Schweizerwoche hatte nicht nur schnell einen Plan, wie die gesamte Bevölkerung zu erreichen war, und eine ganze Palette an methodischen Instrumenten zur Aufklärung und Warenerziehung, sondern investierte auch in das pädagogische Konzept hinter dem Reformprogramm. Explizit war die Schweizerwoche als eine «erzieherische» Massnahme für die Gesamtbevölkerung gedacht. Ziel war es, die «Wertschätzung» für die unterschiedlichen schweizerischen Erzeugnisse zu steigern. Dies sollte über die verschiedenen Branchen gelten, also nicht nur für Kleingewerbe und Handwerk, sondern auch für industrielle und landwirtschaftliche Produkte. Dabei ging es den Aktivistinnen und Aktivisten der Schweizerwoche nicht allein darum, den eigenen Markt so zu stärken, dass die schweizerischen Produzenten weiterhin gegen die ausländische Konkurrenz bestehen konnten. Vielmehr war die Gruppe davon überzeugt, dass die Produkte aus der Schweiz den anderen in ihrer «Qualität» überlegen seien. Der günstige Preis ausländischer Waren bildete in diesem Modell nur die schlechtere Machart ab. Damit aber die Konsumentinnen und Konsumenten dies bei ihren Kaufentscheidungen auch berücksichtigten, musste zuerst ihr Geschmacksempfinden so geschult werden, dass sie die Qualität der Waren auch direkt erkannten. Man ging davon aus, dass die fremden Waren die Schweizerinnen und Schweizer von sich selbst entfremdeten. Dem «kosmopolitischen Denken» sollte deshalb unmittelbar entgegengewirkt werden.[40]

An erster Stelle richtete sich die Schweizerwoche in ihrer Gründungsphase nicht etwa gegen sozialistische Umtriebe, sondern gegen einen Liberalismus im Wirtschaftsleben, der allein auf dem Eigeninteresse gründete. Gegen die Logik der reinen Kapitalinteressen, aber auch gegen die Spaltung der Gesellschaft in Klassen wurde die «Fahne des wirklichen Volksinteresses» hochgehalten.[41] Auf die Mitarbeit der Arbeitgeber war man dennoch fortlaufend angewiesen. In einem Schreiben an den Zentralverband der Arbeitgeber-Organisationen hoben der Präsident und der Sekretär der Schweizerwoche 1919 abermals hervor, dass durch das Ankurbeln des einheimischen Konsums auch die Volkswirtschaft belebt würde. Ausserdem wies die Schweizerwoche auf die Möglichkeit hin, mit den organisierten Vorträgen gerade auch die Arbeiterschaft zu erreichen.[42]

---

39 Bericht über die erste Schweizerwoche vom 27. Oktober bis 4. November 1917. Zürich 1918: Druck der Genossenschaft Schweizerische Sonntagsblätter, S. 7.
40 Minder, Werner: Schweizerwoche und wirtschaftliche Selbstbehauptung: Vortrag. Zürich 1917: Buchdruckerei der Neuen Zürcher Zeitung, S. 23.
41 Der Schweizerwoche-Gedanke in Vergangenheit und Zukunft. Solothurn 1922: Zepfel'sche Buchdruckerei, S. 3.
42 Schweizerwoche an den Zentralverband der Schweizerischen Arbeitgeber-Organisationen vom 26. Juli 1919 (ZSAO, 8.51).

Zwar operierten die Mitglieder der Schweizerwoche mit einem diffusen Begriff einer Volksrepräsentation, schwächten ihre eigene Rolle angesichts der direktdemokratischen Praxis in der Schweiz aber auch wieder ab. Der Verband räumte ein, nicht selbst das Volksinteresse zu verkörpern, behauptete aber, dafür sorgen zu können, dass die breitere Bevölkerung bei den Volksabstimmungen und Wahlen immer das Ganze im Blick behielt. Als ihre «höchste Aufgabe» erschien der Schweizerwoche nur eines, nämlich «Erziehung».[43] Diese Erziehung sollte kognitive und emotionale Momente umfassen, Kenntnis und Achtung der heimischen Produktpalette hervorbringen und das Verständnis für die arbeitsteilige Wirtschaftswelt fördern. Selbst die Pressearbeit wurde explizit als Erziehung der Öffentlichkeit verstanden.[44]

Deutlich lehnte die Schweizerwoche also die freie Konkurrenz und den Individualismus des 19. Jahrhunderts ab und imaginierte stattdessen eine Wirtschaftsweise, die Zusammenarbeit, Konzentration und Solidarität ins Zentrum stellte. Bis in die exakten Formulierungen hinein orientierte sich die Schweizerwoche in ihrem zweiten Jahresbericht an den Arbeiten des Finanzstatistikers Paul Mori. Dieser hatte in seinen Texten zur Exportförderung ebenfalls darauf hingewiesen, dass die schweizerische Wirtschaft «von innen heraus» umgestaltet werden müsse: «Staatsbürgerliche Erziehung, patriotische Denkungsart, nationale Politik» reichten dafür nicht mehr aus. Stattdessen müssten ein etablierter nationaler Binnenmarkt und die «nationalwirtschaftliche Erziehung der breiten Schichten der Bevölkerung» zusammenwirken, um die Schweiz konkurrenzfähig zu machen.[45]

Einem Umbau der Wirtschaft stand nach Einschätzung der Schweizerwoche der «Mangel an wirtschaftlichem Zusammengehörigkeitsgefühl» entgegen. Gezielt, gemeinsam und auf allen Ebenen sollten die körperlichen und geistigen Ressourcen mobilisiert werden, um der Konkurrenz die Stirn bieten zu können. Die etablierten Wirtschaftsverbände schienen diese Aufgabe nicht hinreichend bewältigen zu können. Die Schweizerwoche wollte das notwendige «Vertrauen» zwischen denen schaffen, die «Verstand», die «Kapital» oder die «Arbeit» bereitstellten.[46]

---

43 Der Schweizerwoche-Gedanke in Vergangenheit und Zukunft. Solothurn 1922: Zepfel'sche Buchdruckerei, S. 4.
44 Ebd., S. 5.
45 II. Jahresbericht 1918/19 des Verbandes «Schweizerwoche»; Mori, Paul: Neue Wege schweizerischer Exportpolitik: eine wirtschaftspolitische Studie. Zürich 1916: Orell Füssli, S. 56.
46 Ebd., S. 6.

4.2 Der Weg in die Schulen

Der Schweizerwocheverband sah seine Aufgabe also darin, die kulturellen Grundlagen für eine nationale Integration der schweizerischen Wirtschaft zu schaffen. Dieses Vorhaben sollte nicht nur einmalig gegenwärtige Missstände abbauen helfen, sondern langfristige Effekte zeitigen. Mit Verweis auf die erfolgreiche Jugendarbeit linker Vereinigungen wollte die Schweizerwoche bereits bei den Schülerinnen und Schülern ansetzen, um das eigene nationalwirtschaftliche Programm umzusetzen. Hierfür nutzte man die Kontakte in die Schulbehörden, die wiederum die Lehrkräfte in den Volksschulen anhalten sollten, ihre Schülerschaft über die nationale Bedeutung der Schweizerwoche aufzuklären. Im Kanton Luzern machte bereits 1917 ein Lehrer auf einer Versammlung von Volksschullehrkräften auf die Schweizerwoche aufmerksam und forderte seine Kolleginnen und Kollegen zu «praktischer Mitarbeit» auf.[47] Auch im Kanton Bern waren die Aktionen im Gründungsjahr der Schweizerwoche Thema und wurden freundlich unter den Standesgenossen empfohlen.[48] Vertreter der Unterrichtsverwaltung besprachen sich mit den regionalen Berufsverbänden und gemeinnützigen Vereinigungen und bekundeten gemeinsam, die Schweizerwoche unterstützen zu wollen. Stolz wies man im Kanton Bern darauf hin, dass «auch abgelegene Gegenden» erreicht worden seien und sich Verbände, Amtspersonen und Lehrkräfte gemeinsam für die nationale Sache eingesetzt hätten. Meist war es aber an den Gewerbe-, und Detaillistenvereinen, den Gedanken der Schweizerwoche in die Tat umzusetzen, mitunter übernahmen diese Aufgabe auch die lokalen Behördenmitglieder oder die Sektion des Industrie- und Handelsvereins.[49] Die Berner Unterrichtsverwaltung wandte sich an alle Lehrkräfte des Kantons, sich für die nationale Sache einzusetzen. Indem die Jugend in den Schulen so umfassend wie möglich über Wert und Notwendigkeit patriotischen Kaufverhaltens informiert wurde, sollten indirekt auch die Eltern erreicht werden.[50]

Um in die Familien hineinzuwirken, wurden an die Schülerinnen und Schüler Postkarten abgegeben, die sie nach Hause mitnehmen konnten. Einzelne Lehrpersonen meldeten sich anschliessend direkt beim Verband und gaben ihre Erfahrungen zu Protokoll.[51] Der Arbeit in den Schulen mass die Schweizerwoche eine «grosse Bedeutung» bei. Die auf langfristige und nicht immer

---

47 «Luzerner Kantonalkonferenz». Schweizer Schule vom 18. Oktober 1917, S. 649–651, hier S. 651.
48 «Delegiertenversammlung des Schweizer. Lehrervereins in Luzern». Berner Schulblatt vom 29. September 1917, S. 480–483, hier S. 483.
49 «Schweizerwoche im Kanton Bern». Berner Schulblatt vom 13. Juli 1918, S. 333 f.
50 «Schule und Schweizerwoche». Berner Schulblatt vom 5. Oktober 1918, S. 477.
51 II. Jahresbericht 1918/19 des Verbandes «Schweizerwoche», S. 9–12.

unmittelbar ersichtliche Effekte bedachte Erziehungsarbeit der Schweizerwoche hatte in der Volksschule eine institutionelle Basis, auf der alle weiteren Anstrengungen aufbauten.[52]

Für die breitere Bevölkerung bediente sich die Schweizerwoche der neuesten Technologien. Nach einem Vortrag in Bern, bei dem Bilder aus der Elektroindustrie projiziert worden waren, kam man überein, zukünftig noch viel stärker Bild- und Filmmaterial zu nutzen. Auch hierbei war es dem Verband ein Anliegen, dass ältere Schülerinnen und Schüler und junge Männer Interesse an den Vorträgen hatten. Die Lichtbildvorträge widmeten sich einer ganzen Reihe von Branchen und Berufsfeldern. Neben dem Handwerk kam etwa die Maschinenindustrie zum Zug. Die gut besuchten Veranstaltungen fanden in der Lokalpresse positive Aufnahme. Gewerbeverbände und kaufmännische Vereine boten die entsprechenden Infrastrukturen, um die Veranstaltungen durchführen und bewerben zu können.[53]

Industriefilme wurden in Westeuropa von den Unternehmen seit Beginn des 20. Jahrhunderts vermehrt in Auftrag gegeben. In der Schweiz kamen die ersten Produktionen aus der Lebensmittelbranche. Aufgeführt wurden sie zumeist im Kontext von Messen und Ausstellungen. Seit der Landesausstellung von 1914 in Bern wurden hier regelmässig nicht-fiktionale Filme gezeigt, um die heimische Wirtschaft zu bewerben. Die Firmen stellten sich und ihr Angebot über den Film nach aussen dar. Da die Idee der Schweizerwoche in ihrer Gründungsphase stark mit den Messen und der Landesausstellung verknüpft war, dürfte die dortige Nutzung des Industriefilms eine wichtige Vorbildfunktion gespielt haben. Deutliche Impulse bezog der Verband mit seinen Vortragsveranstaltungen aber auch von den Wandervorträgen, wie sie die Firma Maggi seit spätestens 1905 vorführte. Bei diesen Veranstaltungen vor Schülerinnen und Schülern spielte Werbung für die eigenen Produkte zwar eine grosse Rolle. Als genauso wichtig galten aber Aufklärung und Erziehung der nachwachsenden Generation zum gesundheitsbewussten Verhalten.[54]

Die Palette an Filmen, die der Schweizerwocheverband für die Aufführung in den Schulen vorrätig hatte, spiegelt diese Verankerung in der Aufführungspraxis. Zur Verfügung standen Filme über die Maggi-Werke, zweier Uhrenfabriken, verschiedener Unternehmen der Elektro- und Maschinenindustrie, aber auch einer Bierbrauerei, einer Gerberei und einer Schuhfabrik. Der Vorrat an Lichtbildern stammte zumeist aus der Grossindustrie und der Porzellanmanufaktur. So sehr also die Schweizerwoche sich ideologisch aus dem Gewerbe

52 Protokoll der II. Sitzung des Vorstandes des Schweizerwoche-Verbandes vom 1. Dezember 1919, S. 2 (SWA, PA 48b B4).
53 II. Jahresbericht 1918/19 des Verbandes «Schweizerwoche», S. 12–14.
54 Ebd.

speiste, so sehr musste sie für das Bild- und Filmangebot auf die Industrie zurückgreifen. Banken und Versicherungen spielten keine grössere Rolle, wenn es darum ging, das Zusammenwirken der heimischen Wirtschaftswelt aufzuzeigen. Industrie und Gewerbe waren die zentralen Sektoren, was sich in der Bildpolitik der Schweizerwoche unmittelbar wiederspiegelte.[55] Die Filme und Bilder für den Unterrichtseinsatz konnten durch die Lehrkräfte kostenlos entliehen werden. Es war aber auch möglich, eine Person einzuladen, die die Aufführung übernahm.[56]

Ein wichtiges Instrument zur gezielten Beeinflussung der Jugend war ausserdem der Schülerwettbewerb, für den jeweils ein Thema gesetzt wurde und bei dem es in der Regel einen Preis zu gewinnen gab. Bereits 1919 wurde erstmals ein solcher Wettbewerb durchgeführt. Als Dank wurde ein kleines Liederbuch in Aussicht gestellt. Aus Bern meldete sich anschliessend ein aufgebrachter Lehrer, der bei seiner Klasse für den Aufsatzwettbewerb geworben, die versprochene Prämie für die Schülerinnen und Schüler aber nie erhalten hatte. Der Verband hatte anfangs Schwierigkeiten, seine vielfältigen Anstrengungen angemessen zu koordinieren, und entsprechend verzögerte sich die Produktion des Liederbuches deutlich.[57]

In den folgenden Jahren wurde jeweils beschlossen, unbedingt mit den Wettbewerben fortzufahren, auch wenn die Übergabe der Preise weiterhin mit vielen Mühen verbunden war.[58] Für die Themenwahl der Aufsatzwettbewerbe griff man zunächst auf auswärtige pädagogische Expertise zurück, diskutierte dann aber auch kontrovers innerhalb der Verbandsleitung. Bei den Planungen für das Jahr 1921 kam erschwerend hinzu, dass die Wirtschaftskrise bereits spürbare Folgen zeitigte und so die Themenwahl vorsichtig abgewogen werden musste. Als ein Vorstandsmitglied den Vorschlag machte, den Wettbewerb unter das Motto «Tout genre de travail élève l'homme» zu stellen, erwiderte sein Kollege, dass dies ein «Affront» sei für all diejenigen, die zwar Arbeit suchten, aber keine fänden. Ausserdem sei der Gegenstand eine willkommene Einladung für die Sozialisten, ihren Kindern die eigenen politischen Vorstellungen näherzubringen. Man einigte sich zunächst darauf, stattdessen die «Arbeitslosigkeit» selbst zum Thema des Wettbewerbs zu machen, änderte das Thema dann aber zu einer noch harmloseren Variante ab.[59] Die Plakataktion für das Jahr 1921 stand dann tatsächlich unter dem komplementären Leitspruch «Arbeitslosig-

55 Tanner 2015, S. 203.
56 «Schule und Schweizerwoche/L'école et la Semaine suisse». Berner Schulblatt vom 13. Oktober 1923, S. 391 f.
57 «Schweizerwoche und Schule». Berner Schulblatt vom 22. Oktober 1921, S. 468 f.
58 «Schulnachrichten». Schweizer Schule vom 29. März 1923, S. 132.
59 Protokoll der 1. Sitzung des Vorstandes des Schweizerwoche-Verbandes vom 9. August 1921 (SWA BA 48b B4).

keit führt zu Landesunglück, schafft Arbeitsgelegenheit! Kauft Schweizerprodukte!» Illustriert wurde das Plakat mit einem Industriearbeiter, der mit nacktem Oberkörper einen Hammer schwingt.[60]

Die Wirtschaftskrise Anfang der 1920er-Jahre beeinträchtigte aber nicht nur die Wahl des Sujets. Innerhalb des Verbandsvorstandes wurde diskutiert, ob man für dieses Mal nicht ganz auf die Schweizerwoche verzichten sollte, da sich die Mobilisierung breiter Bevölkerungsschichten angesichts der ökonomischen Lage als schwierig erweisen könnte. Es bestand die Sorge, dass eine erfolglose Aktion ohne Nachfrage der ganzen Sache letztlich schaden würde. Umgekehrt galt es aber auch, den Strom an Massnahmen nicht abbrechen zu lassen, um die ständige Mobilisierung der Bevölkerung nicht zu gefährden. Die Schaufensteraktion war das Flaggschiff der Schweizerwoche, das als strukturierendes Moment der vielfältigen Tätigkeiten dringend benötigt wurde. Der Vorstand entschied sich entsprechend, auch in wirtschaftlich angespannten Zeiten an der Schweizerwoche festzuhalten.[61]

In vielen Kantonen gab es aber Widerstand gegen eine der heimischen Warenwelt gewidmete Woche, sodass dieses Problem den Verband weiterhin beschäftigte. Hierbei war es eine Grundsatzfrage, ob man eine öffentlich gut sichtbare Verkaufsaktion als Propagandamittel ins Zentrum stellen wollte oder stattdessen die Bevölkerung über die Schulen und über Vorträge für Erwachsene beeinflussen sollte und so weniger auf das Wohlwollen der Wirtschaftsverbände und Unternehmen angewiesen wäre.[62]

Die Themen für die Schülerwettbewerbe liessen jeweils ein breites Spektrum an Antworten zu. Immer im Herbst forderte die Schweizerwoche die Lehrkräfte auf, ihre Schülerinnen und Schüler im Alter zwischen 11 und 18 Jahren einen Text zum aktuellen Jahresthema verfassen zu lassen.

Einige der Aufsatzthemen enthielten schlicht einen wirtschaftsmoralischen Appell, dem die Teilnehmenden in ihren Antworten gerecht werden sollten. Andere hielten zur aufmerksamen Begleitung der Schweizerwocheaktivitäten an und halfen dem Verband, aus dem ganzen Land Erfahrungsberichte einzuholen. Die Fragestellung für das Jahr 1924 «Was lehrt mich die Schweizerwoche?» umfasste einen pädagogischen Auftrag sowohl an die Schülerinnen und Schüler als auch an die Lehrkräfte und wurde entsprechend mit Begleitmaterialien für die Lehrpersonen ausgehändigt. Einige der Aufgabenstellungen

---

60   Plakat der Schweizerwoche 1921. Arbeitslosigkeit führt zu Landesunglück, schafft Arbeitsgelegenheit! Kauft Schweizerprodukte! (NB, PUBL_3001).
61   Protokoll der 1. Sitzung des Vorstandes des Schweizerwoche-Verbandes vom 28. Mai 1920 (SWA, BA 48b B4).
62   Protokoll der Vorstandssitzung des Schweizerwoche-Verbandes vom 21. Juni 1922 (SWA, BA 48b B4).

Tabelle: Aufsatzwettbewerbe der Schweizerwoche für Schülerinnen und Schüler, 1919–1931

1919	Ehret einheimisches Schaffen!
1920	Achte jedes Mannes Vaterland, das Deinige aber liebe!
1921	Eindrücke von der Schweizerwoche
1922	Jeder Stand hat seine Freuden, jeder Stand hat seine Last!
1923	Die kleinste Arbeit schaffe, als sei sie dein Meisterwerk, rasch und gut!
1924	Was lehrt mich die Schweizerwoche?
1925	Erinnern wir uns, dass die Freiheit allem Volke die Gebote schwerer Pflicht auferlegt.
1926	Welche Waren werden an meinem Wohnorte hergestellt?
1927	Woher kommt meine Bekleidung?
1928	Welche unserer Küchengeräte werden in der Schweiz hergestellt?
1929	Schweizermilch – Schweizersegen. Was weiss ich von der Schweizermilch und ihrer Verwendung?
1930	Sport, Spiel und Schweizerarbeit. Was gibt es für schweizerische Sportgeräte und Spielsachen?
1931	Not im Land. Wie kann ich an meinem Arbeitsplatz mithelfen, in ernster Lage für den Volksgenossen Arbeit und Verdienst zu schaffen?

Quelle: Jahresberichte des Schweizerwoche-Verbandes

griffen berühmte Dichterworte auf, andere zitierten Liedtexte, die als bekannt vorausgesetzt wurden.[63]

Einen Wettbewerb schrieb die Schweizerwoche nicht nur für die Schülerinnen und Schüler aus. Für das Jahr 1922 richtete sie sich an alle Lehrpersonen mit dem Aufruf, Unterrichtsmaterialien auszuarbeiten, die dem «Schweizerwoche-Gedanken» Rechnung trügen und auf die «Verkettung der Interessen aller Wirtschaftsgruppen und Stände» aufmerksam machten. Der «Leitfaden» sollte einen Umfang von 120 Zeilen nicht überschreiten und sowohl in der Volksschule als auch in den höheren Bildungseinrichtungen einsetzbar sein. Die Einsendung musste so anonymisiert werden, dass über ein Kennwort zwar der Beitrag mit den Autorinnen oder Autoren verknüpft werden konnte, nicht aber unmittelbar ersichtlich wurde, wer das Unterrichtsmanual entwickelt hatte. Das Preisgeld für den ersten Platz lag (preisbereinigt) bei immerhin knapp 1000 Schweizer Franken. Mit der Einsendung verpflichteten sich die Lehrkräfte aber auch, die Rechte ganz an den Verband abzutreten, sodass dieser die Materia-

---

63 IX. Jahresbericht des Schweizerwoche-Verbands zur Förderung der schweizerischen Volkswirtschaft 1925/26, S. 10–15; Jahresbericht des Schweizerwoche-Verbands zur Förderung der schweizerischen Volkswirtschaft 1926/27, S. 22.

lien nachdrucken und allseits zur Verfügung stellen konnte.[64] Die Redaktion des Wettbewerbskomitees vergab statt eines ersten Preises mehrere zweite Preise, die ebenfalls ein ansehnliches Preisgeld beinhalteten. Gewonnen hatten eine Lehrerin aus dem Thurgau, zwei Lehrer aus dem Kanton Luzern und ein Lehrer aus dem Aargau.[65]

4.3 Die Grenzen der Zusammenarbeit

Die etwas einfach gestrickte Philosophie der Schweizerwoche, nach der nur alle Branchen zusammenarbeiten und die Käuferinnen und Käufer auf einheimische Produkte umstellen müssten, damit ein ertragreicher und stabiler Binnenmarkt entstünde, für die gesamte erwachsene Bevölkerung hinreichend Arbeitsplätze und ein zufriedenstellendes Steueraufkommen geschaffen würden, blieb nicht unhinterfragt. 1924 richtete sich ein in wirtschaftlichen Belangen sichtlich informierter Volksschullehrer an die pädagogische Fachöffentlichkeit und wies darauf hin, dass die Schweizerwoche verschiedene Konfliktlinien geflissentlich ignoriere. Besonders ärgerlich schien ihm die dünne Argumentationsgrundlage von gerade einmal zwölf Druckzeilen, die der Verband den Lehrkräften zur Verfügung gestellt hatte, um im Sinne des nationalwirtschaftlichen Programms tätig zu werden. Hier tat sich ein Dilemma für die Schweizerwoche auf: Sie ging nicht zu sehr ins Detail, damit ihr Bild einer ganzheitlichen nationalen Wirtschaftswelt sich nicht an den komplexen Realitäten des Industriekapitalismus messen lassen musste. Zugleich kaufte sie sich damit das Problem ein, von denjenigen nicht ganz ernst genommen zu werden, die – von welcher politischen Warte aus auch immer – etwas von Wirtschaftsdingen verstanden.[66]
Die Schweizerwoche wurde mitten im Ersten Weltkrieg aus dem Gedanken heraus gegründet, dass die Schweiz für den wirtschaftlichen Kampf mit den Grossmächten gerüstet sein müsse. Durch Volkserziehung, Propaganda und Vernetzung wollte man verhindern, dass das strategisch günstig gelegene Land zum Absatzmarkt widerstreitender, zunehmend kollektivierter Absatzinteressen würde. Als dann die Nachkriegsdepression einsetzte, Banken und exportorientierte Unternehmen ins Schlingern gerieten und die Arbeitslosigkeit rapide zunahm, passte die Schweizerwoche ihr Programm kurzerhand an.[67] Das erforderte eine gewisse diskursive Flexibilität, da die Gründungserzählung des Verbandes ideell voll und ganz aus der besonderen Herausforderung des kleinen Staates durch die Wirt-

---

64 «Wettbewerb». Schweizer Schule vom 10. August 1922, S. 337.
65 «Schulnachrichten». Schweizer Schule vom 28. Dezember 1922, S. 543–545.
66 «Zur Schweizerwoche». Berner Schulblatt vom 8. November 1924, S. 434.
67 Jost 1986, S. 770–773; Degen 1993.

schaftskriegsführung geschöpft hatte. Man strich deshalb heraus, wie sehr man seinem Grundanliegen durchaus treu geblieben sei, dafür aber die «Begründung» der Schweizerwoche «den Zeitläufen entsprechend» angepasst habe.[68]
Die Statuten des Verbandes erlaubten denn auch eine sehr offene Auslegung des eigenen Auftrags. Die wirtschaftlichen Entwicklungen wurden jeweils nur zum Anlass genommen, die Wichtigkeit einer Umgestaltung der einheimischen Volkswirtschaft von unten neu zu begründen. Sobald das Problem der Wirtschaftskriegsführung als nicht mehr dringlich erschien, widmete man sich der Arbeitsbeschaffung. Statt auf staatliche Massnahmen zur Schaffung von Arbeitsgelegenheiten zu drängen, wollte die Schweizerwoche durch Mobilisierung und Aufklärung dafür sorgen, dass innerhalb der Wirtschaft eigenständig neue Arbeitsplätze eingerichtet würden. Entsprechend enttäuscht zeigte sich der Verband, dass vonseiten des Bundes wieder keine hinreichenden finanziellen Zuwendungen gekommen waren, um diese Kampagne zu unterstützen, die doch letztlich die Staatskasse entlasten helfen sollte.[69]
Die Anpassungen erfolgten aber nicht nur wegen der neuen wirtschaftlichen Situation, sondern auch weil sich die diskursive Lage rasant verändert hatte. So beklagte sich die Schweizerwoche, dass das Thema der Monopole und Trusts, das in den Kriegsjahren noch den wirtschaftspolitischen Hintergrund des ganzen Erziehungsprogramms gebildet hatte, kaum noch angesprochen werde. Stattdessen werde nun «der restlosen Anpassung des einzelnen Individuums an die Forderung der freien Konkurrenz» das Wort geredet. Die Schweizerwoche musste sich in diesem Zusammenhang den Vorwurf gefallen lassen, ein Relikt des Krieges zu sein. Der Verband kam damit von zwei Seiten in Bedrängnis: Einerseits hatte er sich ideologisch gegen wirtschaftsliberale Ideen zu rüsten, andererseits gut zu begründen, warum er nicht für mehr staatliche Unterstützung schwacher Individuen eintrat. Die Logik des Gewerbes hatte in den Nachkriegsjahren einen schweren Stand.[70]
Entsprechend rüstete die Schweizerwoche in ihren Ansprüchen etwas ab. Zwar ging sie weiterhin von einem ganzheitlichen Ansatz aus, für den Industrie, Handel und Gewerbe, Männer und Frauen, Eliten und die breitere Bevölkerung zusammenwirken mussten. Zugleich räumte die Verbandsleitung ein, dass es zu diesem Zeitpunkt nicht mehr möglich sei, wirklich «die Interessen aller Erwerbsgruppen auf eine Linie zu bringen».[71] Stattdessen sollte wenigstens

68 V. Jahresbericht des Schweizerwoche-Verbands zur Förderung der schweizerischen Volkswirtschaft 1922, S. 5.
69 Ebd., S. 8.
70 Ebd., S. 21 f.
71 VI. Jahresbericht des Schweizerwoche-Verbands zur Förderung der schweizerischen Volkswirtschaft 1922/23, S. 15.

versucht werden, diejenigen Gemeinsamkeiten zu betonen, die nach Ansicht des Verbandes noch immer bestanden. Man fokussierte auf besseren Austausch, auf wechselseitiges Verstehen und Zusammenarbeiten und freute sich, dass die Landesregierung die Anstrengungen zumindest ideell stärker unterstützte und etwa die Kantonsregierungen dazu aufforderte, für das Anliegen der Schweizerwoche zu werben. Sogar eine ideologische Kehrtwende in Sachen der Exportförderung schien nun möglich, da der Binnenmarkt nicht länger als ein Problem betrachtet wurde.[72]

Statt einer Abschottung sollte die schweizerische Volkswirtschaft nun für den internationalen Wettbewerb fit gemacht werden. Der Export von Technologie und Kapital galt der Schweizerwoche dabei als Grundlage des eigenen Wohlstands. Auch die Berufstätigkeit im Ausland galt nicht länger als fehlbares Verhalten. Der Kosmopolitismus war kein Feindbild mehr. Stattdessen wollte man den «Wägsten und Besten», die ausserhalb der Schweiz arbeiteten, eine Heimstätte bieten, damit sie dem schweizerischen «Volkstume erhalten bleiben».[73]

Neben den Industrieunternehmen wurden nun auch der Grosshandel, die Banken und Versicherungen als wichtige Wirtschaftszweige genannt. Gerade in dieser Generalisierung des eigenen Ansatzes über den engeren gewerblichen Kontext hinaus schien das erzieherische Anliegen noch deutlicher hervorzutreten. Man blieb sich treu, passte aber die Schweizerwoche «nach Massgabe der bestehenden Bedürfnisse» an.[74] Die Filme und Lichtbilder sollten einen Eindruck davon vermitteln, wie innerhalb der Industrie alles mit allem zusammenhänge. Deutlich verknüpfte der Verband im Bild der Maschine sowohl die technische als auch die kaufmännische Seite der Betriebsführung mit den Leistungen der Arbeiterschaft. Wie ein Räderwerk griffen die verschiedenen Funktionen hier ineinander, was auch als Motiv für die Gesellschaft galt.[75] Für das Gewerbe musste statt der Maschinenmetapher das Bild des Körpers herhalten, in dem die unterschiedlichen «Glieder» zum Wohl des Ganzen zusammenarbeiten.[76]

Weiterhin argumentierte der Schweizerwocheverband jedoch gegen eine Wirtschaftsform, die Individualismus und Konkurrenz an die erste Stelle setzt. Für das wirtschaftspolitische Erziehungsprogramm versuchte man deshalb eine Mittelstellung einzunehmen, die Gewerbe, Industrie, Handel und Konsum als gleichberechtigt verstand. Man ging dabei von der Trägheit der Gemüter und vom natürlichen Konservatismus der Erwachsenen aus und setzte deshalb

---

72 Ebd., S. 15 f.
73 Ebd., S. 16.
74 Ebd., S. 17.
75 VII. Jahresbericht des Schweizerwoche-Verbands zur Förderung der schweizerischen Volkswirtschaft 1923/24, S. 2.
76 Ebd., S. 3.

bereits in den Schulen an. Die Schweizerwoche war kein revolutionäres Bildungsprogramm, sondern war darauf angelegt, langfristig über die nachhaltige und stetige Erziehung der Bevölkerung auf allen Ebenen und allen Altersstufen zu wirken.[77] Dennoch musste man, wenn die Exportförderung nun das Ziel der nationalen Wirtschaftserziehung sein sollte, zumindest vorsichtig den Liberalismus des 19. Jahrhunderts rehabilitieren. Entsprechend strich der Verband die Leistungen des «laissez faire, laissez aller» heraus, denen die Schweiz ihre Reichtümer zu verdanken habe.[78]
Das nationale Erziehungsprogramm der Schweizerwoche füllte auch eine Lücke, die durch die Zurückhaltung der Bundesbehörden auf dem Gebiet der Gestaltung des Bildungswesens entstanden war. Anders als im Bereich der Berufsbildung gab es in Fragen der Jugend- und Volkserziehung seit dem Scheitern der Schulvogtvorlage grosse Vorbehalte gegen ein stärkeres Engagement. Eine Motion, die den Bundesrat 1915 aufgefordert hatte, sich der Frage anzunehmen, wie die staatsbürgerliche Erziehung gefördert werden könne, und die vom Ständerat angenommen worden war, wurde 1924 wieder von der Liste der zu behandelnden Gegenstände gestrichen. Dies nahm der Schweizerwocheverband zum Anlass, die Dringlichkeit der eigenen Arbeit zu betonen. Weil auf Bundesebene das Problem der nationalen Volkserziehung nicht angegangen wurde, sollte dieses auf privater Ebene gelöst werden. Von der Konferenz der kantonalen Erziehungsdirektoren wurde das Anliegen der Schweizerwoche deshalb nun offiziell unterstützt. Von allen kantonalen Behörden, die für das Unterrichtswesen zuständig waren, wurde dem Verband gestattet, sich an die Lehrpersonen zu wenden und diese um Mitarbeit zu bitten. Viele Kantonsbehörden unterstützten die Schweizerwoche auch weiterhin, indem sie selbst direkt an die Lehrerschaft gelangten. Über die Volksschule hinaus nahm man nun auch Lehrerbildungsstätten und höhere Bildungseinrichtungen in den Blick. Explizit verstand sich die Schweizerwoche aber nicht als ein neues curriculares Angebot, sondern wollte den Unterricht einerseits ergänzen und andererseits Gelegenheiten bieten, sich vertieft mit dem «Solidaritätsgedanken» auseinanderzusetzen.[79]
1924 gab der Schweizerwocheverband erstmals unter dem Titel «Schweizer Art und Arbeit» ein eigenes Jahrbuch heraus, in dem er nochmals den eigenen Zweck erläuterte und rückblickend die bisherigen Massnahmen rekapitulierte. Der Band war nicht einfach dazu gedacht, in hochwertiger Form die Arbeiten des Verbands abzubilden, sondern sollte als Handreichung für Lehrkräfte und andere Interessenten oder sogar als Lehrmittel in den höheren Klassen der

---

77 Ebd., S. 3 f.
78 VIII. Jahresbericht des Schweizerwoche-Verbands zur Förderung der schweizerischen Volkswirtschaft 1924/25, S. 2.
79 Ebd., S. 12–14.

Schulen eingesetzt werden. Die Neue Zürcher Zeitung äusserte sich begeistert zu dem «reich illustrierten Buch» und hob besonders hervor, dass hier die Balance zwischen «Belehrendem» und «Unterhaltendem» gewahrt werde. Das Jahrbuch war so gestaltet worden, dass alle Beiträge und sogar die Werbeinserate auf das Grundanliegen der Schweizerwoche abgestimmt waren.[80] Die Inserate wurden von den grossen Banken und Versicherungen, einem Tabakkonzern und verschiedenen Unternehmen der Metall- und Maschinenindustrie geschaltet. Mit dem Jahrbuch waren nun auch die nationalen Künstler und Kunsthandwerker in das Unterfangen einbezogen. Die «nationale Erkenntnis» sollte den richtigen Weg auch für kommende Krisen weisen. Diese wollte der Verband in «jedes Schweizerherz einpflanzen».[81]

Von den Unternehmen und Verbänden der Privatwirtschaft fühlten sich die Aktivistinnen und Aktivisten der Schweizerwoche noch immer nicht hinreichend geschätzt. Neidisch blickten sie nach England, wo ihrer Ansicht nach eine viel grössere Bereitschaft bestand, an der nationalwirtschaftlichen Erziehung der Bevölkerung mitzuwirken. Bei den «nüchtern veranlagten Schweizern» schien es kaum zu gelingen, echte Begeisterung für ihr Programm zu erzeugen.[82]

4.4 Konsolidierung und Ausbau

1926 plante der Schweizerwocheverband nun, zusätzlich zu seinen anderen Bestrebungen einen «Schülerfonds» zu eröffnen, der es begabten Jugendlichen ermöglichen sollte, in einem Gebiet der Schweiz, in dem eine andere Sprache gesprochen wurde als die eigene Muttersprache, eine Weile zur Schule zu gehen. An der Finanzierung des Sprachaufenthaltes wirkte die Schülerschaft selbst mit: In den Fonds wurden nämlich diejenigen Gelder eingezahlt, die der Verband durch den von Schülerinnen und Schülern besorgten Verkauf seines Jahrbuchs zu einem reduzierten Preis erzielt hatte. Immerhin siebzehn Kantone hatten zugestimmt, dass die Schülerinnen und Schüler diese Arbeit übernehmen durften. Auch einige Pfadfindergruppen nahmen an der Verkaufsaktion teil. Die Jugendlichen verkauften das Jahrbuch aber nicht an der Tür, sondern sollten in ihren Familien dafür werben, eines der Exemplare zu bestellen. Die Lehrerver-

---

80 «Schweizerwoche». Neue Zürcher Zeitung vom 20. Oktober 1924, Zweites Morgenblatt; Schweizer Art und Arbeit: Jahrbuch der Schweizerwoche. In Wort und Bild. Sauerländer 1924: Aarau; IX. Jahresbericht des Schweizerwoche-Verbands zur Förderung der schweizerischen Volkswirtschaft 1925/26, S. 10–15; X. Jahresbericht des Schweizerwoche-Verbands zur Förderung der schweizerischen Volkswirtschaft 1926/27, S. 32.
81 Schweizer Art und Arbeit: Jahrbuch der Schweizerwoche 1924, S. 6.
82 Schweizer Mittelpresse Bern vom 12. April 1926 (ZSAO, 8.51).

bände wurden unmittelbar in das Projekt eingebunden und waren auch in der Kommission vertreten, die über die Zusprachen zu entscheiden hatte.[83]
Nach zehn Jahren leistete sich die Schweizerwoche eine Jubiläumsveranstaltung, die zeigte, wie sehr sie mit ihrem Anliegen mittlerweile auf Anklang stiess. Gruss- und Dankesworte kamen zunächst von Bundesrat Edmund Schulthess. Dann richteten sich Ernst Laur als Sekretär des Bauernverbands, Hans Tschumi als Präsident des Gewerbeverbands, Ernst Wetter als Direktor des Handels- und Industrievereins und Karl Dürr als Zentralsekretär des Gewerkschaftsbundes an das Festpublikum. Trotz ihrer ganzheitlichen Wirtschaftskonzeption hatte die Arbeiterbewegung in der Schweizerwoche bisher kaum eine Rolle gespielt. Entsprechend hob der Verband in seinem Rückblick hervor, dass dies das «erste Mal» sei, dass die Seite der Arbeiterschaft auf einem Anlass der Schweizerwoche sprechen durfte. Für den Bund Schweizerischer Frauenvereine sprach Sophie Glättli als Mitglied des Vorstandes. Anders als die Arbeiterschaft waren die bürgerlichen Frauenvereinigungen bereits an der Gründung der Schweizerwoche beteiligt gewesen und engagierten sich seit dem Ersten Weltkrieg stark für die Sache der nationalen Wirtschaftserziehung.[84]
Zum Jubiläum lancierte der Verband eine Form des Jugendwettbewerbs, bei dem nun nicht ein Aufsatz durch die Lehrkräfte zu begleiten und dann einzureichen war, sondern zwei Rätselaufgaben gelöst werden mussten. In der ersten ging es darum, die wichtigsten Industrien der Schweiz aus einem Buchstabengewirr herauszulesen. Die zweite Aufgabe zielte auf eine Schulung des Blicks: Die Schülerinnen und Schüler sollten am Beispiel von zwei stilisierten Schaufenstern herausfinden, ob hier den Vorgaben der Schweizerwoche Rechnung getragen wurde. Die Aufgabe war zudem mit konkreten Informationen über das heimische Gewerbe zu versehen. Zur Lösung sollten die Lehrerinnen und Lehrer, die Väter und ausserdem Adressbücher und weitere Materialien zu Rate gezogen werden.[85]
Die Weltwirtschaftskrise stellte dann für die Schweizerwoche eine deutlich grössere Herausforderung dar als die kürzere Krise Anfang der 1920er-Jahre. Das Feindbild waren nun zunächst nicht die direkten europäischen Nachbarstaaten mit ihren wirtschaftlichen Expansionsgelüsten, sondern die Entwicklungen in der amerikanischen Zollpolitik. Dem setzte die Schweizerwoche das Modell einer vom Handel vorangetriebenen internationalen Vernetzung und Kooperation entgegen, die unmittelbar bedroht sei. Man drängte darauf, diejenigen fremdländischen Produkte zu bevorzugen, deren Herkunftsländer der

---

83 X. Jahresbericht des Schweizerwoche-Verbands zur Förderung der schweizerischen Volkswirtschaft 1926/27, S. 33 f.
84 Schweizer Art und Arbeit. Schweizerwoche-Jahrbuch 1927, S. IV.
85 Ebd., S. V.

Schweiz den Export nicht erschweren.[86] Zu einem deutlicheren, international eng abgestimmten Auftreten gegenüber den USA mochte der Verband nicht auffordern. Zu gross schien die Abhängigkeit von den Amerikanern zu sein.[87] Die Schweizerwoche setzte darauf, dass sich Qualitätsarbeit im Ausland immer habe durchsetzen können und forderte abermals die Belebung des Binnenmarktes, um auch in der Heimat den Absatz anzukurbeln.[88]

Knapp 1000 Einzelpersonen und Verbände oder andere Organisationen waren Anfang der 1930er-Jahre, mitten in der Wirtschaftskrise, Mitglied des Schweizerwocheverbandes.[89] Über die ersten zwanzig Jahre wurden die vielfältigen Aktionen – gemäss Selbstauskunft des Verbandes – zu 82.5 Prozent von Industrie und Handel finanziert und nur zu einem kleinen Teil über die öffentliche Hand.[90] Durchgängig leisteten die Kantone aber einen gewaltigen Beitrag an kostenloser Unterstützung, indem die Unterrichtsbehörden fortlaufend die Lehrerschaft informierten und sich an den Schulwettbewerben administrativ beteiligten. 1931 entwickelten dann Konsumentinnen aus Zürich gemeinsam mit der Industrie das sogenannte Ursprungszeichen, mit dem beim Einkauf unmittelbar sichtbar werden sollte, welche Produkte in der Schweiz produziert worden waren.[91]

Auch in der Rezession in Folge der Weltwirtschaftskrise sah sich der Verband nicht seiner Aufgaben beraubt, sondern betonte nun erst recht die Notwendigkeit «der Selbstbesinnung und der Einsicht in die Verkettung der Lebensbedürfnisse» und wollte zugleich aktivierend «Aufklärung über eigene Leistungsfähigkeit» betreiben.[92] Die Idee der Schweizerwoche, in den unsicheren Zeiten des Ersten Weltkriegs und der Nachkriegsrezession ausgearbeitet und konstant weiterentwickelt über die folgenden konjunkturell guten Zeiten, hatte sich als ausgesprochen flexibel erwiesen und sollte nun unter erneut erschwerten Bedingungen unter Beweis stellen, dass nur eine pädagogische Durchdringung von Wirtschaft und Gesellschaft eine produktive nationale Gemeinschaft garantieren könne. Dabei blieb das Bild eines letztlich harmonischen Wirtschaftslebens, in dem die Interessen der unterschiedlichen Branchen sich wechselseitig ergänzten, eine Konstruktion, die auf wackeligen Füssen stand.[93] Dem pädagogischen Enthusiasmus der Schweizerwoche tat dies jedoch keinen Abbruch.

---

86 «Gegen den amerikanischen Zollterror». Schaffhauser Nachrichten vom 1. Mai 1930, S. 2.
87 «Schweizerwoche». Schaffhauser Nachrichten vom 31. Mai 1930, S. 1.
88 «Für die Schweizerwoche 1930!» Schaffhauser Nachrichten vom 18. Oktober 1930, S. 2.
89 XVI. Tätigkeitsbericht Schweizerwoche 1932/33, S. 20.
90 XX. Tätigkeitsbericht Schweizerwoche 1936/37, S. 4.
91 Tanner 2015, S. 200.
92 Schweizer Art und Arbeit. Jahrbuch der Schweizerwoche 1931/32, S. 15.
93 Schweizerischer Detaillistenverband an die Mitglieder vom 1. Oktober 1935; Grands Magasins Jelmoli an Zentralverband schweizerischer Arbeitgeber-Organisationen vom 25. November 1935 (ZSAO, 8.51).

5 Kaderbildung

Mit der Etablierung der Aktiengesellschaft als Rechtsform differenzierte sich in der Schweiz das Management in den grossen Unternehmen aus. Das lag einerseits an der durch den Zufluss externen Kapitals ermöglichten Expansion der Betriebe. Grössere Firmen mussten anders geleitet werden als kleine Unternehmen – es waren neue Instrumente zur Kontrolle der Abläufe notwendig. Andererseits verlangten die Aktionäre eine profunde Form der Rechenschaftslegung, da es ja ihr Geld war, über das die Unternehmen nun verfügten. Diese Ansprüche, die bei einem inhabergeführten Betrieb mit einem kleinen Führungsapparat so in der Regel nicht auftauchten, begünstigten das Wachstum der firmeneigenen administrativen Apparate.[1]

Da das Fremdkapital für die Expansion der Unternehmen häufig von den schweizerischen Banken kam, sassen deren Delegierte vermehrt in den Aufsichtsgremien der industriellen Aktiengesellschaften. Die schweizerischen Grossbanken waren im 19. Jahrhundert zunächst gegründet worden, um den Eisenbahnausbau zu finanzieren.[2] Schnell wurden sie dann zu wichtigen Akteuren der Industrialisierung. Zwischen 1892 und 1917 verfünffachte sich das Aktienkapital in der Industrie, wofür vor allem die Metall- und Maschinenindustrie, die Produktion von Nahrungs- und Genussmitteln, die Textilverarbeitung und die Chemie verantwortlich waren. Noch grösser waren die Steigerungsraten in der Urproduktion, wo viel Geld in den Bergbau investiert wurde.[3] In den grossen Industrieunternehmen wurde nun auch das Personal an der Spitze, das geschäftsführende Management, angestellt. Dabei waren verschiedene Modelle denkbar, wie die Konzernleitung organisiert war: mit einer Einzel- oder Doppelspitze, in Teams mit fein austarierten Kompetenzbereichen, die den Mitgliedern des Managements unterschiedlichen Einfluss gewährten.[4]

Karrieremöglichkeiten ergaben sich aber nicht allein im oberen Unternehmenssegment. Auch in den Produktionsstätten und den Büros differenzierten sich die Positionen aus. Mit der Expansion und Differenzierung der Unternehmen stellten sich Aufstiegschancen für die technischen und kaufmännischen Angestellten ein, die in den kleineren, patriarchal geführten Betrieben so nicht

---

1 May 1945; Lüpold 2010, S. 57–81; Siegrist 1981, S. 34–107.
2 Cassis, Tanner, Debrunner 1992, S. 295.
3 Eisfeld 1923, S. 183–185.
4 Siegrist 1981, S. 62–70.

denkbar gewesen waren. Die Qualifikation der Angestellten spielte dafür eine zentrale Rolle. Zwei Kompetenzbereiche waren bei den unteren und mittleren Kadern zu unterscheiden. Entweder sie hatten eine kaufmännische Vorbildung oder sie kamen von der Technik her.[5] Sie repräsentierten damit zwei unterschiedliche, parallel existierende Formen der Rechtfertigung bestimmter Handlungsoptionen, an denen sich Unternehmen in der Privatwirtschaft orientieren konnten, wenn sie sich nicht dem traditionellen Handwerk zurechnen liessen: die «industrielle» und die «Marktkonvention».[6]

Die neuen Karrieremöglichkeiten hatten nicht zuletzt eine gesellschaftspolitische Dimension. Die Frage des Verhältnisses von «Vorgesetzten» und «Untergebenen» beschäftigte die Leserschaft der bürgerlichen Presse und wurde auch von Arbeitgeberseite oder in unternehmensinternen Weiterbildungen des Betriebspersonals aufgegriffen. Mit ihr wurde der Konflikt von Kapital und Arbeit verflüssigt und das Bild des Unternehmers, der mit seinem eigenen Vermögen haftete und die Zukunft des Unternehmens in der Hand hatte, wurde zumindest für die Industrie zu einem Anachronismus. Aus der Differenzierung in den Unternehmen folgten aber neue Konfliktpotenziale, da Dispute in sachlichen Fragen nicht selten persönliche Konsequenzen hatten und Wettbewerb innerhalb der Unternehmen zu einer alltäglichen Realität wurde.[7]

5.1 Karrierelust und jugendlicher Eifer

Mit den Möglichkeiten, die die wachsenden Büros in den Industrieunternehmen, Banken und Versicherungen boten, ging ein Professionalisierungsprozess der kaufmännischen Berufe einher, in dem zahlreiche neue, karriererelevante Zertifikate entwickelt wurden. Die Angestellten brachten in der Regel bereits eine deutlich bessere schulische Vorbildung mit als die Arbeiterinnen und Arbeiter. Bei den Kaufleuten war zudem die Vorstellung eines ständig vor-

---

5 König, Siegrist, Vetterli 1985, S. 11–174, S. 351–413.
6 Diaz-Bone 2008, S. 162 f.
7 «Vorgesetzte und Untergebene». Neue Zürcher Zeitung, Morgenausgabe, vom 25. April 1928, Blatt 2; «Vorgesetzte und Untergebene». Neue Zürcher Zeitung vom 3. Mai 1928, Morgenausgabe, Blatt 2; «Vorgesetzte und Untergebene». Neue Zürcher Zeitung, Morgenausgabe, vom 5. Mai 1928, Blatt 2; «Vorgesetzte und Untergebene». Schweizerische Arbeitgeber-Zeitung vom 9. Juni 1928, S. 136 f.; «Vorgesetzte und Untergebene». Schweizer Mittelpresse vom 24. Mai 1934 (ZSAO, 1.82); «Vorgesetzte und Untergebene im industriellen Großbetrieb». Schweizerische Arbeitgeber-Zeitung vom 10. Mai 1930, S. 169–171; «Vorgesetzte und Untergebene im industriellen Großbetrieb». Schweizerische Arbeitgeber-Zeitung vom 17. Mai 1930, S. 179–181; «Vorgesetzte und Untergebene im industriellen Großbetrieb». Schweizerische Arbeitgeber-Zeitung vom 31. Mai 1930, S. 189–191.

wärtsstrebenden Berufsstandes, in dem man sich durch individuelle Weiterbildung emporarbeitete, seit dem 19. Jahrhundert ein wichtiges Motiv gewesen. Die Weiterqualifikation und der Ausbau der eigenen intellektuellen Fähigkeiten gehörten traditionell zu ihrem Selbstbild. Im 19. Jahrhundert waren in der Schweiz verschiedentlich lokale Vereinigungen junger Kaufleute entstanden, die die Idee des Aufstiegs durch Bildung explizit propagierten. Die Zusammenschlüsse waren gedacht zur Weiterqualifikation nach der Lehrzeit. Um die Jahrhundertwende gab es bereits einen Arbeitsmarkt für kaufmännische Angestellte und eine differenzierte Bildungslandschaft. Deren Aus- und Weiterbildung wurde nun immer stärker formalisiert und an den Ansprüchen der Unternehmen ausgerichtet. Konkret hiess dies, dass das Fremdsprachenlernen und Schönschreiben zugunsten der Buchhaltung und anderer administrativer Fertigkeiten an Bedeutung einbüssten. Diese Ausdifferenzierung der Bildungszertifikate hatte nicht zuletzt eine ausgeprägte geschlechtliche Dimension: In einer Zeit, in der sich immer mehr junge Frauen für einen Angestelltenberuf entschieden, versuchten die männlichen Kaufleute, sich mit zusätzlichen Diplomen von ihren Kolleginnen abzusetzen. Für die Frauen blieben dann meist nur die schlechter bezahlten und ständig von Automatisierungsschüben bedrohten Routinetätigkeiten. Der Kaufmännische Verein vergab seit 1909 ein Buchhalterdiplom. Frauen konnten diesen Titel zunächst gar nicht erlangen. 1916 wurde eine zweite Fachprüfung im kaufmännischen Bereich eingeführt, die der Revisoren oder Wirtschaftsprüfer, die sich stark an britischen Vorbildern orientierte und in der Schweiz auf entsprechende Akzeptanzprobleme stiess. An der Handelsakademie in St. Gallen konnten sich seit 1911 ambitionierte Kaufleute so weiterbilden, dass sie sich für den globalisierten Handel qualifizierten. Zunächst wurde für den Besuch keine Matura vorausgesetzt.[8]
In der Kaufmannschaft lässt sich eine Selbstmobilisierung ausmachen, die den Entwicklungen in der Privatwirtschaft mehr oder weniger entsprach. Die wachsenden Ansprüche an die Rationalität der Abläufe und der Rechenschaftslegung bedeuteten auch erweiterte Anforderungen an die Qualifikation des administrativen Personals. In den Büros entstanden neue Hierarchien, die sich immer weiter ausdifferenzierten und neben Vorgesetzten und aufstrebendem Nachwuchs auch subalternes Personal kannten. Besonders bewirtschaftet wurden die Ambitionen der kaufmännischen Jugend. Hierfür eignete sich das Motiv des ehrbaren, aber aufstiegswilligen Kaufmanns hervorragend.[9] Eine besondere Rolle spielte dafür in der Schweiz Adolf Galliker, ein in Paris geborener Kaufmann, der zunächst in einer Bank gearbeitet und kurz im Sekreta-

8 König 1990.
9 Zur Entstehung des modernen Bildes vom ehrbaren Kaufmann in der Frühen Neuzeit vgl. Strosetzki 2017.

riat der Anthroposophischen Gesellschaft in Zürich mitgewirkt hatte, bevor er
1919 zum Kaufmännischen Verein, dem wichtigsten Berufsverband der Angestellten in der Schweiz, stiess.[10]

Galliker nahm sich hier der sogenannten Jungkaufmannschaft an, die er zu einer eigenen Bewegung formen wollte. Kurz nach Stellenantritt beim Zentralverband der Kaufleute verantwortete der Vereinsadjunkt eine Broschüre zum Buchhalterdiplom, in der er auch skizzierte, wie Bildung und berufliche Karriere zusammenhängen sollten. Der blosse «Handelsangestellte», der sich nicht durch Weiterbildung und eigenständige Lektüre entwickeln wollte, schien ihm nicht länger zu den Anforderungen der Zeit zu passen. Galliker appellierte deshalb an die «Willenskraft im Angestellten». Geistige Durchdringung des Berufes und Aufstiegswillen galten ihm als unabdingbar für ein sinnerfülltes Arbeitsleben.[11]

Wollten die kaufmännischen Vereinigungen im 19. Jahrhundert zunächst keine reinen Lehrlingsveranstaltungen mehr sein, galt es nun umgekehrt, den möglichen Verbandsnachwuchs frühzeitig einzubinden und auf das Aufstiegs- und Bildungsnarrativ zu verpflichten. In Zürich war aus einer Jugendkommission 1919 eine sogenannte Hospitantenabteilung hervorgegangen, um die kaufmännischen Lehrlinge, die noch keine ordentlichen Mitglieder werden konnten, bereits abzuholen. Diese hatten in den Zürcher Sektionsnachrichten eine kleine Abteilung für eigene Mitteilungen erhalten, die aber zum Unmut der erwachsenen Funktionäre mitunter recht kritisch ausfielen. Als der Zentralverband sich an eine Regulierung der mittlerweile auch andernorts entstandenen Hospitantenabteilungen machte, wurde Galliker beauftragt, im Einvernehmen mit den selbstbewussten Jungkaufleuten für eine gütliche Lösung zu sorgen.[12]

Mit viel Enthusiasmus und einem grossen Instrumentenkasten setzte sich Galliker nun für die – von ihm ausgedeuteten – Belange der Jugend ein. Das pädagogische Programm war dabei jeweils eines, das an die Schaffenskraft und Unbändigkeit der Jugend appellierte, diese aber zugleich eingehegt wissen wollte. 1926 erschien die erste Nummer einer eigenen Jugendzeitschrift der jungen Kaufleute, der «Jugendbote im SKV», günstig und wenig professionell gestaltet mit Fahrtenberichten, selbstverfasster Lyrik und Artikeln zu den Problemen des kaufmännischen Alltags. 1928 hielten die vereinigten Jugendabteilungen des Schweizerischen Kaufmännischen Vereins eine Jugendtagung auf dem Stoos im Kanton Schwyz ab, wo sie in Anlehnung an die Meissner-Formel

---

10 «Lokales: Trauerfeier für Adolf Galliker». Neue Zürcher Zeitung, Morgenausgabe, vom 6. August 1959, Blatt 2.
11 Galliker, Adolf: Der Wert des Buchhalter-Fachdiploms des Schweizerischen Kaufmännischen Vereins in der Praxis. Zürich 1922: SKV, S. 5.
12 Bottini 1936.

der deutschen Jugendbewegung einen Schwur leisteten: Im «Dienst für Volk, Berufsstand und Wirtschaft» sollte die Jugend ihre Aufgabe sehen und jederzeit «klar im Geist – gesund am Körper – tüchtig im Beruf» sein.[13] Auf der Tagung hielt Galliker einen Vortrag zum Thema «Was wir wollen», in dem er die kaufmännische Jugend auf die gemeinsame Linie einschwor.[14]

In den veröffentlichten selbstverfassten Gedichten von Jungkaufleuten, in Mahnworten und Reflexionen auf das kaufmännische Dasein mischten sich Selbstzweifel, Romantik und Innerlichkeit mit Karrierebewusstsein, Bekenntnissen zu den Kaufmannstugenden und der vorauseilenden Anerkennung der Härten des Arbeitslebens. Der junge Kaufmann wurde hier als ein Grübler dargestellt, der aber dennoch voller Elan die sich ihm gestellte Aufgabe zu meistern bereit sei.[15] Im Jugendboten wurde aber etwa auch ein Auszug eines Artikels des deutschen Psychotechnikers Adolf Friedrich aus der Arbeitgeberzeitung abgedruckt, in dem sich dieser mit vielen Ausrufezeichen versehen pathetisch zum Wert der Arbeit äusserte und diese als Experiment verstand, «wie weit wir uns innerlich durchgerungen haben».[16] Friedrichs Führerpsychologie mit ihrem gestimmten Ton, dem Weckrufpathos und Arbeitsverständnis passte gut ins Narrativ der vorwärtsstrebenden Jungkaufleute.[17] Als Freizeitbeschäftigung wurde dem kaufmännischen Nachwuchs durchaus auch vorgeschlagen, einmal einen «fröhlichen Abend mit ‹Intelligenzvermessungen›» zu verbringen, und dafür die kleine populärwissenschaftliche Broschüre «Prüfe deine Intelligenz!» des Reformpädagogen Rudolf Lämmel empfohlen.[18]

Ein besonderes, von Galliker entwickeltes Konzept der Schulung im ökonomischen Denken war die sogenannte Scheinfirma. Hierbei probte der kaufmännische Nachwuchs bereits, wie es sich anfühlen würde, einmal selbst als Geschäftsführer tätig zu sein. Die Scheinfirmen hatten jeweils einen offiziellen Namen und waren in einem «Scheinhandelsregister» verzeichnet. Sie hatten damit auch einen Unternehmenszweck, der die zu bewältigenden Aufgaben definierte. Diese Form des pädagogischen Planspiels basierte auf schriftlicher Kommunikation. In den einzelnen Betrieben gab es unterschiedliche Posten zu

---

13   Jungfroh ins neue Jahr, unser Leitspruch im Jugendbund des Schweizerischen Kaufmännischen Vereins (SOZARCH, Ar 139.30.1).
14   Vereinigte Jugendabteilungen im Schweizerischen Kaufmännischen Verein: Jugendtagung auf dem Stoos ob Brunnen, Programm; Galliker, Adolf (1928): Was wir wollen. Zürich 1928: SKV (SOZARCH, Ar 139.30.1).
15   Siehe etwa die Artikel «Jugend, erwache, erkenne», «Dein Berufsverband, der SKV», «Wille und Erfolg». In: Der Jugendbote im S.K.V. 1 (1926) 3.
16   Friedrich, Adolf: Arbeit ist hohe Tat. In: Der Jugendbote im S.K.V. 1 (1926) 4, S. 46.
17   Friedrich, Adolf: Der Führer als Vorbild. In: Der Jugendbote 1 (1926) 6, S. 85 f.
18   «Bist du intelligent?». Der Jugendbote im S.K.V. 1 (1926) 7, S. 117; Lämmel, Rudolf: Prüfe deine Intelligenz! Ein Weg zur Selbsterkenntnis und Erfolg. Stuttgart 1926: Franckh'sche Verlagshandlung; zu Lämmels Engagement in der Schweiz vgl. Näf 2000.

bekleiden, sodass sich bereits unter den kaufmännischen Lehrlingen eine Hierarchie ergab. Wenn ein Kunde säumig war, engagierte man einen Anwalt aus dem «Scheinfirmenbund». Auch die subalternen Positionen wie die «Stenotypistin» waren zu besetzen. Dem weiblichen Nachwuchs wurde also bereits in der kaufmännischen Ausbildung aufgezeigt, dass es Stellen in den Unternehmen gab, die nur mit Frauen besetzt würden. Die Ordnung der Geschlechter im Büro war klar definiert.[19]

Gleichzeitig wurden in der jungen Kaufmannschaft die traditionellen Geschlechterzuordnungen aber durchaus problematisiert. Zwar dauerte es bis 1935, bis Hedwig Brack als erste Frau in der Schweiz ein Buchhalterdiplom erhielt.[20] Auch sahen sich die Frauen innerhalb des Kaufmännischen Verbandes mit grossen Schwierigkeiten konfrontiert, für ihre eigenen Belange überhaupt Gehör zu finden. Besonders in Krisenzeiten sassen die weiblichen Angestellten schnell auf der Anklagebank und wurden bezichtigt, die steigende Arbeitslosigkeit mitzuverantworten.[21] Doch war die weibliche Präsenz und Expertise in den Büros zu sichtbar, um sie nicht in den Veranstaltungen und Publikationen für die kaufmännische Jugend explizit aufzugreifen. Als Autorinnen der Verbandsjugendpresse kamen die weiblichen Lehrlinge in den kaufmännischen Berufen in Texten und Bildern selbst vor und präsentierten ihren Kompetenzbereich, wobei in den Artikeln der jungen Frauen die geschlechtsspezifischen Zumutungen des beruflichen Alltags offensiv thematisiert wurden. Sie wurden als Subjekte sichtbar.[22] Wiederholt wurde sprachlich differenziert zwischen den Anliegen der männlichen Kaufleute und den «Büro-Angestelltinnen».[23] In der Presse der Jungkaufleute erschienen aber auch Gedichte an die «Kollegin», in denen das Büro als Ort des Begehrens aufschien, die als kompetent gezeichnete Jungkauffrau sich aber den Avancen zu widersetzen wisse und keine sei, die sich schnell verliebe.[24]

Von dem zunächst engen Verständnis einer sittsamen und erfolgsorientierten Kaufmannsjugend entwickelte sich das Publikationsorgan der Jungkaufleute, seit 1932 unter dem eingängigeren Namen «Der Jungkaufmann», zu einem Ort, an dem auch deutlich kritischere Positionen Platz hatten. So wurde disku-

---

19 Wir Jungkavauler, Bilderbogen 1931 (SOZARCH, Ar 139.30.1).
20 «Muser, Alfred: Zum Hinschied von Hedwig Brack». Neue Zürcher Zeitung vom 4. Februar 1999, S. 74.
21 Enz 1957, S. 44–63; König 1984, S. 77–82.
22 Siehe etwa «Die Leiden und Freuden einer Stiftin». Der Jungkaufmann 13 (1938) 1, S. 2; «so oder anders: Wenn wir Stifte etwas zu sagen hätten». Der Jungkaufmann 9 (1934) 4, S. 66–69.
23 «Warum sie angestellt… Warum sie entlassen wurden?». Der Jungkaufmann 9 (1934) 3, S. 46 f.
24 «Die Kollegin». Der Jungkaufmann 9 (1934) 12, S. 249.

tiert, wie politisch die junge Kaufmannschaft sich äussern dürfe, das Verhältnis von Lehrling und Lehrherr wurde problematisiert und die Hierarchien in den Unternehmen wurden mit mehr oder weniger anspruchsvollen Karikaturen kritisch hinterfragt. Dies geschah im Kontext einer stärkeren Politisierung der kaufmännischen Jugend in der Folge der anhaltenden Krise auf dem Arbeitsmarkt in den 1930er-Jahren. Die offensiv kritischen Voten gegenüber den Herrschaftsverhältnissen in den Büros in der Jugendpresse der Kaufleute sind wohl auch in diesem Zusammenhang zu lesen. Die Mobilisierung erfolgte aber nicht mehr allein nach links. Vielmehr gewannen unter den Jungkaufleuten in einigen Sektionen auch die faschistischen Alternativen zur liberalen Demokratie an Fürsprache, was die Verbandsspitze beunruhigte und zu direkten Gegenmassnahmen veranlasste.[25]

5.2 Die Qualifikation der Erwachsenen

Auch in der Arbeiterschaft entstand im Zuge der Expansion der Unternehmen ein moderat differenziertes Gefüge der Beschäftigten. Bevor die Personalabteilungen ausgebaut und viele der Vorgesetztenaufgaben technisch und wissenschaftlich geschultem Personal übertragen wurden, hatten in der Industrie die «Werkmeister» eine besondere Rolle inne. Sie kümmerten sich darum, dass die Maschinen liefen, überwachten die Produktionsabläufe und hatten auch Planungsaufgaben. Sie repräsentierten das Unternehmen in den Werkstätten und mussten dafür sorgen, dass der Fabrikapparat nicht nur technisch, sondern auch sozial funktionierte. Der Werkmeister traf Entscheidungen zur Akkordarbeit und disziplinierte die Arbeitskräfte. Ausserdem sammelte er die zentralen verwaltungstechnischen Informationen, die dann in den Büros verwendet wurden.[26]
Mit der Differenzierung und weiteren Spezialisierung der betrieblichen Felder wurde der Werkmeister zwar mehr und mehr verdrängt. Bestimmte Tätigkeiten liessen sich aber nicht einfach an besser qualifiziertes Personal delegieren, sodass er in den Betrieben präsent blieb. Um die Jahrhundertwende machten die Werkmeister knapp die Hälfte der technischen Angestellten aus, 1930 immer noch gut ein Drittel. Wenn der Arbeiter mit einem Vorgesetzten zu tun hatte, dann war es dieser Werkmeister, der meist selbst aus der Arbeiterschaft stammte. Er war nicht Teil der kaufmännischen oder technischen Büros und

---

25 Etwa die Nummer «Wenn Stifte etwas zu sagen hätten». Der Jungkaufmann 9 (1934) 4; ausserdem die Beiträge in: Der Jungkaufmann 9 (1934) 1, Der Jungkaufmann 9 (1934) 7; zum Kontext vgl. König, Siegrist, Vetterli 1985, S. 211 f.
26 König, Siegrist, Vetterli 1985, S. 253–300.

unterschied sich hinsichtlich Aufgaben und Herkunft deutlich von den höheren Chargen. Funktional gesehen stellten die Werkmeister einen Puffer dar zwischen Management und Arbeiterschaft und zogen damit viele der Konflikte in den Unternehmen direkt auf sich.[27]

Das erklärt auch, warum von Arbeitgeberseite eine bessere Aus- und Weiterbildung der Werkmeister in der Schweiz nicht gewünscht war. In der Textilindustrie hatten im Durchschnitt gegen 60% der Vertreter dieser Angestelltengruppe noch nicht einmal eine abgeschlossene Berufsausbildung. In der Metallverarbeitung und Maschinenindustrie waren es hingegen nur acht Prozent der Werkmeister, die keinen formalen Abschluss hatten. Zwar gab es Versuche seitens der organisierten Werkmeister, für eine gewisse Kaderschulung zu sorgen. Diese wurden aber von Arbeitgeberseite bekämpft. Für die meisten Arbeiter, die den Schritt zum Werkmeister erfolgreich absolviert hatten, war die berufliche Karriere damit zu einem Ende gekommen. Innerhalb der Gruppe war das Bedürfnis entsprechend nicht wirklich ausgeprägt, die wenigen vorhandenen Weiterbildungsmöglichkeiten auszuschöpfen.[28]

Wenn die Ingenieure und Techniker hingegen für eine Karriere in den höheren Unternehmensgefilden auch kaufmännisches Können vorweisen wollten, mussten sie sich entsprechend weiterbilden. Zu Beginn des 20. Jahrhunderts richtete sich die Berufsvereinigung der Ingenieure deshalb vereinzelt an die ETH und bat diese darum, auch Bildungsangebote für praktizierende technische Fachkräfte anzubieten. Der Schulrat war durchaus geneigt, diesem Ansinnen nachzukommen, insofern es sich hier nur um einen Kurs von einigen Tagen auf dem angestammten Gebiet handelte und nicht um eine eigentliche Umschulung oder umfassende Weiterbildung.[29]

Besonders der Schweizerische Ingenieur- und Architektenverein drängte auf ein grösseres Angebot für die Absolventen der ETH. Der Verein nahm seit 1911 ausschliesslich diejenigen technischen Fachkräfte auf, die auf eine akademische Vorbildung verweisen konnten und vertrat deren Interessen.[30] Mit der ständigen Weiterqualifikation im technischen Bereich sollte dem Wandel des wissenschaftlich fundierten Wissens Rechnung getragen und die eigene Klientel mit den notwendigen Kenntnissen versorgt werden. Umgekehrt musste das

---

27 Ebd.
28 Ebd., S. 264–268.
29 ETH-Bibliothek, Archive, SR2: Schulratsprotokolle 1911, Sitzung Nr. 3 vom 27. 02. 1911, Traktandum 32; Chemisch-physikalischer Kurs für Gasingenieure an der Eidgenössischen Technischen Hochschule. In: Schweizerische Bauzeitung vom 18. Mai 1918, S. 218; Chemisch-physikalischer Kurs für Gasingenieure an der Eidgenössischen Technischen Hochschule. In: Schweizerische Bauzeitung 10. Mai 1919, S. 81 f.
30 Schweizerischer Ingenieur- und Architekten-Verein 1937, S. 161–170; Schweizerischer Ingenieur- und Architekten-Verein 2012, S. 29.

technische Wissen der Hochschulen gegen Vorwürfe verteidigt werden, dass es hier letztlich doch nur um «angelerntes Handwerkzeug» gehe und nicht um eigentliche Wissenschaft. Der gebildete Praktiker sollte seine Alltagsbeobachtungen zurück an die Hochschulen melden, damit diese dort einer methodisch kontrollierten Untersuchung zugeführt werden konnten. Die Fortbildungsveranstaltungen sollten ein Scharnier bereitstellen, um diesen zirkulären Wissensfluss sicherzustellen.[31]

Seit seiner Gründung waren dem Schweizerischen Ingenieur- und Architektenverein Erfahrungsaustausch und Weiterbildung der Mitglieder ein grosses Anliegen gewesen, noch bevor standespolitische Themen an Bedeutung gewannen.[32] Früh nahm man im Verband zur Kenntnis, wie in Deutschland und Österreich die Technischen Hochschulen entsprechende Angebote für diejenigen Ingenieure, die sich weiterbilden wollten, bereitstellten.[33] Vereinzelt boten verschiedene Schulen, Fach- und Berufsverbände bereits vor und während des Ersten Weltkriegs Kurse zu technischen Inhalten an, die an Handwerksmeister, Techniker oder Ingenieure gerichtet und als Abend- oder mehrtägige Ferienkurse organisiert waren – etwa zur Landvermessung, zu Beton und Statik und zum autogenen Schweissen.[34] 1911 schrieb der Schweizerische Ingenieur- und Architektenverein für das folgende Jahr einen Kurs aus, der sich mit elektrischer Traktion beschäftigte und zu dem auch Nichtmitglieder zugelassen wurden. Unter den technischen Experten ohne akademische Vorbildung war es zwischenzeitlich zu Unsicherheiten gekommen, ob sie auch zugelassen seien. Die Schaffhauser Sektion des Schweizerischen Technischen Verbandes hatte sich deshalb beschwert.[35] 1915 fand am Technikum in Fribourg bereits zum sechs-

31 «Zur Eröffnung des Technischen Kurses der S. I. A. am 1. Oktober 1923 in der E. T. H. in Zürich: Rede». Schweizerische Bauzeitung vom 6. Oktober 1923, S. 181.
32 Schweizerischer Ingenieur- und Architekten-Verein 2012, S. 27 f.
33 «Die 43. Jahresversammlung des ‹Deutschen Vereins von Gas- und Wasserfachmännern› in Zürich». Schweizerische Bauzeitung vom 18. Juli 1903, S. 35 f.; «Miscellanea». Schweizerische Bauzeitung vom 23. September 1911, S. 177; «Miscellanea». Schweizerische Bauzeitung vom 7. September 1912, S. 141 f.; «Fortbildungskurs über Hochspannung in Charlottenburg». Schweizerische Bauzeitung vom 18. Juli 1914, S. 38; «Miscellanea». Schweizerische Bauzeitung vom 30. Januar 1926, S. 64.
34 «Verschiedenes». Illustrierte schweizerische Handwerker-Zeitung vom 30. Dezember 1915, S. 472–474; «Verschiedenes». Illustrierte schweizerische Handwerker-Zeitung vom 22. März 1917, S. 759–761.
35 Schweizerischer Ingenieur- und Architekten-Verein 1937, S. 185; «Elektrische Traktion». Schweizerische Bauzeitung vom 10. Februar 1912, S. 81 f.; «Kurs über elektrische Traktion». Schweizerische Techniker-Zeitschrift vom 16. November 1911, S. 529; «Verbandsnachrichten». Schweizerische Techniker-Zeitschrift vom 7. Dezember 1911, S. 564; «Kurs über elektrische Traktion». Schweizerische Techniker-Zeitschrift vom 14. Dezember 1911, S. 573; «Kurs über elektrische Traktion». Schweizerische Techniker-Zeitschrift vom 28. Dezember 1911, S. 595.

ten Mal ein «Kurs für autogene Schweissung» statt, der sich an Berufspraktiker wandte, neben praktischen Übungen auch eine theoretische Einführung beinhaltete und allem Anschein nach auf rege Nachfrage stiess.[36] In Basel wurde im folgenden Jahr zum vierzehnten Mal ein Kurs zum selben Gebiet durchgeführt, der vom Schweizerischen Acetylenverein organisiert worden war.[37]

Über eine blosse berufliche Fortbildung hinaus ging ein Angebot, das 1913 in Zürich stattfand. Gemeinsam mit der Staatswissenschaftlichen Fakultät der Universität Zürich annoncierte der Schweizerische Ingenieur- und Architektenverein einen «Staats- und handelswissenschaftlichen Kurs», der sich an kommunale oder kantonale Beamte, aber auch an Angestellte in den grösseren Unternehmen, an Ingenieure und Architekten richtete und volkswirtschaftliche, staatsrechtliche und weitere juristische Fragestellungen behandeln sollte. Als Veranstaltungsort war die ETH Zürich vorgesehen.[38] Über dieses Vorhaben entbrannte ein Streit, weil Professoren der ortsansässigen technischen Hochschule, bis auf eine Ausnahme, nicht vorgesehen gewesen waren. Verschiedene Angehörige der ETH zeigten sich besorgt, in der Sache ins Hintertreffen zu geraten und fühlten sich hintergangen. Sie hatten von dem Angebot erst aus der Presse erfahren.[39]

Als 1919 das Ansinnen an den Schulrat der ETH herangetragen wurde, die «wissenschaftliche Betriebslehre» verbindlich in das Curriculum aufzunehmen und ein entsprechendes Institut einzurichten, wies dieser die Idee entschieden zurück. Stattdessen sollten «mehrwöchige Kurse» für «in der Praxis stehende Ingenieure» dem möglichen Bedarf auf dem Gebiet abhelfen.[40] In diese Lücke sprang dann über die Sprachgrenzen hinweg zunächst weiterhin der Verband der Architekten und Ingenieure. 1921 fand in Lausanne über fünf Tage ein umfassender Kurs statt, der die «wirtschaftliche Arbeitsorganisation» zum Thema hatte. Das Spektrum reichte von allgemeineren Vorträgen zur Bedeutung der Technik für das Wirtschaftsleben über die Organisation der Lehrlingsausbildung bis hin zur Kostenberechnung im Bausektor. Hinzu kamen öffentliche Veranstaltungen, die auch ein breiteres Publikum adressierten, sowie Exkursionen.[41] Eine private Handelsschule in Basel entwickelte einen

---

36 «Verschiedenes, Persönliches». Schweizerische Techniker-Zeitung vom 16. Dezember 1915, S. 220.
37 «Verschiedenes, Persönliches». Schweizerische Techniker-Zeitung vom 7. September 1916, S. 168.
38 «Lokales». Neue Zürcher Zeitung vom 9. Dezember 1912, Drittes Abendblatt.
39 Jahresberichte der Universität Zürich, Z 70.3098 S. 6 f.; ETH-Bibliothek, Archive, SR2: Schulratsprotokolle 1913, Sitzung Nr. 6 vom 15. 05. 1913, Traktandum 60.
40 ETH-Bibliothek, Archive, SR2: Schulratsprotokolle 1920, Sitzung Nr. 1 vom 24. Januar 1920, Traktandum 12.
41 «Vereinsnachrichten». Schweizerische Bauzeitung vom 3. September 1921, S. 127.

eigenen «Fachkurs für Praktiker», der ausschliesslich betriebswirtschaftliche Inhalte hatte und besonders auch Fragen des Managements behandelte.[42] Einen methodisch anderen Weg ging das Technische Lehrinstitut Onken. Der aus Deutschland eingewanderte Ingenieur Franz Onken entwickelte einen Fernkurs, mit dem sich Praktiker unterschiedlicher Herkunft in ihrem Fachgebiet weiterbilden konnten.[43] 1923 organisierte der Schweizerische Ingenieur- und Architektenverein dann einen «Kurs über neuere technische Fragen auf dem Gebiete der Bau-, Maschinen- und Elektroingenieur-Wissenschaften» an der Eidgenössischen Technischen Hochschule in Zürich, der sich an die Praktiker wandte. Als Referenten wurden sowohl Ingenieure in Leitungsfunktion als auch Professoren der ETH aufgeboten, die über eine ganze Reihe an Neuerungen in ihren Fachgebieten berichteten.[44]

Seit Mitte der 1920er-Jahre schalteten sich diejenigen Institutionen stärker ein, die nicht zuerst eine berufspraktische oder standespolitische Agenda verfolgten, sondern auf die Rationalisierung des Wirtschaftslebens drangen. 1925 hielten die Swiss Friends of the USA den ersten «Vortragszyklus über moderne Organisation» ab und widmeten diesen ganz der Optimierung der betrieblichen Abläufe. Ein Jahr später folgte eine Blockveranstaltung über zwei Tage zur «Organisation der Arbeitszusammenhänge», die auch die Präsentation eines Industriefilms einschloss.[45] 1926 fand zudem an der ETH in Zürich ein umfangreicher «Fortbildungskurs» statt, der sich an die sogenannten Kulturingenieure richtete, also an diejenigen Absolventen der Hochschule, die sich mit Fragen der Flurbereinigung und Bodenbewirtschaftung befassten.[46]

Im nächsten Jahr führte der Schweizerische Ingenieur- und Architektenverein nun endlich einen Kurs durch, der sich ausschliesslich finanz- und betriebswissenschaftlichen Fragen annahm. Die eingeladenen Referenten kamen aus der Schweiz oder aus Deutschland, entweder von den Hochschulen oder aus der Industrie. Von der ETH referierte der Ökonom Eugen Böhler. Aus der Wirtschaft trat neben Hans Sulzer, der der Geschäftsleitung des Sulzer-Konzerns vorstand, auch der Schuhfabrikant und Taylorist Iwan Bally auf.[47]

42 «Kleine Mitteilungen». Neue Zürcher Zeitung vom 24. September 1923, Zweites Mittagsblatt.
43 Onken, Franz: Der neue Weg. Reklame-Broschüre für das Technische Lehrinstitut Onken, Zürich. Zürich 1916: Fachschriften-Verlag A.-G.
44 «Zur Eröffnung des Technischen Kurses der S. I. A. am 1. Oktober 1923 in der E. T. H. in Zürich: Rede». Schweizerische Bauzeitung vom 6. Oktober 1923, S. 180 f.
45 Schweizerfreunde der U. S. A., Bestrebungen zur Förderung der Rationalisierung vom 1. Juli 1928 (ZSAO, 9.30i).
46 Sammlung der Vorträge des ersten Fortbildungskurses der Konferenz schweizerischer Kulturingenieure vom 8. und 9. April 1926 an der Eidgenössischen Technischen Hochschule in Zürich. o. O. 1927: Konferenz schweizerischer beamteter Kulturingenieure.
47 «Finanz- und betriebswirtschaftlicher Kurs des S. I. A». Schweizerische Bauzeitung

Unter den Absolventen befürchtete man bereits Überschneidungen mit anderen Angeboten wie etwa den stärker international ausgerichteten Veranstaltungen der Swiss Friends of the USA.[48] Diese hatten sich mit der Kommission für rationelles Wirtschaften, der Statistisch-Volkswirtschaftlichen Gesellschaft Basel und einer Basler Bankenvereinigung zusammengetan, um den Weiterbildungsbedürfnissen der Praktiker nachzukommen.[49] Der Anspruch, selbst mehr für die wirtschaftlichen Kompetenzen ihrer Absolventen zu tun, lastete also vor dem Hintergrund wachsender Alternativangebote schwer auf der ETH. 1925 sprach sich Arthur Rohn, Bauingenieur und Rektor an der ETH, immer noch gegen alle Bestrebungen aus, aus der Technischen Hochschule eine «Hochschule für Technik und Wirtschaft» zu machen. Zwar konnte er in diesem Zusammenhang bereits auf die eigenen Anstrengungen verweisen, der ökonomischen Lehre mehr Geltung zu verschaffen. Eine ausgewiesene wirtschaftliche Expertise sollten die an der Hochschule ausgebildeten Techniker aber doch erst gewinnen, wenn sie eine gewisse Praxis in der Arbeitswelt vorweisen konnten.[50]

5.3 Ein eigenes Institut

1928 forcierte die ETH schliesslich doch ihre Anstrengungen im Bereich der wirtschaftlichen Weiterqualifikation der technischen Elite des Landes. Im Oktober 1928 fand an der Hochschule ein einwöchiger «wirtschaftlicher Fortbildungskurs» statt, der sich explizit an die Praktiker richtete. Dieser war als Vertiefungsmöglichkeit gedacht, um das Curriculum in den technischen Studiengängen nicht noch weiter zu belasten. Über den Fortbildungskurs sollte also denjenigen Ingenieuren, die bereits ihre Ausbildung abgeschlossen hatten, ein Einblick in das «Gebiet industrieller Betriebführung» ermöglicht werden. Die ETH wollte auf diese Weise eine enge Verzahnung zwischen Unternehmen und Wissenschaft garantieren.[51]

        89/90 (1927) 6, S. 78; Wirtschaftsfragen industrieller Unternehmungen. Eine Sammlung von fünf Vorträgen, gehalten am Finanz- und betriebswirtschaftlichen Kurs des SIA Schweizerischer Ingenieur- und Architektenverein im Oktober 1927. Zürich 1928: Hofer.

48 «Vereinsnachrichten». Schweizerische Bauzeitung vom 20. August 1927, S. 111 f.
49 Internationaler Kurs für rationelles Wirtschaften veranstaltet von der Kommission für rationelles Wirtschaften (K. F. R. W.), der Gesellschaft Schweizerfreunde der U. S. A. (S. F. U. S. A.) unter dem Patronate der Statistisch-Volkswirtschaftlichen Gesellschaft Basel und unter Mitwirkung der Platzvereinigung Basler Banken. 1.–6. Oktober 1928. Zürich 1928: Bollmann.
50 «Wesen und Aufgaben des Unterrichts an der E. T. H». Schweizerische Bauzeitung vom 30. Januar 1925, S. 23.
51 «Wirtschaftliche Fortbildungskurse der E. T. H». Schweizerische Bauzeitung vom 28. Juli 1928, S. 52.

Die Vorlesungen im Rahmen des ersten hauseigenen wirtschaftlichen Fortbildungskurses der ETH wurden durch Referenten gehalten, die den schweizerischen Banken, privatwirtschaftlichen und öffentlichen Unternehmen sowie den einheimischen Hochschulen entstammten. Die meisten der Referate wurden auf Deutsch gehalten. Zwei Referenten kündigten ihre Beiträge mit einem französischen Titel an.[52] Insgesamt nahmen 154 Personen an den Vorlesungen teil. Die Einnahmen überstiegen die Ausgaben – so zumindest die Berechnungen innerhalb der ETH – um das Doppelte. Die Kosten für die Teilnahme am gesamten Programm betrugen 50 Franken pro Person, was preisbereinigt gut 300 Franken entspricht. Es konnten auch nur einzelne Veranstaltungen der Reihe gebucht werden.[53]

Die Begeisterung, mit der die Verbände und Unternehmen auf das Weiterbildungsangebot reagierten, hatte weniger mit dem eigentlichen Kursinhalt zu tun – den Beteiligten war bewusst, dass hiermit nur eine Reihe ähnlicher Veranstaltungen fortgesetzt wurde. Enthusiastisch war man, da die Leitung der ETH nun endlich den Bedarf einer Stärkung der Betriebswissenschaft anerkannte. Der «wirtschaftliche Fortbildungskurs» selbst diente dabei nur als ein Testballon, um das Interesse der Privatwirtschaft an einer Institutionalisierung der betriebswissenschaftlichen Lehre und Forschung an der ETH zu eruieren. Im Rahmen des Fortbildungskurses konnte man sich unverbindlich austauschen und die entsprechenden ersten Schritte für ein eigenes Institut auf den Weg bringen.[54]

Nun sollte alles recht schnell gehen. Unmittelbar wurde zwischen Wissenschaft und Industrie ein entsprechendes Programmpapier ausgehandelt, der Rektor wandte sich mit Nachdruck an die Bundesverwaltung. Seitens des Innendepartements war man der Idee gegenüber zwar sehr aufgeschlossen, aber nicht wirklich überzeugt vom Vorschlag, der Hochschule ein in Finanzierung und Form vollständig privates Institut anzugliedern. Diese Idee entsprang der Vorstellung, die betriebswissenschaftliche Forschung und Weiterbildung am Institut konsequent und ausschliesslich an den Bedürfnissen der Wirtschaft auszurichten. Durch eine vielgestaltige Organisation sollten die Gewerkschaften zwar formell eingebunden, aber der Einfluss der Arbeitnehmerseite damit auch begrenzt werden.[55]

---

52 «Wirtschaftlicher Fortbildungskurs der E. T. H. (22. bis 27. Oktober 1928)». Schweizerische Bauzeitung vom 22. September 1928, S. 152 f.
53 ETH-Bibliothek, Archive, SR2: Schulratsprotokolle 1928, Sitzung Nr. 5 vom 30. November 1928, Traktandum 74.
54 Jaun 1986, S. 112 f.
55 Ebd., S. 114.

Mit der Gründung eines eigenen Instituts wollte die ETH den Vorwürfen begegnen, dass ihre Absolventen von ökonomischen Problemen zu wenig verstünden. Auf diese Weise sollte der Zufluss der neuesten wissenschaftlichen Kenntnisse in die Industrie garantiert werden. Zweck des 1929 gegründeten Betriebswissenschaftlichen Instituts, das nun sowohl von der Privatwirtschaft als auch mit öffentlichen Mitteln getragen wurde, war also die ökonomische Ausbildung von Ingenieuren.[56] Explizit war die Etablierung des Betriebswissenschaftlichen Instituts dazu gedacht, eine «Belebung der Beziehungen der Eidgenössischen Technischen Hochschule mit der schweizerischen Industrie und Volkswirtschaft» zu bewirken.[57]

In den Vorstand der Gesellschaft zur Förderung des neuen Instituts wählte die Generalversammlung vier Vertreter der Maschinenindustrie, zwei Vertreter der Chemie, je einen Vertreter der Schuh-, Uhren-, Bau- und Textilindustrie und je einen für die öffentlichen Unternehmen und die Stadt Zürich. Ausserdem mit je einer Person vertreten waren die Banken und das Gewerbe, der Schweizerische Handels- und Industrieverein und der Arbeitgeberverband sowie die organisierte Interessenvertretung der Ingenieure und Architekten. Zudem entschied man, zusätzlich die Landwirtschaft und Zementindustrie mit je einem Vertreter zu bedenken und wollte – zuletzt – auch der Arbeitnehmerseite Einsitz gewähren. In St. Gallen wurde eine «etwaige Konkurrenzierung» durch das Zürcher Institut befürchtet, die man mit dem Hinweis auf die bloss ergänzende Rolle der eigenen Weiterbildungsbestrebungen zu entkräften versuchte.[58]

In der Industrie gab es Stimmen, die besagten, dass die ETH mit ihrem Engagement etwas spät dran sei, da andernorts bereits weiter gediehene Angebote entwickelt würden.[59] Die Konkurrenz belastete den Start des Betriebswissenschaftlichen Instituts.[60] Ziel des hochschulaffiliierten Instituts war nun das, was der Hochschulrektor Rohn vorab noch ausgeschlossen hatte: eine Integration von «Wirtschaft und Technik». Damit stellte die ETH eine lange Tradition infrage, in der der Ingenieur die «konstruktive[] Welt» verlassen und sich in den Alltag des ökonomischen Wettbewerbs begeben musste. Er konnte nicht länger auf die Arbeitsteilung technischer und kaufmännischer Fachkräfte vertrauen und sich einzig auf sein Ausbildungswissen berufen. Vielmehr galt es

56 Burren 2010, S. 129 f.; Gugerli, Kupper, Speich 2005, S. 186 f.
57 ETH-Bibliothek, Archive, SR2: Schulratsprotokolle 1928, Sitzung Nr. 5 vom 30. November 1928, Traktandum 74.
58 Protokoll der ersten Generalversammlung der Gesellschaft zur Förderung des Betriebswissenschaftlichen Instituts an der ETH vom 29. Juni 1929 (BAR, E7170A#1000/1069#986*).
59 Adolf Bühler an Hans Sulzer vom 3. Juni 1929 (Abschrift Jaun), Sulzer Firmenarchiv; Bally an Rohn vom 29. Mai 1929 (ETH, Dossier Jaun).
60 Präsident des Schweizerischen Schulrates Rohn an Direktor Pfister, Eidgenössisches Arbeitsamt vom 14. Mai 1929 (BAR, E7170A#1000/1069#986*).

fortan, bei allen unternehmerischen Entscheidungen auch die ökonomische Seite im Blick zu behalten. Das Betriebswissenschaftliche Institut stellte sich damit explizit in die Tradition der wissenschaftlichen Unternehmensführung und verstand sich als Teil einer Bewegung der sukzessiven Rationalisierung aller betrieblichen Abläufe. Den Fluchtpunkt dieser Entwicklung sah man in einer umfassenden «Betriebswissenschaft», wie sie nun an der ETH Zürich auf hohem Niveau und in enger Tuchfühlung mit der Privatwirtschaft ausgebaut werden sollte.[61] Dieses ambitionierte Programm wurde in seinen praktischen Konsequenzen aber gleich wieder zurückgenommen. Das Schreckensszenario war ein «halb ausgebildeter Ingenieur», der nicht zu den hohen Ansprüchen an die grundständigen Studiengänge in Zürich zu passen schien. Stattdessen wollte man den Praktikern eine Möglichkeit bieten, ihre Kenntnisse im ökonomischen Bereich auszubauen, und zugleich die betriebswissenschaftliche Forschung und Entwicklung fördern.[62]
Das Betriebswissenschaftliche Institut wurde von sämtlichen Spitzenverbänden der Privatwirtschaft unterstützt und hatte auch die wichtigen weiteren Verbände der technischen Branchen hinter sich. Ausserdem hatte man die potenzielle Konkurrenz zu einer Mitgliedschaft bewegt, die Handelshochschule St. Gallen und die Schweizerische Vereinigung für rationelles Wirtschaften.[63] Mit Letzterer blieben die Probleme jedoch bestehen und eine Fusion liess sich vorerst nicht erwirken, so sehr sie auch vonseiten der Hochschulleitung befürwortet wurde. Der Bund wiederum hatte die Schweizerische Vereinigung für rationelles Wirtschaften einmalig subventioniert, als diese mit ihren Kursangeboten ein grösseres Defizit eingefahren hatte, was seitens der ETH umgehend kritisiert wurde.[64]

61 Gesellschaft zur Förderung des Betriebswissenschaftlichen Instituts an der Eidgenössischen Technischen Hochschule, Gründungs-Exposé vom 31. Mai 1929 (BAR, E7170A#1000/1069#986*).
62 Ebd.
63 Gesellschaft zur Förderung des Betriebswissenschaftlichen Instituts an der ETH, Mitglieder-Verzeichnis 1929 (BAR, E7170A#1000/1069#986*).
64 Rohn, ETH an das Bundesamt für Industrie, Gewerbe und Arbeit vom 10. Februar 1931; Pfister, Bundesamt für Industrie, Gewerbe und Arbeit an Rohn, ETH vom 30. Januar 1931; der Präsident des Schulrates der ETH an das Bundesamt für Industrie, Gewerbe und Arbeit vom 10. Februar 1931 (BAR, E7170A#1000/1069#986*).

5.4 In der Krise

Die Gründungsversammlung des Betriebswissenschaftlichen Instituts fand Ende Juni 1929 statt, also nur wenige Monate vor dem folgenreichen Schwarzen Donnerstag an der New Yorker Börse, der später den Beginn der Weltwirtschaftskrise markieren sollte.[65] Die nun folgenden schweren Jahre dominierten auch die Startphase des Instituts, das unter ganz anderen Gesichtspunkten gegründet worden war.[66] Dem pädagogischen Eifer der Initianten tat das indes keinen Abbruch. Zwar waren die Fortbildungskurse am Institut schnell in den Bereich der «kleineren Arbeiten» verschoben worden. Sie standen nicht mehr im Zentrum der Reformideen des Vorstands der Fördergesellschaft. Dafür wurde intensiv darüber nachgedacht, wie sich die «Erziehung zur rationellen Auffassung der Arbeitsvorgänge» auch auf andere Branchen ausweiten liesse. Da das Betriebswissenschaftliche Institut an einer Hochschule des Bundes angesiedelt war, sah es sich in der Verantwortung, nicht nur die Interessen der grossen Industrieunternehmen zu bedienen, sondern auch zur Förderung des Gewerbes etwas beizutragen. Schnell wurden also Forderungen laut, auch das Handwerk und die Landwirtschaft einzubeziehen. Als Mittel der Stunde galt die Beratung von selbständigen Handwerkern, die mit dem Wissen um eine rationale Betriebsführung erst vertraut gemacht werden mussten.[67]

In der Krise wurden Beratung und Weiterbildung auf dem Gebiet der Rationalisierung betrieblicher Abläufe auch im Gewerbe als probates Mittel betrachtet, um durch die schwierigen Jahre zu kommen.[68] Das Betriebswissenschaftliche Institut musste die Anliegen des Gewerbes aber zurückstellen, sobald die Krise die Mittel knapp werden liess. Dafür holte man sich jedoch zuvor die Unterstützung des Gewerbeverbandes ein und stellte in Aussicht, sich bei einer Finanzierung von anderer Seite oder einer Besserung der Lage wieder stärker zu engagieren.[69]

Besonders verheissungsvoll schienen in diesem Zusammenhang die Angebote der sogenannten Psychotechnik, wie sie in der Schweiz seit den 1920er-Jahren vor allem in Zürich und Genf weiterentwickelt wurden.[70] Nachdem Alfred

---

65   Zu den Folgen der Weltwirtschaftskrise für die Schweiz vgl. Tanner 2015, S. 208–234.
66   Jahresbericht des Betriebswissenschaftlichen Instituts an der ETH für 1932 (BAR, E7170A#1000/1069#986*); Jahresbericht des Betriebswissenschaftlichen Instituts an der ETH für 1932 (ETH, 144.1 SR3 1936).
67   Gesellschaft zur Förderung des Betriebswissenschaftlichen Instituts an der ETH, Protokoll vom 7. Februar 1930, S. 6 f. (BAR, E7170A#1000/1069#986*).
68   Notiz über eine Besprechung mit Herrn Nationalrat Schirmer betreffend Betriebswissenschaftliches Institut der ETH vom 8. März 1932 (BAR, E7170A#1000/1069#986*).
69   Jahresbericht des Betriebswissenschaftlichen Instituts an der ETH für 1932, S. 3 f. (BAR, E7170A#1000/1069#986*).
70   Messerli 1996; Jaun 1986, S. 124–153.

Carrard einen Vortrag auf einer Generalversammlung des Arbeitgeberverbands schweizerischer Maschinen- und Metall-Industrieller gehalten hatte, engagierte sich der Verband wenig erfolgreich dafür, der Psychotechnik an der ETH Zürich mehr Gewicht zu geben.[71] Stattdessen sollten Fragen der Psychotechnik in die Ausbildung eines neuen Ingenieurtypus einfliessen, der als «Betriebsingenieur» bezeichnet wurde. Dass es einen Bedarf an technisch ausgebildetem Spitzenpersonal mit kaufmännischem Sachverstand gab, wurde zu Beginn der 1930er-Jahre von verschiedenen Seiten der Industrie angemerkt. Wie sich ein Curriculum für den Betriebsingenieur am besten ausgestalten liesse, wurde im Rahmen des Betriebswissenschaftlichen Instituts intensiv diskutiert, auch wenn die Umsetzung eines solchen Studiengangs nicht dem Institut, sondern der Hochschule oblag. Man orientierte sich hierbei am Ausland, wollte aber eine eigene, schweizerische Lösung finden. Besonders die Frage, wie sehr die Grundausbildung der Betriebsingenieure gemeinsam mit den anderen Ingenieuren erfolgen sollte, trieb die Fachleute um.[72]

Gegen die Einführung eines eigenen Studiengangs für Betriebsingenieure wurden vor allem vonseiten der erfahrenen Praktiker, die Leitungspositionen in der Privatwirtschaft innehatten, Einwände erhoben. Diese hatten sich die notwendigen Kenntnisse für ihre Managementarbeit im Arbeitsalltag, durch Lektüre, Beratung oder Fortbildung erworben und sahen nicht ein, warum es eines speziellen Ausbildungsgangs bedurfte. Umgekehrt schienen die Möglichkeiten erschöpft zu sein, in die etablierten Studiengänge zum Maschinen- oder Elektroingenieur einfach noch einige weitere, stärker auf Fragen der Menschenführung gerichtete Elemente hinzuzufügen. Die Idee war nun, durch die Einrichtung eines eigenen Studiengangs zu verhindern, dass das technische Curriculum an der ETH noch weiter überladen wurde. Auch reagierte die Diskussion um eine Einführung des Betriebsingenieurs auf das Problem, dass ein bereits im Arbeitsleben stehender Fachmann nicht die Zeit erübrigen konnte, für eine spätere Führungskräfteausbildung zurück an die Hochschule zu gehen.[73]

In den Weiterbildungsangeboten des Betriebswissenschaftlichen Instituts konzentrierte man sich fortan weniger auf generalistische Kurse und bot stattdessen Veranstaltungen an, die möglichst nah an den praktischen Bedürfnissen

---

71 Arbeitgeberverband Schweizerischer Maschinen- und Metallindustrieller, 23. Jahresbericht des Ausschusses und des Vorstandes an die Mitglieder für 1928, S. 109; Protokoll der 29. Generalversammlung des Arbeitgeberverbands Schweizerischer Maschinen- und Metallindustrieller 1928, Die Aufgaben der Psychotechnik in der Industrie, Referat, Zürich, 31. 5.1928 (AfZ, IB ASM-Archiv 131).

72 Betriebswissenschaftliches Institut, Vorstandssitzung vom 12. Februar 1931 (BAR, E7170A#1000/1069#986*).

73 Carrard, Alfred: Sollen Betriebsingenieure an der E. T. H. ausgebildet werden? In: Schweizerische Bauzeitung, 27. Februar 1932, S. 110-112.

waren.⁷⁴ Da krisenbedingt in vielen Unternehmen weniger Arbeit vorhanden war, mussten die sogenannten Ferienkurse nicht am Abend abgehalten werden, sondern konnten ins Wochenende verlegt werden.⁷⁵ Auf diese Weise liess sich aus der «Not eine Tugend machen» und die ungewünschte freie Zeit zur Weiterqualifikation der Ingenieure nutzen. Die Kurse am Samstagmorgen kamen denjenigen entgegen, die aufgrund fehlender zeitlicher Ressourcen bisher keine Weiterbildung besuchen konnten. Das Angebot entsprach damit zwar keinem wirklich umfassenden, strukturierten Weiterbildungsgang, war aber auch mehr als ein einmaliger Vortrag. In einer Kombination aus Vorlesung und Übung wurden den Ingenieuren neueste Erkenntnisse aus ihrem Fachgebiet möglichst praxisnah und verständlich beigebracht. Die Veranstaltungen standen auch all jenen offen, die keinen Hochschulabschluss hatten, aber eine fortgeschrittene technische Qualifikation vorweisen konnten und hinreichend Vorkenntnisse mitbrachten.⁷⁶ Mit der Wiedereinführung der Samstagsarbeit fiel diese Möglichkeit weg. In einer Umfrage in verschiedenen grossen Industrieunternehmen sprachen sich die Teilnehmer stattdessen für Abendkurse unter der Woche aus, was vom Betriebswissenschaftlichen Institut probeweise umgesetzt wurde.⁷⁷

ETH und Betriebswissenschaftliches Institut adressierten mit ihrem Krisensonderprogramm nicht nur Ingenieure, Techniker und leitende Angestellte, sondern stellten auch Angebote für Inhaber und Geschäftsführer einzelner Unternehmen bereit. Im Anschluss an einen der Freizeitkurse fand 1934 in Zürich ein bebilderter abendlicher Gastvortrag zum Thema «Wirtschaftliche Gestaltung und Führung industrieller Betriebe in Krisenzeiten» statt, der branchenübergreifend ausgerichtet war und auf Personen zielte, die einen kleinen oder mittleren Betrieb durch die schwierigen Zeiten bringen mussten.⁷⁸ Ein wichtiges Mittel zur Rationalisierung betrieblicher Abläufe gerade in der Krise schienen die Kurse zur Ermittlung der Arbeitszeit für Angestellte mit Vorgesetztenfunktion zu sein.⁷⁹ Der Fokus sollte fortan also auf Angeboten liegen, die die «wirkliche Ausbildung» zum Ziel hatten und nicht einfach um allgemeine Fragen kreisten. Dafür

---

74 Jahresbericht des Betriebswissenschaftlichen Instituts an der ETH für 1932, S. 2 (BAR, E7170A#1000/1069#986*).
75 Vallière an Leemann vom 11. Januar 1934 (ETH, 144.0 SR3 1934).
76 «Samstags-Kurse an der E. T. H. für Maschinen- und Elektroingenieure». Schweizerische Bauzeitung vom 22. Oktober 1932, S. 223 f.
77 Vallière an den Präsidenten der ETH vom 16. Oktober 1934; Betriebswissenschaftliches Institut, Freizeitkurs für Ingenieure und Techniker vom 20. 11. bis 21. 12. 1934 (ETH, 144.0 SR3 1934).
78 Betriebswissenschaftliches Institut vom 23. März 1934 (ETH, 144.0 SR3 1934).
79 Betriebswissenschaftliches Institut an der ETH, Programm 1934 (BAR, E7170A#1000/1069#986*).

griff man seitens des Betriebswissenschaftlichen Instituts auf die Kenntnisse und Eingaben von Praktikern aus der Industrie zurück, was eine möglichst konkrete Ausgestaltung der Kurse gewährleisten sollte.[80]
1934 wurden die Freizeitkurse erstmals dezentral durchgeführt: in diesem Fall allein für die Belegschaft von Brown, Boveri & Cie. in Baden.[81] Die Idee einer Dezentralisierung war vorab mehrfach innerhalb der Fördergesellschaft des Betriebswissenschaftlichen Instituts erörtert, zunächst aber wieder verworfen worden.[82] Für die Arbeitszeitermittlungskurse konstatierte man, dass diese nicht allein in der Metall- und Maschinenindustrie nachgefragt wurden, sondern auch bei den mittelgrossen Betrieben anderer Wirtschaftssektoren.[83] Wichtiger wurden die Bereiche Vertrieb und volkswirtschaftliches Wissen, denen man nun in den Ferienkursen vermehrt Beachtung schenken wollte. Bei den Angeboten zur Arbeitszeitermittlung zeichnete sich ab, dass eine Differenzierung der Teilnehmer notwendig sein könnte, da die Ausgangsvoraussetzungen sehr unterschiedlich waren. In kleinen homogenen Gruppen sollte daran gearbeitet werden, das bereits vorhandene Wissen gezielt weiterzuentwickeln.[84] Die Kursteilnehmer wurden in das Instrumentarium der Zeitstudien eingewiesen, lernten Hilfsmittel und Ansätze der Zeitermittlung kennen und erhielten auch einen Einblick in das Akkordsystem und die Möglichkeit, durch Lohnprämien die Leistung der Beschäftigten zu erhöhen.[85]
Insgesamt stiessen die technisch ausgerichteten Angebote aber bei den Ingenieuren und anderen Hörern auf mehr Interesse als diejenigen, die die ökonomische Seite des Wirtschaftslebens beleuchteten. Vonseiten der Hochschule wurde es indes abgelehnt, eine grössere Nachfrage nach den wirtschaftlichen Kursen zu schüren, indem man die Inhalte populärer aufbereitete. Der Präsident des Schulrates der ETH wies darauf hin, dass die Teilnehmer «zu sich zu heben» seien und die Hochschule keine bessere «Volkshochschule» werden dürfe. Trotz aller Anstrengungen, die Angebote für in der Praxis stehende

---

80 Betriebswissenschaftliches Institut an der ETH, Jahresbericht 1933 (BAR, E7170A#1000/1069/986*).
81 Betriebswissenschaftliches Institut an der ETH, Jahresbericht 1934 (BAR, E7170A#1000/1069/986*).
82 Betriebswissenschaftliches Institut an der ETH, Jahresbericht für 1933 (ETH, 144.1 SR3 1934).
83 Betriebswissenschaftliches Institut an der ETH, Jahresbericht 1934 (BAR, E7170A#1000/1069/986*).
84 Ebd.; Betriebswissenschaftliches Institut, Programm 1935 (BAR, E7170A#1000/1069#986*).
85 Betriebswissenschaftliches Institut an der ETH, Programm zum Einführungskurs über Zeitmittlung 1934/35 (ETH, 144.0 SR3 1934).

Ingenieure stärker an den Bedürfnissen der Industrie zu orientieren, sollte der wissenschaftliche Anspruch der Hochschule nicht aufgegeben werden.[86]
Inmitten der Krise sprach Ernst Dübi, Präsident des Arbeitgeberverbandes schweizerischer Maschinen- und Metallindustrieller und Generaldirektor der von Roll'schen Eisenwerke in Gerlafingen, einen wunden Punkt an. Er «habe den Eindruck, dass das Institut die Firmen nötiger hat, als die Firmen das Institut». Er wollte in den Angeboten die Expertise im betriebswissenschaftlichen Bereich stärker herausgestrichen wissen, sodass sich interessierte Unternehmen mit konkreten Fragen nach Zürich wenden könnten, und weniger darauf vertrauen, dass nur ausreichend Werbung gemacht werden müsste, damit die Firmen in Scharen die Beratungen und Kurse des Betriebswissenschaftlichen Instituts in Anspruch nähmen. Schuhfabrikant Bally sah hingegen einen Strauss an weiteren Möglichkeiten, was das Institut alles leisten sollte. Der Präsident des Baumeisterverbandes, Johann Laurenz Cagianut, warnte davor, sich in Gebiete vorzuwagen, in denen weniger technische Belange im Zentrum standen und es schnell politisch wurde. Er hielt es für ratsam, sich keinen Problemfeldern anzunehmen, in denen die Interessen einzelner Branchen divergierten. Das Institut an der vom Bund finanzierten eidgenössischen Hochschule sollte, auch wenn es eng mit der Industrie verknüpft war, einen ausgleichenden Charakter haben und letztlich der schweizerischen Volkswirtschaft dienen. In der Krise trat dieses Moment besonders hervor.[87]
Als das Institut gegründet worden war, hatte man nach aussen als Hauptzweck die Erweiterung der praxisnahen und ökonomischen Kenntnisse der ETH-Absolventen herausgestellt. Schnell waren die eigentlichen Kurse dann in den Hintergrund getreten und vielfältige Forschungs-, Beratungs- und Entwicklungsvorhaben entstanden, die angesichts der schwierigen Haushaltslage aber nicht immer realisierbar waren. Die Nachfrage in der Industrie musste mitunter erst geschaffen werden und auch diejenigen Industrievertreter, die das Betriebswissenschaftliche Institut unterstützten und kritisch begleiteten, waren nicht zwingend alle derselben Ansicht, in welche Richtung es sich entwickeln sollte.[88]
1935 entschied das Institut auf der Grundlage einer Umfrage, vorerst gar keine umfassenderen «Ferienkurse» mehr anzubieten, sondern sich ganz auf einzelne Vorträge zu verlagern. Dies sollte zudem nur geschehen, wenn bekannte Referenten gewonnen werden konnten, die eine gewisse Strahlkraft hatten, sodass ausreichend Publikum angezogen würde. Dafür wurden verschiedene

---

86 Der Präsident des Schulrates an den Direktor des Betriebswissenschaftlichen Instituts vom 16. Januar 1934 (ETH, 144.0 SR3 1934).
87 Betriebswissenschaftliches Institut, Protokoll der 5. Vorstandssitzung der Fördergesellschaft vom 16. März 1934 (ETH, 144.0 SR3 1934).
88 Ebd.

Formate entwickelt: Zum Thema «Industrielle Werbung» fanden über zwei Abende reine Fachvorträge statt, die anschliessend in einem moderierten Teil mit praktischen Erwägungen ergänzt und diskutiert werden sollten. Diese Dialogform war dazu gedacht, die technische und die kaufmännische Seite des Betriebsalltags von Führungskräften zusammenzuführen.[89] Für die Veranstaltung war ein Eintrittsgeld von zwei Franken zu bezahlen und vorab eine Anmeldung einzusenden.[90] Im Rahmen der weiterhin gefragten Arbeitszeitermittlungskurse wurden im selben Jahr an fünf Nachmittagen jeweils samstags dreistündige, stärker praktisch ausgerichtete Seminare angeboten.[91] Ein Kurs zum «Betrieblichen Rechnen» erfolgte über sechs Wochen für zwei Stunden an einem Abend, jeweils verbunden mit «kleinen Uebungen».[92] Der Anspruch, die Absolventen allein über die kursorische Weiterbildung in die Lage zu versetzen, im Wirtschaftsleben zu reüssieren, hatte sich angesichts der beschränkten Ressourcen des Betriebswissenschaftlichen Instituts – und der mitunter schwachen Nachfrage aus der Praxis – als zu ambitioniert erwiesen. 1936 waren nun die Vorarbeiten zur grundständigen Ausbildung von «Betriebsingenieuren» angegangen worden. Für die Mitarbeiter des Instituts standen sowieso bereits andere Vorhaben im Zentrum ihrer Tätigkeiten, sodass die geringere Nachfrage nach den Kursen gut ins Programm passte.[93]

Letztlich kollidierten im Betriebswissenschaftlichen Institut die beiden Ansprüche, sowohl übergreifend der Gesamtwirtschaft zu dienen als auch die konkreten Interessen der privaten Akteure zu berücksichtigen. Als Institut an der ETH musste es sich, trotz relativer Unabhängigkeit von der Hochschule, so positionieren, dass es nicht einzig die Interessen einiger gut organisierter Industriezweige oder gar einzelner Unternehmungen vertrat. In einer Sitzung mit führenden Schweizer Industriellen tauchte aber die Frage auf, wie sehr solche «Gemeinschaftsarbeit» von der Privatwirtschaft überhaupt gewünscht wurde.[94]

Die Ausbildung von Betriebsingenieuren war also ein Feld, in dem sich das Betriebswissenschaftliche Institut dankbar engagierte, da es unzweifelhaft von allgemeinem Interesse war, aber auch zu den Bedürfnissen der Unternehmen passte. Ebenfalls Gemeinschaftscharakter hatte das Thema Lehrlingsausbil-

---

89 Betriebswissenschaftliches Institut an die Interessenten der Freizeitkurse für Ingenieure und Techniker vom 9. April 1935 (ETH, 144.0 SR3 1935).
90 Betriebswissenschaftliches Institut, Programm Abendkurs (ETH, 144.0 SR3 1935).
91 Betriebswissenschaftliches Institut, Programm Arbeitszeitermittlungskurse 1935 (ETH, 144.0 SR3 1935).
92 Betriebswissenschaftliches Institut, Programm Betriebliches Rechnen 1935 (ETH, 144.0 SR3 1935).
93 Betriebswissenschaftliches Institut, Jahresbericht 1935 (ETH, 144.0 SR3 1936).
94 Betriebswissenschaftliches Institut, Protokoll der Sitzung vom 2. März 1937 (ETH, 144.0 SR3 1937).

dung, das eigentlich nicht wirklich zum Auftrag des Instituts gehörte. 1937 kam im Vorstand die Idee auf, die Koordination eines Lehrlingsaustausches zu übernehmen. Man war sich sicher, dass die grossen Unternehmen «hinsichtlich der Erziehung des Nachwuchses die gleichen Interessen» hätten und sich das Thema deshalb als zusätzliches Tätigkeitsfeld anbiete. Auch wollte das Institut die Vermittlung von Praktikumsplätzen in der Industrie und weitere Vorträge mit allgemeinerem Charakter von renommierten Fachleuten organisieren.[95]
Max Schiesser, Direktor der Brown, Boveri & Cie. und Vorstandsmitglied in der Fördergesellschaft des Betriebswissenschaftlichen Instituts, zweifelte an, ob über dieses Minimalprogramm hinausgehende Anstrengungen der Zusammenarbeit in der Schweiz überhaupt möglich seien. Bereits in den Verbänden galt es ihm als ein Kraftakt, die entsprechenden gemeinsamen Perspektiven zu entwickeln. Man solle sich stattdessen allein auf profane Ausbildungsfragen konzentrieren und alle grösseren Ambitionen fahren lassen. Vom Schuhfabrikanten Bally, der zu den Initiatoren des Betriebswissenschaftlichen Instituts gehört hatte, und vom Papierfabrikanten Henri A. Naville, Mitglied der Direktion bei Brown, Boveri & Cie. sowie Präsident des Vereins Schweizerischer Maschinen-Industrieller, wurde die Lage nicht so negativ eingeschätzt. Man einigte sich schliesslich darauf, nach aussen hin klar für die Entwicklung einer stärkeren Gemeinschaftsperspektive einzutreten.[96]
In den mitunter schwammigen Diskussionen zur «Gemeinschaftsarbeit» in der Industrie kamen zwei unterschiedliche Vorstellungen zum Tragen, wie das Verhältnis von Wissenschaft und Wirtschaft sich genau darstellte. In der einen Perspektive sorgten die Selbstregulierungskräfte der freien Marktwirtschaft dafür, dass bei Bedarf und Interesse automatisch entsprechende Bildungs-, Forschungs- oder Entwicklungsaufträge an das Institut gehen würden. In der anderen Sicht musste das Institut diese Impulse selbst setzen, die Zusammenarbeit anregen, aufklären und die Entscheidungsträger in der Privatwirtschaft vom Nutzen einer stärkeren intellektuellen Durchdringung des Wirtschaftslebens erst überzeugen. Durch den Marktcharakter der Angebote, bei denen fehlendes Interesse unmittelbar ersichtlich wurde, da die Teilnehmer ausblieben, wurde der Vorstand des Instituts ständig gezwungen, über seine Verortung in dieser Hinsicht zu diskutieren. Angesichts der autoritären Alternativen in Italien und Deutschland, wo Zusammenarbeit zentral erzwungen worden war, stellte das angegliederte Institut eine der wenigen Alternativen dar, wie man auch in der Schweiz zu einer verstärkten Konsolidierung und Stärkung der Kräfte kommen konnte.[97]

95 Ebd.
96 Ebd.
97 Ebd.

6 Erfahrung und Efficiency

Die Bildungs- und Erziehungsambitionen in der Schweizer Privatwirtschaft gingen in der ersten Hälfte des 20. Jahrhunderts sogar noch über Berufsbildung, Arbeiterfürsorge, Weiterbildung und ökonomische Volksaufklärung hinaus. Verschiedene Aktivisten und *pressure groups* wollten das Wirtschaftsleben auch von innen her pädagogisch neu begründen. Selbst ein so abgelegener Gegenstand wie die empirisch fundierte Konjunkturprognose liess sich in den 1920er-Jahren als eine Erziehungsmassnahme begreifen.¹ Die geringe Treffsicherheit und die Mängel in der statistischen Genauigkeit der Konjunkturvorhersagen schränkten für Friedrich Bernet, Sekretär des Schweizerischen Zentralverbandes der Arbeitgeber-Organisationen, die pädagogischen Möglichkeiten dieser praxisnahen Forschungsrichtung in keiner Weise ein. Weniger die konkreten Inhalte der Berechnungen waren für Bernet zentral, sondern die langfristige «Erziehung zu konjunktureinsichtigem, weitblickendem Denken» durch die Gewöhnung an den Gebrauch statistischer Daten. Den Entscheidungsträgern in der Privatwirtschaft sollte so eine vorausschauende, nicht von plötzlichen Stimmungswechseln geprägte Einstellung vermittelt werden.²
Der Arbeitgeberfunktionär Bernet kannte sich auf berufspädagogischem Gebiet gut aus. Er hatte bereits sein Wirtschaftsstudium mit einer empirischen Doktorarbeit zu «Lehrlingsausbildung und Lehrlingsfürsorge» abgeschlossen. Anders als in vielen Dissertationen in den ersten Jahrzehnten des 20. Jahrhunderts üblich, beschränkte sich Bernet hier nicht auf eine Auswertung der vorhandenen Literatur, Gesetze und Verordnungen, sondern führte eigene Erhebungen durch. Er verschickte einen Fragebogen an die Unternehmen, holte weitere schriftliche Rückmeldungen ein, sprach mit Vorgesetzten, Arbeitern und Angestellten, Behördenmitgliedern und Berufsschullehrpersonen.³
Bernet, der Ökonom mit pädagogischen Interessen, hatte bereits vor seinem Studium in der Industrie gearbeitet. Die Unternehmenspraxis bildete auch den Fluchtpunkt der empirischen Vorarbeiten für die Doktorarbeit. Zugleich bettete Bernet seine Ergebnisse in die internationalen wirtschaftlichen Entwicklungen ein und versuchte auf diese Weise, den schweizerischen Fall in

---

1 Bernet, Friedrich: Konjunkturforschung und Wirtschaftsrationalisierung (Schweizer Schriften für Rationelles Wirtschaften 2). Zürich 1927: Hofer, S. 33–35.
2 Ebd., S. 34.
3 Bernet, Friedrich: Lehrlingsausbildung und Lehrlingsfürsorge in einigen Grossbetrieben der schweizerischen Metall- und Maschinenindustrie. Zürich 1923: Orell Füssli, S. IX–XI.

einen grösseren Zusammenhang zu stellen. Die heimische Lehrlingsfürsorge spiegelte er an eigenen Erfahrungen, die er in einem Stahlwerk bei Sheffield in England gemacht hatte. Die praxisnahe empirische Wirtschaftsforschung lernte Bernet dann in den USA kennen, wo er nach seinem Studium in Zürich und Genf für zwei Jahre gearbeitet hatte. Mit gerade einmal 27 Jahren war er nach seiner Rückkehr für einen Teil der Geschäfte des Zentralverbandes der Arbeitgeber-Organisationen verantwortlich und redigierte die hauseigene Zeitschrift. Das pädagogische und ökonomische Potenzial von Konjunkturbeobachtung, Erfahrungsaustausch und Rationalisierung beschäftigte ihn insgesamt über zwei Jahrzehnte.[4]

Noch vor seiner Rückkehr aus den USA hatte Bernet in der Neuen Zürcher Zeitung einen Artikel platziert, in dem er Konjunkturprognosen gar als eine Möglichkeit zur «wirtschaftlichen Erziehung der Bevölkerung» bezeichnete.[5] Die Schweizer Konjunkturforschung mass er am amerikanischen Standard. Der frisch promovierte Ökonom war begeistert von der Masse an Informationen, die auf der anderen Seite des Atlantiks von den zahlreichen ökonomischen Auskunftsdiensten zur Verfügung gestellt wurden. Er war überzeugt, dass die Daten und Expertenmeinungen zu einer Beruhigung der Konjunkturschwankungen beitrügen und den Unternehmen helfen könnten, sich ganz der Effizienzsteigerung zu widmen. Wie die Organisation der Firmen in Wirtschaftsverbänden, sollten die wissenschaftlichen Erkenntnisse mässigend und zivilisierend auf die Unternehmer des Landes einwirken. Die Expertise in den Beratungsinstituten sah Bernet als Garant dafür an, dass die wirtschaftliche Entwicklung in die richtige Richtung gelenkt würde. Durch eine gezielte Öffentlichkeitsarbeit kämen die Erkenntnisse der Konjunkturforschung auch der Bevölkerung zugute und das «konjunktureinsichtige Denken» werde «in immer weitere Kreise getragen».[6]

---

4   Schweizerisches Zeitgenossen-Lexikon. 2. Ausgabe. Bern 1932: Gotthelf-Verlag, S. 75; Neue Schweizer Biographie. Basel 1938–1942: Buchdruckerei zum Basler Berichthaus, S. 37.
5   «Die Konjunkturvoraussage in den Vereinigten Staaten». Neue Zürcher Zeitung, Mittagsausgabe vom 25. Februar 1925, Blatt 4.
6   Bernet, Friedrich: Konjunkturforschung und Wirtschaftsrationalisierung (Schweizer Schriften für Rationelles Wirtschaften 2). Zürich 1927: Hofer, S. 35.

6.1 Von den Grossen lernen

Zurück in der Schweiz wurde Bernet eingeladen, seine Beobachtungen bei den Swiss Friends of the USA vorzutragen, die im Jahr zuvor gegründet worden waren. Voraussetzung für eine Mitgliedschaft bei den Schweizerfreunden waren eigene Erfahrungen mit den amerikanischen Verhältnissen. Vor allem durch Schriften und Vorträge wollten die Schweizerfreunde im Sinne des Taylorismus wirken.[7] Zunächst gab sich der Club ein loses Arbeitsprogramm, das die Beziehungspflege zwischen den USA und der Schweiz zum Inhalt hatte. Mit den Jahren entwickelte sich die Gruppe zu einem wichtigen Akteur, um die amerikanische Methode der wissenschaftlichen Betriebsführung in der Schweiz bekannt zu machen. In den wirtschaftlichen Krisenjahren der Nachkriegszeit versammelten sich hier verschiedene Personen aus der Schweiz, die in der Regel einen persönlichen Bezug zu den USA hatten. Ein erstes Treffen weniger Männer fand bereits im Dezember 1919 in einem Zürcher Hotel statt. Im März des nächsten Jahres erfolgte dann die eigentliche Gründungsversammlung.[8]
Von Beginn an aber spielte nicht nur das Interesse für die amerikanische Kultur eine Rolle im Cluballtag. Fortlaufend veröffentlichten die Schweizerfreunde Listen von amerikanischen Unternehmen, die in der Schweiz Geschäfte anbahnen wollten, oder diskutierten Probleme der Ein- und Auswanderung. Früh bestand bei den Mitgliedern auch ein Interesse für «hoch verwertbare Organisationsmethoden», mit denen sich betriebliche Abläufe verbessern lassen könnten. Die entsprechenden amerikanischen Zeitschriften wurden begeistert rezipiert.[9] Im Carlton-Elite Hotel Zürich wurde ein gemütlicher Clubraum eingerichtet, der die passende Literatur für die Mitglieder der Vereinigung bereithalten sollte.[10] Es war zudem möglich, die Sammlung als Bibliothek zu nutzen und einzelne Exemplare mit nach Hause zu nehmen, wie die «Clubzimmer-Ordnung» festhielt.[11] Da die Frequenz bei den Gastvorträgen und den wöchentlichen Clubabenden anfangs zu wünschen übrig liess, wurden Letztere vom Vorstand Ende des Jahres 1922 für obligatorisch erklärt, was aber zunächst keine grösseren Effekte zeitigte.[12]
In den Krisenjahren nach dem Ende des Ersten Weltkrieges wirkten die Schweizerfreunde also zunächst vor allem nach innen. Neben der Bibliothek

---

7   Jaun 1986, S. 93–107.
8   «Jahresbericht für 1920 der Schweizerfreunde der USA». Swiss American Review 1 (1921) 4, S. 2–5.
9   «Aus der schweizer. und amerikan. Presse». Swiss American Review 1 (1921) 4, S. 6 f.
10 «Allgemeine Mitteilungen». Swiss American Review 1 (1921) 9, S. 3.
11 «Unser Clubzimmer». Swiss American Review 1 (1921) 11, S. 6.
12 «Klub-Abende». Swiss American Review 3 (1923) 1, S. 5; III. Jahresbericht der Gesellschaft der Schweizerfreunde der USA. In: Swiss American Review 3 (1923) 4, S. 2–6.

und verschiedenen geselligen Anlässen boten Gastvorträge und erste Diskussionsabende die Möglichkeit, sich über neuere Entwicklungen in den USA zu informieren. Diese Instrumente blieben auch später wichtig und wurden fortlaufend ausgebaut.[13] In ihrem ersten «Arbeitsprogramm» definierte die Vereinigung ein thematisch äusserst breites Spektrum, von Erziehung und Kultur über Wissenschaft und Wohlfahrt bis hin zu Verkehr und Wirtschaft. Sie sollte sich der Pflege der Beziehungen zwischen der Schweiz und den USA annehmen, die Öffentlichkeit in verschiedenen Sachfragen informieren und sich für die «Vermittlung und Propagierung guter Ideen» einsetzen. Neben Pressearbeit und Auskunft waren Vortragsveranstaltungen und die Organisation von Kursen die zentralen Mittel, um diese Ziele zu erreichen.[14]

Mit dem wirtschaftlichen Aufschwung stieg auch die Zahl der Mitglieder der Schweizerfreunde. Die USA galten zugleich als Heilsbringer und Leitsymbol für die moralische und wirtschaftliche Erholung Europas, als eine Instanz, der sich die schweizerischen Clubmitglieder wesensverwandt wähnten. Hans Sulzer, Vorsitzender der Geschäftsleitung des Winterthurer Sulzer-Konzerns und Förderer der Schweizerfreunde, sprach auf dem jährlichen Bankett der Vereinigung der «amerikanischen Kulturmission» einen «Toast» aus und glaubte, dass nur die USA den rechten «Weg zum gesunden Individualismus» zeigen könnten.[15]

Auf der Generalversammlung 1923 referierte Karl Sender, Mitglied des Vorstands der Vereinigung, über die Vorzüge des Taylorsystems, mit dem sich Zeitaufwand und Kraftanstrengungen gleichermassen stark vermindern liessen. Besonders bemerkenswert schien ihm, dass das System nicht auf einer perfiden Ausbeutung der Arbeitskräfte, sondern auf einer besseren Verwertung der individuellen Arbeitsleistung beruhe. Der Arbeiter werde als Individuum genau taxiert und seine Tätigkeit so justiert, dass er letztlich entlastet würde. Dabei seien ihm «verschiedene Lehrmeister beigegeben», so etwa «der Funktionsmeister, der Werkzeug- und Maschinenmeister, der Kontrolleur, der Geschwindigkeitsmeister». Nun müsse das System für die Schweiz noch so adaptiert werden, dass es auch zu den hiesigen Verhältnissen passe.[16]

Die Frage der «Vermittlung amerikanischer Organisations-Ideen», mit denen die betrieblichen Abläufe verbessert werden sollten, nahm nun stetig grösseren Raum bei den Anlässen der Schweizerfreunde ein. Überhaupt nahm das Inter-

13 «II. Jahresbericht der Gesellschaft der Schweizerfreunde der USA». Swiss American Review 3 (1922) 3, S. 2–4.
14 «SFUSA, Arbeitsprogramm für die Arbeitskommission». Swiss American Review 2 (1922) 5, S. 5 f.
15 «III. Annual Dinner der S. F. U. S. A. in Zürich». Swiss American Review 3 (1923) 5, S. 2–5.
16 «Ein Streifzug durch das Taylor-System». Swiss American Review 3 (1923) 6, S. 3–5.

esse an kulturellen Fragen – verglichen mit jenem an wirtschaftlichen Fragen–
in der Vereinigung ab, was sich unter anderem in gemeinsamen Betriebsbesichtigungen zeigte. 1924 luden zwei Mitglieder der Schweizerfreunde in die
Maschinenfabrik Oerlikon ein. Es durften auch Gäste teilnehmen, die nicht
Mitglied waren, solange sie nicht bei einer Firma beschäftigt waren, die mit
dieser in einem Konkurrenzverhältnis stand.[17]
Eine Reihe anderer Organisationen und Einzelpersonen engagierte sich auf
demselben Gebiet oder zeigte sich ebenfalls interessiert an einer Rationalisierung durch wirtschaftliche Aufklärung. Auch die Unternehmerin Else Züblin-Spiller bot ihre Dienste an und überlegte, wie sich Betriebsbesichtigungen
mit anschliessenden Vorträgen am besten organisieren liessen.[18]
Eng koordinierten die Schweizerfreunde ihre Tätigkeiten mit dem Psychotechnischen Institut in Zürich, das 1923 von Jules Suter gegründet worden war.
Das Institut war ein Dienstleister für Industrie, Privatpersonen, öffentliche
Betriebe und Behörden. Neben Gutachten zur Rationalisierung von unternehmensinternen Abläufen bot es vor allem eine Aus- und Weiterbildung auf verschiedenen Stufen, Eignungs- und Begabungsprüfungen oder Assessments an.
Ein wichtiges Betätigungsfeld des Instituts war die Auswahl von Lehrlingen
und die Reorganisation der Lehrlingsausbildung, für die es verschiedene Aufträge aus der Privatwirtschaft erhielt. Die Zürcher Psychotechniker richteten
sich, auch gegen interne Vorbehalte, radikal am Markt aus und boten etwa auch
die schnelle psychotechnische Nachqualifikation von Praktikern an. Dabei
wurden eventuelle methodische Bedenken zugunsten einer grösseren Akzep-
tanz in der Privatwirtschaft einfach beiseite geschoben, was zu heftigen Auseinandersetzungen mit der Genfer Konkurrenz führte, die stärker im Bereich
Jugend und Schule aktiv war und sich an einer anspruchsvollen experimentel-
len Validierung der Eignungsdiagnostik versuchte. Gegen die profitorientierten
Schnellkurse in Zürich kämpfte auch die Psychotechnikerin Franziska Baumgarten, die es aus privaten Gründen 1924 von Berlin nach Solothurn verschlagen hatte und die sich nun auch in der Schweiz wissenschaftlich wie publizistisch zu Wort meldete.[19]
Die Aktivitäten der Schweizerfreunde erfolgten, anders als die Arbeiten des
Psychotechnischen Instituts, nicht zuallererst aus kommerziellen Motiven, sondern zielten auf eine nachhaltige Umgestaltung der Gesamtwirtschaft – wenn
auch zunächst vom Clubsessel aus. Als ein erster Höhepunkt galten ihnen zwei

---

17 «Einladung zur Besichtigung der Maschinenfabrik Oerlikon». Swiss American Review 4 (1924) 4/5, S. [2].
18 Protokoll der Kommission für rationelles Wirtschaften vom 20. April 1927 (ZSAO, 9.30i).
19 Jaun 1986, S. 124–136; Messerli 1996; Daub 1996, S. 39–44, 82–87.

siebenteilige Vortragszyklen, die 1925 und 1926 in Zürich stattfanden und sich mit der Verbesserung betrieblicher Abläufe beschäftigten. Am Ende dieser Reihe fassten die Beteiligten den Entschluss, ihre Tätigkeiten auf dem Gebiet der wirtschaftlichen Aufklärung auszubauen. Sie formulierten eine Resolution, die diesen Aufbruch festhalten sollte. Es galt nun, Kontakte zu Verbänden, Behörden und zur ETH in Zürich aufzunehmen, um neue Adressatengruppen zu erschliessen und die Vortragstätigkeiten zu erweitern. Die Schweizerfreunde gründeten deshalb eine eigene «Kommission für Rationelles Wirtschaften» und gaben fortan eine Schriftenreihe heraus, in der in den ersten beiden Jahren bereits Bände zu unterschiedlichen Problemen der Arbeitsrationalisierung erschienen. Bücherstube, Diskussionsabende und Literaturberatung gehörten ebenfalls zum methodischen Instrumentarium der Reformer.[20]

Die Vortragszyklen setzten die Schweizerfreunde fort und organisierten gleichzeitig verschiedene Abendreferate in Zürich, zu denen etwa der Psychotechniker Alfred Carrard oder der Arbeitgebersekretär Friedrich Bernet als Vortragende eingeladen waren. Ausserdem dockten sie an grössere Veranstaltungen an, die ebenfalls der Rationalisierung gewidmet waren. Die Referenten waren entweder Ingenieure aus schweizerischen Unternehmen. Oder sie waren in der wirtschaftsnahen psychologischen Forschung an den Schweizer Hochschulen und Instituten aktiv. Wenige Gäste kamen aus dem Ausland.[21]

Das Selbstverständnis der Schweizerfreunde war im Kern ein pädagogisches. Sie wollten die ökonomischen Verhältnisse durch eine «Erziehung zu rationellerem Wirtschaften» nachhaltig transformieren. Die «Bewegung» hielt dies – wie alle Erziehung – für eine Aufgabe, die einen langen Atem benötige. Ausserdem ging man bei den Schweizerfreunden davon aus, dass «Vorbilder, Lehrer» notwendig seien, um breite Kreise von der Notwendigkeit einer effizienteren und effektiveren Wirtschaftsweise zu überzeugen, weshalb sie eine «Ehrenkommission» gründeten, die besonders verdiente Unternehmensvertreter versammelte. Auf diese Weise sollten «gewissermassen aus diesem Gehirn die innersten Regungen, welche auf die Rationalisierung hinzielen könnten», allen zugänglich gemacht werden.[22]

Auch wenn der utopische Überschuss bei den Mitgliedern der Kommission gross war, vergassen sie nicht, wie voraussetzungsreich das eigene Programm war. Sie erwarteten, dass die Unternehmen häufig nur das interessierte, was

---

20 Bestrebungen zur Förderung der Rationalisierung, bisherige Arbeiten der Gesellschaft Schweizerfreunde der U.S.A und der Kommission für rationelles Wirtschaften vom 1. Juli 1928 (ZSAO, 9.30i); «Betrieb und Organisation». Schweizerische Technische Zeitschrift vom 2. Juni 1927, S. 360–362.
21 Bestrebungen zur Förderung der Rationalisierung vom 1. Juli 1928 (ZSAO, 9.30i).
22 Ehrenkommission für rationelles Wirtschaften, o. J. (ZSAO, 9.30i).

sich am Schluss auch auszahlte. Angebote, die nicht direkt an den betrieblichen Abläufen orientiert waren, sondern die grösseren Zusammenhänge ausleuchten wollten, konnten entsprechend nur dann Nachfrage finden, wenn die wirtschaftlichen Gesamtaussichten einigermassen positiv waren. Ein Mitglied plädierte entsprechend dafür, keine ethischen Fragen zum Gegenstand der Vorträge zu machen und erhielt von den meisten der anwesenden Kommissionsmitgliedern Zustimmung für seine Bedenken.[23]

Zunächst einmal galt es aber, den eigenen Ansprüchen an eine rationalisierte Organisation selbst auch gerecht zu werden. 1927 monierte Karl Sender, der Präsident der Kommission für rationelles Arbeiten, dass «in der Kommission selber Rationalisierungsarbeit zu vollziehen sei». Auf allen Ebenen machte er eine Reihe von «Missverständnissen» aus, die dringend behoben werden sollten. Unter anderem war es mit der Gesellschaft der Schweizerfreunde, aus der die Kommission gerade erst hervorgegangen war, zu Kompetenzstreitigkeiten gekommen.[24]

Parallel dazu und ohne die Mitarbeit des Zentralverbandes der Arbeitgeber-Organisationen war in der französischsprachigen Schweiz eine «Commission Romande de Rationalisation» gegründet worden. Ziel war auch hier die Vernetzung unterschiedlicher Akteure und die institutionelle Ausgründung einer Arbeitsgruppe, die die verschiedenen Anstrengungen bündeln sollte. Federführend für die Westschweiz war Aloys Hentsch, Sohn einer bekannten Genfer Bankierfamilie, der an der Ecole libre des sciences sociales et politiques de Paris einen Hochschulabschluss in Wirtschaftswissenschaften gemacht hatte.[25]

Das Westschweizer Programm zielte auf eine nationale Mobilisierung der brachliegenden Wirtschaftskräfte, konzentrierte sich aber letztlich auf die französischsprachigen Kantone. Die USA waren auch hier das Vorbild. Der tayloristische Ansatz wurde dabei so umdefiniert, dass er mit wirtschaftspatriotischen und traditionalistischen Vorstellungen einer genuin schweizerischen Kultur des Zusammenlebens kompatibel schien. Dabei sollten nicht nur die Gegensätze von Arbeit und Kapital, sondern auch die von Industrie, Handel und Gewerbe harmonisiert werden. Angestrebt wurde also eine befriedete Gesellschaft, die die Interessen der Privatwirtschaft nicht einschränkte, sondern die Arbeiterschaft in den Gesamtzusammenhang eingliederte und sie an den Produktionsgewinnen teilhaben liess. Dafür wurden Unterordnung und Disziplin erwartet. Indem die Unternehmen der verschiedenen Bran-

---

23 Protokoll der Sitzung der Kommission für rationelles Wirtschaften vom 16. März 1927 (ZSAO, 9.30i).
24 Protokoll der Sitzung der Kommission für rationelles Wirtschaften vom 7. September 1927 (ZSAO, 9.30i).
25 Maspoli 1993, S. 21 f.; Leimgruber 2001, S. 41–83.

chen im Sinne der Rationalisierung zusammenwirkten, sollten die Potentiale der schweizerischen Volkswirtschaft wirklich effizient genutzt werden. Die Eingliederung der Arbeiterschaft erfolgte, um Reibungsverluste, die mit den Arbeitskämpfen unvermeidlich einhergingen, zu vermeiden.[26]

6.2 Erfahrungsaustausch und Wissenstransfer

Während es einiger intellektueller Anstrengungen bedurfte, den technischen Taylorismus und den nostalgischen Korporatismus sinnvoll zusammenzubringen, war eine andere Form der praktischen Wirtschaftserziehung, die ebenfalls aus den USA kam, kulturell viel leichter zu integrieren: die sogenannte Erfahrungsaustauschgruppe. 1921 hatte Henry S. Dennison, ein Papierwarenfabrikant aus Massachusetts, die Manufacturers' Research Association mit Sitz in Boston gegründet, in der sich elf Unternehmen zusammen mit der Harvard Business School über gemeinsame Probleme im Wirtschaftsalltag und mögliche Lösungen austauschten.[27] Dennisons Programm war tayloristisch, wo es darum ging, die Effizenz der Produktion in den Unternehmen zu steigern. Zugleich versuchte er, den Taylorismus sozialer auszugestalten und eine stärker psychologisch ausgerichtete Sicht auf die Führung von Unternehmen anzubieten.[28]
Sein Ansatz ging von den Erfahrungen der Unternehmen aus und wollte bereits vorhandene Lösungen auch anderen Betrieben zugänglich machen. Dieses Hybrid aus Forschung, Entwicklung, Beratung und Weiterbildung wurde bald in vielen Ländern populär. Dennison sorgte selbst dafür, dass sein Konzept in Europa Verbreitung fand. Er nahm im Februar 1927 in Genf an der Gründungsveranstaltung des Internationalen Rationalisierungs-Instituts teil und hielt dort einen viel beachteten Vortrag. Im Vorfeld hatte es von unterschiedlicher Seite Widerstand gegen eine unkritische Übernahme und Verbreitung amerikanischer Methoden gegeben, die mit dem neuen Institut in Zusammenhang gebracht wurden – was die Gründung aber nicht aufhalten konnte.[29]
Dennison suchte im Rahmen seines Besuches mehrere schweizerische Unternehmen auf, um sich vor Ort selbst ein Bild von den Verhältnissen zu machen, und referierte noch im selben Monat auf Einladung des Schulratspräsidenten an der ETH zu den Erfahrungen, die er in Boston mit dem neuen Instrument

---

26 Maspoli 1993, S. 22.
27 O'Shea, Peter F.: Swapping Good Ideas: How eleven manufacturers in New England improved production processes and reduced costs. In: Factory and Industrial Management, May 1928, S. 977–981.
28 Bruce 2006; Richter 2007; Walter-Busch 2006, S. 126 f.
29 Jahresbericht Zentralverband Schweizerischer Arbeitgeber-Organisationen 1927, S. 27; Wrege, Greenwood, Hata 1987; Leimgruber 2011, S. 38 f.

gemacht hatte. Der Arbeitgeberverband machte breit auf den Vortrag in Zürich aufmerksam und organisierte anschliessend ein «déjeuner», bei dem nur Personen aus dem Umfeld des eigenen Verbandes und des Vororts zugegen waren.[30] In der Schweizerischen Arbeitgeber-Zeitung wurde in mehreren Nummern von den Experimenten in Boston berichtet.[31] In diesem Zusammenhang wurde das internationale Anliegen der Wirtschaftsrationalisierung in die schweizerischen Verhältnisse übersetzt. Bereits im Mai desselben Jahres wurde dann eine erste «Gruppe für den Austausch von Betriebserfahrungen» gegründet, in der sieben Unternehmen verschiedener Branchen versammelt waren, die nicht in Konkurrenz zueinander standen.[32]

Die Vorbesprechung zur Installation der Erfahrungsaustauschgruppe fand in den Räumlichkeiten des Zentralverbandes der Arbeitgeber-Organisationen statt. Neben den beiden Sekretären nahmen die Unternehmer Leo Bodmer, Hans Sulzer und Iwan Bally teil. Bei der anschliessenden eigentlichen Gründungssitzung war ausserdem Robert Naville von der Papierfabrik Chur anwesend. Für die branchenübergreifende erste Gruppe sollten nicht nur Unternehmen aus der Maschinenindustrie und der Massenproduktion gewonnen werden, sondern auch aus dem Nahrungsmittelgewerbe, der Textilfabrikation und der Elektrotechnik. Für die Zusammenkünfte wurden Personen aus der Geschäftsleitung der Unternehmen eingeladen, die sich aufeinanderfolgend vor Ort ein Bild machten. Betriebsbesichtigungen und Vorträge waren die zentralen methodischen Instrumente, mit denen der Erfahrungsaustausch durchgeführt wurde. Das weitere Vorgehen wurde dann an die teilnehmenden Firmen delegiert, die selbst ein Programm zur zukünftigen Handhabung des neuen Instruments ausarbeiten sollten. Mit dem international ausgerichteten Genfer Rationalisierungsinstitut standen die Gründungsmitglieder zwar in Kontakt, doch wollte man zunächst nicht ständig dorthin Bericht erstatten. Auch der Rektor der ETH sollte nicht fortlaufend informiert werden. Die Geschäftsstelle des Arbeitgeberverbandes wurde als zentrale Instanz bestimmt, um mögliche weitere Firmen, die sich am Erfahrungsaustausch interessiert zeigten, mit den entsprechenden Informationen zu versehen. Die Firmenchefs wollten sich das Zepter in der Rationalisierung der Betriebe nicht aus der Hand nehmen lassen

---

30 Konferenz für Wirtschaftsrationalisierung. In: Das Werk 14 (1927) 3, S. 27 f.; Jahresbericht Zentralverband Schweizerischer Arbeitgeber-Organisationen 1927, S. 28.
31 «Im Zeichen der Wirtschaftsrationalisierung: Henry S. Dennison über amerikanische Betriebsführung». Schweizerische Arbeitgeber-Zeitung vom 26. Februar 1927, S. 45 f.; «Henry S. Dennison über amerikanische Betriebsführung». Schweizerische Arbeitgeber-Zeitung vom 5. März 1927, S. 51 f.; «Eine amerikanische Vereinigung zum Austausch von betriebswirtschaftlichen Erfahrungen». Schweizerische Arbeitgeber-Zeitung vom 26. März 1927, S. 69 f.
32 Geschichte der Erfa-Gruppen (ZSAO, 9.30d).

und suchten nach einer Möglichkeit, selbst eine entsprechende Struktur aufzubauen.[33] In einer dritten Vorbereitungssitzung, die ebenfalls noch 1927 stattfand, legten die beteiligten Unternehmen die einzelnen praktischen Schritte hin zu einem wirtschaftsnahen Erfahrungsaustausch fest.[34]

Um eine gewisse Nachhaltigkeit der Diskussionen, Besichtigungen und Vorträge sicherzustellen, erstellte man Berichte über die Treffen, die dann Ende des Jahres über einen ganzen Tag von den Firmendelegierten diskutiert wurden. Diese sollten anschliessend vermelden, welche Anregungen bei ihnen aufgegriffen worden waren und welche weiteren Projekte sie in Angriff nehmen wollten. Kritisch merkten die Teilnehmer an, dass tiefgreifende Effekte nur dann zu erwarten seien, wenn sich die Beteiligten besser auf die Zusammenkünfte vorbereiteten. Dafür sollten zukünftig bereits vorab entsprechende Materialien erstellt und dann vom Sekretariat des Arbeitgeberverbandes verschickt werden. Diese bestanden aus Sammlungen von verwendeten Formularen, die in den beteiligten Firmen zum Einsatz kamen, um die betrieblichen Abläufe zu strukturieren. Die Mitglieder der ersten schweizerischen Erfa-Gruppe besichtigten in der Folge verschiedene Abteilungen einzelner Betriebe und diskutierten die hier vorgefundenen Lösungen. Sie lieferten dem Arbeitgeberverband kritische Berichte ab, die später dann allen Teilnehmenden zugestellt wurden. Bei einer eintägigen Abschlusssitzung wurden die festgehaltenen Beobachtungen gemeinsam besprochen.[35]

Der Arbeitgeberverband agierte mit Hochdruck: Ziel der Erfahrungsaustauschgruppen war eine thematisch stark fokussierte, ständige Mobilisierung der grossen Unternehmen der Privatwirtschaft. Eine kontinuierliche Zirkulation neuer Wissensbestände sollte dafür sorgen, dass die Innovationen unmittelbar auch in anderen Firmen Verwendung fanden und so wichtige Impulse für die wirtschaftliche Dynamik gesetzt wurden. Entsprechend eng war die angestrebte Taktung der einzelnen Sitzungen. Alle ein bis anderthalb Monate sollten sich die Unternehmen treffen, jeweils mit einer Vor- und einer Nachbereitung des Erfahrungsaustausches. Um den unterschiedlichen Bedürfnissen der beteiligten Firmen auch inhaltlich gerecht zu werden und die einzelnen Sitzungen thematisch nicht zu überladen, wurde die Ursprungsgruppe in zwei Sektionen unterteilt: Es entstanden zwei enger gefasste Gruppen, die sich entweder Problemen der Logistik oder des Lohnwesens annahmen. Nicht alle Unternehmen waren an beiden Sektionen beteiligt. Auch Wechsel waren früh

---

33 Protokoll der Konferenz über den Austausch von betrieblichen Erfahrungen vom 15. März 1927 (ZSAO, 9.30d).
34 Jahresbericht Zentralverband Schweizerischer Arbeitgeber-Organisationen 1927, S. 28.
35 Zentralverband Schweizerischer Arbeitgeber-Organisationen, Protokoll der Vorstandssitzung vom 25. Mai 1928 (ZSAO, 9.30d).

zu verzeichnen: Der Schokoladenfabrikant Peter Cailler-Kohler stieg bereits 1928 aus und Brown, Boveri & Cie. aus Baden trat der Gruppe bei.[36]
Die Erfahrungsaustauschgruppen waren stark auf bestimmte technische Sachverhalte konzentriert. Das Programm der ersten Treffen zeigt an, wie sehr hier konkret an Problemen der Logistik oder des Rechnungswesens gearbeitet wurde. Nicht theoretische Ansätze oder grössere Zusammenhänge sollten im Zentrum stehen, sondern der betriebliche Alltag. Zugleich diente der Erfahrungsaustausch aber auch als ein Ort des informellen Miteinanders. Anders als in den Verbänden mit ihren etablierten Strukturen und klaren Satzungen konnte man sich im Rahmen dieser selbstorganisierten, vom Arbeitgeberverband nur begleiteten Form der Wissens- und Erfahrungsvermittlung besser kennenlernen, Kontakte knüpfen und gemeinsame Projekte andenken. Mit den ständigen Treffen der Firmenchefs und Führungskräfte zielte der Verband also nicht *allein* auf technische Verbesserungen. Vielmehr sollte auf diese Weise eine Form der Gemeinschaft gestiftet werden, die die herkömmlichen Organisationsformen nicht ermöglichten. Ziel war eine klar strukturierte und «umfassende Gemeinschaftsarbeit zur Hebung der Wirtschaftlichkeit». Die reine Konkurrenzwirtschaft von unverbunden neben- und gegeneinander handelnden privatwirtschaftlichen Unternehmen galt als Hemmnis einer Entfaltung des eigentlichen ökonomischen Potenzials. Der «organisierte, tiefgreifende Erfahrungsaustausch» sollte auch unter den Bedingungen einer kapitalistisch organisierten Gesellschaft die Zusammenarbeit und wechselseitige Unterstützung der Firmen fördern.[37]
Der Veränderungsdruck blieb bestehen, zumal in den Nachbarländern und auf internationaler Ebene weiterhin intensiv an der Rationalisierung betrieblicher Abläufe gearbeitet wurde. Bereits 1928 gründeten in Deutschland die Werkzeugmaschinenbauer eine erste eigene Gruppe. 1931 stellte das Internationale Rationalisierungs-Institut die «Erfahrungsaustauschgruppen» in den Mittelpunkt ihrer zweiten, nunmehr thematisch ausgerichteten Grossveranstaltung. Die interne Statistik verzeichnete zu diesem Zeitpunkt bereits 49 Gruppen in elf Staaten, wobei allein die Niederlande auf zwölf Zusammenschlüsse kamen.[38]
Der Arbeitgebersekretär Bernet stellte die Erfa-Gruppen fortan ins Zentrum seines publizistischen Wirkens für den Zentralverband. Vor allem bemühte er sich abermals, den pädagogischen Charakter dieses Instruments herauszustellen. Zwar orientierte er sich weiterhin an der Steuerungsidee des «Scientific Managements», deutete diese aber lerntheoretisch aus. Bernet sah eine echte

---

36 Ebd.
37 Zentralverband Schweizerischer Arbeitgeber-Organisationen, Jahresbericht 1927, S. 30 f.
38 Internationales Rationalisierungs-Institut: 2. Internationale Diskussions-Konferenz, Genf, 1.–4. Juli 1931. Genf 1931: Internationales Rationalisierungs-Institut, S. 12.

Umsetzung des Rationalisierungsparadigmas nur dann als möglich an, wenn Kooperationswille und Veränderungsabsichten bei den Teilnehmenden vorhanden seien. Anders als die Verbände schien die Erfa-Gruppe durch ihren informellen Charakter und die rechtlich nicht weiter ausgestaltete Beziehung der Firmen untereinander Lernprozesse zu fördern, wozu sich im eher starren Setting der Schweiz sonst keine Gelegenheit geboten hätte. Explizit rückte er den Erfahrungsaustausch hier in die Nähe anderer Formen der Fortbildung wie Fachlektüre, Kurs- oder Ausstellungsbesuch. Als «Universität der Geschäftsleute» sei die Erfa-Gruppe in der Lage, mit einem wenig aufwendigen Instrument maximalen Effekt zu erzeugen. Bernet sah die Wirkungen des Engagements der Firmen in den Gruppen aber nicht auf die Teilnehmenden beschränkt. Indem die Ergebnisse der Betriebsbesichtigungen und Diskussionen in den Verbandsorganen bekannt gemacht wurden, profitierten auch breitere Wirtschaftskreise von den Aktivitäten.[39]

Der Charakter der schweizerischen Wirtschaftsordnung liess aber noch weitaus tiefergreifende Effekte möglich erscheinen. Die differenzierte und qualitätsorientierte Produktion der Unternehmen sorgte dafür, dass das Konkurrenzmoment weniger ausgeprägt war. Man teilte sich den Markt auf, indem man ihn diversifizierte. Vor diesem Hintergrund war auch ein brancheninterner Austausch von Erfahrungen möglich, da Geschäftsgeheimnisse nicht preisgegeben werden mussten. Anders als andere Instrumente der Rationalisierung in den Betrieben war die Erfa-Gruppe für Bernet eine kostengünstige Möglichkeit zur fundamentalen Transformation der Wirtschaft, ein «Propagandazentrum der Tat für Lernbereitschaft und Zusammenarbeit».[40]

Der Zentralverband der Arbeitgeber-Organisationen initiierte in der deutschsprachigen Schweiz zwischen 1927 und 1929 drei Erfa-Gruppen, wobei die erste sich branchenübergreifend aus elf Unternehmen zusammensetzte, die zweite ausschliesslich aus Vertretern der Metall- und Maschinenindustrie bestand und die dritte sich thematisch an Fragen des Verkaufs orientierte. Bis 1931 kamen dann noch zwei Gruppen des Vereins Schweizerischer Maschinen-Industrieller hinzu sowie zwei Zusammenschlüsse in der Textilindustrie. In mehrfacher Weise war das Betriebswissenschaftliche Institut der ETH eingebunden, von dem das wissenschaftliche Know-How bereitgestellt und in einem Fall die Geschäftsstelle versorgt wurde.[41]

39 Bernet, Friedrich: Der Austausch betriebswirtschaftlicher Erfahrungen in der schweizerischen Industrie (Schriften des Zentralverbandes schweizerischer Arbeitgeber-Organisationen 28). Zürich 1931: Rüegg, S. 10 f., S. 28 f.
40 Ebd., S. 29.
41 Internationales Rationalisierungs-Institut: 2. Internationale Diskussions-Konferenz, Genf, 1.–4. Juli 1931. Genf 1931: Internationales Rationalisierungs-Institut, S. I.2–I.5.

Auch Eugen Böhler, ein zweiter Protagonist der frühen Konjunkturforschung in der Schweiz, ging von der Notwendigkeit einer Erziehung der Praktiker im Wirtschaftsleben aus. Böhler hatte in der Schweiz, in England und Deutschland studiert, sich dann in Kiel habilitiert, bevor er ausserordentlicher Professor an der ETH in Zürich wurde. Als in Genf 1931 die bisherigen Erfolge in der Einrichtung von Erfahrungsaustauschgruppen diskutiert wurden, nahm Böhler ebenfalls teil. Er betrachtete das Instrument als ein hilfreiches Mittel zur Verbindung von Wirtschaftswissenschaft und Wirtschaftspraxis. Den Unternehmern fehle häufig die Zeit, der Wissenschaft hingegen das Gespür für die alltäglichen Bedürfnisse. Böhler sah aber nur einen begrenzten Wert der berichteten Erfahrungen für die wissenschaftliche Analyse im engeren Sinne. Die Forschung könne höchstens Anregungen aus der Praxis beziehen, aber die Diskussionen nicht unmittelbar verwerten.[42]

Wo Bernet als enthusiastischer Amerikafahrer und Sekretär des Zentralverbandes der Arbeitgeber-Organisationen seine Ideen aus der Wirtschaftsbeobachtung schöpfte, lieferte der belesene Ökonom Böhler eine tiefergehende Begründung für die notwendige geistige Durchwirkung des Wirtschaftslebens. Böhler sah sich einem liberalen Programm verpflichtet, nahm die heftigen Angriffe auf die Marktwirtschaft in der Folge der Weltwirtschaftskrise aber sehr ernst. Sein Ideal war die «Selbststeuerung der Wirtschaft» mit den Unternehmen als Hauptträgern der Ordnung. Diese verteidigte er gegen den Vorwurf einer nicht zielgerichteten Entwicklung, die von keiner Stelle gesteuert werde. Böhler gab den Kritikern aber insofern recht, als dass tatsächlich keine Zentralinstanz auszumachen sei, die den Überblick über die einzelnen Entwicklungen habe und entsprechende Impulse geben könne. Doch sah er genau darin den Vorzug einer kapitalistischen Marktwirtschaft gegenüber Versuchen einer Gesamtleitung der wirtschaftlichen Prozesse, da in diesem Modell einzelne falsche Annahmen nicht zu fehlerhaften Gesamtentwicklungen führten.[43]

Hingegen musste, da war sich auch Böhler sicher, die Wirtschaftsbeobachtung in der Schweiz dringend ausgebaut und verbessert werden. Auf einer gemeinsamen Konferenz der schweizerischen Erfa-Gruppen in Zürich hielt Böhler im Oktober 1930 den Einstiegsvortrag – zu einem Zeitpunkt also, als die Folgen des Börsenkrachs in der Schweiz bereits spürbar wurden. Böhler glaubte nicht an einen längeren Einbruch, hielt sich aber mit eigentlichen Prognosen zurück. Sicher war er sich hingegen, dass der entscheidende Impuls für eine Wiederbelebung der Wirtschaft nicht von aussen kommen könne. Er betonte die

---

42 Ebd., S. D.9.
43 Böhler, Eugen: Die gegenwärtige Wirtschaftslage (Sonderabdruck aus der Schweizerischen Arbeitgeber-Zeitung). Zürich 1930: E. Rüegg & Co., S. 2.

«Bedeutung der geistigen und psychologischen Einstellung des Unternehmers für den Konjunkturverlauf».[44]

Als Böhler im Januar 1933 auf dem Parteitag der Aargauer FDP «Wege aus der Krisis» weisen sollte, war sein Ton bereits deutlich weniger optimistisch. Eine klare Absage erteilte er der Vorstellung, dass die Wissenschaft Lösungen anzubieten habe. Vielmehr fänden sich die Verwirrung und Widersprüchlichkeit in den Diagnosen und Therapien, die die gegenwärtige Politik kennzeichneten, auch in der Wirtschaftswissenschaft wieder. Für die «wildgewordene Wirtschaft» gebe es kaum ein Instrument zur Heilung, das nicht bereits diskutiert oder erprobt worden sei.[45]

Das Grundproblem in der Debatte über die Ursachen und Folgen der Weltwirtschaftskrise sah Böhler in einem falschen Verständnis des Kapitalismus. Er hielt es nur bedingt für möglich, das Wirtschaftsgeschehen rational zu durchdringen und entsprechend einzelne Ursachen oder auch Ursachenbündel auszumachen, um die Konjunktur wieder zum Laufen zu bringen. Die kräftige Formulierung von der «wildgewordenen Wirtschaft» war nicht nur dem Anlass der Rede geschuldet, einem kantonalen Parteitag der freisinnigen Partei inmitten der Wirtschaftskrise, die noch lange die politischen Auseinandersetzungen in der industrialisierten Welt prägen sollte. Vielmehr verglich Böhler die Wirtschaft an vielen Stellen mit dem «Leben» selbst. Die Krise gehöre wie der Aufschwung zur «Seite des die Wirtschaft als Lebensgesetz beherrschenden Wechsels». Jede kausale Betrachtungsweise müsse vor der Vielgestaltigkeit des Wirtschaftslebens kapitulieren.[46]

Zu den falschen, rationalistischen Betrachtungsweisen in der Wirtschaftspolitik zählte Böhler den Korporatismus, der seit den Wirtschaftsreformen im benachbarten faschistischen Italien auch in der Schweiz stark diskutiert wurde. Kritisch setzte sich Böhler sowohl mit autoritären Konzepten des Ständestaats auseinander als auch mit demokratischen Versuchen einer stärkeren Verankerung der Ordnung der Berufsstände in der schweizerischen Verfassung. Zu den demokratischen Formen zählte Böhler auch, mit Abstrichen, diejenigen Vorschläge, die sich auf die katholische Soziallehre stützten. Mit deutlich mehr Sympathien bedachte er Formen, die sich einer mittelständischen Variante des Korporatismus innerhalb der existierenden demokratischen Strukturen der Schweiz verschrieben hatten.[47] Als ein mit anderen gesellschaftlichen Bereichen

---

44 Ebd., S. 19.
45 Böhler, Eugen: Wege aus der Krisis: Vortrag (Separatdruck aus dem Aargauer Tagblatt). Wohlen 1933: Parteisekretariat der Freisinnig-demokratischen Volkspartei des Kantons Aargau, S. 5.
46 Ebd., S. 11.
47 Böhler, Eugen: Korporative Wirtschaft: eine kritische Würdigung. Erlenbach 1934: Rotapfel-Verlag, S. 14–46.

verflochtenes, historisch gewachsenes Gebilde könne die ökonomische Ordnung selbst keinen ontologischen Status beanspruchen. Es gebe schlicht keine Realität der Wirtschaft, die ohne analytische Verkürzungen eindeutig gefasst werden könne. Das werde sowohl von den Vertretern der Planwirtschaft wie von jenen des Korporatismus übersehen, die nach eigentlichen Gesetzmässigkeiten Ausschau hielten und das Wirtschaftsleben entsprechend umgestalten wollten.[48]

Das Hauptproblem bestand für Böhler darin, dass den Menschen eine gewisse Demut abhandengekommen sei und sie deswegen das Wirtschaftsleben nach ihrem Willen formen wollten. Das konnte aber für den Ökonomen nur auf Willkür hinauslaufen, da auf diese Weise das ökonomische Geschehen verzerrt werde. Stattdessen forderte Böhler eine «positive, gläubige Haltung» gegenüber der natürlichen Ordnungsgenese wirtschaftlicher Prozesse. Erst diese Unterordnung unter das Lebensgesetz verhindere, dass sich die Welt im «Namen der Gemeinschaft, im Namen der Gerechtigkeit und im Namen der Liebe und des Friedens» gegenseitig «zerfleischt».[49]

In diesem Sinne konnte Böhler auch dem demokratischen Korporatismus eine gewisse Berechtigung nicht absprechen, da dieser das Moment des Glaubens an eine funktionierende Ordnung wieder einführe, es aber dann zu sehr auf die Absicherung der Bedürfnisse der Gesellschaftsmitglieder hin auslege. Die Verbände schienen auch im bestehenden System bereits Aufgaben wahrzunehmen, die Böhler für unabdingbar für die Stabilisierung des ökonomischen Eigenlebens hielt: Über die Berufsverbände sah er «Erziehung zum rechten Gebrauch der Freiheit und Verantwortlichkeit» garantiert, die besonders in Zeiten der Hochkonjunktur verhindern sollte, dass verantwortungslose und ungebildete Unternehmer auf der Suche nach dem schnellen und leichten Geschäft das ganze kapitalistische Gefüge ins Chaos stürzten. Die «gewaltige Erziehungsaufgabe»[50] der Verbände lag für ihn darin, die Marktteilnehmer an das Auf und Ab des Wirtschaftslebens zu gewöhnen und sie weitsichtiges Handeln zu lehren. Innergesellschaftlicher Friede konnte für Böhler erst erreicht werden, wenn alle Mitglieder der Gesellschaft Einsicht in die innere, wilde Logik des Kapitalismus hätten und «der Mensch bereit ist, überindividuelle Bindungen anzuerkennen, obschon sie individuelle Ungleichheiten materieller und gesellschaftlicher Art bedingen».[51]

Böhler sollte nach Einsetzen des Zweiten Weltkriegs dann aber doch einer «durchgreifenden Koordination aller wirtschaftspolitischen Massnahmen» das

48 Ebd., S. 47–50.
49 Ebd., S. 93 f.
50 Ebd., S. 64.
51 Ebd., S. 80.

Wort reden.[52] Er ging nun davon aus, dass eine anhaltend hohe Arbeitslosigkeit letztlich die Demokratie zum Scheitern brächte, die für ihn den unaufhebbaren Grund der liberalen Konzeption des Verhältnisses von Wirtschaft und Gesellschaft darstellte.[53] Am pädagogischen Charakter seiner Theorie des Wirtschaftslebens hielt Böhler aber fest: Auch bei einem stärker intervenierenden Staat müssten alle gesellschaftlichen Verantwortungsträger derart ausgebildet werden, dass sie den Gesamtzusammenhang der Volkswirtschaft verstünden. Eine gemeinsam geteilte «Doktrin» sollte nun sicherstellen, dass sie die verhandelten Lösungsvorschläge auch angemessen beurteilen konnten.[54]
Die Praxis stellte sich deutlich profaner dar. In den Angeboten des Betriebswissenschaftlichen Instituts an der ETH hinterliess die Krise deutliche Spuren, was die Erfahrungsaustauschgruppen anging. Die Bereitschaft, sich mit Konkurrenten oder mit branchenfremden Unternehmen auszutauschen, nahm in der ersten Hälfte der 1930er-Jahre schnell ab. Auch hatte man hier den Eindruck, dass den Betrieben die gemeinsamen Themen bereits ausgegangen seien.[55] Bei den Erfa-Gruppen wurde schnell deutlich, dass in der Industrie kein eigentliches Interesse an einer intellektuellen Durchdringung des Wirtschaftslebens existierte. Die Unternehmen bestimmten selbst, wie oft, mit wem und zu welchen Themen man sich treffen wollte. Die Möglichkeiten der pädagogischen Gestaltung waren hier also, anders als Bernet das angenommen hatte, ausgesprochen gering.[56]
Im Vorstand der Fördergesellschaft des Betriebswissenschaftlichen Instituts erzeugte der geringe Output der Erfa-Gruppen ein gewisses Misstrauen. Doch über die Publikation von Ergebnissen der Gespräche entschieden die beteiligten Firmen in den Gruppen selbst. Es lag in der Natur des Erfa-Prinzips, dass hier zwar unkompliziert auf das Wissen anderer Betriebe zurückgegriffen und auch gemeinsame Perspektiven entwickelt werden konnten. Diese Offenheit der privatwirtschaftlichen Unternehmungen war aber nur um den Preis zu haben, dass sie selbst entschieden, ob und wie sie diesen Austausch organisierten. Die Interventionsmöglichkeiten des Hochschulinstituts waren damit äusserst begrenzt und die Mitwirkung beschränkte sich auf die administrative Begleitung und Unterstützung, etwa in Form der Protokollführung.[57] Dort wo

52 Böhler, Eugen: Richtlinien für ein schweizerisches Wiederaufbau-Programm. Aarau 1940: Buchdruckerei Aargauer Tagblatt, S. 29. Vgl. auch Walter-Busch 2006, S. 160.
53 Böhler, Eugen: Die Neuorientierung der schweizerischen Wirtschaftspolitik. Bern 1941: Buchdruckerei AG. Berner Tagblatt, S. 6.
54 Ebd., S. 22.
55 Betriebswissenschaftliches Institut, Jahresbericht 1934 (ETH, BWI 144.11 SR3 1935).
56 Betriebswissenschaftliches Institut, Programm 1934; Betriebswissenschaftliches Institut, Jahresbericht für 1933 (ETH, BWI 144.1 SR3 1934).
57 Betriebswissenschaftliches Institut, Fördergesellschaft, Protokoll der 5. Vorstandssitzung vom 16. März 1934 (ETH, BWI 144.1 SR3 1934).

die Branchen- oder Berufsverbände in die Erfa-Tätigkeit eingebunden waren, konnte es aber durchaus dazu kommen, dass aus den Zusammenkünften etwas Nachhaltiges entstand, wie eine entsprechende Broschüre für den Bausektor zeigt, die 1936 erstmals erschien.[58]
Verbandsarbeit, Konjunkturbeobachtung und Erfahrungsaustauschgruppen als Erziehungsfaktoren behielten sowohl für Bernet als auch für Böhler dennoch weiterhin ihre Berechtigung. Mit der Weltwirtschaftskrise wurde zudem die Konjunkturbeobachtung in der Schweiz stark ausgebaut. Nicht länger aber trieben private oder universitäre Institute den Prozess allein voran, sondern das Volkswirtschaftsdepartement der Landesregierung setzte 1932 eine «Kommission für Konjunkturbeobachtung» ein, bei der Friedrich Bernet als Experte und Sekretär des Zentralverbandes der Arbeitgeber-Organisationen unmittelbar Mitglied wurde.[59] Das aus Vertretern der Wissenschaft, der Wirtschaft und der Verbände zusammengesetzte Gremium machte es sich vor allem zur Aufgabe, die Wirtschaftsstatistik in der Schweiz zu verbessern.[60]

6.3 Bessere Geschäfte

Nicht nur in der Schweiz bedeutete die Weltwirtschaftskrise eine Wende in den Plänen zur Rationalisierung der Volkswirtschaft. Das Konzept hatte nicht nur seinen Glanz verloren. Vielmehr stand der globale Ansatz selbst im Verdacht, die explodierende Arbeitslosigkeit und die tiefgreifende Rezession hervorgebracht zu haben.[61] Zu Beginn der 1930er-Jahre versammelte das Internationale Rationalisierungsinstitut deshalb über 200 Experten aus unterschiedlichen Ländern, um die Zukunft der Rationalisierungsidee zu diskutieren. Aloys Hentsch, der die Westschweizer Rationalisierungskommission mitbegründet hatte, zog aus den Vorträgen den Schluss, dass nicht die Arbeitgeber oder die Massnahmen zur Effizienzsteigerung für die Krise verantwortlich zu machen seien, sondern politische und soziale Verwerfungen.[62]

---

58 Walther, Alfred: Kalkulation und Rechnungswesen des Baugeschäftes. Verfasst im Auftrag der Betriebswissenschaftlichen Kommission des Schweizerischen Baumeister Verbandes. Zürich 1936: Zentral-Sekretariat des Verbandes.
59 Siehe etwa Kommission für Konjunkturbeobachtung, Beschlussprotokoll der 2. Sitzung vom 19. April 1932 im Bundeshaus Bern (BAR, E9500.242-01#1000/1178#26*).
60 Pavillon 2001; Kirchgässner 2007.
61 Landauer, Edmond: Crise et rationalisation. In: Schweizerische Zeitschrift für Betriebswirtschaft und Arbeitsgestaltung 37 (1931) 2, S. 174–184.
62 Hensch, Aloys: Un bilan de la rationalisation. In: Ebd., S. S. 51–55; Siegel, Otto: Für und wider die Rationalisierung. In: Ebd., S. 201–205; Leimgruber 2001, S. 45–48.

Die ehemaligen Tayloristen wandten sich also neuen Quellen zu und diskutierten einen Ansatz, der nicht mehr so nüchtern daherkam wie die wissenschaftliche Betriebsführung: «Efficiency» selbst wurde nun zu einem Schlagwort, mit dem eine rasante Leistungssteigerung der Wirtschaft durch Erfahrungsaustausch und Lernbereitschaft bewirkt werden sollte.[63] Im Januar 1936 regte Friedrich Bernet gemeinsam mit Christian Gasser und Hermann Georg Stokar die Gründung eines Efficiency-Clubs in Zürich an.[64]

Stokar hatte sich zuvor publizistisch im Bereich des ökonomischen Handlungswissens betätigt. Dieses publizistische Feld expandierte in der Schweiz in den 1920er-Jahren stark, mit einer ganzen Reihe von Zeitschriften und Broschüren, die sich, wie beispielsweise die 1919 gegründete Monatsschrift «Der Organisator», den Themen «moderne Geschäftsführung, Organisation und Reclame» aus Perspektive der Kaufleute widmete und mitunter sogar Tipps für die Kindererziehung enthielt.[65] Der gelernte Bankkaufmann Stokar stammte aus Schaffhausen. Er hatte bereits einige kleinere Wirtschaftsratgeber verfasst und sich mit seinem Büro in Zürich selbständig gemacht, bevor er regelmässig Bildungsveranstaltungen für Unternehmer und Führungskräfte in einem touristischen Ambiente anbot.[66] Wie in anderen vergleichbaren Publikationen der Zeit enthielten Stokars erste Broschüren vor allem Belehrungen über kluges Verhalten in einem kompetitiven Umfeld und klärten Führungskräfte darüber auf, wie sie wiederum das eigene Personal angemessen unterrichten könnten. Die Ratgeberliteratur in diesem Segment unterstellte ihrer Leserschaft eine gewisse Verunsicherung, der mit handfesten Ratschlägen abgeholfen werden sollte. Zeitdruck und Entscheidungsnotwendigkeit bestimmten in diesem Bild das wirtschaftliche Handeln. An diesem Programm orientierte sich Stokar auch, als er mit einem dünnen Band den Einzelhändlern des Landes 1928 «Viel bessere Ladengeschäfte» versprach oder Anleitungen gab, wie sich das Vertretergeschäft optimieren liesse.[67] In Form von Fragen orientierte Stokar den

---

63 Karl J. Laube: Zur Efficiency-Bewegung. In: Schweizerische Arbeitgeber-Zeitung vom 5. März 1938, S. 121–123; Lisowsky, Arthur: Zweck, Sinn und Gefahren der Efficiency-Bewegung. Zürich 1938: Verlag Organisator.

64 Efficiency-Club Zürich, Merkblatt 1937 (ZWD, d-653); Efficiency-Club Zürich, Merkblatt 1944/45 (AfZ, wf-Archiv I 3.77.1); Leimgruber 2001, S. 135.

65 Zur Einführung. In: Der Organisator. Monatsschrift für moderne Geschäftsführung, Organisation und Reclame 1 (1919) 1, S. 1; «Der Kaufmann und seine Kinder». In: Der Organisator 3 (1921) 32, S. 1447 f.

66 «Gedenkwort für H. G. Stokar». Schaffhauser Nachrichten vom 24. Dezember 1969, S. 22; «Ferienkurs für geschäftliche Nachkriegsplanung auf Rigi First». Neue Zürcher Zeitung vom 15. Januar 1944, Morgenausgabe, Blatt 2.

67 Stokar, Hermann: Viel bessere Ladengeschäfte. Leichtverständliche Anweisungen zur Neuorganisation und erfolgreichen Führung. Zürich 1928: Organisator; Stokar, Hermann Georg: Organisation und Kontrolle der Reisenden- und Vertreterarbeit. In: Schweizeri-

«vielbeschäftigten Geschäftsmann» über seine Möglichkeiten, durch täglich «eine Stunde konzentriertes Denken» geradezu «Wunder» zu vollbringen.[68] Diese praktische Unterweisung der Geschäftswelt blieb Stokar über die nächsten Jahrzehnte ein wichtiges Anliegen. Meist im Eigenverlag brachte er zahlreiche Broschüren heraus, die sich mit Fragen der Personalpolitik, der Werbung, des Absatzes oder der Kalkulation auseinandersetzten. Zwar hatten Stokars Ratgeber bei weitem nicht die Reichweite der zahlreichen Bücher seiner nordamerikanischen Vorbilder. Er zielte mit seinen Arbeiten auf den Deutschschweizer Markt, popularisierte neue Ansätze der Personalführung, Unternehmensführung oder Geschäftskontrolle. Häufig griff Stokar dafür auf die amerikanischen Entwicklungen zurück und bereitete diese für die Schweiz auf. Die direkte Ansprache der Geschäftsleute blieb ein Geschäftsfeld, auf dem Stokar Zeit seines Lebens tätig war.[69]

Neben dem Arbeitgebersekretär Bernet und dem Wirtschaftspublizisten Stokar gehörte Christian Gasser zu den Gründern des Zürcher Efficiency-Clubs. Gasser und der neun Jahre ältere Bernet kannten sich bereits aus ihrer Jugendzeit, als beide bei den Pfadfindern aktiv gewesen waren. Gasser ging, nachdem er an der Handelshochschule zum Diplom-Kaufmann ausgebildet worden war, für ein Austauschjahr in die USA. Ähnlich wie sich Bernet für die amerikanische Konjunkturbeobachtung begeisterte, zeigte sich Gasser beeindruckt von der dortigen Schulung des Versicherungspersonals. Das amerikanische College, in dem er sein Auslandsstudium absolvierte, lag in Hartford, Connecticut, wo zu dem Zeitpunkt eine Vielzahl von amerikanischen Versicherungsgesellschaften ihren Hauptsitz hatte. Gasser versorgte sich hier mit einer Reihe an Unterlagen zu betrieblichen Weiterbildungsmassnahmen und zur Geschäftsorganisation, knüpfte zahlreiche Kontakte und durchlief selbst das komplette «Salesman Training» eines Lebensversicherers.[70]

Bernet versorgte den Austauschstudenten Gasser mit kleineren publizistischen Auftragsarbeiten für die Arbeitgeber-Zeitung.[71] 1929 erschienen Aufsätze zur Tätigkeit und Ausbildung von Handelsreisenden.[72] Frisch aus den USA heim-

sche Fachleute über Reisenden- und Vertreterarbeit. Zürich 1932: Verlag des Schweizerischen Kaufmännischen Vereins, S. 1–28.

68 Stokar, Hermann: Viel bessere Ladengeschäfte. Leichtverständliche Anweisungen zur Neuorganisation und erfolgreichen Führung. Zürich 1928: Organisator, S. 5.

69 Etwa hier: Stokar, Hermann Georg: Eindrücke und Beobachtungen in den USA. Zürich 1955: Stokar.

70 Gasser, Christian: Familie Gasser von Rüschegg. Familiengeschichte und Lebenserinnerungen von Christian Gasser. Bd. I, S. 176 (AfZ, NL Christian Gasser 8.1.); Walter-Busch 2006, S. 165–175.

71 Gasser, Christian: Analyse der Tätigkeit des Handelsreisenden. In: Bernet, Friedrich: Verkaufsschulung in Amerika und bei uns. Zürich 1929: Organisator, S. 39–46.

72 «Analyse der Tätigkeit des Handelsreisenden». Schweizerische Arbeitgeber-Zeitung vom

gekehrt, sammelte Gasser praktische Erfahrung im Umgang mit den Aussenmitarbeitern einer Versicherung. Ende 1929 stieg er bei Conzett & Huber ein, einem Verlag, der gemeinsam mit einer etablierten Gesellschaft im Volksversicherungsgeschäft tätig werden sollte. Gasser musste also einen Aussendienst in einem Unternehmen aufbauen, das zwar über eine Druckerei, einen Vertrieb und ein Inkasso verfügte, aber mit Versicherungsfragen bisher nur wenig Erfahrungen gesammelt hatte.[73]

Das Problem einer effizienten wirtschaftlichen Organisation und Fragen der Schulung des Personals gehörten für Gasser nun also zum Alltagsgeschäft. In kurzer Zeit stellte er neben seiner Tätigkeit in den Unternehmen eine Doktorarbeit fertig, die sich der «kaufmännischen Arbeit in der Aussenorganisation» auch noch von der wissenschaftlichen Seite annahm. Diese Engführung von Wirtschaftspraxis und -wissenschaft entsprach dem Konzept Hans Töndurys, der Gassers Arbeit als Professor für Betriebswirtschaft an der Universität Bern betreut hatte.[74] Der Auftrag an den Doktoranden hatte gelautet, die Anwendbarkeit des tayloristischen Prinzips in Gassers Arbeitsfeld zu diskutieren. Die notwendigen Materialien für die Sekundärauswertung stellte ihm Friedrich Bernet zur Verfügung. Auf dieser Grundlage referierte Gasser kenntnisreich die zentralen Positionen des Taylorismus und setzte sich auch mit den Kritikern der Rationalisierung auseinander.[75] Teile seiner Doktorarbeit erschienen bereits vorab als Artikel in der von Töndury verantworteten Schweizerischen Zeitschrift für Betriebswirtschaft und Arbeitsgestaltung.[76]

Gasser unterschied zwischen einer wirtschaftswissenschaftlichen und einer pädagogischen Betrachtung der Wissensvermittlung. Während für die Pädagogik alle Bildungsanstrengungen letztlich Selbstzweck sein müssten, ziele die wirtschaftliche Fachbildung auf die individuelle und unternehmerische Maximierung des Ertrags. Innerhalb der ökonomischen Beschäftigung mit Fragen der Ausbildung unterschied Gasser wiederum «allgemeine» und «kaufmännische Schulung». Der Tätigkeitsbereich eines Unternehmens diente ihm als Kri-

---

20. April 1929, S. 96–98; «Die Ausbildung von Handelsreisenden». Schweizerische Arbeitgeber-Zeitung vom 8. Juni 1929, S. 140–143; «Die Ausbildung von Handelsreisenden». Schweizerische Arbeitgeber-Zeitung vom 15. Juni 1929, S. 147–150; «Die Auswahl von Handelsreisenden». Schweizerische Arbeitgeber-Zeitung vom 19. Oktober 1929, S. 274–276; «Die Beaufsichtigung von Handelsreisenden». Schweizerische Arbeitgeber-Zeitung vom 14. Dezember 1929, S. 330–332.

73 Gasser, Christian: Familie Gasser von Rüschegg. Familiengeschichte und Lebenserinnerungen von Christian Gasser. Bd. II: In Beruf und Politik, S. 2 (AfZ, NL Christian Gasser 8.1.).

74 Burren 2010, S. 90–94.

75 Gasser, Christian: Das Problem der kaufmännischen Fachbildung in der Aussenorganisation. St. Gallen 1933: Verlag der Fehr'schen Buchhandlung, S. VII f.

76 Schweizerische Zeitschrift für Betriebswirtschaft und Arbeitsgestaltung 39 (1933) 1.

terium zur Beurteilung des Nutzens einer Schulung: «Da wo der Ertrag gerade noch die Kosten zu decken vermag, ist die obere ‹Bildungsgrenze› erreicht».[77] Investitionen in die Bildung mussten sich für die Unternehmen also mittelfristig auszahlen.

Gasser verwertete seine Erfahrungen im Versicherungswesen und seine Literaturstudien im Rahmen der Doktorarbeit nun in einer ganzen Reihe von Publikationen, die sich an die Praktiker richten sollten. Am International Congress on Commercial Education, der 1932 in Amsterdam abgehalten wurde, berichtete Gasser vom Wert der Arbeitsstudien für die Qualifikation des Verkaufspersonals.[78] Für eine Broschüre des Kaufmännischen Verbandes steuerte er – wie Stokar auch – einen Beitrag zur «Reisenden- und Vertreterarbeit» bei. Gasser warnte hier davor, die pädagogischen Möglichkeiten der Wirtschaftsförderung zu überschätzen und wies darauf hin, wie schwer die Verkäufer überhaupt zu schulen seien. Zentral war für ihn nicht die Wissensvermittlung, sondern das «Ändern bestehender und Bilden neuer Gewohnheiten».[79]

Für diese pädagogische Arbeit entwickelte Gasser einen «Selbstunterrichtskurs für Reisevertreter und Verkäufer», der zunächst als Serie in der Zeitschrift Büro und Verkauf veröffentlicht wurde und 1934 als Broschüre im Verlag des Schweizerischen Kaufmännischen Vereins erschien. Gasser selbst bezeichnete das Manual als praktische Umsetzung seiner theoretischen Konzeption, die er im Zuge der Doktorarbeit entwickelt hatte. Der Kurs ging von den Erfahrungen der Leserschaft aus, schritt den ganzen Menschen von Kleidung und Auftreten über Gewohnheiten und Lebensstil bis zur Persönlichkeit des Verkäufers auf Reisen ab und unterwarf diesen einer kritischen Selbstbegutachtung. In einem zweiten Schritt lieferte Gasser praktische Tipps, häufig im Imperativ formuliert, in griffigen «Erfolgstatsachen» gebündelt oder in ein Akronym gegossen.[80] Bis 1950 wurde die Broschüre insgesamt vier Mal aufgelegt.[81]

Bernet, Stokar und Gasser kannten sich also alle mit Fragen des kaufmännischen Handelns und der kaufmännischen Bildung aus. Bernet brachte zudem eingehende Kenntnisse betriebspädagogischer Fragen mit und war vertraut mit

---

77 Ebd., S. 19.
78 International Society for Commercial Education: International Congress on Commercial Education. The 5th Triennial Congress of the International Society for Commercial Education. London 1932: Pitman.
79 Gasser, Christian: Tüchtige Reisende. In: Reisenden- und Vertreterarbeit: Organisation, Training, Kontrolle. Zürich 1932: Verlag des Schweizerischen Kaufmännischen Vereins, S. 59.
80 Gasser, Christian: Reisepraxis: ein Selbstunterrichtskurs für Reisevertreter und Verkäufer. Zürich 1934: Verlag des Schweizerischen Kaufmännischen Vereins.
81 Gasser, Christian: Reisepraxis: ein Selbstunterrichtskurs für Reisevertreter und Verkäufer. 4. Auflage. Zürich 1950: Verlag des Schweizerischen Kaufmännischen Vereins.

der Qualifikationspraxis in der Industrie. Zusammen verfügten die drei über weitreichende Einsichten ins Lehrlingswesen, in die Verkaufsschulung und den Alltag in den Unternehmen. Ihr Geschick in der Vermarktung und Publikation eigener Ideen und der Organisation von Fortbildungsveranstaltungen kamen aber nur deshalb langfristig zum Tragen, da sie sich nun daran machten, ihr Anliegen auch institutionell zu verankern. Die bevorzugte Form war hierbei nicht der Verein oder Verband, der seit der zweiten Hälfte des 19. Jahrhunderts das Verhältnis von Wirtschaft und Politik in der Schweiz bestimmt hatte und sowohl für das Aus- wie für das berufliche Weiterbildungsgefüge immer noch von grosser Bedeutung war. Auch bedienten sie sich nicht der esoterischen Form des «Kreises» um eine Führerfigur oder des zeitgleich populären «Bundes» einer eingeschworenen Gruppe gleichgesinnter Männer. Dafür waren die organisatorischen Schöpfungen zu sehr auf die unmittelbare Veränderung von Wirtschaft und Gesellschaft bedacht und sollten für Praktiker aus der Unternehmenswelt nachvollziehbar und attraktiv sein – wie der erste Efficiency-Club der Schweiz.[82]

Das Vorbild waren nun nicht länger Frederick Taylor oder Henry Dennison. Vielmehr orientierten sich die drei am kanadischen Publizisten Herbert N. Casson, einem ehemaligen, ausgesprochen unorthodoxen Methodistenpfarrer, Vortragsreisenden und Vielschreiber, dessen Produktpalette von der Geschichte des Telefons bis zu plakativ formulierten Wirtschaftsratgebern reichte. Casson hatte im englischsprachigen Raum viel zur Verbreitung des Taylorismus beigetragen, ging mit den eigenen Arbeiten aber weit über das enge Spektrum des *scientific management* hinaus. Seine Wirtschaftsratgeber wurden mehrfach ins Deutsche übertragen. Casson war nicht nur ein umtriebiger und vielseitiger Publizist, sondern zudem ein gnadenloser Selbstvermarkter. Seine wortgewaltige, wenig akademische oder buchhalterische Sprache begeisterte die schweizerischen Aktivisten, die ebenfalls versuchten, mitten in der Weltwirtschaftskrise ihre Publikationen an den Mann zu bringen. Er stammte aus einer Missionarsfamilie und war, nachdem man ihn der Häresie beschuldigt hatte, an die Ostküste der USA gezogen, wo er zunächst als Journalist arbeitete. Aus einer Artikelserie entstand 1907 ein Buch über die amerikanischen Stahlbarone, das ein Bestseller werden sollte. Es folgten weitere Monografien. Casson behauptete, der erste gewesen zu sein, der Überlegungen des *scientific management* nicht nur auf die Produktion, sondern auch auf den Vertrieb angewendet habe. Mit diesem Programm bespielte er denn auch den letzten Abschnitt seiner an Wendungen reichen Karriere. Kurz vor Ausbruch

---

82 Siehe zur politisch durchaus widersprüchlichen Aufladung der sozialen Formen «Kreis», «Bund» und «Klub» Kuhlemann, Schäfer 2017; Postert 2017.

des Ersten Weltkriegs zog Casson nach England und fing nun an, seine Variante der Philosophie des *scientific management* in Europa zu propagieren. Hier installierte er ein eigenes «Efficiency Magazine», aus dessen Artikeln dann wiederum zahlreiche Bücher hervorgingen.[83]
Die erste deutsche Übersetzung des Buches «The Axioms of Business» erschien 1921 unter einem weniger ambitionierten Titel bei einem Zürcher Verleger, bevor in Deutschland ebenfalls unzählige Bücher des kanadischen Management-Gurus publiziert wurden. In der Schweiz nahm sich ein kleiner Verlag aus Bern dieser Aufgabe an und verantwortete nach 1940 gar ein Casson-Bulletin.[84] Bereits seit 1927 wurde in Berlin unter dem Titel «Der Erfolg» ein «deutsches Efficiency-Magazin» herausgegeben.[85]
Bernet und Gasser rezipierten die Arbeiten Cassons bereits in ihren englischen Fassungen und nahmen sie in die Angaben zur weiterführenden Literatur auf, die ihren Schriften vereinzelt beigefügt waren. Der nach einem Vortrag Cassons in der Schweiz gegründete Efficiency-Club in Zürich richtete sich nicht allein an Männer aus der Wirtschaft, sondern forderte die wirtschaftsaffinen Frauen ebenfalls explizit zur Mitarbeit auf. Tatsächlich traten auch einige weibliche Interessierte gleich zu Beginn dem Club bei, der «die Förderung der schweizerischen Volkswirtschaft durch Zusammenarbeit der Mitglieder zur Erhöhung der persönlichen und beruflichen Leistungstüchtigkeit» anstrebte. Die Instrumente, die in den ersten Treffen zum Einsatz kamen, waren Vorträge, Betriebsbesichtigungen, Verkaufsdemonstrationen und Erfahrungsberichte aus den Arbeitsbereichen der Mitglieder. Über Buchhandlungen in Zürich und Luzern konnte man die entsprechende Einführungsliteratur beziehen.[86]
Im Gründungsjahr fanden 17 Veranstaltungen statt. Bereits die erste Mitgliederliste zählte über 150 Einzelpersonen, die einen jährlichen Beitrag bezahlen mussten, um an den Veranstaltungen teilnehmen zu dürfen.[87] Bis Ende der 1930er-Jahre kamen weitere Personen hinzu. Auch unterstützende Firmen konnten nun dem Club beitreten. 1942 zählte die Vereinigung 293 Einzel- und vierzehn Kollektivmitglieder. Unter ihnen befanden sich zahlreiche leitende

83 Witzel 2005.
84 Casson, Herbert N.: «Business»: Die sechzehn Lehrsätze des Geschäftserfolges: Die Grundsätze des Geschäftsbetriebs. Uebersetzung aus dem Englischen von Walter J. Briggs. Zürich 1921: Bopp; Casson, Herbert N.: Erfolg und Lebensfreude. Bern 1925: Verlag H. R. Hugi; Casson-Bulletin: praktische Winke für alle die am Schaffen der Welt teilhaben. Bern 1940–1945: H. R. Hugi.
85 Der Erfolg: Herbert N. Cassons deutsches Efficiency-Magazin: Zeitschrift der Leistungssteigerung in Betrieb, Büro, Behörde. Berlin 1927–1936: Der Erfolg Zeitungsverlagsgesellschaft.
86 Efficiency-Club Zürich, Merkblatt 1937 (ZWD, d-653).
87 Efficiency-Club Zürich, Tätigkeit im Jahre 1936 (ZWD, d-653).

Angestellte bekannter Unternehmen, Kleinunternehmer, selbständige Wirtschaftsberater – aber auch Gottlieb Duttweiler, Gründer der Migros. Rudolf Farner, der später mit seiner Agentur Coca-Cola in der Schweiz durchsetzen und für die atomare Bewaffnung der Schweiz werben sollte, gehörte dem Efficiency-Club Zürich ebenso an wie der ETH-Professor Eugen Böhler.[88]

Der Schwerpunkt der Vorträge im Zürcher Club lag auf praktischen Fragen des Wirtschaftslebens. Eingeladen waren meist Referenten aus der Schweiz oder aus Deutschland. Ideologisch war diese Vereinigung zur Selbstunterrichtung einigermassen heterogen. Man schaute nach Osten, nach Norden und über den Atlantik, um etwas über die Steigerung der eigenen Leistungsfähigkeit zu lernen, wobei es keine Berührungsängste gegenüber den faschistischen oder nationalsozialistischen Ansätzen gab. Im Gründungsjahr referierte auch Herbert N. Casson selbst, zunächst öffentlich zum Thema Profitmaximierung, dann im geschlossenen Rahmen zum «Secret of Personal Efficiency». Einmal war Peter Casson, Sohn des Efficiencyexperten und Freund des Clubmitbegründers Christian Gasser, für einen Vortrag eingeladen. Ab und an sprachen auch die Gründer selbst zu ihren Spezialgebieten. Einzelne Sitzungen dienten einzig der Diskussion drängender Fragen des täglichen Geschäftsbetriebs.[89]

In den französischsprachigen Kantonen wurde 1939 ein Efficiency-Club von einem jungen Geschäftsführer gegründet. Dieser Club hatte Ende desselben Jahres gerade einmal fünfzehn Mitglieder. Das Präsidium des Club d'efficience de la Suisse romande, der Mitte der 1940er-Jahre dann bereits über 300 Mitglieder aufwies, hatte der Direktor von Orell-Füssli in Lausanne inne. Während die Commission Romande de Rationalisation die Grossunternehmen und die bereits gut vernetzten Industriellen versammelte, zielte der Club d'efficience auf die kleineren Betriebe und jüngeren Unternehmer. Besonders Kleinunternehmer und kaufmännische Führungskräfte fanden hier zusammen. Ziel der Zusammenkünfte war die Vermittlung einer persönlich verankerten Leistungsmotivation und die Weiterbildung in Fragen der effizienten Betriebsführung, weniger der Austausch über Erfahrungen aus dem Führungsalltag. Hinzu kamen in der ersten Hälfte der 1940er-Jahre Unternehmensbesuche und die Organisation eines Führungskräftetrainings in Lausanne.[90]

Im Gegensatz zu den Ansätzen der 1920er-Jahre, die auf eine invasive Durchdringung des betrieblichen Alltags setzten, war die Bewegung der Efficiency-Clubs deutlich entspannter in ihren Ansprüchen. Die Clubs waren eher das sozialpraktische Pendant zu einem expandierenden Ratgebermarkt, zu dem

---

88 Efficiency-Club Zürich, November 1942 (ZWD, d-653).
89 Efficiency-Club Zürich, Tätigkeit im Jahre 1936; Efficiency-Club Zürich, Tätigkeit im Jahre 1938 (ZWD, d-653).
90 Leimgruber 2001, S. 132–138; Le Confédéré vom 22. März 1944.

die Gründer der Zürcher Vereinigung zum Teil ja ebenfalls Beiträge leisteten.[91] Ein guter Teil dieser Schweizer Gebrauchsliteratur erschien in den 1920er- und 30er-Jahren im Verlag Organisator, der sich auf das Feld der Wirtschaftsratgeber spezialisiert hatte.[92] Besonders umtriebig und kreativ in diesem Geschäft war Emil Oesch,[93] der bereits als Verbandssekretär gearbeitet hatte und auch im Zürcher Institut für Psychotechnik tätig gewesen war, sich nun aber in der praktischen Weiterbildung und der Wirtschaftspublizistik engagierte.[94] Oesch brachte seit 1935 zunächst sogenannte Herold-Briefe und die Monatsschrift «Verkaufs-Dienst» heraus und entwickelte daraus dann einen Longseller, der, seit 1939 unter dem Haupttitel «Briefe an den Chef», den vielbeschäftigten Unternehmern in der Schweiz eine «Fülle von praktischen Anregungen zu positiver Menschenführung» versprach, die sie lernen konnten, ohne aber extra eine Weiterbildung besuchen zu müssen. Die Tipps zur Geschäftsführung wurden direkt ins Haus geliefert.[95] Sie umfassten jeweils nur wenige Seiten, waren auf gewöhnliches Papier gedruckt und enthielten anregende Beispiele und Anekdoten aus dem Geschäftsalltag aus der ganzen Welt. Bis Ende 1940 waren bereits 432 Nummern der Briefe verschickt worden.[96] Der Sonderdruck «Maximen eines Verkäufers» erlebte in den ersten anderthalb Jahren seit Dezember 1937 fünf Auflagen, wobei die Druckauflage der einzelnen Nummern nicht genannt wurde.[97]

In Oeschs Verlag für Wirtschaftsförderung erschien 1940 auch «Der Mann am Steuer», ein Buch, das über die folgenden Jahrzehnte neu wieder aufgelegt wurde. Diese eher hemdsärmelige Mischung aus Management- und Selbstverwirklichungsliteratur traf offenbar den Nerv der Zeit.[98] Auf demselben Markt

91 Stokar, Hermann Georg: Vom Einkommen und «Auskommen» oder die Bedeutung des Haushaltungs-Budgets. Zürich 1937: Selbstverlag des Verfassers; Stokar, Hermann Georg: Der Geschäftsspiegel. Ein ausführlicher Fragebogen zur Prüfung der Leistungsfähigkeit Ihres Geschäftes. Zürich 1943: Verlag Organisator A. G.
92 Siehe etwa Meitner, Clarisse: Frauen und Kinder als Kunden des Kaufmanns. Zürich 1929: Verlag Organisator A. G.
93 Vinz, Olzog 1974, S. 329 f.
94 Schwarzenbach, Taylor 1955, S. 305.
95 Verkaufs-Dienst. Geschäftsförderung, Werbung. Thalwil 1935–1943: Verlag für Geschäftsführung; Briefe an den Chef: ein hilfreicher Informationsdienst mit einer Fülle von praktischen Anregungen zu positiver Menschenführung. Thalwil 1939–1982: Emil Oesch.
96 Briefe an den Chef 9 (1940) 432.
97 Oesch, Emil: Maximen eines Verkäufers: praktische Verkaufskunst und Verkaufs-Weisheit in knappen Leitsätzen. 5. Auflage. Amriswil 1938: Verlag Verkaufs-Dienst.
98 Oesch, Emil: Der Mann am Steuer: dem unternehmenden Chef und leitenden Kaufmann gewidmet. Thalwil 1940: Verlag für Wirtschaftsförderung; Oesch, Emil: Lebens-Kunst, ein Brevier: ausgewählt und eingeleitet von Emil Oesch. Thalwil 1941: Verlag für persönliche und wirtschaftliche Förderung.

bewegte sich auch Stokar, der Mitbegründer des ersten Schweizer Efficiency-Clubs, weiterhin: Über die Zeitschrift «Wirtschafts-Winke» versorgte er die Führungskräfte aller Branchen seit 1943 monatlich mit entsprechenden Informationen, äusserte sich zu Politik und Wirtschaft der Schweiz und wies auf Neuerungen im eigenen Geschäft hin.[99]

Mit der Krise der Rationalisierungsidee in Folge der über ein halbes Jahrzehnt andauernden Rezession in den 1930er-Jahren war also das Verlangen nach einer Utopie der Effizienz nicht verschwunden. Aufschwung erlebten aber Konzepte, die nunmehr persönliche Schaffenskraft und soziales Miteinander betonten. Die Beschäftigten wurden in diesem Zusammenhang nicht länger als «human motors» betrachtet,[100] sondern als soziale Wesen mit Entwicklungspotenzial. Dies eröffnete in der Privatwirtschaft Möglichkeiten zur Erziehung und Bildung der Belegschaft, die bisher kaum einem Schweizer Verbandsfunktionär oder Wirtschaftsberater in den Sinn gekommen wären.

99 Wirtschafts-Winke: monatlicher Ratgeber für alle Berufe. Zürich 1943–1969.
100 Rabinbach 1992.

7 Menschenführung

Im Winter 1932 führte Alfred Carrard in Zürich in den Räumlichkeiten des Psychotechnischen Instituts einen «Übungskurs über Menschenführung» durch, der von verschiedenen bekannten Führungskadern aus Unternehmen und Verbänden besucht wurde. Anlass dieses neu konzipierten Angebots waren Vorträge des deutschen Diplomingenieurs und Psychotechnikers Adolf Friedrich gewesen, der in der Schweiz ebenfalls bereits über das Problem der «Menschenführung» referiert hatte.[1] Der Arbeitgebersekretär Friedrich Bernet organisierte daraufhin gemeinsam mit Carrard sowie René de Vallière vom Betriebswissenschaftlichen Institut der ETH, Wilhelm von Gonzenbach, einem Protagonisten der schweizerischen Hygieneforschung, und Else Züblin-Spiller vom Schweizer Verband Volksdienst ein eigenes Angebot, das an insgesamt fünf Abenden über mehrere Monate das Thema von allen Seiten beleuchten sollte.[2]

Der Titel der Veranstaltung war mit «Übungskurs» bewusst gesetzt. Nicht die Vermittlung feststehender Inhalte stand im Zentrum der Reihe, vielmehr ging es um das Einüben, Austauschen und Nachdenken über die betrieblichen Verhältnisse. Zwar hatte jede der Sitzungen einen bestimmten Fokus und Carrard gab jeweils zu Beginn einen kurzen Überblick zur Materie. Der Schwerpunkt lag aber auf den Diskussionen der Teilnehmerinnen und Teilnehmer. Dabei wurde ein vertieftes Verständnis des Problems der Unternehmensorganisation angestrebt: «Es ist ein Gruppieren der Erfahrungen der Kursteilnehmer um die Fragen, die jeweils zur Diskussion stehen, ein Herausholen der tieferen psychologischen Ursachen durch Selbstanalyse, ein Suchen von praktischen Wegen und Verhaltensweisen», hiess es in dem Konzept zu diesem neuartigen Kursangebot.[3]

Carrard, Bernet und die anderen schickten die Kursausschreibung an verschiedene Manager schweizerischer Unternehmen aus den Bereichen Industrie, Banken und Versicherungen, einige Verbandsfunktionäre und Wissenschaftler, aber auch an Marie Schucan, Oberin des Schwesternhauses zum Roten Kreuz, oder an die Sozialsekretärin Marie-Louise Schumacher vom Schweizer Verband Volksdienst. Angestrebt wurde eine möglichst breite Streuung von Per-

---

1 Zur Konkurrenz von Friedrich und Carrard auf dem schweizerischen Markt und ihrem Verhältnis zueinander vgl. Jaun 1986, S. 140, S. 151.
2 Uebungskurs über Menschenführung, Konzept (ZSAO, 1.82).
3 Uebungskurs über Menschenführung, Organisation (ZSAO, 1.82).

sönlichkeiten aus Wirtschaft und Zivilgesellschaft, um einen reichen Austausch an Erfahrungen und Gedanken zu ermöglichen.[4]

Entgegen dem Programm wurde anstelle der ersten inhaltlichen Sitzung noch im Dezember 1932 eine «Aussprache» mit Adolf Friedrich, der in Deutschland bereits reichlich Erfahrungen in diesem Bereich gesammelt hatte, organisiert. Eine Woche später startete dann der eigentliche Kurs. Die Teilnehmerinnen und Teilnehmer wurden angehalten, aus ihren eigenen Arbeitszusammenhängen bestimmte Beispiele vorzubereiten, die dann als Einstieg in die Diskussion dienen konnten. Auf diese Weise sollte sichergestellt werden, dass man «auf dem Boden der Wirklichkeit» bleibe.[5]

7.1 Soziale Kompetenz und beruflicher Ehrgeiz

Die erste Zusammenkunft war der «Psychologie des Untergebenen» gewidmet. An den Kursabenden standen zumeist psychologische Problemstellungen im Zentrum und die Anwesenden arbeiteten gemeinsam an Lösungen. Insgesamt nahmen elf Personen an der Auftaktveranstaltung teil, von denen zwei bereits zu den Initianten gehört hatten. Es ging dann tatsächlich weniger um wissenschaftliche Betrachtungen, sondern, wie im Konzept vorgesehen, um Probleme der unternehmerischen Praxis.[6] Die Diskussionen, die im Wortlaut protokolliert wurden, kreisten um die alltäglichen Probleme des Führungsalltags. Dabei wurde bei den Untergebenen zwischen Arbeiterschaft und Angestellten differenziert. Unterschieden wurden aber auch der «direkte Vorgesetzte», in den industriellen Grossbetrieben der Werkmeister, und die «höhere Charge».[7] Die Notwendigkeit einer Einhaltung des Instanzenzugs in den Unternehmen wurde von den Teilnehmenden des Übungskurses unterschiedlich eingeschätzt. Selbst diejenigen aber, die grossen Wert auf die formalen Abläufe und offiziellen Hierarchien legten, betonten, dass diese manchmal flexibel gehandhabt werden müssten. Doch auch offene Formen, bei denen nicht der direkte Vorgesetzte zwingend der erste Ansprechpartner war, sondern sich die Beschäftigten bei Problemen unmittelbar an die höheren Kader wenden sollten, wurden diskutiert. Probleme in der Vorgesetztenarbeit führten die Beteiligten mitunter auf unterschiedliche Charakterzüge bei den Führungskräften zurück. Ein

---

4 Psychotechnisches Institut, Zürich, Einladungen zum Uebungskurs über Menschenführung (ZSAO, 1.82).
5 Alfred Carrard an Friedrich Bernet vom 6. Dezember 1932 (ZSAO, 1.82).
6 Uebungskurs über Menschenführung, Winter 1932/33, 1. Abend, 20. Dezember 1932, «Die Psychologie des Untergebenen» (ZSAO, 1.82).
7 Ebd., S. 2.

Manager aus der Maschinenindustrie betonte, dass die «preussische Methode» häufig zwar durchaus funktioniere, auch dabei aber zwischen «mechanischer Disziplin und innerer Erkenntnis» zu unterscheiden sei.[8]
Die ausgebauten und differenzierten Organisationsstrukturen in den Unternehmen führten zu Konflikten zwischen den Vorgesetzen. Die Unternehmensleitungen waren nun herausgefordert, den Wettbewerb zwischen den Führungskräften, die innerhalb der Firma Karriere machen wollten, so zu kanalisieren, dass dieser nicht die Produktivität des Unternehmens hemmte. Vermeintliche charakteriche Defizite sollten durch eine entsprechende Erziehung wettgemacht werden. Hans Schindler, Prokurist bei der Maschinenfabrik Oerlikon, sah die Leistungen des Schulwesens in diesem Zusammenhang kritisch. Es bringe eine wettbewerbsorientierte Haltung bei den Führungskräften überhaupt erst hervor, die dann in den Unternehmen zu entsprechenden Problemen führe. Ein anderer Teilnehmer war ebenfalls der Ansicht, dass ein gewisses «Anpassungsvermögen» zunächst «anerzogen werden» müsse, damit die Kader ihrer Aufgabe angemessen nachkommen könnten.[9] Krankhafter Ehrgeiz hingegen könne nur durch eine entsprechende private «psychoanalytische Behandlung» – oder eben durch eine Kündigung – behoben werden.[10]
Der Individualismus der ersten Rationalisierungsphase machte im Laufe der 1930er-Jahre Ansätzen Platz, die stärker auf die sozialen Beziehungen in den Unternehmen und die psychologische Verfasstheit der Vorgesetzten, Arbeiterinnen und Arbeiter ausgerichtet waren. Auch diese neue Bewegung lehnte sich an amerikanische Diskussionen an, war aber Teil eines grösseren Umschwungs. Die Grundannahme war nunmehr, dass nur eine auf den Menschen in seinem direkten Umfeld ausgerichtete Unternehmenspraxis eine funktionierende Wirtschaftsorganisation hervorbringen könne.[11]
So stellte auch der Ingenieur Heinrich Ambühl, Direktor bei Brown, Boveri & Cie. in Baden, 1936 auf der Delegiertenversammlung des Zentralverbandes der Arbeitgeber-Organisationen «Menschliche Fragen im Industriebetrieb» ins Zentrum seines Vortrags. Von der «Erziehung des Nachwuchses» durch die Unternehmen erhoffte er sich, dass die Arbeiterinnen und Arbeiter in den Gewerkschaften und anderen Organisationen nicht so indoktriniert würden, dass sie ständig aufbegehrten. Der Arbeitgeber sollte den Berufsschulen zur Seite stehen und im Betrieb daran mitwirken, «in den jungen Menschen die

---

8 Ebd., S. 3.
9 Uebungskurs über Menschenführung, Winter 1932/33, 2. Abend, 24. Januar 1933, S. 3 (ZSAO, 1.82).
10 Uebungskurs über Menschenführung, Winter 1932/33, 1. Abend, 20. Dezember 1932, «Die Psychologie des Untergebenen», S. 5 (ZSAO, 1.82).
11 Uhl 2010; Bonazzi 2014, S. 62–66.

Freude an der Arbeit zu wecken und die Erkenntnis des inneren Wertes derselben zu festigen». An diese grundlegende Erziehung sollte die ständige «berufliche Ertüchtigung» auch der erwachsenen Belegschaft anschliessen, damit diese im Betrieb für einen reibungsarmen und konfliktfreien Ablauf sorgen konnte.[12] 1938 verbreitete sich dann der Ingenieur Rudolf Huber-Rübel in der Arbeitgeber-Zeitung über «Menschliche Aspekte der Zusammenarbeit» und beklagte, dass die Fortschritte in der Maschinentechnologie in der «Technik der Menschenführung» noch lange nicht erreicht seien.[13]

Der Anspruch, die Produktivität der Unternehmen methodisch zu steigern, blieb in diesem Zusammenhang zwar bestehen. Doch wechselte die Programmatik – und mit ihr die Terminologie. Effizienzsteigerungen und eine Verbesserung der betrieblichen Abläufe wurden nunmehr nicht von der Zergliederung und Vermessung der einzelnen Arbeitsschritte erwartet, sondern von betrieblicher Vergemeinschaftung.[14]

Wie bereits der Taylorismus oder die Efficiencyidee wurde dieser neue Ansatz in der Schweiz umgehend pädagogisch interpretiert. Die verwendeten Instrumente zur Umsetzung des Paradigmas waren zwar in den seltensten Fällen innovativ. Zumeist wurden die bekannten und etablierten Massnahmen einfach anders eingebettet und zu einem Gesamtpaket geschnürt. Das Problem der Arbeitsbeziehungen schien aber nur angegangen werden zu können, wenn die Verhältnisse in den Betrieben zumindest diskursiv neu geordnet wurden. Im Zentrum dieser Revision stand das Verhältnis des «Vorgesetzten» zu den «Untergebenen». Das pädagogische Problem war das der «Menschenführung».[15]

7.2 Die Erziehung der Leistungsgemeinschaft

In der Schweiz machte in diesem Zusammenhang gerade auch die deutsche Wirtschaft Eindruck, mit ihrer ausgebauten Berufsbildung, dem Arbeitsethos und dem beim nördlichen Nachbarn vermuteten hohen Rationalisierungsgrad. Nationalsozialistische Volksgemeinschaft, Erziehung zur Leistungsbereitschaft und wirtschaftliche Produktivität schienen sich wechselseitig zu bedingen, ein

---

12 Ambühl, Heinrich: Menschliche Fragen im Industriebetrieb (Schriften des Zentralverbandes Schweizerischer Arbeitgeber-Organisationen 32). Zürich 1936: Rüegg, S. 14 f.
13 Huber-Rübel, Rudolf: Menschliche Aspekte der Zusammenarbeit. Sonderdruck aus der Schweizerischen Arbeitgeber-Zeitung. Zürich 1938: Rüegg.
14 Bruce, Nyland 2011.
15 Frick, Heinrich: Vorgesetzte und Untergebene. Vortrag, gehalten vor dem Hausverband von Brown, Boveri & Cie., Baden am 11. Februar 1930 (Separatabdruck aus der Schweizerischen Arbeitgeber-Zeitung). Zürich 1930: Rüegg; Bamert, Walter: Menschenführung in Industrie und Gewerbe. In: Industrielle Organisation 8 (1939) 1, S. 13–16.

Modell, das in der Schweiz bei verschiedenen Verbandsfunktionären und anderen Akteuren der Privatwirtschaft Anklang fand.[16]
Der Kontext, in dem die neuen Managementansätze diskutiert wurden, hatte sich gewandelt. Die veränderten Kräfteverhältnisse in Europa und die Erfahrungen der anhaltenden Folgen der Weltwirtschaftskrise führten bei einer Reihe von bürgerlichen Funktionsträgern in der Schweiz zu einer aktualisierten Deutung der angemessenen Organisation des Verhältnisses von Wirtschaft und Gesellschaft. Bei Friedrich Bernet, weiterhin Sekretär des Zentralverbandes der Arbeitgeber-Organisationen, zeigte sich dieser Wandel besonders deutlich. Der promovierte Ökonom war nun nicht länger allein von amerikanischen Methoden begeistert, sondern orientierte sich stark an der strammen Organisation der beruflichen Aus- und Weiterbildung im benachbarten Nazideutschland. Bernet liess sich die deutschen Verhältnisse auch vor Ort zeigen. 1938 fand in Deutschland der zwanzigste Internationale Wirtschaftskursus statt. Verantwortlich für die Veranstaltung war die Deutsche Landesgruppe der Internationalen Gesellschaft zur Förderung des kaufmännischen Bildungswesens, die ihren Hauptsitz in Zürich hatte. Zur zweiwöchigen Rundreise durch Deutschland fanden sich allein aus der Schweiz vier Frauen und 22 Männer ein, unter denen auch Bernet war.[17] Es reiste beispielsweise auch Albert Junod mit, ein ehemaliger Professor an einer Westschweizer Höheren Handelsschule, der dann eine Diplomatenkarriere gemacht hatte und nun als Präsident der Schweizerischen Gesellschaft für kaufmännisches Bildungswesen amtete.[18]
Die Gruppe startete in München und arbeitete sich von Stuttgart und Mannheim langsam über das Rheinland und den Ruhrpott nach Norddeutschland vor, um dann die Besichtigungstour in Berlin mit einer Hafenrundfahrt ausklingen zu lassen. Bernet zeigte sich nach seiner Rückkehr begeistert von der Organisation der Reise durch die deutschen Veranstalter. Beeindruckt äusserte er sich aber auch über die Leistungsbereitschaft der deutschen Bevölkerung. Überall machte er «emsiges und frohes Schaffen» aus und zeichnete das «Bild einer in Vollbeschäftigung tätigen, vorwärtsstrebenden, durch neue Aufgaben befruchteten Wirtschaft». Die Gesamtheit der Berufstätigen jeglichen Alters fand er als «Leistungsgemeinschaft» vor, die durch die berufliche Erziehung geschaffen werde.[19]

16 Zu den deutschen Vorbildern vgl. Hachtmann 2014; Lepold 1998.
17 Bernet, Friedrich: Eindrücke vom XX. Internationalen Wirtschaftskurs in Deutschland. In: Schweizerische Zeitschrift für kaufmännisches Bildungswesen 32 (1938) 9, S. 208–214.
18 Zu Junod vgl. «Lokales». Neue Zürcher Zeitung vom 23. Januar 1951, Morgenausgabe, Blatt 2.
19 Bernet, Friedrich: Eindrücke vom XX. Internationalen Wirtschaftskurs in Deutschland. In: Schweizerische Zeitschrift für kaufmännisches Bildungswesen 32 (1938) 9, S. 209.

Die Veranstalter hatten extra einen aufwendig gestalteten gebundenen Band anfertigen lassen, der als «Erinnerungsbuch» mithilfe kleiner Texte, eines Abdrucks des Programms und zahlreicher Fotografien die Erlebnisse festhalten sollte.[20] Zu dem Büchlein steuerte auch der deutsche Reichswirtschaftsminister Walther Funk einen kleinen Text bei, in dem er die Besonderheiten der «nationalsozialistischen Wirtschaft» für ein internationales Publikum erläuterte. Er strich besonders heraus, wie die deutsche Volkswirtschaft auf einen regen Handel angewiesen sei, auf «Eigenkräfte» und auf «Initiative und Wille, persönliche Leistung und Sachkenntnis». Funk skizzierte in knappen Sätzen, wie erst der Handel die notwendige Eigendynamik hervorbringe, die für eine funktionierende und produktive Wirtschaft unabdingbar sei. Zudem galt ihm die «erzieherische Aufgabe» als ein zentrales Moment, mit dem der Handel die Bedürfnisse der Bevölkerung in die richtige Richtung lenken könne, ohne dass dies zentral gesteuert werden müsse.[21]

Sichtlich reagierte Funk hier auf die Sorge der internationalen Gäste, die deutsche Volkswirtschaft bewege sich wie die sowjetische in Richtung einer Planwirtschaft. Funk betonte, dass dies gar nicht im Interesse der Nationalsozialisten sein könne, da nur eine dynamische Volkswirtschaft mit vielen relativ unabhängigen Unternehmen, in denen Einzelne die Verantwortung übernähmen und initiativ tätig seien, der gesamten «Volksgemeinschaft» dienten: «In Deutschland weiss man sehr wohl, dass ein leistungsfähiger und seriöser Aussenhandel mit seinen persönlichen Beziehungen die beste Empfehlung eines Landes ist».[22]

Den vermuteten Vorurteilen der internationalen Gäste trat auch der Leiter der Reichswirtschaftskammer Albert Pietzsch entgegen. Zwar werde in Deutschland «Wirtschaftslenkung» betrieben. Gemeint sei aber keineswegs eine «Planwirtschaft», sondern die Unterordnung aller Bevölkerungsteile unter einen gemeinsamen Zweck. Allein durch die allgemeine Anerkennung des Führerprinzips schien Pietzsch das «deutsche Wirtschaftswunder» erklärbar.[23] Vom deutschen Berufspädagogen Karl Arnhold kamen einige Begleitworte, die die korporatistische Bildungsidee nachvollziehbar machen sollten. Er bediente sich hier des gängigen Slogans «Eisen erzieht, Holz formt, Mannschaft leistet» und füllte diesen rassentheoretisch aus. Die Berufserziehung hatte dafür zu sorgen,

---

20 Von den Alpen bis zur Nordsee. Handbuch für den 20. Internationalen Wirtschaftskursus der SIEC: mit dem Programm der wirtschaftskundlichen Reise, Deutschland 7.–23. Juli 1938, hg. von der Deutschen Landesgruppe der Internationalen Gesellschaft für Kaufmännisches Bildungswesen. München 1939: F. Bruckmann, S. 5.
21 Ebd., S. 10.
22 Ebd., S. 11.
23 Ebd., S. 13.

dass sich die «dem deutschen Menschen mitgegebenen Anlagen» auch wirklich «voll entfalten können».[24]

Die internationale Reisegruppe sah nicht nur deutsche Betriebe von innen, sondern hörte auch eine grössere Zahl an Vorträgen von Unternehmensvertretern, Verbandsfunktionären, Wissenschaftlern und Ministerialbeamten. Besichtigt wurden neben Unternehmen auch Handelsschulen. Die Gruppe reiste mit dem Schiff, der Eisenbahn und dem Autobus. Die regionalen und lokalen Wirtschaftsverbände gaben eigene Empfänge und schufen so die Gelegenheit, mit den ausländischen Fachleuten aus Wirtschaft und Unterrichtswesen in Kontakt zu treten. Daneben gab es ein reiches Kulturprogramm.[25]

An den Wirtschaftskursus schloss direkt ein viertägiger «Internationaler Kongress für berufliches Bildungswesen» in Berlin an, zu dem auch Bernet einen Vortrag zur kaufmännischen Berufsbildung beisteuerte, der anschliessend auf Italienisch kommentiert wurde. Daneben hielten der Psychotechniker Alfred Carrard, der bis weit in die Zeit des Zweiten Weltkriegs hinein Sympathien für das deutsche Modell pflegte, der Handelsschulrektor Joseph Burri und Vertreter der Kommission für den Austausch von Stagiaires mit dem Ausland in Berlin ein Referat. Von den thematisch ausgerichteten Fachvorträgen stammte ein grosser Teil aus Deutschland. Stark vertreten waren auch Frankreich und das faschistische Italien.[26]

Bernets Vortrag über die «kaufmännische Ausbildung des Technikers und die technische Ausbildung des Kaufmanns» richtete sich an ein ausländisches Publikum und erläuterte diesem aus Sicht eines Vertreters der Arbeitgeberseite die Eigenheiten der schweizerischen Bevölkerung. Der Industriesekretär strich die «Freiheitsliebe» der Schweizer heraus, die häufig als «Eigenbrötelei in beruflichen und persönlichen Dingen» zum Ausdruck komme, der für ein gedeihliches Zusammenwirken zugunsten der nationalen Wirtschaft vor allem pädagogisch entgegengewirkt werden müsse. Der Schweiz als «konservativer Drehscheibe» Europas müsse die Kunst des Verkaufens erst beigebracht werden. Bernet bezog sich für sein Referat in Deutschland auf das amerikanische Vorbild der «salesmanship education». Berufliche Erfahrung reichte nicht mehr aus, um erfolgreich in den Unternehmen der Schweiz tätig zu sein. Zu gross schien Bernet die Gefahr, dass die Kaufleute von falschen Grundlagen ausgingen. Das ganze

---

24 Ebd., S. 16 f. Zu den Slogans «Eisen erzieht» und «Mannschaft leistet» vgl. Kipp 2005; Tenorth 2018.

25 Von den Alpen bis zur Nordsee. Handbuch für den 20. Internationalen Wirtschaftskursus der SIEC: mit dem Programm der wirtschaftskundlichen Reise, Deutschland 7.–23. Juli 1938, hg. von der Deutschen Landesgruppe der Internationalen Gesellschaft für Kaufmännisches Bildungswesen. München 1939: F. Bruckmann, S. 32–66.

26 Internationale Kongresse für berufliches Bildungswesen, Berlin 25.–29. Juli 1938. Zürich 1938: SIEC; zu Carrard vgl. König, Siegrist, Vetterli 1985, S. 107, 508.

Unternehmen, Techniker wie Kaufleute, hatte sich in den Dienst des Vertriebs der produzierten, qualitativ hochwertigen Güter zu stellen. Der Kaufmann sollte hingegen befähigt und unterstützt werden, sich technische Sachverhalte eigenständig anzueignen. Auch hier verwies Bernet auf Entwicklungen in den USA und in England, die er weiterhin für vorbildlich hielt.[27]

Martialisch sprach Bernet in seinem Referat von den «Frontsoldaten des Absatzes». Gemeint waren diejenigen wenigen Personen im Aussendienst, die im Auftrag der heimischen Industrie neue Märkte erschlossen. Begeistert verwies er in diesem Zusammenhang auf ein Buch Fritz Wilhelms, in dem dieser schildert, wie er in Übersee den «Kampf als Wirtschaftspionier» gemeistert habe. Für Verkaufsdemonstrationen hob Bernet besonders die schweizerischen Efficiency-Clubs hervor, die es mittlerweile in einer ganzen Reihe von Städten gebe. Gerade hier werde die Wirtschaft als ein Gemeinschaftswerk erfahren, in dem alle für dieselbe Sache arbeiten. Diese Form des Zusammenwirkens schwebte Bernet auch für die Techniker und Kaufleute vor.[28] Der Vortrag wurde nicht nur im Tagungsband des Kongresses veröffentlicht, sondern auch gleich zwei Mal gesondert für das schweizerische und das internationale Publikum gedruckt.[29]

Die wirtschaftliche Lage und die Situation der Berufstätigen schien Bernet 1938 «undurchsichtig». Als wenig problematisch galten ihm Gewerbe und inländische Dienstleistungen, da diese vom stabilen täglichen Bedarf abhängig seien und deshalb keine grösseren Schwankungen aufwiesen. Bauwesen und inländische Maschinenproduktion sah er anfälliger für erneute Krisen. Besondere Beachtung sollte hingegen die Exportförderung finden. Hier machte Bernet die eigentlichen Entwicklungsmöglichkeiten aus. Über Stützpunkte im Ausland sollten die schweizerischen Unternehmen in die Lage versetzt werden, mehr Produkte abzusetzen. Die Wirtschaft der Schweiz erachtete Bernet als stark genug, um sich auf den Weltmärkten zu behaupten, durch die «Tüchtigkeit und Konkurrenzfähigkeit aller Berufstätigen». Der Arbeitgebersekretär forderte deshalb, dass besonders die Schule als Agentin der Exportförderung diene. Hier müsse der Samen für eine absatzstarke Schweiz gesät werden.[30]

27 Bernet, Friedrich: Die kaufmännische Ausbildung des Technikers und die technische Ausbildung des Kaufmanns. In: Internationale Kongresse für berufliches Bildungswesen, Berlin 25.–29. Juli 1938. Zürich 1938: SIEC, S. 341–349.
28 Ebd., S. 349; Wilhelm, Fritz: Kampf als Wirtschafts-Pionier in Übersee im Dienste der deutschen Industrie. Hamburg 1930: Broschek.
29 Bernet, Friedrich: Die kaufmännische Ausbildung des Technikers und die technische Ausbildung des Kaufmanns. In: Schweizerische Arbeitgeber-Zeitung vom 13. und 20. August 1938, S. 397–399, 413–415; Bernet, Friedrich: Die kaufmännische Ausbildung des Technikers und die technische Ausbildung des Kaufmanns. In: Revue internationale pour l'enseignement commercial 25 (1939) 19/20, S. 2056–2062.
30 Bernet, Friedrich: Die beruflichen Aussichten in der schweizerischen Wirtschaft. In: Schweizerische Zeitschrift für kaufmännisches Bildungswesen 32 (1938) 7/8, S. 180–184.

Export war für Bernet eine Form der geografischen Expansion ohne kriegerische Tätigkeit, «zusätzlicher Leistungs- und Lebensraum».[31] Dieses Wachstum sah er nur gewährleistet, wenn Arbeitgeber und Arbeitnehmer, Öffentlichkeit, Staat und privater Sektor zusammenarbeiten. Das Friedensabkommen in der schweizerischen Metallindustrie von 1937 und das Instrument des Gesamtarbeitsvertrags erschienen Bernet dabei nur als formaler Rahmen, der zwar durchaus unterstützend wirken könne, aber niemals nachhaltig den Arbeitsfrieden sichere. Stattdessen betonte er weiterhin die Notwendigkeit einer pädagogischen Durchdringung der schweizerischen Privatwirtschaft, einer Schulung der Vorgesetzten, einer Formung der öffentlichen Meinung und einer professionellen Werkspublizistik. Mit vereinten Kräften solle die Schweiz das erreichen, was in den Nachbarländern nach Ansicht Bernets, ob nun «freiwillig oder erzwungen», bereits im Gange war.[32]

Die Arbeitgeber erachtete Bernet als besonders prädestiniert für eine pädagogische Umsorgung der Belegschaft. Führungskräfte und Unternehmer wirkten häufig in den demokratisch gewählten örtlichen Schulkommissionen mit. Viele Arbeitgeber, darauf wies Bernet eigens hin, hätten mehrere Patenkinder und würden von ihren Mitarbeitern oder Mitgliedern der lokalen Bevölkerung gebeten, eine Patenschaft zu übernehmen. Zugleich übten die Ehefrauen der Arbeitgeber karitative Tätigkeiten aus und seien um das Gemeinwesen besorgt.[33] Jeder Vorgesetzte in den Unternehmen war laut Bernet ein «Erzieher». Deshalb komme der Unterweisung der Führungskräfte eine so wichtige Rolle zu.[34]

Zwar richtete sich Bernet im Laufe der 1930er-Jahre nicht vollkommen am deutschen Vorbild aus. Weiterhin fanden die Entwicklungen in England oder den USA positive Erwähnung. Die schweizerische Eigenart der «Selbstachtung» durch «Pflichterfüllung» liess sich aber gut mit den Signalen aus Deutschland zur Deckung bringen.[35] Bei Bernet waren die freundlichen Töne hinsichtlich der deutschen und italienischen Vorhaben Teil einer längerfristigen Entwicklung. Unter ihm als verantwortlichem Redakteur erschien 1933 in der Schweizerischen Arbeitgeberzeitung eine begeisterte Beschreibung der jüngsten Entwicklungen im benachbarten Deutschland. Dem «Experiment» in diesem

---

31 Bernet, Friedrich: Arbeitsfrieden. Referat gehalten an der Delegiertenversammlung der Neuen Helvetischen Gesellschaft in Solothurn am 16. Januar 1938. Zürich 1938: Emil Rüegg, S. 3.
32 Ebd., S. 21.
33 Bernet, Friedrich: Soziale Betriebsfragen in der Schweiz (Teil 1). In: Neue Zürcher Zeitung vom 27. Juli 1939.
34 Bernet, Friedrich: Soziale Betriebsfragen in der Schweiz (Teil 2). In: Neue Zürcher Zeitung vom 28. Juli 1939.
35 Bernet, Friedrich: Soziale Betriebsfragen in der Schweiz (Teil 1). In: Neue Zürcher Zeitung vom 27. Juli 1939.

wichtigen Industrieland solle besondere Aufmerksamkeit geschenkt werden, zumal sich hier die möglichen zukünftigen Entwicklungen in Europa beispielhaft studieren liessen. Anhand der nationalsozialistischen Versuche, eine korporatistische Wirtschaftsordnung zu etablieren, war aus Sicht der Arbeitgeberzeitung gut diskutierbar, was die Vorzüge und Nachteile einer solchen Reform auch in der Schweiz wären. Gezielt wurde hier die Radikalität der Eingriffe in die Marktwirtschaft heruntergespielt. In einem Eigenzitat erschien Hitler als Hüter einer ökonomischen Ordnung, die dem Unternehmergeist hinreichend Freiraum gewähre. Die vermeintlich notwendige gemeinsame Ausrichtung war wiederum durch Aufklärung und Erziehung zu leisten. Durch eine «Erziehung zu treuer Gefolgschaft», die aber nicht als «willenlose Ergebenheit der Führung gegenüber» gedacht sein dürfe, «sondern als verantwortungsvolle Mitbestimmung», sollte die «Einheit von Mensch, Arbeit und Werk» hergestellt werden. Der Kommentar schloss mit der Anmerkung, dass ein «grossartigerer Versuch», Kapital und Arbeit zu versöhnen, momentan in Europa nicht zu finden sei.[36] Auch der Korporatismus im faschistischen Italien wurde in der Arbeitgeberzeitung freundlich kommentiert und pädagogisch ausgedeutet. Die Entwicklungen in Deutschland und Italien schienen hilfreiche Stichworte für den Kampf gegen den Kommunismus in der Schweiz zu geben: Nur durch eine «ernsthafte Erziehungsarbeit» und durch eine «stärkere geistige Durchdringung der Massen» lasse sich längerfristig sicherstellen, dass die Schweiz eine Eidgenossenschaft mit einem freien Unternehmertum bleibe.[37]

Mitte der 1930er-Jahre war Bernet federführend an einem Publikationsprojekt im Kontext des protofaschistischen Schweizerischen Vaterländischen Verbands beteiligt, das auf eine antikommunistische Deutung des Landesstreiks von 1918 zielte. Er hatte die Aufgabe übernommen, die entsprechenden Kontakte in die Industrie anzubahnen und für bestimmte Posten die notwendigen Mittel einzuwerben.[38] 1940 unterzeichnete Bernet dann die deutschlandfreundliche sogenannte Eingabe der Zweihundert. In dieser forderten 173 Personen aus Wirtschaft, Militär, Politik und Wissenschaft die schweizerische Landesregierung auf, deutschlandkritische Journalisten aus den Redaktionsstuben zu entfernen.[39] Bernet gehörte hier nicht zu den Erstunterzeichnern, sondern tauchte auf der nachgeschobenen Liste von Personen auf, die im Dezember 1940 ebenfalls beim

36 «Staatliche Wirtschaftsaufsicht». Schweizerische Arbeitgeber-Zeitung vom 15. Juli 1933, S. 223–225.
37 «Wirtschaftsführung». Schweizerische Arbeitgeber-Zeitung vom 1. Juli 1933, S. 209 f.
38 Komitee für die Herausgabe vaterländischer Literatur, Protokoll vom 17. Dezember 1935; Komitee für die Herausgabe vaterländischer Literatur, Protokoll vom 20. Januar 1937 (BAR, J2.11#1000/1406#442*); zum Schweizerischen Vaterländischen Verband vgl. Zimmermann 2013.
39 Vgl. zur Vorgeschichte und Rezeption der Eingabe Tanner 2001; Tanner 2015, S. 262.

Bundesrat eingereicht wurde. Angesichts eines von Deutschland dominierten Europas betonten verschiedene rechtskonservative Gruppierungen sowohl die Neutralität und Souveränität der Schweiz als auch die besonderen kulturellen Verbindungen zu Deutschland. Die «Eingabe der Zweihundert» verwahrte sich gegen die «terroristische Verdächtigung vieler Eidgenossen, die für ein freundnachbarliches [sic!] Verhältnis und für die Pflege der althergebrachten kulturellen Beziehungen mit allen Nachbarvölkern eintraten».[40]
1941 lud die Deutschschweizerische Lehrlingsämter-Konferenz Friedrich Bernet in seiner Funktion als Arbeitgebervertreter ein, um über das Thema «Nachkriegs-Vorsorge und Berufsbildung» zu referieren. Die beiden Vorstandsmitglieder Erwin Jeangros und Hans Künzler betonten in ihrem kurzen Vorwort zwar, dass die zukünftige Situation nicht mit Gewissheit zu bestimmen sei, sich aber bereits erste Tendenzen ausmachen liessen. Dies gab den Rahmen für den Vortrag des Arbeitgebersekretärs.[41] Mit starken Bildern plädierte Bernet dafür, alle Anstrengungen darauf zu richten, auf die Nachkriegssituation vorbereitet zu sein. Die Schweizer Bevölkerung solle sich «ständig und organisch» ans Werk machen, um flexibel auf alle möglichen Szenarien vorbereitet zu sein. Aber auch «vorurteilslos» solle man sich der zukünftigen Situation stellen. Vor dem Hintergrund der von Bernet mitunterzeichneten «Eingabe der Zweihundert» konnte das nur bedeuten, sich auch auf einen möglichen Sieg der Deutschen einzustellen.[42] Bernet machte in seinem Appell keinen grundsätzlichen Unterschied zwischen Lehrkräften und Geschäftsleuten. Beide hätten dafür zu sorgen, dass die Bevölkerung das richtige Sensorium ausprägte und in der Lage sein würde, Entscheidungen zu fällen. Überall «Initiative und Entschlusskraft» hiess dazu das dezisionistische Erziehungsprogramm, das der Arbeitgebersekretär im Vortrag entfaltete. In der Schule, in den Unternehmen und im Militär sollten diese neuen Tugenden ausgebildet werden.[43] Der Krieg schien die entsprechenden Mittel bereitzustellen. So wie der Erste Weltkrieg Normung und Rationalisierung den Weg gebahnt habe, wirke man nun auf eine Wirtschaft der «beseelten Zusammenarbeit» hin.[44]

40 Eingabe der «Zweihundert» vom 15. November 1940; zweite Liste der Unterzeichner der Eingabe an den Bundesrat vom 12. Dezember 1940 (online unter: http://dodis.ch/19037, 25. Februar 2023).
41 Bernet, Friedrich: Nachkriegs-Vorsorge und Berufsbildung. Wirtschaftliche und soziale Vorbereitungen auf die Nachkriegszeit in ihrem Zusammenhang mit Schule und Berufslehre. Zürich 1941: Verlag der Deutschschweizerischen Lehrlingsämterkonferenz.
42 Ebd., S. 6.
43 Ebd., S. 9.
44 Ebd., S. 12.

Solange die Schweiz peinlichst an ihrer Neutralität festhielt, hatte sie laut Bernet von der «Tendenz zur Grossraumbildung» nichts zu befürchten.[45] Zwar griff er hier die älteren Zeitdiagnosen wieder auf, die bereits die Schweizerwoche umgetrieben hatten: Die Schweiz als Kampfplatz divergierender wirtschaftlicher Interessen. Insofern sich aber die Schweizerinnen und Schweizer selbst treu blieben, könnten die neuen Machtverhältnisse ihnen nichts anhaben. Bernet redete hier nicht nur einer wirtschaftlichen, sondern auch einer moralischen Mobilmachung das Wort. Ein «Neutralitätssoldat»[46] sollte jeder Schweizer und jede Schweizerin sein, um der Eidgenossenschaft zu ihrer eigentlichen Bestimmung zu verhelfen: In einem vereinigten wirtschaftlichen Grossraum als ein steriler «Katalysator», als ein «Tauschplatz» zu fungieren, auf dem zurückgenommen und freundlich dafür gesorgt wird, dass die Geschäfte reibungslos stattfinden. Der Arbeitgebersekretär Friedrich Bernet entwarf hier unter pädagogischen Gesichtspunkten vor den versammelten Berufsbildungsexperten ein Szenario, wie sich die Schweiz in einem neuen, von Deutschland dominierten Europa würde behaupten können. Weiterhin lag die Lösung für Bernet in der Berufsbildung, dem Training der Führungskräfte und der Volksschule.[47] In einer Besprechung dieses publizierten Vortrags für die Neue Zürcher Zeitung merkte der Rezensent denn auch vorsichtig an, dass es zu «bedauern» sei, dass Bernet die «tragbaren Grenzen des ‹Grossraumes›» nicht eingehender benannt habe und eine «straffe Einordnung in ein wirtschaftliches Kontinentalsystem» für die Schweiz nur von Schaden sein könne.[48]

7.3 Gesinnungsarbeit

Noch 1942 wurde in der Arbeitgeberzeitung unter Bernets Ägide ein Artikel publiziert, der sich detailliert und anerkennend dem faschistischen Nationalinstitut für die Aus- und Weiterbildung der Industriearbeiter annahm. Im Artikel wurden das «reichhaltige Programm» und die «intensive Zusammenarbeit» in der italienischen Wirtschaft hervorgehoben. Lobend wurde in dem Text kommentiert, dass sich die Behörden besonders «sorgfältig» und umfassend der Qualifikation der werktätigen Bevölkerung angenommen hatten.[49]

45 Ebd., S. 16.
46 Ebd., S. 18.
47 Ebd., S. 19.
48 «Nachkriegsvorsorge und Berufsbildung». Neue Zürcher Zeitung vom 22. Mai 1942, Morgenausgabe, Blatt 6.
49 «Die Tätigkeit des Italienischen Nationalinstituts für die Aus- und Weiterbildung der Industriearbeiter». Schweizerische Arbeitgeber-Zeitung vom 14. August 1942, S. 487 f.

Unter den Schlagworten «Gemeinschaftsarbeit» und «Neutralität» waren in den 1940er-Jahren in der Schweiz Schulterschlüsse möglich, bei denen mögliche Differenzen in ideologischer Hinsicht nicht explizit verhandelt werden mussten. 1942 fand in Luzern eine Weiterbildungsveranstaltung statt, die auf eine Initiative des gewerkschaftlichen Schweizerischen Metall- und Uhrenarbeiterverbands zurückgegangen war, bei der Sekretär Paul Gysler vom Schweizerischen Gewerbeverband den Vorsitz führte und Arbeitgebersekretär Bernet das Eröffnungsreferat zur «Zusammenarbeit als allgemein nationale Aufgabe» hielt. Stark vertreten war auch der Spenglermeister- und Installateurverband, sowohl beim Publikum als auch bei den Referenten. Bernet stellte seine einführenden Überlegungen in einen kolonial- und kriegsgeschichtlichen Kontext. Die Notwendigkeit einer stärkeren Zusammenarbeit von Arbeitgebern und Arbeitnehmern sah er darin begründet, dass «der weisse Mann» sich in Zukunft «mehr anstrengen» müsse. Deshalb hielt er es für wichtig, dass das «Volksganze» in den Blick genommen werde. Der Krieg schien dafür günstige Bedingungen zu schaffen, da er «Werkverbundenheit», «Zusammenarbeit», «Erfahrungsaustausch» und – neben anderen Aspekten – «Berufsbildung» und «Familienförderung» begünstige.[50] Als Gewerbevertreter pflichtete Carl E. Scherrer aus Schaffhausen seinem Vorredner in allen Punkten bei und ergänzte, dass insbesondere die Jugend für die Gemeinschaftsarbeit begeistert werden müsse. Er sah wie Bernet den Krieg als entscheidenden Faktor bei der Herstellung sozialen Zusammenhalts. Scherrer rekurrierte zur Versinnbildlichung seines Anliegens auf das patriarchale Verhältnis von «Meister» und «Arbeiter» und wies darauf hin, dass vor nicht langer Zeit der Lehrling noch «Kost und Logis» im Lehrbetrieb erhalten hatte. Für die nationale Anstrengung der Überwindung von Klassengegensätzen, der Aktivierung der Jugend und den Aufbau einer neuen Gesellschaft sah Scherrer keine andere soziale Gruppierung besser geeignet als das Schweizer Handwerk.[51] Das Gewerbe hatte in der Zwischenkriegszeit seine Jugendarbeit bereits stark intensiviert. Ziel der Anstrengungen war es, einerseits den Berufssinn zu stärken und die Einsatzbereitschaft der Jugend zu erhöhen. Andererseits sollte durch eine gezielte Freizeitgestaltung dem gewerblichen Nachwuchs eine sittliche Lebensführung auch ausserhalb des Betriebs ermöglicht werden. In seinem Programm orientierte sich der Gewerbeverband an der Sprache der Jugendbewegung. Geselligkeit, Zivilisierung und Kenntniserwerb sollten dabei Hand in Hand gehen.[52]

50   Protokoll über den Kurs für paritätische Kommissionen am 11. und 12. April 1942 (ZSAO, I.92).
51   Ebd. (ZSAO, I.92).
52   Gysler, Paul: Das Nachwuchsproblem im Gewerbe. In: Gewerbliches Jahrbuch 1943, S. 190–202.

Die erziehende Kraft der beruflichen Organisation der Gesellschaft war nicht nur in Handwerkskreisen ein verbreiteter Topos. Er liess sich zugunsten einer ständischen, am Faschismus orientierten politischen Konzeption ebenso auslegen wie zur inhaltlichen Unterfütterung antitotalitärer Entwürfe. Eine pädagogische Deutung des Korporatismus fand sich in den Kriegsjahren bei Arbeitgebervertretern genauso wie bei Gewerkschaftsfunktionären. Bei Charles Ducommun, dem stellvertretenden Sekretär des Schweizerischen Gewerkschaftsbundes und einer zentralen Figur der sogenannten Geistigen Landesverteidigung, erschien die «Berufsgemeinschaft» neben der Familie als «Urzelle des sozialen Lebens».[53]

Die deutschen Entwicklungen beschäftigten auch den Efficiency Club in Zürich. Bereits 1938 hatte sich Bernet hier im Rahmen einer internen Veranstaltung zu «Efficiency-Beobachtungen in Deutschland» verbreitet.[54] Der Zürcher Club bot in den Kriegsjahren nicht nur Raum für Verkaufsdemonstrationen, sondern auch für Vorträge zur Zukunft der Eidgenossenschaft, die nicht im Mainstream des schweizerischen Neutralitätsdiskurses lagen. Hierbei traten verschiedene Redner auf, die sich nach Ende des Zweiten Weltkriegs dann an einer Zivilisierung des Unternehmers, einer Rettung des Kapitalismus von innen heraus, versuchen sollten und die meist anthroposophisch orientiert waren. Für diese Männer galten Erziehung, Selbstschulung und Propaganda als zentrale Mittel, um die Ordnung von Wirtschaft und Gesellschaft auf Dauer zu stabilisieren. Sie alle waren quere Köpfe mit sehr eigenen Anschauungen. Am 15. Januar 1943 hielt etwa der ehemalige Sekundarschullehrer Ernst Jucker einen der Vorträge im Efficiency-Club. Sein Thema waren die «Propaganda und Psychologie der Masse», die er vor allem aus Sicht der Sowjetunion darstellte und in der er sich der Propaganda «im Dienste aller erzieherischen Massnahmen» widmete.[55] Jucker hatte selbst fast sechzehn Jahre in Westsibirien gelebt, dort zunächst Englisch unterrichtet und dann eine Mittelschule aufgebaut, ein Lehrerseminar gegründet und geleitet und selbst als Dozent für Pädagogik gearbeitet. Er gehörte zwar dem Exekutivkomitee der westsibirischen Regierung an, war aber, nach eigenem Bekunden, selbst nie sowjetisches Parteimitglied gewesen. Nach Russland hatte es ihn bereits 1916 verschlagen, als er seiner Frau, einer Russin, die in Zürich Medizin studiert hatte,

---

53   Charles Ducommun: Ein Beitrag zur Idee der Berufsorganisation. Auszug aus dem Referat in Magglingen am 22. September 1940 (ZSAO, I.92).
54   Efficiency-Club Zürich, Tätigkeit im Jahre 1936; Bisherige Tätigkeit im Jahre 1937; Tätigkeit im Jahre 1938 (ZWD, d-653).
55   Jucker, Ernst: Propaganda und Psychologie der Masse. Ein Auszug aus den Unterlagen zum Vortrag von Herrn E. Jucker, am 15. Januar 1943 im Efficiency-Club, Zürich (ZWD, d-653).

gefolgt und dann von der Revolution überrascht worden war. 1932 ging die Familie Jucker zurück in die Schweiz.[56]
Jucker wurde in der Schweiz von verschiedenen Seiten immer wieder verdächtigt, in seiner Zeit in Russland ein Anhänger des Sowjetkommunismus gewesen zu sein. Bereits mit Anfang Zwanzig hatte er sich tatsächlich zumindest mit anarchistischen Positionen beschäftigt und diese auf ihre pädagogischen Konsequenzen hin befragt.[57] Mit seiner zukünftigen Frau, die aus einer russischen Unternehmerfamilie stammte, teilte er die Kritik am zaristischen Regime. Nach seiner Rückkehr in die Schweiz hielt man ihm nach einem seiner Russlandvorträge den Inhalt eines Briefs vor, den er in seiner Zeit in Westsibirien in die alte Heimat geschickt habe. Die Zitate aus dem Schreiben sollten zeigen, wie sehr der Sekundarschullehrer sich mit dem Sowjetstaat arrangiert habe.[58]
Seit der Rückkehr in die Schweiz versuchte Jucker mit aller Vehemenz, seine Erfahrungen zu seinen Gunsten umzudeuten. In zahlreichen Publikationen und Vorträgen innerhalb der Armee, im Rahmen der Geistigen Landesverteidigung, in illustrierten Magazinen oder der Jugendpresse gab er seiner Begeisterung für die russische Bevölkerung in starken Worten Ausdruck und liess zugleich keinen Zweifel daran aufkommen, dass er für die freie Marktwirtschaft agitierte. Gemeinschaft, die freie Entfaltung der Persönlichkeit und eine kapitalistische Wirtschaftsordnung schlossen sich in diesem Konzept nicht aus. Wiederholt kam dabei der Verdacht auf, dass Jucker sein intensives Engagement massiv überzeichnete. Er belegte seinen Einsatz gern mit beeindruckenden Zahlen, verbreitete sich zu seinen eigenen Vortragsaktivitäten und versuchte auf diese Weise, sich für höhere Aufgaben zu empfehlen. Nach der Mobilmachung 1939 schrieb er an die Armeeführung, er habe bereits vor verschiedenen Offiziersgesellschaften gesprochen, vor allen Parteien ausser den Kommunisten und Sozialdemokraten, allein dreissig Mal vor Mitgliedern der Freisinnigen und Demokratischen Partei, sieben Mal an der Volkshochschule in Zürich. In verschiedenen Ortschaften habe er Vorträge mit über 1000 Zuhörern gehalten, die immer gut aufgenommen worden seien.[59] In der Armeeführung sah man ihn hingegen von einem «unbändigen Geltungsbedürfnis» angetrieben.[60]

56   Ernst Michail Jucker-Grunauer an Carsten Goehrke vom 14. März 1982 (SOZARCH, RSA Arch 99-110); Uhlig 1996; Bühler et al. 1985, S. 1–6, 333 f.; Neumann 1987, S. 66, 215.
57   Hoffmann-Ocon 2016.
58   Vorwärts vom 16. April 1951; gekürzte Fassung der Abschrift eines Briefes Juckers vom 16. März 1931 (AfZ, PA Biographische Sammlung, Ernst Jucker).
59   Ernst Jucker an das Armeekommando, Generaladjutantur Sektion Heer und Haus vom 16. Dezember 1939 (BAR, E27#1000/721#9076*).
60   Schweizerische Armee, Armeekommando, Generaladjutantur 2. Sektion Wehrpsychologie an die Sektion Heer und Haus vom 12. Februar 1943 (BAR, E27#1000/721#9076*).

Jucker veröffentlichte unmittelbar nach seiner Rückkehr in einer regionalen Wochenzeitung anonym eine Artikelreihe vom «Leben des russischen Bauern».[61] Das Blatt hatte sich bereits in einer Vielzahl von Artikeln dem «Bazillus des Marxismus» angenommen und berichtete ausführlich zu den Erfahrungen derjenigen Schweizer Familien, die vor der Revolution nach Russland ausgewandert waren und nun Not litten.[62] Die Serie wurde vom Verlag im selben Jahr als eigenständige Broschüre publiziert, wobei Jucker unter dem Pseudonym Richard Hart zusätzlich ein Vorwort beisteuerte und sich bei den Leserinnen und Lesern für «die Fehler eines hastig geschriebenen Werkleins» entschuldigte.[63] Die folgende Artikelserie, die vom Verlag des Regionalblatts ebenfalls als Separatdruck veröffentlicht wurde, war wie die Textreihe über das bäuerliche Leben in Russland eine bittere Abrechnung mit dem Stalinismus. Die marxistische Lehre war für den zurückgekehrten Sekundarschullehrer das ideologische Gift, mit dem sich selbst gebildete Menschen verführen liessen. Er richtete seine Ausführungen an die gesamte Schweizer Bevölkerung, von der er befürchtete, sie würde auf ähnliche Experimente einsteigen.[64]

Für Jucker waren die Exzesse unter Stalin eine direkte Folge des wissenschaftlichen Marxismus, der *wahre* Einsichten in die Struktur von Wirtschaft und Gesellschaft behauptete. Die Zweifel an seiner ideologischen Standhaftigkeit, die er in den vierziger Jahren immer wieder erfuhr, hingen einerseits damit zusammen, dass er zwischen russischer Bevölkerung und politischem System strikt unterschied – immerhin war Jucker mit einer Frau aus Westsibirien verheiratet und hatte mit ihr zwei Söhne. Andererseits betonte er Zeit seines Lebens, dass auch in einer kapitalistisch organisierten Marktwirtschaft dem Wohl der Arbeiterschaft und dem anständigen Verhalten des Unternehmers Sorge getragen werden müsse. Jucker kam selbst aus eher einfachen Verhältnissen und führte diesen Umstand immer wieder zur Rechtfertigung seiner umsichtigen Positionierung an. Der Marxismus schien aus Juckers Sicht vielen vor allem deshalb weiterhin ein attraktives Instrumentarium zur Kritik der Verhältnisse, da er eine Theorie anbot, die die prekären Verhältnisse der Arbeiterschaft erklärte – und ein Mittel zur Überwindung dieses Zustands bereithielt. Ähnlich umfassend mussten für Jucker entsprechend auch alterna-

---

61 «Aus dem Leben des russischen Bauern». Bülach-Dielsdorfer Wochen-Zeitung: Demokratisches Volksblatt vom 6. Januar 1933.
62 «Kulturbolschewismus». Bülach-Dielsdorfer Wochen-Zeitung: Demokratisches Volksblatt vom 8. April 1932; «Briefe aus Sowiet-Russland». Bülach-Dielsdorfer Wochen-Zeitung: Demokratisches Volksblatt vom 29. Juli 1932.
63 Hart, Richard: Sklaven des roten Diktators. Bilder aus dem Bauernleben des heutigen Russland. Bülach 1933: Verlag Steinemann-Scheuchzer.
64 Hart, Richard: Der Marxismus im Lichte des 5. Jahrplanes. Bülach 1933: Verlag Steinemann-Scheuchzer.

tive Angebote sein. Die 1950 gegründete Vereinigung für freies Unternehmertum gab dann endlich die entsprechende Struktur, in die sich Jucker mit seinen Erfahrungen einbringen konnte.[65]

Gegen Ende des Zweiten Weltkriegs lud der Efficiency-Club Zürich dann einen weiteren Referenten ein, der den Mitgliedern eine eher unkonventionelle Lesart ihres Kernthemas bot und der mit Jucker und anderen Referenten später einen Versuch starten sollte, die schweizerische Wirtschaftsorganisation pädagogisch zu erneuern. Roman Boos, Leiter der sozialwissenschaftlichen Abteilung am anthroposophischen Goetheanum in Dornach, sprach zu der Frage, was mit «Efficiency im schweizerischen Sinne» gemeint sein könnte. Er schien sich zu diesem Zweck tief in die Materie eingearbeitet zu haben, hatte aber sichtlich Schwierigkeiten, Cassons zum Teil brachial auf kurze Formeln heruntergebrochene Wirtschaftsphilosophie in sein Denkgebäude zu integrieren. Die schriftliche Fassung des Vortrags, die ein Jahr später in einem kleinen Berner Verlag veröffentlicht wurde, der auch schon die Übersetzungen der Texte Cassons herausgegeben hatte, wurde entsprechend in der Efficiency-Szene kaum zur Kenntnis genommen.[66]

Boos lobte die Mitglieder des Efficiency-Clubs Zürich für ihre Orientierung an der Wirtschaftspraxis. Den Gedanken der beruflichen und persönlichen Leistungssteigerung interpretierte Boos nicht als Einübung «im Gebrauch der Ellenbogen». Diese Erziehung zum rücksichtslosen Konkurrenzkampf werde an anderer Stelle hinreichend besorgt und passe nicht zur Philosophie Cassons. Nicht um «Wirtschaftsroutine» gehe es, sondern um «Wirtschaftsgesinnung». Die Efficiency-Philosophie beinhaltete für Boos eine Überwindung nationalistischer Abschottung. Freien Handel hielt er für einen Garanten, dass Menschen unvoreingenommen miteinander ins Geschäft kommen können – und auf diese Weise gebildet würden.[67]

Boos bediente sich in Texten gern völkerpsychologischer Argumente. Auch in seinem Vortrag kontrastierte er schweizerische und englische Kompetenzen und Selbstverständnisse. Anders aber als in seiner Konfrontation von «Reichsgeist und Schweizergeist», die ungefähr zum selben Zeitpunkt entstand, schonte Boos die Eidgenossen im Vortrag vor den Mitgliedern des Efficiency-Clubs nicht. Der Geschichte der Schweiz als eines weltpolitisch unbedeutenden neutralen Staatsgebildes setzte er eine Erzählung entgegen, in der ihr Wohlstand direkt aus dem kriegerischen Moment des Kapitalismus entstammte. Wirtschaftliches Handeln

---

65 Vgl. Kap. 10.
66 Der Vortrag ist erhalten geblieben, da er mit einem Drahttongerät aufgenommen und anschliessend transkribiert wurde. Vgl. Boos, Roman: Efficiency im schweizerischen Sinne. Bern 1945: Hugi, S. 3.
67 Ebd., S. 4 f.

brachte für Boos nicht automatisch friedliche Verhältnisse hervor. Vielmehr mussten in seiner Vorstellung die Leidenschaften der Wirtschaftssubjekte erst gezähmt werden, um zu einer stabilen sozialen Ordnung zu kommen.[68]

Was aber war für Boos nun «Efficiency im schweizerischen Sinne»? Deutlich erteilte der Anthroposoph allen staatsinterventionistischen Vorstellungen eine Absage, die über zentrale Planung zu einer effizienteren Wirtschaftspraxis gelangen wollten. Aber auch die Alternative eines korporativen Gebildes, die an Stelle staatlicher Strukturen die Berufsverbände setzte, lehnte Boos ab.[69] Im Zentrum seiner Überlegungen stand vielmehr das Individuum, das im engen Austausch mit anderen eine zugleich wettbewerbsfähige wie humane Volkswirtschaft hervorbringen sollte. Nicht der raffgierige Unternehmer, aber auch nicht das Kollektiv stellten für Boos das Ideal einer wahrhaft freiheitlichen Wirtschaftsweise dar.[70]

Der Abbau von Handelsbeschränkungen stellte nur die eine Seite seiner Auslegung der Efficiency dar. Zugleich sollte die Wirtschaftspraxis vom geistigen Ringen um Wahrheit durchdrungen sein. In diesem Grundgedanken fusste das erweiterte pädagogische Programm der sehr verschiedenen Männer, die sich in den nächsten Jahrzehnten der Erziehung der Unternehmer annahmen. Nicht eine profane Business Education, auch nicht staatliche Programme oder akademische Belehrung garantierten in diesem Konzept eine sinnvolle Wirtschaftsordnung, sondern einzig die «wertbildenden Bewegungen und Spannungen des Wirtschaftslebens selber, – in der Geistesgegenwart der Tätigen».[71]

Es ist nicht überliefert, wie diese Interpretation der Efficiency-Philosophie bei den Mitgliedern des Clubs ankam. Dass Boos aber Rudolf Steiner, den Vater dieser Gedanken, erst spät – und in der gedruckten Fassung nur in einer Fussnote – nennt, lässt vermuten, dass er nicht von einem zugewandten Publikum ausging. Dabei übte Boos streckenweise grossen Einfluss auf die Entwicklung der Anthroposophie aus und hatte an den zentralen Konflikten nach dem Tod Steiners teil. Boos war eine Zeitlang persönlicher Assistent Rudolf Steiners gewesen, war dann zu Beginn der Zwanzigerjahre psychisch schwer erkrankt und zog sich deshalb für einige Jahre von allen Tätigkeiten zurück. Direkt nach Steiners Tod und pünktlich zur Eskalation der Streitigkeiten innerhalb der anthroposophischen Zirkel kehrte Boos zurück, kämpfte stets für seine Anliegen und blieb eine umstrittene Person.[72]

68 Ebd., S. 12.
69 Ebd., S. 28 f.
70 Ebd., S. 30.
71 Ebd., S. 28.
72 Einen guten Eindruck von der Kritik an Boos vermitteln die Briefe des anthroposophischen Journalisten, Rennfahrers und Hobbypiloten Willy Storrer. Vgl. Storrer 2003.

Boos war also zu einem Zeitpunkt aktiv geworden, als Steiner selbst sich vermehrt politisch geäussert hatte. Die gesellschaftliche Dimension der Anthroposophie blieb für Boos denn auch das Lebensthema, genauer die sogenannte Dreigliederungsidee. Steiner hatte im Zuge der revolutionären Entwicklungen in Deutschland nach dem Ende des Ersten Weltkriegs erstmals ein gesellschaftspolitisches Konzept formuliert, in dem er drei voneinander getrennte Bereiche unterschied. Zunächst wechselten die Inhalte der gesellschaftlichen Sphären noch. Kanonisch – und auch für Boos zentral – wurde eine Version, in der Steiner die je selbstverwalteten Sphären Wirtschaft, Recht und Geistesleben unterschied. Dieser Zusammenhang wurde dann organologisch gedeutet, in ein politisches Programm umgesetzt und umgehend öffentlich in der Tagespresse propagiert.[73] Steiners Konzept sah sowohl die Enteignung privater Besitzer wie die Entstaatlichung öffentlicher Betriebe vor. Die Wirtschaft sollte sich in seinem Konzept über Räte selbst organisieren, was einen Zugewinn an Gestaltungsmöglichkeiten der Arbeiterschaft und einen Einflussverlust der Besitzenden bedeutet hätte. Auf diese Weise konnte dem Grundkonflikt von Arbeit und Kapital begegnet werden, ohne ihn in eine kommunistische Diktatur des Proletariats einseitig aufzulösen. Im Zentrum sollte die Logik der Sache, nicht das Herrschaftsverhältnis stehen.[74] Dennoch wurden die drei Bereiche Wirtschaft, Recht und Geistesleben nicht gleichberechtigt gedacht. Als Richtungsgeberin galt Steiner die «freie Geistgemeinschaft», die die anderen sozialen Bereiche in einer Weise anleiten könne, wie es ihnen selbst nicht möglich sei. Seine gesellschaftspolitische Konzeption vertrug sich nicht mit den Vorstellungen einer repräsentativen Demokratie, in der die Interessensartikulation und Entscheidungsfindung über Parteien organisiert wird. Vielmehr schwebte Steiner eine geistesaristokratische, in ihren Grundkonflikten befriedete Gesellschaft vor, in der die Einsicht in höhere Gesetzmässigkeiten die weitere Entwicklung steuert.[75]
Boos hatte Steiner mit seinen Vorträgen zur Dreigliederung erstmals in die Schweiz geholt und war selbst eine der treibenden Kräfte hinter den wirtschaftspolitischen Ansätzen der Anthroposophie. Er hatte in Berlin bei Otto von Gierke das Genossenschaftsrecht als Alternative zum individualistischen Römischen Recht studiert. Diese Frontstellung eines eigenen deutschen Kulturzusammenhangs, den es gegen fremde Konzeptionen zu verteidigen gelte, zog sich durch sein Wirken bis in die Nachkriegsjahre hinein. So begründete

---

73 Zander 2007, S. 1286–1301.
74 Ebd., S. 1301–1314.
75 Ebd., S. 1314–1321.

Boos die Verbreitung der Dreigliederungsidee mit dem Schutz vor der (amerikanischen) kapitalistischen Gesellschafts- und Wirtschaftsweise.[76]
Als die Nationalsozialisten 1933 in Deutschland an die Macht kamen, bemühte Boos sich darum, ihr Vertrauen zu gewinnen, und warb für die anthroposophische Sache. Zu seinen Vorträgen in Deutschland lud er auch Nazigrössen ein und schrieb selbst den Propagandaminister Joseph Goebbels direkt an, der ihn aber auf den Instanzenzug verwies. Boos hatte sich bereits 1927 positiv zum italienischen Faschismus geäussert.[77] Er unterhielt Kontakte zum obersten Juristen des Reiches Hans Frank und wies diesen darauf hin, dass man in der deutschen Sache ein gemeinsames Anliegen verfolge.[78]
Trotz verschiedener Anstrengungen scheiterte die Anthroposophie in ihrem Ringen um Anerkennung durch die neuen deutschen Machthaber. Die Esoterik und Steinerverehrung waren einflussreichen Gruppen innerhalb des nationalsozialistischen Gefüges ein Dorn im Auge. Es wurden zunächst die Anthroposophische Gesellschaft, dann die Waldorfschulen und andere Einrichtungen verboten, während einzelne Ansätze der Anthroposophie in Deutschland durchaus einflussreich blieben. Anthroposophie und Nationalsozialismus speisten sich zwar in bestimmten Bereichen aus denselben Quellen und zielten in der Mittelschicht auf ähnliche Adressatengruppen. Langfristig waren der völkische Materialismus und die vergeistigte Theorie der Dreigliederung dann aber doch nicht vollständig miteinander zu vereinbaren.[79]
Roman Boos war promovierter Jurist. In seiner Doktorarbeit hatte er sich mit arbeitsrechtlichen Fragen befasst. Sein Engagement für die anthroposophische Sache war ebenfalls stark auf Wirtschaftsthemen hin ausgerichtet. Auch praktisch sammelte Boos hier Erfahrungen: So war er an der Gründung der Futurum AG beteiligt, der ersten Firma, die sich an der ökonomischen Umsetzung der Lehre Rudolf Steiners versuchte – und scheiterte.[80] Als Gründer und Leiter der sozialwissenschaftlichen Abteilung am Goetheanum arbeitete Boos parallel daran, die Lehre Steiners editorisch in die akademische Welt zu tragen. Die Anthroposophische Gesellschaft war seit dem Tod Steiners 1925 von heftigen internen Konflikten gezeichnet, an denen Boos in der Regel beteiligt war. Ihm gehörte das Vertrauen der Frau Steiners, die als Nachlassbetreuerin eingesetzt war, was Boos weitreichende Möglichkeiten einräumte, sich für die anthroposophische Sache zu engagieren.[81]

76 Martins 2014, S. 251.
77 Ebd., S. 254.
78 Ebd., S. 263–282.
79 Ebd., S. 291–310; Staudenmaier 2014, S. 146–247.
80 Werner 2014, S. 35–42.
81 Siehe Zander 2007, S. 245 f.

Die Idee der Dreigliederung blieb die Richtschnur seiner Vorträge und Publikationen. Boos versuchte eine Umsetzung des Konzepts nun aber nicht mehr in Deutschland zu erreichen, sondern setzte ganz auf die Schweiz als Handlungsfeld. Wie Jucker hatte Boos eine Reihe von Vorträgen für die Sektion «Heer und Haus» gehalten, in der er sich im Rahmen der Geistigen Landesverteidigung engagierte. In Veranstaltungen, die in Basel unter dem Titel «Helvetische Disputation» stattfanden und von Boos organisiert wurden, war auch Jucker als Referent geladen.[82]

Im Zürcher Efficiency-Club fanden also Personen zusammen, die darin übereinstimmten, dass die schweizerische Gesellschaft einer grundlegenden Erneuerung bedurfte. Besonders das Verhältnis von Kapital und Arbeit und die politische Ökonomie der Schweiz galten als dringend reformbedürftig. Die diskutierten Mittel der Erneuerung waren in der Regel pädagogischer Natur. Durch Erziehung zur Gemeinschaft und Selbstschulung sollten die sozialen wie wirtschaftlichen Verhältnisse wieder auf die Beine gestellt werden. Als organisatorische Formen schienen die staatsnahen Veranstaltungen der Geistigen Landesverteidigung ebenso geeignet wie die Clubs der Efficiency-Bewegung. 1940 gründete sich zudem der Gotthardbund, in dem sich Bernets Mitstreiter Christian Gasser von Beginn an stark engagierte. Hier stand nicht länger die Erziehung des Kaufmanns, sondern die Erneuerung der gesamten Gesellschaft im nationalen Sinne im Zentrum.[83]

Neben dem Gotthardbund agierte die rechtsbürgerliche Aktionsgemeinschaft Nationaler Wiederaufbau als eine der zentralen Interessengruppen, die in der Schweiz für eine neue Ordnung kämpften. 1942 gab die Aktionsgemeinschaft einen reich bebilderten Band heraus, der um die Idee der «Betriebsgemeinschaft» arrangiert war. Hervorgegangen war die Publikation aus einem «Studienausschuss für Sozialpolitik», der von Otto Steinmann, nunmehr Vizepräsident des Zentralverbandes der Arbeitgeber-Organisation, geleitet wurde und sich einer Stärkung der nichtstaatlichen Sozialfürsorge widmete. Die meisten der Texte wurden vom Betriebspsychologen Walter Bamert verfasst.[84]

Diese Schrift versammelte zahlreiche Beispiele betrieblicher Fürsorge und war auch an die Unternehmen gerichtet. Besonders kleinere und mittlere Unternehmen sollten erreicht werden. Ziel war es weniger, eine systematische Programmatik für den Umbau der privatwirtschaftlichen Fürsorgeeinrichtungen anzubieten

---

82 Boos, Roman (Hg.): Elementare Kräfte zum Frieden. 3. Helvetische Disputation in Basel, 27.–30. April 1944. Aarau 1944: Verlag der AZ-Presse; Generaladjutantur, 5. Sektion Heer und Haus, Vortragsdienst, Referentenliste V vom 9. Januar 1942 (BAR, E27#1000/721#9075*).

83 Werner 2000, S. 260–284.

84 Aktionsgemeinschaft Nationaler Wiederaufbau (Hg.): Mensch und Arbeit im Schweizer Betrieb. Anregungen und Beispiele betrieblicher Sozialpolitik. Zürich 1942: Fretz, S. 3 f.

als einen Strauss an möglichen Massnahmen, die sich in den Firmen umsetzen liessen, um so eine «Festigung der Betriebsgemeinschaft» zu erreichen.[85] Die Aktionsgemeinschaft richtete sich gegen eine staatlich organisierte und über Steuermittel finanzierte öffentliche Wohlfahrt, weil diese die natürlichen Sorgeverhältnisse und die Verankerung des Individuums im Gemeinwesen zerstörte. Neben der Familie galt den Verfassern der Betrieb als die zentrale Einheit, in der die gesellschaftliche Ordnung in Form von Gemeinschaften stabilisiert werde. In diesem Zusammenhang kamen der «in Freiheit getroffenen Entscheidung» und der «Einsicht des gemeinsamen Ziels» eine zentrale Bedeutung zu.[86]

Die Aktionsgemeinschaft Nationaler Wiederaufbau bot damit eine Lesart an, in der eine liberale Wirtschaftsordnung von selbst auf die Vergemeinschaftung im Alltag hinauslief. Der Staat erschien dabei als eine Kraft, die die natürliche Ordnung nur zerstören konnte. Wichtig schien, dass die Arbeitgeber diese Zusammenhänge erkannten und von selbst tätig würden. Dafür rekurrierten die Autoren auf die Prinzipien des «Berufs» und der «Berufsgemeinschaft», die als ordnungsstiftende Elemente auch die Integration der Interessen von Unternehmen und Beschäftigten gewährleisten sollten. Die «Betriebsgemeinschaft» und die «Berufsgemeinschaft» wurden in diesem Zusammenhang als komplementäre Elemente begriffen.[87]

Für die Umsetzung eines Programms der Betriebsgemeinschaft wurden nun alle Elemente der Privatwirtschaft aufgerufen, die nicht im Kern auf Produktion und Handel ausgerichtet waren, sondern zu den ergänzenden Wohlfahrts- und Bildungsmassnahmen zählten. Neben Fragen der Sicherheit und Gesundheit waren dies die Organisation des Arbeitsverhältnisses, die Aus- und Weiterbildung der Arbeitskräfte, die Lehrlingsfürsorge und die vielgestaltigen Angebote zur Absicherung und Umsorgung der Belegschaft. Rationalisierung und Produktivitätssteigerung sollten durch eine Pflege der menschlichen Beziehungen im Betrieb erreicht werden. Dem «Betriebsfaktor Seele» wurde dabei besonders Rechnung getragen, wobei die Instrumente, die für die Stärkung der Zusammenarbeit in den Unternehmen und Abteilungen benötigt wurden, bereits allesamt vorlagen und nun unter neuen Vorzeichen nochmals als abgestimmtes Gesamtpaket präsentiert wurden.[88]

---

85 Ebd., S. 5.
86 Ebd., S. 19.
87 Ebd., S. 28.
88 Steinmann, Arthur: Werkverbundenheit. Zürich 1944: Separatdruck aus der Neuen Zürcher Zeitung, S. 5.

8 Der Mangel an Fachkraft

Im Februar 1944 fand sich in einem Kurhotel in der Zentralschweiz eine illustre Gruppe aus Wirtschaft, Militär und Wissenschaft zu einem «Ferienkurs für geschäftliche Nachkriegsplanung» zusammen. Organisiert wurde die Veranstaltung von Hermann Georg Stokar, dem Steuer- und Versicherungsberater, der bereits Mitbegründer des Efficiency-Clubs in Zürich gewesen war. Stokar sah heftige ideologische Auseinandersetzungen auf Europa und insbesondere die Schweiz zukommen. Ziel seiner Veranstaltung war es, die Verteidiger einer liberalen Wirtschafts- und Gesellschaftsordnung intellektuell zu wappnen, sodass sie dem politischen Gegner etwas entgegenzusetzen hatten. Wie im Militär, da war sich Stokar sicher, müsse die gegenwärtige Situation möglichst präzise erfasst werden, um in den eigentlichen Kampfhandlungen zielgerichtet vorgehen zu können.[1]

Stokar selbst referierte zu Fragen der Personalpolitik und Geschäftspraxis in den USA. Edgar Schumacher, ein promovierter Offizier der Schweizer Armee, formulierte eine knappe Theorie der «Entschlusstechnik», die das soldatische Verhalten als Extremfall allgemeiner menschlicher Handlungsmodi entwarf. Aus der Politik sprach Paul Gysler, Mitglied der grossen Kammer des Parlaments und Sekretär des Gewerbeverbandes, über die zukünftigen Gefährdungen der Binnenwirtschaft. Einen Einblick in die strategischen Überlegungen eines exportierenden Unternehmens gewährte hingegen Charles Steiger, Direktor der Übersee-Handel AG. Der Fabrikantensohn war 1938 in das Unternehmen eingestiegen und hatte neben Japan und China zahlreiche weitere Absatzmärkte auf nahezu allen Kontinenten erschlossen. Aus diesem Fundus an Erfahrungen schöpfte Steiger für seinen Vortrag.[2]

Pläne für die Neugestaltung der politischen und wirtschaftlichen Ordnung nach Kriegsende wurden in der Schweiz in der ersten Hälfte der 1940er-Jahre – wie andernorts auch[3] – intensiv diskutiert. Berufsbildung stand nicht im Zentrum dieser Debatten zur Zukunft des Landes. Das entsprach der nur oberflächlichen Berücksichtigung der Bedeutung von Kriegs- und Nachkriegssituation

---

1 Stokar, Hermann Georg: Vorwort. In: Wir bereiten uns vor. Das Rigibuch, hg. von Hermann Georg Stokar. Zürich 1944: Gropengiesser, S. 3 f.
2 «Dr. h. c. Charles J. Steiger 70jährig». Neue Zürcher Zeitung vom 15. Februar 1956, Morgenausgabe, Blatt 3. Die einzelnen Beiträge wurden noch im selben Jahr im «Bildungsverlag» Gropengiesser veröffentlicht, der sonst eher auf Lebens- und Wirtschaftsratgeber spezialisiert war.
3 Vgl. etwa zum Europadiskurs im Exil Schilmar 2014.

in der Diskussion um die Schweizer Berufsbildung. Erwin Jeangros, Chef des Berner Amtes für Berufsbildung, nutzte die weltpolitische Lage vielmehr, um Grundlegendes zum Lehrlingswesen, zur Qualifikationsstruktur der Arbeitswelt, zu Jugend und Beruf zu sagen. «Berufsbildung» erschien bei Jeangros also gar nicht, wie der Titel einer schmalen Broschüre aus dem Jahr 1943 das eigentlich ankündigte, als «Nachkriegsvorsorge».[4] Stattdessen bildeten die Erfahrungen aus der Rezession nach Ende des Ersten Weltkriegs und den heftigen weltweiten Verwerfungen in der Folge des Börsencrashs von 1929 bis weit in die 50er-Jahre in der Schweiz den Hintergrund vieler öffentlicher Diskussionen zu Wirtschaft, Arbeitsmarkt und Berufsbildung.[5]

8.1 Ordnung und Arbeit

Die beharrliche Krise auf dem Arbeitsmarkt in den 1930er-Jahren hatte auch die harmonistische Vorstellung der Befriedung sozialer Konflikte durch eine Stärkung der Berufsgemeinschaften erschüttert. So war es etwa in den kaufmännischen Berufen, die einen vergleichsweise hohen weiblichen Beschäftigungsgrad aufwiesen, zu heftigen Auseinandersetzungen zwischen den Geschlechtern gekommen, die auch, als es bereits wieder aufwärtsging, noch die Diskussion bestimmten. Als die Arbeitslosigkeit in Folge der Weltwirtschaftskrise viele Kaufmänner traf, wurden die Frauen dafür angefeindet, die Konkurrenz auf dem angespannten Arbeitsmarkt zu erhöhen. Noch im Zuge der erwarteten Arbeitslosigkeit nach Ende des Zweiten Weltkriegs schien dem Präsidenten des Kaufmännischen Vereins in Basel an einer Delegiertenkonferenz die Frauenarbeit als «Problem der Probleme».[6]
Streit gab es aber auch darüber, inwiefern die Zahl der an den Handelsschulen ausgebildeten Jungen und Mädchen den Bedarf an kaufmännischen Angestellten übersteige. Es bestand die Sorge, dass das mit dem Berufsbildungsgesetz konsolidierte Ausbildungswesen ein Reservoir an Arbeitskräften hervorbringe, für das es bei den Unternehmen gar keine Nachfrage gab. Besonders eine methodisch fragwürdige Statistik, die das Bundesamt für Industrie, Gewerbe und Arbeit den organisierten Kaufleuten zur Verfügung gestellt hatte und die eine Zunahme der Absolventen um 250% innerhalb weniger Jahre nahelegte,

---

4   Jeangros, Erwin: Berufsbildung als Nachkriegsvorsorge. Bern 1943: Kantonales Lehrlingsamt.
5   Siehe grundsätzlich zur Schweiz in den 1950er-Jahren Pfister 1995; Tanner 2015, S. 292–353.
6   «Nachwuchsprobleme in den kaufmännischen Berufen». Berufsberatung und Berufsbildung 26 (1941) 6/7, S. 89–94.

gab Anlass zu kontroversen Debatten und weiteren statistischen Erhebungen.[7] Ähnliche Sorgen gab es in den Jahren des Zweiten Weltkriegs für die akademischen Berufe.[8]
Besonders heftig war in den Jahren des Krieges aber eine wirtschaftspolitische Auseinandersetzung, die zunächst nichts mit Fragen der beruflichen Bildung zu tun zu haben schien. Hierbei ging es um die sogenannte Vollbeschäftigung, die Vision also, möglichst die gesamte Erwerbsbevölkerung in Arbeit zu bringen. Eine gute Ausschöpfung des Arbeitsmarkts wurde in den Kriegs- und frühen Nachkriegsjahren, anders als in den folgenden Jahrzehnten der Hochkonjunktur, nicht als ein Problem des Personalmangels und damit der Qualifikation der Bevölkerung verhandelt. Im Zentrum stand in den 1940er-Jahren vielmehr die Frage, ob eine vollständige Beseitigung der Arbeitslosigkeit überhaupt möglich und sinnvoll sei.[9]
Angesichts der wieder moderaten Arbeitslosigkeit in den 1940er-Jahren und der bereits nahezu verwirklichten umfassenden Einbindung der Erwerbsbevölkerung in das Wirtschaftsleben deutet die Heftigkeit der Diskussion um dieses Thema darauf hin, dass es eigentlich um eine tiefergehende Problematik ging. Anhand der Frage nach Sinn und Möglichkeit von Vollbeschäftigung wurde auch die Frage behandelt, wie sehr sich der Staat aktivierend in der Arbeitsmarktpolitik betätigen solle. Entfacht worden war diese heftige Debatte durch den sogenannten Beveridge Report, der «full employment» sowie eine umfassende soziale Absicherung einforderte.[10] Zu dieser Auseinandersetzung nahm auch der Ökonom Wilhelm Röpke in den Schweizer Monatsheften Stellung, der die Weltwirtschaftskrise als «unvermeidliche Reaktion auf eine gigantische Hochkonjunktur» interpretierte, die sich aber durch eine Reihe weiterer Begleitumstände zu «einem verheerenden Weltbrande» ausgewachsen habe. Statt einer dauerhaften Stimulation der Konjunktur schlug Röpke vor, den marktwirtschaftlichen Mechanismen wieder zu ihrem Recht zu verhelfen.

7   «Der Zudrang Jugendlicher zum kaufmännischen Beruf». Berufsberatung und Berufsbildung 26 (1941) 12, S. 197–199.
8   Erb, Hans: Die Überfüllung in den akademischen Berufen und Vorschläge für Gegenmassnahmen. In: Schweizerische Hochschulzeitung 17 (1943) 2, S. 61–127; Neue Zürcher Zeitung vom 7. Januar 1944.
9   Das Problem der Vollbeschäftigung (Sonderberichte der Konjunkturforschungsstelle der Schweizerischen Gesellschaft für Konjunkturforschung 71). Zürich 1944: Gesellschaft für Wirtschaftsforschung. Als sich 1950 die Vereinten Nationen einer Politik der Vollbeschäftigung verschrieben, war das Thema in der Schweiz bereits Gegenstand akademischer Abhandlungen geworden. Im Rahmen der Revision des Wirtschaftsartikels von 1947 war das Ziel der Vollbeschäftigung aufgegriffen worden, wenn auch gleichzeitig das liberal-korporatistische Setting festgeschrieben wurde. Vgl. Toye, Toye 2006; Zimmermann 2012, S. 451 f.
10 Monachon 2002.

Dann könnten ein hinreichendes Lohnniveau, eine hochwertige Qualitätsproduktion sowie eine Befriedigung elementarer menschlicher Bedürfnisse auch realisiert werden. Die Forderung nach Vollbeschäftigung sah Röpke hingegen als ersten Schritt hin zu einer Zwangskollektivierung der Gesellschaft.[11]

Die politischen Folgen von massenhafter Arbeitslosigkeit waren in der Schweiz während des Zweiten Weltkrieges der zentrale Anlass einer – wenn auch moderaten – Politik der Arbeitsbeschaffung. Zwar hatte es bereits zuvor entsprechende Massnahmen des Bundes gegeben. Erst mit dem 1939 vom Volk deutlich angenommenen Bundesbeschluss wurden diese aber auf eine nachhaltig geregelte Grundlage gestellt.[12] Der Bundesrat setzte 1941 den Präsidenten des Baumeisterverbandes Johann-Laurenz Cagianut als Delegierten für Arbeitsbeschaffung ein. Cagianut verstarb noch im selben Jahr und wurde durch Otto Zipfel ersetzt, kaufmännischer Direktor und dann Verwaltungsrat der Saurer AG, eines stark exportorientierten Textilmaschinen- und Nutzfahrzeugfabrikanten. War die Konzeption der Arbeitsbeschaffung noch von Arbeitgeber- und Arbeitnehmervertretern gemeinsam ausgearbeitet worden, verschob sich das Gewicht nun also, wo es an die praktische Umsetzung ging, zu den Arbeitgebern. Eine von beiden Seiten besetzte Kommission stand dem Delegierten aber beratend zur Seite.[13]

Die Koordination der Arbeitsbeschaffungsmassnahmen selbst war eine der wirtschaftspolitischen Antworten auf die Befürchtung, dass nach dem Ende des Zweiten Weltkriegs eine erhöhte Arbeitslosigkeit zu erwarten sei. Dazu kam es aber nicht, sodass die von Zipfel erdachten Instrumente zur Belebung der Wirtschaft durch staatliche Investitionen grossteils in der Schublade verschwanden. Bereits in seinem ersten Zwischenbericht hatte der Delegierte betont, dass seine Aufgabe die der «Koordination und Konzentration» sei und die «individuelle Freiheit» weiterhin das «Ideal» darstelle. Der Föderalismus sollte dabei möglichst unangetastet bleiben.[14] Das staatspolitische Argument verschränkte Zipfel mit einer wirtschaftspolitischen Maxime der Arbeitsbeschaffung: «Das Primat liegt somit bei der privaten Wirtschaft». Der Bund sollte bei der Vergabe von Aufträgen immer – und zwar präventiv – mitbedenken, wie diese die Beschäftigung anregen könnten, statt erst im Nachhinein die bereits arbeitslos

---

11 Röpke, Wilhelm: «Vollbeschäftigung». Ein Irrweg zu einem selbstverständlichen Ziele. In: Schweizer Monatshefte 23 (1943) 1, S. 8–19, hier S. 13.
12 Mülhaupt 1948, S. 76.
13 Zimmermann 2009.
14 Arbeitsbeschaffung in der Kriegs- und Nachkriegszeit: Zwischenbericht des Delegierten für Arbeitsbeschaffung (Schriftenreihe zur Frage der Arbeitsbeschaffung. Volkswirtschaftliche Reihe 1). Zürich 1942: Polygraphischer Verlag, S. 7–10.

gewordenen Personen zu versorgen. In konjunkturell guten Zeiten sollte er sich zurückhalten, um dann in einer Krise angriffsbereit zu sein.[15] «Arbeitsbeschaffung» war als eine Art Mobilisierung von Ressourcen in Zeiten des Krieges ausgestaltet. Der Ausbau der wirtschaftspolitischen Lenkungsinstrumente liess Eingriffe in die Privatwirtschaft auch in Friedenszeiten durchaus denkbar erscheinen. Die Koordination der staatlichen Massnahmen lag aber in der Hand eines Arbeitgebervertreters, der bei jeder Gelegenheit Föderalismus und Wirtschaftsfreiheit betonte und auf die Verantwortung der Unternehmen hinwies, für ausreichend Beschäftigungsmöglichkeiten zu sorgen.[16] Eine konzeptuell ausgedünnte Variante des Korporatismus machte diesen Spagat dann möglich: Die Mitwirkung der Verbände an der Organisation des Wirtschaftslebens wurde nach Kriegsende auch in die Verfassung geschrieben. Eine Demokratisierung oder radikale Umgestaltung des Wirtschaftslebens fanden in der Bevölkerung hingegen keine Mehrheiten. Der Wirtschaftsartikel von 1947 ermöglichte es dem Bund, regulierend einzugreifen, um etwa Monopole zu verhindern oder die Landwirtschaft zu stützen. Parallel wurde eine staatliche Altersversorgung von der Stimmbevölkerung gutgeheissen.[17]

Die exportorientierte Industrie war auf innovative Technologien angewiesen, mit denen sie im Ausland einen Wettbewerbsvorteil haben würde. Otto Zipfel verknüpfte denn auch die Idee der Arbeitsbeschaffung mit dem Anliegen der Forschungsförderung. Schon bei der Bekämpfung der Folgen der Weltwirtschaftskrise auf dem Arbeitsmarkt war eine Subventionierung wissenschaftlicher Aktivitäten als Beschäftigungsmassnahme verhandelt worden. Nun sollte ein «Nationalfonds» eingerichtet werden, der die «Förderung der Arbeitsbeschaffung und des Exports durch wissenschaftliche Forschung» zum Zweck hatte. Das Anliegen scheiterte zunächst, einerseits aus staatspolitischen Gründen, da die Kulturhoheit der Kantone durch die direkte Subventionierung der Forschung durch den Bund bedroht schien. Es konnte andererseits auch deshalb nicht durchgesetzt werden, da die kantonalen Hochschulen davon ausgehen mussten, dass sie zugunsten der ETH finanziell ins Hintertreffen gerieten.[18]

15 Das Programm der öffentlichen Arbeiten: zweiter Zwischenbericht des Delegierten für Arbeitsbeschaffung (Schriftenreihe zur Frage der Arbeitsbeschaffung. Volkswirtschaftliche Reihe 6). Zürich 1944: Polygraphischer Verlag, S. 9.
16 Zipfel, Otto: Grundzüge des schweizerischen Arbeitsbeschaffungsprogramms. In: Staat und Wirtschaft im Kampf gegen die Arbeitslosigkeit, hg. vom Delegierten für Arbeitsbeschaffung. ETH-Tagung für Arbeitsbeschaffung am 15./16. April 1943 (Schriftenreihe zur Frage der Arbeitsbeschaffung. Volkswirtschaftliche Reihe 3–4). Zürich 1943: Polygraphischer Verlag, S. 12–23, hier S. 14.
17 Tanner 2015, S. 313–319.
18 Zur Geschichte des Nationalfonds vgl. Fleury, Joye 2002.

8.2 Personalnot

Dass die befürchtete Arbeitslosigkeit nach Kriegsende nicht eintreten würde, wurde den verschiedenen Interessenten nach und nach klar. Als krisenhaft erschien dem liberalen Lager von nun an die «Überbeschäftigung», die «Hoch-» oder «Überkonjunktur», die durch staatliche Subventionen, eine starke Nachfrage nach schweizerischen Produkten im Ausland und den Binnenmarkt gleichermassen verursacht schien. Zwar vermerkte auch der Delegierte für Arbeitsbeschaffung das Problem der Personalknappheit. Gegensteuern wollte man aber zunächst nicht etwa durch forcierte Qualifizierungsanstrengungen, sondern durch eine Dämpfung der Konjunktur. Zipfel sah eine Senkung der Staatsausgaben als das Gebot der Stunde.[19]

Es kam also, anders als es die Mehrheit der wirtschaftspolitischen Kommentatoren befürchtet hatte, nicht zu einer heftigen und anhaltenden Nachkriegsdepression: Während die Produktionsstruktur in Ost- und Westeuropa 1945 in weiten Teilen zerstört war, konnten die Schweizer Unternehmen auf einen hochentwickelten und funktionierenden Maschinenpark zurückgreifen. Die Banken lieferten ausreichend Kapital für Investitionen im In- und Ausland. Bei den Alliierten waren viele Unternehmen zwar im Laufe des Zweiten Weltkriegs auf schwarzen Listen gelandet, da sie weiterhin mit den Achsenmächten Geschäfte gemacht hatten. Durch die neue Situation des Kalten Krieges konnte sich die Schweiz aber überraschend schnell rehabilitieren. Der Blick der westlichen Siegermächte war nun auf die gegenwärtige Konfliktsituation gerichtet, nicht mehr in die Vergangenheit. Nicht zuletzt wurden die schweizerischen Banken im Zuge des europäischen Wiederaufbaus als Kapitalgeber dringend benötigt, was bereits im Rahmen der zurückhaltenden Sanktionen während des Zweiten Weltkriegs eine Rolle gespielt hatte. Der Kapitalexport war eine Investition, die sich für die Schweizer Privatwirtschaft dann mehr als auszahlte.[20]

Die komfortable Ausgangslage der Schweizer Industrie schlug sich auch auf dem Arbeitsmarkt nieder. Bereits in den Kriegsjahren hatte die Schweiz eine sehr niedrige Arbeitslosenquote. Während also Produktionsstruktur und Kapitaldecke als ausgesprochen gut bezeichnet werden konnten, war das Personal schon vor der eigentlichen Boomphase knapp. In den 1960er-Jahren schmiegte sich die Zahl der Stellensuchenden dann endgültig der Nulllinie an.

---

19 «Das Problem der Konjunkturlenkung». Neue Zürcher Zeitung vom 25. Oktober 1946, Abendausgabe, Blatt 6.
20 Gees, Frech, Meier, Kropf 2002, S. 271–301; Unabhängige Expertenkommission Schweiz – Zweiter Weltkrieg 2002, S. 99 f., S. 197 f., S. 544–547.

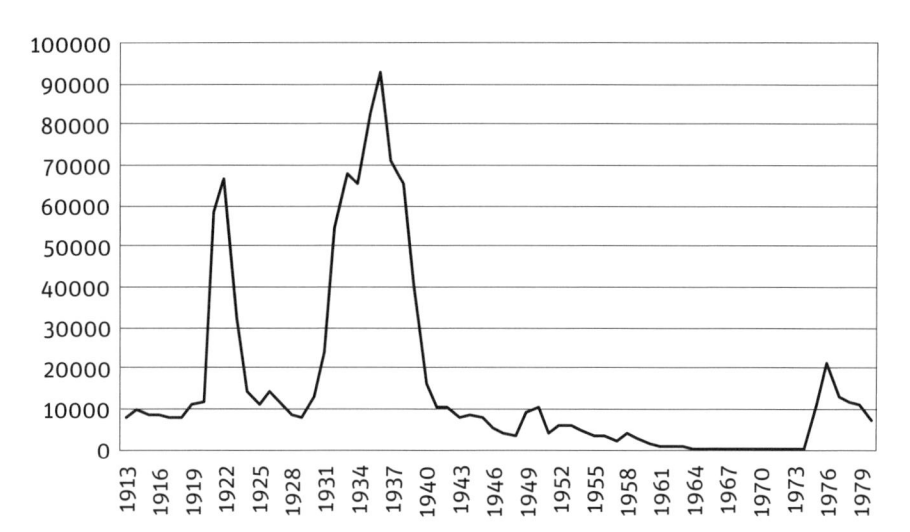

Abb. 2: Stellensuchende Schweiz, 1913–1980

Quelle: HSSO F.18a

Diese Situation wurde in den Unternehmen und Verbänden, aber auch in der Wirtschaftspolitik zunehmend als bedrohlich empfunden.[21]
Der unerwartet positiven Entwicklung auf dem Arbeitsmarkt stand man in Politik und Verbänden etwas ratlos gegenüber, da die historischen Vorbilder fehlten. Selbst diejenigen, die in den Kriegsjahren nicht nur pessimistisch in die Zukunft geschaut hatten, konnten nicht damit rechnen, dass der Übergang so fliessend sein würde. Die Behörden waren ganz auf Arbeitsbeschaffung und Deflationsbekämpfung eingestellt gewesen und sahen sich nun Personalmangel und Inflationsängsten gegenüber. Das wirkte sich auch in anderen Bereichen aus: Die boomende Industrie war eine attraktive Arbeitgeberin, die Menschen in die Städte zog, die wiederum neuen Wohnraum benötigten. Steigende Löhne und verstärkte Bautätigkeit drohten das Preisniveau nach oben zu treiben.[22]
Niemand konnte wissen, ob es sich bei der sogenannten Überkonjunktur um ein kurzes Intermezzo handelte oder ob nun eine lange Zeit wirtschaftlicher Prosperität anbrechen würde. Noch die Folgen der Weltwirtschaftskrise vor Augen, rechnete kaum ein Kommentator des Wirtschaftsgeschehens mit den goldenen

21　Siehe Abb. 2.
22　La Roche, Charles: Aktuelle Probleme der Überbeschäftigung. In: Schweizerische Zeitschrift für Volkswirtschaft und Statistik 82 (1946) 3, S. 260–267.

Jahrzehnten, die nun folgen sollten. Fragen der Berufsbildung standen deshalb zunächst nicht im Zentrum der öffentlichen wirtschaftspolitischen Diskussion. Anders sah das in den Unternehmen selbst aus, die mit den knappen personellen Ressourcen, die der Arbeitsmarkt bereitstellte, täglich zu kämpfen hatten. Bereits die Jahre des Aktivdienstes der männlichen Bevölkerung hatten dazu geführt, dass die Angestellten den Betrieben mitunter vorübergehend nicht zur Verfügung standen. Der Einsatz von Frauen als Ersatzkräften wurde als Hilfsarbeit kodiert, tauchte in der Statistik nicht auf und war nur als Behelfslösung gedacht. Das etablierte Gefüge der geschlechtlichen Arbeitsteilung sollte durch die Sondersituation des Krieges nicht nachhaltig verschoben werden.[23] So trat mit der Kriegs- und der anschliessenden Hochkonjunktur nie eine wirkliche Entspannung der Situation knapper Arbeitskräfte ein. Das Problem des Personalmangels wurde von der Landwirtschaft über das Kleingewerbe oder die kaufmännischen Berufe bis hin zur Industrie vielfach beklagt und in den Berufsverbänden intensiv diskutiert.[24]

Gertrud Niggli von der Zentralstelle für Frauenberufe mokierte sich 1945 über den «ungeduldig-klagenden Chor» zur Personalsituation in der Privatwirtschaft: Mal werde das Berufswahlverhalten der Jugend kritisiert, mal seien es die gesetzliche Lage oder die Berufsberatung, die zu wenig die Bedürfnisse der Wirtschaft berücksichtigten. Niggli betonte demgegenüber, dass verschiedene Entwicklungen im Wirtschaftsleben selbst verantwortlich für die gegenwärtige Arbeitsmarktlage seien: Die Nachfrage im Inland, Rohstoffimporte, steigende Löhne und das Konsumverhalten der Bevölkerung sowie der Export von Kapital und industriellen Gütern im Zeichen des europäischen Wiederaufbaus trügen zur günstigen konjunkturellen Lage bei. Ausserdem werde der Rückgang in der Geburtenrate in früheren Jahrzehnten nun auch auf dem Arbeitsmarkt spürbar. Die Mobilisierung von neuen Gruppen in der erwerbsfähigen Bevölkerung sei erschöpft. Nur bei den verheirateten Frauen sah Niggli noch Potenzial.[25]

Auch in der wissenschaftlichen Nachbetrachtung blieb es dieses Ursachenbündel, das für die «Überbeschäftigung in der Nachkriegszeit»[26] verantwortlich gemacht wurde. Binnenmarkt und Bauboom, Exportindustrie und Konsum sowie öffentliche Ausgaben kurbelten die Konjunktur an und liessen das Personal auf dem heimischen Arbeitsmarkt knapp werden. In den politischen

23 Wecker 2003.
24 Siehe den Pressespiegel zum Thema Nachwuchsfragen in der Gewerblichen Rundschau für die Jahre 1945–1950.
25 «Gründe des Nachwuchsmangels». Berufsberatung und Berufsbildung 30 (1945) 11/12, S. 181 f.
26 Ins, German von: Das Problem der Überbeschäftigung in der Nachkriegszeit. Grosshöchstetten 1956: Jakob.

Debatten zur Lösung des Problems führten die Friktionen von Gewerbe und Industrie oder von Privatwirtschaft und Staat zu jeweils entgegengesetzten Einschätzungen der schweizerischen Wirtschaftslage. Die Diskussion um die richtige Arbeitsmarktpolitik wurde dabei stark von der konjunkturellen Lage bestimmt. Die gewaltigen Verschiebungen in der Personalstruktur, die sich parallel ereigneten, schienen noch weniger klar ausgemacht zu sein. Zwar wurde von verschiedener Seite die Bedeutungszunahme kaufmännischer Berufe oder eine Akademikerschwemme konstatiert und der Attraktivitätsverlust des Handwerks beklagt, ohne dass daraus zwingend auf einen unumkehrbaren Wandel geschlossen wurde. Im Februar 1944 erschien in der Neuen Zürcher Zeitung gar ein Artikel, der für die Nachkriegszeit «eine erhöhte Nachfrage nach landwirtschaftlichen Arbeitskräften» prophezeite und in der Stärkung der Agrarwirtschaft die wichtigste Aufgabe einer nachhaltigen Arbeitsmarkpolitik sah.[27]

Dies war nicht einfach eine abwegige Einzelmeinung. Vielmehr stiess die Landflucht verschiedenen Kommentatoren des gesellschaftlichen Geschehens sauer auf. Der Ökonom Wilhelm Röpke, der mit der Machtübernahme der Nationalsozialisten Deutschland unmittelbar verlassen musste und nach einer Zwischenstation am Bosporus an der Universität Genf gelandet war, fand in der Schweiz ein begeistertes und treues konservatives Publikum für seine kulturkritischen Schriften. Röpke stellte den einfachen Mann und den «schlichten und gesunden Menschenverstand» ins Zentrum seiner zeitdiagnostischen Überlegungen und entwarf eine Gesellschaftsordnung, die sich um den Kleinbetrieb, den Handwerker und das dörfliche Leben aufbaute. In einem Vortrag vor ehemaligen Studierenden der Eidgenössischen Technischen Hochschule skizzierte der Ökonom seine parallel auf Kapitalismus und Kollektivismus zielende Kritik und appellierte an das Publikum, sich ebenso kritisch der eigenen «déformation professionnelle» zu stellen. Der Vortrag wurde in der Schweizerischen Bauzeitung, der Verbandszeitschrift des Schweizerischen Ingenieur- und Architektenvereins, vollständig abgedruckt, von der Redaktion in einer «Zwischenbemerkung» freundlich kommentiert und in den Reigen jüngerer Verlautbarungen der schweizerischen Arbeitgeberschaft gestellt.[28]

Für die Berufsverbände stellte sich mit der anziehenden Konjunktur die Frage, warum die Unternehmen so grosse Schwierigkeiten hatten, hinreichend qualifiziertes Personal zu finden – zumal mit dem 1930 verabschiedeten ersten eidgenössischen Berufsbildungsgesetz die betriebliche Ausbildung gerade gestärkt

27 «Arbeitsmarktpolitik als Nachkriegsproblem». Neue Zürcher Zeitung vom 22. Februar 1944, Abendausgabe, Blatt 5.
28 Röpke, Wilhelm: Das Problem der Dezentralisation in der Volkswirtschaft. In: Schweizerische Bauzeitung vom 19. September 1942, S. 133–138.

worden war. Eine Ursache schien schlicht demografischer Natur zu sein. Die Zahl der Lebendgeburten war seit 1920 in der Schweiz kontinuierlich gesunken und erreichte 1937 einen Tiefststand, was nur noch zwei Drittel der Werte um 1900 bedeutete. Mit der konjunkturellen Erholung zog auch die Zahl der geborenen Kinder an, erreichte aber erst Anfang der 1960er-Jahre wieder das Niveau der Jahrhundertwende. Derartige demografische Entwicklungen spiegelten sich im Bildungswesen bei Schuleintritt oder im Jugendalter wider, wenn die Mädchen und Jungen sich auf eine Lehrstelle bewarben oder in die höheren Bildungsanstalten eintraten.[29]

Der Bildungsstatistiker Carl Brüschweiler führte seinem Publikum aus Berufsverbänden und Berufsberatung 1946 eindringlich vor Augen, welche Folgen der demografische Wandel trotz einer Trendwende in der Geburtenrate habe. Für ihn war der «Mangel an Arbeitskräften» zunächst und vor allem den «Geburteneinbussen» geschuldet. Die kriegsbedingte Abwanderung ausländischer Arbeitskräfte und die Berufswahlpräferenzen der Jugend schienen ihm dabei sekundär zu sein. Die eigentlichen Probleme sah er noch gar nicht gekommen, da der Knick in der Geburtenrate sich erst in der zweiten Hälfte der 1940er-Jahre auf dem Arbeitsmarkt voll bemerkbar machen würde. Vor allem sorgte sich Brüschweiler, dass die fehlenden Ressourcen nun durch eine Anwerbung ausländischer Arbeitskräfte kompensiert werden müssten und dadurch die «Volkssubstanz» erodieren könnte.[30]

Im Vergleich zwischen den verschiedenen Branchen, in denen Jungen und Mädchen eine Berufslehre absolvierten, stellte sich das Bild deutlich differenzierter dar, als es der globale Blick auf Geburtenraten und Lehrverträge nahelegte. Tatsächlich war die Zahl der männlichen Lehrlinge im Bereich der Holz- und Glasbearbeitung und im Baugewerbe seit der statistischen Erfassung durch den Bund zunächst einmal rückläufig. Ein Tiefstwert wurde 1943 erreicht, wo in diesen beiden Bereichen im Vergleich zu 1935 gerade noch gut die Hälfte an Abschlussprüfungen absolviert worden war. Mit der Stabilisierung des Arbeitsmarkts zog die Zahl dann aber wieder an. Die Ausbildung bewegte sich im Laufe der 1940er-Jahre relativ konstant auf einem ähnlichen Niveau. Deutlich anders verlief die Entwicklung in der Metall- und Maschinenindustrie. Zwischen 1940 und 1950 nahm die Zahl der Lehrabschlüsse hier um mehr als ein Drittel zu. Ausgebildet wurden in diesem Sektor vor allem Mechaniker, Monteure oder Schlosser. Bei den Mädchen, im Duktus der Zeit weiterhin als «Lehrtöchter» bezeichnet, konzentrierten sich die Abschlüsse auf die Branchen

29 Die Berechnungen beruhen auf den Daten der Historischen Statistik Schweiz (online), Tabelle C.18.
30 «Entwicklungstendenzen der Bevölkerung und die Berufsberatung». Berufsberatung und Berufsbildung 31 (1946) 3/4, S. 37–54.

Handel und Verwaltung sowie Bekleidung und Reinigung. Wo die männlichen Jugendlichen aber in grosser Zahl zum «Kaufmann» oder zum «Mechaniker» ausgebildet wurden, führte bei den jungen Frauen die «Verkäuferin» und die «Schneiderin» die Statistik an. Die Anzahl der ausgebildeten Verkäuferinnen wuchs um mehr als das Doppelte. Bei den kaufmännischen «Lehrtöchtern» verdreifachte sich die Menge der Lehrabschlüsse sogar – ausgehend von einem deutlich niedrigeren Niveau. Kann der Anstieg in den Büroberufen für die Jungen als moderat bezeichnet werden, waren die Zuwächse für die Mädchen gewaltig. Die Klagen über ein Übermass an Abschlüssen im kaufmännischen Bereich hatten also immer auch eine geschlechtliche Dimension.[31]
Im Gewerbe sah man sich durch die boomende Industrie bedroht und zugleich massiver Kritik ausgesetzt, zu wenig für die Attraktivitätssteigerung des Handwerks zu tun. Immerhin gab es mit dem Meistertitel und weiteren anerkannten Fortbildungsangeboten Möglichkeiten der beruflichen Weiterentwicklung.[32] Die Unternehmen der Metall- und Maschinenindustrie aber entwickelten innovative Produkte, die im Ausland reissenden Absatz fanden. Sie boten gute Verdienstmöglichkeiten und konnten einer technikbegeisterten jugendlichen Klientel neue Inhalte erschliessen. Doch auch hier war das Personal knapp und es musste um Nachwuchs geworben werden. Unternehmen und Verbände produzierten aufwendige Broschüren oder sogar Filme, um die Jugend auf einzelne Berufe aufmerksam zu machen: «Heiri will Giesser werden» wurde 1947 in Burgdorf erstmals öffentlich aufgeführt. Der Film inszenierte den Berufswahlprozess eines Jugendlichen und warb auch mit den Lehrlingslöhnen um mögliche Bewerber.[33] Die Hasler AG in Bern, die im Bereich der Fernmeldetechnik marktführend war und vor allem für staatliche Auftraggeber produzierte, gab den interessierten Lehrlingen seit Ende der 1940er-Jahre eine Broschüre ab, in der sie über die Anforderungen und Abläufe der Berufsbildung informierte. Der Text war mit Fotos und Faksimiles illustriert und richtete sich an die Jugendlichen mindestens genauso wie an die Eltern. Der Stand der technologischen Entwicklung bildete auch hier den zentralen Kontext der Darstellung. Gleich in den einleitenden Bemerkungen verwies Hasler auf das Problem, dass in Zeiten der Hochkonjunktur die Löhne der ausgebildeten Fachkräfte die der ungelernten nicht hinreichend übersteigen. Mit Verweis auf die historischen Erfahrungen, dass bei einer ungünstigeren konjunkturellen Lage die

---

31 Die Berechnungen erfolgten auf Grundlage der Daten der Historischen Statistik Schweiz (online), Tabelle Z.26.
32 «Briefe an die N. Z. Z.». Neue Zürcher Zeitung vom 7. Juli 1944, Abendausgabe, Blatt 7; «Handwerklicher und akademischer Nachwuchs». Neue Zürcher Zeitung vom 29. Juli 1944, Morgenausgabe, Blatt 4.
33 Zimmermann 2004, S. 65.

ausgebildeten Kräfte deutlich bessere Chancen auf dem Arbeitsmarkt hätten, versuchte die Broschüre aber den Wert einer Berufsbildung dennoch zu unterstreichen: «Der gelernte Arbeiter kann seinen Posten mit mehr Zuversicht für krisensicher betrachten als der ungelernte».[34]

Auf dieses Problem hatte 1946 auch Friedrich Bernet in einem Vortrag hingewiesen, in dem er die Nachwuchssorgen in der schweizerischen Industrie thematisierte.[35] In dieselbe Kerbe schlug sein Nachfolger als Redakteur bei der Arbeitgeberzeitung Albert Hauser, der eine der wichtigsten Aufgaben der Berufsberatung darin sah, die «von der Gunst des Augenblicks Geblendeten» aufzuklären.[36] In einer umfassenden Erhebung, die Carl Brüschweiler für das Eidgenössische Statistische Amt im Auftrag des Arbeitgeberverbands schweizerischer Maschinen- und Metall-Industrieller durchführte und in der 7000 Personen individuell befragt worden waren, hatten gut 22% der männlichen und über 75% der weiblichen kaufmännischen Angestellten angegeben, ihren Beruf ohne eine passende vorgängige Qualifikation auszuüben. Bei den Betriebsangestellten ohne herausgehobene Aufgaben – Lageristen, Werkstattschreiber oder Hauswarte – waren über 46% unqualifizierte Arbeitskräfte. Selbst bei den Werkführern, Meistern und Kontrolleuren gaben aber noch 13.4% der Befragten an, keine Berufslehre absolviert zu haben, was den verantwortlichen Statistiker Carl Brüschweiler einigermassen ratlos zurückliess. Er vermutete, dass sich besonders engagierte Arbeiter in Positionen vorgearbeitet hatten, für die sie formal eigentlich gar nicht qualifiziert waren.[37]

Der Berufsberater Emil Jucker ging davon aus, dass insgesamt ein Viertel bis ein Drittel der Jugendlichen ohne einen Abschluss direkt ins Erwerbsleben einstiegen. Laut einer Befragung des Kantonalen Jugendamts in Zürich für die Jahre 1942–1945 bei denjenigen Schülerinnen und Schülern, die die obligatorische Schule verliessen, stieg tatsächlich gut ein Viertel direkt ins Arbeitsleben ein und machte zunächst keine Berufslehre oder einen weiteren Schulabschluss.[38]

---

34 Der Lehrling in der Hasler AG Bern. Bern 1949, S. 1.
35 «Die Nachwuchsfrage in der Industrie». Berufsberatung und Berufsbildung 31 (1946) 3/4, S. 57–59.
36 Hauser, Albert: Der Einfluss der Hochkonjunktur auf den beruflichen Nachwuchs in der Industrie. In: Schweizerische Arbeitgeber-Zeitung vom 3. Oktober 1947, S. 798–800. Bernet gab die Redaktion des deutschsprachigen Teils der Schweizerischen Arbeitgeber-Zeitung nach 22 Jahren an den Historiker Albert Hauser ab. Vgl. «An unsere Leser!» Schweizerische Arbeitgeber-Zeitung vom 2. Mai 1947, S. 361.
37 Brüschweiler, Carl: Sozialer Aufbau des Personals der Maschinen- und Metallindustrie. Zürich 1942, S. 52–58.
38 Vgl. Jucker, Emil: Die Lage der an- und ungelernten Arbeitskräfte. Die Aufgabe der Berufsberatung. In: Berufsberatung und Berufsbildung 28 (1943) 5/6, S. 77–82; Berufsberatung und Berufsbildung 32 (1947) 9/10.

Aus Sicht der sozialen Arbeit schienen entsprechend grössere Anstrengungen im Bereich des Jugendschutzes und der Fabrikfürsorge angezeigt zu sein.[39] Als Ende der 1940er-Jahre vorübergehend eine Entspannung des Arbeitsmarktes einsetzte, gingen viele Beobachter in der Schweiz davon aus, dass nun die erwartete (und erhoffte) Wende eingetreten sei, während andere eine erneute Rezession wie in den 1930er-Jahren fürchteten. Die Konjunkturbeobachtung war also, trotz der mittlerweile ausgebauten prognostischen Mittel, gerade nicht zum Instrument des langfristigen vorausschauenden Denkens geworden, wie Friedrich Bernet sich das in den 1920er-Jahren erhofft hatte. Die immer genauere Bestimmung der Lage auf dem Arbeitsmarkt, der Ein- und Ausfuhren, privaten und öffentlichen Ausgaben oder von Konsum und Absatz befeuerte gerade die Fahrt auf kurze Sicht. Historische Ereignisse, die in der eigenen Erfahrung verankert waren, gaben die Deutungen für die Zukunft vor. Noch lange wartete man nach dem Ende des Zweiten Weltkrigs auf eine Normalisierung des Arbeitsmarktes – oder auf eine neue tiefgreifende Krise. Das Einsetzen des Kalten Krieges liess instabile Entwicklungen wahrscheinlicher erscheinen als Jahrzehnte prosperierender Unternehmen und stetig steigender Steuereinnahmen.[40]

Am Institut für Wirtschaftsforschung der ETH Zürich ging man um 1950 bereits von einer «weiteren leichten Anpassung des Wirtschaftsvolumens an ein normaleres Niveau» aus.[41] Auch der Delegierte für Arbeitsbeschaffung Otto Zipfel zeigte sich erfreut, dass die Produktion nun gesundgeschrumpft und damit der Bedarf an Arbeitskräften zurückgehen würde. Anlass zu einer überhasteten Krisenintervention und staatlichen Eingriffen sah er indes nicht. Vielmehr sei nun die Krise nicht künstlich herbeizureden. Den Einbruch sah der Delegierte als günstige Gelegenheit, die aus Arbeitgebersicht ungünstige Entwicklung bei Preisen und Löhnen zu korrigieren.[42]

Zipfel wollte eine weitere Entwicklung korrigiert wissen, die sich durch die Personalsituation eingestellt hatte. Die Dämpfung der konjunkturellen Lage schien ihm ein hinreichender Anlass, die in der Zwischenzeit angeworbenen ausländischen Arbeitskräfte wieder in ihre Heimat zurückzuschicken.[43] Die Angst vor «Überfremdung» war direkt nach dem Ende des Zweiten Weltkrigs

---

39 Graf, Klara: Die jugendlichen An- und Ungelernten im Fabrikbetrieb: Beitrag zur Frage des Betriebsjugendschutzes in arbeitstechnischer, gesundheitlicher & charakterlicher Hinsicht. Zürich 1946: Soziale Frauenschule, S. 41 f.
40 Grundsätzlich zur Schweiz im Kalten Krieg: Buomberger 2017.
41 ETH, Institut für Wirtschaftsforschung, Berichte der Konjunkturforschungsstelle 1950, Woche 5/6, S. 1.
42 «Sind wir zur Bekämpfung von Krisen und Arbeitslosigkeit bereit?» Schweizerische Gewerbe-Zeitung vom 1. Januar 1950, S. 3.
43 Ebd.

Thema in der öffentlichen Auseinandersetzung zur Arbeitsmarktpolitik und der Verbandspresse. Sie lief als eine beiläufige, für selbstverständlich befundene Diagnose mit, wenn über die knappe Personalsituation in den Unternehmen debattiert wurde. Die Lösung dieses Problems über das Anwerben von unqualifizierten Arbeitskräften aus dem Ausland galt als eine höchstens vorübergehende Massnahme im Zeichen einer Hochkonjunktur, von der man annahm, dass sie bald wieder abklingen würde.[44]

8.3 Die Stunde des Delegierten

Vor dem Ersten Weltkrieg hatte in Europa noch nahezu Personenfreizügigkeit geherrscht. Erst mit dem Krieg kam es zu einer Schliessung der nationalen Arbeitsmärkte, was in Zeiten der Hochkonjunktur zum Problem wurde. Die Unternehmen begannen in der Schweiz bereits Mitte der 1940er-Jahre mit wilden Anwerbemassnahmen, die anschliessend höchstens durch die Kantone koordiniert wurden.[45] Die Zahl der berufstätigen Ausländerinnen und Ausländer, die erstmals eine Aufenthaltsbewilligung erhielten, hatte sich – von einem sehr niedrigen Ausgangsniveau – bereits von 1944 auf 1945 nahezu versechsfacht. Zum Jahr 1946 vermehrte sich die nun erreichte Menge an Personen dann nochmals um gut denselben Faktor. Ein Höchststand wurde Anfang der 1960er-Jahre erreicht. Die Zahl der erstmaligen Aufenthaltsbewilligungen für erwerbstätige Ausländer hatte sich nun im Vergleich zum ersten Nachkriegsjahr mehr als verzehnfacht.[46]

Die Entspannung des Arbeitsmarktes Ende der 1940er-Jahre war nur von kurzer Dauer. Die Hoffnungen des Delegierten Zipfel, dass nun eine Rückkehr zu einer als normal empfundenen Personalsituation eingeläutet sei, wurden schnell enttäuscht. Binnen kurzer Zeit erreichte die Zahl der Stellensuchenden wieder das Niveau der Nachkriegsjahre und näherte sich nun stetig der Nulllinie. Auch wenn die Betriebe und Berufsverbände das Problem des Personalmangels unmittelbar als eines der fehlenden Qualifikationen im Arbeitsleben deuteten, spiegelte sich diese Sicht zunächst nur bedingt in der öffentlichen Auseinandersetzung, der wirtschaftspolitischen Programmatik oder der wissenschaftlichen Behandlung des Themas. Diese Situation änderte sich grundlegend, nachdem allen Interessengruppen klar geworden war, dass auch die konjunkturelle Dämp-

---

44 Zu den verschiedenen Anwerbezyklen und den migrationspolitischen Kontexten vgl. Senn 2017.
45 Strikwerda 1997; Gees 2004, Senn 2017, S. 28–32.
46 Die Berechnungen beruhen auf den Daten der Historischen Statistik Schweiz (online), Tabelle F.14a und b.

fung nur vorübergehend war. Auf das Ende des Jahres 1955 trat Otto Zipfel von seinem Amt als Delegierter des Bundesrates für Arbeitsbeschaffung und wirtschaftliche Landesverteidigung zurück. Sein Nachfolger wurde Fritz Hummler, der in den Kriegsjahren als Sekretär des Vereins Schweizerischer Maschinenindustrieller die Belange der exportorientierten Unternehmen vertreten hatte und gerade erst zurück in die Privatwirtschaft gewechselt war, um bei den Ateliers de constructions mécaniques in Vevey eine Managementstelle anzutreten. Hummler begann mit der Einarbeitung in sein neues Aufgabengebiet bereits, bevor Zipfel endgültig aus dem Amt ausschied.[47] Seitens der Bundesbehörden war es explizit gewollt, dass der Delegierte sehr enge Kontakte zur Privatwirtschaft unterhielt. Auf diese Weise sollte gewährleistet werden, dass vertrauliche Informationen aus der Privatwirtschaft der staatlichen Seite auf informellem Weg zugehen konnten. Insiderwissen, volkswirtschaftliches Grundwissen, ein tragfähiges Netzwerk, Kenntnis der behördlichen Abläufe sowie Verhandlungsgeschick und Auftrittskompetenz galten als notwendige Voraussetzungen, um das Amt angemessen ausfüllen zu können.[48]

Bevor der Delegierte Zipfel sein Amt niedergelegt hatte, erschien in seinem Mitteilungsblatt ein Artikel, der die Wende in der öffentlichen, wissenschaftlichen, wirtschaftlichen und politischen Behandlung der Nachwuchsfrage markierte. Die «Bemerkungen zum Problem des wissenschaftlichen und technischen Nachwuchses» gaben seinem Nachfolger Hummler während seiner gesamten Amtszeit einen Leitfaden an die Hand. Arbeitskräfte wurden nun nicht länger als quantitative Menge verfügbaren Personals in unterschiedlichen Branchen thematisiert, sondern als ein qualitatives Problem verstanden. Den sowohl bei den Berufs- und Wirtschaftsverbänden als auch in der Öffentlichkeit stark rezipierten Text beanspruchte Zipfel noch für sich selbst, auch wenn er wohl bereits von Hummler verfasst worden war. In seiner Funktion als Präsident der «Kommission zur Förderung des wissenschaftlichen Nachwuchses» sprach Zipfel von «meinen Ausführungen» und «meine[n] Bemühungen».[49] Hummler hingegen stellte später rückblickend fest, dass der Text auf Anregung seines Vorgängers entstanden, aber von ihm selbst verfasst worden sei.[50]

---

47 Protokollauszug vom 20. Dezember 1954, Sitzung des Bundesrates (BAR, E6270B #1000/1027#291*); «Der Delegierte für Arbeitsbeschaffung». Neue Zürcher Zeitung vom 31. Dezember 1955; Rothenbühler 2005.
48 Volkswirtschaftsdepartement an den Bundesrat vom 8. Dezember 1954 (BAR, E6270B #1000/1027#291*).
49 Der Delegierte für Arbeitsbeschaffung Otto Zipfel vom 30. November 1955 (BAR, E7291A #1973/86#329*).
50 Schlussbericht des Arbeitsausschusses zur Förderung des wissenschaftlichen und technischen Nachwuchses. Bern 1959: EDMZ, S. 7.

Im Zentrum der Anstrengungen des Delegierten stand nun also nicht länger die Arbeits-, sondern die Arbeitskraftbeschaffung. Dabei ging es aber nicht um eine generelle Öffnung der höheren Bildung für breitere Schichten der Bevölkerung oder eine erweiterte Teilhabe an den Angeboten der Erwachsenenbildung. Auch zielte der neue Amtsinhaber nicht primär auf eine Erhöhung der Beschulungsquote. Vielmehr nahm der Delegierte des Bundesrats eine ganz bestimmte Gruppierung in den Blick, nämlich den «wissenschaftlichen und technischen Nachwuchs». Hier sah er den eigentlichen Personalmangel und den grössten Bedarf seitens der Arbeitgeber. Mit dem Begriff des «Nachwuchses» machte Hummler zudem deutlich, dass das Problem nicht etwa über berufliche und betriebliche Weiterbildung gelöst, sondern an der Wurzel angepackt werden sollte. Es galt, die grundständige Ausbildung von Technikern und Naturwissenschaftlern nachhaltig auszubauen. Der Bedarf an genau diesen Qualifikationen schien ihm entsprechend kein vorläufiges Phänomen zu sein. Vielmehr ging der Delegierte davon aus, dass wissenschaftliches und anspruchsvolles technisches Wissen der zentrale Rohstoff für die Unternehmen der Schweiz sei.[51] Dass es in diesem Bereich eine grosse Nachfrage nach Arbeitskräften gab, liess sich den Stellenanzeigen in den grossen Tageszeitungen entnehmen. In den Hochschulen und der Industrie war der Mangel in diesem Bereich bekannt. Daher standen dem Delegierten hinreichend statistische Daten zur Verfügung, um seine Ausrichtung auf das wissenschaftliche und technische Personal als begründet anzusehen – auch wenn die Statistiken alles andere als leicht zu interpretieren waren, da besonders der Grenzwachdienst der Männer in den Kriegsjahren zu Verzerrungen führte.[52]
Hummler sah trotz der verschiedenen Einschränkungen in der Aussagekraft der Hochschulstatistik eine bemerkenswerte Zunahme der Absolvierendenzahlen technischer und naturwissenschaftlicher Studiengänge. Er machte hierfür die besondere Situation des Zweiten Weltkriegs verantwortlich. Die Zerstörungen in ganz Europa hätten es wahrscheinlich gemacht, dass Ingenieure nach dem Ende des Krieges gebraucht würden. Und die schweizerische Regierung habe mit der Ankündigung von Massnahmen der Arbeitsbeschaffung die entsprechenden Sicherheiten gegeben, dass sich die aufwendige und anspruchsvolle wissenschaftliche Ausbildung auch auszahlen werde. Trotz der Hochkonjunktur sei dann, wenn man die Statistiken angemessen interpretiere und die Folgen des Aktivdienstes einberechne, kein Einbruch bei den Studierendenzahlen in den technischen und naturwissenschaftlichen Fächern eingetreten, sondern es sei vielmehr eine starke Frequentierung auszumachen. Dieser Effekt sei noch

---

51 «Bemerkungen zum Problem des wissenschaftlichen und technischen Nachwuchses». Mitteilungsblatt des Delegierten für Arbeitsbeschaffung 11 (1955) 3, S. 55–61.
52 Ebd., S. 55 f.

grösser, wenn der demografischen Entwicklung Rechnung getragen werde. Es könne «eine deutliche Zunahme des Interesses am Studium der Natur- und Ingenieurwissenschaften festgestellt werden».[53]
Rein demografisch schien sich das Nachwuchsproblem nicht lösen zu lassen – trotz wieder starker Geburtenjahrgänge. Das hatte nicht zuletzt damit zu tun, dass die Nachfrage im Ausland für die technisch und naturwissenschaftlich gebildeten Arbeitskräfte ebenfalls hoch war und sich auch ausserhalb der Schweiz attraktive Beschäftigungsmöglichkeiten boten. Die Unternehmen konnten sich, was die Entlohnung anging, nicht mehr wie in Zeiten des Akademikerüberangebots darauf verlassen, dass die Absolvierenden froh waren, überhaupt eine Stelle zu finden. Im Wettbewerb mit den USA schien es dem Delegierten erfolgsversprechend, darauf zu setzen, dass die ausgewanderten Schweizer sich in ihrem Herkunftsland letztlich heimischer fühlten und so zu einer Rückkehr zu bewegen seien. Dafür mussten aber auch Arbeitsplätze in Aussicht gestellt werden, die eine angemessene Bezahlung und eine attraktive Tätigkeit versprachen. Auf einen Bieterwettstreit mit den amerikanischen Unternehmen und Forschungseinrichtungen solle sich die schweizerische Industrie nicht einlassen, da sie hier den Kürzeren zöge.[54]
In Zeiten der Hochkonjunktur schienen die Chancen nicht gross zu sein, noch mehr junge Menschen aus den höheren Schulen dazu zu bewegen, ein langes und aufreibendes Studium aufzunehmen. Die Unternehmen boten auch so Möglichkeiten zu einer aussichtsreichen Karriere. Die «qualifizierte wissenschaftliche Tätigkeit» sollte auch gar nicht allein aus monetären Gründen ergriffen werden. Der Delegierte meinte vielmehr, dass diejenigen, die nur des Geldes wegen ein Studium an einer der Hochschulen in Betracht zögen, für diese gar nicht geeignet seien. Er räumte aber auch ein, dass die «materialistische Denkweise» zu verbreitet sei, als dass Status und Entlohnung akademischer Tätigkeiten nicht dennoch dringend verbessert werden müssten.[55]
Ins Bild gerückt wurde im Positionspapier auch das Problem, dass viele durchaus interessierte und talentierte junge Menschen von einem Hochschulstudium abgehalten würden, da die Kosten der Ausbildung schlicht zu hoch seien. Gerade hier sah es Nachwuchskräfte, die sich nicht allein des Geldes und Ansehens wegen, sondern aus Begeisterung für wissenschaftliche und technische Fragen auf den langen Weg eines akademischen Studiums machten. Sein Studium über eine begleitende Erwerbstätigkeit zu bestreiten und dennoch die notwendigen Leistungen zu erbringen, sei eine Last, die nicht jedem zuzumuten sei. Zwar bereite die «Robustheit des heutigen Werkstudenten» diesen gut

53 Ebd., S. 57.
54 Ebd., S. 58.
55 Ebd., S. 59.

auf den späteren «Lebenskampf» vor, halte ihn aber auch davon ab, sich voll und ganz dem Hochschulstudium zu widmen. Und die Aufnahme eines Kredits sei nicht jedermanns Sache.[56]

Der gesamte Artikel des Delegierten war von liberalen und wirtschaftsfreundlichen Argumenten durchzogen. Das Wirtschaftsleben erschien hier als ein Wettbewerb von Unternehmen, Forschungseinrichtungen und Nationalstaaten um qualifizierte Arbeitskräfte. Wirtschaftliche Prosperität war der Leitwert, an dem sich alle anderen Erwägungen auszurichten hatten. Der Fokus lag auf dem Einzelnen, mit seinen Leidenschaften, seinen intellektuellen und moralischen Fähigkeiten, seinen Potenzialen. Einschränkungen individueller Handlungsspielräume durch Bedingungen, die nicht selbst verschuldet waren, wurden kritisiert und sollten möglichst ausgeräumt werden. Wenn im Grossen Konkurrenzfähigkeit angestrebt wurde, hiess das im Kleinen Chancengleichheit.

Das Bild, das diese Argumentation nicht nur in der Schweiz heraufbeschwor, war das der Ressourcenausschöpfung. Ähnlich wie natürliche Vorkommen effizient und möglichst umfassend ausgebeutet werden sollten, um hohe wirtschaftliche Erträge zu erzielen, galt es nun auch, die brachliegenden intellektuellen Vermögen nutzbar zu machen. Was in Chicago als «Humankapital» bezeichnet wurde,[57] waren im Text des Delegierten «die reichen intellektuellen Reserven innerhalb unserer Arbeiter-, Handwerker- und Bauernbevölkerung». Damit wurden neben dem Arbeitskräftereservoir der Industrie auch das Gewerbe und die Landwirtschaft adressiert. Von «Reserven» war bereits bei Zipfel häufig die Rede gewesen. Gemeint waren dort aber noch «Arbeitsreserven» für konjunkturschwache Zeiten. Nun änderte sich der Fokus, weg von eher defensiven planwirtschaftlichen Vorstellungen, hin zur Freisetzung individueller Bildungs- und Handlungsspielräume, ohne das genaue Ziel schon zu kennen.[58]

Hummler appellierte zunächst an die Arbeitgeber, denjenigen «Werkstudenten», die auf eine substanzielle Nebenerwerbstätigkeit angewiesen waren, stärker entgegen zu kommen. Wenn sie aufgrund ihres Studiums bei der Arbeit abwesend seien, sollte man nicht allzu genau darauf achten, dass diese Stunden später abgeleistet würden. Mit der Einrichtung von Teilzeitstellen sollten die Unternehmen Beschäftigungsmöglichkeiten schaffen, die sich besser mit dem Hochschulbesuch vereinbaren liessen. Daneben schlug er vor, hinreichende Stipendienangebote zu gewährleisten. Die bestehenden Programme sollten besser koordiniert werden. Die Stipendien wurden als ein substanzieller

---

56 Ebd.
57 Gugerli, Bernet 2011; Teixeira 2000.
58 «Bemerkungen zum Problem des wissenschaftlichen und technischen Nachwuchses». Mitteilungsblatt des Delegierten für Arbeitsbeschaffung 11 (1955) 3, S. 55–61, hier S. 59.

Beitrag zu den Lebenshaltungskosten gedacht, nicht nur als «ein Tropfen auf den heissen Stein», den auch Gymnasiastinnen und Gymnasiasten bereits in Anspruch nehmen können sollten. Der Delegierte dachte hier vor allem an die Situation auf dem Land, wo die Gymnasien (Kantonsschulen) nicht in unmittelbarer Nähe zum Wohnort lagen und so zusätzliche Kosten entstanden, wenn die eigenen Kinder eine der weiterführenden Schulen besuchen wollten. Der gute Steuerfluss in Zeiten der Hochkonjunktur liess es als durchaus möglich erscheinen, dass die Kantone und Gemeinden ihre Angebote an Stipendien ausbauten. Aber auch die Unternehmen sollten einen Beitrag leisten.[59]

Hummler, der wahrscheinliche Verfasser des Textes, sah sich jedoch sogleich bemüssigt zu rechtfertigen, warum ausgerechnet er einem Ausbau der öffentlich subventionierten Angebote das Wort redete. Legitim schien der Ausbau des kantonalen und kommunalen Stipendienwesens, da es als Teil der Wissenschaftsförderung gesehen wurde. Ähnlich hatte auch Zipfel sich bereits für einen Ausbau der staatlichen Förderinstrumente eingesetzt. Mit relativ geringen Investitionen sollten nicht nur «ideelle und kulturelle» sondern «höchst reale und wirtschaftliche Werte» geschaffen werden. Die Förderung des wissenschaftlichen und technischen Nachwuchses galt als ein Hebel zur Intensivierung der Forschungsaktivitäten auf schweizerischem Boden. Die daraus resultierenden Erfindungen würden dann den heimischen Unternehmen zugutekommen und ihnen einen Wettbewerbsvorteil verschaffen. Andernfalls drohten ein Einbruch der Exporte, Arbeitslosigkeit und deutlich kostspieligere Arbeitsbeschaffungsmassnahmen. Durch Investitionen in die Ausbildung im technischen und wissenschaftlichen Bereich sollte gewährleistet werden, dass die Schweiz ihre Exportindustrie mindestens erhalten, wenn nicht ausbauen konnte.[60]

Hummler unterschied für sein Programm zwischen kurzfristigen Konjunkturschwankungen und langfristigen Verschiebungen in der Wirtschaftsstruktur. Im Gegensatz zu den Arbeitsbeschaffungsmassnahmen, die immer als kurzfristige Puffer in konjunkturschwachen Zeiten gedacht waren, wurde mit der Förderung des technischen Nachwuchses eine Antwort auf einen nachhaltigen Wandel der Arbeitswelt gegeben. Dass Naturwissenschaft und Ingenieurtechnik für die Entwicklung von attraktiven Produkten wichtig waren, hatten die exportorientierten Industriebetriebe in der Schweiz schon länger verstanden. Ein Anzeichen dafür war der Aufbau von eigenen Forschungsabteilungen.[61]

59   Ebd., S. 60. Zur Stipendienfrage vgl. Criblez 2016.
60   «Bemerkungen zum Problem des wissenschaftlichen und technischen Nachwuchses». Mitteilungsblatt des Delegierten für Arbeitsbeschaffung 11 (1955) 3, S. 55–61, hier S. 61.
61   Ebd. Siehe zum Aufbau firmeneigener Forschungsabteilungen grundsätzlich Gugerli, Tanner 2012.

Das Nachwuchsproblem in den Natur- und Ingenieurwissenschaften wurde zum zentralen Thema der Amtszeit Hummlers. Bereits der kleine Text im Mitteilungsblatt von 1955 hatte eine gewisse Aufmerksamkeit erfahren. Hummler war nun umso stärker darum besorgt, dass das Thema auch in den Wirtschaftsverbänden an der Tagesordnung blieb, und verteilte seine Broschüre an unterschiedliche Interessengruppen. Im Februar 1956 schrieb er dann Vertreter der Hochschulen, der staatlichen Forschungsförderung, der Bundesbehörden und Unterrichtsverwaltung, den Gewerkschaftsbund, die Vereinigungen der Hochschuldozierenden und Gymnasiallehrkräfte sowie die Spitzenverbände der Privatwirtschaft an und lud sie zu einem Treffen ein. Das Treffen sollte nur ein Auftaktanlass sein, während die eigentliche Arbeit später durch einen Ausschuss erledigt werden sollte. Mit der Einladungsliste gab Hummler ein Signal, dass Gewerkschaften und Hochschulen ebenfalls gehört würden. Zwischen dem ersten Rundschreiben und der definitiven Einladung kam noch eine Reihe von Institutionen hinzu, was darauf schliessen lässt, dass sich in der Zwischenzeit noch weitere interessierte Kreise gemeldet hatten.[62]

Zunächst ergriffen laut Protokoll die Vertreter der Wissenschaft, der Ingenieure und Architekten, Gewerkschaften und Berufsberatung umständlich das Wort, bevor der erste Arbeitgebervertreter sich zur Thematik der Veranstaltung äusserte. Dietegen Aebli, Sekretär des Arbeitgeberverbands schweizerischer Maschinen- und Metallindustrieller, vertrat gemeinsam mit Theodor Boveri von Brown, Boveri & Cie. den Industrie- und Handelsverein. Aebli verwies auf die bereits bestehenden Anstrengungen seines Verbandes, der eine «Kommission für den technischen Nachwuchs» eingesetzt habe. Die Lösung des Problems sah er in der verstärkten Ausbildung von Lehrlingen, die sich dann an einem Technikum weiterbilden könnten. Durch Werbung («Propaganda») sollten mehr junge Menschen für die technischen Berufe begeistert werden. Boveri hingegen wies darauf hin, dass eine konzertierte Weiterbildung des grundständig geschulten Personals und die Ermöglichung von Aufstiegskarrieren «vom Arbeiter bis zum Ingenieur» Löcher in die Basis rissen.[63]

Die Industriebetriebe reagierten auf das Problem fehlender Arbeitskräfte, indem sie Teile der männlichen schweizerischen Belegschaft auf höhere Aufgaben vorbereiteten und gleichzeitig Personen ohne umfassendere Ausbildung aus dem Ausland anwarben. Noch vor seinem Amtsantritt hatte deshalb der Schweizerische Metall- und Uhrenarbeiterverband, die zu diesem Zeitpunkt

---

62 Zirkular des Delegierten für Arbeitsbeschaffung vom 7. Februar 1956; Zirkular des Delegierten für Arbeitsbeschaffung vom 25. Februar 1956 (BAR, E7291A#1973/86#329*).

63 Protokoll der Konferenz über das Problem der Förderung des wissenschaftlichen und technischen Nachwuchses, abgehalten Freitag, den 9. März 1956 (BAR, E7291A#1973/86#329*).

grösste Einzelgewerkschaft der Schweiz, Fritz Hummler zu einem Vortrag zum Thema «Vollbeschäftigung, Fremdarbeiter und Arbeitsbeschaffung» eingeladen. Gleich zu Beginn seiner Ausführungen stellte Hummler den Zusammenhang zwischen den drei Stichworten infrage und betonte, dass hier wohl «mehr ein gefühlsmässiger als ein logischer Zusammenhang besteh[e]», eine Gesamtbetrachtung aber dennoch sinnvoll sei. Besonders am Begriff des «Fremdarbeiters» nahm Hummler Anstoss, da er durch die Nationalsozialisten diskreditiert worden sei und auch von den Gewerkschaften nicht verwendet werden solle. Eine «Ueberfremdungsgefahr» sah aber auch der Delegierte.[64]

In der paritätischen «Kommission für Arbeitsmarktfragen» war die Thematik der Anwerbemassnahmen intensiv diskutiert worden. Mit einem hart formulierten Massnahmenkatalog hatten die staatlichen Stellen dafür zu sorgen, die Zahl der ausländischen Arbeitskräfte zu reduzieren oder sie wenigstens stabil zu halten. Die verwendete Terminologie zeigt an, wie instrumentell der Bedarf an Nichtschweizer Arbeitskräften dabei gedacht und verhandelt wurde. Neben der «Entfernung der ausländischen Arbeitskräfte, die beruflich oder charakterlich nicht genügen» war in einer Sitzung 1954 von der «Ausschaltung der Arbeitskräfte», die man nicht länger benötigte oder einer «Auswechslung minderqualifizierter Arbeitskräfte» die Rede.[65]

Der Gewerkschaftsbund und die Angestelltenschaft wandten sich 1956 über zwei ihrer Vertreter im Nationalrat an den Bundesrat, um ebenfalls eine Konferenz einzuberufen, auf der die Anwerbepraxis der Unternehmen und die Erteilung von Bewilligungen durch die Behörden kritisch überprüft werden sollte. Die Korrespondenz in der Sache ging auch an Fritz Hummler. Gerade die Maschinenindustrie, der der neue Delegierte durch seine Jahre als Verbandsfunktionär besonders verbunden war, stand hier im Zentrum der Kritik. In diesem Zusammenhang versuchte Hummler intern, der Angst vor einer «Überfremdung» des Arbeitsmarktes den wahrscheinlich noch steigenden Bedarf an ausländischen Arbeitskräften entgegenzusetzen.[66]

Diejenigen, die im ersten Nachkriegsjahrzent die Nachwuchsdiskussion führten, hatten erlebt, wie wenig die Konjunkturprognostik letztlich zu leisten im Stande war. Der Wechsel von Auf- und Abschwüngen, die kaum zu kalkulierende politische Grosswetterlage und das Berufswahlverhalten der Jugend (beziehungsweise ihrer Eltern) konnten im Vorfeld selten abgeschätzt werden.

64 Hummler, Fritz, Vollbeschäftigung, Fremdarbeiter und Arbeitsbeschaffung, Vortrag am 23. Oktober 1955 (BAR, J1.168#1982/198#18*).
65 Protokoll der Sitzung der Eidgenössischen Kommission für Arbeitsmarktfragen vom 4. Mai 1954 in Bern, S. 23 (BAR, E7291A#1973/86#517*).
66 Chef der eidgenössischen Polizeiabteilung Jezler an Bundespräsident Feldmann vom 2. Februar 1956; Kaufmann an Bundesrat Holenstein vom 2. Februar 1956 (BAR, E7291A#1973/86#358*).

Hummler warnte entsprechend davor, «den nassen Finger hoch[zu]halten und den Konjunkturwind [zu] konsultieren». Er schlug aber auch nicht vor, die Konjunkturprognose durch eine Zeitdiagnostik des Strukturwandels zu ersetzen. Vielmehr sollte sich die Berufsberatung und die Nachwuchsdiskussion ganz frei machen von allen Prognoseversuchen und stattdessen das individuelle Vermögen der Schülerinnen und Schülern ins Zentrum stellen. Von hier aus waren die Entscheidungen zu fällen, auf welchen beruflichen Weg sich der oder die Jugendliche begab.[67]

Diesem Begabungskonzept entsprach bei Hummler die Idee einer natürlichen Organisation der Eidgenossenschaft, deren regionale Struktur er erhalten wissen wollte. Es ging dem Delegieren nicht darum, die Industrialisierung strukturschwacher Gebiete oder die Entvölkerung ländlicher Regionen voranzutreiben. Vielmehr galt es, das Reservoir bestimmter Qualifikationen, das bestehende Gewerbe und die tradierte Ordnung der Kantone und Regionen möglichst zu stärken. Das sei «volksmässig, militärisch und politisch» notwendig und sollte durch Überzeugungsarbeit von politischer und privatwirtschaftlicher Seite sowie strukturpolitische Massnahmen befördert werden. Nur durch «vereinte gedankliche und propagandistische Anstrengungen» und eine angemessene finanzielle Beteiligung des Bundes konnten für den Delegierten sowohl die Hebung der brachliegenden Qualifikationen in den Berggegenden als auch die föderale, nicht zentralisierte Ordnung der Eidgenossenschaft gewährleistet werden.[68]

Hummlers Konzept der Konzentration auf individuelle menschliche Vermögen und seine Absage an die Steuerung durch konjunkturpolitische Massnahmen entsprang Mitte der 1950er-Jahre nicht einfach einer Anpassung an den Zeitgeist der Hochkonjunktur. Kurz nach dem Krieg hatte er in Arbon einen Vortrag zur Frage gehalten, ob «eine weitere Industrialisierung der Schweiz zu verantworten» sei und dabei all die Faktoren betont, die einer aktiven Lenkung entgegenstünden. Durchaus sah er Möglichkeiten im Sinne der Arbeitsbeschaffung, um den Folgen einer Rezession auf dem Arbeitsmarkt entgegenzuwirken. Hummler zeigte sich aber sehr skeptisch, was die «Bewirtschaftung der menschlichen Arbeitskraft und der menschlichen Talente» anging. Anders als die forcierte Ausbeutung natürlicher Ressourcen hielt er diese für «unmög-

---

67 Hummler, Fritz: Unorthodoxe Gedanken zur Nachwuchsfrage. In: Schweizerische Arbeitgeber-Zeitung vom 2. Dezember 1955, S. 811–813.
68 Hummler, Fritz: Teilnahme an der Konjunktur. Zusammenfassung der am Referat von Direktor Dr. F. Hummler an der Sitzung der Parlamentarischen Gruppe zur Wahrung der Interessen der Gebirgsbevölkerung vom 3. Oktober 1956 geäusserten Gedanken (BAR, J1.168#1982/198#18*).

lich». Hier könne man nur das herausholen, was an Fähigkeiten bereits vorhanden sei.[69]
1959 legte der von Hummler zusammengestellte «Arbeitsausschuss» seinen Abschlussbericht vor. In seinen Vorbemerkungen führte der Delegierte nun alle Momente zusammen, die ihn zum Teil schon vor seinem Amtsantritt beschäftigt hatten. Er stellte die eigenen Anstrengungen in einen internationalen Rahmen und betonte vor allem die genuin schweizerische Ausrichtung seines Ansatzes. Gegen die «primitive Formel», mit der Vollbeschäftigung um jeden Preis garantiert würde, und ohne allzu sehr auf weitere ausländische Arbeitskräfte angewiesen zu sein, sollte die Schweiz weiterhin «mit an der Spitze» der konkurrierenden Volkswirtschaften positioniert sein, zugleich aber die Differenziertheit der eidgenössischen Verhältnisse bewahren. Wenig verklausuliert waren damit gleichzeitig die exportorientierte Maschinenindustrie und das Gewerbe Adressaten der Ausführungen. Zusammengehalten wurde der breite Ansatz durch den Liberalismus als Absage an eine ausgebaute Arbeitsbeschaffungspolitik oder andere Formen des Staatsinterventionismus.[70]
Hummler interpretierte die Idee der «Vollbeschäftigung» vor dem Hintergrund des Kalten Krieges. Wer sich diese Forderung zu eigen machte, schien damit zugleich «diktatorisch regierten Staaten» das Wort zu reden. Stattdessen drang der Delegierte auf ein Bekenntnis zur westlichen Welt. Er forderte mehr Koordination, mehr Kooperation und mehr Vertrauen. Die «Förderung des Nachwuchses» erschien so als Beitrag im Wettbewerb der Systeme. Die Schweiz sollte sich die USA und Westdeutschland zum Vorbild nehmen und zugleich eine wahrhaft eidgenössische Lösung des Problems finden – als Willensnation, die in der Lage sei, gemeinsam eine grosse Aufgabe zu bewältigen.[71]
Hummler blieb auch im Abschlussbericht des Arbeitsausschusses dabei, dass zwar die Zahl der technisch und wissenschaftlich gebildeten Personen massiv erhöht werden müsse, dies aber nur bei entsprechender Eignung geschehen dürfe: «Geborene Humanisten» sollten nicht «zu Technikern» gemacht werden. Vorsichtig und mit Zurückhaltung sollte der Bildungsaufstieg innerhalb einzelner Familien ermöglicht werden, ohne gewachsene Strukturen einfach zu zerschlagen. Zurückhaltend war Hummler auch, was die Qualifizierung der Frauen in diesen Berufsfeldern anging. Zwar wies er die Vorstellung zurück, dass weiblichen Arbeitskräften die qualifizierten Tätigkeitsbereiche grundsätzlich vorenthalten werden sollten. Dennoch hielt er «Gattin, Hausfrau und

---

69 Hummler, Fritz: Ist eine weitere Industrialisierung der Schweiz zu verantworten? Vortrag in Arbon vom 7. Dezember 1946 (BAR, J1.168#1982/198#1*).
70 Schlussbericht des Arbeitsausschusses zur Förderung des wissenschaftlichen und technischen Nachwuchses. Bern 1959: EDMZ, S. 1.
71 Ebd., S. 2 f.

Mutter» für den «endgültige[n] und Hauptberuf» der Frau. Diese «frauliche Hauptberufung» sollte zwar einer parallelen oder temporären qualifizierten Beschäftigung nicht im Wege stehen. Sie wurde aber auch nicht grundsätzlich infrage gestellt.[72]

Hummlers Arbeitsausschuss war in drei Gruppen unterteilt worden, um überhaupt arbeitsfähig zu sein. Jede der Gruppen hatte einen anderen Verhandlungsgegenstand und war unterschiedlich zusammengesetzt. Die erste Arbeitsgruppe widmete sich der «Förderung des wissenschaftlichen und technischen Nachwuchses an den Hochschulen». Den Vorsitz hatte hier Alfred Stucky, der Direktor der ETH Lausanne. Die zweite Arbeitsgruppe setzte sich mit der «Förderung des technischen Nachwuchses mit Technikumsausbildung» auseinander. Die dritte Gruppe sollte sich «Fragen der Gesetzgebung und der Organisation» annehmen. Hummler war hier selbst Mitglied. Den Vorsitz hatte aber ein Regierungsrat, der die kantonalen Erziehungsdirektoren vertrat. Einige der beteiligten Personen waren gleichzeitig in mehreren der Arbeitsgruppen aktiv.[73]

Als Massnahmen schlug der Arbeitsausschuss zunächst eine forcierte Öffentlichkeitsarbeit, weitere statistische Erhebungen und eine verbesserte Berufsberatung vor. Die Abklärung von Eignung und Interesse bei den jungen Schulabsolventinnen und -absolventen passte gut zu Hummlers Begabungskonzept, das nur für diejenigen einen technischen oder wissenschaftlichen Werdegang vorsah, die auch wirklich in der Lage waren, sich hier ein Leben lang zu betätigen. Mit Stipendien und Darlehen sollte auch denjenigen eine weiterführende Ausbildung auf hohem Niveau ermöglicht werden, die es sich sonst nicht hätten leisten können. Weiterbildung, Personalmanagement und der Einsatz ausländischer Arbeitskräfte sollten den Unternehmen helfen, ihre Engpässe abzubauen. Vorsichtig waren die Instrumente formuliert, wie der Bund bei den Mittel- und Hochschulen für einen Ausbau und eine Stärkung der technischen und naturwissenschaftlichen Fächer sorgen konnte. Ausser im Fall der ETH befanden sich die Hochschulen in kantonaler Hoheit. Anders sah das bei den Technika aus, die über das eidgenössische Berufsbildungsgesetz geregelt und damit eine Bundesangelegenheit waren. Der Arbeitsausschuss schlug also einen begrenzten Ausbau des Bildungswesens vor. Vor allem die Mittelschulen und Techniken galt es auszubauen und die Ausbildung von technischen Fachkräften durch unterschiedliche kleinere Massnahmen zu erleichtern.[74]

---

72 Ebd., S. 4 f.
73 Ebd., S. 51–54.
74 Ebd., S. 47–51.

8.4 Eine Gesetzesrevision

Bevor Hummlers Arbeitsausschuss seine Arbeit abgeschlossen hatte, war der Bund bereits tätig geworden und hatte eine Revision des Berufsbildungsgesetzes von 1930 angestossen. Die letzte Folgeverordnung zum ersten eidgenössischen Gesetz, das die berufliche Ausbildung für die gesamte Schweiz seit 1930 umfassend regelte, war erst wenige Jahre zuvor in Kraft getreten. Unter vollständig anderen Bedingungen handelte der Gesetzgeber jetzt: Die Berufsbildung war mittlerweile konsolidiert. Als das erste Gesetz in Kraft trat, wurden die Folgen der Weltwirtschaftskrise und die entsprechenden sozialen und politischen Verwerfungen gerade richtig spürbar. Die Vorbereitungen einer Gesetzesrevision in der zweiten Hälfte der 1950er-Jahre fielen hingegen in eine Zeit der ständigen Personalknappheit, der Lohnzuwächse und stark erweiterten Karrieremöglichkeiten. Diese Situation änderte sich in der Schweiz auch zunächst nicht, nachdem das revidierte Gesetz 1965 in Kraft trat.[75]

Wie üblich wurden die Verbände, Gewerkschaften, Kantone und Fachvereinigungen zunächst um eine Stellungnahme zum Vorhaben gebeten. Mit zwei Entwicklungen begründete der Direktor des Bundesamts für Industrie, Gewerbe und Arbeit in seinem Schreiben die Notwendigkeit einer Überarbeitung des Gesetzes. Auf der einen Seite verwies er auf die technologischen Entwicklungen, die nicht vorauszusehen gewesen seien, als man das erste Berufsbildungsgesetz 1928 verabschiedet hatte. Auf der anderen Seite bettete er die Revision in die aktuelle Diskussion um den Nachwuchsmangel ein, dem mit den bisherigen Regelungen nicht angemessen begegnet werden könne. Zwar sollte am Grundmodus der Ordnung beruflicher Bildung in der Schweiz nichts geändert werden. Doch schien das alte Gesetz allzu sehr an Handwerk und Kleingewerbe orientiert, um gerade den technischen Berufen hinreichend qualifiziertes Personal zuzuführen.[76]

Das leuchtete den meisten Mitgliedern des Arbeitgeberverbands schweizerischer Maschinen- und Metallindustrieller, auf die sich die Begründungsstrategie der Bundesbehörde vor allem bezog, zunächst überhaupt nicht ein. In einem an den Zentralverband der Arbeitgeber-Organisationen gerichteten Schreiben wies der Verbandsfunktionär der Maschinenindustrie den behaupteten Revisionsbedarf in einem ersten Schritt mit scharfen Worten zurück. Man sei «überrascht» gewesen vom Ansinnen des Bundes, sehe «keinen triftigen Grund», das Gesetz jetzt schon wieder grundsätzlich zu überarbeiten. Er warnte zudem

75 Siehe die Chronik bei Wettstein 1987.
76 Das Bundesamt für Industrie, Gewerbe und Arbeit an die zuständigen kantonalen Departemente, an die interessierten Berufsverbände vom 9. Dezember 1957 (BAR, E7170B#1980/120#181*).

davor, dem Schlagwort der «Automation» vorschnell zu viel Gewicht zu geben. Auch, dass die bestehende Regelung zu sehr von den gewerblichen und handwerklichen Verhältnissen ausgehe, könne er nicht sehen. Sowohl die technischen als auch die kaufmännischen Ausbildungsgänge liessen sich mit dem Gesetz von 1930 gut gestalten.[77] Ausführlich argumentierte der Verband in seinem Schreiben, warum gerade die Reglementierung der Anlernberufe weder sinnvoll noch notwendig sei. Auch eine neue Aufteilung zwischen Bund und Kantonen oder zwischen Staat und Wirtschaft lehnte er ab. Die Berufsbildung sollte nicht in einem umfassenderen Sinne zu einer Sache des Staates werden. Gegen eine öffentliche Subventionierung der Meisterlehre stellten sich die Industriellen «mit aller Schärfe». Wie dem Delegierten Hummler auch, erschienen ihnen dagegen ein Ausbau des Stipendienwesens und eine Unterstützung der benachteiligten Bergregionen durchaus sinnvoll. Da der Widerwillen gegen eine Gesetzesrevision derart grundlegend war, wollte der Verband auf alle Detailfragen gar nicht erst eingehen.[78]

Eine 1958 eingesetzte Expertenkommission mit 46 Mitgliedern hatte das Ziel, einen Vorentwurf auszuarbeiten. In den anschliessend gebildeten Unterkommissionen äusserte sich Aebli als Vertreter der Interessen der Metall- und Maschinenindustrie naturgemäss konzilianter als in der schriftlichen Reaktion auf das interne Kreisschreiben. Er hielt es gar für «unbestritten, dass man für diese Leute», die Un- und Angelernten, «etwas machen sollte».[79]

In den vorbereitenden Sitzungen der Kommissionen zur Revision des Berufsbildungsgesetzes zeigte sich dann der alte Konflikt von exportorientierter Industrie und Gewerbe. Der Gewerbeverband hatte in seinen Vorarbeiten besonders auf eine Reglementierung der Anlernkurse gedrängt, was Aebli viel zu weit ging.[80] In der weiteren politischen Auseinandersetzung um das neue Berufsbildungsgesetz waren das auf den Binnenmarkt bezogene Gewerbe und die exportorientierte Industrie die beiden Aussenpole. Diese bipolare Ordnung der politischen Ökonomie der Berufsbildung fand sich bereits im 19. Jahrhundert im Vorfeld des ersten Subventionierungsentscheids durch den Bund. Und sie blieb wichtig auch für spätere Reformdiskussionen in der Schweiz, wenn auch mittlerweile der grundsätzliche berufsbildungspolitische Konsens nicht mehr infrage gestellt wurde. Die Maschinenindustrie galt als fortschrittlich und

---

77 Arbeitgeberverband schweizerischer Maschinen- und Metall-Industrieller an den Zentralverband Schweizerischer Arbeitgeber-Organisationen vom 10. März 1958 (BAR, E7170B#1980/120#181*).
78 Ebd.
79 Protokoll der 3. Sitzung der Unterkommission II zur Revision des Berufsbildungsgesetzes vom 7. November 1958 (BAR, E7170B#1980/120#B38*).
80 Protokoll der 4. Sitzung der Unterkommission II zur Revision des Berufsbildungsgesetzes vom 10. Dezember 1958 (BAR, E7170B#1980/120#B38*).

war attraktiv für die technisch interessierte Jugend. Ihre Erfindungen liessen sich gut ins Bild setzen. Für die Werbung um den Nachwuchs stand fotografisches Material im Überfluss zur Verfügung, das auch exzessiv genutzt wurde. Kaum eine Broschüre oder ein Artikel zum Lehrlingswesen in der Industrie kam ohne die Darstellung eines beeindruckenden Maschinenparks aus. Gleichzeitig achtete man darauf, dass die Arbeitswelt in den Grossbetrieben nicht anonym und unmenschlich erschien. Das Standardmotiv war das von männlichem Lehrmeister und männlichem Lehrling, die gemeinsam handwerklich tätig waren, während der Ältere den Jüngeren anleitete. Die Industrie nutzte also sowohl die industrielle als auch die gewerbliche Bildsprache.[81]

Insgesamt brachte das Gesetz von 1963 für die Organisation der Berufsbildung nicht viel Neues. Zunächst einmal wechselte die Terminologie. Gesprochen wurde nicht mehr allein von «beruflicher Ausbildung», sondern deutlich breiter von «Berufsbildung». Die Bezeichnung «Berufsschule» fand nun konsequent Eingang in den bildungsrechtlichen Begriffsapparat. Mit dem Gesetz wurde ausserdem die Weiterbildung gestärkt und auch die Berufsberatung stärker gewichtet.[82]

Streit gab es vor allem um die Bezeichnungen der höheren technischen Abschlüsse, weshalb das Referendum ergriffen wurde, das aber bei der Stimmbevölkerung keine Mehrheit finden konnte.[83] Dieses Referendum, das sich an einem einzigen Abschnitt des Gesetzes entzündet hatte, zeigte aber auch auf, wie breit die Unterstützung der etablierten Berufsbildung in der Schweiz war. Von unterschiedlichster politischer und beruflicher Seite wurde nun betont, wie wichtig das Gesetz für die Weiterentwicklung der Qualifizierung der zukünftigen Arbeitskräfte sei.[84] Auch die Industrie machte auf nahezu allen Ebenen einen umfassenden Qualifikationsbedarf aus, um die verschiedenen Positionen in den Unternehmen irgendwie besetzen zu können. In dieser Situation gab es keinen Grund, die Anstrengungen zu einer fortlaufenden Weiterentwicklung der Berufsbildung weiter zu torpedieren. Das etablierte System der beruflichen Bildung in der Schweiz erschien den Arbeitgebervertretern branchenübergrei-

---

81 Siehe etwa die Abbildungen in der Firmenzeitschrift der Georg Fischer AG sowie die Wegleitung der Maschinenfabrik Oerlikon, die 1948 in der zweiten Auflage erschien. Vgl. MFO: Die Maschinenfabrik Oerlikon, Zürich-Oerlikon. 2., veränderte Auflage. Zürich 1948: Maschinenfabrik Oerlikon.
82 Botschaft des Bundesrates an die Bundesversammlung zum Entwurf eines Bundesgesetzes über die Berufsbildung vom 28. September 1962 (Bundesblatt Nr. 44 von 1. November 1962).
83 Büchel, Hägi, Geiss 2023.
84 Siehe die unterschiedlichen Stellungnahmen im Pressespiegel der Gesellschaft zur Förderung der schweizerischen Wirtschaft zum Referendum gegen das revidierte Berufsbildungsgesetz (AfZ, wf-Archiv I 12.1.7.1.2).

fend als ein zentraler Mosaikstein zur Sicherstellung qualifizierten Personals in Zeiten der Hochkonjunktur.[85]

---

85 Aebli, Dietegen: Aus Sicht der Industrie. In: Talenterfassung und Nachwuchsförderung für das Gewerbe: Protokoll der Arbeitstagung vom 10. und 11. März 1964. St. Gallen 1964: Hochschule St. Gallen, S. 14–20; Gamper, Hans Beat: Aus Sicht von Handel, Bank, Versicherung und Verwaltung. In: Talenterfassung und Nachwuchsförderung für das Gewerbe: Protokoll der Arbeitstagung vom 10. und 11. März 1964. St. Gallen 1964: Hochschule St. Gallen, S. 30–40; Aebli, Dietegen: Die Industrie zum Berufsbildungsgesetz. In: Neue Zürcher Zeitung vom 20. Mai 1964.

9 Berufs- und Geschäftsfrauen

Bei all den Anstrengungen, die Humanressourcen auszuschöpfen, kam in der Schweiz eine Gruppe nur äusserst zögerlich in den Blick, mit der sich die Personalnot in den Unternehmen leicht hätte beheben lassen: die «Berufsfrauen». Vereinzelt gab es zwar Berufsausbildungen, wie die zum Typografen, zu denen Mädchen nicht zugelassen waren. Das waren aber Ausnahmen. Die Zahl der weiblichen Lehrlinge, der sogenannten Lehrtöchter, nahm seit der Verabschiedung des ersten Berufsbildungsgesetzes stetig zu.[1]
In der hauptberuflichen Vollzeiterwerbsarbeit blieben die Frauen jedoch in den Jahrzehnten der Hochkonjunktur weit hinter den Männern zurück. Doch war die Erwerbsstatistik ausgesprochen lückenhaft und bildete die Realitäten nur sehr unzureichend ab. Teilzeitarbeit wurde Mitte des 20. Jahrhunderts in der Volkszählung gar nicht erfasst. Mitarbeit im familieneigenen Betrieb, Aushilfstätigkeiten oder Zusatzverdienste wurden ebenfalls nur unvollständig abgebildet. Die Arbeit, die unentgeltlich in den Familien und für das Gemeinwesen geleistet worden war, wurde in der offiziellen Statistik sowieso nicht dargestellt. Sie spielte aber in der medialen Interpretation der beruflichen Verhältnisse in der Schweiz durchaus eine Rolle.[2]
Einen Tiefpunkt erreichte die erfasste weibliche Erwerbsbeteiligung im Hauptberuf in den Jahren des Zweiten Weltkrieges, wobei auch hier die mangelhafte Aussagekraft der Erwerbsstatistik im Blick zu behalten ist.[3] Erst im letzten Jahrzehnt des 20. Jahrhunderts wurde das Ausgangsniveau von 1910 wieder erreicht. Selbst die moderate Zunahme von Frauen auf dem Arbeitsmarkt speiste sich in den Jahren der Hochkonjunktur zunächst aus dem Zuzug weiblicher ausländischer Arbeitskräfte.[4]

---

1 Bundesamt für Industrie, Gewerbe und Arbeit: Lehrabschlussprüfungen und Lehrverträge im Jahre 1970, S. 170; Bundesamt für Industrie, Gewerbe und Arbeit: Lehrabschlussprüfungen und Lehrverträge 1983 (Separatabzüge aus «Die Volkswirtschaft»), S. 241; Bohren-Hoerni, Margrit: Die Frau in der schweizerischen Wirtschaft. Zürich 1955: Zentralsekretariat für Berufsberatung, S. 5.
2 Sutter 2005, S. 191–226; Wecker 1988.
3 Wecker 2003.
4 Magnin 2002, S. 388; Baumgartner 2008.

9.1 Frauenarbeit als Mütterarbeit

Trotz dieser anhaltend niedrigen Erwerbstätigkeit von schweizerischen Frauen wurde in der nationalen und regionalen Presse intensiv darüber debattiert, warum Mütter und Ehefrauen überhaupt vermehrt auf den Arbeitsmarkt drängten. Als natürliche Bestimmung der Frau galt in der Schweizer Presse der 1950er-Jahre ihre Arbeit als Hausfrau und Mutter. Diese Position wurde auch von denjenigen akzeptiert, die sich durchaus für die Anliegen erwerbstätiger Frauen einsetzten. Familien, in denen beide Elternteile einer bezahlten beruflichen Tätigkeit nachgingen, wurden in verschiedener Hinsicht als problematisch angesehen. Vor allem widersprachen sie aber dem Ideal der Mutter, die allein für das Wohl des Kindes verantwortlich sein sollte, während der Mann dafür zu sorgen hatte, dass die Familie finanziell abgesichert war.[5]

Gern griffen die Zeitungshäuser die neuesten psychologischen Erkenntnisse auf, aus denen hervorzugehen schien, dass eine Erwerbstätigkeit der Mutter den Kindern in hohem Masse Schaden zufüge. Die Vorschläge, wie der Mütterarbeit entgegenzuwirken sei, reichten von Gehaltserhöhungen für die Männer bis zu einem Verbot.[6] Besondere Hoffnungen wurden in die Rationalisierung des Haushalts durch neue technische Geräte gesetzt, die in mehreren Schüben auch in den schweizerischen Haushalten Einzug fanden und den berufstätigen Müttern mehr Zeit verschaffen sollten, um auch der eigentlichen Erziehungsarbeit nachzukommen.[7]

Weibliche Erwerbstätigkeit galt in den 1950er-Jahren also entweder als notwendiges Übel von Familien, für die ein Einkommen nicht ausreiche. Oder sie wurde als moralische Verfehlung gesehen, die aus Geldgier oder Geltungssucht begangen wurde. Die These, dass doppelte Erwerbstätigkeit eine moralisch zweifelhafte Lebensform darstelle, findet sich häufig in der medialen Berichterstattung.[8] Darüber hinaus schien das Doppelverdienertum die Familien zeitlich massiv unter Druck zu setzen, vor allem, wenn keine Haushälterin zu finanzieren war, die das Wohl der Kinder und des Haushalts sicherstellte, während die

---

5   Sutter 2005, S. 73–97.
6   «Warum gehen Frauen Arbeiten?». Basler Nachrichten, Beilage vom 16. Oktober 1958, o. S.; «Mütter im Berufsleben/Kinder erwerbstätiger Frauen». National-Zeitung, Sonntags-Beilage vom 16. März 1958, o. P.; Schweizerische Politische Korrespondenz vom 23. Juli 1957 (ZSAO, 3.35); «Die Erwerbstätigkeit der Mütter ein brennendes sozialpolitisches Problem». Schweizerische Zeitschrift für Gemeinnützigkeit vom April/Mai 1956, S. 73–82.
7   Bähler 1996.
8   Sutter 2005, S. 73–97.

Mutter im Geschäft war. Die «werktätige Mutter» galt entsprechend auch als Gegenstand der sozialen Arbeit.[9]
In der Stossrichtung unterschied sich die bürgerliche Presse nicht von der offiziellen Linie der Gewerkschaften, die seit den 1930er-Jahren den Kampf für einen hinreichenden Lohn des männlichen Alleinverdieners ins Zentrum gestellt hatten.[10] Auch der Pressedienst der Gesellschaft zur Förderung der Schweizerischen Wirtschaft betonte im Einklang mit den anderen dominanten Stimmen, dass Kinder erwerbstätiger Mütter mit hoher Wahrscheinlichkeit verwahrlosten, und kritisierte, dass sich immer mehr Schweizer Familien dem «Götzen ‹Lebensstandard›» hingäben.[11]
Beachtung fand Ende der 1950er-Jahre eine Untersuchung des Neuenburger Soziologen Maurice Érard, der den Gründen nachgegangen war, warum in der Region Schaffhausen Frauen mit Kindern arbeiten gehen wollten – oder mussten. Die Erhebung war zustande gekommen, nachdem Christian Gasser, mittlerweile Mitglied des Managements beim grössten ortsansässigen Industrieunternehmen Georg Fischer, einen Vortrag auf einer kantonalen Lehrerkonferenz gehalten hatte. In seinen weit ausholenden Überlegungen zum «Mensch in der industrialisierten Welt» und zur «Aufgabe der Schule» hatte Gasser unter anderem skizziert, wie aus der traditionellen «Hausgemeinschaft» eine blosse «Konsumgemeinschaft» geworden sei. Die gesellschaftliche Ordnung, so führte Gasser – unter Rückgriff auf den Nationaldichter Jeremias Gotthelf – aus, sei deshalb erschüttert worden, weil die fortschreitende Industrialisierung die Familie als einen Arbeitszusammenhang zerstört habe. Der Industriemanager bemühte sich hier um eine Interpretation, die den diagnostizierten Zerfall der Familie nicht als ein moralisches, sondern vielmehr als ein strukturelles Problem nachzeichnete.[12]
Schaffhauser Lehrerinnen luden Gasser daraufhin, so berichtete dieser zumindest später, zu einer Diskussion ein und schilderten eigene Erfahrungen mit den Kindern berufstätiger Mütter. Sie wollten beobachtet haben, dass immer mehr Kinder zu Hause nicht mehr beaufsichtigt würden. In der Stadt wurde anschliessend eine Arbeitsgruppe eingerichtet, in der auch Vertreter der heimischen Industrie mitwirkten. Gasser wandte sich persönlich an den Schaff-

---

9   «Die Erwerbstätigkeit der Mutter». Neue Zürcher Zeitung vom 29. September 1957, Sonntagausgabe, Blatt 7.
10 Rüefli, Edith: Mütterarbeit. Gewerkschaftliche Rundschau 52 (1960) 5, S. 137–146; Studer 1987.
11 Schweizerische Politische Korrespondenz vom 23. Juli 1957 (ZSAO, 3.35).
12 Den Schaffhauser Vortrag hatte Gasser zu einem früheren Zeitpunkt bereits einmal vor Aargauer Lehrern gehalten. Vgl. Gasser, Christian: Der Mensch in der industrialisierten Welt und die Aufgabe der Schule. In: Schweizerische Zeitschrift für kaufmännisches Bildungswesen 46 (1952) 1, S. 1–15.

hauser Stadtpräsidenten, um auf das Thema «Mütterarbeit» aufmerksam zu machen und regte eine entsprechende Erhebung an.[13] Neben der Auswertung kantonaler Steuerdaten wurden für eine Gruppe an berufstätigen Müttern vor Ort zusätzliche Fragebogenerhebungen durchgeführt. Hierfür rekrutierte der Soziologe Érard Absolventinnen der Schule für Soziale Arbeit in Zürich, wo es bereits eine lange Tradition der empirischen Erforschung der Arbeitswelt gab.[14] Parallel führte Käthe Biske als wissenschaftliche Mitarbeiterin des Statistischen Amts der Stadt Zürich, unterstützt von der Frauenrechtlerin Emma Steiger, die aufwendige Zürcher «Mütterbefragung» durch. Die Adressen für ihre Erhebung wurden ihr von den Behörden, aber auch von den Unternehmen zur Verfügung gestellt.[15]

9.2 Die Schweizerische Ausstellung für Frauenarbeit 1958

Frauenerwerbsarbeit wurde also in einem stark aufgeladenen und normativ sehr eindeutig kodierten diskursiven Kontext debattiert. 1958 fand die zweite Schweizerische Ausstellung für Frauenarbeit (SAFFA) in Zürich statt und gab damit vielfältige Gelegenheit, das Verhältnis von Geschlecht, Bildung und Arbeitsmarkt zu diskutieren. Die zweite SAFFA hatte es sich zum Ziel gesetzt, die Arbeit von Frauen umfassend darzustellen. Auch die Privatwirtschaft nutzte die Gelegenheit, um sich zu präsentieren. Zahlreiche Firmen und Verbände mieteten Verkaufsstände, gaben Defizitgarantien oder spendeten Beträge in unterschiedlicher Höhe.[16] In der Presse fand die SAFFA grosse Beachtung, sie zog die Zuschauer in Massen an und schloss mit einem deutlichen Gewinn ab. Anders als beim ersten Durchlauf sollte nicht allein die berufliche Erwerbstätigkeit der Frau gewürdigt, sondern ein ganzheitlicher Blick auf die weiblichen Tätigkeiten geworfen werden. Die Unternehmen erhofften sich hingegen, dass – ähnlich wie bei der ersten Durchführung der Ausstellung im Jahr 1928 – durch ihre Präsenz der Umsatz bei ihren Produkten angekurbelt würde.[17]

13 Mütter-Arbeit: Untersuchung in einer schweizerischen Industriestadt, durchgeführt unter der Leitung von M. Érard. Schaffhausen 1959: Meier & Cie.; Abschrift eines Briefes Christian Gassers an den Stadtpräsidenten Walther Bringolf vom 23. Februar 1956 (StadtA SH, D III.02.13.07/06).
14 «Das Problem der Mütterarbeit». Schaffhauser Nachrichten vom 4. Februar 1960, S. 6.
15 Maissen, Behrens 2005; König 2005. Zum Design der verschiedenen Studien vgl. Sutter 2005, S. 101–106.
16 Verein Schweizerischer Maschinenindustrieller an die Geschäftsstelle der SAFFA 1958 vom 24. Januar 1958 (SOZARCH, Ar 17.30.11); Garantieerklärungen und Sympathiebeiträge für die SAFFA 1958 (SOZARCH, Ar 17.20.2).
17 Voegeli 1988.

Der Vorort des Schweizerischen Handels- und Industrievereins schlug die Einladung des Bundes der Schweizerischen Frauenvereine aus, Verbandsvertreter in das Ausstellungskomitee der SAFFA zu entsenden. Er sah sich für Ausstellungsbelange nicht zuständig.[18] Aktiv wirkte hingegen der Zentralverband der Arbeitgeber-Organisationen an den Gremien zur Vorbereitung dieses Grossereignisses mit. Letzterer holte sich für spezifische Fragen zur Gestaltung einer der Ausstellungshallen dann aber doch die Zustimmung des Vororts ein.[19]
Die Organisatorinnen wiederum achteten darauf, dass sowohl die Arbeitgeberseite als auch die Arbeitnehmervertretungen mit ihren Standpunkten auf der SAFFA vertreten sein würden. Um die gesellschaftlichen Konfliktlagen nicht allzu offensichtlich werden zu lassen, sollten weniger Defizite ins Zentrum gestellt als «Leistungen» gewürdigt werden.[20] Die Schlagworte «Zusammenarbeit», «Arbeitsteilung» oder «Zusammenschluss» fanden sich in unterschiedlichen Varianten in den diskutierten Leitsätzen, die man in der Halle zum Thema «Industrie» anbringen wollte. Immer ging es um die übergreifende Perspektive, bei der die Interessen von Kapital und Arbeit und von Mann und Frau nicht als Gegensätze, sondern als sich ergänzende Sichtweisen betrachtet wurden.[21] Die Besucherinnen und Besucher, die sich über arbeitende Frauen in der Industrie informieren wollten, wurden von einem Wandrelief begrüsst, das die Kooperation von Männern und Frauen versinnbildlichen sollte und eine entsprechende Inschrift aufwies: «Mann und Frau, Arbeitgeber und Arbeitnehmer schaffen gemeinsam das Werk».[22]
Ein Teil der SAFFA stand unter dem Slogan «Lob der Arbeit», ein Motto, das kritische Perspektiven auf die weibliche Erwerbsrealität in der Schweiz kaum förderte. Der Fokus lag entsprechend auf den positiven historischen Entwicklungen.[23] Dafür eignete sich der Blick durch die Brille der Berufsbildung besonders gut. Die Aus- und Weiterbildung in den weiblich konnotierten Berufsfeldern nahm in der Ausstellung eine besondere Rolle für die Darstellung des Arbeitslebens von Frauen ein. In diesem Zusammenhang schien es gar nicht so leicht zu sein, die für Frauen in der Industrie zugänglichen Berufsleh-

18 Bund Schweizerischer Frauenvereine an den Schweizerischen Handels- und Industrieverein vom 9. Mai 1956; Vorort an den Bund Schweizerischer Frauenvereine vom 15. Mai 1956 (AfZ, IB Vorort-Archiv 470.2.14).
19 Zentralverband der schweizerischen Arbeitgeber-Organisationen an den Vorort vom 10. Juni 1958 (AfZ, IB Vorort-Archiv 470.2.14).
20 Schreiben an Nelli Jaussi vom 23. Juli 1958 (SOZARCH, Ar 17.30.11).
21 Nelli Jaussi an die Mitglieder der Kommission Thematik Industrie vom 7. Juni 1958 (SOZARCH, Ar 17.30.11).
22 SAFFA 1958, Schlussbericht der Fachgruppe Lob der Arbeit (SOZARCH, Ar 17.40.6).
23 SAFFA 1958, Ideenskizze zur Ausgestaltung der den Arbeitgebern überlassenen Wand in der Thematikhalle der Untergruppe Industrie vom 7. Februar 1958 (SOZARCH, Ar 17.30.11).

ren zu erheben.[24] Neben den vermittelnden und optimistischen Perspektiven, die die einzelnen Ausstellungsorte vermitteln sollten, war aber auch Platz für wirtschafts- oder sozialpolitische Forderungen.[25] Eine entsprechende eigene Vitrine wurde nicht von den Wirtschaftsverbänden, sondern von der SAFFA selbst finanziert.[26]

Die Arbeitgeberseite drängte darauf, einen möglichst positiven Blick auf das Ausstellungsthema zu werfen. Die Gewerkschaften hingegen wollten die schwierigen Seiten weiblicher Erwerbstätigkeit in der Schweiz angemessen dargestellt wissen. Der Sekretär des Zentralverbandes der Arbeitgeber-Organisationen Robert Briner forderte die Ausstellungsmacherinnen zu «tunlichster Dämpfung des antagonistischen Charakters» von Kapital und Arbeit auf.[27] Die allzu positive Darstellung der weiblichen Erwerbsarbeit wurde von Gewerkschaftsseite entsprechend umgehend moniert.[28] Seitens der SAFFA traf das Problem der industriellen Beziehungen jedoch überhaupt nicht den Kern des eigenen Anliegens. Auf ein Schreiben des Arbeitgeberverbandes notierte eine der Organisatorinnen, dass doch eigentlich «der Frauenstandpunkt zum Ausdruck kommen soll, nicht Arb.geber-Arb.nehmer-Probleme».[29]

Während für die Industriehalle aufwendige Verhandlungen zwischen Arbeitgeber- und Arbeitnehmervertretungen, aber auch innerhalb der Verbände geführt wurden, traten für die Ausstellungsteile über das Gewerbe andere Probleme auf. Hier bestand die Sorge, von der potenten Industrie mit ihren attraktiven Exponaten in den Schatten gestellt zu werden. Umgekehrt drängte der Frauengewerbeverband aber auch darauf, sich direkt mit den Leistungen der Industrie zu messen, um so die eigene Stärke zu demonstrieren.[30]

Da die Verantwortlichen für die Gewerbesektion sich zunächst ausschliesslich auf die Modebranche konzentrieren wollten, wurde noch eine zweite Gewerbeausstellung eingerichtet, die auch die anderen handwerklichen Tätigkeiten, Berufsbilder und Ausbildungsgänge für Frauen zur Darstellung bringen sollte. Die Frauen aus den kleinen Gewerbebetrieben waren aber kaum bereit, für mehrere Tage ihre Arbeit zu unterbrechen, um ihr Können auf der SAFFA

---

24   Mascha Oettli an Nelli Jaussi vom 1. April 1958 (SOZARCH, Ar 17.30.11).
25   SAFFA 1958, Protokoll der vierten Sitzung der Fachgruppe Industrie vom 5. März 1958 (SOZARCH, Ar 17.30.11).
26   SAFFA 1958, Protokoll der Studienkommission der Fachgruppe Industrie vom 13. Mai 1958 (SOZARCH, Ar 17.30.11).
27   Robert Briner an Regula Streuli vom 7. Februar 1958 (SOZARCH, Ar 17.30.11).
28   Hans Neumann an Nelli Jaussi vom 25. März 1958 (SOZARCH, Ar 17.30.11).
29   Zentralverband der Arbeitgeber-Organisationen an Nelli Jaussi vom 24. Januar 1958 (SOZARCH, Ar 17.30.11).
30   SAFFA 1958, Untergruppe Gewerbe, Protokoll Nr. 1 der Sitzung vom 29. Januar 1957 (SOZARCH, Ar 17.40.6).

vorzuführen. Die vielen unterschiedlichen gewerblichen Felder und die Vielfalt an kleineren Branchen- und Berufsverbänden erschwerten ebenfalls eine angemessene Repräsentation des Gewerbes. Auch die Finanzierung gestaltete sich schwierig.[31]
Zusätzlich drängten die Unternehmerinnen auf eine angemessene Repräsentation auch ihrer Anliegen. Sie sahen ihre Situation als gewichtige Ausnahme in einer ansonsten von männlichen Betriebsinhabern dominierten Geschäftswelt. Auf diesen Sonderstatus stellten auch zeitgenössische Ratgeber ab, die sich besonders an Frauen in führender Position richteten.[32]
Die in der Ausstellung porträtierten Unternehmerinnen hatten die Betriebe, denen sie vorstanden, nicht selbst gegründet. Meist waren sie durch den Todesfall des Mannes oder Vaters in die Pflicht genommen worden. Die im Rahmen der SAFFA engagierten Geschäftsinhaberinnen wollten betont wissen, dass Frauen einen wichtigen Beitrag zur Volkswirtschaft leisteten und aufgrund spezifisch weiblicher Kompetenzen mitunter besser in der Lage seien, einen Betrieb zu führen. Die für ihre Arbeit notwendigen «Eigenschaften» galten den Geschäftsfrauen als etwas, das «nicht gelernt werden» könne. Sie hielten aber auch fest, dass ihre Geschäftstätigkeit nur mit gewaltigen Abstrichen an das Familienleben und sonstigen Opfern verbunden überhaupt möglich war.[33]
In der SAFFA war die Stimme der Unternehmerinnen nur eine unter vielen. Und seitens der Wirtschaftsverbände konnten sie auch nicht auf viel Unterstützung hoffen. Die schweizerische Verbandslandschaft war über weite Teile des 20. Jahrhunderts eine Sache von Männern.[34] Das entsprach dem Ausschluss von Schweizer Frauen aus der politischen Arena.[35] Immerhin existierten zu diesem Zeitpunkt aber eine Reihe an Frauenberufsverbänden. In den gesellschafts- und wirtschaftspolitisch wichtigen Fragen wurden sie jedoch selten angehört und sie spielten auch in den staatlichen Vernehmlassungsverfahren nur eine untergeordnete Rolle. Frauenberufsverbände orientierten sich deshalb häufig eher nach innen; in den grossen Verbänden, in denen Frauen auch als Mitglieder vertreten waren, dominierten an den entscheidenden Stellen die Männer.[36]

31 SAFFA 1958, Schlussbericht über die Gruppe Handwerkliches Können (SOZARCH, Ar 17.40.6).
32 Kaspar-Feller, Emmy (Hg.): Das Buch der Meisterin. Zürich 1951: Hans Kaspar AG; Albonico, Gerold: Die Geschäftsfrau und ihre Berufsprobleme: eine helfende Schrift in die Hände jener Frauen, die an vorderster Stelle im Wirtschaftsgeschehen stehen. Zürich 1953: Verlag Organisator.
33 SAFFA 1958, Besprechung der Unternehmerinnen vom 13. Mai 1958 (SOZARCH, Ar 17.30.11).
34 Mach, David, Ginalski, Bühlmann 2017.
35 Mesmer 2007.
36 Bund Schweizerischer Frauenvereine (Hg.): Licht und Schatten im Berufsleben der Schweizer Frau. Zürich 1958: Orell Füssli.

Gleich zwei Mal entschieden National- und Ständerat im Laufe der 1950er-Jahre, das internationale Übereinkommen über die gleiche Entlohnung von Männern und Frauen für gleiche Arbeit nicht zu ratifizieren und folgten damit der Position der Regierung.[37] Als diese Frage 1960 ein drittes Mal aufgegriffen wurde, fand sich im Nationalrat erstmals eine Mehrheit für die Ratifizierung, während der Ständerat bei seiner ablehnenden Haltung blieb. Drei Spitzenverbände der Wirtschaft, nämlich der Vorort, der Zentralverband der Arbeitgeber-Organisationen und der Gewerbeverband, richteten sich in einer gemeinsamen Erklärung an die bürgerlichen Abgeordneten des Parlaments und sprachen sich gegen eine Annahme des internationalen Übereinkommens aus. Aus Arbeitgebersicht sah man in der Schweiz keinen Handlungsbedarf, der einen so weitreichenden Eingriff in die Lohnautonomie der schweizerischen Privatwirtschaft rechtfertigte. Gewerbesekretär Otto Fischer wetterte in der Neuen Zürcher Zeitung gegen die «Zwängerei» und stellte infrage, dass es sich im Zuge der Hochkonjunktur überhaupt ein Unternehmen leisten konnte, die qualifizierten Frauen zu schlecht zu bezahlen. Die unterschiedliche Bezahlung zwischen den Geschlechtern und Berufsgruppen sah er «in der Natur der freiheitlichen Wirtschaftsordnung» begründet.[38] Gegen ein anderes internationales Abkommen, das sich in Geschlechterfragen gegen die «Diskriminierung in Beschäftigung und Beruf» richtete, hatte man seitens der Verbände hingegen keine Einwände. Dies aber weniger, weil eine Dringlichkeit gesehen wurde, sondern vielmehr, da es keine echten Einschnitte in die etablierten Abläufe haben würde.[39]

---

37 Internationale Arbeitsorganisation, Übereinkommen 100, Gleichheit des Entgelts männlicher und weiblicher Arbeitskräfte für gleichwertige Arbeit, 1951.
38 «Eine offensichtliche Zwängerei». Neue Zürcher Zeitung vom 16. September 1960, Mittagausgabe, Blatt 7.
39 Zentralverband Schweizerischer Arbeitgeber-Organisationen, Vorort und Schweizerischer Gewerbeverband an die bürgerlichen Mitglieder des Ständerats vom 21. Juni 1960; Zentralverband Schweizerischer Arbeitgeber-Organisationen, Vorort und Schweizerischer Gewerbeverband an die bürgerlichen Mitglieder des Ständerats vom 20. September 1960; Zentralverband Schweizerischer Arbeitgeber-Organisationen, Vorort und Schweizerischer Gewerbeverband an die bürgerlichen Mitglieder des Ständerats vom 26. September 1960 (AfZ, IB Vorort-Archiv 101.3.1).

9.3 Berufstätige Frauen organisieren sich

Von den Berufsverbänden für Frauen unterschieden sich die schweizerischen «Clubs der Berufs- und Geschäftsfrauen», die bereits seit 1930 in verschiedener Form existiert hatten, nach Ende des Zweiten Weltkriegs aber neu aufgestellt wurden und im Zuge der Hochkonjunktur einen ständigen Zuwachs an Mitgliedern verzeichnen konnten. Ende der 1950er-Jahre existierten in der Schweiz mehrere derartige Clubs in Städten und Gemeinden unterschiedlicher Grösse. Auch die Vereinigungen der Berufs- und Geschäftsfrauen waren stark nach innen orientiert, schafften es aber durch ihre gute nationale Vernetzung und die Einbindung in einen internationalen Gesamtverband dennoch, die Anliegen berufstätiger Frauen in der Schweiz nach aussen zu tragen. Wenn es auch vereinzelt Clubs in der Romandie gab, waren diese Zusammenschlüsse insgesamt vor allem in der Deutschschweiz zu finden.[40]

Ähnlich wie die Efficiency-Clubs waren die Vereinigungen der Berufs- und Geschäftsfrauen also zunächst einmal Orte des Austausches, der Geselligkeit und des wechselseitigen Lernens am Beispiel. Anders als bei der Efficiency-Bewegung wurde der Zusammenhang aber nicht über eine verbindliche Ideologie gestiftet, sondern durch vergleichbare gesellschaftliche Erfahrungen. Die Berufsclubs für Frauen wollten keine herkömmlichen Verbände sein und klärten entsprechend auch die Frage nicht, ob sie nun die Arbeitgeber-, Branchen- oder Berufsseite in den Vordergrund ihrer Tätigkeiten stellten. Deutlich war, dass sie keine Gewerkschaft oder Angestelltenorganisation bildeten. Miteinander ins Gespräch bringen wollten die Clubs stattdessen Geschäftsführerinnen, leitende Angestellte, aber auch diejenigen Frauen, die im Geschäft ihres Mannes mitwirkten, selbständig in den künstlerischen oder freien Berufen tätig waren. In der Gründung eines Zürcher Clubs trat dies besonders deutlich hervor: Explizit verzichteten die Initiantinnen zunächst auf die Formulierung von Statuten oder die Gründung eines offiziellen Vereins, wobei mit diesem Prinzip bereits drei Jahre später wieder gebrochen wurde. Die Vereinigung in Zürich stand allein Frauen offen, die das Schweizer Bürgerrecht hatten und ausserdem in der Schweiz wohnten. Ausnahmen von dieser Regel gab es in geringem Umfang. Für die Aufnahme einer neuen Person mussten zwei Mitglieder eine Empfehlung abgeben.[41]

Trotz des eher harmlosen Programms geselligen Zusammenseins im kultivierten Kreis und der wechselseitigen beruflichen Anregung zielten die Clubs

---

40 Was tun die Clubs der Berufs- und Geschäftsfrauen?, ohne Datum. Mitgliederbewegung 1959–1977 (AGoF, 120-33).

41 Was wir gerne möchten, 1945. Statuten für den Club der Zürcher Berufs- und Geschäftsfrauen (1948) (AGoF, 120-64).

auf den Kern der geschlechtersegregierten Berufsgesellschaft. Die Organisation der Berufs- und Geschäftsfrauen strebte eine Durchkreuzung etablierter Geschlechterrollen an, indem der weibliche Anteil an der schweizerischen Volkswirtschaft sichtbar gemacht wurde. Zwar war das Verdienst von Frauen in der grossen nationalen Einigungsanstrengung des Zweiten Weltkrieges immer wieder herausgestrichen worden. Den Männern im Aktivdienst schienen die Frauen zu entsprechen, die sich um die Versorgung, Fürsorge und den heimischen Haushalt kümmerten, während ihre Ehepartner die Grenze bewachten. Damit war aber nur das mütterliche Prinzip abermals als Merkmal des Weiblichen markiert. Die Frauen des Zürcher Clubs trafen sich hingegen mit denjenigen Geschlechtsgenossinnen, denen durchaus eine Karriere oder Geschäftstätigkeit offenstand, da sie über die entsprechenden beruflichen Qualifikationen verfügten, Vorgesetztenfunktionen ausübten oder im Geschäft ihres Mannes Erfahrungen im wirtschaftlichen Alltag sammelten und entscheidend zum Geschäftserfolg beitrugen. Dies machten die Berufs- und Geschäftsfrauen allein durch ihren Zusammenschluss sichtbar. Darüber hinaus bildeten sie sich an unzähligen Vortragsveranstaltungen weiter, sogenannten Schwarzkaffee-Plaudereien, von denen ein grosser Teil dem Themenfeld «Berufsbildung und Berufsfragen» gewidmet war. Hier referierten fast ausschliesslich Frauen und gaben einen Einblick in verschiedene Tätigkeitsbereiche, Geschäftsfelder und Ausbildungsberufe. Viele der Vorträge waren Berufen gewidmet, die besonders häufig von Frauen ausgeübt wurden. Andere behandelten technologische Neuerungen, die im Geschäftsalltag zu Veränderungen führten. Und wieder andere skizzierten Karrierewege oder stellten die unternehmerische Tätigkeit von Frauen ins Zentrum.[42]

Um das männliche Monopol auf bestimmte Berufswege zu zerschlagen, mussten diese auch für Frauen begehbar gemacht werden. Am 28. September 1948 trug Elisabeth Feller im Zürcher Club vor. Ihr Thema waren «Erfahrungen als Unternehmerin in der Metallindustrie». Feller hatte nach dem Tod ihres Vaters gemeinsam mit ihrer Mutter das familieneigene Elektrotechnikunternehmen übernommen, in eine Aktiengesellschaft überführt und war in der männlich konnotierten Branche als Geschäftsfrau erfolgreich tätig. Als 1947 ein Schweizer Dachverband der Berufs- und Geschäftsfrauen gegründet wurde, übernahm Feller für neun Jahre das Präsidium, arbeitete dann zunächst als Sekretärin der International Federation of Business and Professional Women, der sie nach 1959 ebenfalls als Präsidentin vorstand.[43]

---

42 Club der Zürcher Berufs- und Geschäftsfrauen, Zusammenstellungen der Veranstaltungen, 1945–1953 (AGoF, 120–84).
43 Joris, Knoepfli 1996; Deck, Bosshart-Pfluger 2001.

Die Arbeit der nationalen und internationalen Vereinigung für Berufs- und Geschäftsfrauen stellte wie der Zürcher Club die Bedürfnisse und Aspirationen gut qualifizierter Frauen in den Mittelpunkt. Die Frauenrechtlerin Ida Somazzi zeigte, wie dieser Ansatz in einem grösseren Kontext zu verstehen war. Mit der Anerkennung der Fähigkeit, einen anspruchsvollen Beruf auszuüben, sollte auch die Möglichkeit zur Mitwirkung in Staat und Zivilgesellschaft einhergehen: «Die Frauen sollen durch ihre gute berufliche Ausrüstung ermutigt werden, sich als Bürgerinnen ihres Landes für ihren Staat und die Aufgaben der Gemeinschaft verantwortlich und zur Mitarbeit fähig zu fühlen, und es sollen genügend qualifizierte Anwärterinnen vorhanden sein, um verantwortungsreiche Posten in privaten und öffentlichen Betrieben im In- und Ausland übernehmen zu können».[44]

Das Programm der Berufs- und Geschäftsfrauen umfasste also gleich eine ganze Reihe an Ansatzpunkten, um den Aufstieg von Frauen in Wirtschaft und Gesellschaft zu erleichtern. Die Verbände und Clubs setzten bei der weiblichen Bildungselite an, wo die entsprechenden Qualifikationen bereits vorhanden waren. Damit formale Abschlüsse und berufliche Erfahrungen aber gegen entsprechende Karriereoptionen getauscht werden konnten, mussten die Frauen dies erstens wollen und sich zweitens dazu in der Lage fühlen. Dies schien jedoch nicht auszureichen. Es musste auch sichtbar gemacht werden, dass Frauen, die für die offenen Posten infrage kamen, in hinreichender Zahl existierten. Die organisierten Berufs- und Geschäftsfrauen verfolgten deshalb in der Schweiz einen integralen Ansatz, der berufliche Karrieren und politische Mitarbeit gleichermassen in den Fokus rückte. Sie trugen dabei dem Umstand Rechnung, dass die Karrieren in den beiden gesellschaftlichen Sphären eng miteinander verknüpft waren und einander bedingten. Der internationale Austausch mit gleichgesinnten Frauen diente der wechselseitigen Ermutigung.[45]

Während Ida Somazzi die Arbeit in einen grösseren Zusammenhang stellte und sie mit den friedenspolitischen Zielen ihres UNO-Engagements zu verbinden suchte, blieb die profane Orientierung an den wirtschaftlichen Verhältnissen ein wichtiges Moment der Clubarbeit. Die Berufs- und Geschäftsfrauen waren keine bürgerliche Gruppierung der Frauenbewegung, sondern hatten den Aufstieg qualifizierter Frauen in der Privatwirtschaft zum klaren Ziel. Entsprechend wichtig war es, dass mit Elisabeth Feller eine Person den Verband präsidierte, die gezeigt hatte, dass Frauen erfolgreich ein grösseres Unternehmen führen konnten. Auf der ersten Wochenendtagung des nationalen Verbandes referierte zudem Sophie Haas, Managerin beim Möbelvertrieb Pfister, über

---

44 Somazzi, Ida: Das Ziel des Verbandes der Berufs- und Geschäftsfrauen in internationaler Sicht, 1953 (SWA, B.Verbände D 73).
45 Ebd.

«Erfahrungen als Direktorin eines Betriebes» und zeichnete die Schwierigkeiten nach, als Frau in einem schweizerischen Unternehmen Karriere zu machen und auch Gehör zu finden.[46]

Anders als die grossen Wirtschaftsverbände, bei denen das männlich dominierte Umfeld höchstens durch die übliche Anrede «sehr geehrte Herren» explizit zum Ausdruck kam, gab die besondere Situation erwerbstätiger Frauen in der Schweiz den Rahmen für nahezu alle öffentlichen und internen Positionierungen der organisierten Berufs- und Geschäftsfrauen. Sehr konkret wurde an den Clubabenden thematisiert, wie stark die weibliche Berufstätigkeit durch die ungleiche Arbeitsteilung im Privathaushalt eingeschränkt werde. In Gedichten und selbstverfassten Liedern zeichneten die Berufs- und Geschäftsfrauen ein Bild, in dem die Männer kaum in der Lage waren, auch nur vorübergehend auf die Kinder aufzupassen. Der souveräne fachliche Vortrag über den eigenen Kompetenzbereich galt als etwas, das zunächst erlernt werden musste. Frauen waren in der Selbstbeschreibung der Berufsfrauenclubs eine Gruppe, die still und zuverlässig ihre Aufgaben erledigte, aber nicht laut darüber sprach. Die Clubzusammenkünfte erschienen als ein geschützter Raum, in dem sie sich ihrer Kompetenz versichern und den öffentlichen Auftritt proben konnten.[47]

Für Frauen, die neben ihren familiären Pflichten einer bezahlten Berufstätigkeit nachgingen, stellte sich aber nicht nur die Frage, wie sich dies organisieren liess und welche Konsequenzen sich daraus für die Ausgestaltung der Partnerschaft ergaben. Die Managerin Sophie Haas gemahnte in ihrem Vortrag, das «Paschaleben» der Ehemänner nicht zuzulassen, da dies den Männern selbst «unwürdig» sei. Über eine entsprechende Erziehung des männlichen Nachwuchses sollten sie dafür sorgen, dass in der nächsten Generation andere Männer den Ton angäben, die sich nicht auf ihren Privilegien ausruhten, sondern auch zu Hause ihren Beitrag leisteten.[48]

Der Ansatz der Berufs- und Geschäftsfrauen war also umfassend und bezog häufig auch die sozialpolitischen und rechtlichen Konsequenzen einer verstärkten weiblichen Erwerbstätigkeit mit ein. Auf seine erste Wochenendtagung hatte der nationale Verband eine Juristin eingeladen, die vor allem die «routinierte Geschäftsfrau» aufforderte, auch an den Fall zu denken, dass eine

---

46 Haas-Pfister, Sophie: Erfahrungen als Direktorin eines Betriebes. In: Zusammenarbeit von Mann und Frau, aus Vorträgen, gehalten am 3. und 4. Mai 1952 auf dem Bürgenstock, zur Jahresversammlung des Schweizerischen Verbandes der Berufs- und Geschäftsfrauen. Horgen 1952: Schweizer. Verband der Berufs- und Geschäftsfrauen.
47 Gedicht zum Gotthard-Fest vom 10. Februar 1951 (AGoF, 120–66).
48 Haas-Pfister, Sophie: Erfahrungen als Direktorin eines Betriebes. In: Zusammenarbeit von Mann und Frau, aus Vorträgen, gehalten am 3. und 4. Mai 1952 auf dem Bürgenstock, zur Jahresversammlung des Schweizerischen Verbandes der Berufs- und Geschäftsfrauen. Horgen 1952: Schweizer. Verband der Berufs- und Geschäftsfrauen, S. 11.

Scheidung oder der Todesfall des Ehemanns komplizierte Fragen der Verteilung der Vermögenswerte aufwerfe. Sophie Bovet riet den selbständigen Geschäftsfrauen dringend, die Verwaltung der finanziellen Seite des Wirtschaftens nicht ihren Ehemännern zu überlassen und für den Ernstfall durch eine klare Deklaration der Vermögensteile vorzusorgen. Für diejenigen Frauen, die im Betrieb ihres Mannes mitwirkten, sah die rechtliche Situation im Falle eines frühen Todes des Ehepartners oder einer Scheidung noch schlechter aus.[49]
Als im Sommer 1955 die Jubiläumsversammlung des internationalen Verbandes der Berufs- und Geschäftsfrauen in der Schweiz abgehalten wurde, berichteten die heimischen Tageszeitungen breit über die Veranstaltung. 1930 war die Federation of Business and Professional Women in Genf gegründet worden, wo nun auch ein Teil der Feierlichkeiten stattfand. Die internationale Delegation startete in Bern und zog dann nach Genf weiter. Die Auswahl des Tagungslandes war nicht ohne politische Sprengkraft, da hier, anders als in vielen anderen Mitgliedsstaaten, das Wahl- und Stimmrecht für Frauen bisher weder kantonal noch national eingeführt worden war. Die schweizerischen Verhältnisse wurden von den Spitzen des internationalen Verbandes entsprechend direkt thematisiert. Die verlesene Botschaft der erkrankten Verbandspräsidentin Caroline Haslett, einer englischen Elektroingenieurin, enthielt einen deutlichen Appell an die Schweizer Männer, den Frauen doch endlich die ihnen zustehenden Rechte zu gewähren.[50] Marta von Greyerz, die anschliessend das Präsidium des schweizerischen Dachverbandes übernehmen sollte, hatte eigens eine englischsprachige Dokumentation zusammengestellt, in der sie die besondere Situation der schweizerischen Frauen darlegte und um Verständnis warb. Laut Greyerz hätten zwar die Schweizerinnen noch immer nicht das Stimmrecht erhalten. Dafür würden sie aber in der Schweiz mit ihren vielen direktdemokratischen Prozeduren ungleich stärker in die politische Entscheidungsfindung einbezogen, sobald ihnen einmal die gleichen bürgerlichen Rechte zur Verfügung stünden wie den Männern.[51]
In seiner Ansprache an die Tagungsgemeinde strich der Berner Regierungsrat und Volkswirtschaftsdirektor Max Gafner das Recht berufstätiger Frauen

---

49 Bovet, Sophie: Was gehört der berufstätigen Ehefrau. In: Zusammenarbeit von Mann und Frau, aus Vorträgen, gehalten am 3. und 4. Mai 1952 auf dem Bürgenstock, zur Jahresversammlung des Schweizerischen Verbandes der Berufs- und Geschäftsfrauen. Horgen 1952: Schweizer. Verband der Berufs- und Geschäftsfrauen.
50 «Die Berufs- und Geschäftsfrauen nehmen Abschied von Bern». Der Bund vom 27. August 1955, Samstagausgabe, S. 3.
51 von Greyerz, Marta C.: The Swiss Woman. Compiled for the 25th Board Meeting of the International Federation of Business and Professional Women, held in Berne, from the 22nd to the 26th of August, 1955 (AGoF, Bro 9223).

heraus, sich zu einem Verband zusammenzuschliessen.[52] Explizit zur Sprache kam das Missverhältnis beruflichen Engagements und politischer Rechte, als der Genfer Staatsrat Aymon de Senarclens in seinem Grusswort an die versammelten Berufs- und Geschäftsfrauen – gemäss Pressemeldungen – betonte, dass man nichts gegen das Engagement von Frauen habe, solange es in angemessenem Rahmen stattfinde. Darunter fiel aus Sicht des Wirtschaftswissenschafters und Agraringenieurs mit ETH-Diplom jedoch nicht die politische Teilhabe von Frauen. Als seine Äusserungen ins Englische übersetzt wurden, vernahmen die Journalisten deutliche Protestsignale unter den anwesenden Frauen. In der Presse wurde der Fauxpas Senarclens', der nicht nur Staatsrat, sondern auch Mitglied des Nationalrats war, missbilligend kommentiert[53] – oder schlicht nicht erwähnt.[54]

Auch die meisten der organisierten Berufs- und Geschäftsfrauen unterstellten in ihren Reden und Texten, dass es zwischen Männern und Frauen grundsätzliche Unterschiede gebe. Diese wurden aber nicht in der Befähigung gesehen, gehobene Stellungen in der Wirtschaft einzunehmen. Die Unternehmerin Elisabeth Feller führte aus, dass die wenigen Frauen, die selbst einen grösseren Betrieb führten, in diese Situation wie sie selbst durch Schicksalsschläge gerieten: als Töchter verstorbener Betriebsinhaber oder als Witwen. Dort, wo die Frau sich direkt gegen Männer durchsetzen wollte, musste sie laut Feller sogar besser qualifiziert sein als ihre Mitbewerber.[55] Davon, dass von ihr mehr verlangt worden sei als von der männlichen Konkurrenz, berichtete auch die Managerin Sophie Pfister. Die Gründe, warum sie es dennoch geschafft hatte, in einem Handelsunternehmen Karriere zu machen, schienen ihr im Schutz und Wohlwollen eines Vorgesetzten, im stetigen Aufbau von Fachkompetenz und im Durchsetzungswillen zu liegen. Anders als die Frauen habe der Mann aber nicht auch noch «Haushaltssorgen» und «Erziehungsfragen», die ihn vom Kerngeschäft ablenkten.[56]

---

52 «Berufstätige Frauen aus aller Welt treffen sich in Bern.» National-Zeitung vom 23. August 1955, S. 4.
53 «Die Jubiläumstagung des Verbandes der Berufs- und Geschäftsfrauen». National-Zeitung vom 24. August 1955, S. 5; «Internationaler Verband der Berufs- und Geschäftsfrauen». Neue Zürcher Zeitung vom 26. August 1955, Morgenausgabe, Blatt 3.
54 «Der internationale Verband der Berufs- und Geschäftsfrauen». Freiburger Nachrichten vom 25. August 1955, S. 4.
55 Feller, Elisabeth: Was kann die Betriebsinhaberin zur Vermenschlichung der Arbeit beitragen? In: La Suisse, Annuaire 1958: La femme suisse d'aujourd'hui, S. 84–87, hier S. 85.
56 Haas-Pfister, Sophie: Erfahrungen als Direktorin eines Betriebes. In: Zusammenarbeit von Mann und Frau, aus Vorträgen, gehalten am 3. und 4. Mai 1952 auf dem Bürgenstock, zur Jahresversammlung des Schweizerischen Verbandes der Berufs- und Geschäftsfrauen. Horgen 1952: Schweizerischer Verband der Berufs- und Geschäftsfrauen, S. 11 f.

Das binäre Rollenmodell und die sich daraus ergebenden praktischen Schwierigkeiten wurden von den Berufs- und Geschäftsfrauen aber auch in einen Vorteil umgedeutet. Die Managementliteratur zum «Faktor Mensch» und zum «Betriebsklima» gab hinreichend Stichworte, um zu begründen, warum gerade Frauen besonders gut zu den aktuellen Anforderungen an die schweizerischen Führungskräfte passten.[57] In Struktur und Effizienz sollten sich von Frauen geleitete Unternehmen nicht von anderen unterscheiden, wohl aber in dem, was Feller «Atmosphäre» nannte. Diese hatte in ihrer Sicht eine klare materielle Grundlage und wurde konkret in der Vielgestaltigkeit der Arbeitsabläufe, im Lohn, aber auch der Ausstattung und Ausschmückung des Arbeitsortes spürbar. Daneben schienen Freizeitangebote, betriebsinterne Publikationen und soziale Zusammenkünfte für eine bessere Arbeitsatmosphäre zu sorgen. Die Firmeninhaberin Feller zählte nicht einfach den Common Sense der Managementliteratur zur Vermenschlichung des Betriebs auf, sondern deutete diese jeweils für die besondere Situation der Frauen aus, die häufig gerade die wenig anregenden Routinetätigkeiten übernahmen, vom Lohn her schlechter eingestuft wurden, auch wenn sie bezüglich Tätigkeit und Qualifikation den Männern nicht nachstanden und mit der doppelten Belastung durch Beruf und Haushalt zurechtkommen mussten. Als Ideal bezeichnete sie das Modell eines Betriebs, der wie eine Familie funktionierte, in der die Inhaberin die Abläufe überwachte, an der Entwicklung des Personals, aber auch an den Sorgen der Belegschaft interessiert war.[58]

9.4 Die Geschlechterordnung der Berufsbildung

Im Berufsleben galt in der Regel, dass viele der Ausbildungsberufe, die auf die besser bezahlten Tätigkeiten vorbereiteten, vor allem von männlichen Jugendlichen ergriffen wurden. Die Berufsberatungsliteratur folgte in den 1950er-Jahren im Ganzen weiterhin klar den etablierten Geschlechternormen. In der feministisch orientierten weiblichen Beratung für die höheren Berufe kämpften die Protagonistinnen entsprechend gegen die sogenannten Schnellbleichen für Mädchen und für einen durch vollgültige Berufe strukturierten Arbeitsmarkt für qualifizierte Frauen.[59]

57 Trüeb, Maria: Die berufstätige Frau, ihre Entfaltung zur Persönlichkeit und ihr Einfluss auf die menschlichen Beziehungen im Betrieb. Vortrag von Frau Maria Trüeb, Luzern, im Rahmen eines Kurses für weibliche PTT-Vorgesetzte in Magglingen (14. Mai 1952) (Sonderdruck aus der PTT-Zeitschrift 1952, 10 und 11).
58 Feller, Elisabeth: Was kann die Betriebsinhaberin zur Vermenschlichung der Arbeit beitragen? In: La Suisse, Annuaire 1958: La femme suisse d'aujourd'hui, S. 84–87.
59 Angehrn 2019, S. 115–192.

Die Unternehmen rekrutierten ihren Nachwuchs aber zumeist entweder unter den männlichen oder den weiblichen Jugendlichen. Dieser Fortschreibung der geschlechtlichen Berufsstruktur lagen nicht allein Stereotype, Traditionen oder Routinen zugrunde. Ein grosser Teil der Ausbildung in den typischerweise von Frauen ausgeübten Berufen war 1930 nicht dem Berufsbildungsgesetz des Bundes unterstellt worden. Für die Wirtschaftsverbände stellte das kein grosses Problem dar, da die Angestellten in diesen Bereichen nicht in ihren Mitgliedsfirmen beschäftigt waren, sondern bei öffentlichen oder gemeinnützigen Betrieben arbeiteten. Für die sogenannten akademischen Berufe existierten sowohl kantonale als auch eidgenössische Regelungen. In der Pflege und den medizinischen Hilfsberufen, der Hauswirtschaft, Sozialarbeit und im künstlerischen Bereich gab es hingegen keine schweizweiten gesetzlichen Verordnungen.[60]

In den Bereichen Gastgewerbe, Handwerk und Industrie sowie Verkehr und Handel waren gesetzliche Regelungen auf nationaler Ebene vorhanden. Einer der Ausbildungsberufe, der national reguliert war und besonders häufig von Mädchen ergriffen wurde, war der der Verkäuferin. Anders als eine kaufmännische Lehre bot dieser Beruf wenig Möglichkeiten, sich anschliessend weiterzuentwickeln. Zugleich liessen sich die Auszubildenden hier schnell am Verkaufstresen einsetzen, sodass die betrieblichen Ausbildungskosten geringer waren als in anderen Berufsfeldern. Nicht wirklich hitzig verlief entsprechend die Diskussion, nachdem sich das Bundesamt für Industrie, Gewerbe und Arbeit mit dem Vorhaben an die Verbände gewandt hatte, die zweijährige Ausbildungszeit für Verkäuferinnen in bestimmten Branchen zu verlängern. Diese Möglichkeit hatte bereits zuvor bestanden, war von den Kantonen aber kaum genutzt worden. Die Bundesbehörde wurde tätig, nachdem die Fachgruppen des Schweizerischen Gewerbeverbandes für den Schuh- und Textildetailhandel sich mit einer diesbezüglichen Eingabe zu Wort gemeldet hatten.[61]

Im Entwurf aus Gewerbekreisen war ausschliesslich von der «Lehrtöchterausbildung im Verkäuferinnenberufe» die Rede, obwohl Mitte der 1950er-Jahre durchaus auch einige wenige Männer den Verkäuferberuf erlernten.[62] Dies führte bei einem Verband zu der verwunderten Feststellung, dass es wohl sinnvoll sei, die Lehrzeit – wenn überhaupt –auch gleich für die männlichen Aspiranten zu erhöhen.[63] Aus den Voten wurde ersichtlich, dass die Lehrzeit für die Verkäuferinnen häufig so genutzt wurde, dass diese als günstige Arbeits-

60 Niggli, Gertrud: Besonderheiten der weiblichen Berufsbildung. Zürich 1947: Schweizerischer Verband für Berufsberatung und Lehrlingsfürsorge.
61 Bundesamt für Industrie, Gewerbe und Arbeit, Mai 1954, Entwurf zu Richtlinien für die Verlängerung der Lehrzeit im Verkäuferinnenberuf (AfZ, Vorort-Archiv 203.2.7).
62 Ebd.
63 Verband schweizerischer Filialunternehmungen an den Vorort vom 3. September 1954 (AfZ, Vorort-Archiv 203.2.7).

kräfte für Tätigkeiten hinzugezogen wurden, die nicht unbedingt zum Qualifikationsprofil gehörten. «Putzarbeiten» und «Ausläuferdienste» schienen zum Arbeitsalltag der weiblichen Lehrlinge im Handel zu gehören.[64]

In der französischsprachigen Schweiz wurden Mitte der 1950er-Jahre Forderungen laut, einen der sogenannten kaufmännischen Hilfsberufe ebenfalls dem Bundesgesetz über die berufliche Ausbildung zu unterstellen: den der Stenodaktylografinnen. Die kantonalen Ämter für Berufsbildung in der Westschweiz waren mit diesem Anliegen an die Bundesbehörden gelangt, nachdem der Kanton Waadt im Jahr 1950 ein entsprechendes Reglement verabschiedet hatte. In zweieinhalb Jahren wurden hier ausschliesslich Mädchen in den typischen Sekretariatsarbeiten ausgebildet. Berechtigt waren nur diejenigen Firmen, in denen hinreichend administrative Tätigkeiten anfielen, aber keine eigentliche kaufmännische Ausbildung erforderlich war. Der neue Ausbildungsgang sollte die traditionelle umfassende kaufmännische Lehre aber nicht konkurrenzieren.[65]

Notwendig geworden zu sein schien eine spezialisierte und national anerkannte Ausbildung in diesem Bereich aufgrund der gestiegenen Nachfrage nach Sekretariatskräften. Gegen die Schaffung eines neuen Ausbildungsgangs sprach jedoch, dass damit die kaufmännische Lehre in Teilen dann doch infrage gestellt wurde.[66] Der Vorort des Schweizerischen Handels- und Industrievereins wandte sich, nachdem der Bund in der Sache tätig geworden war, an seine Mitglieder und forderte sie zur Stellungnahme auf. Kritisiert wurde am kantonalen Vorläufer aus der Westschweiz, dass hier nur Mädchen zugelassen würden, obwohl es durchaus auch geeignete Jungen gebe. Auch schien die Konstruktion, dass nur Betriebe ausbildungsberechtigt seien, in denen zwar Sekretariatsarbeiten anfielen, aber keine Kaufleute qualifiziert werden konnten, als kaum umsetzbar.[67]

Durchaus wurde von den Firmen auch geltend gemacht, dass der auf weibliches Sekretariatspersonal ausgerichtete Bildungsgang möglicherweise diejenigen Mädchen vom Ausbildungsmarkt abziehe, die sonst eine kaufmännische Lehre in Angriff genommen hätten.[68] In einer «Zeit des grossen Mangels an weiblichen kaufmännischen Kräften» galt es als wenig sinnvoll, zwei Ausbildungsgänge für das Büropersonal parallel zu fahren. Bei den reinen Stenodaktylografinnen

64 Vereinigung des schweizerischen Import- und Grosshandels an den Vorort vom 4. September 1954 (AfZ, Vorort-Archiv 203.2.7).
65 Vorort des Schweizerischen Handels- und Industrievereins an die Handelskammern vom 13. November 1956 (AfZ, IB Vorort-Archiv 203.2.8).
66 Ebd.
67 Thurgauische Handelskammer an den Vorort vom 3. November 1956 (AfZ, IB Vorort-Archiv 203.2.8).
68 Vgl. König 1988.

wurden – anders als bei den Kauffrauen – keine Möglichkeiten zur anschliessenden beruflichen Weiterbildung gesehen. Auch wurde eingewandt, dass nur wenige Betriebe überhaupt einen Bedarf an reinen Schreibkräften hätten, sondern vielmehr die breiter ausgebildeten Kaufleute auch für Sekretariatsarbeiten beizögen.[69] Von den Handelskammern, die als zuständige Wirtschaftsverbände am internen Vernehmlassungsverfahren teilnahmen, wurde nahezu ausnahmslos die umfassende Ausbildung der Kaufleute ins Spiel gebracht, die nun vermehrt auch von den Mädchen absolviert wurde, gute Aufstiegsmöglichkeiten bot, als flexibel genug erachtet wurde und an die ein grosses Weiterbildungsangebot anschloss. Bei der Zürcher Handelskammer machte man zudem den Einwand geltend, dass der technologische Wandel, insbesondere die Nutzung von Diktiergeräten, eine spezialisierte Ausbildung von Stenodaktylografinnen irgendwann überflüssig machen würde.[70]

Die Handelsvereinigungen übernahmen also relativ ungebrochen die standespolitischen Argumente der Kaufleute. Zu Zeiten der Hochkonjunktur kamen aber noch zusätzliche Überlegungen hinzu, die gegen eine schnelle Ausbildung von Schreibkräften sprachen. Absolventinnen und Absolventen einer Berufslehre konnten darauf vertrauen, schnell eine Stelle zu finden. Durch die Einführung einer reinen Sekretariatslehre konnte entsprechend eine Sogwirkung entstehen, da sie die Möglichkeit bot, mit weniger Aufwand und in schnellerer Zeit einen Abschluss zu erlangen, mit dem sich dann umgehend Geld verdienen liess.[71]

Von denjenigen Handelskammern, die sich an der internen Vernehmlassung beteiligt hatten, lehnten alle ausser die des Kantons Waadt die Einführung einer besonderen Ausbildung von Stenodaktylografinnen als ordentlichen, eidgenössisch anerkannten Berufsbildungsgang ab. Auch in der Westschweiz bestand also nur eine geringe Neigung, die kaufmännische Lehre aufzusplitten und einen anspruchsloseren Qualifikationsweg einzuführen.[72] Da der Bedarf in den Unternehmen aber durchaus gegeben war, bestand die Gefahr, dass der Markt dieses Problem einfach lösen würde: Private Handelsschulen führten bereits

---

69 Solothurnische Handelskammer an den Vorort vom 4. Dezember 1956; Berner Handelskammer an den Vorort vom 4. Dezember 1956 (AfZ, IB Vorort-Archiv 203.2.8).
70 Zürcher Handelskammer an den Vorort vom 5. Dezember 1956 (AfZ, IB Vorort-Archiv 203.2.8).
71 Bündner Handels- und Industrieverein an den Vorort vom 5. Dezember 1956 (AfZ, IB Vorort-Archiv 203.2.8).
72 Bundesamt für Industrie, Gewerbe und Arbeit, Protokoll über die Sitzung betreffend die Frage einer Berufslehre als Stenodactylo vom 10. Dezember 1956 (AfZ, IB Vorort-Archiv 203.2.8).

einjährige Ausbildungsgänge für Mädchen und junge Frauen, in denen diese schnell in den täglich anfallenden Büroarbeiten qualifiziert werden konnten.[73] Auf den Zeitgeistcharakter der Diskussion wies Martha Oertli von der Schweizerischen Gesellschaft für kaufmännisches Bildungswesen hin. Sie argumentierte, dass bei einer schlechteren wirtschaftlichen Situation gerade die Frauen benachteiligt wären.[74] Als das Bundesamt für Industrie, Gewerbe und Arbeit nur wenige Jahre später mit einem neuen Vorschlag an die Verbände gelangte, war die Reaktion deutlich positiver, wenn es auch weiterhin ablehnende Voten gab. Statt einer kurzen Ausbildung in den üblichen Sekretariatsarbeiten sollte nun eine umfassende, der kaufmännischen Lehre entsprechende Grundbildung geschaffen werden, die aber stärker auf das Schreiben und Stenografieren und weniger auf die Buchhaltung fokussiert war. Zum Teil hatte sich die interne Einschätzung bei den Mitgliedern der Wirtschaftsverbände stark gewandelt. Die anhaltende Hochkonjunktur und die Knappheit an Arbeitskräften liessen einen weniger anspruchsvollen Ausbildungsgang, der aber die kaufmännischen Berufe nicht spaltete, attraktiv erscheinen. Deutlich kamen nun die Vorstellungen einer geschlechtlichen Arbeitsteilung und die Geschlechtersegregation des Arbeitsmarktes zum Vorschein. Die solothurnische Handelskammer regte gar an, den neuen Berufsbildungsgang vor allem für die Mädchen vorzusehen und die Jungen «im Hinblick auf ihre späteren Entwicklungsmöglichkeiten» in der kaufmännischen Ausbildung zu halten.[75]
Bei den Mädchen gingen die Arbeitgeber mitunter davon aus, dass ihnen schlicht «das Verständnis» für die mathematische Seite des kaufmännischen Arbeitsalltags abging und eine stärker auf die sprachliche Seite fokussierte Lehre deshalb sinnvoll sei. Neben diesen Annahmen zur Bereitschaft oder auch kognitiven Fähigkeit, anspruchsvollere Aufgaben in der Buchhaltung wahrzunehmen, stand die Annahme, dass die Zunahme an Routinearbeiten in den Büros eine eigentliche kaufmännische Ausbildung zunehmend obsolet mache.[76] Dieser Punkt war auch von Gewerkschaftsseite angemerkt worden, wo man befürchtete, dass gerade die reinen Schreibkräfte, die mit Routinearbeiten beauftragt waren, Gefahr liefen, durch die fortschreitende Automatisierung schlicht überflüssig zu werden. Aus diesem Grund schien auch aus Arbeitnehmersicht eine umfassende Ausbildung der Bürokräfte angezeigt.[77]

73 Ebd.
74 Ebd.
75 Solothurnische Handelskammer an den Vorort vom 5. Oktober 1960 (AfZ, IB Vorort-Archiv 203.2.10).
76 Aargauische Handelskammer an den Vorort vom 5. Oktober 1960 (AfZ, IB Vorort-Archiv 203.2.10).
77 Hartmann, Georges: Die Büroangestellten und die Automation. In: Gewerkschaftliche Rundschau 50 (1958) 7–8, S. 207–213, hier S. 211.

Frauen galten als diejenigen, die für mechanisierte Sekretariatsarbeiten eingesetzt werden konnten, während die Männer sich alle Optionen für eine spätere berufliche Karriere offenhalten sollten. Der Vorstoss aus der Westschweiz, eine spezifische Ausbildung, die vom Bund anerkannt und kontrolliert wurde, einzuführen, zwang die Verbände und Firmen dazu, einerseits die Praxis der schnell an privaten Fachschulen ausgebildeten weiblichen Schreibkräfte offenzulegen.[78] Andererseits wurde so deutlich, dass jene Mädchen, die sich für eine kaufmännische Lehre entschieden hatten, häufig dennoch in den einfacheren Geschäftsgängen eingesetzt wurden und anders als ihre männlichen Berufsgenossen zumeist keine Karriere vor sich hatten. Zugleich gab es durchaus auch Voten, die explizit auf die Gefahr hinwiesen, mit der Zweiteilung der kaufmännischen Lehre durch die Hintertür eine stärker formalisierte geschlechtliche Segregation der Berufsbildung einzuführen. Die Berner Handelskammer monierte entsprechend, dass in den vom Bundesamt für Industrie, Gewerbe und Arbeit versendeten Dokumenten einzig von «Lehrtöchtern» die Rede sei, obwohl die Ausbildung doch beiden Geschlechtern offenstehen musste.[79]
Was von den Handelskammern als Sicht der Privatwirtschaft oder als Interesse der Unternehmen präsentiert wurde, stand nicht unbedingt im Widerspruch zu standes- oder bildungspolitischen Überlegungen. Die Verbände brachten mitunter selbst die pädagogischen Konsequenzen einer Reform der kaufmännischen Lehre ein, was nicht verwunderlich ist, weil diese stark in die Organisation und Durchführung der Berufsbildung involviert waren. Da die privaten Akteure täglich mit dem Problem einer Qualifikation des Berufsnachwuchses befasst waren, nahmen sie gleichzeitig beide Standpunkte, den der Arbeitgeber und des Berufsstandes, ein und boten eine Vermittlung an. In dieser Perspektive war es im Interesse der Unternehmen, über vielseitig gebildete Kaufleute beider Geschlechter zu verfügen, um diese bei Bedarf dann unterschiedlich einsetzen zu können. Da Maschineschreiben, Fremdsprachenkenntnisse und Stenografie als etwas galten, was entweder sowieso im Rahmen der kaufmännischen Ausbildung gelernt wurde oder leicht nebenbei oder zu einem späteren Zeitpunkt zu erwerben war, schien die Einführung eines eigenen Bildungsgangs für weibliche Sekretariatskräfte wenig sinnvoll zu sein; es schränkte letztlich die Flexibilität der Personalverwaltung ein.[80]

78 Basler Handelskammer an den Vorort vom 6. Oktober 1960 (AfZ, IB Vorort-Archiv 203.2.10).
79 Berner Handelskammer an den Vorort vom 8. Oktober 1960 (AfZ, IB Vorort-Archiv 203.2.10).
80 Zürcher Handelskammer an den Vorort vom 7. Oktober 1960 (AfZ, IB Vorort-Archiv 203.2.10).

So gesehen wurde von den Berufsschulen eine «Einseitigkeit» der Ausbildung korrigiert, die der allgemeinen Verwendbarkeit, auf die die Privatwirtschaft angewiesen war, entgegenstand. Das öffentliche Bildungswesen half der Privatwirtschaft dabei, dass sie nicht Opfer ihrer eigenen Nutzenorientierung wurde.[81] Damit wurde in den kaufmännischen Berufen zugleich eine Form etabliert, die auch Mädchen Karrierewege offenhielt, die in weniger prestigeträchtigen oder eindeutig männlich konnotierten Berufen nicht möglich schienen. Gleichzeitig bedeutete das Beharren auf einer einheitlichen kaufmännischen Lehre ohne weitere Differenzierung, dass die alltägliche Praxis der schnellen Qualifikation von Schreibkräften zumeist unerwähnt blieb, in der die Mädchen für Tätigkeiten ausgebildet wurden, ohne dass es Anschlussperspektiven gab. Aufgrund dieser sehr heterogenen Debattenlage bei den Mitgliedsverbänden kam der Vorort in der Sache zu keinem einheitlichen Schluss, sondern stellte fest, dass der Entwurf «noch nicht genügend spruchreif» sei.[82]

Beim Zentralverband der Arbeitgeber-Organisationen waren die Voten insgesamt deutlich negativer ausgefallen und auch der Gegensatz der Sprachregionen war nicht so ausgeprägt. Der Verband brachte zusätzlich einen Punkt ein, der bei den Überlegungen zur Schaffung einer eigenen Sekretariatslehre ebenfalls eine entscheidende Rolle spielte: Mit einer vollgültigen Berufslehre, die vom Bund anerkannt wurde, konnten die Schreibkräfte darauf drängen, auch wesentlich besser bezahlt zu werden. Die Verbände befürchteten, dass eine Differenzierung im qualifizierten kaufmännischen Bereich nochmals höhere Lohnforderungen mit sich bringen könnte.[83]

In dieser Lesart gab es die tüchtigen und notwendigen Schreibkräfte bereits, die sich leicht über schnelle Qualifikationsverfahren bereitstellen liessen. Eine zusätzliche Ausbildung schien also nicht notwendig zu sein. Auf der anderen Seite standen die vielseitigen Kaufleute, deren Kenntnisse und Fertigkeiten die Grundlage für eine offene Berufskarriere mit neuen Herausforderungen waren: «Intelligenz, Mitdenken und Einsatz» galten den Arbeitgebern als die zentralen Eigenschaften des kaufmännisch qualifizierten Personals. Für den Zentralverband der Arbeitgeber-Organisationen erschien die Westschweizer Forderung einer Aufwertung der Sekretariatsarbeiten als eine Kompetenzüberschreitung der staatlichen Behörden. Entsprechend griff er besonders auf die Voten der

---

81 Ebd.
82 Vorort an das Bundesamt für Industrie, Gewerbe und Arbeit vom 7. November 1960 (AfZ, IB Vorort-Archiv 203.2.10).
83 Zentralverband der Schweizerischen Arbeitgeber-Organisationen an das Bundesamt für Industrie, Gewerbe und Arbeit vom 8. Dezember 1960 (AfZ, IB Vorort-Archiv 203.2.10).

französischsprachigen Mitgliedsverbände zurück, um nachzuweisen, dass man hier dabei sei, «eine Anlehre mit Gewalt zur Berufslehre zu erheben».[84]

Die intensiven Verhandlungen zu einer Differenzierung der kaufmännischen Berufslehre führten bei den beiden Spitzenverbänden der Arbeitgeber in Industrie und Handel, dem Vorort und dem Zentralverband, dazu, ihre Arbeitsteilung in Fragen der Berufsbildung zu überdenken. Da administrative und kaufmännische Tätigkeiten in den Unternehmen seit der Verabschiedung des ersten eidgenössischen Berufsbildungsgesetzes von 1930 deutlich an Gewicht zugenommen hatten, wollte der Zentralverband seine Zurückhaltung in diesem Bereich zugunsten eines stärkeren Engagements aufgeben. Er bat deshalb den Vorort darum, künftig in Fragen der kaufmännischen Berufsbildung vom Bund ebenfalls angehört zu werden. Dieser Bitte kam der Vorort nach. Dem Anliegen des Zentralverbandes, auch in allen anderen Berufsbildungsbelangen, mit Ausnahme des Gewerbes, zukünftig mit dem Bund zu verhandeln entsprach er hingegen nicht.[85]

Fragen der Berufsbildung waren mit der Hochkonjunktur wichtiger geworden, auch für die Spitzenverbände. Sie berührten Probleme der geschlechtlichen Arbeitsteilung, der beruflichen Stratifikation der Gesellschaft und des Verhältnisses von Kapital und Arbeit. Druck wurde von Arbeitnehmerseite nun weniger über Streiks ausgeübt. Die qualifizierten Arbeitskräfte hatten ein ganz anderes Machtmittel in der Hand, da das Personal knapp war und mit den entsprechenden Zertifikaten andere Arbeitsbedingungen und Gehälter eingefordert werden konnten. Die weiblich konnotierten einfachen Tätigkeiten sollten aus Arbeitgebersicht entsprechend nicht auch noch zu einer vollen Berufstätigkeit mit einer umfassenden Ausbildung und entsprechenden Statusgewinnen aufgewertet werden.

Die Gleichberechtigung von Mann und Frau in Berufsbildung und Arbeitswelt scheiterte aber nicht allein an den Interessen der Arbeitgeber und Vertretungen der Berufsstände. In einem Vortrag an der Delegiertenversammlung des Schweizerischen Verbandes der Berufs- und Geschäftsfrauen in Rapperswil machte die Frauenrechtlerin und Theologin Marga Bührig 1959 darauf aufmerksam, dass Gleichberechtigung im Arbeitsleben eine fundamentale Umstrukturierung der Praktiken in allen Bereichen der Gesellschaft notwendig machte. Nicht nur müsse man aufhören, «‹männliche› und ‹weibliche› Arbeitsgebiete einteilen zu wollen». Vielmehr müssten Hausarbeit, Kinderbetreuung, Schulunterricht und Lehrkörper so umorganisiert werden, dass beide Geschlechter an allen Aspek-

---

84 Ebd.
85 Zentralverband an den Vorort vom 11. Januar 1961 (AfZ, IB Vorort-Archiv 203.2.10).

ten des Lebens Anteil hätten und sich privat wie beruflich gleichermassen einbringen könnten.[86]

Dies blieb auch in den folgenden Jahrzehnten eine Aufgabe, die in der Schweiz nur sehr zögerlich angegangen wurde.[87] Die Wirtschaft fiel zunächst als treibender Faktor mehr oder weniger aus. Sie rekrutierte die fehlenden Arbeitskräfte in Massen aus dem Ausland. Als dieser Ausweg aber öffentlich zunehmend in die Kritik geriet und auch der Bundesrat sich daran machte, Gegenmassnahmen einzuleiten, mussten die Unternehmen sich umorientieren. Ein Ausbau der Berufsbildung, ohne später wirklich das geschaffene Humankapital auszubeuten, erschien in Zeiten der Hochkonjunktur als ein fahrlässiger Luxus.[88] Dies hatte eine vorsichtige Umorientierung in Fragen der Geschlechtersegregation des Arbeitslebens zur Folge: Das Technologieunternehmen Landis und Gyr aus dem Kanton Zug etwa verkündete 1964 in der firmeneigenen Hauszeitschrift «Frauen sind mitten unter uns». Der Beitrag war mit extra angefertigten Portraits von Mitarbeiterinnen versehen, die nicht nur in der Kantine oder an der Lochkartenmaschine tätig waren, sondern auch als Konstruktionszeichnerin, Laborantin oder Verdrahterin. In derselben Nummer verkündete das Unternehmen, dass nun das Provisorium einer firmeneigenen Kinderkrippe eröffnet worden sei. Männer, die die Berufstätigkeit der Frau nicht würdigten, bezeichnete der Redakteur als «Eselsreiter», die «das Mitbestimmungsrecht der Frau auf erbärmliche Art und Weise ausnützen». Diese für eine Firmenzeitschrift eines erfolgreichen Technologieunternehmens mit einer überwiegend männlichen Belegschaft ungewöhnlich scharfen Formulierungen zeigen, wie sehr der anhaltende Personalmangel in Zeiten der Hochkonjunktur in der Lage war, ausgesprochen tief verwurzelte gesellschaftliche Stereotype partiell aufzubrechen. Dass im Begleittext aber im selben Zug die Hausfrauenarbeit und Mutterrolle gelobt wurden, deutet zugleich an, dass es damit noch nicht getan war.[89]

---

86 Bührig, Marga: Die Zukunft ist unsere Aufgabe – heute schon. Vortrag gehalten an der Delegiertenversammlung des Schweizerischen Verbandes der Berufs- und Geschäftsfrauen am 26. April 1959 in Rapperswil. Winterthur 1959: Separatdruck aus dem Schweizer Frauenblatt.
87 Eidgenössische Kommission für Frauenfragen: Die Stellung der Frau in der Schweiz: Bericht der Eidgenössischen Kommission für Frauenfragen. Teil 1: Gesellschaft und Wirtschaft. Bern 1979: Eidgenössische Kommission für Frauenfragen.
88 Sutter 2005, S. 232–234.
89 Hauszeitschrift Landis & Gyr Zug 16 (1964) 3.

10 Die Zivilisierung des Unternehmers

Einzelne der Interessengruppen, die in den 1930er- und 40er-Jahren mit verschiedenen Kampagnen gegen sozialistische Umtriebe in der Schweiz gekämpft hatten, machten im Kontext des Kalten Krieges einfach weiter. Noch immer schienen Kapitalismus und liberale Demokratie von links bedroht. Die Aktionsgemeinschaft Nationaler Widerstand beziehungsweise das Redressement National agitierte weiterhin für eine wirtschaftsliberale und föderalistische Ausrichtung der Schweiz. Auch der Gotthardbund existierte bis 1969, fand aber öffentlich kaum noch Gehör. Zunehmend kanalisierte die 1942 gegründete Gesellschaft zur Förderung der schweizerischen Wirtschaft die Kommunikationsanstrengungen der Privatwirtschaft.[1] Nach Ende des Zweiten Weltkrieges wurde von Friedrich August von Hayek am Genfersee zudem die international ausgerichtete Mont Pèlerin Society gegründet, die sich der Vernetzung liberaler intellektueller Kräfte verschrieben hatte. Diese Gesellschaft, Kern des sogenannten Neoliberalismus, wurde zeitweilig von Albert Hunold geleitet, einem ehemaligen Lehrer, der es bis zum Vize-Direktor der Schweizerischen Kreditanstalt gebracht hatte und in einem Branchenverband tätig gewesen war, bevor er dann die Geschäfte der Denkfabrik übernahm.[2]

Die meisten der Schweizer Kampfbünde vermuteten den Feind einer liberalen Gesellschaftsordnung beim politischen Gegner im Aus-, vor allem aber im Inland. Wie bereits zu Beginn des 20. Jahrhunderts schien die Antwort auch in der besseren Organisation der unternehmensfreundlichen Kräfte zu liegen. Von hier aus sollte die Aufklärung und Erziehung der Bevölkerung besorgt werden. Dieses Modell blieb im Kontext des Kalten Krieges attraktiv. Neben den schon älteren *pressure groups* entstand in der Schweiz zu Beginn der 1950er-Jahre eine gut vernetzte Gruppierung, die es sich zur Aufgabe machte, mit einem eigentümlichen Programm der unternehmerischen Selbsterziehung den Kapitalismus von innen her zu reformieren. Adressaten der pädagogischen Anstrengungen waren nicht Arbeiterinnen und Arbeiter, Angestellte oder die Gesamtbevölkerung, sondern die (meist männlichen) Unternehmer selbst. Als Vereinigung für freies Unternehmertum (VfU) wollten sie dafür sorgen, dass

---

1 Werner 2000, S. 260–284.
2 Plickert 2008, S. 128; «Albert C. Hunold gestorben». Neue Zürcher Zeitung vom 6. Juni 1980, S. 18; Bürgi 2008.

nicht «Freibeuter» die Marktwirtschaft «mit Faust und Ellbogen» zu ihren Gunsten nutzten und so dem politischen Gegner in die Hände spielten.[3]

10.1 Eine Verschwörung

Vier der fünf Gründungsmitglieder der Vereinigung waren 1944 bereits mit Vorträgen auf Stokars Veranstaltung zur wirtschaftlichen Nachkriegsvorsorge vertreten gewesen. Als einigendes intellektuelles Band diente den organisationserfahrenen Männern die Anthroposophie Rudolf Steiners, die es der Gruppierung aber zugleich erschwerte, in der schweizerischen Unternehmerschaft nach Ende des Zweiten Weltkriegs wirklich Fuss zu fassen. Die Frage, wie stark man sich mit dem eigenen anthroposophischen Hintergrund exponieren sollte, zog sich im Engagement der VfU noch weit über die eigentliche Gründungsphase hinaus. Dennoch fanden ihre Veranstaltungen in der Privatwirtschaft durchaus Aufmerksamkeit und wurden von der bürgerlichen Presse anerkennend begleitet.[4]

Die Mitglieder der Vereinigung für freies Unternehmertum wollten nicht nur nach innen wirken. Sie sahen sich nicht als Teil einer anthroposophischen Parallelwelt, sondern arbeiteten auf eine Veränderung der gesellschaftlichen und wirtschaftlichen Strukturen hin. Auch wenn die VfU sich ironisch als eine «Verschwörung» bezeichnete, war ihr Ziel doch eine Stärkung der Marktwirtschaft, nicht ihre Überwindung. Indem die Unternehmer zur Selbsterziehung angeregt wurden, sollte den moralischen Schwächen des Kapitalismus entgegengetreten und auf diese Weise ein zentrales Argument des ideologischen Gegners entkräftet werden.[5]

Der anthroposophische Hintergrund war zwar für viele der Mitglieder der VfU auch über die Gründerjahre hinaus wichtig. Er nährte die Hoffnung, dass über die richtige Form der Geistesbildung und Selbstdisziplinierung die gesellschaftlichen Folgen einer freien Wirtschaftsweise gebändigt werden könnten. Die geteilte Weltanschauung half aber auch, die eigene, häufig aufreibende

---

3 «Freiheit in der Wirtschaft!». In: VfU Bulletin Nr. 1, o. J.
4 «Probleme des freien Unternehmertums». Neue Zürcher Zeitung vom 29. Juli 1952, Morgenausgabe, Blatt 2; «Erziehung zum freien Unternehmertum». Tages-Anzeiger vom 5. März 1953, 2. Blatt; «Existenzfragen des freien Unternehmertums». Neue Zürcher Zeitung vom 24. Juni 1953, Abendausgabe, Blatt 8; «Unternehmer und Politik». Schweizerische Handels-Zeitung vom 30. Juli 1953; «Freies Unternehmertum». Thurgauer Zeitung vom 13. Oktober 1953. Die Berichterstattung brach auch in den folgenden Jahrzehnten nicht ab, wie die Pressedokumentation des Wirtschaftsarchivs zur VfU zeigt (SWA, B. Verb. Q 13).
5 Jucker, Ernst: Die «Verschwörung» der VfU. In: VfU-Bulletin vom Mai 1953, Nr. 12.

Arbeit zu motivieren. Die Ansprüche, die die Verschwörer – Frauen fanden sich zunächst nicht darunter – an sich und ihr Umfeld stellten, waren hoch und verlangten allen Beteiligten viel ab. Dass man sich dennoch verständlich machen konnte und durchaus Anerkennung ausserhalb anthroposophischer Kreise bekam, hing mit der eigentümlichen Verschränkung unterschiedlicher Strömungen zusammen, die ebenfalls auf eine Veredlung des Kapitalismus zielten und für die Arbeit der Vereinigung wichtig waren. Ausserdem stand das Alltagsgeschäft wirtschaftlichen Handelns immer gleichberechtigt neben den tiefgreifenden Reflexionen über den Sinn unternehmerischen Handelns.[6]

Der Russlandheimkehrer Ernst Jucker gehörte wie der Wirtschaftsberater Stokar von Beginn an der Vereinigung für freies Unternehmertum an. Innerhalb des Clubs der kapitalistischen Bildungsreformer war Jucker der Garant für eine gründliche Kenntnis des politischen Gegners. Zu einem Zeitpunkt, als die Aktualität seiner Kenntnisse von anderer Seite bereits infrage gestellt wurde, eröffnete sich mit der Vereinigung ein neues Betätigungsfeld, in dem «Russland-Jucker» ein besonderer Status zukam, den er sich mit seinen Erfahrungen in der Sowjetunion erworben hatte. Das blieb das Lebensthema Juckers. Gewisse publizistische Erfolge hatte er direkt nach dem Zweiten Weltkrieg mit seinem Erfahrungsbericht «Erlebtes Russland: 16 Jahre öffentliche Arbeit in der Sowjetunion», der zwischen 1945 und 1957 viermal aufgelegt und auch ins Französische übersetzt wurde. Er und die anderen Gründer der Vereinigung wollten der normativen Orientierungslosigkeit des Kapitalismus mit einem Erziehungs- und Bildungsprogramm für die schweizerischen Unternehmer abhelfen.[7]

Wo Stokar ein organisatorisches Talent in die Vereinigung für freies Unternehmertum einbrachte und Jucker für die Feindkenntnis zuständig war, erfüllte Roman Boos die Funktion des Experten für Grundsatzfragen. Boos' früheres Ringen mit der Efficiency-Philosophie bildete im Kern bereits ab, was seit den 1950er-Jahren auch das Programm der Vereinigung für freies Unternehmertum sein sollte: Ein deutliches Bekenntnis zu Kapitalismus und Markwirtschaft bei gleichzeitigem Leiden an ihrer gegenwärtigen Ausprägung. Diejenigen Mitglieder der Vereinigung, die sich gut mit den Schriften Steiners auskannten und einen engen Kontakt zu den anthroposophischen Kreisen in Dornach pflegten,

---

6   Zur Eigendarstellung der Geschichte der Vereinigung für freies Unternehmertum siehe die Jubiläumsausgaben des 150. und 200. VfU Bulletins sowie die Beilage der Schaffhauser Nachrichten vom 17. August 2016.
7   Jucker, Ernst: Erlebtes Russland. 16 Jahre öffentliche Arbeit in der Sowjetunion. Bern 1945: P. Haupt; Jucker, Ernst: En pleine vie russe, traduction française de M. Gagnebin. Neuchâtel 1946: Editions du Griffon. In der Verlagswerbung wurde die «tendenzlose Weise» hervorgehoben, in der Jucker über Russland berichte. Vgl. Sprachspiegel: Zweimonatsschrift 2 (1946) 4.

waren Zeit ihres Lebens bemüht, in ihrem öffentlichen Auftreten nicht allzu esoterisch zu wirken. In diesem Sinne muss man die Versuche von Roman Boos lesen, eine ausgewählte Gruppe von Männern im Sinne der Dreigliederungsidee zu bilden und von hier aus die Unternehmer zu anständigen Gesellschaftsmitgliedern zu erziehen.[8]

Bereits Anfang 1944 hatte Boos sich an eine Reihe von Personen gewandt und ihnen Abzüge einer Vortragsserie zugeschickt, die Steiner 1917 zum Thema «Anthroposophie und akademische Wissenschaften» gehalten hatte. Diese sollten ediert werden, um auch die akademische Hochschulwelt stärker an die Gedanken Steiners heranzuführen. Eine der Anfragen landete bei einem frisch promovierten Industriellensohn, der sich in seiner Doktorarbeit mit dem sperrigen juristischen Thema der «Kausalhaftungsproblematik» herumgeschlagen hatte.[9] Der achtundzwanzigjährige Carl Oechslin interessierte sich für Fragen der Anthroposophie und verfügte bereits über eine beeindruckende Kenntnis der abendländischen Geistesgeschichte. Seine Dissertation war mit über sechshundert Seiten für diese Zeit ungewöhnlich umfangreich. Boos zeigte sich beeindruckt von der Arbeit und überzeugte den jungen Akademiker, nicht bloss die Pflichtexemplare zu drucken, sondern das Buch für ein grösseres Publikum aufzubereiten.[10]

Oechslin hatte 1944 keinen Vortrag auf Stokars Tagung auf der Rigi gehalten. Er war deutlich jünger als die anderen, wurde aber zum intellektuellen und organisatorischen Zentrum der Gruppe, nachdem Boos 1952 gestorben war und Stokar seine dominante Rolle nach und nach verlor. Oechslin unterhielt Kontakte nach Dornach und schrieb für die anthroposophischen Blätter, begab sich aber anders als Boos nicht in die internen Querelen der Bewegung. Er suchte seine Inspiration bei Rudolf Steiner genauso wie an anderen Orten und arbeitete im Privaten an einer pädagogischen Erziehungs- und Bildungstheorie, die dem Programm der Vereinigung die Richtschnur vorgab. Oechslin war auch einer der wenigen im engeren Kreis der Gruppe, der zeitlebens tatsächlich unternehmerisch tätig war und Verantwortung für eine gewisse Anzahl an Menschen hatte. 1944 hatte er Marianne Meier geheiratet, Tochter einer traditionsreichen Schaffhauser Verlegerfamilie, die seit drei Generationen das Schaffhauser Intelligenzblatt verantwortete. 1947 stieg Oechslin als Juniorchef in das Blatt ein und wurde zum Alleininhaber, nachdem sein Schwiegervater gestor-

---

8   Zu den verschiedenen Interpretationen der praktischen Umsetzung der Dreigliederungsidee vgl. Martins 2014, S. 198–238.
9   Roman Boos an die wissenschaftlich tätigen Freunde von Mitte Juli 1944 (NL Oechslin, VfU Boos, Jucker, Stokar); Oechslin, Carl: Kernpunkte der Kausalhaftungsproblematik. Stäfa 1948: Buchdruckerei Stäfa.
10 Roman Boos an Carl Oechslin vom 9. Juli 1946 (NL Oechslin, VfU Boos, Jucker, Stokar).

ben war. Zu den Schaffhauser Nachrichten – so mittlerweile der Titel – gehörte ein eigener Verlag, was die publizistischen Gestaltungsräume der etablierten Provinzzeitung vergrösserte und auch der Vereinigung zugutekam.[11]
Im Gegensatz zu Boos, der mit seinen Vorträgen und Texten immer darauf gezielt hatte, in der Öffentlichkeit wahrgenommen zu werden, schrieb Oechslin vor allem für sich selbst und für die geistige Aufrüstung der Vereinigung. Selbst in seiner Leitungstätigkeit für die Schaffhauser Nachrichten veröffentlichte er nur verhältnismässig wenige Leitartikel. Stattdessen schrieb Oechslin unzählige lange Briefe, die sich häufig zu anspruchsvollen Aufsätzen auswuchsen, oder er verfasste mündlich vorgetragene Grundlagenpapiere für die VfU, die nicht für eine Veröffentlichung vorgesehen waren.[12]
Mit grosser Ernsthaftigkeit und unter Vernachlässigung seiner unternehmerischen Arbeit für Zeitung und Verlag machte sich Oechslin daran, den eigenen Anstrengungen Form und Inhalt zu geben. Seine Überlegungen zu einem Erziehungsprogramm, das keinen dritten Weg im Systemwettstreit anstrebte, sondern den Verfehlungen des Kapitalismus pädagogisch beizukommen suchte, hoben die Arbeit der Männer von ähnlichen, kurzlebigeren Ansätzen in den Jahrzehnten nach Ende des 20. Jahrhunderts ab. Die Vereinigung radikalisierte eine Idee, die in unterschiedlichen wirtschaftsnahen Kreisen zu finden war und bezog diese konsequent auf sich selbst: Die Rettung des Kapitalismus durch eine Selbsterziehung der Unternehmer.[13]
Boos warb intensiv um den jungen Oechslin. Er schickte Einladungen zu anthroposophischen Veranstaltungen und berichtete von anderen Projekten, mit denen er mittlerweile versuchte, die schweizerische Bevölkerung für seine Anliegen zu gewinnen. Der junge promovierte Jurist sollte für Boos, der ja ebenfalls eine rechtswissenschaftliche Doktorarbeit verfasst hatte, Rezensionen in verschiedenen Lokalblättern publizieren und im Rahmen einer Vortragsreihe referieren. Schnell wurde der Ton vertraulich. Boos schien in Oechslin einen Verbündeten zu sehen, der intellektuell mit ihm mithalten konnte.[14]

11 Zur Biografie Oechslins vgl. Brotbeck, Kurt (1972): In Memoriam Carl Oechslin (1916–1971). In: Gegenwart 33, S. 309–313; Beilage der Schaffhauser Nachrichten vom 28. Mai 2011.
12 Das Privatarchiv, das den persönlichen Nachlass Oechslins und viele die VfU betreffende Dokumente enthält, wird von Christa Seiler betreut.
13 Siehe etwa Schiesser, Max: Die Persönlichkeit im Betrieb: Referat, gehalten an der Arbeitstagung der Gesellschaft für Marktforschung, an der Schweizer Mustermesse in Basel am 26. 4. 1944. Zürich 1944: o. V.; Eisenring, Max: Schöpferisches Denken in der Führung einer Unternehmung. In: Schöpferisches Denken in der Unternehmung: Vorträge der Tagung vom 11. Februar 1959, Zürich, veranstaltet von der Vereinigung Schweizerischer Kurse für Unternehmungsführung. Zürich 1959: Industrielle Organisation, S. 27–30.
14 Roman Boos an Carl Oechslin vom 5. August 1944; Roman Boos an Carl Oechslin vom 11. Dezember 1944; Roman Boos an Carl Oechslin vom 21. Dezember 1944; Roman

Neben Carl Oechslin zeichneten 1950 Stokar, Boos, Jucker und Johann Friedrich Gasser, ein katholischer Basler Verleger, als Gründungsmitglieder der Vereinigung verantwortlich. Gasser hinterliess nur wenige Spuren und verstarb bereits 1954. Die Gruppe hatte also durch Stokars Veranstaltungen auf der Rigi am Vierwaldstättersee zusammengefunden. Jucker sprach aber auch auf von Boos veranstalteten öffentlichen Podien in Basel, den sogenannten Helvetischen Disputationen. Er hielt hier eines der später publizierten Referate.[15]

10.2 Wirtschaftsfreiheit als Erziehungsmaxime

Die Anfänge der Vereinigung waren eher bescheiden und standen noch ganz im Zeichen des Engagements Stokars. Das erste Bulletin war eher ein Flugblatt, auf dem in wenigen Absätzen das Anliegen der Verschwörer skizziert wurde. Das Programm der «Freiheit in der Wirtschaft!» richtete sich explizit an die Schweizer Privatwirtschaft. Die Gegner wurden in Moskau ausgemacht. Der Gefahr einer Planwirtschaft sollte mit einem emphatischen Freiheitsbekenntnis und einer Erziehung der Unternehmer begegnet werden. Den Text hatte Roman Boos verfasst, der die helvetischen Errungenschaften durch Gefahren von aussen bedroht sah.[16]

Die VfU wollte kein Verein oder Verband sein. Vielmehr installierten die Gründungsmitglieder einen Thinktank, der über sporadische Publikationen und Veranstaltungen bildend auf die öffentliche Meinung einwirken und die Unternehmer in die Lage versetzen sollte, die freie Marktwirtschaft zu verteidigen. Zugleich ging man davon aus, dass die Privatwirtschaft selbst erst noch moralisch in Stand gesetzt werden musste, um in den zukünftigen Kämpfen bestehen zu können. Über Jahrzehnte blieben dies die Kernanliegen der Vereinigung, die sich dazu zwar unterschiedlicher Formate bediente, in den Zielsetzungen aber sehr beständig war.[17]

In der Eigenwahrnehmung betonten die Mitglieder der Kerngruppe der VfU immer, wie sehr diese ein persönliches, wenig institutionalisiertes Gebilde

---

Boos an Carl Oechslin vom 6. Mai 1946; Programm 6. Helvetische Disputation vom 7. April 1946; Programm Vortragsreihe des Humanus-Zweigs Basel der Anthroposophischen Gesellschaft in der Schweiz im Wintersemester 1944/45 (NL Oechslin, VfU Boos, Jucker, Stokar).

15 «Elementare Kräfte zum Frieden». Neue Zürcher Zeitung vom 18. Januar 1954, Morgenausgabe, Blatt 3; Elementare Kräfte zum Frieden: 3. Helvetische Disputation in Basel. Aarau 1944: AZ-Presse.

16 «Freiheit in der Wirtschaft!». In: VfU Bulletin Nr. 1, o. J.

17 Die Vereinigung für freies Unternehmertum wurde erst 2011 mit Beschluss der Generalversammlung aufgelöst. Vgl. Schweizerisches Handelsamtsblatt 130 (2012) 18, S. 26.

geblieben sei. Stokar stellte rückblickend dar, wie er mit den anderen bei einer privaten Zusammenkunft den Namen festgelegt habe und wie der nationale Charakter der Vereinigung, trotz aller freundschaftlichen Kontakte zu ausländischen Diskussionspartnern, für die Zusammenarbeit zentral gewesen sei. Nur so habe dieses enge Bündnis, einem neuen Rütlischwur gleich, zwischen Anthroposophie und Efficiency, zwischen Katholiken und Protestanten, zwischen Konservativem und Russlandheimkehrer so lange Bestand haben können.[18]
Obwohl die VfU also explizit «keine neue Interessenorganisation mit festgefügten Statuten, mit Verbandsorganen und Mitgliederverzeichnis»[19] sein wollte, baute sie schnell institutionelle Strukturen auf, die zur Organisation der regelmässig stattfindenden Tagungen unabdingbar waren. Sie professionalisierte ihre Publikationstätigkeiten und hatte mit Oechslins Verlagshaus auch die entsprechenden Ressourcen zur Verfügung. Über die Jahre erprobte die Vereinigung verschiedene Formen der Vernetzung weit in die Privatwirtschaft hinein, mit denen das kapitalistische Gefüge grundlegend umgestaltet werden sollte. Im Oktober 1952 lud die Vereinigung für freies Unternehmertum dann zur ersten «Herbsttagung» in ein ehrwürdiges Seminarhotel im Toggenburg. Der Ankündigungstext richtete sich an «bewährte Freunde und neue Gesinnungsgenossen mit ihren Angehörigen». Anders als noch bei den Angeboten des Efficiency-Clubs in den 1930er-Jahren waren in den ersten Jahrzehnten der VfU allein die Männer angesprochen. Für die mitgereisten Frauen gab es ein Damenprogramm.[20]
Die Veranstaltung wurde eröffnet durch einen Vortrag Heinrich Spoerrys, der in leitender Funktion in einem durch seine Vorfahren gegründeten Textilunternehmen tätig war und entsprechend vor dem Hintergrund der eigenen praktischen Erfahrungen aus dem Wirtschaftsleben berichten konnte.[21] Die über siebzig Teilnehmer aus dem In- und Umland hörten Spoerrys Ausführungen zu «Stellung und Mission der Privatwirtschaft», die im nächsten Jahr als erstes Heft der Schriftenreihe der Vereinigung für freies Unternehmertum als gediegen gestalteter Separatdruck veröffentlicht wurden.[22] Spoerry entfaltete in seinem Grundsatzreferat zur kapitalistischen Wirtschaftsordnung eine Art diskursiver Pendeldiplomatie, die die demokratische Öffentlichkeit genauso in die Pflicht nahm wie die Unternehmer. Unter der Prämisse, dass ökonomische Prozesse sich nicht zentral steuern liessen, versuchte der Referent, die Front-

18 Stokar, Hermann Georg: Was will eigentlich die VfU?. In: VfU Bulletin Nr. 52, Juni 1963.
19 Rapold, Max: Das Credo der freien Wirtschaft. In: Schweizer Monatshefte 34 (1954) 1, S. 45–48, hier S. 45.
20 [Annoncen]. Neue Zürcher Zeitung vom 22. September 1952, Morgen-/Mittagausgabe, Blatt 4.
21 Schnider, Hans: Nachrufe. Küsnachter Jahresblätter 1983, S. 99–108, hier S. 102–104.
22 «Tagungen». Neue Zürcher Zeitung vom 8. Oktober 1952, Morgenausgabe, Blatt 2.

stellung von Kapital und Arbeit aufzulösen. Er stellte Aufstiegsmöglichkeiten, den Gemeinnutzen des Gewinnstrebens und die Macht der Verbraucherinnen und Verbraucher dar und schloss mit der besonderen Verantwortung des Unternehmers.[23]

Spoerry gehörte zwar nicht zu den Initianten der Vereinigung, wurde dann aber sogleich in den Ausschuss berufen und zeichnete fortan für deren Tätigkeiten mitverantwortlich. Anders als der Steuerberater Stokar, der Sekundarlehrer Jucker oder der Intellektuelle Boos trug er für einen mittelgrossen Betrieb Verantwortung und verlieh den Tätigkeiten der VfU damit zusätzliche Legitimation. Als Spoerry 1956 in den Verwaltungsrat der Schweizerischen Kreditanstalt gewählt wurde, machte dies offensichtlich, dass er der «einzige Vertreter der ganz Grossen» in der VfU war und die «‹Festung› des eigentlichen Unternehmertums» noch nicht genommen war.[24]

Oechslin war ebenfalls Unternehmer im engeren Sinne. Er stand mit den Schaffhauser Nachrichten einem mittelständischen Betrieb vor. Er erstellte zu Spoerrys Broschüre von 47 Seiten einen 44-seitigen unveröffentlichten Kommentar, in dem er Schritt für Schritt jeden Gedanken auf seine Stichhaltigkeit hin überprüfte. In einer Schärfe, die mit dem Ton der sanft formulierten Briefwechsel der beiden kontrastierte, setzte Oechslin sich hier ausgesprochen kritisch mit den Überlegungen Spoerrys auseinander. Dessen Entwurf einer verantwortungsbewussten freien Marktwirtschaft ging dem Schaffhauser Verleger nicht weit genug. «Verantwortung» werde im Grundsatzreferat «nicht immanent geschaut», sondern dem ökonomischen Handeln nur beigestellt. Für das wahrhaft freie Unternehmertum sei es hingegen unabdingbar, dass das eine zugleich immer das andere bedeute.[25]

Oechslin war sicher der unkonventionellste Denker innerhalb der Gruppe und nicht selten überforderten seine anspruchsvollen Grundlagenreflexionen die Mitstreiter. Wie alle anderen lehnte er alles kommunistische Gedankengut aufs Entschiedenste ab. Liberale Freiheit war auch für ihn der Leitwert für alle wirtschafts- und gesellschaftspolitischen Überlegungen. Zugleich aber mutete er den Akteuren der Privatwirtschaft eine Reihe von Neuinterpretationen bekannter Sachverhalte zu, die nur wenigen Unternehmern seiner Zeit eingeleuchtet haben dürften. Radikal stellte er nahezu jeden unhinterfragten Sachverhalt des Wirtschaftslebens zur Disposition, um dann in immer neuen

---

23 Spoerry, Heinrich: Stellung und Mission der Privatwirtschaft: Referat, gehalten anlässlich der Herbsttagung der VfU am 4. und 5. Oktober 1952 (Schriftenreihe der Vereinigung für Freies Unternehmertum 1). Schaffhausen 1953: Meier.
24 Carl Oechslin an Heinrich Spoerry vom 5. März 1956 (NL Oechslin, Briefe S–Z).
25 Oechslin, Carl: Kommentar zu «Stellung und Mission der Privatwirtschaft», S. 28 (NL Oechslin, Briefe S–Z).

Wendungen ihrem Wesenskern auf den Grund zu gehen. Bereits in der Zeit der Fertigstellung seiner Doktorarbeit hatte er zahlreiche Aphorismen und Gedanken notiert, die sich mit der «Überwindung der Machtpolitik», mit Familie, Föderalismus oder der «Flucht vor der verantwortlichen Entscheidung» befassten. In den Gründungsjahren der Vereinigung für freies Unternehmertum steigerte der durchaus beschäftigte Zeitungsverleger die Kadenz an Einträgen in seine Notizhefte sukzessive und weitete auch das Themenspektrum aus. Die Einträge bildeten – neben einer anthroposophischen Diktion – zum einen den klassischen deutschen Lektürekanon ab. Sie gingen aber weit darüber hinaus und berücksichtigten besonders die gesellschaftspolitischen Debatten der 1950er-Jahre. Oechslin las fortlaufend intensiv die Tagespresse, notierte Lektüreeindrücke und bearbeitete selbst Artikel aus dem Feuilleton wie wissenschaftliche Fachaufsätze – mit rotem Stift, Lineal und zahlreichen Randbemerkungen.[26]

Auch wenn die Themen breit und die Perspektiven vielfältig waren, kreisten Oechslins private Notizen im Kern um die Problematik einer angemessenen Erkenntnis wirtschaftlicher Zusammenhänge und eine Bildungs- und Erziehungstheorie des freien Unternehmertums. Die «Erziehung zum Unternehmer» stand auch im Zentrum der ersten Wintertagung der VfU, die im Februar 1953 wieder auf der Rigi stattfand. Einleitend referierte Stokar hier zu «heutigen Anforderungen an den Unternehmer», wobei er voll aus dem Repertoire seiner Beratungsagentur in Zürich schöpfen konnte. Jucker durfte zur unternehmerischen Verantwortung für die Atmosphäre im Betrieb sprechen.[27]

Der Kurs erstreckte sich über vier Wochentage, bestand aus Plenumsvorträgen, Diskussionen und bot die Möglichkeit, sich über Erfahrungen im Betrieb auszutauschen. Edgar Schumacher, ein Oberstdivisionär und Militärpädagoge, der bereits 1944 beim ersten Ferienkurs referiert hatte, sprach zum «erzieherischen Element im Umgang mit Menschen». Den thematischen Kernvortrag hielt aber Josef Winschuh, ein deutscher Fabrikant und Wirtschaftsjournalist, der zu diesem Zeitpunkt bereits zahlreiche Texte zum freien Unternehmertum veröffentlicht hatte und vor den Gästen der Wintertagung eine Frage ins Zentrum seiner Betrachtungen stellte: «Ist eine Erziehung zum Unternehmer möglich?»[28]

Für Oechslin war klar, dass die Erziehung zum Unternehmer nicht bloss möglich, sondern unbedingt notwendig war. In einem seitenlangen Brief an Max Rapold, der wenig später sein Assistent werden und ihn dann als Verleger und Chefredaktor der Schaffhauser Nachrichten beerben sollte, legte Oechslin dieses

---

26 Siehe die Notizhefte 1944 und 1950–53 und zahlreiche weitere Dossiers im NL Oechslin.
27 Vereinigung für freies Unternehmertum an unsere Freunde, ohne Datum [1953] (SWA, Bv Q13); Neue Zürcher Zeitung vom 19. Januar 1953.
28 [Annoncen]. Neue Zürcher Zeitung vom 19. Januar 1953, Morgenausgabe, Blatt 4.

pädagogische Programm eindrücklich dar. Freiheit erschien ihm nicht nur als ein Zukunftsversprechen, sondern als eine Aufgabe, die in der Gegenwart zu realisieren war. Sie erschöpfte sich für Oechslin nicht im Widerstand gegen Zwang und Herrschaft, nicht im blossen Akt der Befreiung: «Unsere Aufgabe besteht darin, die Freiheit nicht bloss als Protest gegen eine un-menschliche Ordnung und Tyrannis vorzustellen, sondern als eigenen Gestaltungswert einer menschengemässen Ordnung selber!»[29] Wahre Freiheit war für Oechslin erst dann gegeben, wenn nicht Gesetze vor Tyrannei schützten, sondern wenn die Mitglieder einer Gesellschaft selbst gestaltend tätig würden. Für diese Aktivierung schien es aber notwendig zu sein, die Entscheidungsträger in der Privatwirtschaft umfassend zu bilden, damit sie ihre Macht in einem guten Sinne einsetzten. Freiheit und Verantwortung waren in der Konzeption zwei Seiten derselben Medaille. Nur auf diese Weise konnte sichergestellt werden, dass ein Leben in Freiheit nicht wieder in Unfreiheit – oder im Chaos – enden würde.[30]

Oechslin sah die Tätigkeiten der Vereinigung für freies Unternehmertum damit einerseits stark in der Tradition des klassischen Liberalismus verwurzelt. Andererseits war ihm dort Freiheit zu sehr ein Versprechen auf die Zukunft geblieben, das in der Gegenwart noch keine Folgen zeitigte und Gefahr lief, Opfer des eigenen Erfolgs zu werden. Damit der Kommunismus in der Schweiz langfristig keine Chance hätte, war also eine Bildungs- und Erziehungsarbeit notwendig, die die entsprechenden geistigen Grundlagen bei den Entscheidungsträgern sicherstellte.[31]

Oechslin machte sich aber nur geringe Illusionen, dass dieses Programm leicht umzusetzen sei. Zu sehr schien ihm der Liberalismus seiner Zeit und die Praxis der Unternehmer und Geschäftsleiter korrumpiert von einem falschen Freiheitsbegriff. So ist auch zu verstehen, dass die Arbeit der Vereinigung – nur halb im Scherz – als eine «Verschwörung» begriffen wurde, eine Maulwurfarbeit, die in Zeiten des Kalten Krieges nicht ungefährlich war.[32]

10.3 Kärrnerarbeit

Die Unterwanderung des Kapitalismus durch freundschaftlich gesonnene Kräfte bediente sich in der Regel jedoch konventioneller Mittel. Obwohl man weder Verein noch Verband sein wollte, institutionalisierten sich in schnellem Tempo Formen der Zusammenarbeit, die sich auch in anderen Organisatio-

29 Carl Oechslin an Max Rapold vom 9. Mai 1953 (NL Oechslin, Briefe K–R).
30 Ebd.
31 Ebd.
32 Ebd.

nen der Zeit fanden. 1953 rief der Ausschuss der VfU mögliche Interessenten dazu auf, eine Schweizer Delegation zu bilden, die gemeinsam mit der französischsprachigen Gruppe der Jeunes Patrons zur Internationalen Tagung junger Unternehmer ins westdeutsche Bad Homburg fahren sollte. Auch wurde ins Auge gefasst, eine Erfahrungsaustauschgruppe für Unternehmensfragen zu gründen, um den an den Tagungen vollzogenen Wissenstransfer in eine längerfristig angelegte Form zu bringen. Darüber hinaus gab es ein «Studienbureau für Fragen der Wirtschaftspraxis», das als Arbeitszweig der Vereinigung die Kontakte in die Unternehmen zu besorgen hatte und sich mit Modellen der Erfolgsbeteiligung auseinandersetzte.[33]

Die Erfahrungsaustauschgruppe traf sich erstmals im Mai 1953 im Geschäftshaus Du Pont in Zürich, das zugleich ein Restaurant beherbergte und auch anderen Interessengruppen als Versammlungsort diente. Ziel des Treffens war es, «eine Kerntruppe für die Sache der Freiheit» aufzubauen. Die erste Sitzung befasste sich mit den Grundlagen der weiteren Tätigkeiten und sollte der Erstellung eines «Arbeitsprogramms» dienen.[34] Über fünfzig Personen aus der gesamten Schweiz folgten der Einladung. Seitens des Ausschusses wurde angeregt, kleinere Untergruppen zu bilden, um persönliche Kontakte zu erleichtern und jeden zu Wort kommen zu lassen. Strukturmerkmale der einzelnen Sektionen der Erfahrungsaustauschgruppe waren einerseits sachliche Gesichtspunkte, andererseits auch geografische Bedürfnisse. Besonders die Mehrsprachigkeit der Teilnehmer schien die Zusammenarbeit zu erschweren.[35]

Stark engagierte sich die VfU nun aber vor allem für den Nachwuchs unter den Selbständigen. 1954 wurde auf dem Seelisberg im Kanton Uri zu einem «Ferienkurs für ‹junge Unternehmer›» eingeladen. Dieser zielte besonders auf die Führungskräfte in den kleinen und mittleren Unternehmen, wollte aber auch denjenigen nicht ausschliessen, der, «obwohl in reiferen Jahren, der Auffassung ist, man habe nie ausgelernt». Das Programm erstreckte sich wieder über mehrere Tage, wobei die Themen deutlich näher an den Geschäftsalltag angelehnt waren als bei anderen Veranstaltungen der VfU. Innen- und Aussendienst, Geschäftspartner und Konkurrenten oder Führungsprobleme standen klar im Zentrum. Zugleich nahm man den Gehalt des Wortes «Ferienkurs» ernst und bot zwischen den Vorträgen verschiedener Referenten auch eine Bergtour, Wellness und Sport an.[36]

33 Vereinigung für freies Unternehmertum an unsere Freunde, ohne Datum [1953] (SWA, Bv Q 13).
34 Einladung zur 1. Erfa-Gruppe für Unternehmensfragen am 27. Mai 1953 (SWA, Bv Q 13).
35 Einladung zu einem französischen Vortrag am 26. März, ohne Jahr; Mitteilung an unsere Freunde von Ende August 1953 (SWA, Bv Q 13).
36 [Annoncen]. Neue Zürcher Zeitung vom 6. Mai 1954, Abendausgabe, Blatt 8.

Die Herausforderung, das ambitionierte Unterfangen der Vereinigung mit dem mitunter schwierigen täglichen Geschäft zu vereinbaren, spielte eine wichtige Rolle für die folgenden Schritte, die der Lenkungsausschuss der VfU zu gehen vorschlug. Eine Variante bestand darin, sowohl eine Kadergruppe einzurichten, die die Brücke zwischen den Welten schlagen sollte, als auch eine differenzierte Angebotspalette bereitzuhalten, die für diejenigen, die weniger Zeit investieren konnten, ebenfalls attraktiv war. Die Vereinigung wollte sich in ihren Kernanliegen treu bleiben, aber keine esoterische Veranstaltung sein. Dafür wurden unterschiedliche Formate erprobt. In der «aktiven Kerngruppe» versammelten sich diejenigen, die sich ernsthaft in die Grundsatzfragen einer Veränderung der Wirtschaftspraxis einarbeiten wollten. In anderen, eher praktisch ausgerichteten Erfahrungsaustauschgruppen sollten alltägliche Belange gemeinsam debattiert werden. Immer wurde aber versucht, zwischen Kampf für das freie Unternehmertum und persönlicher Begegnung eine gute Balance zu halten. In emphatischen Worten teilte man den Sympathisanten dieses Aktionsprogramm mit: «Wir möchten miteinander eine Bewährungsprobe unserer neuen Wirtschaftsgesinnung und unserer Kameradschaft in der Praxis erleben».[37]

Neben dem Studienbureau wurde Ende 1954 eine Studiengemeinschaft für Fragen der Wirtschaftspraxis gegründet. Sowohl Einzelpersonen wie Körperschaften konnten auf der Grundlage des provisorischen Aktionsplans Mitglied werden und mit dem Beitrittsformular gleich auch die entsprechende Einstiegsliteratur in grösserer Stückzahl bestellen. Die Gründung bedeutete einen wesentlichen Schritt in Richtung einer Öffnung der VfU hin zu weiteren Personen aus der Privatwirtschaft. Die Ausschussmitglieder der Vereinigung gehörten dem Vorstand zwar laut Satzung automatisch an. Dennoch sollte mit der Studiengemeinschaft eine Organisation geschaffen werden, die von aussen als unabhängig wahrgenommen wurde. Als Zielgruppe wurden Leiter und Inhaber schweizerischer Betriebe betrachtet, aber auch die Mitglieder des Topmanagements von Unternehmen, die faktisch die Gesamtführung innehatten. Stokar übernahm ehrenamtlich die Geschäftsleitung der Studiengemeinschaft, die nun auch ein Sekretariat erhielt.[38]

Vorbild für die Ausgründung einer Studiengemeinschaft war die Arbeit der Pariser Societé d'Études Économiques Experimentales. André Coret, Mitglied des Vorstandes einer französischen Vereinigung junger Arbeitgeber, hatte im März 1954 in Zürich ein Modell vorgestellt, wie sich die überbetriebliche Zusammenarbeit revolutionieren liesse. Von diesen Berichten waren die Mit-

---

37 Einladung zu einer Aussprache über den Ausbau des Studienbueros für Fragen der Wirtschaftspraxis vom 10. November 1954 (SWA, Bv Q 13).
38 Vereinigung für freies Unternehmertum an unsere Freunde vom 16. Dezember 1954 (SWA, Bv Q 13).

glieder der VfU überaus begeistert. Stokar übersetzte den Text ins Deutsche und veröffentlichte ihn unter dem Titel «100 Firmen helfen einander».[39] Ein Jahr nach Corets Vortrag in Zürich hatte sich die Studiengemeinschaft bereits konstituiert, mit achtzig Mitgliedern und einem Vorstand von sieben Personen. Ausserdem sollten eine weitere Erfahrungsaustauschgruppe für Erfolgsbeteiligung, eine für Personal- und Nachwuchsförderung und eine für Absatzfragen eingerichtet werden. Auf diese Weise wollte man die «Efficiency der angeschlossenen Firmen» befördern. Angedacht war darüber hinaus eine «Studiengruppe zur Vertiefung in die heutigen Unternehmeraufgaben».[40] Neben diesen im Stakkato initiierten neuen Formen der Fundamentalreflexion und des praktischen Erfahrungsaustausches liefen aber die etablierten Veranstaltungen ohne Unterbrechung fort. Weiter gab es Tagungen mit prominenten Referenten oder gemeinsame Ausflüge nach Westdeutschland. Max Rapold hatte mittlerweile das Sekretariat der VfU übernommen. Auf dem Seelisberg widmete sich ein zweiter «Ferienkurs für Unternehmer», das Attribut «jung» war aus dem Titel verschwunden, den betriebspraktischen und gesamtgesellschaftlichen Fragen des Wirtschaftslebens. Das Programm war mittlerweile auf zwei Wochen angelegt, an die zudem die jährlich stattfindende Sommertagung der VfU direkt anschloss. Man richtete sich an Personen in Leitungsfunktionen, adressierte aber deutlicher nun auch den mittleren Kader.[41]

10.4 Das Betriebspädagogische Institut

Zu Beginn der 1960er-Jahre versuchte die VfU sich an einer Professionalisierung ihres Angebots und gründete ein eigenes Betriebspädagogisches Institut. Anders als im Fall früherer Tätigkeiten, die sich deutlich von zeitgleich existierenden Führungskräfteschulungen unterschieden, differenzierte man hier ein eher konventionelles Portfolio an verschiedenen Kursen aus. Als Vorbild für diese neue Plattform diente das 1954 von Bernard Lievegoed gegründete Nederlands Pedagogisch Instituut voor het Bedrijfsleven. Lievegoed, ein in Indonesien geborener anthroposophischer Arzt und Pädagoge, hatte in den Niederlanden bereits an der Gründung eines Behindertenheims und einer Waldorfschule mitgewirkt, bevor er sich aus einer pädagogischen Perspektive

---

39 Einladung zu einem französischen Vortrag am 26. März, ohne Jahr (SWA, Bv Q 13); André Coret: 100 Firmen helfen einander: ein zeitgemässer französischer Vorstoss auf dem Gebiet der überbetrieblichen Zusammenarbeit. Zürich 1954: H. G. Stokar.
40 Vereinigung für freies Unternehmertum an die Freunde vom 26. April 1955 (SWA, Bv Q 13).
41 Prospekt für den 2. Ferienkurs für Unternehmer vom 13. bis 24. Juni 1955 (SWA, Bv Q 13).

dem «Bedrijfsleven» (der Wirtschaft) zuwandte. Im Sommer 1959 war Lievegoed als Referent zu einem Nachkurs einer Veranstaltung der Vereinigung eingeladen gewesen und hatte dann bei der neunten Wintertagung der VfU im Januar 1961 im Grand Hotel Rigi-Kaltbad den Abschlussvortrag zum Thema «Menschliche Sinn-Erfüllung im unternehmerischen Einsatz» gehalten. Stokar und Lievegoed hatten sich vorher bereits getroffen. Auch Oechslin suchte engeren Kontakt. Er schickte dem niederländischen Anthroposophen im Vorfeld seines ersten Besuchs zahlreiche Briefe, in denen er ausführlich seine eigenen Vorstellungen zur Unternehmerschulung ausbreitete. In Lievegoed meinte er zunächst einen Geistesverwandten gefunden zu haben. Er hoffte auf «Gespräche», welche «sich nicht bloss um ‹Gebrauchsgegenstände drehen›, sondern auf den Kern zielen».[42]

Diese Hoffnungen erfüllten sich ganz und gar nicht. Vielmehr kam es zu einem heftigen Konflikt zwischen Oechslin und Lievegoed über die richtige Ausrichtung der Unternehmerschulung, die sich zu einem Kampf Oechslins gegen die meisten anderen Mitstreiter der VfU auswuchs. Im Kern ging es darum, ob das Verhältnis von Anthroposophie und Efficiency mehr zugunsten der einen oder anderen Seite ausgelegt werden sollte. Oechslin kämpfte von Beginn an für eine Fundamentalposition, in der sich kein Moment des Wirtschaftslebens einer tief ansetzenden Revision würde entziehen können. Er glaubte in den Unternehmern seiner Zeit nicht bereits gebildete Ansprechpartner zu finden. Vielmehr galt es, diesen erst die Ohren zu öffnen, damit die Konzeption der VfU wirklich zum Tragen kommen konnte. Für Oechslin ging es hierbei nicht um die richtige Auslegung der Lehren Steiners, auch wenn ihm von Stokar vorgeworfen wurde, aus der Vereinigung eine Abteilung der Anthroposophischen Gesellschaft machen zu wollen. Dieser Vorwurf empörte Oechslin.[43]

Rudolf Steiner war für Oechslin zwar weiterhin eine wichtige Inspirationsquelle. Nie hatte er aber darauf hingewirkt, sich in sektiererische Zirkel zurückzuziehen. Oechslin wollte Wirtschaft und Gesellschaft von Grund auf verändern. Das anthroposophische Programm der Dreigliederung war dabei nur ein Ausgangspunkt, ein erster Versuch, dem weitere zu folgen hatten. Für den Schaffhauser Verleger war aber klar, dass dieser Kampf scheitern musste, wenn er nicht grundsätzlich angegangen würde. Er merkte selbst, dass er mit seiner rigorosen Art aneckte und seine Mitverschwörer ihm häufig nicht folgen konnten. Bereits einigermassen verbittert machte er sich Gedanken darüber, wie sich der eigene Anspruch aufrechterhalten liesse, ohne allzu aggressiv auf

---

42   Carl Oechslin an Bernard Lievegoed vom 2. Juni 1959 (NL Oechslin, Briefe K–R).
43   Carl Oechslin an Max Rapold vom 26. Februar 1961; Max Rapold an Carl Oechslin vom 27. Februar 1961 (NL Oechslin, Briefe K–R).

die anderen Männer einzureden. Oechslin war sich mitunter nicht mehr sicher, inwiefern er «noch länger für sie tragbar» sei.[44]
Mit Lievegoed suchte Oechslin in vielen Briefen, ein Auskommen zu finden und den öffentlich wahrgenommenen Konflikt unter sich zu lösen. Durch Lievegoed und seine Mitarbeiter hatten diejenigen Kräfte in der VfU an Macht gewonnen, die die Aktivitäten der Gruppe stärker an der vorhandenen wirtschaftlichen Praxis ausrichten wollten und sich dabei an Managementprogrammen orientierten. Nicht länger konnte in dieser Perspektive eine Fundamentalreflexion über die geistige Dimension von Wirtschaft im Zentrum stehen, stattdessen nahm man sich konkreter Probleme des unternehmerischen Alltags an, die in humaner Weise gelöst werden sollten. Das zeigte sich auch organisatorisch. In den ersten Jahren der Vereinigung war durchaus noch diskutiert worden, wer denn überhaupt als Unternehmer, und entsprechend als Ansprechpartner für die Kurse und Diskussionsgruppen zu gelten habe. Das Betriebspädagogische Institut der VfU hingegen bot nun Veranstaltungen differenziert nach Unternehmenshierarchien an. Es richtete eine «Top-Management-Konferenz» ein, an der nur Inhaber und Direktionsmitglieder von Firmen teilnehmen durften. Hier sollte es dann um die grossen Fragen von Verantwortung, Ausrichtung und Politik der Unternehmen gehen. Daneben gab es Kurse für das mittlere Management, Personen also, die in ihrer Vorgesetztenfunktion mit den Widrigkeiten des Alltags stärker konfrontiert waren und entsprechend angesprochen wurden. Eigene Veranstaltungsreihen richteten sich an den Nachwuchs.[45]
Die Gründung des Betriebspädagogischen Instituts stellte den Versuch einer engeren Koordination der eigenen Tätigkeiten mit den niederländischen Kollegen dar. Auch die personelle Verzahnung war eng. Willy Brokerhof, der zuvor lange Zeit bei Lievegoed gearbeitet hatte, übernahm die Leitung des neuen Instituts und bot seine Dienste einzelnen Betrieben an.[46] Die Führungskräftetrainings konnten nun gegen Bezahlung gebucht werden. Gemeinsam machte man sich an die Verschriftlichung eines Arbeitsprogramms. Über Anteilsscheine wurde das notwendige Kapital zusammengetragen, das die bisherigen Kosten, die weithin durch ehrenamtliche Tätigkeit und Mitnutzung externer Ressourcen abgefedert worden waren, beträchtlich überstieg.[47]
Jucker nahm nun die Metapher der Verschwörung durchaus ernst und sprach von einer «Zelle», mit der sich die Wirtschaft von innen her umgestalten liesse. Der Kollege aus den Niederlanden, der den Aufbau des Instituts vorantreiben

---

44 Ebd.
45 BPI-Kurse 1964 (SWA, Bv Q 13).
46 Zu Brokerhof siehe die wenigen Angaben im Who's Who in Switzerland. Geneva 1980–81: Nagel Publishers, S. 101.
47 Mitteilung an die Freunde vom März 1961 (SWA, Bv Q 13).

sollte, hatte diesen Auftrag aber etwas zu ernst genommen und in einem Unternehmen angefangen zu wirken, ohne jedoch den Unternehmenschef vorgängig zu informieren. Das wurde auch innerhalb der Vereinigung kritisiert. Jucker zeigte zwar Verständnis für diese Form der Unterwanderung, doch schien sie ihm allzu sehr den Prinzipien einer auf privatem Eigentum fussenden freien Marktwirtschaft zu widersprechen, in der der Inhaber eines Unternehmens immer die Letztverantwortung tragen müsse.[48]

Von der Arbeit des «Unternehmens ‹Holland›» war Jucker nicht überzeugt. Er äusserte Zweifel, ob die Begeisterung in Teilen der VfU angesichts der Tätigkeit der Mitarbeiter Lievegoeds wirklich angemessen war. Anscheinend lag 1961 noch kein eigentlicher Arbeitsplan vor und auch die Konzepte waren nicht hinreichend konkretisiert. Jucker beklagte, dass die Zielrichtung des kapitalintensiven Engagements nicht geklärt sei, Brokerhof zum Nepotismus neige und man so Gefahr laufe, das von Dritten aufgebrachte Geld in eine windige Angelegenheit zu investieren. Das Vorgehen in Sachen Betriebspädagogisches Institut schien nicht den Ansprüchen an unternehmerisches Handeln zu genügen – ein Vorwurf, der eine Vereinigung empfindlich treffen musste, die sich dem freien Unternehmertum verschrieben hatte.[49]

Jucker und Oechslin blieben der Vereinigung und auch ihrem Betriebspädagogischen Institut als Referenten dennoch erhalten. Zugleich bemühten sie sich, den hohen Anspruch der VfU nicht aufzugeben. Antipode in der VfU blieb dabei Stokar, der laut Oechslin zu sehr die Seite der Efficiency betonte und darüber die eigentliche Aufgabe des Zusammenschlusses vergessen habe. 1965 gerieten die beiden Mitbegründer über das Problem der angemessenen Preisbildung derart heftig in Streit, dass Oechslin sich nicht mehr sicher war, ob die Grenzen des zielführenden Disputes dieses Mal überschritten worden seien. Selbst die Frage, ob es richtig sei, von einem teuren Lieferanten einfach zu einem günstigeren zu wechseln, warf für den Schaffhauser Verleger sofort grundsätzliche ethische und pädagogische Fragen auf. In Oechslins Gesellschaftsentwurf wurden Produzenten und Konsumenten als Teil einer gesellschaftlichen Ordnung gesehen. Auch die Seite des Kapitals musste sich um einen verantwortungsvollen Umgang miteinander bemühen. Entfaltete Konkurrenz schien dabei nur als ein erster Schritt hin zu wahrhaftiger Freiheit. Was Oechslin vorschwebte, war deutlich mehr als nur das Ringen um Profit und eigenen Vorteil. Vielmehr müsse durch das Wirtschaften unmittelbar «das Gute» verwirklicht werden. Dies könne nur gelingen, wenn ein echter Mentali-

---

48 Ernst Jucker an die V.f.U. Freunde vom 23. Dezember 1960 (NL Oechslin, VfU Boos, Jucker, Stokar).
49 Bemerkungen zum Unternehmen «Holland» von Ernst Jucker vom 14. März 1961 (NL Oechslin, VfU Boos, Jucker, Stokar).

tätswandel eintrete und wenn das, was Oechslin als den rechten «VfU-Gedanken» ansah, auch im Alltag zum Tragen komme: «In den gehobenen Zusammenhängen, wie sie heute mehr und mehr gelten, muss die Leistung nicht mit der Peitsche gesucht werden, sondern mit der Geiste [sic]!».[50]
Hierfür half Oechslin, eine Parallelstruktur aufzubauen, in der man sich aufs Fundamentale konzentrieren konnte. Aus der «Studiengemeinschaft für Fragen der Wirtschaftspraxis» war eine «Arbeitsgemeinschaft für Unternehmerfragen» geworden. Sie hatte sich zudem mit der Westschweizer Vereinigung Rencontre Patronale zur Schweizer Sektion der Fédération des jeunes chefs d'entreprises d'europe (FJCE) zusammengeschlossen. Hier initiierte Oechslin gemeinsam mit seinem Assistenten Max Rapold eine Arbeitsgruppe beziehungsweise Erfahrungsaustauschgruppe für Grundsatzfragen, die formal unabhängig von der VfU agieren sollte, aber weiterhin stark durch sie strukturiert wurde. Eigentlich war der Sinn von Erfa-Gruppen ja genau, nicht ins Grundsätzliche gehen zu müssen, sondern die Wirtschaft ausgehend von betriebspraktischen Problemen zu verbessern. Diese Gründung war also ein geschickter Schachzug, den Vorwurf des Utopismus zu entkräften und sich von den aufreibenden Diskussionen innerhalb der VfU etwas zu emanzipieren. Es meldeten sich, neben bereits bei der Vereinigung tätigen Personen, tatsächlich eine Reihe weiterer Interessenten aus deutschschweizerischen Unternehmen,[51] die den «Wille[n] zum Grundsätzlichen»[52] mitbrachten. Weitere Gruppen der Sektion widmeten sich Fragen des Absatzes, Europas, der Erfolgsbeteiligung oder Problemen expandierender Unternehmen.[53]

10.5 Breitenwirkung und Fundamentalreflexion

Carl Oechslin war aber bewusst, dass sich weitere Personenkreise nur gewinnen liessen, wenn die Angebote bei den alltäglichen Sorgen der Unternehmer und Führungskräfte ansetzten. Er entwickelte eine Lesart des eigenen Engagements, in der «das Vordergründige» nur dann wirklich zu lösen sei, wenn es «im Hintergründigen ‹zu Hause›» blieb. Dafür musste in der Kadergruppe der

50 Carl Oechslin an Max Rapold vom 19. Januar 1965 (NL Oechslin, VfU Boos, Jucker, Stokar).
51 Carl Oechslin und Max Rapold an die Interessierten der Arbeitsgruppe für Grundsatzfragen vom 1. Dezember 1959; Max Rapold an Carl Oechslin vom 20. November 1959 (NL Oechslin, Erfa- Grundsatz, Organisatorische Unterlagen).
52 Carl Oechslin an die Mitglieder der Arbeitsgruppe für Grundsatzfragen vom 30. August 1960 (NL Oechslin, Erfa-Grundsatz, Protokolle, Zusammenfassungen).
53 Die VfU: Eine Orientierung über ihre Entstehung, ihre Grundsätze, ihre Tätigkeitsbereiche, ihre Arbeitsweise. Zürich 1961: Vereinigung für freies Unternehmertum, S. 9 f.

VfU aber zunächst ein tiefergehendes Verständnis von Freiheit in der Marktwirtschaft entwickelt werden. Zwar blieben Kommunismus und Planwirtschaft als Bedrohung dieser Ordnung präsent. Als Gegner im eigenen Lager machte Oechslin aber einen Liberalismus aus, der ohne jede Form von Spiritualität auszukommen meinte. Er blieb dabei nicht nur der Anthroposophie verhaftet, sondern auch dem Christentum, dessen dialogisches Prinzip im unternehmerischen Handeln zum Ausdruck kommen sollte. Aufgabe der VfU war es, einen Rahmen bereitzustellen, in dem diesem anspruchsvollen Programm der notwendige Raum zugestanden würde.[54]

Carl Oechslin hinterliess zahlreiche Textfragmente. Die einzige grössere Arbeit aber, die auch publiziert wurde, blieb seine Doktorarbeit aus den 1940er-Jahren. Ein Konvolut von Gedanken zur Unternehmensführung, das wiederholt als Grundlage für Seminare im Rahmen der VfU-Arbeit diente und mehrmals umgearbeitet worden war, wurde erst postum unter dem Titel «Schwerpunkte unternehmerischer Verantwortung» veröffentlicht.[55] Der schmale Band enthielt den Kern der Bildungskonzeption, die es Oechslin mitunter schwer machte, sich unter den Unternehmern und Führungskräften in befriedigender Weise Gehör zu verschaffen. Der Verleger interessierte sich – nach eigener Aussage – vermehrt für die «‹apokalyptische› Dimension der heutigen Problematik».[56] Er ging davon aus, in einer Zeit zu leben, in der über die Zukunft der freiheitlichen Wirtschafts- und Gesellschaftsordnung für lange Zeit entschieden würde. Beim Unternehmer sah er zunächst und vor allem die «Bürde», Verantwortung übernehmen zu müssen, die aber zugleich die Möglichkeit eröffnete, Einfluss nehmen zu können. Im Vollzug erlebe das Führungspersonal sich aber als defizitär. Die wichtigste Aufgabe sei daher die «Sorge um die rechte Handlungsfähigkeit».[57]

Von Erfahrung und Routine, da war Oechslin sicher, konnten sich die Unternehmer nicht mehr leiten lassen. Vielmehr sah er es als notwendig an, dass sich diese einer strengen Schulung unterwarfen und damit erst die Fähigkeiten ausbildeten, die für eine wahrhaft unternehmerische Führung notwendig seien. Die Komplexität des wirtschaftlichen Handelns machte es in dieser Perspektive unabdingbar, einen analytischen Blick auszubilden, der im Alltag half, Prioritäten zu setzen und Entscheidungen zu fällen. Dies sei aber nur dann möglich, wenn die Unternehmer einen Sinn für den Zusammenhang des eige-

54 Carl Oechslin an Hermann Georg Stokar vom 19. März 1965 (NL Oechslin, VfU Boos, Jucker, Stokar).
55 Oechslin, Carl: Schwerpunkte unternehmerischer Verantwortung. Schaffhausen 1974: Novalis, S. 10.
56 Carl Oechslin an Max Rapold vom 16. Februar 1962 (NL Oechslin, Briefe K–R).
57 Oechslin, Carl: Schwerpunkte unternehmerischer Verantwortung. Schaffhausen 1974: Novalis.

nen Tuns, eine «Gesamt-Konzeption» entwickelten. Dazu wollte Oechslin in seinen Kursen anleiten. Und dazu sollten auch alle anderen VfU-Veranstaltungen einen wesentlichen Beitrag leisten.[58]

In seinen Kursunterlagen für die Schulungen der Unternehmer und Führungskräfte entwarf Oechslin eine Stufentheorie, wie eine echte «Persönlichkeits-Bildung» Schritt für Schritt zu erlangen sei. Alle Bildung müsse beim Einzelnen ansetzen. Hier blieb Oechslin dem Individualismus der Steiner-Lehre treu. Im wahren Bewusstsein des Einzelnen sah er den Hebel für die Veränderung gesellschaftlicher Verhältnisse. Die Konzeption zur Schulung des neuen Unternehmers war also auch im Methodischen gegen jegliche kollektivistische Vorstellung gerichtet. Neben Analyse- und Urteilsfähigkeiten sollten diese auch ihre emotionalen Fähigkeiten und ihre Entschlusskraft kultivieren. Immer wieder betonte Oechslin, dass die Umgestaltung einer unzureichenden Wirtschaftsordnung von hier aus ihren Ausgang nehmen müsse. Erst dann trage der Austausch mit dem Gegenüber Früchte; erst in diesem Moment sollte die Bildung der Persönlichkeit zur Entfaltung kommen. Individuelles Streben und Dialog schienen dabei zwei zentrale Momente der geistigen Durchdringung einer freiheitlichen Gesellschaftsordnung, wie sie Oechslin vorschwebte. Erst im Gespräch, so die Formulierung unter Rückgriff auf ein Bibelwort, könne «ER dann mitten unter uns wirken».[59]

Die Persönlichkeitsschulung stellte für Oechslin ein auf Dauer gestelltes «Exercitium» dar, die nur auf diese Weise sozial oder politisch wirksam werde. In der VfU sollte – gleich einem Kloster – der Raum zur Verfügung gestellt werden, um im Rückzug das entsprechende geistige Rüstzeug auszubilden. Die Vereinigung stellte in seiner Konzeption eine «Stätte der Besinnung auf das Prinzipielle» dar. Ausreichend Zeit für Auseinandersetzungen, die durchaus konfliktreich verlaufen durften, war ein Kernanliegen Oechslins, das mitunter diametral zur zeitlichen Taktung des Wirtschaftslebens stand.[60]

Das Wort «Nachwuchs» hatte in Zeiten der chronischen Personalknappheit einen dramatischen Klang. Für Oechslin ergab sich die Dringlichkeit einer Erziehung und Bildung des Nachwuchses aber zunächst nicht aus Nützlichkeitserwägungen. Vielmehr war die Beschäftigung mit der jüngeren Generation von Unternehmern und Führungskräften die logische Folge seines pädagogischen Programms zur Umgestaltung der kapitalistischen Wirtschaftsweise von innen. Zugleich konnte die VfU mit dem Nachwuchsthema aber auch an eine der breit und intensiv geführten wirtschaftspolitischen Debatten der Zeit anschliessen und sich so neuen interessierten Kreisen öffnen. Mitte der

58 Ebd., S. 23.
59 Ebd., S. 128.
60 Ebd., S. 39.

1950er-Jahre gründete sie eine Erfahrungsaustauschgruppe für «Nachwuchserziehung und Kaderschulung», die von Oechslin verantwortet wurde.[61] Diese Arbeitsgruppe für Nachwuchsfragen hatte wiederum einen Vorstand, der sich der «Grundlagen für eine freiheitliche Nachwuchsförderung» annehmen sollte.[62]

Auf der Sommertagung 1955 hielt Ernst Jucker einen Grundsatzvortrag zu den «erzieherischen Aufgaben des Unternehmers» und gab der internen Debatte zusätzlichen Schwung. Hier konnte der ehemalige Sekundarschullehrer seine pädagogische Passion voll ausleben. Oechslins bildungstheoretische Reflexion zum Unternehmertum wurde in der VfU dadurch mit den Überlegungen eines erfahrenen Pädagogen ergänzt, der den Verschwörern nun nicht mehr als Russlandexperte, sondern als Fachmann fürs didaktische Handwerk diente.[63]

Der engere Kreis, der als Führungsausschuss die Geschicke der Vereinigung leitete, stellte zwar durchgehend Referenten für die jährlichen Winter- und Sommertagungen und trat auch ein für die Unternehmerkurse. Breiteren Kreisen wurde die VfU aber bekannt, da sie immer wieder prominente Personen aus dem In- und Ausland für ihre öffentlichen Veranstaltungen verpflichten konnte und die Vorträge dann in ihrer von Oechslins Verlagshaus verantworteten Schriftenreihe veröffentlichte. Die meisten Referenten der Tagungen kamen aus der Deutschschweiz und aus dem benachbarten Westdeutschland. Sehr selten wurde auf Französisch referiert. 1966 trug etwa Charles Frédéric Ducommun, der wie einige der Gründungsmitglieder der VfU in der Geistigen Landesverteidigung engagiert gewesen war, seine Überlegungen zu Formen der Arbeit vor. Mit dem ehemaligen Personalchef bei Nestlé, der dann als Top-Kader bei der Swissair und nun als Generaldirektor der schweizerischen Post-, Telefon- und Telegrafenbetriebe (PTT) wirkte, hatte man sich eine Person als Redner geholt, die die Schweizer Grossunternehmen von der Spitze her kannte und zudem reformerische Ansichten vertrat. 1969 trat Heinrich Oswald, Generaldirektor der Knorr-Nährmittel AG in Thaynegen, auf und sprach zu «Führungsperspektiven im technischen Zeitalter». Ein Jahr später legte die Kommission für Fragen der militärischen Erziehung und Ausbildung der Armee ihren Bericht vor, der nach dem Vorsitzenden Oswald benannt wurde und zu den wichtigsten Reformdokumenten in der Diskussion um die Schweizer Armee im 20. Jahrhundert gehört.[64]

61 Mitteilung an unsere Freunde vom 14. September 1955 (SWA, Bv Q 13).
62 Mitteilung an unsere Freunde, ohne Jahr [1955] (SWA, Bv Q 13).
63 Programm der 4. Sommertagung der Vereinigung für freies Unternehmertum vom 24. bis 26. Juni 1955 (SWA, Bv Q 13).
64 Siehe die gesammelten Programme der VfU (SWA, Bv Q 13); Bericht der Kommission für Fragen der Militärischen Erziehung und Ausbildung der Armee. Bern 1970: Eidgenössisches Militärdepartement.

Reihenweise holte der VfU-Ausschuss aber auch Schweizer Professoren, deutsche Personal- und Wirtschaftsberater, Publizisten und Journalisten, die darin geübt waren, einem zugewandten Publikum neue Ideen zur Gestaltung der Arbeitswelt zu offerieren. Immer wieder referierte Edgar Schumacher, der Oberstdivisionär, der schon 1944 auf der Rigi dabei gewesen war; er steuerte noch gut zwanzig Jahre später einige launige Worte zu «Geschäftigkeit, Besinnlichkeit und heiterem Ebenmass» bei. Andere Personen wie Christian Gasser oder Robert Eibel, die während des Zweiten Weltkriegs für eine geistige Erneuerung der Gesellschaft eingetreten waren, fanden auf den Tagungen der VfU in den 1960er-Jahren ebenfalls weiterhin eine Bühne.[65]

Zu wirklichem Glanz verhalfen den Tagungen aber die Besuche von Personen, die weit über die Grenzen der deutschsprachigen Wirtschaftswelt hinaus bekannt waren. 1966 konnte man Ralf Dahrendorf mit einem Vortrag zur «Bildungspolitik in der Wohlstandsgesellschaft» gewinnen. Seine viel gelesene und noch mehr diskutierte Streitschrift «Bildung ist Bürgerrecht» war ein Jahr zuvor erschienen und passte zu den liberalen, bildungseuphorischen Vorstellungen der Mitglieder der Vereinigung.[66]

Die moralischen Implikationen wachsenden Wohlstands galten bereits früh als Gefahr für die schweizerische Gesellschaft. Von hier schien eine Erosion der freiheitlichen Ordnung zu drohen. Für das Folgejahr verpflichtete die VfU entsprechend den wahrscheinlich prominentesten Gast, den sie je für eine Sommertagung gewinnen konnte: Ludwig Erhard. Erhard war gerade als Bundeskanzler zurückgetreten. Mit seinem Konzept der «formierten Gesellschaft» hatte er Partei und Öffentlichkeit nicht mehr überzeugen können.[67] Die freiheitsbejahende Position, die auf Einsicht und Kooperation in der Gesellschaft hoffte, passte aber zu den Vorstellungen der Mitglieder der VfU, die ebenfalls eine «andere Geisteshaltung» anstrebten.[68] Zwar gingen Erhards Gemeinschaftsvorstellungen wahrscheinlich den meisten Besuchern zu weit, der Versuch, eine Alternative im und nicht ausserhalb des Kapitalismus zu finden, verband die Vereinigung aber mit ihrem Redner. Vor allem offenbarte der Titel der Veranstaltung, «Ordnung im Wohlstand», die Angst der Mitglieder der VfU vor Chaos und Orientierungslosigkeit in der Hochkonjunktur. Diese Dystopie schweisste die Gruppe zusammen und hielt trotz der divergierenden Frei-

---

65 Siehe die gesammelten Programme der VfU im Bestand des Schweizerischen Wirtschaftsarchivs (SWA, Bv Q 13), zu Gasser und Eibel vgl. Werner 2000, S. 239–284.
66 Programm der 14. Wintertagung der Vereinigung für freies Unternehmertum vom 20. bis 23. Januar 1966 (SWA, Bv Q 13).
67 Nolte 2000, S. 386–390; Programm der 16. Sommertagung der Vereinigung für freies Unternehmertum vom 23. bis 25. Juni 1967 (SWA, Bv Q 13).
68 Erhard, Ludwig: Die gesellschaftliche Ordnung von heute. In: Ordnung im Wohlstand. Schaffhausen 1968: Meier, S. 25.

heits- und Schulungskonzepte die gemeinsame Arbeit am Laufen. Man war sich nicht einig darüber, in welche Richtung und mit welchen Mitteln genau man die Wirtschaft verändern wollte, meinte aber zu wissen, dass eine freiheitliche Gesellschaft auf ordnungssichernde Massnahmen angewiesen war. Und diese sahen die Verschwörer der Vereinigung für freies Unternehmertum in der «Verarbeitung und Vertiefung freiheitlichen Gedankenguts», in einem ambitionierten Bildungs- und Erziehungsprogramm also, für dass sie sich verantwortlich fühlten.[69]

---

69 Diese Formulierung war allen gedruckten Programmen als Motto vorangestellt. Der Beisatz «Erfahrungsaustausch, Entspannung und Kameradschaft» war im Laufe der 1950er-Jahre weggefallen.

11 Business Schools

Auch wenn es in den ersten Jahrzehnten des 20. Jahrhunderts eine Reihe von Angeboten zur Qualifikation des schweizerischen Führungskräftepersonals gegeben hatte, nahm diese Entwicklung erst in der Hochkonjunktur der Nachkriegszeit wirklich an Fahrt auf. Neu traten zu den Hoch- und Fachschulen, Interessengruppen oder Verbänden Anbieter hinzu, die sich einzig und allein auf die Schulung des Managements konzentrierten.

1946 gründete die international aufgestellte kanadische Firma Aluminium Limited in Genf die «Alcan's Training School», die sich der Qualifikation ihrer Kader annehmen sollte.[1] Die Schweiz schien als neutrales Land besonders gut geeignet, um eine Business School aufzubauen.[2] Zwei Jahre später firmierte die Schule dann als Centre d'études industrielles (CEI). Sie wirkte über Jahrzehnte.[3] Der Ansatz des CEI war ganz auf den Weltmarkt und internationale Verflechtungen hin ausgerichtet. Es unterrichteten akademische Fachleute und wirtschaftliche Praktiker, die nicht selten von Alcan selbst kamen.[4] Von Beginn an bestanden enge, auch persönliche Bindungen zur amerikanischen Harvard Business School, die bereits seit den 1930er-Jahren mit ihrem Programm in Europa Fuss fassen wollte.[5]

11.1 Die Firmen investieren

Der Studiengang in Genf dauerte elf Monate, von denen acht als Kurse organisiert waren. In diesem Rahmen hatten die Teilnehmer drei Besichtigungen europäischer Unternehmen zu absolvieren. Ausserdem waren drei Monate für Praktika in Europa reserviert. Die Ausbildung war nicht auf ein bestimmtes wirtschaftliches Fachgebiet konzentriert. Der Fokus lag auf übergreifenden Qualifikationen, die in unterschiedlichen Branchen eingesetzt werden konnten. Besonders hervorgehoben wurde in Genf die Zusammenarbeit mit Personen, die einen anderen kulturellen Hintergrund hatten als die Absolventen selbst. Trotz

---

1 Zu Alcan in Europa vgl. Kipping, Cailluet 2010.
2 Daetwyler 1982, S. 197.
3 Études pédagogiques: annuaire de l'instruction publique en Suisse 39 (1948), S. 136; Leimgruber 2009; David und Schaufelbühl 2015, Fn. 1.
4 David, Schaufelbühl 2015, S. 80.
5 Ebd., S. 77, S. 87.

der breiten Ausrichtung konzentrierte sich jeder Jahrgang thematisch auf einen bestimmten Wirtschaftssektor. 1960 stand etwa die Ölindustrie im Zentrum und die Kursteilnehmer besuchten die Ölfelder der Sahara. Im Folgejahr lag der Fokus auf der Stahlbranche. Zu den Kursgebühren kamen weitere Kosten, die durch die sommerlichen Industriepraktika entstanden. Von den 164 Studenten, die in den ersten neun Jahren die Schule besucht hatten, waren bei 151 die Kosten durch die Aluminium Limited übernommen worden. Der Konzern bildete in Genf zunächst also vor allem sein eigenes Führungspersonal aus. Ungefähr 130 der Absolventen arbeiteten für das Unternehmen.[6]

Als die Konkurrenz auf dem Ausbildungsmarkt grösser wurde, entschied sich das Centre d'études industrielles, die starke Verbindung zum Konzern zu lockern und auch andere Unternehmen zu überzeugen, ihre Kader nach Genf zu schicken.

1957 wurde dann die Gründung einer weiteren Business School, des Institut pour l'étude des méthodes de direction de l'entreprise (IMEDE), angestossen. Auf Englisch firmierte das IMEDE als Management Development Institute und auf Deutsch hiess es zunächst Institut für das Studium der Unternehmungsführung. Als Stiftung organisiert und unter dem Patronat der Universität Lausanne war hier der weltweit agierende, in der Schweiz beheimatete Nestlé-Konzern Urheber des Instituts.[7] Beim IMEDE ging der Impuls zur Gründung einer Business School von der Konzernspitze aus, nachdem sie eine Veranstaltung des CEI besucht hatte. Explizit sollte nicht auf bestehende Lösungen zurückgegriffen und auch nicht eine Universität ermutigt werden, einen entsprechenden Ausbildungsgang aufzubauen. In Lausanne wollte Nestlé etwas Neues und Eigenes schaffen, das aber auch den Kadern anderer Unternehmen offenstand.[8]

1960 gehörten dem Stiftungsrat drei Mitglieder des Verwaltungsrats von Nestlé an, ausserdem der kantonale Erziehungsdirektor und ein Professor der Universität Lausanne, der, was den Zugang zur Business School und die Ausgestaltung der Diplome anging, ein Vetorecht hatte. Wissenschaftlich kamen die wichtigsten Inputs aus den USA.[9] Das IMEDE hatte nämlich wie das CEI einen klaren Harvardbezug. Die Harvard Business School wandte sich fortan vom Centre d'études industrielles ab, was zu Friktionen führte. Dafür begann die amerika-

---

6   Schreiben an die Institution pour les Recherches Economiques, Université de Téhéran vom 31. August 1960 (BAR, E2003A#1971/44#329*); Neue Zürcher Zeitung vom 15. Mai 1957; David, Schaufelbühl 2015, S. 80.
7   von Mestral, Aymon: Ein Besuch beim IMEDE in Lausanne-Ouchy. In: Schweizer Monatshefte 39 (1960) 11, S. 1109.
8   David, Schaufelbühl 2015, S. 81.
9   «Die Kaderschule IMEDE in Lausanne». Neue Zürcher Zeitung vom 21. Juli 1960, Mittagausgabe, Blatt 5.

nische Ford Foundation zunächst durch Netzwerkarbeit und Beratung, später dann auch finanziell, das CEI zu unterstützen.[10]

Das IMEDE hingegen wurde nicht unterstützt. Dafür war es zu stark auf die Harvard Business School ausgerichtet, was der Ford Foundation zu einseitig schien.[11] Ihre Verbindungen zum amerikanischen Modell konnte die Schule nicht einfach kappen. Die Orientierung am Traditionsinstitut war nicht nur ein Marketinginstrument. Vielmehr war die enge Zusammenarbeit fest institutionalisiert:[12] In der Ausschreibung seiner Angebote druckte das IMEDE einen Brief des Dekans der Harvard Business School ab, in der dieser sich über die Zusammenarbeit erfreut zeigte.[13] Im Zentrum der Kursangebote stand die sogenannte case method, mit der anhand aus der Praxis gewonnener Schilderungen typische Managementsituationen analysiert und bearbeitet werden sollten. Auch das Lehrpersonal nutzte eine Sammlung klassischer «Fälle», die aus der amerikanischen Geschäftspraxis stammten. Zusätzlich hatten die «Professoren» und «Assistenten» dem IMEDE unter komfortablen Bedingungen eine eigene Zusammenstellung europäischer Fälle besorgt, die nun ebenfalls Verwendung fand. Die Einflussnahme war dabei keine Einbahnstrasse. Vielmehr veränderten die in Lausanne für die europäische Kundschaft entwickelten Instrumente auch die Ausbildung am Mutterinstitut in den USA.[14]

Das IMEDE zielte auf eine internationale Kundschaft ab. Die Teilnehmenden sollten zwischen 28 und 40 Jahre alt sein, in der Regel eine akademische Vorbildung sowie in ihren Unternehmen bereits Erfahrungen als Führungskraft gesammelt haben. Sie wurden von ihren Arbeitgebern nach Lausanne geschickt, um sich systematisches Managementwissen anzueignen. In der Startphase kamen einige Personen zwar auch auf eigene Initiative. Der Regelfall war aber, dass sie das Kursprogramm im Rahmen einer betriebsinternen Karriereplanung besuchten. Die Teilnehmer des ersten Jahrgangs stammten aus insgesamt 27 Staaten, die meisten davon aus Europa. Die Unternehmen waren in so unterschiedlichen Bereichen wie der Versicherungsbranche, der Maschinenindustrie oder Zigarettenproduktion tätig. Die Kurskosten lagen bei 5000 Franken (preisbereinigt gut 21 000 Franken) für den gesamten Kurs. Für dieses Geld bekamen die Teilnehmer die Schulungsunterlagen ausgehändigt, konnten die Bibliothek nutzen und auf dem Campus unter der Woche zu Mittag essen.[15]

10 David, Schaufelbühl 2015, S. 94.
11 Ebd., S. 92.
12 Ebd., S. 87 f.
13 Management Development Institute, Programme 1957–1958 (AfZ, IB Vorort-Archiv 203.6.1).
14 David, Schaufelbühl 2015, S. 90.
15 IMEDE, Lausanne, Pressestimmen führender deutscher Wirtschafts- und Tageszeitungen (BAR, E2003A#1971/44#330*).

Die Teilnehmer erhielten in der Zeit ihres Kurses weiterhin ein Gehalt, auch die Kurskosten wurden von ihren Arbeitgebern übernommen. Nestlé beteiligte sich über eine Stiftung unter dem Patronat der Universität Lausanne zudem an den laufenden Kosten. Das Unternehmen stellte eine Startfinanzierung bereit und schoss jährlich einen Grossteil der Betriebskosten zu, um das eigene, weit verzweigte Unternehmen mit seinen Niederlassungen in vielen Ländern mit ausreichend Führungspersonal versorgen zu können.[16]

Der Anteil der Absolventen, die direkt aus dem Nestlé-Konzern ins Institut geschickt wurden, nahm in den ersten Jahren schnell ab.[17] Nestlé hatte sich bewusst für eine Struktur entschieden, die sich von den bestehenden Lösungen abhob.[18] Das IMEDE fand – anders als das bestehende Genfer CEI – fortlaufend grosse Aufmerksamkeit in der internationalen Tages- und Fachpresse und zog entsprechend Personen aus der ganzen Welt und aus sehr unterschiedlichen Unternehmen an. Die USA blieben das zentrale Vorbild für die *management education*, die man in Lausanne anstrebte. Das gelehrte Wissen sollte dem Stand der Diskussion an den amerikanischen Universitäten entsprechen. Für das IMEDE hiess das, dass die Dozenten an den renommierten Universitäten der USA eingekauft wurden und sich für zwei Jahre ausschliesslich ihrer Tätigkeit an der Business School widmeten. Der gesamte Unterricht fand auf Englisch statt, während die Werbebroschüren in Deutsch, Englisch und Französisch zur Verfügung gestellt wurden.[19]

In den USA kreiste die Debatte zur angemessenen Ausbildung des Führungskräftepersonals in den Nachkriegsjahren um drei Punkte: Erstens musste sichergestellt werden, dass die wirtschaftliche Wirklichkeit Eingang in die Schulungspraxis erhielt. Das vermittelte Wissen musste zweitens als relevant gelten. Besonders das Verhältnis von akademischem und Erfahrungswissen wurde in diesem Zusammenhang kontrovers diskutiert. Und zuletzt wurde die Frage erörtert, inwiefern es sich beim Management überhaupt um eine professionelle Tätigkeit, also um einen Beruf handelte.[20] Wirklichkeitsnähe, Relevanz und Professionalität standen aber nicht nur in den USA im Mittelpunkt, sondern stellten auch in der Schweiz die Eckpunkte der Debatte dar. Mit der Anpassung der Fallmethode im IMEDE auf die europäischen Unternehmen sollte sichergestellt werden, dass die Ausbildung nicht auf eine

---

16 IMEDE, Lausanne, Pressestimmen führender deutscher Wirtschafts- und Tageszeitungen (BAR, E2003A#1971/44#330*).
17 Ebd.
18 «Die Kaderschule IMEDE in Lausanne». Neue Zürcher Zeitung vom 21. Juli 1960, Mittagausgabe, Blatt 5.
19 IMEDE, Lausanne, Pressestimmen führender deutscher Wirtschafts- und Tageszeitungen (BAR, E2003A#1971/44#330*).
20 Augier, March 2011, S. 189 f.

Geschäftspraxis vorbereitete, die die Absolventen nie erleben würden. Die Forderung nach Praxisnähe des Studiums an einer Business School muss vor dem Hintergrund einer zunehmenden Verwissenschaftlichung des Feldes gelesen werden. Seit Friedrich Bernets Versuchen aus den 1920er-Jahren, die Konjunkturbeobachtung in der Schweiz zur Grundlage unternehmerischen Handelns zu machen, hatte sich das Tätigkeitsfeld der Führungskräfte stark weiterentwickelt.[21]

Methodisch verzichtete man in Lausanne weitgehend auf Vorlesungen. Lieber wurden Fälle aus der hauseigenen Sammlung bearbeitet, um an diesen das Chefsein zu proben. Analyse, Urteil und Entschluss standen im Zentrum des Kursalltags. Die Teilnehmer sollten zur Lösung der Probleme aus dem Wirtschaftsleben auf die einschlägige Fachliteratur zurückgreifen und ihre Überlegungen dann in kleinere Teams einbringen, bevor im Plenum unter Vorsitz des amerikanischen Professors der gesamte Fall diskutiert wurde. Am Schluss des Kursjahres wurde in einer Art Planspiel das Verhalten als Führungskraft erprobt. Den Teilnehmern standen dabei nur beschränkte Informationen zur Verfügung. Man ging davon aus, dass sie dieser Situation auch später in der Regel ausgesetzt sein würden. Das IMEDE verfügte über eine eigene Forschungsabteilung, die auf der Grundlage vollständiger Informationen das wahrscheinliche Szenarium berechnete.[22] Der erste Kurs am IMEDE dauerte vom 17. September 1957 bis Mitte Mai 1958. Gelehrt wurden hier «Control», «Finance», «Marketing», «Sales Management», «International Trade», «Production», «Human and Labour Relations», «Business Policy» und «General Management».[23]

An einem Kursdurchgang durften höchstens 60 Personen teilnehmen, wobei diese Zahl in den ersten Jahren stark unterschritten wurde. In den ersten zehn Wochen sollte vor allem ein Gemeinschaftsgefühl geschaffen werden, indem die Teilnehmer in dieser Zeit gemeinsam in einem Hotel lebten. Erst anschliessend war es ihnen gestattet, in ein anderes Hotel umzusiedeln und dort auch mit ihren Familien zusammenzuwohnen. Rückmeldungen über ihre Leistungen wurden den Teilnehmenden kontinuierlich kommuniziert. Die Vergabe des Abschlusszertifikates war nicht garantiert. Die Bewerber für das IMEDE mussten vorab nicht nur ausreichende Englischkenntnisse nachweisen und praktische Erfahrungen aus dem Wirtschaftsleben mitbringen, sie wurden auch in einem Fragebogen zu ihrem Freizeitverhalten, ihren Kompetenzen und Schwächen befragt.

---

21 Augier, March 2011, S. 190.
22 «Die Kaderschule IMEDE in Lausanne». Neue Zürcher Zeitung vom 21. Juli 1960, Mittagausgabe, Blatt 5.
23 Management Development Institute, Programme 1957–1958 (AfZ, IB Vorort-Archiv 203.6.1).

Ebenso hatte die Firma, die ihre zukünftigen Spitzenkader schickte, Auskunft über die Fähigkeiten der Interessenten zu geben. Das IMEDE betonte aber, dass dieses Instrument nicht besonders akkurat bedient werden musste und eine gewisse Schwammigkeit in den Antworten sogar gewünscht sei, da sie bereits Informationen über die spätere Managerpersönlichkeit liefere.[24]

Bevor der erste Kurs begann, versuchten die Verantwortlichen des IMEDE, bei den Verbänden Werbung für ihre Sache zu machen. Sie informierten den Vorort des Schweizerischen Handels- und Industrievereins, sodass er bei den Mitgliedern auf das neue Angebot aufmerksam machen konnte. Es sollte früh sichergestellt werden, dass sich in Lausanne das Spitzenpersonal der Wirtschaft versammeln würde.[25] Nachdem die Sache im Vorort zunächst liegengeblieben war und auch keine Prospekte des IMEDE mehr auffindbar waren, wurde dann doch noch breit informiert.[26] Zur Einweihung der Managerschule wurde der Verbandspräsident des Vororts eingeladen. Aus der Verbandsleitung war aber niemand abkömmlich an dem Tag.[27] Auch die Bundesbehörden wurden umworben. Nestlé bot dem Volkswirtschaftsdepartement des Bundes und anderen eidgenössischen und kantonalen Behörden an, einem ihrer Mitarbeiter den kostenlosen Besuch der Business School zu ermöglichen.[28] Die Verwaltung hätte dann nur noch für die Unterkunft der Teilnehmer aufkommen müssen. Das Volkswirtschaftsdepartement sah sich aber wiederholt ausserstande, «einen Beamten während 9 Monaten zu beurlauben».[29]

Das IMEDE nutzte die Kontaktaufnahme mit den Bundesbehörden, um umfassender auf die eigene Sache aufmerksam zu machen. Die Einladungen wurden eingebettet in einen kurzen Abriss der Startphase des Instituts. Der Bundesrat, der dem jeweiligen Departement vorstand, wurde eingeladen, die Räumlichkeiten in Augenschein zu nehmen, wenn er in der Gegend sein sollte, und an einer Lehrveranstaltung teilzunehmen.[30] Die anschliessende Ablehnung seitens der Behörde erfolgte nicht aus grundsätzlichen Erwägungen heraus. Durchaus

24 «Die Kaderschule IMEDE in Lausanne». Neue Zürcher Zeitung vom 21. Juli 1960, Mittagausgabe, Blatt 5.
25 Schreiben vom 28. Februar 1957 (AfZ, IB Vorort-Archiv 203.6.1).
26 Notiz vom 24. April 1957; Vorort des Schweizerischen Handels- und Industrie-Vereins aux sections vom 13. Mai 1957 (AfZ, IB Vorort-Archiv 203.6.1).
27 Schreiben vom 12. September 1957; Vorort des Schweizerischen Handels- und Industrievereins an Nestlé vom 18. September 1957 (AfZ, IB Vorort-Archiv 203.6.1).
28 Nestlé an das Volkswirtschaftsdepartement vom 19. Dezember 1957; Volkswirtschaftsdepartement an Nestlé, Entwurf des Schreibens ohne Datumsangabe (BAR, E7001C#1968/72#3405*).
29 Notiz an das Generalsekretariat des Eidgenössischen Volkswirtschaftsdepartements vom 29. Mai 1959; Schreiben an Nestlé vom 22. März 1958 (BAR, E7001C#1968-72#3405*).
30 Schreiben vom 19. Dezember 1957; Schreiben vom 31. März 1959 (BAR, E7001C#1968/72#3405*).

sah man im Volkswirtschaftsdepartement Bedarf, das eigene Personal besser zu schulen, und wollte sich das IMEDE als eine Möglichkeit für die Zukunft offenhalten.[31] Innerhalb der Verwaltung hatte es auch Interesse an der Offerte gegeben und ein Kandidat stand bereit, um sich für ein Dreivierteljahr weiterbilden zu lassen. Verwendung für das in Lausanne vermittelte Wissen sah man in der Schulung der diplomatischen Aussenvertretungen, die ihre Beobachtungen ausländischer Märkte später dann wiederum der einheimischen Industrie direkt zur Verfügung stellen sollten.[32]

Die Etablierung eigenständiger Business Schools öffnete für die Wirtschaftswissenschaften an den Universitäten eine neue Möglichkeit, die Forschungsergebnisse ihrer Disziplin direkt in die Privatwirtschaft einzuspeisen. Dementsprechend engagierten sich einzelne Ökonomen stark im Bereich der Führungskräfteausbildung. Das IMEDE wurde durch den Wirtschaftswissenschaftler Jean Golay mitbegründet.[33] Golay war 1941 zum Privatdozenten ernannt worden und seit 1954 ordentlicher Professor in Lausanne. Neben seinem Engagement für das IMEDE setzte er sich stark für die Belange der Société d'Études Économiques et Sociales ein.[34] Golay wollte die Anstrengung zur Qualifizierung der Kader an den kantonalen Universitäten nicht gering geschätzt wissen, sah es aber als evident an, dass Europa weit hinter den USA hinterherhinkte, die mit der Harvard Business School bereits seit über vierzig Jahren ein solches Institut hätten. Mittlerweile sei das Management der europäischen Unternehmen derart anspruchsvoll, dass eine systematische Schulung auch hierzulande notwendig geworden sei. Handel, Finanzwirtschaft und Industrie hatten sich laut Golay dermassen rapide entwickelt, dass reine Fachleute nicht mehr ausreichen. Vielmehr seien «véritables administrateurs» notwendig, die die Öffentlichkeitsarbeit genauso beherrschten wie die moderne Personalführung.[35]

Golay verstand den Manager als einen besonderen Typus des Ingenieurs. So wie der technische Ingenieur den Handwerker mehr und mehr abgelöst habe, würden die komplexen administrativen Aufgaben nun ebenfalls von Spezialisten besorgt. Er bettete das neue Aufgabenfeld in eine historische Perspektive ein und vollzog die rasante Evolution im Feld der Verwaltung und Rechnungs-

---

31 Notiz vom 20. März 1958 (BAR, E7001C#1968-72#3405*).
32 Der Direktor der Handelsabteilung an den Generalsekretär des Volkswirtschaftsdepartements vom 11. Februar 1958 (BAR, E7001C#1968/72#3405*).
33 Revue économique et sociale: bulletin de la Société d'Etudes Economiques et Sociales 46 (1988) 1–2, S. 3 f.
34 Revue économique et sociale: bulletin de la Société d'Etudes Economiques et Sociales 36 (1978) 3, S. 126 f.
35 Golay, Jean: Les buts de l'IMEDE, son enseignement et ses méthodes. In: Schweizerische Finanzzeitung, Bankier-Ausgabe vom 24. September 1959, S. 8 f.

führung in den vergangenen drei Jahrzehnten nach. Trotz der schnellen technologischen Entwicklung seien die Manager nicht überflüssig geworden. Die Unternehmenskonzentration und die Maschinisierung der Arbeitswelt habe ihre Aufgabe stattdessen noch viel komplexer werden lassen. Die Standardisierung der Produktion mache immer neue Anläufe zur Reorganisation der Betriebe notwendig, die Geschwindigkeit und Effizienz der Abläufe zwinge sie in eine dienende Position.[36]

Unternehmenskonzentration und Effizienzsteigerung stellten für Golay aber nur zwei Parameter dar, die die Führungsarbeit in den Betrieben veränderten. Die zunehmende Internationalisierung des Wettbewerbs grosser Firmen sei ein dritter Grund, warum das Kaderpersonal aus seiner Sicht dringend anders geschult werden müsse. Das qualifizierte Personal im mittleren Management solle entsprechend weitergebildet werden, auch wenn dies zunächst kostspielig erscheine. Golay rechnete den Unternehmern vor, dass dies eine Investition sei, die sich erst langfristig bezahlt machen würde, aber unvermeidbar sei, wenn sie weiterhin Erfolg haben wollten. Die technischen und die psychologischen Hürden, die einer Stärkung der Kaderqualifikation im Wege standen, hielt er für überwindbar. Die längere Abwesenheit der Aspiranten sei verkraftbar, wenn man den Gewinn für das Unternehmen in Rechnung stelle. Als ein wenig «délicat» erachtete er aber das Problem, dass die Chefs in der Regel neidisch und misstrauisch ihren Untergebenen gegenüber seien. Ihr «complexe d'infériorité» hindere sie daran, den Führungskräftenachwuchs so zu fördern, wie es eigentlich notwendig wäre. Tatsächlich hielt Golay es nicht für ratsam, nur einen möglichen Anwärter auf den Chefposten auszubilden, sondern gleich mehrere Mitglieder des Managements so zu schulen, dass sie später weiterhin miteinander konkurrieren mussten.[37]

Der Wirtschaftsprofessor aus Lausanne war äusserst angetan vom pädagogischen Potenzial der Fallmethode. Nicht allgemeine Regeln würden am IMEDE gelehrt, die dann doch nicht zu den konkreten Situationen passten. Vielmehr würden in den Sitzungen die analytischen Fähigkeiten der Studenten derart geschult, dass sie später in unterschiedlichen Situationen in der Lage seien, Entscheidungen zu treffen. Besonders für diejenigen, die bereits länger im Wirtschaftsleben Verantwortung trügen und auf einen eigenen Erfahrungsschatz zurückgreifen könnten, vermutete Golay die grössten Lernzuwächse.[38] Nicht

36 Golay, Jean: Les chefs d'entreprise et le perfectionnement des cadres. In: Revue économique et sociale: bulletin de la Société d'Etudes Economiques et Sociales 17 (1959) 4, S. 395–407, hier S. 395–397.
37 Ebd., S. 400 f.
38 Golay, Jean: Les buts de l'IMEDE, son enseignement et ses méthodes. In: Schweizerische Finanzzeitung, Bankier-Ausgabe vom 24. September 1959, S. 8 f.

der Fall als Fall stand laut Golay im Zentrum der Kurstätigkeit in Lausanne, sondern das In-Angriff-Nehmen eines Problems, das Herantasten, Analysieren und Suchen einer Lösung. Damit eigne sich das IMEDE sowohl für Führungskräfte aus grossen als auch aus mittleren Unternehmen, da die Fälle zwar verschieden, die Methode des Herangehens aber dieselbe sei.[39]

Am IMEDE hob man wie beim Centre d'études industrielles hervor, dass es wichtig sei, dass das zukünftige und derzeitige Führungspersonal in Kontakt mit anderen Kulturen, Sprachen und Branchen komme. Golay wies aber auch darauf hin, dass sich an der Business School ausserdem zukünftige Kontrahenten auf eine Weise austauschen konnten, wie es im Geschäftsalltag kaum möglich sei. Am IMEDE wurde also nicht nur das neueste Wissen aus den USA gelehrt, sondern es kamen auch die späteren Kader der unterschiedlichsten Unternehmen zusammen. Die gemeinsamen Mittagessen unter der Woche wurden in den Broschüren nicht allein im Text, sondern auch bildlich hervorgehoben. Auf den Fotos sitzen die männlichen Studenten der Kaderschule an kleinen Tischen nebeneinander, Körper an Körper, tragen Anzug und Krawatte und nehmen ihren Kaffee ein. Auch im Hörsaal sind sie nicht als Zuhörer abgebildet, sondern im intensiven Gespräch miteinander oder in die Lektüre der Unterlagen vertieft, auch hierbei auf beengtem Raum. Die Bildlegende hebt die diskussionsfreundliche Einrichtung der Unterrichtsräume hervor.[40]

Das IMEDE und das CEI wurden beide von multinationalen Unternehmen gegründet und unterhalten. Jedes der Institute blieb stark auf seinen jeweilgen Mutterkonzern bezogen; das galt nicht nur hinsichtlich der Finanzierung und Verwaltung, sondern betraf auch die Klientel, die die Kurse besuchte. Beide Institute zielten darauf, die europäischen Führungskräfte nach amerikanischen Standards auszubilden. Die nicht weit voneinander entfernt liegenden Business Schools fusionierten aber erst 1990 zu einem gemeinsamen Institut, nachdem sie lange in scharfer Konkurrenz gestanden hatten.[41]

---

39 Golay, Jean: Les chefs d'entreprise et le perfectionnement des cadres. In: Revue économique et sociale: bulletin de la Société d'Études Économiques et Sociales 17 (1959) 4, S. 395–407, hier S. 405.
40 Golay, Jean: Les buts de l'IMEDE, son enseignement et ses méthodes. In: Schweizerische Finanzzeitung, Bankier-Ausgabe vom 24. September 1959, S. 8 f.
41 David, Schaufelbühl 2015, S. 82 f.

11.2 Eine nationale Alternative

Geradezu als Gegenprogramm zu den internationalen Business Schools können die Schweizerischen Kurse für Unternehmungsführung (SKU) betrachtet werden, für die sich das Betriebswissenschaftliche Institut der ETH Zürich, die Handels-Hochschule St. Gallen und die Schweizerische Stiftung für Angewandte Psychologie zusammengeschlossen hatten. Das Kurssekretariat wurde durch das Betriebswissenschaftliche Institut besorgt.[42]

Wo im IMEDE konsequent auf Englisch unterrichtet wurde, sprach man in den Veranstaltungen der Schweizerischen Kurse für Unternehmungsführung Deutsch oder Schweizerdeutsch. Das Angebot wurde als eine «eigene, schweizerische Lösung» beworben, «die den besonderen Verhältnissen unserer Wirtschaft angepasst ist». Anders als am IMEDE konnte man nicht auf ein ausgeklügeltes methodisches Programm verweisen. Man wollte «Erfahrungsaustausch» und «Diskussion» ins Zentrum stellen, bot Referenten aus den Wirtschaftswissenschaften und den Unternehmen auf und sicherte entsprechend zu, dass das Angebot sowohl theoretisch wie praktisch nah am Puls der Zeit blieb. Durch die Schweizerischen Kurse für Unternehmungsführung sollte nicht das Toppersonal der international aufgestellten Konzerne angesprochen werden, sondern die unteren und mittleren Führungskräfte aus den schweizerischen Unternehmen in privater und öffentlicher Hand, aber auch die Kader in den staatlichen Behörden. Ähnlich wie bei den Business Schools setzte man darauf, dass die Teilnehmerinnen und Teilnehmer von ihrem Arbeitgeber in die Veranstaltungen geschickt würden.[43]

Das erste Kursprogramm der SKU sah insgesamt nicht mehr als dreissig Personen vor und kündigte an, auf eine möglichst vielfältige Zusammensetzung achtzugeben. Vor-, Haupt- und Nachkurs dauerten insgesamt 25 Tage, wobei die ersten sechs Treffen einmal die Woche stattfanden, gefolgt von einem zweiwöchigen Intensivkurs und einem späteren Wochenende zur Auffrischung der Kursinhalte – und zum Erfahrungsaustausch. Damit schlossen die SKU deutlich an die Tradition der 1930er-Jahre an. Man bediente sich eines in der schweizerischen Privatwirtschaft bereits etablierten und bekannten Instrumentariums und bettete dieses in den neuen diskursiven Kontext des forcierten Führungskräftetrainings ein. Die einzelnen Kurse begannen morgens nicht vor halb zehn. Für den Hauptkurs wurde ein regelrechter Wochenstundenplan aufgestellt.[44]

---

42 SKU, Programm 1. Kurs 1954 (StASG, HSG 032.05.11).
43 Ebd.
44 Schweizerische Kurse für Unternehmungsführung 1954, Beilage 1, Beilage 2; Schweizerische Kurse für Unternehmungsführung 1954, Allgemeiner Zeitplan für den Hauptkurs (StASG, HSG 032.05.11).

Von den Teilnehmenden forderten die Veranstalter «selbständiges Ueberlegen und aktives Mitwirken». Sie sollten sich bereits bei Kursbeginn mit den Unterlagen vertraut machen. Von den Verfassern der Kurstexte bekamen sie einen groben Einblick in die Materie. Auf diese Weise wollte man einer uninformierten Diskussion vorbeugen und hoffte, alle Kursteilnehmenden auf denselben Wissensstand zu bringen. Besonders wichtig war den Veranstaltern der SKU die «Ent-Spezialisierung». Man ging davon aus, dass die Besucherinnen und Besucher der Kurse bereits über hinreichend Fachwissen und Erfahrung verfügten. Wie beim IMEDE sollte die Fähigkeit der Führungskräfte gestärkt werden, Probleme systematisch anzugehen. Zwar konnte man ihnen nicht dieselben Annehmlichkeiten bieten wie in Lausanne, doch auch hier wurde auf die Auswahl der Tagungsorte geachtet, gemeinsam gegessen und der zwanglose Austausch in einer freizeitähnlichen Umgebung betont.[45]

Mit der deutlich kürzeren Zeit, während der die Unternehmen ihre Beschäftigten entbehren mussten, und der Verkehrssprache Deutsch passte dieses Angebot gut zur Praxis vieler schweizerischer Unternehmen in den 1950er-Jahren, in denen nicht Englisch gesprochen wurde. In den Kursen galt es nun, die Inhalte der Kursmaterialien nicht abstrakt zu diskutieren, sondern sie für die eigene Firma durchzudenken. Die Teilnehmenden wurden angehalten, eine Arbeit zu verfassen, bei der die Frage «Was kann ich für die Entwicklung meiner Firma tun?» beantwortet werden sollte. In den groben Themengebieten gab es also durchaus Überschneidungen zwischen den international orientierten Business Schools und den Schweizerischen Kursen für Unternehmungsführung. Bei den Referenten fielen die Unterschiede dann schon stärker ins Auge. Hier war vor allem die schweizerische Wirtschaft und Wissenschaft präsent. Es referierten in den ersten beiden Jahren etwa Ernst Speiser, Präsident des Vereins Schweizerischer Maschinen-Industrieller, E. Hans Mahler, Generaldirektor der Magazine zum Globus AG, Helmut Schnewlin, Leiter des Fabrikstudienbüros der Brown, Boveri & Cie. in Baden, sowie Alfred Walther, der an der Universität Bern eine Professur für Betriebswirtschaftslehre innehatte, oder Hans Biäsch vom Institut für Angewandte Psychologie. Zum Thema «Kunst der Führung» hatte man wieder den bereits auf vielen Podien engagierten Militärpädagogen Edgar Schumacher eingeladen.[46]

---

45   Schweizerische Kurse für Unternehmungsführung 1954, Erläuterungen zur Kursmethode (StASG, HSG 032.05.11).

46   SKU, Programm 1. Kurs 1954; SKU, Programm 2. Kurs 1955 (StASG, HSG 032.05.11); zu Schumacher vgl. Geiss 2016a. Walther musste 1954 krankheitshalber absagen und wurde durch den Neuenburger Ökonomen Frédéric Scheurer vertreten. Vgl. Schweizerische Kurse für Unternehmungsführung 1954, Aenderung in der Liste der Hauptreferenten (StASG, HSG 032.05.11).

Die Schweizerischen Kurse für Unternehmungsführung wurden also zumeist von ortskundigen Verbandsvertretern, Unternehmern oder Managern und Wissenschaftlern bestritten. Selbst der schweizerische Gewerkschaftsfunktionär Arthur Steiner trat im zweiten Jahr zumindest als zusätzlicher Gastreferent auf.[47] Man erhoffte sich, dass die Kooperation unter dem Dach der SKU «auch in der Öffentlichkeit ihren sichtbaren Ausdruck findet».[48]

Angesprochen fühlten sich vom Programm zahlreiche schweizerische Industrieunternehmen wie Sulzer, die Maschinenfabrik Oerlikon, Georg Fischer, Landis & Gyr oder Brown, Boveri & Cie., aber auch der Chemiekonzern Ciba oder die Schweizerischen Bundesbahnen. Sie schickten ihr Führungspersonal ebenso in die erste Runde der Kurse für Unternehmungsführung wie eine Reihe kleinerer Firmen. Die Teilnehmenden wurden direktiv von der Kursleitung in drei Gruppen untergliedert, in denen sie streckenweise zusammenarbeiten sollten.[49]

Der starke Bezug auf den nationalen Kontext verdeckte, dass auch dieses Angebot vor dem Hintergrund der amerikanischen Entwicklungen erdacht worden war. Wie am IMEDE stand ein Wirtschaftswissenschaftler hinter dem Projekt. Hans Ulrich, der im selben Jahr, in dem die SKU in ihre erste Runde gingen, zum ordentlichen Professor an die Hochschule St. Gallen berufen wurde, hatte zunächst praktische Erfahrungen in der Industrie gesammelt und sich währenddessen in Bern über die «Grundlagen der betriebswirtschaftlichen Organisationslehre» habilitiert.[50] Ulrich widmete sich dann über Jahrzehnte intensiv Fragen der Führungskräfteschulung. Diese grenzte er zunächst gegen die blosse berufliche Weiterbildung ab, die in vielen Unternehmen bereits an Bedeutung gewonnen hatte. Wo hier der Fokus in der Regel auf der Erweiterung der Fachkenntnisse lag, hätten die Kader ein besonderes Bedürfnis, sich im Bereich der überfachlichen Qualifikationen weiterzubilden. Ulrich hatte gemeinsam mit anderen im Rahmen einer Studienreise der Vereinigung Inter-University Contact for management education die Trainings für Führungskräfte in den USA selbst in Augenschein genommen. Dieses Netzwerk war aus verschiedenen Anstrengungen der USA hervorgegangen, endlich die Professionalisierung der *management education* in Europa voranzutreiben.[51] Anders als in Lausanne, wo sich das Lehrpersonal stark aus der Harvard Business School rekrutierte und damit einen auch in Europa klingenden Namen aufrief, beachtete Ulrich auch die zahlreichen anderen, ausgesprochen heterogenen Angebote an

---

47 SKU, Programm 2. Kurs 1955 (StASG, HSG 032.05.11).
48 Schreiben vom 26. März 1954 (StASG, HSG 032.05.11).
49 Schweizerische Kurse für Unternehmungsführung 1954, Teilnehmer-Verzeichnis, Gruppen-Einteilung (StASG, HSG 032.05.11).
50 «Abschied von Hans Ulrich». Neue Zürcher Zeitung vom 3. Januar 1998, S. 25.
51 Boel 2003, S. 185 f.

«Advanced Management Programs» in den USA und stellte sie in den Kontext des gewachsenen Bedarfs an qualifizierten Führungskräften.[52]
Der habilitierte Ökonom zeigte sich durchaus beeindruckt von dem, was er in den USA zu sehen bekommen hatte. Besonders, dass die Kurse nicht in einem «blossen Vermitteln von Wissen» bestanden, sondern auf die «Weitererziehung von reifen Menschen auf lange Sicht» gezielt hätten, gefiel Ulrich. In den verschiedenen amerikanischen Angeboten sah er methodisch den grössten Fortschritt darin, dass man von der Situation eines Frontalunterrichts zu dynamischeren Konzepten gewechselt habe. Schematisch liessen sich die unterschiedlichen Abstufungen als «Vorlesung», «Frage und Antwort» sowie «Konferenz» in einem Pfeildiagramm darstellen, wobei Ulrich durch die Anordnung der drei Formen eine eindeutige Wertung vornahm. Das eigenständige Erarbeiten und die anschliessende gemeinsame Diskussion erschienen ihm dabei nicht nur als pädagogisches Mittel zum ökonomischen Zweck, nämlich einer Qualifikation der Führungskräfte. Vielmehr galt Ulrich der Modus der Wissensaneignung in den amerikanischen Business Schools selbst bereits als die Form, in der die Manager später ihren täglichen Geschäften nachgingen.[53]
Für die Schweiz reformulierte Ulrich das eigene Modell aber nicht mit Bezug auf die Business Schools in Genf, Lausanne oder Harvard, sondern ausgehend von der einheimischen Ausbildung von Betriebswirtschaftlern und Betriebsingenieuren an den Hochschulen. Auch würdigte er die zahlreichen bestehenden kleineren Kurse und den gewachsenen Markt an Fachliteratur, mit dem eine eigenständige Aneignung der notwendigen Kenntnisse möglich geworden sei. Der Vertiefung spezieller Kenntnisse werde damit bereits hinreichend Rechnung getragen. Woran es aber laut Ulrich in der Schweiz mangelte, war eine Institution zur «Erziehung von zukünftigen Unternehmungsführern». Diese sollte durch die Schweizerischen Kurse geschaffen werden.[54]
Gegenüber den kostspieligen, amerikaorientierten Business Schools suchten sich die SKU abzugrenzen, indem sie auf den Kompromisscharakter ihres Angebots hinwiesen. Fein austariert waren mit den drei Institutionen nicht nur die technische, die kaufmännische und die psychologische Seite der Führungskräfteschulung. Auch zwischen den Ansprüchen kleinerer und grosser Betriebe versuchte man zu vermitteln, was bei der Zusammenstellung der Lern- und Diskussionsgruppen zu berücksichtigen war. An die Vorbildung wurden gar keine Bedingungen gestellt, um niemanden ausschliessen zu müssen. Nur bezüglich Alter sollte eine Grenze von 30 Jahren nicht unterschritten werden,

---

52 Ulrich, Hans: Höhere Kurse für Unternehmungsführung. In: Industrielle Organisation 22 (1953) 9, S. 397–402.
53 Ebd., S. 399 f.
54 Ebd., S. 402.

«um allzu rasch emporgestiegene Söhne grosser Väter noch einige Jahre» von den Angeboten «fernhalten zu können».[55]

1957 hielt Ulrich in St. Gallen seine Antrittsvorlesung zur Thematik der Führungskräfteschulung.[56] Er war sich der Schwierigkeiten, das amerikanische Konzept in die deutschsprachige Diskussion zu übertragen, durchaus bewusst. Den Begriff «Education» wollte er in diesem Zusammenhang mit «Erziehung» übersetzt wissen, da erst dann «auch Aneignung von Charaktereigenschaften, Verbesserung der eigenen Verhaltensweise, Ausrichtung auf eine gestellte Aufgabe» als Ziel der Kurse bezeichnet war.[57] Ulrich ging zwar von angeborenen Dispositionen aus, sah aber auch weitreichende Möglichkeiten, den Führungskräftenachwuchs charakterlich zu formen, wenn er auch betonte, dass es bei der *management education* letztlich nur um eine «Gelegenheit zur Selbsterziehung» gehen könne. Dafür müsse die grundsätzliche Befähigung aber bereits von den Teilnehmern mitgebracht werden.[58]

In der Tagespresse wurde breit über die Schweizerischen Kurse für Unternehmungsführung berichtet. Von aussen nahm man dieses «Experiment» als Variante der zunächst in den USA entwickelten, dann in verschiedenen Ländern Europas adaptierten Angebote für den Führungskräftenachwuchs wahr. Hervorgehoben wurde, dass anders als bei den Rationalisierungs- und Efficiency-Diskussionen der 1920er- und 30er-Jahre nun nicht mehr die Potenziale einer verwissenschaftlichten Wirtschaftspraxis im Vordergrund standen. Vielmehr sollte den «im Betriebe tätigen Menschen» grössere Beachtung geschenkt werden.[59] Dem Spezialisten wurde der umsichtig führende, das Ganze im Blick behaltende Manager entgegengestellt.[60] Die rein technische oder kaufmännische Vorbildung, wie sie in Hochschulen und Berufsbildung zu erlangen war, schien dafür nicht mehr auszureichen. Sie sollte durch eine «Rückkehr zum Universellen» so ergänzt werden, dass die schweizerischen Kader ihren vielfältigen Aufgaben auch gerecht würden.[61]

55 Ulrich, Hans: Die Schweizerischen Kurse für Unternehmungsführung. In: Förderung höherer Führungskräfte der Unternehmung: Tagung am 25. Januar 1956. Zürich 1956: Industrielle Organisation, S. 29.
56 Ulrich, Hans: Erziehung zur Unternehmungsführung als Aufgabe des betriebswirtschaftlichen Unterrichts. In: Aktuelle Fragen der Unternehmung. Gedenkschrift für Alfred Walther. Bern 1957: Haupt, S. 11–30.
57 Ebd., S. 11.
58 Ebd., S. 18.
59 «Kurse für Unternehmensführung – ein Experiment». St. Galler Tagblatt vom 26. Mai 1954.
60 «Schweizerische Kurse für Unternehmungsführung». Neue Zürcher Zeitung vom 29. Mai 1954, Sonntagausgabe, Blatt 6.
61 «Unternehmensführung und Entspezialisierung». National-Zeitung, Sonntagsbeilage vom 26. September 1954, o. S.

Die Protagonisten der Schweizerischen Kurse belieferten die grossen Zeitungen selbst mit entsprechenden Erläuterungen und bewarben das neue Angebot. Ulrich wies auf das öffentliche Interesse hin, gut qualifizierte und integre Manager in der Wirtschaft zu wissen.[62] Der Kurssekretär Arnold Brunnschweiler verwies in der Neuen Zürcher Zeitung auf den «soziologischen» Charakter, in dem sich Unternehmerhandeln in der Gegenwart abspiele. Gemeint war damit eine immer komplexer werdende Umwelt, die Entscheidungen zunehmend erschwerte.[63]

11.3 Das Gewerbe zieht nach

Wo die multinationalen Konzerne und die heimische Industrie bereits ihre eigenen Institute aufgebaut hatten, wollte das Handwerk auch nicht abseitsstehen. 1966 gründete der Gewerbeverband ein Schweizerisches Institut für Unternehmerschulung im Gewerbe (SIU), das im Herbst desselben Jahres die ersten Kurse durchführte. Die Angebote orientierten sich in diesem Fall aber nicht an der amerikanischen Diskussion und auch nicht an den Business Schools, sondern waren aus den Vorbereitungskursen für die Meisterprüfung hervorgegangen.[64]

Mit dieser Gründung wollte man der kaufmännischen Seite der Führung kleiner Betriebe mehr Geltung verschaffen. Die Meisterprüfung wurde von den Berufsverbänden getragen, die ihre grösste Expertise in ihrem eigenen Fach hatten, aber für diejenigen Probleme, die die Selbständigkeit sonst noch mit sich brachte, nicht über hinreichend Knowhow verfügten. Im Handwerk und anderen Gewerbe hatte man Angst, zum blossen «Satelliten der Grosswirtschaft» zu werden und wollte deshalb die Betriebsinhaber entsprechend gestärkt wissen.[65] Das Institut gab eine eigene Schriftenreihe heraus. Die «Gewerbliche Rundschau», eine Beilage zur Schweizerischen Gewerbezeitung, firmierte nunmehr unter dem Titel «Unternehmungsführung im Gewerbe».[66]

62 «Unternehmer gehen zur Schule». St. Galler Tagblatt vom 13. November 1954.
63 «Unternehmeraufgabe und Schweizerische Kurse für Unternehmungsführung». Neue Zürcher Zeitung vom 27. Dezember 1954, Morgenausgabe, Blatt 3.
64 «Unternehmerschulung im Gewerbe». Neue Zürcher Zeitung vom 14. Juli 1966, Mittagausgabe, Blatt 2.
65 Otto Fischer: Ueberberufliche Unternehmerschulung im Gewerbe. In: Gewerbliche Rundschau 11 (1966) 2, S. 68–73, hier S. 69 f.
66 Unternehmungsführung im Gewerbe 1 (1969) 1. Der erste Band der Schriftenreihe zu den «Grundlagen der Unternehmungsführung im Gewerbe» wurde mehrere Male wieder aufgelegt und auch ins Italienische und Französische übersetzt. Vgl. Kilgus, Ernst: Grundlagen der Unternehmungsführung im Gewerbe. Bern 1970: Cosmos-Verlag.

Otto Fischer, konservativer Gewerbefunktionär, schlug neben solchen konzernkritischen durchaus auch modernistische Töne an. Neben dem natürlichen Vermögen, das der Gewerbetreibende bereits mitbringen müsse, seien fachliche und überfachliche Qualifikationen selbstverständlich zentral, um erfolgreich ein Geschäft zu führen. Ihre Aneignung liesse sich aber nicht mehr nebenbei erledigen, sondern müsse «schulmässigen Charakter» im Sinne der «auf breiter Ebene arbeitenden Erwachsenenbildung» haben.[67]

Die Kurse für das Gewerbe wurden dezentral organisiert und hatten kein eigenes Gebäude. Vielmehr wurden die bestehenden Infrastrukturen genutzt. Nach einer Befragung der Verbandsmitglieder kam man überein, für die einzelnen Branchen Handwerk, Dienstleistungen, Handel und Gastronomie teils unterschiedliche Programme mit abweichenden Pensen zusammenzustellen.[68]

Für den berufsfachlichen Teil waren weiterhin die Verbände zuständig. Einzig die übergreifenden Qualifikationen sollten durch die SIU vermittelt werden. Dafür gründete man eine Genossenschaft, in der der Gewerbeverband und seine kantonalen Sektionen, die Berufsverbände und weitere Interessenten Mitglied werden konnten. Der Gewerbeverband stiftete einen Teil des Startkapitals.[69] Anschliessend wurden die Kurse vom Bund und von den Kantonen mitfinanziert. Die Öffentlichkeit übernahm diejenigen Kosten, die nicht über die Kursgebühren abgedeckt waren.[70]

Die zwölf Standorte waren über die ganze Schweiz verteilt, wobei nicht immer für alle Branchen gleichzeitig Kurse durchgeführt wurden. Berücksichtigt waren alle Sprachregionen, die Trainings fanden jeweils in den Städten statt. Der Kurstypus A, der der Betriebsleitung im Handwerk gewidmet war, umfasste insgesamt 440 Lektionen, wobei der grösste Teil Fragen der engeren «Unternehmungsführung» gewidmet war und sich nur ein kleinerer übergreifenden volkswirtschaftlichen, rechtlichen, steuer- oder versicherungstechnischen Problemen annahm. Die Kosten staffelten sich in drei Kategorien. Während von Interessentinnen und Interessenten, die nicht in der Schweiz wohnten, die volle Kursgebühr zu entrichten war, galten für Personen aus dem Inland reduzierte und für Mitglieder von Gewerbe- oder Berufsverbänden nochmals niedrigere

---

67 Ebd., S. 70 f.
68 Ebd., S. 71.
69 Ebd., S. 72.
70 Schweizerisches Institut für Unternehmerschulung im Gewerbe an die für die Berufsbildung zuständigen Stellen der Kantone Aargau, Appenzell AR, Appenzell IR, Fribourg, Genf, Glarus, Neuenburg, Nidwalden, Obwalden, Schaffhausen, Schwyz, Solothurn, Uri, Wallis und Zug vom 28. Juli 1969; Bericht über die Revision der Subventionseingabe des Schweizerischen Institutes für Unternehmerschulung im Gewerbe, Bern, für die im Gewerbeschulhaus der Stadt Zürich durchgeführten Kurse vom 8. Dezember 1969 (BAR, E7170B#1980-120#800*).

Ansätze. Als zentrale Zielgruppe der Handwerkskurse waren Geschäftsinhaber oder Geschäftsinhaberinnen und Kaderkräfte aus kleineren und mittleren Unternehmen angesprochen. Explizit waren auch Frauen eingeladen, einen Kurs zu besuchen.[71]

Mit den Angeboten für den Handel und das Nahrungsmittelgewerbe waren vor allem Meisterinnen und Meister sowie diplomierte Kaufleute des Detailhandels adressiert, die einen eigenen Betrieb zu führen hatten. Für die Kurse in diesem Bereich kooperierten die SIU mit den einschlägigen Fachverbänden und Fachschulen. Anders als im Handwerk war hier das Programm deutlich stärker unterteilt und enthielt auch grössere Blöcke, die sich übergreifenden Themen widmeten. Da man bei den Kaufleuten davon ausgehen konnte, dass spezifische Kompetenzen in der Buchhaltung und anderen kaufmännischen Angelegenheiten bereits vorhanden waren, liessen sich auch Soziologie, Psychologie und Personalmanagement vertieft behandeln.[72] Das Programm war in drei Trimestern im Umfang von 280 Lektionen zu bewältigen, was insgesamt 48 Tagen entsprach. Für diejenigen, die im Handel tätig und entsprechend mit bestimmten Inhalten bereits vertraut waren, bestand die Möglichkeit, nur einen Teil des Angebots zu buchen.[73]

1969 fanden bereits 35 Kurse mit knapp 1000 Teilnehmenden statt, in allen Landessprachen ausser dem Rätoromanischen.[74] Eine grosse Nachfrage fanden die Angebote für das Handwerk. Auch im Gastgewerbe stiessen die Veranstaltungen der SIU auf Interesse. Hier umfasste der Kurs insgesamt 350 Lektionen, die eng an die kaufmännischen und personalrechtlichen Fragen des Betriebsalltags gebunden waren.[75] Nachdem ein erster Durchlauf erfolgreich stattgefunden hatte, wurde gleich das nächste Angebot ausgeschrieben, zu dem sich insgesamt 122 Personen anmeldeten. Die Diplome erhielten neben zahlreichen Männern auch einige Frauen.[76]

Die Kurse wurden von Hochschulprofessoren oder Hochschulmitarbeitenden, aber auch von Praktikern, Beratern und Fachlehrkräften gegeben. Der Fokus lag auf der Vermittlung theoretischen Wissens, das sich die Betriebsinhaberin-

---

71 Unternehmerschulung für das Handwerk, die Dienstleistungsberufe und andere. Kurstypus A. Beginn: Mitte Oktober 1969 (BAR, E7170B#1980-120#800*).
72 Neue Unternehmerschulung für den Handel und das Nahrungsmittelgewerbe. Kurse B/D. Beginn: 21. April 1969 (BAR, E7170B#1980/120#800*).
73 Detailliertes Lehrprogramm Typus B/D, für den Handel und das Nahrungsmittelgewerbe (BAR, E7170B#1980-120#800*).
74 Unternehmerschulung für das Handwerk, die Dienstleistungsberufe und andere. Kurstypus A. Beginn: Mitte Oktober 1969 (BAR, E7170B#1980-120#800*).
75 Unternehmerschulungskurse für das Gastgewerbe. Kurstypus C. Beginn 3. September 1969 (BAR, E7170B#1980-120#800*).
76 Pressedienst für Unternehmungsführung im Gewerbe vom 18. September 1969 (BAR, E7170B#1980-120#800*).

nen und Betriebsinhaber im Alltag nicht nebenbei aneignen konnten. Durch die Kurse für das Gewerbe sollten keine Karriereambitionen bedient, sondern eine erfolgreiche Geschäftsführung in einem als kompetitiv und dynamisch verstandenen Umfeld ermöglicht werden. Die Unternehmerinnen und Unternehmer sollten für den täglichen «Kampf» gerüstet werden.[77]

Neben den Kursen versuchten die SIU auch über Publikationen aufzuklären. Ein monatlicher Pressedienst veröffentlichte kurze Texte zu spezifischen Fragen der Betriebsführung. Alle drei Monate erschien zudem die Zeitschrift «Unternehmungsführung im Gewerbe». Für diejenigen, die bereits erfolgreich eines der Programme absolviert hatten, wurden zusätzliche kurze Kurse zur Vertiefung angeboten.[78]

Auch das Gewerbe hatte an den schweizerischen Hochschulen seine wissenschaftlichen Fürsprecher: Wie Hans Ulrich war Alfred Gutersohn in St. Gallen angesiedelt und stand dort dem 1946 gegründeten Schweizerischen Institut für gewerbliche Wirtschaft vor. Der Volkswirt sah die besondere Aufgabe der kleinen und mittleren Betriebe in einer kapitalistischen Wirtschaftsordnung in der «Erbringung differenzierter, variierter Leistungen», die ihren Fortbestand trotz einer starken Konzentration der Unternehmen sinnvoll und möglich machten. Der Vorzug der kleinen Betriebe in der Schweiz lag für Gutersohn gerade darin, dass sie nicht dem Trend zur Produktion von Massenartikeln nachgingen, sondern diejenigen Kundenbedürfnisse stillten, die von der Massenfertigung nicht bedient wurden. Die Strategie des Gewerbeverbandes, immer wieder auf die stabilisierende, weil staatstragende Funktion des Mittelstandes hinzuweisen, hielt der Ökonom für wenig nachhaltig. Stattdessen verstand er «das fachliche Wissen, das Können und die charakterliche Vertrauenswürdigkeit» als den zentralen Wettbewerbsvorteil des Gewerbes.[79]

Die grosse Bürde, die eine Selbständigkeit bedeuten konnte, die finanziellen Lasten und der persönliche Einsatz stellten für Gutersohn die grösste Gefahr für den Mittelstand dar. Um eine gute Auswahl des Nachwuchses im Gewerbe auch weiterhin sicherzustellen, sah er es als notwendig an, auch hier an die Schulung der Führungskräfte zu denken. Besonders unter den Bedingungen der Hochkonjunktur mit ihren attraktiven Alternativen für ambitionierte Gewerbetreibende hätten es die kleinen und mittelständischen Betriebe schwer,

77 Unternehmerschulung für das Handwerk, die Dienstleistungsberufe und andere. Kurstypus A. Beginn: Mitte Oktober 1969 (BAR, E7170B#1980-120#800*).
78 SIU an die für die Berufsbildung zuständigen Stellen der Kantone Aargau, Appenzell AR, Appenzell IR, Fribourg, Genf, Glarus, Neuenburg, Nidwalden, Obwalden, Schaffhausen, Schwyz, Solothurn, Uri, Wallis und Zug vom 28. Juli 1969 (BAR, E7170B#1980-120#800*).
79 Gutersohn, Alfred: Die Förderung des Führungsnachwuchses in den Klein- und Mittelbetrieben. In: Industrielle Organisation 26 (1957) 5, S. 188–194.

immer die richtigen Personen zu rekrutieren. Gutersohn setzte zunächst auf eine entsprechende Aufklärungsarbeit in den Schulen, in der bestimmten Vorurteilen entgegengewirkt werden sollte. Sodann galt es auch, die vielfältigen Anstrengungen auf dem Gebiet der beruflichen Weiterqualifikation zu systematisieren. Ihm schwebte eine Veranstaltungsform vor, die sich an den Schweizerischen Kursen für Unternehmungsführung und dem nunmehr gut erprobten Instrumentarium der Erfahrungsaustauschgruppen sowie einem Ausbau der Unternehmensberatung auch für kleine und mittlere Unternehmen orientierte. Neben einer harten «Charakterschulung» hielt Gutersohn die «Erziehung zur Menschlichkeit» für unabdingbar, um nicht nur die wirtschaftliche, sondern auch die gesellschaftliche Funktion des Gewerbes zu erfüllen.[80]

11.4 Keine Sättigung in Sicht

In der Industrie schien die Nachfrage nach qualifizierten Kadern kaum gesättigt werden zu können. 1969 konstituierte sich in Zürich deshalb eine Gesellschaft zur Ausbildung von Führungskräften, an der wieder einige derjenigen Institutionen beteiligt waren, die bereits seit den 1930er-Jahren auf dem Gebiet aktiv gewesen waren. Der Zentralverband Schweizerischer Arbeitgeber-Organisationen sollte Werbung machen und um die Publizität besorgt sein. Die Geschäftsstelle war beim Arbeitgeber-Verband der Textilindustrie angesiedelt, während das Institut für Betriebswirtschaft der Hochschule St. Gallen die pädagogischen Angelegenheiten verantwortete, also Unterrichtsmaterialien erstellte und Kursleiter rekrutierte.[81]
Eine Branche, die nicht im Zentrum der Nachwuchsdiskussion stand, sich aber ebenfalls sorgte, nicht ausreichend Personal auf dem Arbeitsmarkt zu finden, war der Banken- und Versicherungssektor. Die Banken hatten sich, da sie stets die Crème der kaufmännischen Jugend abschöpfen konnten, bisher nicht um ihr Image beim Nachwuchs bemühen müssen. Dies änderte sich im Laufe der anhaltenden Hochkonjunktur, als das Personal in allen Bereichen knapp wurde und auch die Industrie vermehrt interessante Karrieren für kaufmännisch gebildetes Personal bereithielt. Robert Holzach, ein Jurist und Kaufmannssohn, der seit 1951 für die Schweizerische Bankgesellschaft tätig war und hier schnell Karriere machte, wollte es jedoch nicht beim blossen Verweis auf die Hochkonjunktur belassen. In einem unternehmensinternen Vortrag unterschied er

80 Ebd., S. 194.
81 Protokoll der konstituierenden Sitzung der Gesellschaft zur Ausbildung von Führungskräften vom 17. Januar 1968; Pressenotiz, gemeinschaftliche Kaderschulung der schweizerischen Wirtschaft (AfZ, IB ASM-Archiv 1107).

zwischen der grundsätzlich schwierigen Situation auf dem Arbeitsmarkt, den besonderen Verhältnissen in den Grossbetrieben, zu denen er auch das eigene Bankhaus zählte, und der speziellen Situation in der Zentrale der Schweizerischen Bankgesellschaft. Für die Schwierigkeiten, als Grossbank hinreichend qualifiziertes Personal zu finden, machte er weniger «materielle» als «ideelle» Umstände verantwortlich, «die den Beruf des Bankangestellten an sich unpopulär machen».[82]

Holzach listete eine ganze Reihe an Vorurteilen auf, die er zwar zum Teil zurückwies, die aber dennoch dazu führten, dass die Banken als Arbeitgeber unattraktiv geworden seien. Der scheinbar wenig kreativen, routinierten und trockenen Arbeit in einer Grossbank stellte er eine Industrie entgegen, die mit ihrer «stürmischen Entwicklung» eine ganz andere Aussenwirkung habe. Entsprechend wollte er bei den innovativen Unternehmen abschauen, wie sich die eigene Werbung ansprechender gestalten liesse.[83]

Die eigentlichen Probleme machte Holzach aber im angespannten «Arbeitsklima», in fehlender «Loyalität» gegenüber Mitarbeitern und in der mangelhaften «Kooperation» zwischen den Abteilungen einer Bank aus. Zwar benannte er auch drastisch die unzureichende charakterliche und fachliche Eignung des Führungspersonals als Ursache der Misere und wies darauf hin, dass die eigenen Angebote der beruflichen Weiterbildung durchaus ausbaufähig seien. Ein eigenes Schulungszentrum hielt er hingegen nicht für notwendig – was nicht verhinderte, dass genau ein solches letztlich am Bodensee gebaut wurde.[84] Als eigentliches Mittel, mehr qualifiziertes Personal zu gewinnen und den benannten internen Schwierigkeiten zu begegnen, sah Holzach zunächst eine Flexibilisierung des Lohngefüges, das ihm noch viel zu schematisch schien.[85]

Als Hans Strasser, Generaldirektor beim Konkurrenten, dem Schweizerischen Bankverein, vor einem geneigten pädagogischen Fachpublikum zum selben Problem referierte, klang das naturgemäss anders als bei Holzachs internen Gedankenspielen. Er deklinierte schon fast schulbuchartig alle Formen und Facetten der beruflichen Aus- und Weiterbildung des Bankkaufmanns durch. Der Vortrag des Bankmanagers zeigt auch, wie kompliziert und vielfältig die internen Personalverhältnisse mittlerweile geworden waren. Strasser unterschied 23 verschiedene Funktionen in einer Bank und zehn Gehaltsklassen.

---

82 Holzach, Robert: Gedanken zum Personalproblem (im Anschluss an die Konferenz vom 21. Juli 1970) (AfZ, NL Robert Holzach 13); zur Biografie Holzachs siehe Baumann 2014.
83 Holzach, Robert: Gedanken zum Personalproblem (im Anschluss an die Konferenz vom 21. Juli 1970) (AfZ, NL Robert Holzach 13).
84 Baumann 2014, S. 115–117.
85 Holzach, Robert: Gedanken zum Personalproblem (im Anschluss an die Konferenz vom 21. Juli 1970) (AfZ, NL Robert Holzach 13).

Vom Registraturangestellten bis zum Prokuristen reichte seine Darstellung. Er bezeichnete sowohl die fachliche Qualifikation als auch die sozialen Fähigkeiten der Führungskräfte als zentral, um einen guten Nachwuchs auf Dauer sicherstellen zu können.[86]
Der Generaldirektor des Schweizerischen Bankvereins hielt die Qualifizierung des Nachwuchses für *die* «Existenzfrage» der Privatwirtschaft.[87] Für die Banken stellte sich dieses Problem noch einmal gesondert, da das Personal hier den grössten Kostenfaktor ausmachte. Strasser referierte über die zentrale Bedeutung einer fundierten Lehrlingsausbildung, die nicht nur bildenden, sondern auch erzieherischen Wert habe. Er benannte die Möglichkeiten einer strukturierten Weiterqualifikation bei den Verbänden. Unter Weiterbildung verstand er sowohl den Abteilungswechsel innerhalb der Ausbildung und das informelle Lernen am Arbeitsplatz, aber auch innerbetriebliche Kurse, Kaderschulungen oder Fachtagungen. Besonderen Wert legte Strasser aber auf die Qualifikation der Führungskräfte.[88]
Zwar waren betriebliche Weiterbildungsmassnahmen mittlerweile ein üblicher Weg für die Unternehmen, dem Mangel an qualifizierten Personen abzuhelfen. Auch liessen sich Bewerberinnen und Bewerber kaum noch gewinnen, ohne dass ihnen entsprechende Möglichkeiten zur fortlaufenden Qualifikation geboten wurden.[89] Die schweizerischen Grossbetriebe kamen also gar nicht darum herum, entsprechende Strukturen aufzubauen. Dennoch konnte die Forderung einer *éducation permanente* durchaus Unverständnis auslösen. Es bestand weiterhin akuter Klärungsbedarf, wie sich die wenig strukturierten, arbeitsplatznahen Angebote zur beruflichen oder akademischen Ausbildung verhielten.[90]
Die Hochkonjunktur und die daraus folgende jahrzehntelange Personalknappheit bewirkte eine schleichende Verschiebung des Verhältnisses von Wirtschaft und Bildung. Standen zunächst klare Nutzenkalküle im Zentrum, wurden betriebliche Investitionen in Aus- und Weiterbildung mit der Zeit zum kaum hinterfragten Selbstzweck. Der dauerhaft angespannte Arbeitsmarkt führte dazu, dass es sich kaum eine Branche leisten konnte, nicht auf allen Ebenen ihre Angebote auszubauen, nicht zuletzt für das mittlere und höhere Management. Zum einen konnte nur so sichergestellt werden, dass auch für die Zukunft hinreichend qualifizierte Arbeitskräfte zur Verfügung standen. Zum anderen mussten den potenziellen Bewerberinnen und -bewerbern berufliche Per-

---

86 Strasser, Hans: Der Bankkaufmann: Vortrag. Basel 1965: Schweizer. Bankverein, S. 6–10.
87 Ebd., S. 11.
88 Ebd., S. 14 f.
89 Wildi 1998, S. 40.
90 «Betriebsinterne Weiterbildung». Neue Zürcher Zeitung vom 5. Juli 1965, Abendausgabe, Blatt 4.

spektiven geboten werden. Auch die organisierte Erwachsenenbildung in der Schweiz, die sich zunächst allein auf Gemeinnützigkeit und subjektive Vervollkommnung konzentriert hatte, verstand die berufliche Weiterbildung im Laufe der Zeit dann doch als Teil ihres Tätigkeitsfeldes.[91] Die traditionell freizeitorientierten Kurse der Migros Klubschulen widmeten sich nun ebenfalls explizit der beruflichen Weiterbildung.[92] Auf allen Ebenen setzte sich mit den Jahrzehnten eine Deutung durch, die die ständige Weiterqualifikation mit dem ständigen beruflichen Aufstieg in den Unternehmen verknüpfte. Weder Unternehmen noch Arbeitskräfte schienen es sich länger leisten zu können, nicht in das lebenslange Lernen zu investieren.[93]

---

91 Geiss 2016b.
92 König 1977, S. 37.
93 Zum Wandel der Idee des lebenslangen Lernens siehe Centeno 2011; Volles 2016.

12 Jugend und Wirtschaft

War die erste Hälfte der Hochkonjunkturphase noch stark von den Eindrücken der Weltwirtschaftskrise und Kriegskonjunktur dominiert, wurden in den 1960er-Jahren in der Schweiz vermehrt die Folgen wachsenden Wohlstands kritisiert. Die neuen finanziellen Möglichkeiten der Durchschnittsbevölkerung galten als Bedrohung des nationalen Zusammenhalts. Ein ehemaliger Betriebsdirektor mutmasste 1967 im Schweizer Monat, der Wohlstand und die wachsende Zahl der Freizeitbeschäftigungen liessen die Mitarbeit in den demokratischen Laienbehörden und die Teilnahme an den politischen Abstimmungen als lästige Pflicht erscheinen.[1]
Doch eröffneten die wachsenden finanziellen Möglichkeiten der Bevölkerung auch neue Geschäftsfelder, was wiederum entsprechende pädagogische Massnahmen der Unternehmen nach sich zog. Früh waren die Schweizerischen Banken darum bemüht, der Jugend ein besseres Verständnis des Wirtschaftslebens zu vermitteln. In der Broschüre «Du, das Geld und die Bank», herausgegeben von der Schweizerischen Kreditanstalt, erklärte der Schriftsteller Werner Reist den Jugendlichen, welche Verdienste die Banken für die Volkswirtschaft und jeden Einzelnen erbrachten. Er erklärte die Herkunft des Geldes, die Funktion eines Kredits und die Position der Grossbanken für die einzelnen Wirtschaftszweige. Geld erschien in dieser Lesart als das Zentrum einer kreativen und hochindustrialisierten Gesellschaft, die auf der «Entfaltung» des menschlichen Potenzials basierte.[2]
Reist selbst war Mitglied der Internationalen Gesellschaft für kaufmännisches Bildungswesen, der hohe Ton des kleinen Textes ähnelte dem der pädagogischen Literatur der Kaufleute.[3] Das Titelbild zu der Broschüre passte indes nicht ganz zur direkten und distanzlosen Ansprache der Jugend: Es zeigte einen jungen Bankbeamten im Anzug, eine Aktentasche unter dem Arm und den Zeigefinger erhoben vor einem stilisierten Bankgebäude. Illustriert worden war die emphatisch formulierte Broschüre von der Schweizer Malerin Hanny Fries, die das Entfaltungsnarrativ durch eine Zeichnung interpretierte, die in

---

[1] Wanner, Fritz: Ist unsere Demokratie in der modernen Wohlstandsgesellschaft noch lebensfähig? In: Schweizer Monatshefte 47 (1967) 1, S. 45–49.
[2] Reist, Werner: Du, das Geld und die Bank, hg. von der Schweizerischen Kreditanstalt. Zürich (o. J.): Werner Reist, S. 13.
[3] Berner Schrifttum 1925–1950, hg. vom Berner Schriftstellerverein. Bern 1949: Francke, S. 125–127.

antikisierender Weise einen nur mit Lendenschurz bekleideten muskulösen Mann zeigte, der sich von seinen Ketten losgerissen hatte. Dieses Motiv passte zwar kaum zur Bildsprache der Banken in den 1950er-Jahren, und erst recht nicht zum Coverbild, aber gut zum industriebegeisterten Wirtschaftsdiskurs der Zeit.[4]

Eine Broschüre der Schweizerischen Bankgesellschaft von 1961 mit dem Titel «Das Geld und ich» richtete sich hingegen nicht an die Jugend, sondern klärte erwachsene Frauen über das Geldgeschäft auf.[5] Ein anderes Heft unter demselben Titel stellte Informationen zu «Kapitalanlagen» bereit und hatte ebenfalls ein erwachsenes Publikum vor Augen.[6] Mit diesen Broschüren wollten die Banken die Öffentlichkeit über ihre Arbeit informieren und auf diese Weise «Verständnis, Vertrauen, Verbundenheit» erzeugen. Entsprechend zurückhaltend in den pädagogischen Ambitionen waren die Informationshilfen für die erwachsene Bevölkerung gehalten.[7] Sie standen im Kontext der Hinwendung zum Individualgeschäft, das im Laufe der 1960er-Jahre bereits wichtiger wurde.[8]

12.1 Der ökonomische Sachverstand

Mit der Warnung vor den zersetzenden Folgen der «Wohlstandgesellschaft» gingen unterschiedliche Anläufe für eine deutlich umfassendere ökonomische Jugendbildung einher. Gezielte Massnahmen zur Vermittlung von ökonomischer Kompetenz gab es in der Schweiz bereits seit den späten 1950er-Jahren. 1959 gründete René-Henri Wüst die Aktion Jugend und Wirtschaft, die ihren Ausgangspunkt in der Romandie hatte, dann aber auch in der Deutschschweiz Beachtung fand. Finanziert wurde die Aktion von der rechtsbürgerlichen Gesellschaft zur Förderung der schweizerischen Wirtschaft. Angeregt worden war sie durch eine Artikel- und Vortragsserie von Geologiestudenten, die von einem Rohstoffkonzern eingeladen worden waren, in Parentis bei Bourdeaux die dort erschlossenen Erdölfelder zu besichtigen. Anschliessend hatten die jungen Geologen vor Schulklassen und in Lehrerversammlungen von ihren

---

4 Reist, Werner: Du, das Geld und die Bank, hg. von der Schweizerischen Kreditanstalt. Zürich (o. J.): Werner Reist, S. 13.
5 Das Geld und ich. Den Frauen gewidmet als Ratgeber in Geldangelegenheiten: 23 Fragen – 23 Antworten, hg. von der Schweizerischen Bankgesellschaft. Zürich 1961: SBG.
6 Schweizerische Bankgesellschaft: Das Geld und ich: Ein Ratgeber für Kapitalanlagen. Zürich 1964: SBG.
7 Verständnis, Vertrauen, Verbundenheit. Ein kleines Brevier über Wesen und Praxis des Bankkredites, hg. von der Schweizerischen Bankgesellschaft. Zürich 1966: SBG.
8 Bonhage 2007.

Erlebnissen berichtet. Dies galt den Gründern als Initialzündung für die eigene, deutlich grösser angedachte Aktion zur Vermittlung profunder Wirtschaftskenntnisse. 1958 wurde erstmals eine Betriebsführung für Genfer Lehrpersonen organisiert, mit der mittelbar auch die Schulen erreicht werden sollten.[9]
Die Initianten waren von Beginn an darauf bedacht, dass zumindest nach aussen eine gewisse Unabhängigkeit der Aktion gewährleistet würde. Praktisch besorgt wurde die Aktion deshalb vom Centre d'Information et de Public Relations (CIPR). Dieses Zentrum nahm neben der Zusammenführung von Jugend und Wirtschaft andere Aufgaben wahr, die wenig mit Schule oder Lehrerbildung zu tun hatten. Fragen der atomaren Bewaffnung der Schweiz und insgesamt der Wehrpolitik spielten eine wichtige Rolle im Aufgabenportfolio der Agentur. Freundschaftliche Kontakte unterhielt René-Henri Wüst zu Rudolf Farner, dem wichtigsten Lobbyisten der Nachkriegsschweiz. Die zwei kannten sich aus dem Militärdienst und waren per Du. Gemeinsam dachten die beiden PR-Agenturen über eine engere Zusammenarbeit nach, auch im Rahmen der Aktion Jugend und Wirtschaft.[10]
Den Lehrpersonen sollte durch Betriebsbesichtigungen ein – aus Sicht der Initianten – realistischer Eindruck des Wirtschaftslebens vermittelt werden, den sie dann in die Schulen trugen. Nach einem Gang durch das Unternehmen hielt ein Mitglied des Managements einen Vortrag zur Frage «Was erwartet die Wirtschaft von der Schule?» Dieser sollte dann «in aller Offenheit» diskutiert werden. Das CIPR bot auch an, gezielt Fachreferenten zu vermitteln. Um das Unterrichtsgeschehen aber wirklich direkt zu beeinflussen, galt es, auch Unterrichtsmaterialien für Lehrerinnen und Lehrer zu produzieren, die diese dann einsetzen konnten.[11]
Von Beginn an standen zwei Zielsetzungen im Zentrum der Aktion. Zum einen sollte die Berufsinformation für die Jugend verbessert werden, damit diese die Möglichkeit hatte, auf fundierter Grundlage eine gute Entscheidung für ihr weiteres Leben zu treffen. Betriebsbesichtigungen und die Zusammenarbeit mit den Redaktionen der Jugendpresse galten hier als probates Mittel. Zum anderen wollte man die Lehrpersonen mit Einsichten und Materialien versorgen.[12]

9   CIPR, Entstehung und Tätigkeit der Aktion «Jugend und Wirtschaft» vom 19. Dezember 1962 (BAR, E7170B#1980/120#786*).
10 Schreiben vom 27. September 1962; interne Aktennotiz vom 15. November 1962 (AfZ, NL Däniker jun. 1736).
11 Gesellschaft zur Förderung der schweizerischen Wirtschaft an die Mitglieder vom 30. August 1960 (AfZ, wf-Archiv I 12.1.8.2.1); «Kleine Mitteilungen». Neue Zürcher Zeitung vom 28. Dezember 1961, Abendausgabe, Blatt 10.
12 «Action ‹Jeunesse et économie›». Éducateur et bulletin corporatif 96 (1960) 29, S. 502 f.

Die Société Pédagogique Romande richtete bereits 1959 und 1960 mehrfach entsprechende Seminare für Lehrkräfte aus. Die Unterlagen sollten anschliessend als Unterrichtsmaterialien Verwendung finden.[13] 1961 kamen für ein Seminar Firmengesandte ebenso wie Verbandssekretäre als Referenten zusammen, aber auch Behördenvertreter aus Bern und Hochschulprofessoren. Hier wurden die grossen Themen der Zeit verhandelt, die Knappheit des Personals, die Probleme der Berufsbildung oder die Einrichtung von Stipendien. Hans Dellsperger, Chef der Abteilung Berufsbildung des Bundesamts für Industrie, Gewerbe und Arbeit, lobte die Anstrengungen für ein besseres Wirtschaftsverständnis der Jugend im Rahmen der Aktion und stellte sie in den Kontext der Hochkonjunktur.[14]

Die Zusammenarbeit mit den kantonalen Lehrervereinigungen wurde in der Folge ein wichtiger Baustein in der besseren Versorgung der Schulen des Landes mit wirtschaftsfreundlichen und praxisnahen Unterrichtsmaterialien.[15] 1961 besuchten im Kanton Zürich sechzig Real- und Sekundarschullehrpersonen die Unternehmen Jelmoli, Contraves und eine Seidenstoffweberei und sprachen hier auch mit Mitgliedern der Geschäftsleitung.[16] Im Folgejahr entschied der Dachverband der Volksschullehrpersonen in der Schweiz, die Aktivitäten der Aktion Jugend und Wirtschaft offiziell zu unterstützen, zunächst aber nur in den Kantonen Bern, Zürich, Solothurn, der beiden Basel und im deutschsprachigen Teil Freiburgs, womit die vorsichtige Ausweitung auf die Deutschschweiz erfolgt war.[17] Auch die kantonalen Erziehungsbehörden und die Schulsynoden wurden schnell eingebunden.[18]

Erstmals wurde in der Deutschschweiz ein Seminar wie in der Westschweiz 1962 durchgeführt. An zwei Tagen im November trafen sich Lehrpersonen, Fachleute aus der Lehrerbildung und Wirtschaftsvertreter im Bernischen Münchenwiler und debattierten die Frage, wie die Jugend am besten auf das spätere Arbeitsleben vorzubereiten sei.[19] Direktor Hermann Elsener

13 Gesellschaft zur Förderung der schweizerischen Wirtschaft an die Mitglieder vom 30. August 1960 (AfZ, wf-Archiv I 12.1.8.2.1).
14 «Centre d'information et de public relations: Action ‹Jeunesse et économie›». Éducateur et bulletin corporatif 97 (1961) 27, S. 515–527.
15 «Kleine Mitteilungen». Neue Zürcher Zeitung vom 28. Dezember 1961.
16 «Zürcher Lehrer in Kontakt mit dem Wirtschaftsgeschehen». Schweizerische Lehrerzeitung vom 3. November 1961, S. 1242; «Aus den Verhandlungen des Zentralvorstandes». Schweizerische Lehrerzeitung vom 29. Juni 1962, S. 843.
17 «Schulnachrichten aus den Kantonen». Schweizerische Lehrerzeitung vom 19. Oktober 1962, S. 1246; «Schulnachrichten aus den Kantonen». Schweizerische Lehrerzeitung vom 15. Februar 1963, S. 250 f.
18 Ebd.
19 CIPR, Entstehung und Tätigkeit der Aktion «Jugend und Wirtschaft» vom 19. Dezember 1962 (BAR, E7170B#1980/120#786*).

von der Condensateurs Fribourg ging in seinen Ausführungen ins Grundsätzliche, verknüpfte die eigene Berufsbiografie mit einer Darstellung der Strukturmerkmale der schweizerischen Volkswirtschaft und mit Reflexionen zu eigenständigem Arbeiten. Seine Überlegungen zum «team work» schloss er mit der älteren Diskussion zur «Betriebsgemeinschaft» kurz, die er durch die fortschreitende Spezialisierung in allen Bereichen bedroht sah. Die Schule schien dem Betriebsdirektor nur bedingt in der Lage, den für den Arbeitsalltag in den schweizerischen Unternehmen notwendigen Gemeinschaftsgeist hervorzubringen. Sie galt ihm vielmehr als eine Institution, die die allgemeine Tendenz zur Vereinzelung noch verstärkte. Dadurch sah er die Firma in der Situation, die schwierige «Erziehung zur Betriebs- und Arbeitsgemeinschaft» nachzuholen, auch wenn sie auf die nun fast erwachsenen Köpfe nicht mehr in derselben Weise Einfluss nehmen könne wie Schule und Familie. Die Hochkonjunktur mit ihren Möglichkeiten, auch ohne eine entsprechende Ausbildung schnell gutes Geld zu verdienen, und die aus dem Personalmangel resultierende hohe Fluktuation in den Unternehmen schienen diese Problematik noch zu verschärfen. Deshalb richtete er den Appell an die versammelten Fachleute, die Einübung im sozialen Verhalten wieder ernster zu nehmen.[20]

Trotz dieser Versuche in den deutschsprachigen Kantonen konsolidierte sich die Aktion zunächst vor allem in der französischsprachigen Schweiz und blieb im Rest des Landes Stückwerk. In der Romandie hatte im Mai 1959 erstmals ein zweitägiges Seminar zum Thema «Der Mensch in der Unternehmung» stattgefunden.[21] Die Referentenriege war hier zum Teil hochkarätig besetzt. So konnte für die Veranstaltung Fritz Streiff, Direktor von Brown, Boveri & Cie., gewonnen werden. Die Vorträge wurden in geraffter Form in der Verbandszeitschrift der Westschweizer Lehrerschaft abgedruckt, reich bebildert und mit Protokollen der anschliessenden Diskussionen ergänzt.[22] Die Seminare waren nicht als Unterweisung der Massen angelegt, sondern fanden an schön gelegenen Orten in überschaubarem Rahmen statt. Die Fotografien in der Lehrerpresse zeigen knapp dreissig Personen, die in einem Seminarraum den Vorträgen lauschen und in kleineren Gruppen im Garten oder in den angeschlossenen Räumlichkeiten miteinander debattieren. Die Teilnehmerschaft und der Kreis

---

20 Elsener, Hermann: Wünsche und Forderungen der Industrie an den jungen Menschen im Berufsleben. In: Der junge Mensch im Berufsleben. Schloss Münchenwiler, 2. und 5. November 1962 (BAR, E7170B#1980/120#786*).
21 CIPR, Entstehung und Tätigkeit der Aktion «Jugend und Wirtschaft» vom 19. Dezember 1962 (BAR, E7170B#1980/120#786*).
22 «Le stage de Chexbres». Éducateur et bulletin corporatif vom 11. Juli 1959, S. 411–429.

der Referierenden war dabei grossteils männlich, es fanden sich aber auch einzelne Frauen darunter.[23]

Aus Sicht der Lehrerinnen und Lehrer war die Zusammenarbeit mit der Privatwirtschaft ein Versuch, die Welt des geschlossenen Unterrichtszimmers zu verlassen und sich den Realitäten ausserhalb des Bildungswesens zu öffnen. Die Mitarbeit bei der Aktion Jugend und Wirtschaft sollte das starre Regime Schule flexibilisieren helfen, sodass es den neuen Anforderungen, die von aussen an die Lehrpersonen und die Bildungsorganisation gestellt wurden, begegnen konnte. Im Gegensatz zu anderen Ansätzen, die die anstehenden Bildungsreformen mit einem gewaltigen Übermass an Technikgläubigkeit und Utopie angehen wollten, stellte man in der Westschweiz klar, dass hier kein «roman de science-fiction» geschrieben werde, sondern stattdessen relativ unaufgeregt Schule und Wirtschaft einander nähergebracht würden. Man nahm zwar davon Abstand, die Schule ganz in den Dienst der Privatwirtschaft zu stellen, sah sie aber durchaus aufgefordert, diejenigen Kenntnisse und Fertigkeiten zu vermitteln, die die Schülerinnen und Schüler später brauchen würden. Gerichtet war dies gegen ein Bildungskonzept, das zwar die ganzheitliche Entwicklung des Individuums anstrebte, dabei aber übersah, dass die Schülerinnen und Schüler als Erwachsene zunächst und vor allem verschiedene Funktionsrollen auszuüben hatten.[24]

Der Industriemanager Streiff nahm seine Aufgabe als Wirtschaftsvertreter ernst und informierte die anwesenden Lehrpersonen und Behördenmitglieder zunächst darüber, was sein Unternehmen überhaupt genau mache. Er formulierte seine Einblicke ins Wirtschaftsleben konsequent aus Unternehmersicht und leitete von ökonomischen Problemstellungen die Notwendigkeit her, sich mit den menschlichen Fragen des Betriebsalltags zu beschäftigen. In der anschliessenden Diskussion wurde Streiff als Mitglied des Managements angesprochen und gefragt, was er für die Förderung der Berufsbildung in seinem Unternehmen konkret leiste und wie die Auswahl der Lehrlinge organisiert sei. Der Vertreter eines des bekanntesten Industrieunternehmen der Schweiz war gut auf die Fragen vorbereitet und konnte detailreich und sehr am Beispiel orientiert Auskunft erteilen.[25]

Ganz anders trat Christian Gasser im Folgejahr für die Schaffhauser Georg Fischer AG auf. Er präsentierte eine ganze Reihe anspruchsvoll gestalteter Grafiken, mit denen er die wirtschaftliche Entwicklung der Schweiz illustrieren wollte. Diese Schaubilder hatte er verschiedenen seiner wissenschaftlichen Publikationen entnommen. Aus den dargestellten Entwicklungen leitete er

23   Ebd.
24   Ebd., S. 411.
25   Ebd., S. 414.

ab, dass die Schweiz fortan vor allem auf gut geschultes Personal angewiesen sei und der Bedarf an un- oder angelernten Kräften dramatisch zurückgehen werde. Die Schule solle in Zeiten der immer stärker voranschreitenden Arbeitsteilung dafür sorgen, dass der berufliche Nachwuchs lerne, auch in heterogen zusammengesetzten Gruppen zu funktionieren. Die Aufgabe der Lehrpersonen bestand für Gasser also nicht allein darin, bestimmte Spezialkenntnisse oder spezifische kognitive Kompetenzen zu vermitteln. Vielmehr wurde der Unterricht hier zu einem Ort, der auf die soziale Seite des Arbeitslebens vorbereiten musste.[26]

Dazu sah der frühere Aktivist im Gotthardbund, ehemalige Wirtschaftsprofessor und jetzige Geschäftsführer in einem Industriekonzern aber die Schule bisher überhaupt nicht in der Lage. Für Gasser war der Unterricht gerade in der Phase, in der die sozialen Fähigkeiten ausgeprägt würden, viel zu sehr auf die Einzelnen, auf Eigenart und Egoismus ausgerichtet. Er empfahl den Anwesenden, sich stärker am amerikanischen Bildungswesen zu orientieren, das trotz aller Defizite entscheidende Vorzüge in der Betonung des sozialen Miteinanders habe. Mit Nachdruck forderte er von den Lehrpersonen, dass sie fortan die Einordnung in das Ganze stärker beachten sollten.[27] Die Lehrkräfte liessen das nicht einfach auf sich sitzen, sondern argumentierten, dass Eltern, Schülerinnen und Schüler oder die Schulbehörden die Gemeinschaftsarbeit in den Klassen erschweren würden.[28]

In den 1960er-Jahren wurde einmal jährlich ein ähnliches Seminar, in dem die Lehrer sich auch in den Betrieben umsehen konnten, organisiert. Eine nächste Veranstaltung in dieser Reihe trug den Titel «Die Schule und die Lehre». Hier waren Vertreter der Berufsbildung stärker präsent als beim vorangegangenen Mal. Für die Unternehmensseite sprach wieder Christian Gasser in seiner Funktion als Mitglied des Direktionsausschusses der Georg Fischer AG. Fritz Hummler nahm in seiner Eigenschaft als Delegierter des Bundesrates am anschliessenden Austausch von Wirtschaft, Wissenschaft und Bildungswesen teil. Neben den Vorträgen wurden Filme gezeigt, die die Veränderungen im Wirtschaftsleben dokumentieren sollten. Ein besonders wichtiger Aspekt schien den Veranstaltern die sogenannte Automation zu sein, die ihrer Ansicht nach die Berufsbildung unmittelbar berührte. Mitunter war das gemeinsame Band des Seminars auch etwas lockerer geknüpft. Die dritte Veranstaltung lief unter dem Motto «Die wirtschaftliche Entwicklung und ihre Rückwirkung auf Jugend und Unterricht», was den Unternehmensvertreter von Nestlé zu einem

---

26 «La répercussion de ces problèmes de l'école». Éducateur et bulletin corporatif vom 27. August 1960, S. 514.
27 Ebd., S. 514.
28 Ebd., S. 515.

Vortrag über die «Fünftagewoche» herausforderte. Klarer war der Auftrag im Jahr 1962, als die Beziehungen der Schweiz zu Europa im Zentrum des Seminars standen.[29]

Die Eröffnungsworte für die Westschweizer Seminare wurden zum Teil gemeinsam vom Lehrerverband der Romandie und der PR-Agentur, die die Aktion Jugend und Wirtschaft organisierte, verantwortet. Als Referierende traten weiterhin neben Unternehmern, Hochschulangehörigen und Verbandsrepräsentanten auch Vertreter der staatlichen Behörden auf. Hinsichtlich der Themen wurden möglichst allgemeine Problemkreise gewählt, etwa die Frage der ausländischen Arbeitnehmerinnen und Arbeitnehmer mit ihren Kindern, das Verhältnis von Stadt, Schule und ansässigen Unternehmen oder die zukünftige Richtung in der Volksschulpolitik.[30] Daneben hielten Vertreter der Arbeitgeber- und der Arbeitnehmerseite einzelne Vorträge zu Spezialfragen des Wirtschaftslebens.[31]

Ein erstes Lehrmittel lag seit 1962 vor. Es widmete sich den Verhältnissen in der Metallindustrie. An der Broschüre wirkte die Psychologin Madeleine Dupont-Huber, die bereits im ersten Westschweizer Seminar einen Vortrag gehalten hatte, ebenso mit wie der Berufsberater, ehemalige Kommunist und Gewerkschaftsfunktionär Ferdinand Böhny. Ihre ideologische Breite wies die Aktion Jugend und Wirtschaft aus, indem sie das entsprechende Personal einbezog. Fritz Hummler lieferte ein Vorwort zum Lehrmittel. Unter der empfohlenen weiterführenden Literatur finden sich auch Publikationen des Schweizerischen Gewerkschaftsbundes. Eine gemeinsame, über die verschiedenen Interessenlager hinausreichende Perspektive auf das Wirtschaftsleben wurde von den Verantwortlichen also nicht entwickelt. Vielmehr versuchte die Zentralstelle eine gewisse ideologische Vielfalt abzubilden, indem sie etwa gemässigte Arbeitnehmervertreter und Fachleute aus der Berufsberatung oder der pädagogischen Forschung einband.[32]

Zu den grösseren Veranstaltungen der Aktion Jugend und Wirtschaft wurden in der Westschweiz auch die Bundesbehörden eingeladen. Dabei wurde extra darauf hingewiesen, dass bei den Seminaren Personen mit unterschiedlichen

---

29 CIPR, Entstehung und Tätigkeit der Aktion «Jugend und Wirtschaft» vom 19. Dezember 1962 (BAR, E7170B#1980/120#786*).
30 CIPR, Seminarprogramm für den 29. und 30. Mai 1964; CIPR, Seminarprogramm für den 28. und 29. Mai 1965; CIPR, Seminarprogramm für den 20. und 21. Mai 1966 (BAR, E7170B#1980/120#786*).
31 CIPR, Entstehung und Tätigkeit der Aktion «Jugend und Wirtschaft» vom 19. Dezember 1962 (BAR, E7170B#1980/120#786*).
32 Centre d'information et de public relations (Hg.): L'industrie suisse de la métallurgie. Genève 1962: Centre d'information et de public relations.

Hintergründen vertreten seien. Der offene Ansatz sollte gewahrt bleiben.[33] 1966 referierte etwa André Ghelfi, Zentralsekretär des Schweizerischen Metall- und Uhrenarbeiterverbands, zur Bedeutung der Schule in der Industriegesellschaft aus gewerkschaftspolitischer Sicht.[34] In der Deutschschweiz führte das CIPR nur einzelne kleinere Informationsveranstaltungen durch und nahm erst 1968 wieder einen Anlauf, bei dem Lehrer verschiedene Werke von Brown, Boveri & Cie. besichtigen konnten. 23 Sekundarschullehrpersonen aus dem kleinen Appenzell-Innerrhoden waren eingeladen worden, dieses bedeutende und traditionsreiche Industrieunternehmen zu besuchen.[35]

Besondere Dringlichkeit schien die Forderung nach einer Verbesserung der ökonomischen Bildung in den Schulen durch die politische Verfasstheit der Schweiz zu erhalten. Da viele der Abstimmungsvorlagen direkt oder indirekt wirtschaftspolitische Fragen berührten, schien der ökonomischen Kompetenz der stimmberechtigten Bevölkerung ein besonderes Gewicht beigemessen werden zu müssen. Entsprechend sollte nicht allein die Wirtschaftskunde in den Schulen ausgebaut werden, sondern auch in der Erwachsenenbildung und im Fernsehen der ökonomischen Bildung mehr Beachtung geschenkt werden.[36]

Das Hauptaugenmerk galt jedoch der Jugend, also dem politischen und beruflichen Nachwuchs. Bereits in den Gründungsjahren wurden im Rahmen der Aktion Jugend und Wirtschaft gemeinsam mit der Berufsberatung und den Lehrpersonen Unternehmensführungen organisiert. Gedacht war das Angebot für diejenigen Schülerinnen und Schüler, die kurz vor ihrem Abschluss standen und sich nun beruflich zu orientieren hatten. Sie wurden aufgefordert, ihre Interessen vorab in einem Fragebogen anzugeben. Auf dieser Grundlage wurden 1962 und 1963 in Biel und Genf die Betriebe ausgewählt, die sie in kleineren Gruppen unter Anleitung einer Lehrperson besichtigen konnten. Die Schülerinnen und Schüler sollten sich sowohl mit Lehrlingen in unterschiedlichen Phasen ihrer Ausbildung als auch mit ausgelernten Fachkräften austauschen.[37]

1970 veranstaltete die Zentralstelle, die weiterhin für das operative Geschäft der Aktion verantwortlich war, erstmals einen Wettbewerb, zu dem alle Jugendlichen in der Schweiz unter 18 Jahren zugelassen waren. Der Veranstalter bot an, den Teilnehmenden passende Betriebe zu vermitteln, um selbst vor Ort die wirtschaftlichen Realitäten kennenzulernen und davon zu berichten.

33 CIPR an das Bundesamt für Industrie, Gewerbe und Arbeit vom 4. Mai 1966 (BAR, E7170B#1980/120#786*).
34 CIPR, Seminarprogramm für den 20. und 21. Mai 1966 (BAR, E7170B#1980/120#786*).
35 «Berichte». Schweizerische Lehrerzeitung vom 26. Januar 1968, S. 156.
36 «Wirtschaftskunde ungenügend». Ostschweiz vom 31. August 1968.
37 CIPR, Entstehung und Tätigkeit der Aktion «Jugend und Wirtschaft» vom 19. Dezember 1962 (BAR, E7170B#1980/120#786*).

Dieser Jugendwettbewerb stand unter dem Motto «Wirtschaftende Schweiz», womit – wie bereits bei der Schweizerwoche – wieder ein nationaler Rahmen gezogen wurde. Die Jugendlichen sollten in alle Branchen ausschwärmen und mit verschiedenen Mitteln dokumentieren, was es in den Betrieben zu sehen gab. Sie durften schreiben, fotografieren, Collagen anfertigen oder Tondokumente einreichen. Der Zugang zur Wirtschaftswelt sollte also kreativ sein und damit nicht nur Faktenwissen ins Zentrum stellen, sondern auch die emotionale Seite ansprechen. Zu gewinnen gab es ein beträchtliches Preisgeld. Über die besten Arbeiten befanden Lehrerinnen und Lehrer gemeinsam mit Vertretern der Wirtschaft.[38]

Die Preisübergabe für diesen ersten Durchlauf des Jugendwettbewerbs fand in den Räumen der Uhrenfabrik Omega in Biel statt. Nach einer Betriebsbesichtigung sprachen der Direktor des Unternehmens und der Stadtpräsident ihre Grussworte. Anschliessend wurden die Preise an die Jugendlichen ausgehändigt. Auch wenn die Preisverleihung symbolträchtig in einer schweizerischen Uhrenfabrik in einer zweisprachigen Stadt des Kantons Bern abgehalten wurde, war der Zuspruch in der Deutschschweiz bei diesem Anlass viel grösser als in der Romandie. Alle Preise gingen an Jugendliche aus deutschsprachigen Gemeinden und Städten.[39]

Auf einer Tagung mit dem sperrigen Titel «Bildung als Standessymbol, wirtschaftliches Instrument und menschliche Würde» wurde im September 1970 die zukünftige Zusammenarbeit der Lehrkräfte mit Wirtschaftsvertretern erörtert. Zur Tagung hatte man unter anderem auch den Geschichtsprofessor Hansjörg Siegenthaler aus Zürich eingeladen, der sich hier an einer Begründung der Notwendigkeit von mehr Wirtschaftsgeschichte in den Schulen versuchte.[40] In Gruppen arbeiteten beide Seiten gemeinsam an möglichen Lösungen für das ausgemachte Problem einer besseren ökonomischen Bildung.[41] Die Frage, wer am besten die Lehrmittel verantworten solle, wurde ebenso debattiert wie das Problem, ob die Schule nicht ein Ort sei, in dem die harte Realität der Arbeitswelt nichts zu suchen habe.[42]

---

38 Schweizerische Politische Korrespondenz vom 3. März 1970 (AfZ, wf-Archiv I 12.1.8.2.1).
39 «Jugendwettbewerb ‹Wirtschaftende Schweiz›». Der Bund vom 11. September 1970, S. 31.
40 Siegenthaler, Hansjörg: Die zunehmende Bedeutung der Wirtschaftsgeschichte im Geschichtsunterricht. In: Schweizerische Lehrerzeitung vom 11. März 1971, S. 373 f.
41 Schweizerische Politische Korrespondenz vom 28. September 1970 (AfZ, wf-Archiv I 12.1.8.2.1).
42 «Wirtschaftsinformation im Schulunterricht?». National-Zeitung vom 29. September 1970, S. 3.

Die Lehrerinnen und Lehrer waren bei dieser Arbeitstagung darauf bedacht, die Unabhängigkeit des Bildungswesens von der Wirtschaft zu betonen. Die Schule sollte nicht instrumentalisiert werden für die Interessen der Privatwirtschaft. Eine bessere Wirtschaftsbildung in den öffentlichen Schulen wurde vielmehr vom Bildungsauftrag her begründet. Da die Schülerinnen und Schüler später ins Berufsleben einsteigen würden und darauf nicht hinreichend vorbereitet seien, galt es, die Zusammenarbeit von Unternehmen und Lehrpersonen zu intensivieren.[43] Entsprechend widmete sich die nächste Tagung im folgenden Jahr, die gemeinsam vom Schweizerischen Lehrerverein und vom Centre d'Information et de Public Relations durchgeführt wurde, dem Thema «Der Uebertritt des Schülers ins Berufsleben».[44]

Auch die Unternehmen sorgten sich weiter um die ökonomische Bildung. In den 1970er-Jahren professionalisierten die Unternehmen in unterschiedlichen Branchen ihre Jugendkommunikation. Der Schweizerische Bankverein gab eine Broschüre mit dem Titel «Vom Geld und von der Bank» heraus, die explizit für «Schüler und Schülerinnen» gedacht war. Adressiert wurden aber auch die Lehrkräfte in den Schulen, insofern diese das Heft im Unterricht einsetzen wollten. Die farbigen Illustrationen, von denen die zum Teil anspruchsvollen Texte begleitet wurden, verwiesen deutlich auf die Unternehmensherkunft der Broschüre. Auf jeder zweiten Seite war das Emblem des Schweizerischen Bankvereins abgebildet. Auch die wiedergegebenen Anleihenscheine oder Checks lehnten sich an die Originale der Bank an. Der inhaltliche Kanon der von den Banken herausgegebenen Broschüren blieb relativ stabil, auch wenn Neuerungen wie der bargeldlose Zahlungsverkehr durchaus Eingang in die Darstellung fanden.[45]

Der Bankverein inszenierte sich in der Broschüre als modernes Dienstleistungsunternehmen, das mit den herkömmlichen Vorstellungen einer Grossbank nichts zu tun habe. Die «Schalterhallen» der Banken seien keine «Nachahmungen ehrwürdiger Kathedralen» mehr. Und das Bankpersonal trage nicht länger «dunkle Anzüge und traurige Krawatten». Die Bank nutzte die Gelegenheit also für eine Imagekorrektur, auch in Fragen der geschlechtlichen Personalrekrutierung. Zur Tatsache, dass in den Grossbanken nun vereinzelt auch «Schalterbeamtinnen» anzutreffen seien, merkte die Broschüre an: «Warum eigentlich nicht?»[46] Der weitere politische Kontext wurde eher implizit mitgeführt. Die illustrierten Texte

43 «Jugend und Wirtschaft». Aargauer Tagblatt vom 30. September 1970.
44 «Jugendliche und die Sachzwänge der Wirtschaft». National-Zeitung vom 25. Mai 1971, S. 3.
45 Vom Geld und von der Bank. Viel Wissenswertes vom Geld und von der Bank für Schüler und Schülerinnen. Verfasst vom Schweizerischen Bankverein in Zusammenarbeit mit der Redaktion der Jugendwoche. Illustrationen: Jacqueline Bühler. Basel 1970: SBV.
46 Ebd., S. 34 f.

der Grossbanken stellten faktenreich und nachvollziehbar das Ineinandergreifen unterschiedlicher Prozesse im Wirtschaftsleben dar, bei dem den Geldinstituten eine Sonderrolle zukam. Das Bild der Volkswirtschaft war dabei eines, bei dem Produktion, Handel und Banken, Grossindustrie und kleines Gewerbe, Männer, Frauen und Kinder jeweils eine wichtige Aufgabe zu bewältigen hatten. Der Fokus lag auf einer Schweiz, die in die globalisierte Wirtschaft eingebettet war. Die Verantwortung des Einzelnen für die freie Marktwirtschaft sollten die zukünftigen Staatsbürgerinnen und Staatsbürger früh begreifen.[47]

Die Broschüren der Grossbanken zielten also auch im übertragenen Sinne auf den «richtigen Begriff» vom Geldwesen.[48] Ähnlich argumentierte die Arbeitgeberseite weniger von den Bedürfnissen des Nachwuchses her, sondern machte die Besonderheiten der schweizerischen Demokratie geltend, die nach wirtschaftlich gebildeten Bürgern verlange. Um angemessene Entscheidungen zu treffen, mussten die Bürger mit den wirtschaftlichen Realitäten möglichst früh vertraut gemacht werden.[49]

Zu Beginn der 1970er-Jahre startete auch der Traditionskonzern Sulzer eine eigene Broschüre, mit der die Lehrerschaft über die wirtschaftlichen Entwicklungen informiert werden sollte. Verantwortlich zeichnete der Pressechef von Sulzer, Bruno Knobel, der die «Informationsschrift» des Unternehmens einerseits als Antwort auf ein Bedürfnis der pädagogischen Praxis verstanden wissen wollte, andererseits aber das Problem reflektierte, dass die Lehrerschaft mittlerweile von vielen Seiten mit Materialien überhäuft werde und deshalb genau darauf zu achten sei, dass aus der Aktion ein echter Mehrwert erwachse. Die Sulzer-Broschüren hatten inhaltlich einen starken Bezug zum Kanton Zürich und gingen vorerst allein an die Lehrerzimmer der Städte Winterthur, Bülach und Solothurn, konnten aber auch von einzelnen Lehrkräften direkt bezogen werden. In einem Testlauf wurden die Materialien vorab gezielt einzelnen Lehrpersonen zugestellt. Auf die Rückmeldungen wurde auch in der Publikation selbst Bezug genommen. Die Pressestelle eines Industriekonzerns musste die Ansprüche an die Veröffentlichung gezielt niedrig halten, da eine eigentliche Lehrmittelproduktion weit über die Möglichkeiten des Unternehmens hinausgegangen wäre.[50]

---

47 L'économie: élément de notre vie: ce que les jeunes doivent savoir de l'économie, hg. vom Schweizerischen Bankverein. Basel 1974: Société de banque suisse, S. 52.

48 Der richtige Begriff im Umgang mit Geld, geschrieben für Schüler und Schülerinnen, hg. vom Schweizerischen Bankverein. Illustriert von Jacqueline Bühler. Basel 1977: Schweizerischer Bankverein.

49 «Wirtschaftsaufklärung der Jugend ist notwendig». Schweizerische Arbeitgeber-Zeitung vom 7. Oktober 1971, S. 758.

50 Schule und Industrie: Informationsschrift für Lehrer. Winterthur: Gebrüder Sulzer. Nr. 1 [1971].

12.2 Im Bemühen um Verständigung

Im September 1971 wurde aus der «Aktion» ein «Verein Jugend und Wirtschaft», der deutlich breiter abgestützt war als sein Vorgänger und erfolgreicher darin war, mehr wirtschaftlichen Unterricht in die Schulen zu bringen.[51] An den Vorbereitungen zur Vereinsgründung war neben Heinz Allenspach vom Zentralverband der Arbeitgeber-Organisationen und Balz Hatt von der Gesellschaft zur Förderung der schweizerischen Wirtschaft auch ein Funktionär des Gewerkschaftsbundes beteiligt. Die engen Kontakte zur organisierten Volksschullehrerschaft wurden weiter gepflegt, indem Leonhard Jost vom Schweizerischen Lehrerverein an den Gründungsarbeiten mitwirkte. Auch ein Westschweizer Industrieller war anwesend, als aus der Aktion ein Verein wurde.[52] Mit der organisatorischen Neuerung ging der Versuch einher, die Aktion nun wirklich auf breitere Füsse zu stellen. Zwar waren die Darstellungen wirtschaftlicher Sachverhalte weiterhin nicht frei von einseitigen Lesarten. Doch wurde die personelle und verbandliche Basis der Initiative deutlich verbreitet. Die Geschäftsstelle des Vereins wurde nun von Jaroslaw Trachsel besorgt, der zur Neubegründung einige grundlegende Überlegungen zum «Kommunikationsproblem» zwischen Bildungs- und Wirtschaftssystem anstellte. Der Verein sollte sich stärker darum bemühen, den «Informationsfluss» zwischen den verschiedenen beteiligten Instanzen zu erleichtern. Trachsel ging davon aus, dass sich gesellschaftliche Konflikte durch eine gezielte Versachlichung entschärfen liessen. Das Ziel war entsprechend «Verständigung».[53]

Trachsel hatte zunächst eine Banklehre absolviert und dann in Zürich ein Studium der Geschichte und Soziologie angehängt. Seine weit verzweigte Familie war im 19. Jahrhundert als Käsemacher nach Russland ausgewandert, wo auch Trachsel selbst 1935 geboren war, kurz bevor er mit seinen Eltern und mehreren der Geschwister in die Schweiz ausreisen konnte.[54] Das Vereinspräsidium übernahm der Volkswirtschaftsdirektor des Kantons Zürich, Hans Künzi, zunächst Handelsschullehrer und dann Professor sowohl an der ETH als auch an der Universität Zürich. Künzi, ein früher Vertreter des sogenannten Operations Research in der Schweiz, wies in seiner Eröffnungsrede auf die staatstragende Rolle des Vereins hin. Auch wenn die Schule nicht zugunsten wirtschaftlicher Interessen instrumentalisiert werden dürfe, müsse sie doch den «Bedarf an

---

51 Schreiben vom 28. April 1970 (AfZ, NL Däniker jun. 1736).
52 Jahresbericht des Vereins Jugend und Wirtschaft 1972, S. 16.
53 Trachsel, Jaroslaw: Schule und Wirtschaft – ein Kommunikationsproblem. In: Schweizerische Lehrerzeitung vom 11. März 1971, S. 371–373.
54 Zu Trachsel und seiner Familie vgl. «Big Brother wird uns helfen müssen». Schweizerische Lehrerzeitung vom 29. März 1984, S. 5; die Dokumentation in BAR, E4264#1988/2#6450*.

geschulten Funktionsträgern» decken helfen. Das Bildungsideal habe sich den aktuellen Entwicklungen anzupassen. Künzi war sichtlich bemüht, den breit abgestützten Ansatz des Vereins herauszustreichen und auf die Notwendigkeit fundierter Kenntnisse der wirtschaftlichen Zusammenhänge gerade in einer direkten Demokratie hinzuweisen. Er lud weitere Unternehmen, aber auch die «Organisationen der Sozialpartner» ein, Mitglied des Vereins zu werden.[55]
Versachlichung und Information schienen ganz unterschiedliche Partner unter einem Dach zu vereinen, um für mehr ökonomische Bildung in den Schulen zu werben. Die vielen politischen Entscheidungen, die den Bürgerinnen und Bürgern – die Frauen konnten in der Schweiz seit dem Gründungsjahr des Vereins ebenfalls abstimmen – jährlich in der Schweiz abverlangt wurden, machten umfassende Kenntnisse in ganz unterschiedlichen Belangen notwendig. Vorlagen, die ein Grundwissen in Fragen der Unternehmensorganisation, der Marktwirtschaft, der Besteuerung oder der Finanzverwaltung erforderten, kamen nicht selten zur Abstimmung. Die zunehmende Bedeutung des Konsumentenschutzes hatte auch die Bedeutung valider Informationen zu wirtschaftlichen Zusammenhängen wachsen lassen. Die Unternehmen und Wirtschaftsverbände konnten also aus einem grossen Reservoir an Argumenten schöpfen und in die Offensive gehen. Für die Privatbank Julius Bär etwa verlangte die stärkere politische Beteiligung der Bevölkerung nach einer fundierten Information und einer umfassenden Bildung in Wirtschaftsfragen. Die «schweizerischen Männer und Frauen» sah sie bisher nicht hinreichend qualifiziert, da die «Qualität der Informationen» mangelhaft sei.[56]
Einige Vertreter der Jugend selbst waren vom Konzept des Vereins hingegen nicht überzeugt. Unter Protest hatten sie die Gründungsveranstaltung verlassen und entsprechend für einen kleinen Eklat gesorgt. In der Arbeitgeberzeitung wurde dieser Zwischenfall aber anschliessend heruntergespielt. Man sah hier nur eine «kleine, leider symptomatische Rand-Zeiterscheinung» am Werk, die «ohne weitere Auswirkung» bleiben würde.[57] An der ersten ordentlichen Generalversammlung traten denn auch tatsächlich Delegierte der Gewerkschaftsjugend, der Jugendorganisation der Kaufleute und der Arbeitsgemeinschaft der schweizerischen Jugendverbände dem Kuratorium bei. Auf die For-

---

55 «Wirtschaftliche Kenntnisse gehören zum «‹Lebens- und Bildungsgang›». Schweizerische Lehrerzeitung vom 25. November 1971, S. 1679 f.
56 Wochenbericht von Julius Bär & Co. Banquiers vom 8. Februar 1973 (AfZ, wf-Archiv I 12.1.8.2.1).
57 «Wirtschaftsaufklärung der Jugend ist notwendig». Schweizerische Arbeitgeber-Zeitung vom 7. Oktober 1971, S. 758; ausführlicher zum Protest vgl. Ballmer, Meinrad: Das Geschäft das sie mit uns machen: Jugend und Wirtschaft (BAR, J2.216#1994/106#226*).

derung nach einer gleichberechtigten Beteiligung der Jugend ging der Verein jedoch nicht ein.[58]

Unbeirrt durch die anfänglichen Irritationen setzte der Verein seinen integrativen Ansatz fort, für den er auch vom Gewerkschaftsbund gelobt wurde.[59] Eine Tagung von 1972 war dem Dreiklang «Mensch – Gesellschaft – Wirtschaft» gewidmet. Die Vorträge zeigten aber, dass unter der pädagogischen Oberfläche durchaus ein grosses Konfliktpotenzial vorhanden war. In seiner Funktion als Präsident des Vororts des Schweizerischen Handels- und Industrievereins wetterte Etienne Junod gegen diejenigen, die die ihnen gebotenen Chancen nicht ergriffen. Junod merkte zwar auch an, dass es im aktuellen Wirtschaftssystem durchaus Potenzial für Verbesserungen gebe, legte den Akzent seiner Rede zum Thema «Ordre ou Liberté» aber eindeutig auf die Eigenverantwortung des Individuums. Er stellte sich gegen die Kritik einer vermeintlich unmenschlichen Wirtschaft und wies darauf hin, wie sehr die gegenwärtige Ordnung durch diejenigen bedroht werde, die zu wenig ökonomische Sachkenntnis hätten. Auf diesen Rundumschlag reagierte der St. Galler Wirtschaftspädagoge Rolf Dubs mit etwas versöhnlicheren Worten, in denen er auch auf die Verantwortung der Wirtschaft hinwies, für einen entsprechenden Wissensstand in der Bevölkerung zu sorgen und die Schule vom Anspruch zu entlasten suchte, alle Probleme allein lösen zu müssen.[60]

Für den Arbeitgebervertreter Junod wurde der wirtschaftliche Gesamtzusammenhang hingegen vor allem durch die radikalisierte Studierendenschaft herausgefordert. Die Wirtschaftsverbände stellten in dieser Lesart das Sinnbild eines Systems dar, gegen das sich der Hass der akademischen Jugend entzündet habe. Das eigentliche Problem bestand für Junod darin, dass alle Versuche einer gezielten Aufklärung oder Integration der radikalen Studentinnen und Studenten von diesen als Strategie interpretiert würden, den Revolutionären den Wind aus den Segeln zu nehmen. Junod sah in den – vergleichsweise harmlosen – schweizerischen Jugendprotesten mehr als einen blossen Generationenkonflikt. Er forderte deshalb, dass man das Problem fundamentaler anpacke. Er verstand die Proteste als Folge der Erweiterung des Zugangs zu den Institutionen der höheren Bildung, mit denen die öffentliche Finanzierung bisher nicht mitgehalten habe. Als zentraler Ansatzpunkt galt Junod deshalb die Ausbildungs- und Hochschulpolitik. Ihm schwebte eine gezielte Aufklärung der

---

58 «1. Generalversammlung des Vereins Jugend und Wirtschaft». Schweizerische Lehrerzeitung vom 25. Mai 1972, S. 812.
59 «Verein ‹Jugend und Wirtschaft›». Gewerkschaftskorrespondenz vom 13. April 1972, S. 192–194.
60 Schweizerische Politische Korrespondenz vom 23. Januar 1972 (AfZ, wf-Archiv I 12.1.8.2.1); «Wirtschaft und Gesellschaft – Verantwortlichkeiten». Neue Zürcher Zeitung vom 28. Januar 1972, Morgenausgabe, S. 10.

Jugend über die späteren Bedingungen, unter denen sie dann arbeiten würde, vor.[61]

Genau ein solches Konzept verfolgte der Verein Jugend und Wirtschaft. Durch eine konsequente Verankerung möglichst realitätsnaher Beschreibungen der Arbeitswelt sollten die Schülerinnen und Schüler später mit möglichst realistischen Erwartungen ins Berufsleben einsteigen. Die mitlaufende Unterstellung in den verschiedenen Klagen über die Wohlstandsgesellschaft war, dass in Zeiten des konjunkturbedingt zunehmenden Konsums und der längeren Verweildauer im Bildungssystem erst zu spät eine wirkliche Fühlungnahme mit dem Arbeitsleben erfolge. Die Lehrerinnen und Lehrer, an die sich die Vorträge auf den Vereinstagungen richteten, waren dabei nicht nur Adressierte. Ein Teil von ihnen war selbst eine treibende Kraft hinter der Forderung, die Wirtschaftskunde in den Schulen auszubauen. 1970 hatte die Studiengruppe Volksschule-Oberstufe der Arbeitsgemeinschaft für Koordination der kantonalen Schulsysteme zusammen mit Brown, Boveri & Cie. zu einem Workshop eingeladen, der sich dem Verhältnis von Industrie und Schule annehmen sollte.[62] Im selben Jahr war zudem vom Wirtschaftspädagogen Etienne Berger Kirchner in Bern ein Aktionskomitee Erziehung zur Wirtschaft gegründet worden, das sich ebenfalls um ein besseres Verständnis wirtschaftlicher Fragen bemühen wollte. Die Wirtschaftsverbände konnten sich hier also in eine breitere Debatte einklinken und auf ihre Verbündeten im Bildungswesen vertrauen.[63]

Das Problem, dass der Verein zwar die Jugend im Namen führte, aber eigentlich die Lehrerschaft adressierte, wurde durchaus erkannt. René-Henri Wüst, der einst die Vorgängeraktion des Vereins ins Leben gerufen hatte, konterte, dass es doch die Lehrperson sei, die täglich Zugang zur Jugend habe und entsprechend prädestiniert sei, eine tiefere Kenntnis des Wirtschaftslebens zu vermitteln.[64] Das Anliegen des Vereins wurde auch weiterhin vom Schweizerischen Lehrerverein unterstützt, besonders von Leonhard Jost, nicht nur Chefredaktor des verbandseigenen Journals, sondern auch Vorsitzender des Programmausschusses des Vereins Jugend und Wirtschaft. Jost scheute sich nicht, seine Anliegen in der Arbeitgeberpresse zu verbreiten und dort für eine engere Kooperation zwischen Unternehmen und Schulen zu werben. Deutlich positionierte er den Verein aber als ein staatspolitisches Instrument, das

---

61 Etienne Junod, Präsidialansprache gehalten an der 88. Generalversammlung der Schweizerischen Gesellschaft für chemische Industrie vom 20. Juni 1968 (AfZ, wf-Archiv I 12.1.8.1.1.).

62 «Wirtschaft und Schule». Aargauer Tagblatt vom 4. Februar 1970, S. 7.

63 ««Wirtschaftliches Analphabetentum ist auf die Dauer tödlich»». National-Zeitung vom 9. Juni 1970, S. 5.

64 «Wirtschaftskunde schon an Primarschulen». Neue Zürcher Zeitung vom 6. April 1972, Morgenausgabe, S. 21.

nicht einseitig für eine bestimmte ideologische Ausrichtung eintreten dürfe. Dabei erschien ihm «Freiheit» nicht als abstraktes, einmalig verliehenes Recht, sondern als ständige pädagogische Aufgabenstellung. Gerade im Wirtschaftsleben sei diese nicht selbstverständlich gegeben. Der Verein sollte deshalb nicht darauf ausgerichtet sein, die Schülerinnen und Schüler für die Unternehmen auszubilden. Vielmehr wollte Jost mit dem Verein Jugend und Wirtschaft ein «Aktionszentrum für offene und sachliche Information» schaffen, das in einer direkten Demokratie hinreichend kompetente Bürger hervorbringen sollte, die in der Lage waren, angemessene Entscheidungen auf einer gesicherten Grundlage von Kenntnissen zu treffen.[65]

Wie aber löste der Verein das offenkundige Problem, dass die verschiedenen Perspektiven von Arbeitgebervertretungen und Gewerkschaften, von Lehrkräften und organisierter Jugend nicht harmonierten? Zunächst einmal, indem er diese weiterhin relativ unvermittelt nebeneinanderstehen liess. Zentrales Organ wurde hierfür ein Heft, das unter dem Titel «Bildung und Wirtschaft» der Schweizerischen Lehrerzeitung beilag. Die erste Nummer der Beilage erschien 1971 noch vor der eigentlichen Vereinsgründung, wurde dann aber vom Verein weitergeführt und ausgebaut.[66] In dieser Beilage für Lehrpersonen zeigen sich unmittelbar die Schwierigkeiten, eine breite Wirtschaftsinformation in der Lehrerbildung zu verankern: 1972 folgte eine Nummer, die sich der «Partner der Schweizer Wirtschaft» annahm. Gemeint waren hiermit die Verbände und Gewerkschaften, die in kurzen Texten beschrieben werden sollten. Dafür griff die Redaktion auf Selbstdarstellungen zurück und begründete dies in einem beiliegenden Text damit, dass ein solcher Zugang vielleicht nicht ideal sei, aber eine wichtige Ergänzung zur sonstigen Berichterstattung darstelle. Die umfassenden Stellungnahmen von Gewerbe- und Bauernverband, Zentralverband der Arbeitgeber-Organisationen und Gewerkschaftsverbünden konnten von den Lehrpersonen auf Nachfrage direkt beim Verein bezogen werden.[67]

Von wissenschaftlicher Seite nahm sich der St. Galler Wirtschaftspädagoge Rolf Dubs dem Problem der ökonomischen Kompetenzvermittlung an. Dubs monierte die «Wirtschaftsfeindlichkeit der traditionellen Pädagogik».[68] Die Ablehnung seitens der Fachleute sah er in fehlendem Wissen, fehlendem Kontakt mit der Wirtschaftswelt und einer wenig differenzierten Perspektive auf das Wirtschaftsleben begründet. Dubs wollte den «Staatsbürger» auch als

---

65 «Wirtschaftswelt und Bildungsauftrag der Schule». Schweizerische Arbeitgeber-Zeitung vom 31. Mai 1973, S. 383 f.
66 Jahresbericht Jugend und Wirtschaft 1972, S. 32.
67 Bildung und Wirtschaft, Beilage zur Schweizerischen Lehrerzeitung vom 25. Mai 1972.
68 Dubs, Rolf: Wirtschaftliche Bildung an unseren Schulen. Analyse und Postulate. In: Wirtschaftspolitische Mitteilungen 27 (1971) 7, S. 1–14, hier S. 1.

«Wirtschaftsbürger» begriffen wissen, der in seinem Leben, aber auch in seinen politischen Entscheidungen immer die wirtschaftlichen Konsequenzen des eigenen Handelns vor Augen hatte.[69]

Die Frage, ob sich «ein wirklichkeitsgetreues Bild der Wirtschaft überhaupt» nachzeichnen lasse, wurde von den Initianten des Vereins durchaus gestellt. Anders als für den etablierten Fächerkanon der Volksschulen konnte dieses Problem nicht von der wissenschaftlichen Bezugsdisziplin her gelöst werden. Zu vielfältig schienen die wirtschaftlichen Zusammenhänge und Problemkreise zu sein – sie einfach einer didaktischen Abteilung in den Wirtschaftswissenschaften anzuvertrauen, kam nicht in Frage. Ziel des Vereins war es deshalb nicht, in den allgemeinbildenden Schulen ökonomische Spezialkenntnisse zu vermitteln, sondern die zukünftigen stimmberechtigten Staatsbürgerinnen und -bürger mit denjenigen Informationen auszustatten, die zur Allgemeinbildung gehören sollten.[70]

Der Funktionär des grössten Lehrerverbands der Schweiz, Leonhard Jost, ging gleich im ersten Jahresbericht zum Gegenangriff über und versuchte, die eigene «Bildungs-Ideologie» möglichst transparent zu machen. Die Schule hatte in seiner Perspektive die Aufgabe, jedem «seinen Platz im Gesamtgefüge der Gesellschaft» aufzuzeigen, ihn gleichzeitig zu befähigen, an den öffentlichen Angelegenheiten mitzuwirken und die Bedingungen des Zusammenlebens auf diese Weise mitzugestalten. Damit positionierte Jost den Verein zwischen den politischen Lagern und verwies darauf, dass die Volksschule weder restaurativ noch revolutionär sein solle, sondern «zur Wahrheitsliebe, zur Gerechtigkeitsempfindung, zur Verantwortlichkeit und zur Freiheit zu erziehen» habe.[71] Auch dieses Programm hatte aber Voraussetzungen, die von Jost konstatiert und nicht weiter hinterfragt wurden. Die Aktionen des Vereins waren darauf gerichtet, ein Verständnis für eine Wirtschaft erzeugen, die – wo immer möglich – frei von äusseren Einflüssen ihre eigenen Belange regelte.[72]

12.3 Lehrmittel und Planspiele

Wirklich entfalten konnte sich dieses Erziehungs- und Bildungsprogramm für die Volksschulen jedoch erst, nachdem die erste Ölpreiskrise Mitte der 1970er-Jahre auch die Schweiz schwer erschüttert hatte. Die Idee einer pädagogischen Harmonisierung des Verhältnisses von Jugend und Wirtschaft über-

---

69 Ebd., S. 2.
70 Jahresbericht Verein Jugend und Wirtschaft 1972, S. 2.
71 Ebd., S. 7.
72 Ebd., S. 12–14.

spannte also die Spätphase der Hochkonjunktur und den Beginn der durch den ökonomischen Strukturwandel bedingten neuen Unsicherheiten. Mit der Krise schien die bewährte Zeitdiagnostik einer «Wohlstandsgesellschaft», die in Teilen der Arbeitgeberschaft und in der bürgerlichen Presse zuvor noch die Diskussionen zu einer eidgenössischen Jugendpolitik strukturiert hatte, nicht mehr angemessen zu sein. Stattdessen wurde in der Arbeitgeberpresse begrüsst, dass nun nicht mehr die «Superkonjunktur» zu allerlei Schwärmereien Anlass bot, sondern der Berufsnachwuchs unmittelbar mit der schnöden Realität des Arbeitslebens konfrontiert werde.[73]

Bestehen blieb auf Arbeitgeberseite und bei den Lehrerverbänden aber die Sorge, dass die Jugend sich ideologisch verführen lassen und das bestehende Wirtschaftssystem infrage gestellt werden könnte. Einer Indoktrinierung des schweizerischen Nachwuchses versuchte der Verein Jugend und Wirtschaft weiterhin durch eine gezielte Wissenspolitik entgegenzuwirken, bei der man auch fortan eng mit den öffentlichen Schulen zusammenarbeiten wollte. Die Beteiligten achteten nun noch stärker darauf, möglichst breit abgestützt zu sein, um nicht in den Verdacht einer reinen Lobbypolitik zu geraten. Auch versuchte man, mehr Raum für wirtschaftskritische Stimmen zu schaffen. 1977 organisierte der Verein Jugend und Wirtschaft im Rahmen der Basler Mustermesse eine Podiumsveranstaltung, bei der Wirtschaftsvertreter und die Jugend über das Thema «Rezession und qualitatives Wachstum» diskutierten. Über die Veranstaltung wurde auch im Schweizer Fernsehen berichtet und dem Podium ein eher mangelhafter Erfolg bescheinigt – die Veranstaltung sei «an den konkreten Bedürfnissen der Schüler und Lehrlinge vorbeigelaufen». Für den Bericht wurden die Podiumsmitglieder interviewt und ihre Stellungnahmen dann mit den Eindrücken der Jugendlichen aus dem Publikum konfrontiert. Die interviewten Jugendlichen fühlten sich nicht «abgeholt» und die Redaktion schnitt den Beitrag so zurecht, dass vor allem die Perspektivlosigkeit im Angesicht der Rezession als zentrales Problem der Zeit erschien.[74]

Für den Verein Jugend und Wirtschaft bestand das grösste Problem nun darin, wie man eine Jugend, die «im Ueberfluss aufgewachsen ist», in die neue Zeit führen sollte.[75] Als besonders problematisch galt den Verantwortlichen die «Gefahr der manipulierten Massengesellschaft», der man mit vereinten Kräften entgegentreten wollte. Auch wenn die unterschiedlichen Interessen der beteiligten Gruppierungen nicht so leicht unter einen Hut zu bringen waren,

---

73 «Blechhase ‹Jugendarbeitslosigkeit›». Schweizerische Arbeitgeber-Zeitung vom 27. Oktober 1977, S. 713.
74 «Blickpunkt-Bericht vor 8» vom 22. April 1977, Startposition 10:26:48 (BAR, J2.225#2007/1#46#10*).
75 Jahresbericht Jugend und Wirtschaft 1973, S. 2.

konnten sich die Vereinsmitglieder auf das Modell der Marktwirtschaft westeuropäischer Prägung einigen. Die ideologische Frontstellung des Kalten Krieges half dabei, in der Schweiz die Reihen zu schliessen und erlaubte es dem Verein Jugend und Wirtschaft Arbeitgeber- und Arbeitnehmervertretungen, die Wissenschaft und die Politik, gemässigte Jugendverbände und die Lehrerschaft unter einem Dach zu versammeln. Das bedeutete aber, auch in Krisenzeiten die bestehende Ordnung auf keinen Fall grundsätzlich infrage zu stellen. Die Ölpreiskrise war zwar 1973 in Bern Thema auf der ordentlichen Generalversammlung des Vereins.[76] Im jährlichen Wettbewerb des Vereins für die Jahre 1976/77, der weiterhin unter dem Motto «Wirtschaftende Schweiz» stand, wurde die Krise jedoch nicht gesondert aufgegriffen. Vielmehr hatten sich die Schülerinnen und Schüler dem Verhältnis von Mensch und Maschine in allen seinen Facetten anzunehmen.[77]

Bei den Lehrkräften stiess das Angebot von Jugend und Wirtschaft insgesamt auf grosses Interesse: Von den verschiedenen Beilagen zur Schweizerischen Lehrerzeitung, die sich ganz unterschiedlichen Themen widmeten, wurden die vom Verein verantworteten Seiten «Bildung und Wirtschaft» im Umfang von 12 bis 24 Seiten am stärksten nachgefragt. Im zehnten Jahr der Vereinstätigkeit lag die Auflage der Broschüre bei 16 000 Stück, hinzu kamen 3000 Sonderdrucke, die auch abonniert werden konnten. Die Beiträge wurden laut Selbstauskunft der Redaktion durch Lehrkräfte, andere Fachleute und die Verbände vorab geprüft und anschliessend publiziert.[78] Ausserdem bemühte sich der Verein um Ordnung in der Vielzahl bereits vorhandener Unterrichtsmaterialien, indem er regelmässig ein entsprechendes Verzeichnis veröffentlichte. Die Zusammenschau erlaubte es, Defizite und Leerstellen im aktuellen wirtschaftspädagogischen Angebot auszumachen und auf dieser Grundlage eigene Lehrmittel zu entwickeln.[79]

Mit den Unterrichtsmaterialien und Kontaktseminaren für die Volksschullehrerschaft sollte eine fundierte Wirtschaftsbildung der jungen Bevölkerung erreicht werden. In den oberen Klassen der Volksschule liess sich vor allem im Rahmen des Geografieunterrichts die heimische Wirtschaft gut thematisieren und in einen globalen Kontext einordnen. Daneben gab es aber auch Anstrengungen, für eine verstärkte ökonomische Qualifikation in den Berufsschulen und in der höheren Bildung zu sorgen. Da weiterhin nur ein kleiner Teil der

76 Ebd., S. 12.
77 «Genügend Zeit zur Teilnahme am vierten Jugendwettbewerb ‹Wirtschaftende Schweiz› 1976/77». Schweizerische Lehrerzeitung vom 5. Februar 1976, S. 188 f.
78 10 Jahre. Zürich 1981: Verein Jugend und Wirtschaft.
79 Verein Jugend und Wirtschaft: Verzeichnis Unterrichts-Hilfen und Informationsmaterial für den Bereich Wirtschaftskunde. 3., vollständig erneuerte Auflage. Zürich 1981: Geschäftsstelle Verein Jugend und Wirtschaft.

Sekundarschülerinnen und -schüler anschliessend ein Gymnasium besuchen würden, galt der Unterricht an den Berufsschulen als derjenige Ort, an dem die einmal gelegten Grundlagen weiterentwickelt werden konnten. 1973 setzte das Bundesamt für Industrie, Gewerbe und Arbeit eine Kommission ein, die vom Wirtschaftspädagogen Rolf Dubs geleitet wurde und eine Reform der Lehrpläne für Staats- und Wirtschaftskunde zum Ziel hatte.[80]
Wo sich der Verein Jugend und Wirtschaft trotz seiner Ursprünge im rechtsbürgerlichen Lobbyismus um eine einigermassen breit abgestützte Positionierung bemühte, hatte es ein anderes, ähnlich gelagertes Projekt viel leichter, direkt zum Punkt zu kommen. 1972 richtete der Zementkonzern Holderbank gemeinsam mit dem Evangelischen Lehrerseminar in Zürich eine Arbeitswoche zum Problem der «Wirtschaftsausbildung» aus. Die Schülerinnen und Schüler sollten sich während einer Woche in Planspielen ausschliesslich mit wirtschaftlichen Fragen auseinandersetzen. Holderbank hatte dieses Projekt selbst angestossen und das Lehrerseminar zeigte sich offen für weitere Kooperationen mit anderen Unternehmen.[81]
Die Anfang 1973 gegründete Ernst Schmidheiny-Stiftung machte sich dann daran, diese praxisnahe Form der Einübung im wirtschaftlichen Denken in der Breite durchzusetzen. Sie beauftragte die «Holderbank Management und Beratung AG» zusammen mit dem Wirtschaftspädagogischen Institut der Hochschule St. Gallen, ein Programm auszuarbeiten, das in einer Woche Lehrlingen oder Mittelschülerinnen und -schülern, jungen Studierenden und angehenden Lehrpersonen einen ergänzenden wirtschaftskundlichen Unterricht bot. Die spätere Bundesrätin Elisabeth Kopp hatte vom Experiment am privaten Evangelischen Lehrerseminar gehört und als Mitglied des Zürcher Erziehungsrats die Idee einer Wirtschaftswoche an das Kantonale Lehrer-Oberseminar herangetragen. Der Wirtschaftspädagoge Rolf Dubs, der auch dem Stiftungsrat angehörte, hatte eigens eine Erhebung zur «Interessenlage bei Jugendlichen» durchgeführt und war dabei zum Schluss gekommen, «dass das Programm stark auf Betriebswirtschaft ausgerichtet sein soll». Auf die anschliessende Ausschreibung des Angebots am Oberseminar meldeten sich, nach eigener Auskunft, 204 Personen, um das Programm im Rahmen der Studienwochen zu absolvieren.[82] Die Wirtschaftswoche war eine Alternative zu den üblichen Offerten im

80 «Mehr Wirtschaftskunde an Berufsschulen». Schweizerische Arbeitgeber-Zeitung vom 9. Mai 1974, S. 321–323; «Wirtschaftskunde an Berufsschulen». Schweizerische Lehrerzeitung vom 22. August 1974, S. 1293.
81 «'Die Wirtschaftsausbildung an den Schulen kommt zu kurz'». Finanz und Wirtschaft vom 19. Februar 1972, S. 11.
82 Ernst Schmidheiny-Stiftung: Zielsetzung, Aktionsprogramm «Wirtschaftswoche» 1974 des Kantonalen Oberseminars in Zürich vom 28. Februar 1974 (AfZ, IB SAD-Dokumentation 619).

Rahmen der Studienwochen, die sich sozial- oder heilpädagogischer, medizinischer und ökologischer Fragen annahmen.[83]

Hans Gehrig, Direktor des Oberseminars, fand anerkennende Worte für die Anstrengungen der Ernst Schmidheiny-Stiftung. Die Wirtschaftswochen schienen ihm ein Gegengewicht zu einer weltabgewandten Pädagogik zu sein, die den Lehramtsanwärterinnen und -anwärtern die Wirklichkeit draussen näherbringen würden. Explizit positionierte er das Angebot gegen «abstrakte» und «ideologiegeladene» wissenschaftliche Ansätze, wie die der Soziologie, Politologie – aber auch der Wirtschaftswissenschaften. Der Einsatz von Wirtschaftspraktikern als Lehrkräfte in den Studienwochen des Seminars sollte helfen, die Begeisterung der Jugend für Technik und Wirtschaft, wie sie Gehrig in den 1950er- und 60er-Jahren erlebt hatte, zurückzuholen.[84]

Im kantonalen Parlament hingegen hatte sich Verena Grendelmeier vom Landesring der Unabhängigen erkundigt, wie es sein könne, dass an einer Lehrerbildungsanstalt ein Angebot «mit einer einseitig privatwirtschaftlichen Ausrichtung» durchgeführt werde.[85] Ein Teil der Teilnehmenden verwahrte sich anschliessend gegen die Unterstellungen und wollte nicht als «träge Masse, die alles widerspruchslos zur Kenntnis nimmt», gesehen werden.[86] Tatsächlich dokumentierte auch der Veranstalter, dass es unter den Studierenden «ca. 10 ‹stark links gerichtete Fundamentalkritiker›» gegeben habe, «die alles kritisierten».[87] Die umfassende Evaluation der beiden ersten am Zürcher Lehrerseminar durchgeführten Wirtschaftswochen hielt einleitend fest, dass die besonders kritisch eingestellten Teilnehmenden die Resultate der Nachbefragung zum Teil verzerrt hätten und die «‹unverschämten› Klassenkameraden» nicht die Mehrheit repräsentierten.[88]

1977 fanden – ungeachtet dieser Kritik – bereits in vierzehn Kantonen ähnliche einwöchige Kurse statt, die von 1500 Personen besucht wurden. Die Kosten und die logistische Unterstützung wurden in den meisten Fällen von den lokalen Handelskammern übernommen.[89] Der Unterricht wurde von Füh-

---

83 Anlage 5, Pressecommuniqué, ohne Datum (AfZ, IB SAD-Dokumentation 619).
84 Inhalte der Lehrerbildung, Zusammenfassung des Kurzreferats von Direktor Hans Gehrig anlässlich der Pressekonferenz vom 30. Januar 1974 im Rahmen der Studienwoche «Wirtschaftskunde», S. 6 (AfZ, IB SAD-Dokumentation 619).
85 «Fragen zu einem Kurs am Oberseminar». Tages-Anzeiger vom 19. Februar 1974, S. 16.
86 Antworten auf einen Kurs am Oberseminar, ohne Datum, S. 1 (AfZ, IB SAD-Dokumentation 619).
87 Ernst Schmidheiny-Stiftung: Zielsetzung, Aktionsprogramm «Wirtschaftswoche» 1974 des Kantonalen Oberseminars in Zürich vom 28. Februar 1974, S. 4 (AfZ, IB SAD-Dokumentation 619).
88 Evaluation der beiden Wirtschaftswochen am Kantonalen Oberseminar Zürich vom 22. Februar 1974, S. 2 (AfZ, IB SAD-Dokumentation 619).
89 «Erziehung zum Wirtschaftsbürger». Neue Zürcher Zeitung vom 8. April 1978, S. 35.; Fachlehrerliste vom 17. Dezember 1973 (AfZ, IB SAD-Dokumentation 619).

rungskräften aus verschiedenen Unternehmen erteilt, die zuvor von der Stiftung entsprechend instruiert worden waren.[90] Von den Aktionen des Vereins Jugend und Wirtschaft, die sich methodisch nicht stark von der zur Zeit des Ersten Weltkrieges gegründeten Schweizerwoche abhoben, unterschied sich das Programm der Ernst Schmidheiny-Stiftung durch ein eigens entwickeltes, computerunterstütztes Planspiel. Das «Marketing Information Game» sollte die jungen Teilnehmerinnen und Teilnehmer in die Situation von Mitgliedern des Managements versetzen, die mit der Expansion der Geschäftstätigkeiten, aber auch mit Krisen zurechtkommen mussten. Zu diesem Format, das auf die radikale Übernahme der Arbeitgeberperspektive setzte, kamen einzelne eher traditionelle Unterrichtseinheiten, in denen das notwendige Wissen vermittelt wurde. Eine Version des Planspiels war auch für die Belegschaften in den Unternehmen entwickelt worden.[91]

Der Verein Jugend und Wirtschaft wurde hingegen von den grossen Gewerkschaften mitgetragen, die eigene Sichtweisen in die Lehrmittel und die Veranstaltungen einbringen konnten. Wenn auch Lehrerschaft und Wirtschaftsvertreter gemeinsam den Hauptanteil der aktiven Mitglieder des Vereins stellten, waren die Gewerkschaften ein sichtbarer Teil der Aktion. Der Kampf gegen alternative Ordnungsmodelle aus dem Osten war zwar auch beim Verein Jugend und Wirtschaft das einigende Band, blieb aber viel impliziter als bei der Ernst Schmidheiny-Stiftung und liess damit Raum für alternative Deutungen. Bei dem Angebot der Ernst Schmidheiny-Stiftung hingegen kamen Arbeitnehmerperspektiven kaum vor. Die Stiftung war auf die «Förderung des Interesses und Verständnisses in der schweizerischen Öffentlichkeit, insbesondere auch bei der Jugend, für wirtschaftliche Zusammenhänge im Rahmen der freiheitlich-sozialen Marktwirtschaft» verpflichtet.[92] In den Kantonsschulen, in denen die Wirtschaftswochen angeboten wurden, sah man sich denn auch regelmässig mit eher kritisch eingestellten Lehrkräften konfrontiert.[93] Neben Sachinformationen zu wirtschaftlichen Prozessen und der angestrebten Perspektivübernahme in Form einer computerbasierten Managementsimula-

---

90 Holderbank, Programm des Fachlehrerkurses 1973 für die Wirtschaftswoche am Lehrer-Oberseminar in Zürich vom 30. Oktober 1973; Schreiben vom 5. Oktober 1973 (AfZ, IB ZHK-Archiv MFch-ZHK-028); ZHK: «Wirtschaftswochen»: Fachlehrer gesucht [1974] (AfZ, IB ZHK-Archiv MFch-ZHK-031).

91 Programm für die Wirtschaftswoche am Lehrer-Oberseminar in Zürich, Februar 1974 (AfZ, IB SAD-Dokumentation 619); Neue Zürcher Zeitung vom 8. April 1978; Holderbank Management und Beratung AG (Hg.): Interdata Marketing Information Game «MIG». Spielerhandbuch, ohne Jahr (AfZ, IB ZHK-Archiv MFch-ZHK-029).

92 «Zehn Jahre ‹Wirtschaftswochen›». Schweizerische Lehrerzeitung vom 11. November 1982, S. 1850.

93 Zürcher Handelskammer, Besonderheiten der Wirtschaftswochen an Zürcherischen Mittelschulen vom 23. Dezember 1981 (AfZ, IB ZHK-Archiv MFch-ZHK-030).

tion waren es vor allem die aus den Unternehmen aller Branchen stammenden Fachlehrkräfte, die gehalten waren, auch emotional eine Verbindung zur existierenden Wirtschaftsordnung herzustellen. Die Wirtschaftswochen sollten den Teilnehmerinnen und Teilnehmern ein «‹Aha›-Erlebnis» ermöglichen und so das Problem «gefühlshaft vorgetragener Kritik» beheben helfen.[94]

---

[94] Aargauische Industrie- und Handelskammer, Lokalgruppe Fricktal, Personalchef-Konferenz vom 26. April 1977 (AfZ, IB ZHK-Archiv MFch-ZHK-031).

13 Alle umschulen?

Die Ölpreiskrise von 1973 erwischte die Schweizer Wirtschaft mit voller Wucht. Der konjunkturelle Einbruch, den die Wirtschaft Mitte der 1970er-Jahre erlebte, war von bisher ungekannten Ausmassen. Verschiedene Entwicklungen machten den schweizerischen Unternehmen zu schaffen. Das Ende von Bretton Woods mit seinen festen Wechselkursen zerstörte mit einem Mal einen wichtigen Wettbewerbsvorteil für die exportorientierte Industrie, da die Produkte für die Abnehmer im Ausland innerhalb weniger Jahre massiv teurer wurden. Als ressourcenarmes Land bekam die Schweiz auch die Verteuerung des Erdöls stark zu spüren.[1]

Selbst im europäischen Vergleich waren die Auswirkungen der Krise in der Schweiz gross. Sie zeigten sich in der Produktion, in der Nachfrage und in der Beschäftigung.[2] Trotz des massiven Einbruchs der Wirtschaftsleistung nach drei Jahrzehnten Hochkonjunktur stieg die offizielle Arbeitslosenquote aber nur moderat an. Hier griffen nun die weiterhin wenig ausländerfreundlichen Niederlassungsregelungen. Die zuvor massenhaft aus dem Ausland angeworbenen Arbeitskräfte dienten als Puffer, damit Schweizerinnen und Schweizer ihre Arbeitsplätze behalten konnten.[3] Explizit forderte das Bundesamt für Industrie, Gewerbe und Arbeit in mehreren Kreisschreiben dazu auf, diesen den Vorrang zu geben. Für die Ausländer wurde ein gestufter Mechanismus mit einer Reihe von Kriterien entwickelt, nach denen bei den Entlassungen die Prioritäten gesetzt werden sollten. Denjenigen Arbeitgebern, die sich daran nicht hielten, wurde sogar mit Sanktionen gedroht.[4] Darüber hinaus ist es wahrscheinlich, dass die geringen Versicherungsleistungen im Fall einer offiziellen Stellensuche dazu führten, dass sich viele Arbeitslose gar nicht erst als erwerbssuchend meldeten. Diejenigen, die das Normerwerbsalter eigentlich bereits überschritten hatten, stiegen zudem möglicherweise nun wirklich aus dem Erwerbsleben aus.[5]

Noch 1974 waren schweizweit insgesamt gerade einmal 365 Personen als stellensuchend registriert. Im Folgejahr lag diese Zahl dann bereits bei über 11 000 Personen, um 1976 auf den Wert von gut 21 000 Arbeitssuchenden

1 Siegenthaler 1987, S. 508.
2 Tanner 2015, S. 419; Gilg, Hablützel 1986, S. 214 f.
3 Siegenthaler 1987, S. 509.
4 Tuchtfeldt 1978, S. 171–173.
5 Projer 1993, S. 77.

anzusteigen.⁶ Die Arbeitslosenquote kehrte anschliessend nie wieder zum Ausgangsniveau der Hochkonjunktur zurück.

13.1 Durchhalteparolen

Auf die Gesamtzahl der erwerbsfähigen Bevölkerung umgelegt sind diese Werte zwar alles andere als beeindruckend. Sie bedeuteten aber dennoch das Ende der goldenen Jahrzehnte, die die Erfahrungen einer ganzen Generation von in der Schweiz aufgewachsenen Arbeitskräften bestimmt hatten. Mit der Rezession sahen sich nicht nur die erwachsenen Arbeitnehmerinnen und Arbeitnehmer vor eine gänzlich neue Situation gestellt. Heftig wurde auch diskutiert, wie mit den unsicheren Zukunftsaussichten für die Jugend umzugehen sei. Zwar betonten die verschiedenen Verbände auf der Arbeitgeberseite gebetsmühlenartig, dass kein Einbruch bei den Lehrlingszahlen zu verzeichnen sei. Der Präsident des Arbeitgeberverbands schweizerischer Maschinen- und Metallindustrieller forderte die Mitglieder auf, sich nicht davon abbringen zu lassen, weiterhin in die Lehrlingsausbildung zu investieren. Er warnte davor, die Ausbildung schleifen zu lassen, nun wo der Personalmangel nicht mehr so akut sei.
Niemand konnte wissen, ob sich die Situation wieder ändern würde. Diese Lehre hatte man aus der Hochkonjunktur gezogen. Doch war nicht von der Hand zu weisen, dass auch vollkommen unklar war, auf welche früheren Annahmen überhaupt noch Verlass war.⁷
Das Gespenst der Jugendarbeitslosigkeit, durchaus genährt durch entsprechende Entwicklungen im nahen Ausland, spukte mit der Krise auch in der Schweiz herum. Übernahmegarantien seitens der Unternehmen nach Abschluss der Lehre wiesen die Arbeitgeber als «einseitige und unvernünftige Forderungen» zurück.⁸ Im Oktober 1975 widmete die arbeitgebernahe Gesellschaft zur Förderung der schweizerischen Wirtschaft dem Thema «Jugendarbeitslosigkeit» ein ganzes Heft und versuchte der um sich greifenden Panik eigene Deutungen entgegenzustellen.⁹
Seitens der Behörden reagierte man auf die Krise mit zahlreichen Massnahmenpaketen, die es den Jugendlichen ermöglichten, die Zeit ohne Lehrstelle zu

---

6 Die Berechnungen beruhen auf den Daten der Historischen Statistik der Schweiz, Tab. F.18a.
7 «Kein Lehrstellenabbau in der Maschinenindustrie». Schweizerische Arbeitgeber-Zeitung vom 7. August 1975, S. 519.
8 «Unangebrachte Beunruhigung auf dem Lehrstellenmarkt». Schweizerische Arbeitgeber-Zeitung vom 3. April 1975, S. 228 f.
9 Hug, Klaus: Jugendarbeitslosigkeit: bildungspolitische Massnahmen bei Beschäftigungsrückgang. Zürich 1975: Wirtschaftsförderung.

überbrücken.[10] Auf diese Weise sollte sichergestellt werden, dass das etablierte System der Berufsbildung durch einen vorübergehenden Konjunktureinbruch nicht destabilisiert würde. Die Krise hatte nicht nur die Gewissheit der einheimischen Bevölkerung erschüttert, dass ihre Qualifikationen auf dem Arbeitsmarkt weiterhin Nachfrage fänden. Sie hatte vielmehr auch die Berufsbildung selbst infrage gestellt, bei der man nicht mehr wissen konnte, wie gut sie auf die Zukunft vorbereitete. Von den Gewerkschaften wurde das Thema der «Lehrlingsarbeitslosigkeit» entsprechend schnell aufgegriffen. Zwei Probleme stellten sich aus Sicht der Arbeitnehmervertretungen: Zum einen, dass Schulabgängerinnen und -abgänger nun keine Lehrstelle finden könnten. Zum anderen, dass diejenigen, die Mitte der 1970er-Jahre ihre Lehre abgeschlossen hatten, keine Anschlusslösung haben würden. Im Bundesamt für Industrie, Gewerbe und Arbeit wurde versucht, die Gewerkschaftsvertreter zu beschwichtigen und auf die Notwendigkeit valider statistischer Daten verwiesen – das Problem wurde von staatlicher Seite aber durchaus gesehen. Die Behördenmitglieder waren zunächst unsicher, in welche Richtung sich die Situation bei den jungen Arbeitskräften und Jugendlichen in Ausbildung entwickeln würde.[11] Die Einflussmöglichkeiten der Berufsberatung wurden in diesem Zusammenhang von staatlicher Seite als eher gering eingeschätzt. Auch Umschulungen der Lehrentlassenen galten höchstens als geringeres Übel. Die Weiterbildung oder die Platzierung derjenigen im Ausland, die mit ihrer derzeitigen, gerade frisch erworbenen Qualifikation in der Schweiz keine Stelle fanden, wollte das Bundesamt erst noch überprüfen.[12]

Der Bund setzte zur Klärung der notwendigen Massnahmen eine Arbeitsgruppe «Jugendliche und Arbeitsmarkt» ein.[13] Der Austausch mit Arbeitgebern und Gewerkschaften wurde aber erst gesucht, nachdem die Kantone angehört worden waren. Die grossen Unternehmerverbände waren allesamt vertreten, der Arbeitgeberverband schickte sogar zwei Vertreter nach Bern. Von Gewerbeseite und dem Zentralverband der Arbeitgeber-Organisationen wurde gleich moniert, dass das Thema der Jugendarbeitslosigkeit «hochgespielt» werde und dass man sich lieber auf die Erwachsenen und die älteren Arbeitskräfte konzentrierten solle. Die mediale Aufmerksamkeit, die dem Gegenstand tatsächlich

10 «Die gemeisterte Lehrstellensituation». Schweizerische Arbeitgeber-Zeitung vom 20. April 1978, S. 279–281.
11 Notiz vom 14. Mai 1975 (BAR, E7170B#1986/171#1137*).
12 Protokollnotiz über die Besprechung mit Vertretern des Schweizerischen Gewerkschaftsbundes zum Thema «Lehrlingsarbeitslosigkeit und eventuelle Massnahmen dagegen» vom 14. Februar 1975 (BAR, E7170B#1986/171#1137*).
13 Tätigkeitsbericht des Schweizerischen Gewerkschaftsbunds 1975, S. 130; siehe den Rückblick «Die gemeisterte Lehrstellensituation» in der Schweizerischen Arbeitgeber-Zeitung vom 20. April 1978, S. 279–281.

schnell zugekommen war, schien den Blick auf die strukturellen Probleme der Krise zu verstellen. Die Arbeitgeber warnten deshalb vor schnellen Lösungen und wollten sich zunächst einmal ein Bild davon machen, in welche Richtung sich Produktion und Handel in der Schweiz entwickeln würden. Entsprechend forderten sie eine Differenzierung der Arbeitsmarktstatistik, um auf längere Sicht einschätzen zu können, wo tatsächlich Handlungsbedarf bestand.[14]

Die Instrumente, die aus Angst vor «Jugend-» und «Lehrlingsarbeitslosigkeit» geschaffen wurden, kamen kaum zum Einsatz, da die befürchteten Szenarien nicht eintraten.[15] Als man sich seitens der Behörden in Bern mit Kantonen, Wirtschaftsverbänden und Gewerkschaften, dann auch mit den Erziehungsdirektoren und Hochschulvertretern ins Benehmen gesetzt hatte, schien der Problemdruck bereits wieder abzunehmen. Aus Sicht der Bundesbehörden hatte der Appell an die Eigenverantwortlichkeit und das Engagement der Sozialpartner und kantonalen Behörden ausgereicht, die Zeit zu überbrücken.[16]

Der Direktor des Arbeitgeberverbands Heinz Allenspach bettete 1975 die aktuellen Entwicklungen auf der Generalversammlung der Schweizerischen Gesellschaft für Konjunkturforschung verbandspolitisch ein. Während die Unternehmen lange Zeit dem Druck des knappen Arbeitsmarkts einfach ausgeliefert gewesen seien, hätten die Arbeitgeber nun wieder Oberwasser. Nicht mehr aggressive Werbung um das knappe Personal, ein überquellender Stellenanzeiger in den Tageszeitungen, grosse Fluktuation, hohe Löhne und verminderte Leistungsbereitschaft gerade bei den begehrten Mitarbeiterinnen und Mitarbeitern, die ihre rechtlichen Möglichkeiten voll ausreizen konnten, bestimmten nun die Personalrekrutierung. Besonders die bei den Beschäftigten vermeintlich entstandene Erwartungshaltung wurde vom Arbeitgebervertreter kritisch gesehen. Dennoch warnte Allenspach vor einem «Revanchismus der Arbeitgeber» und forderte stattdessen die «bewusste Pflege der Information, die loyale Zusammenarbeit, die Motivierung, Aktivierung und Integration des einzelnen im Betrieb» und einen «partizipative[n] Führungsstil». Auf diese Weise sollten heftige Konflikte mit den Arbeitnehmervertretern in Zeiten der Krise verhindert werden.[17]

Allenspachs Invektiven gegen die Ansprüche der Arbeitnehmerseite müssen auch vor dem Hintergrund der Volksinitiative «Für die Mitbestimmung der Arbeitnehmer» gelesen werden, mit der die Gewerkschaften ihre Position

14 Protokoll über die Konferenz mit den Spitzenverbänden der Arbeitgeber und Arbeitnehmer vom 21. Januar 1976 betreffend Jugendarbeitslosigkeit (BAR, E7170B#1986/171#1137*).
15 Wettstein 1987, S. 125.
16 Schreiben vom 30. April 1976 (BAR, E7170B#1986/171#1137*).
17 Allenspach, Heinz: Arbeitsmarktpolitik in der Rezession. Zürich 1975: Schweizerische Gesellschaft für Konjunkturforschung.

bezüglich der Demokratisierung der Wirtschaft deutlich nach links verschoben hatten – und dann auf dem Höhepunkt der Krise krachend scheiterten.[18]
Eine gesetzlich verankerte Mitbestimmung in den Unternehmen schien dem Arbeitgebervertreter als blosser Zwischenschritt zu einer «syndikalistische[n] Wirtschaftsordnung», vor der er eindringlich warnte.[19]
Allenspach verwies darauf, wie sich mit der Zeit eine Gewöhnung an die dauerhaft günstige konjunkturelle Lage eingestellt habe, sodass alternative Szenarien irgendwann an Glaubwürdigkeit verloren hätten. Entsprechend hart werde der Bruch, den auch Allenspach als eine echte Zäsur interpretierte, nun erlebt. In die Reihe derjenigen, die den Jahrzehnten der Hochkonjunktur rückblickend gar nichts Positives abgewinnen konnten, wollte Allenspach sich aber nicht einreihen.[20]
Für den Arbeitgebervertreter Heinz Allenspach liess sich keine grundsätzliche Verantwortung der Unternehmen für die fortlaufende Qualifikation ihrer Mitarbeiter ausmachen. Er stellte klar, dass die Angestellten noch immer dafür bezahlt würden, dass sie eine bestimmte «Leistung» erbrächten. Qualifizierung konnte laut Allenspach an sich noch nicht als eine solche Leistung begriffen werden, weil daraus nicht unmittelbar ein Nutzen für das Unternehmen erwachsen musste. Aus- und Weiterbildung waren in dieser Sicht zunächst einmal weiterhin Teil der Eigenverantwortung der Arbeitnehmerinnen und Arbeitnehmer. An die Stelle der ethischen oder politischen «Verantwortung» wollte der Arbeitgebervertreter eine ökonomische Perspektive des «Interesses» gesetzt sehen, da so die «Aufgabenstellung klarer» umrissen schien.[21]
Die Krise erschien aus Arbeitgebersicht zunächst als ein Anlass zur «Besinnung», und zwar auf «marktwirtschaftliche Ordnungsprinzipien». Der Zentralverband der Arbeitgeber-Organisationen stellte heraus, dass die kapitalistische Marktwirtschaft nicht immer nur bequeme Lösungen bereithalte. Kurzfristigen Massnahmen zur Arbeitsbeschaffung oder Konjunkturbelebung erteilte er eine Absage und forderte stattdessen die politischen Akteure auf, die Chance zur Bereinigung der Volkswirtschaft wahrzunehmen.[22]
«Besinnung» schien auch aus wirtschaftspädagogischer Sicht angezeigt. Im Zeichen der Krise forderte Rolf Dubs, dass die Schule sich nun stärker auf

18 Sonderegger 1979, S. 247–337.
19 Allenspach, Heinz: Der Arbeitgeber und die Probleme unserer Zeit. Zürich 1974, S. 6.
20 Allenspach, Heinz: 25 Jahre Wirtschaftswachstum: nur eine negative Bilanz? In: Schweizer Monatshefte 57 (1977) 1, S. 23–29.
21 «Unternehmer-Verantwortung für die Mitarbeiter-Ausbildung?». Schweizerische Arbeitgeber-Zeitung vom 15. Dezember 1977, S. 844.
22 Besinnung auf marktwirtschaftliche Ordnungsprinzipien: Stellungnahmen zu sozialen und wirtschaftlichen Gegenwartsfragen, hg. vom Zentralverband schweizerischer Arbeitgeber-Organisationen. Zürich 1977: ZSAO, S. 88.

ihre Kernaufgaben konzentrieren solle. Der St. Galler Professor forderte eine Abkehr vom Ausbau der akademischen Bildung zulasten der beruflichen und argumentierte scharf gegen eine «Verintellektualisierung der Schule».[23] Schuld an der einseitigen Betonung akademischer Bildung und unsinnigen Reformen schien Dubs die zurückliegende, lang anhaltende Hochkonjunktur, die einem Aktivismus Vorschub geleistet habe, der den Kernauftrag des Bildungswesens immer mehr verwässert habe.[24]

Die Entwicklungen während der Hochkonjunktur hatten in der bildungspolitischen Positionierung der Arbeitgeber durchaus Spuren hinterlassen, führten aber nicht zu einer radikalen Kehrtwende. Der Verbandsfunktionär Allenspach war sich sicher, dass «in der ganzen Bildungspolitik» niemand in gleicher Weise «Fordernder und Geforderter sei» wie die Wirtschaft. Die Unternehmen seien «Konsument[en]», aber auch «Produzent[en]» von Bildung, wie Allenspach hervorhob. Sie engagierten sich nicht allein in der Erstausbildung von Lehrlingen, sondern boten auch Gelegenheit zum Lernen am Arbeitsplatz oder zur strukturierten Weiterbildung.[25]

Für Allenspach bedeutete die Krise und die Entspannung auf dem Arbeitsmarkt nicht, dass sich bildungspolitisch zwingend alles verändern musste. In einem Vortrag am wenige Jahre zuvor gegründeten, staatlich finanzierten Schweizerischen Institut für Berufspädagogik stellte er dar, wie stark die Wirtschaft auf eine solide Bildungspolitik angewiesen sei. Sie benötige weiterhin gut qualifizierte Fachkräfte. Allenspach wollte nicht wohlfeile Forderungen an die Bildungspolitik richten, zumal die Unternehmen als Bildungsstätten diesen dann ja auch selbst nachkommen müssten. Es sei zwar problemlos möglich, die Erwartungen an die Schulen, Betriebe und höheren Bildungsstätten immer noch nach oben zu schrauben. Selbst ein Arbeitgebervertreter könne sich so den Anschein geben, «besonders progressiv zu sein».[26] Insgesamt solle aber der Fokus weiterhin auf gut ausgebildeten Fachkräften und einer nachhaltigen Berufsbildung liegen.[27]

Die zunehmende Komplexität der Abläufe in den Unternehmen und die höheren Anforderungen an die einzelnen Arbeitnehmerinnen und Arbeitnehmer machten aus Sicht Allenspachs eine anspruchsvolle Ausbildung unabdingbar. Spezialisierung und Individualisierung führten in seiner Perspektive gleichzei-

23 Dubs, Rolf: Rezession in der Schule – Besinnung auf das Wesentliche in ihrer Aufgabe. In: Bericht über die Verhandlungen der Zürcherischen Schulsynode von 1977, S. 87–94.
24 Ebd., S. 93.
25 Allenspach, Heinz: Der Zentralverband schweizerischer Arbeitgeber-Organisationen und seine Berufsbildungspolitik vom 1. Dezember 1976 (BAR, J1.365#2010/125#1*).
26 Ebd.
27 Allenspach, Heinz: Probleme der Berufsbildung aus Sicht des Zentralverbandes, gehalten am 13. November 1974 beim Institut für Berufspädagogik (BAR, J1.365#2010/125#1*).

tig dazu, dass die sozialen Bande sich vermehrt auflösten, was die Beziehungen mit den Sozialpartnern komplizierter werden liess. Wo die tradierten Prinzipien der sozialen Ordnung nicht mehr anerkannt waren, konnten gesellschaftliche Hierarchien allein durch Leistungen legitimiert werden. Aber auch hier deutete der Verbandsfunktionär Zweifel an, inwiefern dies überhaupt der Fall sei.[28]

Anders als für den Wirtschaftspädagogen Dubs war die Rezession für den Arbeitgebervertreter Allenspach keine Einladung, gegen eine Akademisierung der Gesellschaft zu polemisieren. An die Absolventen der Hochschule St. Gallen gerichtet stellte sich Allenspach vielmehr gerade der These vom «akademischen Proletariat» entgegen und bescheinigte dem Publikum, dass ein Bedarf an wirtschaftswissenschaftlich qualifizierten Fachkräften in der Schweiz auch in Zukunft vorhanden sei.[29] Er räumte aber ein, dass der Übergang vom Studium in den Beruf nun nicht mehr ganz so glatt vor sich gehen werde und der Wettbewerb um die interessanten Stellen zugenommen habe. Allenspach prognostizierte, dass die Krise hier einen durchaus reinigenden Effekt haben werde, indem nicht blosse Zertifikate, sondern echte Leistungen den Ausschlag geben würden. Den Männern im Publikum legte er nahe, sich von der Vorstellung zu verabschieden, direkt in die Unternehmensspitze einzusteigen, «von hübschen Sekretärinnen und Telephonen» umgeben.[30]

13.2 Unklare Qualifikationserfordernisse

Auch wenn die Arbeitslosenquote insgesamt niedrig blieb, hiess das nicht, dass sich im Einzelfall die Situation der Beschäftigten nicht vollständig veränderte. In den besonders betroffenen Branchen lässt sich durchaus erahnen, wie sich für die einzelnen Arbeitnehmerinnen und Arbeitnehmer, die ihre Stelle krisenbedingt verloren hatten, die Situation nun darstellte. In der Uhrenindustrie suchten auf dem Höhepunkt der Krise statt sieben Personen ganze 1366 eine neue Anstellung. In der Metallverarbeitung und Maschinenindustrie, die während der Hochkonjunktur für die Berufsbildung immer als Leitsektor gedient hatten, stieg die Zahl der Arbeitssuchenden von 34 Personen auf knapp 5000. In den kaufmännischen Berufsfeldern, wo vergleichsweise viele Frauen tätig

---

28 Allenspach, Heinz: Neue Dimensionen in den Arbeitgeber-/Arbeitnehmerbeziehungen. Vortrag bei der freien ERFA-Gruppe für Personalfragen Ostschweiz vom 28. November 1974 (BAR, J1.365#2010/125#1*).
29 Allenspach, Heinz: Die HSG-Absolventen in der Wirtschaft, gehalten am 27. Mai 1975 an der Hochschule St. Gallen, S. 2 (BAR, J1.365#2010/125#1*).
30 Ebd., S. 5.

waren, erschienen die Verhältnisse ähnlich. Selbst bei den nichtakademischen technischen Berufen waren nun auf einmal zweitausend zusätzliche Arbeitskräfte auf dem Markt verfügbar und konkurrierten um die raren Stellen.[31]
Nicht in allen Branchen zeigte sich der Einbruch aber in gleicher Weise. Fortgesetzt wurde der stetige Niedergang der klassischen Textilindustrie. Neu musste die Baubranche, die stark von der Hochkonjunktur profitiert hatte, mit einem Wegbrechen der Aufträge zurechtkommen. Die vorhandenen Baumaschinen, die nun nicht mehr in dieser hohen Stückzahl benötigt wurden, konnten wenigstens nach Osteuropa exportiert werden. Nochmals anders war der Fall bei der traditionsreichen und identitätsstiftenden Uhrenindustrie gelagert. Diese hatte sich zu wenig auf die neue Konkurrenz vergleichsweise günstiger, für den Massenmarkt konzipierter Quarzuhren eingestellt.[32] Die Krise war hier also struktureller Natur und konnte nicht durch eine blosse Konjunkturbelebung gelöst werden. Der Arbeitgebervertreter Heinz Allenspach stellte gegen anderslautende Deutungen heraus, dass es sich bei der Krise nicht um eine «Konjunkturnormalisierung», sondern um eine handfeste Rezession handelte und die strukturellen Ursachen die schweizerischen Unternehmen noch über längere Zeit beschäftigen würden.[33]
In der Bereitschaft, eine Ausbildungsstelle anzutreten, bildete sich die Krise zunächst nicht ab. Die Zahl der absolvierten Prüfungen erreichte erst Mitte der 1980er-Jahre einen vorläufigen Höchststand. Von gewerkschaftlicher Seite wurde hingegen betont, dass es dennoch Verschiebungen hin zu weniger anspruchsvollen Tätigkeiten gegeben habe, die für einzelne soziale Gruppen Probleme bei der Lehrstellensuche mit sich gebracht hätten.[34]
Die Einschätzung der Entwicklungen hing auch davon ab, welcher Wert einer Ausbildung in der Metall- und Maschinenindustrie zugeschrieben wurde. Wichtiger als der zeitweilige Konjunktureinbruch war für den Wandel der beruflichen Aus- und Weiterbildung die sich in der Schweiz vollziehende Tertiarisierung der Wirtschaft, also die Bedeutungszunahme des sogenannten Dienstleistungssektors. Parallel zum heftigen Konjunktureinbruch Mitte der 1970er-Jahre war nun erstmals ein grösserer Teil der Arbeitnehmer im sogenannten tertiären Sektor beschäftigt als in den Industriebetrieben. Dies bildete sich auch in der Berufswahl ab. Während im Handel und in der Verwaltung stetig mehr Jugendliche und junge Erwachsene eine Ausbildung anfingen,

31 Die Berechnungen beruhen auf den Daten der Historischen Statistik der Schweiz (online), F.19.
32 Tanner 2015, S. 420; Siegenthaler 1987, S. 508 f.
33 Allenspach, Heinz: Referat Rotary Club, Manuskript vom 4. Juli 1975, S. 1 (BAR, J1.365#2010/125#1*).
34 Moser, Viktor: Veränderungen in den wichtigsten Lehrverhältnissen zwischen 1974 und 1979. In: Gewerkschaftliche Rundschau 73 (1981) 3, S. 93–99; Borkowsky 1996.

brach die Aufwärtsentwicklung in den Berufen der Metallverarbeitung und Maschinenindustrie nun erstmals seit der Implementierung eines eidgenössischen Berufsbildungssystems ein.[35]

Noch unter dem Eindruck der Hochkonjunktur wurde in der Schweiz seit Anfang der 1970er-Jahre über eine abermalige Revision des Berufsbildungsgesetzes diskutiert. Diese Überarbeitung der rechtlichen Grundlagen wurde von den Wirtschaftsverbänden und Kantonen grundsätzlich begrüsst. Ziel des Gesetzes war eine Verbesserung der Berufsbildung, eine deutlichere pädagogische Konturierung und eine Integration der verschiedenen institutionellen Entwicklungen in das Gesamtgefüge. Die Legitimation einer einheitlichen Gesetzgebung im Berufsbildungsbereich wurde seitens der Industrie, wie schon bei der ersten Revision, nicht mehr grundsätzlich hinterfragt. Die bundesrätliche Botschaft verzichtete dieses Mal denn auch auf die typische Adressierung von Industrie und Gewerbe. Wo das Gesetz von 1963 bestimmte Punkte bewusst offengelassen hatte, sollte nun geschlossen, verbessert und vereinheitlicht werden.[36]

Das Revisionsvorhaben ging davon aus, dass das gesamte Berufsleben auf allen Ebenen von stetigen Lernprozessen durchzogen sei. Diese pädagogische, von betrieblichen Realitäten zunächst einmal absehende Vorstellung findet sich auch in der Kommentierung der Vorlage durch die Arbeitgeber. Heinz Allenspach sprach in seiner Funktion als Repräsentant der Arbeitgeberseite davon, dass die «berufliche Ausbildung» als ein «lebenslanger Prozess» zu verstehen sei, der sowohl die grundständige als auch die weiterführende Qualifikation in einem Beruf einschliesse. Er weitete den Ausbildungsbegriff auch auf die akademischen Studiengänge aus und betonte die Notwendigkeit, sich ständig auf dem eigenen Fachgebiet weiterzubilden. Gleichzeitig merkte Allenspach an, dass berufliches Lernen nie abstrakt sei, sondern immer an konkreten Inhalten vollzogen werden müsse. Er versuchte so eine, wenn auch letztlich rein formale, Reintegration der branchenspezifischen Bedingungen der Berufsbildung in ein Modell der «Ausbildungspolitik».[37]

Dies korrespondierte mit der Entwicklung umfassenderer betrieblicher Ausbildungskonzepte, die auf flexiblere Arbeitnehmerinnen und Arbeitnehmer zielten als die herkömmliche, spezialisierte berufliche Fachbildung. In den schweizerischen Tagesmedien wurden zu dieser Zeit die angemessene Gestaltung der

---

35 Büchel, Hägi, Geiss 2023.
36 Botschaft zu einem neuen Bundesgesetz über die Berufsbildung vom 26. Januar 1977 (Bundesblatt Nr. 9 von 28. Februar 1977), S. 690 f.
37 Allenspach, Heinz: Ausbildungspolitik – Berufsbildungsgesetz. In: Schweizerische Arbeitgeber-Zeitung vom 23. November 1978, S. 807–809.

Arbeitsplätze, Formen betriebsinterner Karrieren und Qualifizierungsregime kontrovers diskutiert.[38]

Ein echtes Novum war die Einführung von sogenannten überbetrieblichen Kursen, die das traditionelle duale Modell sanft infrage stellten, da hier ein Teil der praktischen Ausbildung nicht mehr in den Einzelfirmen stattfand. Ausserdem sollte die sogenannte Anlehre, die früher besonders zwischen Gewerbe und Industrie heftig debattiert worden war, nun endlich auf Bundesebene geregelt werden. Weiterhin war der Zentralverband der Arbeitgeber-Organisationen nicht überzeugt von der angedachten Lösung, bekämpfte den Gesetzesvorschlag jedoch nicht aktiv. Über den gesamten Vernehmlassungsprozess hatte sich der Zentralverband gegen die gesetzliche Regelung der Anlehre ausgesprochen, verwahrte sich aber gleichzeitig gegen die Angriffe der Gewerkschaften, aus deren Sicht die neuen Regelungen ein Einfallstor für eine Ausbeutung gering qualifizierter Beschäftigter waren.[39]

Bekämpft wurde der Kompromissvorschlag zur Anlehre, der sich an den Regelungen für die grundständige Berufslehre orientierte, schliesslich nicht von den Arbeitgebern, sondern vom Schweizerischen Gewerkschaftsbund, der bereits im Vernehmlassungsverfahren eine rein schulische Lösung für diejenigen vorgeschlagen hatte, die für eine drei- oder vierjährige Ausbildung in einem Betrieb nicht infrage kamen. Davon sah der Kompromissvorschlag ab und überantwortete die engere Ausgestaltung der Anlehre ganz den Wirtschaftsverbänden und Unternehmen. Auch über ein Referendum konnte der Gewerkschaftsbund das Gesetz nicht mehr stoppen.[40] Zu einer Allianz von Gewerkschaftsbund, Gewerbe und Industrie, wie sie ein Redaktor in der Neuen Zürcher Zeitung befürchtet hatte, kam es in der Sache nicht und auch von der Stimmbevölkerung wurde das Gesetz schliesslich angenommen.[41] Das Schreckgespenst einer vollständigen Verstaatlichung der Berufsbildung oder – was als noch schlimmer galt – einer Übernahme durch die Gewerkschaften liessen die Arbeitgeber auch die zusätzlichen kleineren Zumutungen schlucken.[42]

Die Krise bedeutete also keinen Einbruch der Aufwertung von formalen Qualifikationen und der fortlaufenden Weiterbildung des Personals. Kurzzeitig wurde «Umschulung» aber zu einem Schlagwort der schweizerischen Weiter-

---

38   Siehe die umfassende Pressedokumentation in SOZARCH ZA 74.6.
39   Allenspach, Heinz: Ausbildungspolitik – Berufsbildungsgesetz. In: Schweizerische Arbeitgeber-Zeitung vom 23. November 1978, S. 809.
40   Botschaft zu einem neuen Bundesgesetz über die Berufsbildung vom 26. Januar 1977 (Bundesblatt Nr. 9 von 28. Februar 1977), S. 719 f.; Büchel, Hägi, Geiss 2023.
41   «Eine Fehlkalkulation?». Neue Zürcher Zeitung vom 29. April 1978, S. 33.
42   Allenspach, Heinz: Ausbildungspolitik – Berufsbildungsgesetz. In: Schweizerische Arbeitgeber-Zeitung vom 23. November 1978, S. 809.

bildungsdiskussion.[43] Das Bundesamt für Industrie, Gewerbe und Arbeit lud bereits 1974 die kantonalen Behörden dazu ein, sich aufgrund der veränderten konjunkturellen Lage über die «question du recyclage» zu verständigen.[44] Besonders der Kanton Bern hatte hier bereits vorgearbeitet und konnte über eine eigene Studie berichten, die er den Bundesbehörden vertraulich zur Verfügung stellte.[45] Durch die laufende Reform der Arbeitslosenversicherung war der Bund für Fragen der Umschulung tatsächlich bereits in den Startlöchern.[46] Insofern das jeweilige kantonale Arbeitsamt zustimmte, gingen die Bundesbehörden davon aus, dass bereits jetzt beim Besuch einer Umschulungsmassnahme Taggelder gezahlt werden könnten. Dies sollte aber nur für den Fall gelten, dass die Betroffenen tatsächlich von Arbeitslosigkeit bedroht waren und das Qualifizierungsangebot dazu beitragen würde, sie besser zu vermitteln. Da zu diesem Zeitpunkt aber gerade einmal 20% der Beschäftigten gegen Arbeitslosigkeit versichert waren, kam dies nur für einen kleinen Teil der möglicherweise gefährdeten Personen zum Tagen. Die Arbeitsämter sollten die Regelung entsprechend nicht zu eng auslegen. Auch Bundesmittel konnten begrenzt eingesetzt werden, um Arbeitslose durch Umschulung wieder in Beschäftigung zu bringen. Über das Berufsbildungsgesetz gab es ausserdem die Möglichkeit, nicht gewinnorientierte Angebote zu subventionieren.[47]

Die Vertreter der Bundesbehörden und der Kantone kamen zum Schluss, dass sich das Problem der Umschulung als eine «Daueraufgabe» darstellen werde.[48] Schnell reifte bei den Behörden die Erkenntnis, dass die Krise vielleicht nicht nur konjunktureller, sondern auch struktureller Natur sei. Vor diesem Hintergrund wird auch die konzertierte Beschäftigung von Bund und Kantonen mit dem Problem der Umschulung verständlich: Man begann davon auszugehen, dass einige der verlorenen Arbeitsplätze vielleicht nie wiederkehren würden. Die bildungspolitische Seite der Krise stellte für den Bund vor allem ein Infor-

43 Etwa: «Im Beruf beweglich bleiben». Luzerner Neueste Nachrichten, Beilage vom 18. Februar 1975, o. S.; «Umschulung: rechtliche Grundlagen sind da». Berner Tagblatt vom 21. Februar 1975, S. 11.
44 Office fédéral de l'industrie, des arts et métiers et du travail aux départements cantonaux compétents en matière de marché du travail et de formation professionnelle, 19. Dezember 1974 (BAR, E7170B#1986/171#1121*).
45 Der Delegierte für Wirtschaftsförderung des Kantons Bern an den Direktor des Bundesamts für Industrie, Gewerbe und Arbeit Bonny vom 2. August 1974; der Direktor des Bundesamts für Industrie, Gewerbe und Arbeit an das Büro des Delegierten für Wirtschaftsförderung des Kantons Bern vom 5. August 1974 (BAR, E7170B#1986/171#1121*).
46 Vgl. Tabin, Togni 2013.
47 Bundesamt für Industrie, Gewerbe und Arbeit, Möglichkeiten zur Förderung von Umschulung und Weiterbildung der Arbeitskräfte vom 17. Januar 1975 (BAR, E7170B#1986/171#1121*).
48 Konferenz mit Vertretern der Kantone zum Thema Umschulung vom 6. Februar 1975, in Bern, Zusammenfassung, 1 (BAR, E7170B#1986/171#1121*).

mationsproblem dar, da er über die vielgestaltigen Über- und Unterangebote in den einzelnen Branchen kaum im Bilde war. Auf Arbeitsmarkt- und Berufsbildungsforschung konnte man nicht zurückgreifen, da diese nach Ansicht des Bundesamts für Industrie, Gewerbe und Arbeit noch in den «Kinderschuhen» steckten.[49]

Die Lösungen für krisenbedingte Probleme auf dem Arbeitsmarkt sollten im Einzelnen zunächst in der Verantwortung der Betroffenen sein, dann bei den Verbänden und erst zuletzt eine öffentliche Aufgabe darstellen.[50] Unternehmen, Gewerkschaften und Verbände schienen auf die Thematik der Umschulung aber wenig vorbereitet zu sein. Zwar sprach das Bundesamt über «sehr konkrete Ansätze zu Förderungsmassnahmen» bei den Sozialpartnern. Eine Zusammenstellung liess sich für die Zusammenkunft mit den Kantonen trotzdem nicht einholen. Betreffend der Unternehmen selber konnte zunächst gar nichts in Erfahrung gebracht werden.[51]

Schnell wurde der Vorwurf laut, dass hinter den bereits vermehrt durchgeführten Nach- und Umqualifikationen kein echtes Konzept stecke. Vertreter der Arbeitgeberseite liessen sich in der Tagespresse mit der Bemerkung zitieren, dass sie keinen zwingenden Handlungsbedarf sähen oder schlicht keine Idee hätten, wie man mit den nun nicht mehr gebrauchten Qualifikationen verfahren solle.[52] Der Arbeitgebervertreter Heinz Allenspach äusserte zwar verhaltene Zustimmung für eine eng an den wirtschaftlichen Notwendigkeiten orientierte Nutzung der Mittel der Arbeitslosenversicherung zu Umschulungszwecken, richtete aber deutliche Worte gegen eine Förderung von Weiterbildungen im Sinne der «éducation permanente oder zur Förderung des Berufswechsels aus persönlicher Neigung».[53]

Wie gross der Bedarf an Umschulungsmassnahmen nun tatsächlich war und welche strukturellen Veränderungen sich in den einzelnen Branchen wirklich ereigneten, war nur schwer auszumachen. Alle Prognosen aus der Zeit der Hochkonjunktur waren auf einmal Makulatur und die Bildungsökonomie und Arbeitsmarktforschung an den Hochschulen musste sich erst einmal neu sor-

---

49 Bundesamt für Industrie, Gewerbe und Arbeit, Notiz vom 12. Februar 1975 (BAR, E7170B#1986/171#1121*).
50 Konferenz mit Vertretern der Kantone zum Thema Umschulung vom 6. Februar 1975, in Bern, Zusammenfassung, 2 (BAR, E7170B#1986-171#1121*).
51 Bundesamt für Industrie, Gewerbe und Arbeit, Möglichkeiten zur Förderung von Umschulung und Weiterbildung der Arbeitskräfte vom 17. Januar 1975, S. 4 (BAR, E7170B#1986/171#1121*).
52 «Umschulung – noch in den Anfängen». Tages-Anzeiger vom 24. Februar 1975, S. 47.
53 Allenspach, Heinz: Erwägungen zur Arbeitslosenversicherung. Rohstoff und Stichworte zu einem Referat an der Tagung der AWP-Nachrichten am 1. Juli 1975, S. 8 (BAR, J1.365#2010/125#1*).

tieren. Das Bundesamt für Industrie, Gewerbe und Arbeit versuchte deshalb, selbst für entsprechende Informationen zu sorgen und bat einzelne Branchen, die als besonders bedroht gesehen wurden, um ihre Einschätzung zur Lage. Auch wenn der Rücklauf hierbei sehr gut war, unterschied sich die Qualität der Informationen zum Teil beträchtlich. Zahlen wurden einzig für die Chemieindustrie geliefert. Die Branchenverbände konnten nicht genau absehen, an welchen Stellen sich kurz- und mittelfristig Schwierigkeiten ergeben würden, was die zuständige Bundesbehörde nicht von – wenn auch vorsichtigen – Schlussfolgerungen aus der Umfrage abhielt.[54]

Für Bund und Kantone bestand eine Schwierigkeit darin, dass die Branchen- und Berufsverbände die Krise ganz unterschiedlich einschätzten, je nachdem wie stark ihre Unternehmen betroffen waren. In einigen Kantonen waren die Verbände 1975 bereits tätig geworden, in anderen liessen die offiziellen, zum Teil sehr niedrigen kantonalen Arbeitslosenzahlen den Problemdruck aber auch nicht sonderlich gross erscheinen. Gerade für die weniger urbanen Kantone hing viel von den jeweils dominanten Erwerbszweigen oder den grossen ortsansässigen Unternehmen ab. In Zürich strebten die Verbände eine paritätisch besetzte Kommission an, im Kanton Luzern hatten die Behörden direkt die Personalchefs der grösseren Unternehmen zusammengerufen. Im kleinen Kanton Obwalden richtete ein Unternehmen vor Ort eine Stiftung ein, die auf den Erhalt der Arbeitsplätze zielte. Im Kanton Solothurn sah man keinen direkten Handlungsbedarf, rechnete aber mit Problemen im Bausektor, in der Schuhproduktion und in der Uhrenindustrie. Im Thurgau galten die Sorgen ebenfalls dem Baugewerbe, aber auch den Bereichen Textil und Schuhe. Im Kanton Neuchâtel beobachtete man die Entwicklungen in der Hotellerie. Im Kanton Basel-Stadt und in Appenzell-Ausserrhoden standen die kantonalen Behörden in Kontakt mit dem Gewerbe oder den Verbänden vor Ort, sahen aber noch keinen Anlass, unmittelbar tätig zu werden. In St. Gallen sorgte man sich um die heimische Textilindustrie. Im Aargau hatte sich der Elektrotechnikkonzern Brown, Boveri & Cie. schon bereiterklärt, die Bauzeichner umzuschulen, aber nur, wenn diese sich dem Unternehmen für zwei Jahre verpflichteten. Andere Kantone sahen sich noch gar nicht in der Lage, detaillierte Auskunft zu geben, hatten erste Schritte unternommen, um mit Unternehmen und Verbänden in Kontakt zu treten oder betonten, dass bisher kein Umschulungsbedarf zu erkennen sei.[55]

---

54 Das Bundesamt für Industrie, Gewerbe und Arbeit an die für den Arbeitsmarkt und die Berufsbildung zuständigen Departemente der Kantone vom 25. Februar 1975 (BAR, E7170B#1986/171#1121*).
55 Ebd.

Einige Firmen nahmen die Krise aber zum Anlass, auch öffentlichkeitswirksam Schulungsmöglichkeiten für arbeitslose Personen anzubieten. Das Maschinenbau- und Stahlunternehmen Buss AG im Kanton Basel Land hatte zunächst sogar in Stelleninseraten dafür geworben, Hochbauzeichner zu Maschinenzeichnern umzuschulen, musste dann aber eingestehen, dass der Bedarf gar nicht so gross war wie gedacht.[56] Eine St. Galler Werbeagentur wandte sich direkt an Arbeiterinnen und Arbeiter oder Beschäftigte im Handwerk und stellte einen «sicheren Arbeitsplatz trotz Rezession» in Aussicht, wenn diese sich für den Aussendienst umschulen liessen.[57] Auch die Basler Versicherungen und die Vita Lebensversicherung richteten sich in ihren Inseraten an all diejenigen, die sich zukünftig als «Versicherungsexperten» oder «Vorsorgeberater» betätigen und entsprechend nachqualifizieren lassen wollten.[58]

Gemeinsam wurden von Gastgewerbe und der Zürcher Stadtverwaltung krisenbedingt kostenlose «Buffetkurse» und «Servierkurse» durchgeführt, die einzig ausreichende Deutschkenntnisse und Arbeitslosigkeit zur Voraussetzung hatten. Weitere Bedingungen, etwa an die Qualifikation der arbeitslosen Teilnehmerinnen und Teilnehmer, wurden nicht formuliert, dafür aber in Aussicht gestellt, dass eine Stellenvermittlung noch im Verlauf des Umschulungsprogramms angestrebte werde.[59] Den Impuls hierzu hatte die Stadtverwaltung gegeben, schnell erklärten sich aber verschiedene lokale Wirtschaftsvereinigungen bereit, ein Angebot auszuarbeiten. Über Radio und Printmedien wurde auf die Umschulungskurse aufmerksam gemacht, worauf sich zahlreiche Bewerberinnen und Bewerber meldeten, um an dem Programm teilzunehmen. Gemeinsam wählte die öffentliche Behörde mit den privaten Verbänden diejenigen Personen aus, die wirklich als geeignet galten. Auch alle öffentlichen Verlautbarungen wurden gemeinsam unterzeichnet, um den kooperativen Charakter des Unternehmens zu unterstreichen. Am ersten «Buffetkurs» über fünf Tage nahmen 28 Personen teil, an den beiden «Servierkursen» über je zehn Tage insgesamt 48 Stellenlose, nur ein Viertel davon Frauen. Die meisten waren jung und hatten zuvor auf dem Bau oder im grafischen Gewerbe gearbeitet. Selbst ein Architekt und ein ehemaliger Bauunternehmer hatten sich gemeldet und das Angebot absolviert.[60]

56 «Auf die Umschulung ist niemand vorbereitet». Basler AZ vom 12. Februar 1975, S. [1].
57 Siehe Stellenmarkt-Monitor Schweiz, 11977152030020.
58 Siehe Stellenmarkt-Monitor Schweiz, 11978122010026; «Vita Lebensversicherungs-Aktiengesellschaft, Zürich» [Stelleninserat]. Neue Zürcher Zeitung vom 27. November 1975, o. S.
59 «Gratis-Umschulungskurse für Arbeitslose». Tagblatt der Stadt Zürich vom 18. April 1975, S. 30; «Neuer Start im Gastgewerbe». Neue Zürcher Zeitung vom 21. Mai 1975, S. 33.
60 Städtisches Arbeitsamt Zürich, Abschlussbericht über die Gratis-Umschulungskurse für Arbeitslose im Mai und Juni 1975 (BAR, E7170B#1986/171#1121*).

Da diese Form der Zusammenarbeit zwischen Behörden und Privatwirtschaft in Folge der Rezession bislang einmalig war, waren die Verantwortlichen vom grossen Presseecho, das auf die Massnahme folgte, überrascht. Es erschienen Berichte und bebilderte Reportagen, was dazu führte, dass man auch an anderen Orten ähnliche Angebote ausarbeiten wollte. Sogar das Schweizer Fernsehen berichtete in der Sendung «Bericht vor 8» über den Umschulungskurs in Zürich.[61]

Für die Gastronomie bot die temporäre Krise also Möglichkeiten, kurzfristig ihr Personalproblem zu entschärfen, indem sie über schnelle Qualifizierungsprogramme neues Personal rekrutierte. Die Krise erschien hier als Chance, für den anstrengenden Servicejob wieder Interessentinnen und Interessenten zu finden. Schon länger beschwerte man sich in der Hotellerie und im Restaurantwesen über die schwierige Personallage, was auch mit der Krise nicht einfach gelöst war. Weiterhin schienen hier zumindest die einfachen Tätigkeiten nur mit Ausländerinnen und Ausländern besetzbar, da sich Personen aus der Schweiz kaum bewarben.[62] Das Bundesamt für Industrie, Gewerbe und Arbeit beauftragte deshalb den Schweizer Hotellerie-Verein damit, ein spezielles Umschulungsprogramm auszuarbeiten, das dann den Namen «Service» tragen sollte. Auf diese Weise wollte man vor allem Kellnerinnen und Kellner sowie weitere Serviceangestellte gewinnen.[63] Vom Schweizerischen Wirteverband wurden Umschulungskurse bereits länger angeboten, nun aber unter dem Motto «Eine sichere Zukunft – Berufe im Gastgewerbe» neu beworben. Diese fanden regen Zulauf. Die Kosten für den Kurs bekamen die in der Regel jungen Absolventinnen und Absolventen nur zurückerstattet, wenn sie anschliessend ein einjähriges Praktikum in der Gastronomie ableisteten.[64]

In den ersten zwei Jahren wurden um die siebenhundert Personen auf Tätigkeiten im Gastgewerbe umgeschult. Die Erfolgsquote lag hierbei nach Auskunft der Bundesbehörden bei etwa 65%. Sehr zurückhaltend blieb man mit stark abgekürzten Ausbildungsgängen für Tätigkeiten, die für einen Schnellkurs ungeeignet schienen. Beim Service gingen Behörden und Verbände davon aus, dass sich das Grundwissen in wenigen Wochen vermitteln lasse und dann in der Praxis verfeinert werden müsse. Personal für Leitung und Verwaltung eines Gastronomiebetriebs konnte man hingegen nicht so einfach nachqualifizieren.

---

61 Städtisches Arbeitsamt Zürich, Abschlussbericht über die Gratis-Umschulungskurse (BAR, E7170B#1986/171#1121*).
62 Bundesamt für Industrie, Gewerbe und Arbeit, Besprechung mit Herrn F. H. Ruchti, Unternehmensberatung, Luzern, betreffend Umschulung, vom 6. März 1975 (BAR, E7170B#1986/171#1121*).
63 Umschulung in das Gastgewerbe, Pressemitteilung vom 14 Mai 1975 (BAR, E7170B#1986/171#1121*).
64 «Nachwuchsförderung im Gastgewerbe». St. Galler Tagblatt vom 1. Mai 1975, S. 28.

Insgesamt kamen die Angebote sowieso nur für junge Stellensuchende infrage, da sich ältere Personen, zumal mit Familie, für die Tätigkeiten mit niedriger Bezahlung und wenig attraktiven Arbeitszeiten ohnehin nicht gewinnen liessen. 1977 begann man bereits, einzelne Programme wieder einzustellen.[65]
Die Textilindustrie witterte ebenfalls Morgenluft und nahm die wachsende Arbeitslosigkeit zum Anlass, ausgebildete Mechaniker so umzuschulen, dass sie mit den Maschinen in der Branche zurechtkamen.[66] Auch die öffentliche Hand unternahm grössere Anstrengungen, um zu sondieren, wo dem Personalmangel durch eine schnelle Umschulung abgeholfen und wo die Eintrittsschwellen für eine berufliche Grundqualifikation gesenkt werden konnten.[67] Das Medienhaus Ringier wollte die Umschulung eines Teils seiner Belegschaft vom Buch- und Tiefdruck auf den modernen Offsetdruck über Gelder aus der Arbeitslosenversicherung finanzieren, was von den Gewerkschaften und in der Arbeiterpresse heftig kritisiert wurde.[68] Die Gewerkschaftsseite merkte an, dass die Umschulung bei Ringier keineswegs krisenbedingt erfolge, sondern ein Resultat technologisch bedingter Rationalisierungsbestrebungen sei. Die durch die Weiterentwicklung der Drucktechnik entstandenen neuen Qualifikationsbedürfnisse wurden durch das Unternehmen einfach mit dem Beschäftigungsrückgang in Folge der Krise verknüpft.[69]
In der Baubranche mussten sich nicht nur Hilfskräfte und Maurer nach neuen Tätigkeiten umsehen. Auch für die Architekturberufe und das Bauingenieurwesen war eine neue Situation entstanden. Entsprechend organisierten Schulen und Verbände Angebote, bei denen sich Absolvierende der ETH oder der Höheren Technischen Lehranstalten für eine Anstellung in der Elektro- und Maschinenindustrie fortbilden lassen konnten.[70] Durch eine gezielte Nachqualifikation der Fachkräfte mit Führungsverantwortung sollte auch längerfristig sichergestellt werden, dass die einheimischen Beschäftigten nicht doch noch von der Krise erfasst würden. In der Baubranche dominierte der Konjunktur-

---

65 Schreiben des Bundesamts für Industrie, Gewerbe und Arbeit vom 28. April 1977 (BAR, E7170B#1986/171#1121*).

66 «Umschulung für Arbeitslose». Werkzeitung der schweizerischen Industrie (1976)7–8, S. 164.

67 Notiz vom 21. Mai 1975; Bundesamt für Industrie, Gewerbe und Arbeit, Notiz Hearing über den Arbeitskräftebedarf im Gesundheitswesen vom 23. Mai 1975; Bundesamt für Industrie, Gewerbe und Arbeit, Information Umschulung vom 18. Juli 1975 (BAR, E7170B#1986/171#1121*).

68 «Personalumschulung mit Geld der Arbeitslosenversicherung?». Neue Zürcher Zeitung vom 23. November 1976, S. 31; «Der neueste Coup!» AZ – Freier Aargauer vom 1. Dezember 1976, S. [1].

69 Schreiben an das Arbeitsamt des Kantons Luzern vom 2. Dezember 1976 (BAR, E7170B#1986/171#1121*).

70 «Kurse und Tagungen». Schweizerische Bauzeitung vom 20. März 1975, S. 177 f.

einbruch sämtliche Debatten. Auf einer Tagung des Zürcher Ingenieur und Architekten-Vereins zur Zukunft des Baugewerbes bestimmte die «beklemmende Nähe des Geschehens» die kurzen Referate und auch die Diskussionen. Die Umschulung des Personals schien auch hier ein gangbarer Weg, um schnell das personelle Überangebot abzubauen.[71]
Gleichzeitig wiesen verschiedene Stimmen darauf hin, dass es nur dort sinnvoll sei umzuschulen, wo für die neu erlernte Tätigkeit auch ein Bedarf bestehe: Für das Servicepersonal im Gastgewerbe schien das unmittelbar ersichtlich und auch ohne grösseren Aufwand realisierbar. Bereits bei den Bauingenieuren und Architekten konnte durchaus infrage gestellt werden, ob die eigentlich ja hochqualifizierten Fachkräfte wirklich ein – wenn auch verkürztes – kostspieliges zweites Studium absolvieren sollten. Als Alternative galt, schweizerisches Fachpersonal auch stärker im Ausland zu beschäftigen.[72]
Für die Bundesverwaltung stand das Konzept der «Umschulung» nun aber im Zentrum ihrer Tätigkeiten. Hier war man bemüht, keine staatliche Grossstruktur aufzubauen und wollte die Durchführung gern den Kantonen und Sozialpartnern überlassen. Da niemand wissen konnte, wie lang diese Krise währen würde, wurden in Bern zahlreiche Anstrengungen unternommen, um sich einen Überblick zu verschaffen und mögliche Lösungen zu erarbeiten. Die Berufsverbände hatten die Krise unmittelbar zum Anlass genommen, Druck auf Behörden und Arbeitgeber aufzubauen. Da die Weiterbildung der Mitglieder seit jeher zum Kernanliegen der Berufsvereinigungen gehörte, waren sie gut vorbereitet. Das Wachstum des Dienstleistungssektors bedeutete auch eine Zunahme der Zahl der Angestellten gegenüber den Arbeitern und Ungelernten, was wiederum die Legitimation des weiterhin massgebenden Kaufmännischen Verbands stärkte. Dieser veröffentlichte ein eigenes Programm zur Krisenbekämpfung und setzte sich gleichzeitig von den Gewerkschaften ab, indem er sich in der Frage der betrieblichen Mitbestimmung nicht explizit positionierte.[73]
Die «Umschulung» galt gemeinhin als eine kurzfristig angelegte Notlösung. Die Krise hatte gezeigt, dass überraschende Wechsel möglich waren, für die nicht sofort Patentlösungen auf dem Tisch liegen mussten. Aus berufspolitischer und Arbeitgebersicht sollte nun verhindert werden, dass durch massenhafte Umschulungsprogramme neue Überkapazitäten in anderen Bereichen geschaffen würden.[74] Stattdessen drängten die Berufs- und Wirtschaftsver-

---

71 «Umschau». Schweizerische Bauzeitung vom 1. Mai 1975, S. 276.
72 «Bestrebungen zur Gründung einer Zentralstelle für den Export von Dienstleistungen». Schweizerische Bauzeitung vom 16. Oktober 1975, S. 661–665.
73 Forschungszentrum für schweizerische Politik an der Universität Bern (Hg.): Schweizerische Politik im Jahre 1975. Bern 1976, S. 182; Neue Zürcher Zeitung vom 30. Juli 1975.
74 Wirtschaftspolitische Mitteilungen vom 10. Oktober 1975, S. 11.

bände darauf, in die ständige Weiterbildung des bereits qualifizierten Personals zu investieren. Der Kaufmännische Verband gab gemeinsam mit den Rektoren der Berufsschulen eine Untersuchung in Auftrag, die sich der beruflichen Weiterbildung widmete, und entwickelte neue Kursprogramme.[75] Damit wurde dem Umstand Rechnung getragen, dass immer weniger Stellen für niedrigqualifizierte Arbeitskräfte zur Verfügung standen. Die Personalstruktur in den Unternehmen hatte sich so verändert, dass ein stetig zunehmender Teil der Stellenausschreibungen auf höher qualifizierte Arbeitskräfte zielte.[76]

Im August 1975 sah sich die bernische Volkswirtschaftsdirektion genötigt, direkt an die verschiedenen Verbände und Vereinigungen auf Arbeitgeber- und Arbeitnehmerseite zu gelangen, um den Konflikt über Nutzen und Nutzlosigkeit von Umschulung und Weiterbildung zu entschärfen. Die Behörde wies darauf hin, dass Umschulungen sich nur dann lohnten, wenn die Arbeitslosigkeit durch einen strukturellen Wandel bedingt war. Dort, wo es hingegen lediglich zu einem Konjunktureinbruch gekommen war, galt es, durch Weiterbildung im bereits erlernten Beruf die Beschäftigungsfähigkeit so lange aufrechtzuerhalten, bis die wirtschaftliche Lage sich wieder besserte. Alles Weitere sollte in der Regelungskompetenz der Privatwirtschaft und ihrer Verbände verbleiben. Die staatlichen Stellen sahen sich als unterstützende Instanz und wollten keine Strukturen aufbauen, die sich nach Ende der Krise nur schwer wieder hätten beseitigen lassen.[77]

13.3 Weiterbildung als Eigenleistung

In den Jahrzehnten der Hochkonjunktur waren innerhalb und ausserhalb der Betriebe zahlreiche Angebote entstanden, die sich der Weiterbildung des Personals widmeten. Mit der Krise sah sich zumindest die berufliche und betriebliche Weiterbildung insofern herausgefordert, als sie besser begründet werden musste. Das Kursangebot wurde nun deutlich stärker nach seinem Nutzen befragt.[78]

Bei den Unternehmen mussten die Ambitionen einer stärkeren Strukturierung und Professionalisierung der Angebote nicht zwingend auf Begeisterung stossen. Der Bankmanager Holzach warnte 1975 in einem Vortrag im hauseigenen Kaderschulungszentrum davor, die «exzessive Systematisierung der

---

75 «Die Angestellten in der Rezession». Neue Zürcher Zeitung vom 30. Juli 1975, S. 23.
76 Sacchi, Salvisberg, Buchmann 2005.
77 Direktion der Volkswirtschaft des Kantons Bern an die Arbeitnehmer- und Arbeitgeberverbände des Kantons Bern vom 20. August 1975 (BAR, E7170B#1986/171#1121*).
78 Geiss 2016b.

firmeneigenen Weiterbildungsmöglichkeiten» noch weiter voranzutreiben. Mit der Erstellung von «Checklisten» und «Schemata» sei noch kein Schritt hin zu einer besseren internen Qualifizierung des Personals gemacht.[79]
Ähnlich sah dies für ein Anliegen aus, für das sich die Gewerkschaften bereits länger begeisterten, das aber in der Arbeitgeberpresse heftige Gegenreaktionen hervorrief: der sogenannte Bildungs- oder Weiterbildungsurlaub. Gemäss den Arbeitnehmervertretungen sollten nicht mehr allein Lohn und Arbeitsbedingungen, sondern auch Fragen der beruflichen Weiterbildung Gegenstand der Verhandlungen mit den Arbeitgebern sein.[80] Die Idee war aus dem umliegenden Ausland in die Schweiz geschwappt. Von der Internationalen Arbeitsorganisation war zudem 1974 ein «Übereinkommen über den bezahlten Bildungsurlaub» verabschiedet worden.[81] Das Anliegen, den Arbeitnehmerinnen und Arbeitnehmern das Recht auf eine bezahlte Auszeit zu geben, in der sie sich weiterqualifizieren konnten, schien aus Sicht der Schweizer Arbeitgeber aber als allzu absurd. Durch die Krise war es nun auch ein Leichtes, die Umsetzungsmöglichkeiten eines solchen Ansatzes grundsätzlich infrage zu stellen. Im Rahmen einer Tagung auf dem traditionsreichen Herzberg im Kanton Aargau wetterte der Vertreter des Zentralverbandes schweizerischer Arbeitgeber-Organisationen demgemäss auch gegen die Konzepte «rekurrente Bildung» und «éducation permanente», die er als elitär bezeichnete, da sie auf Ressourcen keine Rücksicht nähmen. Die Unternehmer seien nicht Pestalozzi und die Förderung der Allgemeinbildung gehöre nicht zu den Aufgaben der Arbeitgeber. Aus diesen Gründen sah der Arbeitgeberfunktionär es auch als notwendig an, die rechtliche Verankerung des Bildungsurlaubs zu unterbinden.[82]
Im Parlament hatten Vorstösse zur Verankerung des Bildungsurlaubs sowieso keine Chance. Bereits 1968 scheiterte eine diesbezügliche Standesinitiative des Kantons Genf, 1973 lehnte der Nationalrat ein entsprechendes Postulat ab. Auch der Bundesrat positionierte sich gegen solche Vorstellungen. Als dann mitten in der Rezession eine Ratifizierung des Übereinkommens der Internationalen Arbeitsorganisation betreffend den bezahlten Bildungsurlaub debattiert wurde, stellten sich zunächst der Ständerat und anschliessend auch der Nationalrat gegen eine Förderung der beruflichen Auszeit zur individuellen

---

79 Holzach, Robert: Innerbetriebliche Ausbildung im Bankgewerbe, S. 17 (AfZ, NL Robert Holzach 19).
80 Siehe etwa «Bezahlter Bildungsurlaub?». Technische Rundschau vom 16. Juli 1974, S. 1–3.
81 «Bildungsurlaub – bislang unerwünscht». National-Zeitung, Beilage nz panorama vom 21. Februar 1976, S. I f.
82 «Der Bildungsurlaub bleibt umstritten». Tages-Anzeiger vom 26. November 1974, S. 6; «Der Bildungsurlaub bleibt umstritten.» Basler Nachrichten vom 29. November 1974, S. 6.

Weiterbildung. Die beiden Kammern folgten damit dem Vorschlag des Bundesrates.[83] Aus Gewerkschaftssicht wurde diese Ablehnung scharf kritisiert.[84] Die Schweiz hatte, anders als andere europäische Staaten, kein eigenes Betriebsverfassungsgesetz, das wenigstens den Mitgliedern von betrieblichen Arbeiterkommissionen die individuelle bezahlte Abwesenheit zu Weiterbildungszwecken garantiert hätte. Die kantonalen gesetzlichen Regelungen zur Förderung der Erwachsenenbildung kannten ebenfalls nur für ausgewählte Gruppierungen ein Recht auf Weiterbildung während der Arbeitszeit. Wenige Betriebe hatten aber in der Hochkonjunktur damit begonnen, ihren Mitarbeiterinnen und Mitarbeitern einen bezahlten Bildungsurlaub zu gewähren, ohne dass daraus eine breitere Praxis erwachsen wäre.[85]

Für den Bundesrat war der Bildungsurlaub eine Angelegenheit, die nicht gesetzlich zu erzwingen war. Er argumentierte deshalb bereits gegen den kleinen Schritt einer Ratifizierung des internationalen Abkommens. Über einen bezahlten Bildungsurlaub sollten die Gewerkschaften mit der Arbeitgeberseite direkt verhandeln und die Ergebnisse dann in Gesamtarbeitsverträgen festhalten. Eine Form der sanften Steuerung sah der Bundesrat durch die Normalarbeitsverträge vor.[86]

Allein die Rede vom «Urlaub» gab den Arbeitgebern hinreichend Angriffsfläche, um die Auszeit für die individuelle Weiterbildung als wirklichkeitsfremde Idee von abgehobenen Politikern und Gewerkschaften zu bezeichnen. Eine bezahlte Unterbrechung der Arbeitstätigkeit, mit eigenen Bildungszielen, die nichts mit dem Unternehmenszweck zu tun hatten – dieses Konzept war aus Sicht der Arbeitgeber kaum zu vermitteln.[87] Eine umfassende und flexible Ausbildung, die auch die Weiterbildung einschloss, galt zwar in der Arbeitgeberpresse als nicht mehr hinterfragtes Gut. Auch Flexibilität und Kreativität waren Leitwerte, die nicht an Bedeutung verloren. Die Arbeitgeber waren aber stets bemüht, den Bildungsdiskurs möglichst eng in den Kontext wirtschaftlicher Erfordernisse ein-

---

83 «Zeit zur Arbeit – Zeit zur Bildung». Neue Zürcher Zeitung vom 19. März 1976, S. 33; «Bildungsurlaub – bislang unerwünscht». National-Zeitung, Beilage nz panorama vom 21. Februar 1976, S. I f.
84 «Zur Debatte über den Bildungsurlaub». Gewerkschaftskorrespondenz vom 25. März 1976, S. 158 f.
85 Schlienger, Ulrich W.: Bildungsurlaub: Einflüsse, Meinungen und Argumentationen. Onex/Genève 1975: Selbstverlag; «Bezahlter Bildungsurlaub und schweizerisches Recht». Neue Zürcher Zeitung vom 18. Juli 1975, S. 29.
86 Protokoll der Sitzung der nationalrätlichen Kommission vom 12. Februar 1976 (BAR, E7185.3#1986/32#130*).
87 «Bunter, praller ‹Bildungsurlaub›-Ballon». Schweizerische Arbeitgeber-Zeitung vom 28. Februar 1980, S. 168.

zubetten. Die Investitionen in das Humankapital galten nicht als Selbstzweck, sondern wurden nur als eine Grösse neben anderen betrachtet.[88]
Über den Entlastungsfonds der Arbeitslosenversicherung liessen sich aber wenigstens Kursbesuche bezahlen, die einen unmittelbaren Bezug zur beruflichen Qualifikation der Stellensuchenden hatten. Dafür musste eine Reihe an Voraussetzungen gegeben sein, mit denen verhindert werden sollte, dass die besuchten Weiterbildungen anderen Zwecken dienten als der schnellstmöglichen Integration in den Arbeitsmarkt. Einem Bezug der Leistungen standen aber die Obergrenzen beim Familieneinkommen im Wege, was vor allem die Frauen traf.[89]
Versuche, das etablierte System der beruflichen Bildung grundsätzlich auf neue Füsse zu stellen, hatten in diesem Kontext keine Chance. 1986 verwarf die stimmberechtigte Bevölkerung überaus deutlich die 1982 von einem Aktionskomitee der Sozialistischen Arbeiterpartei eingereichte Initiative «für eine gesicherte Berufsbildung und Umschulung». Die Initiative firmierte auch unter dem inoffiziellen Titel «Lehrwerkstätteninitiative», da mit ihr Ausbildungsplätze geschaffen werden sollten, die die Berufsbildung dem direkten Zugriff der Unternehmen entzogen hätten. Neben diesem mit 80% deutlich abgelehnten Anliegen wären mit der Initiative auch die Möglichkeiten der Umschulung gestärkt worden.[90]
Zur Sicherheit, die in den späten Jahren der Hochkonjunktur geherrscht hatte, kehrte die bildungspolitische Diskussion nicht mehr zurück. Zwar war die befürchtete Jugendarbeitslosigkeit in der Schweiz nicht eingetreten. Doch galten nun stabile Betriebskarrieren, Sesshaftigkeit und der Verbleib im angelernten Beruf als Relikte besserer Zeiten. Dem entsprachen zwar zunächst nicht unbedingt die realen Entwicklungen in den Unternehmen. In der öffentlichen Debatte nahmen die Themen geografische Mobilität und berufliche Flexibilität aber einen grösseren Raum ein. Dass es zu Beginn der 1980er-Jahre in Folge der zweiten Ölpreiskrise bereits wieder zu einem Konjunktureinbruch kam, verlieh diesen Diagnosen einer gewandelten Arbeitswelt zusätzliches Gewicht.[91]

88 Gesellschaft zur Förderung der schweizerischen Wirtschaft, Artikeldienst vom 18. April 1983.
89 «Arbeitslosenversicherung zahlt auch Schulung». Tages-Anzeiger vom 20. Januar 1983, S. 18.
90 Botschaft des Bundesrates über die Volksinitiative «für eine gesicherte Berufsbildung und Umschulung» vom 22. August 1984 (Bundesblatt Nr. 38 von 25. September 1984); Forschungszentrum für schweizerische Politik an der Universität Bern (Hg.): Schweizerische Politik im Jahre 1985. Bern 1986, S. 172; Forschungszentrum für schweizerische Politik an der Universität Bern (Hg.): Schweizerische Politik im Jahre 1986. Bern 1987, S. 183.
91 Zur massenmedialen Verarbeitung der gesellschaftlichen Krisenerfahrungen in den 1970er-Jahren vgl. den Pressespiegel in der Dokumentation SOZARCH ZA 75.2*1.

14 Die Herrschaft der Halbleiter

Anders als in den Jahrzehnten der Hochkonjunktur, wo der anhaltende Personalmangel das drängendste Problem schien und die Qualifikation der Beschäftigten notwendig machte, stand mit der Krise Mitte der 1970er-Jahre die Frage im Zentrum, mit welchen technologischen Produkten sich künftig noch Geld verdienen lassen würde. In den Unternehmen, Banken, Verbänden und der liberalen Presse gingen viele davon aus, dass die Schweiz ein Strukturproblem habe, das nun anzugehen sei. Auf diese Herausforderung reagierten die staatlichen Behörden mit einem neuen Ansatz: Wie in anderen Ländern auch wurde in der Schweiz nun auf eine forcierte staatliche Investitionspolitik im Technologiebereich gesetzt. Die direkte Förderung von Forschung und Entwicklung galt im Zuge der Krise als eines der Instrumente, mit denen erneute ökonomische Prosperität und eine gute Beschäftigungslage zu erlangen seien. In den Wirtschaftsverbänden stiess die neue Ausrichtung der eidgenössischen Technologiepolitik aber nicht auf ungeteilte Begeisterung und wurde zum Teil auch heftig bekämpft.[1]

14.1 Neue Technologiepolitik

In der Diagnose eines grundsätzlichen Strukturproblems der schweizerischen Wirtschaft war man sich zwar einig. Über die besten Lösungen herrschte dennoch kein Konsens. Insbesondere kam es in diesem Zusammenhang zu einem Konflikt zwischen staatlichen Stellen und privaten Wirtschaftsverbänden: 1977 wählte die schweizerische Regierung Waldemar Jucker zum Delegierten für Konjunkturfragen, der eine entschieden interventionistische Technologiepolitik vertrat.[2] Jucker war davon überzeugt, dass die Erfindung des Mikrochips die wirtschaftlichen Verhältnisse von Grund auf umpflügen würde. Und er ging davon aus, dass dies nur zu bewältigen sei, wenn auch die Organisation der beruflichen Bildung neu ausgerichtet werde.[3] Dieser Ansatz wurde auf

---

[1] Straumann 2001; Elzinga, Jamison 1995.
[2] Kübler 2013; «Hinschied von Waldemar Jucker». Neue Zürcher Zeitung vom 11. Januar 1994, S. 13.
[3] Jucker, Waldemar: Wirtschaftliche und soziale Auswirkungen der Mikroelektronik und elektronischen Datenverarbeitung. In: Gewerkschaftliche Rundschau 72 (1980) 3, S. 94.

Arbeitgeberseite nicht von allen geteilt, fand aber bei einzelnen Unternehmen oder unter Wirtschaftsfunktionären durchaus Befürworter.

Für die Ausbildung von Fachkräften im Bereich der elektronischen Datenverarbeitung gab es in der Schweiz in den 1970er-Jahren keine ausgebaute Infrastruktur, was private Institute auf den Plan rief, die für den «zukunftsreichsten Beruf der Gegenwart» warben. In der Arbeitgeberzeitung wurden Interessenten hingegen davor gewarnt, weitreichende Schlüsse zu ziehen, bevor der Arbeitskräftebedarf überhaupt systematisch erhoben worden sei.[4] Von pädagogischer Seite gab es früh Versuche, mehr Informatik und Computerpraxis direkt in die Schulen zu bringen. Mathematiklehrkräfte an den höheren Schulen nutzten ihre Kontakte zu den Universitäten und Firmen, um die dort vorhandene technische Infrastruktur zu nutzen. An der Universität Neuchâtel verantwortete Pierre Banderet 1973 eine Umfrage zum Informatikunterricht an den Mittelschulen. Daraufhin veranlasste die Erziehungsdirektorenkonferenz eine Koordinationsgruppe Informatik, die ein Massnahmenpaket für die Sekundarstufe ausarbeiten sollte. Die Lehrerfortbildung erwies sich in diesem Zusammenhang als besonders innovationsfreudig. Technologische Neuerungen hatten hier im Kursprogramm seit Beginn der Bildungsexpansion eine grosse Rolle gespielt.[5]

Der erste Konflikt mit den Wirtschaftsverbänden entzündete sich gleich an einem Impulsprogramm, das Jucker 1977 auszuarbeiten begann. Der Verein Schweizerischer Maschinen-Industrieller störte sich daran, dass der ehemalige Gewerkschaftsfunktionär Jucker der schweizerischen Industrie bei den «Mikroprozessoren» und anderen verwandten Bereichen einen «erheblichen Rückstand» attestiert hatte. Jucker hatte sich zu den Problemen der exportorientierten Wirtschaft zunächst in der Presse vernehmen lassen und nicht direkt mit den Verbänden gesprochen, wo nun eine gewisse Beunruhigung eingetreten war.[6] Der VSM unterstellte daraufhin, dass der Delegierte für Konjunkturfragen nicht hinreichend informiert sei und auf unzulänglicher Grundlage weitreichende Entscheidungen treffen wolle.[7]

Im Vorort des Schweizerischen Handels- und Industrievereins war man nach einer ersten Unterredung mit Jucker noch davon ausgegangen, dass dieser keine

---

4 «Für eine seriöse Ausbildung von Computer-Spezialisten». Schweizerische Arbeitgeber-Zeitung vom 1. März 1973, S. 150.
5 Hässig, Claus: Angst vor dem Computer? Die Schweiz angesichts einer modernen Technologie. Bern 1987: Haupt; «Informatik in der Mittelschule». Schweizerische Lehrerzeitung vom 6. März 1986, S. 15 f.; Bosche, Geiss 2017.
6 Pressemitteilung des Volkswirtschaftsdepartements, Vorbereitung eines Impulsprogramms, ohne Datum (AfZ IB VSM-Archiv 2844).
7 Schreiben an die Herren des Sekretariates vom 8. Dezember 1977 (AfZ, IB Vorort-Archiv 51.5.3.2).

umfassenden strukturpolitischen Massnahmen beabsichtigte.[8] Die betroffenen Verbände versuchten nun untereinander, eine einheitliche Position zu finden, sich zu verständigen und drängten auch beim Bundesrat darauf, keine Fakten zu schaffen, die das Verhältnis von Staat und Wirtschaft nachhaltig verändern würden. Eine interventionistische Technologiepolitik galt als Sündenfall, der auch Auswirkungen auf das wirtschaftliche Gesamtgefüge in der Schweiz haben konnte.[9] Selbst der Gewerbeverband, für dessen Mitglieder diese Neuausrichtung der Technologie- und Konjunkturpolitik zunächst eine geringe Bedeutung hatte, kommentierte die ersten Ankündigungen in der Presse mit einem «Es darf nicht wahr sein!»[10] Auch die Versicherung vonseiten der Behörden, die etablierte wirtschaftspolitische Ordnung nicht angreifen zu wollen, konnte die Bedenken der Verbände nicht wirklich zerstreuen – zumal seitens des Volkswirtschaftsdepartements gar nicht abgestritten wurde, dass das angedachte Impulsprogramm eine Neuerung im Verhältnis von Staat und Industrie bedeuten würde.[11]

Anders als die Arbeitsbeschaffungsmassnahmen in Folge der Weltwirtschaftskrise oder die öffentlichen Subventionen, mit denen die Bautätigkeit in der Schweiz angekurbelt wurde, folgte die neue Konjunkturpolitik qualitativen Erwägungen. Im Zentrum stand die Entwicklung innovativer Technologien und die Erschliessung neuer Märkte, die nach hochentwickelten Produkten verlangten. Dabei sollte das staatliche Engagement aber nicht von Dauer sein, sondern nur einen Anstoss geben, sodass sich die Dynamik in der Privatwirtschaft dann verselbstständigen würde. Entsprechend wurden die Massnahmen als «Impulsprogramm» bezeichnet. Die verwendete Metaphorik des «Impulses» war passenderweise dem elektrotechnischen Bereich selbst entlehnt worden, den man besonders im Auge hatte. Der traditionell starken und bedeutsamen exportorientierten Industrie wollte man nur einen nahezu unsichtbaren Schubs geben. Dazu sah das erste «Grobkonzept» Massnahmen in der Mikrotechnik, im Bauwesen und beim Energiesparen, im Umweltschutz und in der Aussenwirtschaft vor, wobei ein Grossteil der Kredite für die industrielle Entwicklung im Bereich der Mikroprozessoren gedacht war.[12]

8 Notiz vom 17. Juni 1977 (AfZ, IB Vorort-Archiv 51.5.3.2).
9 Vorort an das Volkswirtschaftsdepartement vom 9. Dezember 1977 (AfZ, IB Vorort-Archiv 51.5.3.2).
10 Gewerblicher Pressedienst vom 12. Dezember 1977 (AfZ, IB Vorort-Archiv 51.5.3.2).
11 Volkswirtschaftsdepartement an den Vorort vom 14. Dezember 1977 (AfZ, IB Vorort-Archiv 51.5.3.2).
12 Pressemitteilung des eidgenössischen Volkswirtschaftsdepartements zur Vorbereitung eines Impulsprogramms; Beschluss des Bundesrates vom 28. November 1977; Eidgenössisches Volkswirtschaftsdepartement, Grobkonzept Impulsprogramm, Orientierung, 2. Februar 1978 (AfZ, IB VSM-Archiv 2844).

Nach einer ersten gemeinsamen Sitzung, an der sowohl Jucker als auch Verbände und Banken teilgenommen hatten, blieb man beim Vorort skeptisch, ob der Delegierte des Bundesrates ausreichend Sachkenntnis mitbrachte. Mit dem Verein Schweizerischer Maschinen-Industrieller hatte er sich vorab nicht eigens ausgetauscht und auch dem Vorort selbst keinen Einblick in den Entwurf gewährt. Entsprechend kritisierte der Verband, dass Juckers Einschätzungen der Situation auf Gesprächen mit zufällig ausgewählten einzelnen Unternehmensvertretern beruhten.[13]

Der Weg hin zu einem neuen Verhältnis von Industrie und Staat sollte also allem Anschein nach nicht über die Verbände gehen. Aus Sicht der Industrie musste es mindestens als «ungewöhnlich» erscheinen, dass nicht die etablierten Kanäle des korporatistischen Gefüges genutzt worden waren und Jucker stattdessen über einzelne Firmenbesuche und Ad-hoc-Gespräche eine Kehrtwende mit weitreichenden Folgen für die industrielle Entwicklung in der Schweiz vorbereitete.[14]

Während der Vorort sich auch im Weiteren in diesen Fragen nahezu ausschliesslich ordnungspolitisch positionierte, bei der Aus- und Weiterbildung aber etwas milder agierte als bei der Subventionierung der privatwirtschaftlichen Forschung und Entwicklung, griffen die Arbeitnehmervertretungen ein anderes Problem des Strukturwandels unmittelbar auf. Früh hatten sich die Gewerkschaften nicht nur international, sondern auch in der Schweiz mit den Folgen der elektronischen Datenverarbeitung für die Arbeitskräfte beschäftigt. Im Raum stand eine massive Entwertung der bisher erworbenen Qualifikationen ihrer Mitglieder und eine strukturelle Arbeitslosigkeit durch die Automatisierung immer weiterer Arbeitsbereiche. Der Computer galt als potenzielle Bedrohung für die Beschäftigten, was medial entsprechend zu einer aufgeregten Berichterstattung führte.[15]

In der grössten Gewerkschaft der Schweiz wollte zumindest die Gruppe derjenigen, die selbst auf eine fundierte Ausbildung im technologischen Bereich verweisen konnten, aber auch die Chancen der neuen Entwicklungen betont wissen.[16] Das Thema hatte dennoch eine grosse politische Sprengkraft. Auf einer Veranstaltung des Kaufmännischen Vereins wandte sich Heinz Allenspach im Namen der Arbeitgeber deshalb gegen entsprechende Skandalisierungsversu-

---

13 Notiz vom 4. Januar 1978; Vorort zum «Impulsprogramm» des Delegierten für Konjunkturfragen (AfZ, IB Vorort-Archiv 51.5.3.2).
14 VSM an die Herren des Vorstandes vom 26. Januar 1978 (AfZ, IB Vorort-Archiv 51.5.3.2).
15 Siehe den Pressespiegel zu Rationalisierung, Automatisierung und elektronischer Datenverarbeitung in SOZARCH, ZA 86.2.
16 SMUV-Gruppe «Ingenieure und technische Angestellte» (Hg.): Computer: Fortschritt oder Abhängigkeit? Texte einer Vortragsreihe aus dem Frühjahr 1977. Zürich 1978: SMUV.

che im Boulevard und bei den Gewerkschaften und mahnte eine nüchterne Betrachtung der jüngeren Entwicklungen an.[17]
Im Engagement des Delegierten des Bundesrates kamen beide Momente zusammen. Die Weiterbildung der Beschäftigten und die Ausbildung des Nachwuchses sollten es der Schweiz erlauben, im internationalen Wettbewerb mitzuhalten und die eigene Bevölkerung an den Entwicklungen teilhaben zu lassen. Gegenüber den Gewerkschaften versicherte Jucker, dass die Investitionen im Bereich der hochqualifizierten Beschäftigten letztlich auch denjenigen Arbeitskräften zugutekommen würden, die einfachere Tätigkeiten ausübten. Notwendig seien Forschung und Entwicklung, damit die «Banalisierung» der Produkte so weit vorangetrieben werde, dass die Geräte leicht zu bedienen seien, gerade weil sie im Inneren immer komplexer würden.[18]

14.2 Computerexpertise

Die «Schliessung» der von Jucker ausgemachten «Ausbildungslücke» hatte von nun an Priorität.[19] Im Rahmen des Aufbaus eines sogenannten Elektronikpools bildete der Delegierte für Konjunkturfragen Steuerungsgruppen, die sich mit Fragen der Hard- und Softwareentwicklung auseinandersetzten und in die Vertreter verschiedener Unternehmen und der technischen Hochschulen des Bundes berufen wurden – aber nicht der Verbände. Die Arbeitsgruppe Software widmete sich nun explizit und zentral auch Problemen der Ausbildung hochqualifizierten Personals, in diesem Fall von System- und Prozessanalytikern. Einsitz hatten Vertreter der Uhrenindustrie, Maschinenproduktion und Übermittlungstechnik. Den Vorsitz dieser Untergruppe hatte Hansjürg Mey von der Hasler AG, der zwei Jahre später dann Professor für Informatik an der Universität Bern wurde.[20]
Diese Arbeitsgruppe allein setzte über die nächsten vier Jahre die Hälfte des Budgets ein. Sie war gebildet worden, um Probleme der Softwareentwicklung und der Ausbildung im Softwarebereich anzugehen und die Schweiz so wieder

17 «Neue Technologien im Bürobereich». Schweizerische Arbeitgeber-Zeitung vom 29. November 1979, S. 841 f.; «Neue Technologien im Bürobereich». Schweizerische Arbeitgeber-Zeitung vom 6. Dezember 1979, S. 863–865.
18 Jucker, Waldemar: Wirtschaftliche und soziale Auswirkungen der Mikroelektronik und elektronischen Datenverarbeitung. In: Gewerkschaftliche Rundschau 72 (1980) 3, S. 94 f.
19 Der Delegierte für Konjunkturfragen vom 21. Februar 1978 (AfZ, IB Vorort-Archiv 51.5.3.2).
20 Der Delegierte für Konjunkturfragen vom 3. Februar 1978 (AfZ, IB VSM-Archiv 2844); VSM, Impulsprogramm – Elektronik-Pool vom 13. Februar 1978 (AfZ, IB Vorort-Archiv 51.5.3.2); Bächi 2001, S. 57.

wettbewerbsfähig zu machen. Dabei sollte unterschieden werden zwischen dem akuten Bedarf an Fachkräften und den längerfristigen Perspektiven, um das Problem für die Schweiz nachhaltig zu lösen. Die Mitglieder der Gruppe konnten bereits auf Bestrebungen, in Bern eine Software-Schule aufzubauen, für die auch ein erstes Curriculum vorlag, zurückgreifen. Die Felder, die von der Ausbildung abzudecken waren, reichten von Terminologie und Normierung in der Softwaretechnik über die angewandte Mathematik, verschiedene Programmiersprachen und Betriebssysteme bis hin zu Fragen des Projektmanagements und der Dokumentation.[21]

Einen Bedarf an den neuen Fachkräften machte die Arbeitsgruppe nahezu überall aus, von der Uhrenindustrie über die Prozesssteuerung und Übermittlungstechnik bis hin zur Chemie, Maschinenproduktion und zum Gerätebau – und sogar im Baugewerbe. Nicht erwähnt wurden etwa Handel, Banken und Versicherungen oder das Gewerbe. Man ging von mindestens 240 bis 300 fehlenden Fachkräften im Softwarebereich aus und unterstellte, dass die Unternehmen gern ihre Mitarbeiterinnen und Mitarbeiter für Weiterbildungsveranstaltungen freistellten, da der Problemdruck bereits sehr hoch sei. Aufseiten der Hochschulen und Techniken schien hingegen eine etwas weniger dringliche Sicht dominant. Dass die Schule eng an die Wirtschaft angebunden und an ihren Bedürfnissen ausgerichtet sein würde, sollte nicht versteckt, sondern nach aussen deutlich ausgewiesen werden. Die Privatwirtschaft sollte auch finanziell gesehen der Hauptträger der Schule sein, da sie direkt von den Ausbildungsanstrengungen profitieren würde.[22]

Für die Weiterqualifikation zum Softwarespezialisten wollte man auf eine möglichst breite Rekrutierungsbasis zurückgreifen, weshalb das Angebot nicht als «Studium» bezeichnet wurde, sondern als «Weiterbildungskurs». Die Steuerungsgruppe ging davon aus, dass sich die zusätzlichen Qualifikationen in vier bis maximal sechs Monaten erlangen liessen, am besten in Form einer Tagesschule oder – noch besser – eines Internatskurses, notfalls auch als Abendschule. Für die Zusammenstellung des Lehrkörpers galt es, qualifizierte Personen aus den Universitäten zu rekrutieren. Auch die Lehrinhalte hatten sich an bestehenden Angeboten der Hochschulen zu orientieren.[23]

Die Arbeitsgruppe drang darauf, nicht allein Akademikerinnen und Akademiker zu den neuen Angeboten zuzulassen, sondern auch diejenigen, die zuvor eine Berufslehre absolviert hatten. Gemeinsam würden alle einen umfassenden «Grundkurs» absolvieren, der dann durch «branchenspezifische Ergänzungskurse» zu komplettieren war. Mit der Software-Schule sollte eine Form der

21 Der Delegierte für Konjunkturfragen vom 3. Februar 1978 (AfZ, IB VSM-Archiv 2844).
22 Ebd.
23 Ebd.

fächerübergreifenden Ausbildung realisiert werden, die quer zu den etablierten Berufs- und Branchengrenzen lag. Um nicht eigentlich unqualifizierte Personen zu dieser Weiterbildung zuzulassen, dachten die Mitglieder der Arbeitsgruppe an eine Vorprüfung, die für geeignete Personen ohne zusätzlichen Aufwand mit ihrem vorhandenen Vorwissen zu bestehen war. Für diejenigen, die grundsätzlich in Frage kamen, aber die Prüfung nicht bestanden, sollte ausserdem ein Vorkurs geschaffen werden. Absolventinnen und Absolventen einer Kantonsschule, die nicht studiert hatten, wollte man hingegen nicht zulassen. Ihnen wurde nicht zugetraut, ein umfassendes Verständnis der Softwareentwicklung zu erlangen. Und reine Programmierer auszubilden, war nicht das Ziel der Software-Schule.[24]

Erst langsam lösten sich die Diskussionen um den Fachkräftebedarf in der elektronischen Datenverarbeitung vom Automatisierungsdiskurs der vorangegangenen Jahrzehnte. Häufig hatten sich die «Lochkartenleute von einst» so weitergebildet, dass sie nun Experten für die elektronische Datenverarbeitung waren.[25] Für die monotone Tätigkeit der «Locherin» oder «Prüferin» von Lochkarten, die als eine Tätigkeit für Frauen verstanden wurde, galt ein rein anwendungsbezogenes Lernen am Arbeitsplatz als absolut ausreichend. Besondere Vorkenntnisse oder eine abgeschlossene Berufslehre schienen nicht notwendig zu sein. Auch der «Operateur», der die Arbeiten überwachte, konnte in dieser Sicht in wenigen Wochen nebenbei qualifiziert werden. Für die Arbeit an der Konsole musste es Ende der 1960er-Jahre ausreichen, dass die Unternehmen ihre geeigneten Kandidatinnen und Kandidaten auf eigene Kosten in die Veranstaltungen schickten, die von den Verbänden oder Computerproduzenten angeboten wurden. Einzelne Firmen boten auch Fernlehrgänge für Operateure an. Eine eigene «Lochkartenlehre», wie sie im Kanton Bern erprobt worden war, setzte sich nicht in der Breite durch.[26]

Die «Programmiererinnen» oder «Programmierer», die im Gegensatz zum Operateur die Abläufe in eine maschinenlesbare Sprache übersetzen mussten, Prozesse analysierten und in grafische Diagramme übersetzten, galten als eine anspruchsvollere Berufsgruppe, für deren Qualifikation aber zunächst ebenfalls interne Kurse der Anlagenhersteller als ausreichend galten. Ein Studium und Berufserfahrung in einer gehobenen Position gehörten in den Anfangszeiten der elektronischen Datenverarbeitung in der Privatwirtschaft einzig für den «Organisator für Datenverarbeitung», der für die Gesamtabläufe zuständig war, zu den Voraussetzungen – wenn auch hier Karrieren für ambitionierte

24 Ebd.
25 Conz, Peter: EDV-Berufe – Anforderung, Leistungsprofile. In: Der Organisator 54 (1972) 645, S. 19–25, hier S. 19.
26 «Informatiker – ein umfassendes Berufsbild». Büro + Verkauf 50 (1981) 593, S. 302–304.

Praktikerinnen und Praktiker möglich schienen. Wie bei den «System-Spezialisten» und den «Service-Technikern», die bestens mit den Anlagen vertraut sein mussten, lag das Schwergewicht der Aus- und Weiterbildung in allen Berufen zunächst auf einem arbeitsplatznahen, praxisorientierten und auf ständiger Übung und Kenntniserweiterung beruhenden Qualifikationsprozess.[27]
In der Fachliteratur wurden Tätigkeiten in der Hardwareproduktion, der Computernutzung, der EDV-Beratung und der Softwareentwicklung unterschieden. Letztere galt als eine wenig kreative Arbeit.[28] Im Laufe der 1970er-Jahre wurde jedoch klar, dass das Programmieren keine anspruchslose Aufgabe war. Mit dem Zuwachs an Rechnerleistung wuchsen auch die Möglichkeiten, eine aufwendigere Software zu schreiben. Aus dem «Programmieren» wurde deshalb das «Programme entwickeln», für das umfassend qualifizierte «System-Analysten» gebraucht wurden. Neben der Analytik waren konzeptuelle, also zunehmend kreative Lösungen gefragt.[29]
Die sogenannte Softwarekrise liess sich kaum noch durch Abwerbemassnahmen in England und den USA lösen, wie sie die Hasler AG zunächst noch praktiziert hatte. Handwerklich geschickte Autodidakten mit Lötkolben und basalen Programmierkenntnissen reichten für die anspruchsvollen Anwendungen, die nun zum Einsatz kommen sollten, nicht mehr aus. Als krisenhaft erschien die Situation, weil sich die Softwareentwicklung als fehleranfälliger erwies, als man anfangs vermutet hatte. Die allgemeine Euphorie über die Fortschritte der Hardware hatte den Rückstand in der Nutzung der neuen virtuellen Möglichkeiten nicht sichtbar werden lassen.[30]
Den meisten Wirtschaftsverbänden galt die grundständige Ausbildung von Spezialistinnen und Spezialisten für Informatik und elektronische Datenverarbeitung aber zunächst als ein Spezialproblem, das bestimmte Branchen besonders und auch einzelne Abteilungen grosser Unternehmen betraf, aber keine konzertierte staatliche Aktion notwendig machte. Vor dem offiziellen Vernehmlassungsverfahren zum gesamten ersten Impulsprogramm äusserte der Vorort entsprechend, dass er dem ganzen Projekt eher skeptisch gegenüberstehe.[31]
Der Verein Schweizerischer Maschinen-Industrieller wurde nun insofern einbezogen, als er verschiedene informelle Kanäle nutzen konnte und dann auch

---

27 Bossard, Robert: Die Automation und ihre Auswirkungen auf die Berufe. Zürich 1968: Schweizerischer Verband für Berufsberatung und Lehrlingsfürsorge. Siehe zum Beruf des Programmierers auch Gugerli 2015.
28 Conz, Peter: EDV-Berufe – Anforderung, Leistungsprofile. In: Der Organisator 54 (1972) 645, S. 19–25, hier S. 23.
29 «Informatiker – ein umfassendes Berufsbild». Büro + Verkauf, 50 (1981) 593, S. 302–304.
30 Bächi 2001, S. 58; Gugerli 2001; «Softwareentwicklung – von der Handwerkskunst zur Technologie». Neue Zürcher Zeitung vom 8. September 1981, S. 29.
31 Vorort an VSM vom 10. Februar 1978 (AfZ, IB VSM-Archiv 2842).

die systematische Bedarfserhebung für die Vorhaben im Softwarebereich koordinierte.[32] Auch versuchte dieser Verband, sich stärker inhaltlich als ordnungspolitisch mit der Vorlage zu befassen und setzte sich entsprechend vom Vorort ab. Doch auch innerhalb des Vereins Schweizerischer Maschinen-Industrieller schien es ausgesprochen schwierig zu sein, überhaupt zu einer Position zu kommen. Die Verbandsleitung hatte vierzig ausgewählte Mitgliederfirmen angeschrieben, bei denen sie davon ausgehen konnte, dass ein Interesse an der Sache vorlag. Nur sieben der angeschriebenen Unternehmen reagierten überhaupt auf die Aufforderung, zum Impulsprogramm Stellung zu beziehen. Von diesen äusserten sich einige sehr zustimmend, andere lehnten das Projekt des Konjunkturbeauftragten Jucker grundsätzlich ab. Demgemäss fiel dann auch die Positionierung des Vereins Schweizerischer Maschinen-Industrieller aus: «Wir haben uns an die Parole ‹Ja, aber› gehalten, für das zweite Wort aber grosse Buchstaben gewählt».[33]

Die grundsätzliche und rigorose Ablehnung des Programms durch den Vorort des Schweizerischen Handels- und Industrievereins warf für die Interessensvertretung der Maschinenindustrie verschiedene Fragen auf. Zum einen wollte man sich beim Konjunkturbeauftragten eine Tür offenhalten und auch die Politik nicht verärgern. Zum anderen fragte sich die Verbandsspitze, ob jetzt, wo in anderen hochindustrialisierten Staaten die Forschung und Entwicklung im Bereich der neuen Technologien staatliche Fördermittel bekam, die Schweiz überhaupt noch konkurrenzfähig bleiben konnte ohne eine solche Unterstützung der Unternehmen.[34] Das «apodiktische Vorgehen» des Vororts schien deshalb wenig hilfreich zu sein.[35]

Der Vorort nahm auch öffentlich zur Sache Stellung und verteidigte seine harte Haltung. Er bediente sich hierbei einer Argumentation, wie sie auch der neoliberale Ökonom Friedrich August von Hayek wenige Jahre zuvor in seiner Nobelpreisrede verwendet hatte:[36] Er ging davon aus, dass der demokratische Staat nie einen hinreichenden Wissensstand und Apparat für eine zukunftsgerichtete Strukturpolitik aufbauen könne. Dazu seien Unternehmen, die sich in einem freien Markt behaupten müssten, wesentlich besser in der Lage.[37] Der

32 VSM an den Vorort vom 9. Februar 1978 (AfZ IB Vorort-Archiv 51.5.3.2); VSM, Gesprächsprotokoll vom 13. März 1978 (AfZ, IB VSM-Archiv 2842).
33 VSM, Notiz vom 21. Juni 1978 (AfZ, IB VSM-Archiv 2842).
34 Ebd.
35 Schreiben vom 7. September 1978 (AfZ, IB VSM-Archiv 2843).
36 von Hayek, Friedrich August: The Pretence Of Knowledge [1974]. In: The Swedish Journal of Economics 77 (1975) 4, S. 433–442.
37 Rühl, Frank: Studien und Notizen: Schriften zu Wirtschaft, Politik und Kultur. Zürich 1988: Schulthess Polygraphischer Verlag, S. 14.

Verein Schweizerischer Maschinen-Industrieller gab dazu seine deutlich differenziertere Position öffentlich zu Protokoll.[38]

Vollständig abgelehnt wurde das Impulsprogramm weiterhin vom Gewerbeverband, der sich auch von den Beteuerungen, dass die Investitionen in Forschung, Entwicklung und Ausbildung letztlich den kleinen und mittleren Unternehmen zugutekämen, nicht überzeugen liess. Der Gewerbedirektor Otto Fischer sah «keinen einzigen Fall», in dem eine seiner Mitgliedsfirmen profitierte.[39] Stattdessen teilte er die Position des Vororts, dass das Impulsprogramm der erste Schritt hin zur Auflösung des marktwirtschaftlichen Systems sei.[40]

Ironischerweise hatten die Verbände dem Konjunkturbeauftragten des Bundesrats mit einer Erhebung zur Situation der kleinen und mittleren Unternehmen in der Schweiz aber selbst wichtige Argumente für sein Impulsprogramm geliefert. Im Vorort versuchte man nun, diese Deutung der eigenen Studien durch eine ordnungspolitische Grundsatzreflexion zurechtzurücken. Sorgen bereiteten dem Vorort weniger die Ausbildungsbemühungen, die im Rahmen der Softwaregruppe erdacht worden waren. Als hochproblematisch wurde stattdessen die gezielte Innovationsförderung gesehen, mit der private Unternehmen direkt in ihren Forschungs- und Entwicklungsbemühungen unterstützt werden konnten. Man hielt es im Vorort für unmöglich, ein sauberes Verfahren auszuarbeiten, um zu entscheiden, wer jeweils in den Genuss staatlicher Gelder kommen sollte. Auch schien es aus Sicht der Verbandsleitung nicht möglich, dirigistisch die Richtung der technologischen Entwicklung in der Schweiz voranzutreiben, da diese nicht absehbar sei.[41] Mit der Metaphorik des «Impulses» gelang es also nicht zu verdecken, dass hier doch eine gewichtige Verschiebung der ordnungspolitischen Ausrichtung in der Wirtschaftspolitik stattfinden sollte.[42]

Wo der Problemdruck unmittelbar zu spüren war, hatte selbst die differenzierte Stellungnahme des Vereins Schweizerischer Maschinen-Industrieller für leichte Irritationen gesorgt. Bei Brown, Boveri & Cie. sah man zwar die ordnungspolitischen Schwierigkeiten, die hier auftreten konnten, warnte aber

---

38 Vgl. das Streitgespräch in: Bilanz: Schweizer Wirtschaftsrevue 18 (1978) 9, 9–13.
39 Mit Ausnahme der Fremdenverkehrswerbung, für die das Impulsprogramm ebenfalls einen kleineren Posten vorsah. Vgl. ebd.
40 Vgl. ebd.
41 Vorortssitzung vom 27. Februar 1978, Aussprache über das Impulsprogramm des Delegierten für Konjunkturfragen (AfZ, IB Vorort-Archiv 51. 5.3.2).
42 «Impulsprogramm – was ist das?» Neue Zürcher Zeitung vom 31. März 1978, S. 18; «Impulsprogramm – für die Wirtschaft oder für den Delegierten?» Neue Zürcher Zeitung vom 22. und 23. April 1978, S. 17; Jucker, Waldemar: Staat und Forschung. In: documenta 5 (1977) 4, S. 16–20.

zugleich davor, die Bedeutung eines zeitlich und sachlich begrenzten Programms zu überschätzen. Stattdessen sollte auch berücksichtigt werden, dass einige Problemlösungen durchaus eine stärkere Strukturierung erforderten und dass Juckers Vorpreschen bereits positive Effekte gezeigt habe.[43] Es gab aber auch Firmen, die sich ganz hinter die kompromisslose Positionierung des Vororts stellten.[44]

Der Verein Schweizerischer Maschinen-Industrieller äusserte sich zwar differenziert, hatte aber in seiner Stellungnahme ausgerechnet den Teil des «Elektronik-Pools», in dem das Problem der Aus- und Weiterbildung im Softwarebereich gelöst werden sollte, rundherum abgelehnt. Dies hatte bei verschiedenen Mitgliedsfirmen, die sich im Vorfeld intensiv engagiert hatten, zu starken Verstimmungen geführt.[45] Theodor Fässler, Konzernchef der Mikron AG in Biel und Mitglied einer der Arbeitsgruppen, stellte in der Tagespresse klar, dass das Programm einem «echten Bedürfnis der Industrie» entspreche und den kleinen und mittleren Unternehmen tatsächlich zugutekommen werde.[46] Die Hasler AG aus Bern, die bereits auf eigenes Betreiben hin eine Softwareschule anvisiert und damit die zentralen bildungspolitischen Eckpunkte für Juckers Impulsprogramm geliefert hatte, beschwerte sich zunächst telefonisch und anschliessend auch ausführlich schriftlich beim Verein Schweizerischer Maschinen-Industrieller und beim Vorort über das Vorgehen.[47]

Als führendes Unternehmen in der schweizerischen Nachrichtentechnik sah sich die Hasler AG direkt mit den Folgen der Durchsetzung der Halbleitertechnologie konfrontiert.[48] Gegenüber dem eigenen Branchenverband deutete sie an, dass man dort intern für fachliche Aufklärung «durch einen kompetenten Mitarbeiter unserer Geschäftsleitung» sorgen könne.[49] Das Unternehmen wies in der Folge den Vorwurf zurück, den Verband nur im eigenen Firmeninteresse instrumentalisieren zu wollen. Vielmehr sah man sich durch die exponierte Stellung viel besser in der Lage als die Verbandsleitung oder andere Unternehmen, die zukünftige Situation einschätzen zu können. Besonders den Umstand, dass die Software-Schule kein staatliches Projekt war, sondern von

43 Brown, Boveri & Cie. an Verein Schweizerischer Maschinen-Industrieller vom 19. Juli 1978 (AfZ, IB VSM-Archiv 2843).
44 Siehe etwa das Schreiben an den VSM vom 19. Juli 1978 (AfZ, IB VSM-Archiv 2843).
45 Kommentar zur Vernehmlassung des Vereins Schweizerischer Maschinen-Industrieller zum «Impulsprogramm» des Eidgenössischen Volkswirtschaftsdepartements vom 21. August 1978 (AfZ, IB VSM-Archiv 2843)
46 «Der Elektronik-Pool im Impulsprogramm.» Neue Zürcher Zeitung vom 24. August 1978, S. 14.
47 Schreiben vom 23. August 1978 (AfZ, IB VSM-Archiv 2843).
48 Zur Firmengeschichte siehe den kurzen Überblick «Ein Grosskonzern geht unter». Finanz und Wirtschaft vom 20. Mai 2017, S. 39.
49 Schreiben vom 23. August 1978 (AfZ, IB VSM-Archiv 2843).

der Privatindustrie zusammen mit den Hochschulen entwickelt worden war, um dem Fachkräftemangel zu begegnen, brachte die Hasler AG als zentrales Argument ein. Auf dem üblichen Weg der schweizerischen Ausbildungspolitik hatte sich das Problem nicht beheben lassen, sodass man in den Unternehmen darauf angewiesen war, die qualifizierten Softwarespezialisten aus dem Ausland anzuwerben, um überhaupt die entsprechenden Produkte weiterhin herstellen zu können. Den Verbänden warf die Hasler AG vor, es bei Appellen zu belassen, wo doch dringend praktisches Handeln erforderlich sei.[50] Mit der Software-Schule sollte nun verhindert werden, dass überall im Lande an eigenen, unkoordinierten Lösungen gearbeitet wurde, die dann untereinander möglicherweise gar nicht kompatibel wären.[51]

14.3 Nachfrage und Entwertung von Qualifikationen

Noch bevor das Impulsprogramm verabschiedet worden war, fand seit April 1978 ein erster Informatikkurs am Abendtechnikum Bern statt. Für die Kosten dieser «Blitzaktion» kamen die staatlichen Post-, Telefon- und Telegrafenbetriebe (PTT), die bernische Kraftwerke AG, Brown, Boveri & Cie. sowie die Hasler AG auf.[52] Der Bedarf schien in einigen Unternehmen also wirklich gross, zumal sich die Verhandlungen zwischen Behörden, Hochschulen und Verbänden als kompliziert erwiesen. Auch innerhalb der Verwaltung wurde bemerkt, dass Jucker seine Vorstellungen mit grossem Tempo und ohne Rücksicht auf die üblichen Verhandlungswege durchpeitschen wollte.[53]
Im Herbst desselben Jahres beriet das Parlament die Botschaft der Regierung «über Massnahmen zur Milderung der wirtschaftlichen Schwierigkeiten». Im Dokument wurden die ordnungspolitischen Bedenken, wie sie der Vorort und mehrere Unternehmen geäussert hatten, direkt aufgegriffen und den Räten versichert, dass dem staatlichen Engagement enge Grenzen gesetzt seien. Die Sonderkredite wurden nach eingehender Beratung bewilligt. Das Programm enthielt neben zahlreichen anderen, nur lose verbundenen Posten auch Ausgaben für die Ausbildung von Softwarespezialisten.[54]

50 Kommentar zur Vernehmlassung des Vereins Schweizerischer Maschinen-Industrieller zum «Impulsprogramm» des Eidgenössischen Volkswirtschaftsdepartements vom 21. August 1978 (AfZ, IB VSM-Archiv 2843).
51 Ebd.
52 Impulsprogramm, Historie (BAR, E3370B#1991/3#189*).
53 Amt für Wissenschaft und Forschung, Notiz vom 20. Oktober 1978 (BAR, E3370B#1991/3#189*).
54 Bundesbeschluss über zusätzliche Kredite zur Milderung der wirtschaftlichen Schwierigkeiten vom 13. Dezember 1978 (Bundesblatt Nr. 52 von 27. Dezember 1978).

Getragen wurde die im August 1979 eröffnete Schule nun von einer eigens gegründeten Gesellschaft, der auch verschiedene Industrie- und Fachverbände angehörten.[55] Die Ausbildung sollte fortan in Bern über sieben Monate als Ganztagesangebot stattfinden. Die Kurse begannen entweder im März oder September. Wer sich bewerben wollte, musste entweder an einer Hochschule eine technische Disziplin studiert haben oder einen Abschluss an einer Höheren Technischen Lehranstalt vorweisen können. Praxiserfahrene Personen, die sich am Arbeitsplatz den Umgang mit Computern beigebracht hatten, wurden nur in Ausnahmefällen zugelassen. Unterrichtssprache war Deutsch.[56] Für Lehrlinge existierten in Bern an der Gewerbeschule bereits seit 1977 eigene, stark nachgefragte Angebote, in denen sie sich ausserhalb ihrer Ausbildung weiterqualifizieren konnten. Für berufstätige Erwachsene wurden hier zudem seit 1978 reine Programmierkurse veranstaltet.[57]

In der Nationalratsdebatte zum Impulsprogramm hatte der freisinnige Bundesrat Fritz Honegger vorab noch einmal betont, dass die Massnahmen vorübergehender Natur sein sollten und der Staat sich anschliessend wieder zurückziehen werde. Der Regierung sei es «sehr ernst damit [...], nach vier Jahren diese Uebung abzubrechen».[58] Seine eigene Partei hatte sich, wie der Vorort auch, aus ordnungspolitischen Gründen gegen das Impulsprogramm gestellt. Die Schweizerische Volkspartei (SVP) war hingegen, trotz einiger Bedenken, zu einer positiven Einschätzung gekommen.[59]

Aus Unternehmenssicht waren es das ungeheure Tempo der technischen Entwicklung und der ausgetrocknete Arbeitsmarkt für Fachkräfte im Softwarebereich, die das traditionelle Bildungswesen dann letztlich doch als zu schwerfällig erscheinen liessen, um den rasant steigenden Personalbedarf zu decken. Rückblickend wurde klar, dass seit Beginn der 1970er-Jahre ein neuer Markt entstanden war. Die Dynamik hatte Ende des Jahrzehnts stark zugenommen, sodass unterschiedliche Elektronikunternehmen die Massnahmen des Bundes sehr begrüssten. Das etablierte Berufsbildungswesen mit der Einbindung der Verbände in die Formulierung von Ausbildungsreglementen konnte gar nicht schnell genug das notwendige Personal bereitstellen, das es aus Sicht einiger Firmen nun brauchte. Ganze neue, grundständige Ausbildungsgänge waren noch schwieriger auf den Weg zu bringen.[60]

55 «Bundesbeteiligung an der Software-Schule». Neue Zürcher Zeitung vom 12. April 1979, S. 33.
56 [Inserat Software-Schule Schweiz]. Neue Zürcher Zeitung vom 20. Oktober 1979, o. S.
57 «Die Software-Schule kommt nach Bern.» Der Bund vom 3. Februar 1979, S. 17.
58 Amtliches Bulletin der Bundesversammlung, Nationalrat, 5. Dezember 1978, S. 1702.
59 «Stellungnahmen zum Impulsprogramm». Neue Zürcher Zeitung vom 14. Juli 1978, S. 33.
60 «Die Software-Schule kommt nach Bern». Der Bund vom 3. Februar 1979, S. 17.

Mit der angekündigten Zurückhaltung des Bundes war es aber nicht weit her. Bereits kurze Zeit später initiierte Jucker das nächste Impulsprogramm, das wiederum eine Ausbildungskomponente enthielt. Dieses Mal sollte mit den Sonderkrediten eine Wirtschaftsinformatikschule gegründet werden, die besonders mittlere Führungskräfte mit den notwendigen Kenntnissen im Bereich der neuen Technologien ausstattete. Das erste Impulsprogramm diente dabei als Vorlage, um «die festgestellten Weiterbildungslücken und technologischen Engpässe» zu überwinden. Ziel war es auch hier, die Schweiz wieder wettbewerbsfähig zu machen. Besonders Japan galt als ein Konkurrent, dem nur schwer beizukommen war. Als Vorbild dienten die amerikanischen Anstrengungen in der Rüstungsindustrie, die westdeutschen Programme, aber auch Schweden und Frankreich, wo Gelder in die Robotik und Maschinenindustrie flossen. Die öffentlichen Investitionen in Forschung, Entwicklung und Ausbildung stellten eine Alternative zu staatlichen Beschäftigungsmassnahmen dar.[61] In der Bundesverwaltung wurden Bildung und Forschung als die zentralen Wachstumshebel gesehen: Sie galten Anfang der 1980er-Jahre als Kern wirtschaftlicher Entwicklung.[62]

Das zweite Impulsprogramm war nun voll auf die Aus- und vor allem Weiterbildung im Bereich der neuen Informationstechnologien gerichtet. Die Qualifizierung der schweizerischen Beschäftigten stand im Zentrum des Massnahmenbündels, das bereits verabschiedet wurde, als für das erste Impulsprogramm gerade einmal ein Zwischenbericht vorlag. Um die «Know-how-Grenze des Wachstums»[63] sorgten sich Parlament, Wirtschaft und Regierung gleichermassen, sodass dieses zweite Massnahmenbündel relativ geräuschlos die beteiligten Instanzen passierte. Der Druck aus dem Ausland war zu hoch, als dass man sich schweizerische Vorbehalte noch leisten konnte, ohne ins Abseits zu geraten. Eine wissenschaftspolitische Kommission, die der Vorort eingesetzt hatte, drängte jetzt auf eine staatliche Förderung der Rahmenbedingungen, sprach sich aber weiterhin gegen Direktinvestitionen in die Privatwirtschaft aus. Besonders die Bereitstellung hinreichend qualifizierter technologischer Fachkräfte schien ihr aber legitim.[64]

Die mit den Mitteln des ersten Impulsprogramms finanzierte Software-Schule war durchgängig ausgebucht. Die beiden technischen Hochschulen des Landes

61 Volkswirtschaftsdepartement an den Bundesrat vom 18. Dezember 1981 (BAR, E5001G#1993/175#209*).
62 Volkswirtschaftsdepartement an den Bundesrat vom 15. Januar 1982 (BAR, E5001G#1993/175#209*).
63 Botschaft über Massnahmen zur Förderung der technologischen Entwicklung und Ausbildung vom 3. Februar 1982 (Bundesblatt Nr. 17 von 4. Mai 1982), S. 1276.
64 «Bildung, Wissenschaft und Forschung in den achtziger Jahren». Schweizerische Arbeitgeber-Zeitung vom 2. April 1981, S. 239–240.

hatten in der Zwischenzeit Studiengänge eingerichtet, in denen auf Informatik spezialisierte Ingenieure und Ingenieurinnen ausgebildet wurden. Für die traditionellen technischen Ausbildungsgänge wie das Maschineningenieurstudium stellten die neuen technologischen Entwicklungen eine Herausforderung dar, da sich die Inhalte nicht einfach auf den curricularen Kanon aufpfropfen liessen. Dadurch wurde die fachliche Weiterbildung für diese Berufsgruppe stark aufgewertet. Der rapide technologische Wandel machte eine ständige Weiterqualifikation endgültig notwendig.[65]

Zwar war das Interesse an Computerkursen und Veranstaltungen zu den neuen Informationstechnologien gross, doch gab es gleichzeitig auch gewaltige Befürchtungen in der Bevölkerung. Besonders die Gefahr einer strukturellen Arbeitslosigkeit und einer Entwertung der einmal erworbenen Qualifikationen trieb die Beschäftigten um. Bei einer Telefonberatung des Tages-Anzeigers zu Umschulungsmöglichkeiten hatten sich zahlreiche Leserinnen und Leser gemeldet, um sich darüber zu informieren, was nun zu tun sei.[66]

Brown, Boveri & Cie. ging mit einer zweimal aufgelegten Broschüre zu Beginn der 1980er-Jahre in die Offensive und erklärte der Öffentlichkeit die Potenziale der Halbleitertechnologie. Das Unternehmen räumte ein, dass der Mikrochip bisher ungeahnte Möglichkeiten der Rationalisierung aufwendiger Prozesse bereitstelle, wies aber zugleich darauf hin, dass dadurch auch neue Aufgabenfelder entstünden. Auf die Frage der «Abqualifizierung» antwortete das Aufklärungsheft jedoch mit einem anderen Argument: Durch die Automatisierung in den Betrieben würden vor allem Routinearbeiten nun nicht mehr von Menschen besorgt und dem Verlust einer Tätigkeit, die nur als «dumm» bezeichnet werden könne, solle man nicht hinterhertrauern.[67]

Auch der Verein Schweizerischer Maschinen-Industrieller und die Gesellschaft zur Förderung der schweizerischen Wirtschaft gelangten mit eigenen Broschüren und einer «Tonbildschau» an die Öffentlichkeit. Der fundamentale Charakter des Strukturwandels wurde in den Informationskampagnen nicht nur durch Beispiele belegt, die zeigten, wo bereits überall Mikroprozessoren zum Einsatz kamen. Häufig fanden sich in der Presseberichterstattung und der Verbandspublizistik historische Darstellungen, die in chronologischer Ordnung die verschiedenen Schritte der technologischen Entwicklung bis in die Gegenwart darstellten. Die Erfindung des Mikrochips galt in dieser Lesart als Abschluss

---

65 Botschaft über Massnahmen zur Förderung der technologischen Entwicklung und Ausbildung vom 3. Februar 1982 (Bundesblatt Nr. 17 von 4. Mai 1982), S. 1281.

66 «Leser-Telefon zur EDV-Ausbildung war pausenlos besetzt». Tages-Anzeiger vom 7. Januar 1984, S. 18.

67 Brown, Boveri & Cie. (Hg.): Zug in die Zukunft: ein Beitrag zum besseren Verständnis der Mikroelektronik [EA 1982]. 2., überarbeitete Auflage. Baden 1985, S. 47.

einer Entwicklung, die bereits mit den Zahlsystemen der Urzeit begonnen hatte und über die ersten Rechengeräte hin zur elektronischen Datenverarbeitung führte.[68]

War der Weiterbildungsanteil des ersten Impulsprogramms auf die hochqualifizierten technischen Fachkräfte ausgerichtet, fokussierte das zweite Programm auf die kaufmännisch-administrative Seite. Unter dem Label der «Wirtschaftsinformatik» fasste der Bund alle Anstrengungen zusammen, die Führungskräfte in den Unternehmen schnell in den Stand zu setzen, durch den Einsatz halbleiterbasierter Technologien Rationalisierungsgewinne einzufahren. Über sechs Jahre sollte in einem jeweils viermonatigen Kurs das entsprechende Personal nachqualifiziert werden. Vorkenntnisse in der Informatik galten dabei als sekundär. Vielmehr hatte der Bund im Einklang mit den Verbänden die zukünftigen Mitglieder der mittleren Managementetagen im Blick, die bereits Berufserfahrung mitbrachten, sich nun aber in einem Geschäftsfeld wiederfanden, das sie von ihrer ursprünglichen Ausbildung und dem Alltagswissen her nicht mehr durchschauen konnten. Durch den Kursbesuch sollten sie in die Lage versetzt werden, eigenständig EDV-bezogene Projekte zu leiten. In den einzelnen Klassenzügen war darauf zu achten, dass eine gute Mischung aus Personen, die bereits Erfahrungen im Informatikbereich hatten, und solchen, für die dieses Feld vollkommenes Neuland war, bestand. Dies galt als probates Mittel, im gleichen Zug auch noch «Verständnis für die Teamarbeit zu wecken».[69]

Auch im zweiten Fall einer vorübergehenden Schulgründung wurde wieder ein Verein installiert. Auf der Arbeitgeberseite waren dieses Mal aber nicht die grossen Industrieverbände zuständig. Vielmehr sah sich der Zentralverband der Arbeitgeber-Organisationen zuständig, gemeinsam mit den Fach- und Berufsverbänden der Informatik und des kaufmännischen Personals einen Trägerverein zu gründen. Da man bei der Software-Schule die Erfahrung gemacht hatte, dass die grossen Unternehmen doch nicht immer bereit waren, die Kurskosten für ihre qualifizierten Mitarbeiter zu übernehmen und sie auch noch über einen längeren Zeitraum freizustellen, sollte der Bund bei der Wirtschaftsinformatikschule einen grossen Teil der Kosten decken. Für die Unternehmen fiel ins Gewicht, dass sie weiterhin einen Lohn zahlten, ohne in dieser Zeit eine Leistung dafür zu bekommen.[70]

68 Mikroprozessoren, Mikroelektronik. Zürich 1981: VSM; Marti, Wolfgang, Mey, Hansjürg: Mikroprozessoren: eine unternehmerische Herausforderung. Zürich 1980: Wirtschaftsförderung.
69 Botschaft über Massnahmen zur Förderung der technologischen Entwicklung und Ausbildung vom 3. Februar 1982 (Bundesblatt Nr. 17 von 4. Mai 1982), S. 1286.
70 Ebd., S. 1288.

Das Zögern der Privatwirtschaft, in die Weiterbildung des eigenen Personals zu investieren, erklärte man sich in den Bundesbehörden mit einem klassischen Argument aus der Humankapitaltheorie. Da die Betriebe nicht sicher sein konnten, dass die Beschäftigten, nachdem sie auf Firmenkosten zusätzliche Kenntnisse im Informatikbereich erworben hatten, nicht anschliessend zu einem anderen Unternehmen abwanderten, wollten sie auch nicht für die Finanzierung der Weiterbildungsteilnahme aufkommen.[71]

In der pädagogischen Publizistik der Schweiz wurde die Computerisierung der Arbeitswelt zu Beginn der 1980er-Jahre ebenfalls vermehrt aufgegriffen. Die Arbeitgeberseite bekam hier die Gelegenheit, die Chancen und Herausforderungen durch die neuen Technologien auszubreiten. Zur Illustration griff die Redaktion der Beilage «Bildung und Wirtschaft» in der Lehrerzeitung auf Bildmaterial von Brown, Boveri & Cie. zurück, wo eine Veranstaltung zum Thema «Automation in der Arbeitswelt» stattgefunden hatte. Die Tagung war auf derart grosses Interesse gestossen, dass nicht alle Anmeldungen berücksichtigt werden konnten. Aus dem Vortrag eines IBM-Vertreters wählte die Redaktion der Beilage diejenigen Passagen zum Abdruck aus, in denen optimistisch die Einsatzmöglichkeiten im Haushalt erläutert wurden. Die anschliessende Diskussion zwischen Arbeitgebervertretern, einem Gewerkschaftssekretär und Vertretern der Angestelltenseite und Wissenschaft wurde eher fortschrittsfreundlich zusammengefasst.[72]

Das zweite Impulsprogramm konnte ohne jeglichen vernehmbaren Widerstand aus der Wirtschaft verabschiedet werden. Das hiess jedoch nicht, dass die ordnungspolitischen Bedenken in den Traditionsunternehmen und Spitzenverbänden der Privatwirtschaft einfach verschwunden waren. 1985 scheiterte die Regierung mit der Einführung einer «Innovationsrisikogarantie» für kleine und mittlere Unternehmen, gegen die Gewerbeverband und Vorort gemeinsam mit liberalen Abgeordneten das Referendum ergriffen hatten. Das Vorhaben, innovationsfreudigen Unternehmen Kapital zur Verfügung zu stellen, damit diese ihre Ideen umsetzen und zur Marktreife entwickeln konnten, wurde von der Stimmbevölkerung deutlich abgelehnt.[73]

Für die Aus- und Weiterbildung galten diese Vorbehalte nicht länger, zumal der Mangel an qualifizierten Fachkräften im Informatikbereich allgemein anerkannt war. Im selben Jahr, in dem die Innovationsrisikogarantie an der Urne scheiterte, richtete sich Heinz Allenspach, der nicht nur Direktor des Zentralverbandes der Arbeitgeber, sondern auch Mitglied des Nationalrats war,

---

71 Ebd., S. 1278.
72 «Der Computer und die Schule». Schweizerische Lehrerzeitung vom 16. Dezember 1982, S. 2059–2066.
73 Straumann 2001, S. 414 f.

mit einer einfachen Anfrage an die Regierung und suchte um eine Erhöhung der Arbeitsbewilligungen für ausländische Elektro- und Informatikingenieure nach. Der Bundesrat stimmte dem Anliegen zu und sah keine grundsätzlichen Probleme, wenn der Bedarf nachgewiesen wurde.[74] In der Beratung des zweiten Impulsprogrammes hatte sich Allenspach zwar gegen eine Erweiterung und Definition des thematischen Kursspektrums gewendet, die Dringlichkeit, Fachkräfte im Bereich der neuen Technologien zu beschaffen, wollte er aber nicht infrage gestellt sehen.[75]

Ende desselben Jahres legte der Bundesrat dem Parlament seine Botschaft über «Sondermassnahmen zugunsten der Ausbildung und Weiterbildung sowie der Forschung in der Informatik und den Ingenieurwissenschaften» vor. Der Fokus lag nun auf einer nachhaltigen Lösung, die es ermöglichte, auf Dauer ausreichend Ingenieure auszubilden, damit die Schweiz langfristig im internationalen Wettbewerb mithalten konnte. Weiterhin galten Japan und die USA als die Länder, zu denen man aufschliessen wollte. Das Paket zielte nicht auf kleine Weiterbildungsinstitute, sondern direkt auf die Hochschulen. Hier sollten endlich die Bedingungen geschaffen werden, um die Schweiz mit hochspezialisierten Fachkräften im Bereich der neuen Technologien zu versorgen. Wieder sprach der Bundesrat in seiner Botschaft aber von einem «Impuls», der nur eine Initialzündung für die dann selbstregulierte Qualifizierung an den einheimischen Hochschulen sein sollte. Die Bundesbehörden orientierten sich mit dem Programm an den Massnahmenpaketen, wie sie in der Europäischen Gemeinschaft zeitgleich realisiert wurden, aber auch an den amerikanischen und französischen Investitionen in Forschung, Entwicklung und Weiterbildung. Bedarf machten sie vor allem bei den Ingenieurinnen und Ingenieuren mit grundständigen Kenntnissen im Informatikbereich und bei den Informatikerinnen und Informatikern aus.[76]

---

74 Einfache Anfrage Allenspach vom 18. März 1985: Ausländische Elektro- und Informatikingenieure. Arbeitsbewilligung. Amtliches Bulletin der Bundesversammlung, Nationalrat. Bd. 3, Geschäftsnummer 85.627.
75 «Technologische Entwicklung und Ausbildung». Neue Zürcher Zeitung vom 5. Oktober 1982, S. 29.
76 Botschaft über Sondermassnahmen zugunsten der Ausbildung und Weiterbildung sowie der Forschung in der Informatik und den Ingenieurwissenschaften vom 2. Dezember 1985 (Bundesblatt Nr. 5 von 11. Februar 1986), S. 330 f.

14.4 Die Dynamisierung der informatischen Bildung

Mitte der 1980er-Jahre existierten nun an allen schweizerischen Universitäten Studiengänge für Informatik.[77] An den technischen Hochschulen des Bundes sowie an den kantonalen Universitäten in Zürich und Genf konnte man Informatik auch im Hauptfach studieren. Die Nachfrage nach Studienplätzen in diesem Bereich war in der ersten Hälfte der 1980er-Jahre massiv angestiegen. Da demgegenüber aber der Lehrkörper nicht entsprechend mitgewachsen war, wollte die Landesregierung nun nachbessern und stellte zusätzliche Gelder für die befristete Anstellung von mehr Lehrpersonal, von Arbeitsplatzstationen für die Informatikausbildung und die Weiterbildung des bestehenden Lehrpersonals zur Verfügung. Ausserdem wurden Mittel für die Beschaffung eines Hochleistungsrechners gesprochen. Die vorübergehende zusätzliche Subventionierung der kantonalen Hochschulen mit Bundesmitteln musste eigens begründet werden. Da sich das Massnahmenpaket aber auf den Hochschulbereich und die Höheren Technischen Lehranstalten beschränkte und keine Gelder für die Privatindustrie vorgesehen waren, wurden seitens der Wirtschaftsverbände keine ordnungspolitischen Einwände erhoben.[78]

Für den Arbeitgeberfunktionär Heinz Allenspach stand ausser Frage, dass das «Zeitalter der Informatik» angebrochen war und dass es wenig sinnvoll sei, gegen den technologischen Wandel zu opponieren. Ihm galt es als ausgemacht, dass die schweizerischen Unternehmen nur konkurrenzfähig bleiben konnten, wenn sie sich der neuen Möglichkeiten bedienten, um Rationalisierungsgewinne einzufahren und innovative Produkte zu entwickeln. Er warnte aber davor, in einer «Schnellbleiche» Fachleute heranzuziehen, die sich auf unterschiedlichen Stufen mit Problemen der Informatik auskannten.[79]

Allenspach sah den Ball zwar nicht zuerst bei den Volksschulen und in der Berufsbildung, wollte aber sicherstellen, dass diese ebenfalls einen Beitrag leisteten. Die Aufgabe der Volksschule sei es, den Schülerinnen und Schülern zu vermitteln, wie sie sich in einer informatisierten Umgebung zurechtfinden konnten. Der Arbeitgebervertreter forderte, dass im Elementarbereich Gelegenheiten geschaffen würden, um direkt mit den neuen Gerätschaften in Kontakt zu kommen. Diese «Familiarisierung» sollte nicht spezifisch auf bestimmte Anforderungen der Arbeitswelt bezogen erfolgen, sondern mög-

---

77 Forschungszentrum für schweizerische Politik an der Universität Bern (Hg.): Schweizerische Politik im Jahre 1985. Bern 1986, S. 167.
78 Bundesbeschluss vom 20. Juni 1986 über Sondermassnahmen zugunsten der Informatik und der Ingenieurwissenschaften (Bundesblatt Nr. 25 von 1. Juli 1986).
79 «Informatik in der Volksschule». Schweizerische Lehrerzeitung vom 6. März 1986, S. 11–13, hier S. 11.

lichst offene Erfahrungen mit computerbasierten Instrumenten ermöglichen. An diese ersten Kontakte sollte dann auf Sekundar- und Tertiärniveau angeschlossen werden, um die notwendigen Informatikfachkräfte auszubilden.[80] Entsprechende Vorhaben befanden sich bereits in der Erprobungsphase: Mitte der 1980er-Jahre wurden in der Schweiz nicht allein Massnahmen für die Hochschulen beschlossen. Vielmehr sollte nun auch in der beruflichen Ausbildung der Informatikbereich gestärkt werden. Gegen den Widerstand nicht weniger Lehrpersonen beschloss der Bund einen obligatorischen Informatikunterricht im Rahmen von insgesamt 20 Stunden in den Berufsschulen. Die Durchführung dieses Provisoriums wurde den Kantonen überlassen. Für die Ausarbeitung der Lehrmittel beauftragte die Behörde eine externe Firma. Per Kreisschreiben verfügte der Bund, dass die Berufsschulen den Informatikunterricht umzusetzen hatten. In der romanischen Schweiz lief das Programm ein Jahr später an als in der Deutschschweiz. Gleichzeitig wurden massive Anstrengungen unternommen, um die Lehrpersonen an den Berufsschulen im Informatikbereich fortzubilden. An den Gymnasien sollten wenigstens Einführungskurse im Bereich Informatik stattfinden.[81]

In den Handwerksbetrieben war man solch ambitionierten Projekten gegenüber eher reserviert geblieben. In den Technologieunternehmen wiederum zeigten sich die Probleme an ganz anderer Stelle. Die traditionelle Berufslehre schien mit den neuen Anforderungen nur bedingt vereinbar zu sein, wie eine Befragung aufgezeigt hatte.[82] Nebeneinander entstanden auf allen Ebenen nach und nach Qualifizierungsangebote: Ausbildungen im Informatikbereich gab es Ende der 1980er-Jahre an verschiedenen Höheren Technischen Lehranstalten. Daneben gab es in einzelnen Städten der Schweiz sogenannte Technikerschulen, in denen in der Regel berufsbegleitend über zwei Jahre der anerkannte Abschluss eines Informatik-Technikers erworben wurde. Mit einer Berufsausbildung und praktischer Erfahrung im Informatikbereich konnte auch eine eidgenössische Berufsprüfung zum «Analytiker-Programmierer»

---

80 Ebd., S. 13.
81 «BIGA–Projekt ‹Informatik für alle›». Schweizerische Blätter für beruflichen Unterricht 109 (1984) 12, S. 339–342; Forschungszentrum für schweizerische Politik an der Universität Bern (Hg.): Schweizerische Politik im Jahre 1985. Bern 1986, S. 167–172; Wettstein, Emil: Informatik in der Berufsbildung. In: Die Volkswirtschaft, April 1986, S. 205; Forschungszentrum für schweizerische Politik an der Universität Bern (Hg.): Schweizerische Politik im Jahre 1986. Bern 1987, S. 182.
82 Sommerhalder, Paul: Lehrlingsausbildung und Spitzentechnologien. In: Panorama 1 (1987) 1, S. 7–10; Sommerhalder, Paul: Ausbildung und Anforderungen, insbesondere im Bereich Informatik, mit Rückschlüssen auf den beruflichen Unterricht, aus der Sicht ausgewählter Lehrbetriebe. Zürich 1986: Amt für Berufsbildung; Sommerhalder, Paul: Lehrlingsausbildung in Betrieben mit Spitzentechnologien, Zürich 1987: Amt für Berufsbildung.

abgelegt werden. Weiterhin boten die Wirtschaftsinformatikschule und die Software-Schule Schweiz, die mit den ersten beiden Impulsprogrammen initiiert worden waren, ihre Studiengänge an. In Genf und Lausanne existierten seit 1982 schulische Bildungsgänge zum «programmeure-analyste», bei denen eigene Diplome erlangt werden konnten.[83]
Der einzige wirklich spezialisierte Ausbildungsgang auf Sekundarniveau war aber der Elektroniker mit Fachrichtung «Computertechnik». Im Kanton Solothurn wurde in einer zweijährigen sogenannten Zusatzlehre, die an eine andere grundständige Ausbildung anschloss, der «Informatik-Fachmann» ausgebildet. Für diesen allein kantonal geregelten und 1989 vom Bund genehmigten Berufsbildungsgang hatte sich der Solothurner «Verein für Informatikausbildung» besonders engagiert. Die Schweizerische Kreditanstalt experimentierte parallel dazu im Rahmen der kaufmännischen Lehre mit einer Vertiefung in Informatik, die nur im Zürcher Hauptsitz der Bank überhaupt angeboten wurde. Seit 1987 verantwortete das Computerunternehmen Nixdorf zudem gemeinsam mit verschiedenen privaten Handelsschulen in Zürich, Bern und Basel einen Ausbildungsgang, der sowohl mit einem kaufmännischen als auch mit einem eigenen Informatikdiplom abschloss.[84]
Aus Sicht derjenigen Unternehmen, in denen der Einsatz und die Entwicklung von Soft- und Hardware bereits eine grosse Rolle spielten, reichten all diese Anstrengungen bei Weitem nicht aus. Hier unterschied man zwischen Fachkräften, die keine eigentlichen Informatikspezialisten zu sein brauchten, aber wie selbstverständlich bei administrativen Routinen auf Kenntnisse im Programmieren zurückgreifen mussten, und Informatikern im engeren Sinne. Der rapide technologische Wandel entwertete in kürzester Zeit praxisnahe Computerkenntnisse, sodass es nahezuliegen schien, bei der Ausbildung von Spezialistinnen und Spezialisten auf «Grundsätzlicheres» zu fokussieren.[85]
1987 schloss sich unter dem Titel «Ingenieure für die Schweiz von morgen» eine Gruppe von zehn Firmen zusammen, die es sich zur Aufgabe machte, dem Mangel an hochqualifizierten Fachkräften vor allem in den neuen Informations- und Kommunikationstechnologien entgegenzuwirken. Beteiligt waren neben Landis & Gyr oder Sulzer auch ein Versicherungsunternehmen wie die Rentenanstalt in Zürich oder die Schweizerische Bankgesellschaft.[86] Die Kampagne wurde von den Mitgliedern als ein Versuch verstanden, bildungs-

---

83 Wettstein, Emil: Berufslehren für Informatiker? Panorama 3 (1989) 6, S. 27–32.
84 Ebd.
85 «Das Berufsbild der Informatiker von morgen». Neue Zürcher Zeitung vom 28. Januar 1987, S. 65.
86 «Ingenieurmangel droht Wettbewerbsfähigkeit der Schweiz zu mindern». Schweizer Ingenieur und Architekt vom 7. Januar 1988, S. 17.

politische Antworten auf die anstehende Personenfreizügigkeit in Europa zu finden.[87] Kooperieren wollte die Gruppe mit Verbänden, aber auch mit der Berufsberatung, der Weiterbildungszentrale für die Mittelschullehrer und dem Verein Jugend und Wirtschaft, der seit seiner Gründung den Anliegen der Privatwirtschaft gegenüber immer sehr aufgeschlossen gewesen war. Intensiv eingebunden waren die Leitungen der beiden technischen Hochschulen des Landes. Im ersten Jahr waren sogenannte Kontaktseminare für Lehrkräfte in denjenigen Unternehmen geplant, die sich an der Aktion beteiligten. Ausserdem hatte die Gruppe Weiterbildungsveranstaltungen für die Berufsberatung und Mittelschullehrpersonen im Programm.[88]

Geschäftsführerin wurde die PR-Beraterin Marina de Senarclens, die die Anliegen der beteiligten Unternehmen energisch nach aussen vertrat. Senarclens hatte sich zuvor bereits mit dem Buch «Software-Szene Schweiz» einen Namen gemacht.[89] Die Gruppe versuchte nicht, wie die entsprechenden Branchenverbände, integrativ die verschiedenen technologischen Professionen unter einem Dach zu vereinen. Auch ging es ihr weniger darum, die Anwendung der neuen Technologien in vielen verschiedenen Arbeitsbereichen zu fördern. Die Firmen, die sich unter dem Label «Ingenieure für die Schweiz von morgen» versammelt hatten, wollten stattdessen für diejenigen Unternehmen stehen, die einen besonders hohen Bedarf an hochspezialisierten Fachkräften, welche sich mit den neuen Informations- und Kommunikationstechnologien auskannten, hatten. Sie wollten die Zahl der Absolventinnen und Absolventen an den Technischen Hochschulen des Bundes, aber auch an den Höheren Technischen Lehranstalten durch Informations- und Weiterbildungskampagnen signifikant erhöhen.[90]

Die Aktion zielte nicht allein auf die Anwerbung neuer Ingenieurinnen und Ingenieure. Die Mitglieder hatten sich auch darauf verständigt, in ihren Unternehmen ein anregendes Arbeitsumfeld zu schaffen. Sie verpflichteten sich dazu, ihrer Belegschaft zu erlauben, sich innerhalb der Arbeitszeit weiterzuqualifizieren, Aufenthalte im Ausland nach Möglichkeit zu fördern, Praktikantinnen und Praktikanten aufzunehmen und Doktorarbeiten zu ermöglichen. Besonders wurde darauf geachtet, dass die Mitglieder der Gruppe nicht nur hochrangige Unternehmensvertreter waren, sondern selbst auch einen Ingenieurab-

---

87 «Ingenieure von heute für die Schweiz von morgen». Schweizerische Technische Zeitschrift vom 12. Februar 1991, S. 9–15.
88 «Ingenieurmangel droht Wettbewerbsfähigkeit der Schweiz zu mindern». Schweizer Ingenieur und Architekt vom 7. Januar 1988, S. 17.
89 de Senarclens, Marina: Software-Szene Schweiz: die wirtschaftliche Bedeutung der Software-Industrie für die Schweiz. Zürich 1985: Orell Füssli.
90 «Auf der Suche nach Ingenieurnachwuchs». Schweizer Schule vom 19. Oktober 1988, S. 3–7.

schluss hatten.[91] Alle Unternehmensvertreter bei «Ingenieure für die Schweiz von morgen» waren Männer. Die Gruppe machte es sich aber zu einer ihrer Hauptaufgaben, mehr Frauen für die technischen Berufe zu gewinnen. Dafür porträtierte sie etwa Ingenieurinnen und Ingenieure, die in den Mitgliedsfirmen angestellt waren.[92] Auch bei den Berufsbildern wurde darauf geachtet, dass gleichzeitig Männer und Frauen angesprochen wurden.[93]
Investitionen in Aus- und Weiterbildung im Bereich der neuen Informationstechnologien passten gut zur Strategie «qualitativen Wachstums», wie sie eine unabhängige Expertenkommission in ihrem Bericht Mitte der 1980er-Jahre angemahnt hatte.[94] Die vieldeutige Formulierung war bereits in der Krise der 1970er-Jahre zum «Modewort»[95] geworden und diente gut zehn Jahre später dem Bundesrat als Klammer für seine Legislaturplanung.[96] Unter «qualitativem Wachstum» liess sich alles verhandeln, von Umweltschutz und Lebensqualität über Hochtechnologie bis hin zur Neugestaltung des Bildungswesens.[97] So stellte die Regierung dieses Motto auch ihrem letzten und umfassendsten Programm voran, mit dem die Aus- und Weiterbildung im Kontext technologischer Entwicklung vorangetrieben werden sollte. 1989 richtete sich der Bundesrat mit seiner Botschaft zu den «Sondermassnahmen zugunsten der beruflichen und universitären Weiterbildung sowie zur Förderung neuer Technologien im Fertigungsbereich» an das Parlament, die einen Strauss an Vorhaben präsentierte, vor allem aber die Weiterbildung von Erwachsenen ins Zentrum stellte. Deutlich wurde hier nun der engere Rahmen der Technologiepolitik verlassen und stattdessen auf eine Politik des lebenslangen Lernens umgestellt, wie sie gleichzeitig auch im Rahmen der Europäischen Gemeinschaft angestossen worden war.[98]

91 Ebd., S. 4; Leitbild der Gruppe «Ingenieure für die Schweiz von morgen», o. J. (BiG, KOPIE 23706).
92 Ingenieur – Ingenieurin. Porträts von Ingenieuren und Ingenieurinnen der neuen Mitgliederfirmen der Gruppe Ingenieure für die Schweiz von morgen: Berufe für die Zukunft, hg. von Ingenieure für die Schweiz von morgen. Zürich 1989: Ingenieure für die Schweiz von morgen.
93 de Senarclens, Marina, Hägeli, Sonja (Red.): Die moderne Technologie als Herausforderung und Chance. Ingenieurin – Ingenieur: Berufe für die Zukunft: Informationen für Berufs-Interessierte. Zürich 1989: Ingenieure für die Schweiz von morgen.
94 Qualitatives Wachstum: Bericht der Expertenkommission des Eidgenössischen Volkswirtschaftsdepartements. Bern 1985: Bundesamt für Konjunkturfragen.
95 Geitlinger, Erich: Dienstleistungsunternehmung und Wachstum. In: Schweizerische Bauzeitung vom 27. Mai 1976, S. 300.
96 Schneider 1989.
97 Fröhlicher, Kurt: Staat und qualitatives Wachstum. In: Politische Rundschau vom 21. November 1973, S. 116–122; hier S. 119.
98 Botschaft über Sondermassnahmen zugunsten der beruflichen und universitären Wei-

Die neuen Sondermassnahmen firmierten unter dem Motto einer «Weiterbildungsoffensive», die an vielen Orten Hoffnungen und Begehrlichkeiten weckte, weit über die Qualifikation von technologisch versierten Fachkräften hinaus. Zwar verortete der Bundesrat das Paket einleitend im Kontext der Fachkräftediskussion, doch wurden gleichzeitig eine Reihe weiterer Anspruchsgruppen benannt, die ebenfalls gefördert werden sollten. Das Programm enthielt damit erstmals auch deutlich sozialpolitisch akzentuierte Bildungsmassnahmen, etwa für Ungelernte, ausländische Arbeitskräfte oder Frauen.[99]

Bereits mit der Hochkonjunktur war die ständige Weiterbildung zu einer wichtigen Forderung an die Beschäftigten und Unternehmen geworden. Mit der Krise verschwand dieses neue Verständnis beruflichen Lernens, das die klassische konsekutive Organisation des Lebenslaufs infrage stellte, nicht einfach wieder. Die neuen Technologien und der tiefgreifende Strukturwandel verstärkten vielmehr den Eindruck, dass die einmalig erworbenen Kenntnisse und zusätzliche Berufserfahrung nicht ausreichten, um langfristig produktiv zu sein. Zugleich wurden mit einer dezidierten Politik des lebenslangen Lernens nun auch andere, eher sozial- oder beschäftigungspolitische Erwartungen verknüpft. Schule, Aus- und Weiterbildung schienen auf allen Ebenen die zentralen Stellschrauben individueller Karriereperspektiven und unternehmerischen Erfolgs zu sein, ohne dass damit schon eine Garantie oder Erwartungssicherheit einhergehen musste. Aus dem Versprechen der *éducation permanente*, gegen die sich die Wirtschaftsvertreter noch gewehrt hatten, war die Forderung einer ständigen Lernbereitschaft geworden.[100]

---

terbildung sowie zur Förderung neuer Technologien im Fertigungsbereich (CIM) vom 28. Juni 1989 (Bundesblatt Nr. 33 von 22. August 1989).
99 Angehrn 2019, S. 241–263.
100 Zum Wandel des Lifelong Learning-Diskurses vgl. Centeno 2011 und Volles 2016.

15 Das Kapital der Bildung: ein Resümee

Im Zentrum dieses Buches stehen pädagogische Ambitionen in der Privatwirtschaft im 20. Jahrhundert. Darunter verstehe ich explizite Bezugnahmen auf Bildung und Erziehung als Instrumente zur Lösung spezifischer Probleme, vor die sich Unternehmerinnen und Unternehmer, Mitglieder des Managements, Verbandsfunktionäre, Wirtschaftsberater und andere wirtschaftsnahe Akteure gestellt sahen. Für die Untersuchung habe ich mich zunächst in konzentrischen Kreisen von den Aktenbeständen und Publikationen zur beruflichen Ausbildung und zum Lehrlingswesen über die betriebliche Weiterbildung und die Schulung des Managements hin zu Texten zur Selbstbildung des Unternehmers, zur Erziehung der Konsumentinnen und Konsumenten oder zur Gewöhnung der Kundschaft an neue Dienstleistungen bewegt. Nach einer ersten kursorischen Durchsicht der zugänglichen Quellenbestände war ich überrascht, wie reichhaltig und umfassend das vorhandene Material ist und wie differenziert sich das pädagogische Argumentarium in der Schweizer Privatwirtschaft darstellte. Die Bezugnahmen auf Bildung und Erziehung waren zu häufig, zu kohärent und zu gehaltvoll, als dass dies ein blosser Zufall oder nur schmückendes Beiwerk sein konnte. So entstand das Konzept zur historischen Untersuchung, deren Ergebnisse in diesem Buch dokumentiert sind.

Der Gegenstand des Buches, der Wandel pädagogischer Ambitionen in der Privatwirtschaft im 20. Jahrhundert, steht in einem grösseren historischen Kontext. Dass die pädagogischen Bezugnahmen sich seit der frühen Neuzeit stark differenziert und ausgeweitet haben, ist in der bildungsgeschichtlichen Literatur gut belegt. Jeroen Dekker hat von einem «expanding educational space» gesprochen.[1] Ständig kamen neue Angebote hinzu, mit denen Kinder, Jugendliche, aber auch Erwachsene erzogen, beschult oder gebildet werden sollten. Einerseits rückte hierbei die öffentliche Schule als generalisierte Problemlösungsinstanz in den Fokus öffentlich ausgetragener Debatten. Die Überantwortung gesellschaftlicher Problemlagen an die Schule wird in der Forschung als «educationalization of social problems» diskutiert – und kritisiert.[2] Andererseits differenzierten sich im 19. und 20. Jahrhundert die Zielgruppen, Ansätze und Organisationsformen aus, sodass die Schule nur noch eine pädagogische Institution neben vielen anderen

---

1 Dekker 2010.
2 Depaepe, Smeyers 2008; Depaepe, Herman, Surmont, Van Gorp, Simon 2008.

ist. In der erziehungswissenschaftlichen Forschung wird dies als «Entgrenzung des Pädagogischen» thematisiert.[3]

Ein gesellschaftlicher Bereich, der Alltag und Struktur moderner Gesellschaften bis heute entscheidend prägt, blieb in der bildungshistorischen Forschung merkwürdig unterbelichtet – die Wirtschaftswelt. Zwar wird die wachsende ökonomische Bedeutung von Wissen, informellem Lernen oder formalisierten Bildungsabschlüssen, wie im Forschungsstand dargelegt, durchaus konstatiert und untersucht. Doch blieb das Bild der im 20. Jahrhundert in der Privatwirtschaft vorfindlichen pädagogischen Bezugnahmen merkwürdig undifferenziert. Es schien von vornherein klar zu sein, dass Investitionen in die Qualifikation der Belegschaft allein einem eng definierten ökonomischen Zweck dienen konnten, also die Produktivität erhöhen, Wettbewerbsvorteile sichern oder wenigstens das Überleben eines Betriebs garantieren sollten. Andere Formen und Funktionen beruflicher Aus- und Weiterbildung, ökonomischer Erziehung und Aufklärung oder Selbstbildung kamen bisher kaum – oder gar nicht – in den Blick.

Auf dieses Forschungsdesiderat reagiert die vorliegende bildungshistorische Untersuchung. Sie widmet sich der Vielfalt der in der Schweizer Privatwirtschaft des 20. Jahrhunderts existierenden Bildungs- und Erziehungsambitionen. Sie legt dabei quellengestützt unterschiedliche Formen pädagogischer Ambitionen in der Privatwirtschaft frei und fragt danach, welchem Zweck diese jeweils dienen sollten. Die Untersuchung verfolgt dabei einerseits ein systematisches Interesse und arbeitet unterschiedliche Formen pädagogischer Ambitionen heraus, die über den gesamten Untersuchungszeitraum präsent waren oder zu unterschiedlichen historischen Zeitpunkten auftauchten – und auch nach einiger Zeit wieder verschwinden konnten. Damit zeichnet sie andererseits aber auch den historischen Wandel pädagogischer Ambitionen in der Privatwirtschaft nach. Dieser Wandel korrespondierte in der Regel mit der Geschichte pädagogischer Semantiken und Praktiken, wie sie sich auch in anderen Gesellschaftsbereichen finden lassen.

Form und Funktion pädagogischer Ambitionen waren in der Privatwirtschaft jeweils nur lose gekoppelt. Einem bestimmten Bildungs- oder Erziehungsvorhaben konnten durchaus verschiedene Funktionen zugeschrieben werden, ohne dass hier immer ein zwingender Zusammenhang bestehen musste. Es scheint so zu sein, dass dieselbe pädagogische Massnahme mit ganz unterschiedlichen Zielsetzungen versehen werden konnte, je nach Problemlage oder Krisensituation. Mit dieser nicht tiefer begründeten Bezugnahme auf pädagogische Topoi ist die Privatwirtschaft aber nicht allein. Der schnelle, wenig reflektierte Zugriff

---

3   Luders, Kade, Hornstein 2002.

auf das Arsenal pädagogischer Metaphern und Ansätze ist vielmehr ein Signum des gesellschaftlichen Diskurses zu Bildung und Erziehung als Instrumente der Problemlösung, wie er sich bis heute an vielen Orten finden lässt.

Welche Formen und Funktionen pädagogischer Ambitionen können nun aber unterschieden werden? Erstens lässt sich für das gesamte 20. Jahrhundert nachzeichnen, dass Unternehmen und Verbände darum besorgt waren, die fachliche Qualifikation des beruflichen Nachwuchses sicherzustellen. Jugendlichen oder jungen Erwachsenen sollten die notwendigen Kenntnisse und Fertigkeiten zur Ausübung einzelner Tätigkeiten oder ganzer Berufe vermittelt werden. Auf diese Weise sollte sichergestellt werden, dass die Firmen ihrem Unternehmenszweck überhaupt nachkommen, also ein bestimmtes Produkt herstellen oder eine Dienstleistung anbieten konnten. Investitionen in die berufliche Grundbildung dienten hier also der elementaren Funktionsfähigkeit der Unternehmen. Dabei gingen die Vertreterinnen und Vertreter einer umfassenden und hochwertigen Berufsbildung davon aus, dass neben dem erforderlichen Wissen und den notwendigen Fähigkeiten auch eine Erziehung des Charakters stattfinden musste, um den Beruf angemessen ausüben zu können, dass also Umgangsformen, Qualitäts- und Standesbewusstsein vermittelt werden mussten. Berufsbildung war häufig auch Berufserziehung und sollte sowohl qualifizieren als auch disziplinieren und integrieren. Dies galt sowohl für kleine Handwerksbetriebe als auch für grosse Industrieunternehmen. Nicht zuletzt hatten Investitionen in eine umfassende Berufsbildung aber auch die Aufgabe, das ökonomische Gefüge insgesamt zu stabilisieren. Die Unternehmen mussten sich den in ihren Verbänden ausgehandelten Anforderungen an die berufliche Grundbildung unterwerfen, wenn sie weiterhin von den Vorteilen einer starken Interessenvertretung profitieren wollten.

Seitens der Unternehmen und Verbände wurden, zweitens, die berufliche und betriebliche Weiterbildung und die Schulung des Managements ausgebaut. Auch dies wurde zunächst mit entsprechenden Qualifikationserfordernissen begründet. Das zur Ausübung bestimmter, mitunter herausgehobener Tätigkeiten notwendige Wissen schien sich nicht mehr im Rahmen eines Studiums oder einer beruflichen Grundbildung erwerben zu lassen, weil sich die Anforderungen stetig wandelten oder die Wissensbestände quer zu den etablierten Berufsbildern lagen. Mit dem Ausbau der Weiterbildung sollten sich aber auch neue Karrierewege öffnen und legitimieren lassen. Die Verbände waren darum besorgt, für ihre Klientel passende Angebote zu schaffen. Gerade der Managementausbildung und den Führungskräfteschulungen wurde zudem eine manifeste Erziehungsfunktion zugeschrieben. Sie sollten der Charakterbildung zukünftiger Kader in der Privatwirtschaft dienen.

Eine dritte Form pädagogischer Ambitionen orientierte sich viel stärker an der familialen Erziehung und stellte einerseits Fürsorge, Unterstützung und Gemeinschaft, andererseits aber auch Sanktionen und Zwang ins Zentrum der Massnahmen. Hier war der Zweck klar auf die Integration von Auszubildenden, Arbeiterinnen und Arbeitern gerichtet. Es ging einerseits darum, die Arbeitskraft sicherzustellen, indem die physischen, emotionalen und psychischen Bedürfnisse der Belegschaft berücksichtigt wurden. Andererseits sollten unterschiedliche Kontrollinstrumente dafür sorgen, dass die Beschäftigten sich auch wirklich loyal verhielten. Die Unternehmen und Verbände nutzten ihr Engagement zudem zur Imagepflege. Die Investitionen in die betriebliche Wohlfahrt sollten zeigen, dass die Arbeitgeber sich um die Belange der Angestellten, Arbeiterinnen und Arbeiter kümmerten und nicht nur den kurzfristigen ökonomischen Erfolg im Blick hatten.

Viertens findet sich in der Schweizer Privatwirtschaft eine Form pädagogischer Ambitionen, die auf Selbstbildung und informelles Lernen setzte. In der Literatur zum richtigen Unternehmertum, später in Managementratgebern, speziellen Kursangeboten, freiwilligen Erfahrungsaustauschgruppen, Clubtreffen und Seminarwochen wurde hinsichtlich der Wirtschaftseliten eine Wissenserweiterung, Rollenreflexion und Charakterarbeit angestrebt. Dies diente sowohl der Weiterqualifikation und Produktivitätssteigerung als auch der Stärkung des Arbeitgeberlagers und der Ausbildung eines entsprechenden Gruppenbewusstseins. Die Selbstbildung sollte aber mitunter auch den Selbstzerstörungstendenzen kapitalistischer Marktwirtschaften entgegenwirken helfen. Der anständige Unternehmer mit einem stabilen Wertekorsett wurde in diesen Initiativen dem rücksichtslosen Freibeuter gegenübergestellt. Als pädagogische Leitidee diente hier häufig das Bild des bourgeoisen Unternehmers, der Verantwortung übernahm, auch einmal harte Entscheidungen treffen konnte, dabei aber das Mass nicht verlor.

Zuletzt versuchten Verbandsfunktionäre und andere wirtschaftsnahe Akteure aber auch, ganze Bevölkerungsteile durch ökonomische Aufklärung zu erreichen. Durch diese Bildungsarbeit sollte ein gesellschaftliches Umfeld geschaffen werden, in dem sich möglichst störungsfrei wirtschaften liess. Es ging darum, Konsumentinnen und Konsumenten so zu erziehen, dass sie die heimischen Produkte zu schätzen wussten, die Bevölkerung leistungsfähiger zu machen oder die Kundschaft auf neue Geschäftsmodelle vorzubereiten. Der Jugend sollte dann in der zweiten Hälfte des 20. Jahrhunderts das liberale Wirtschaftsmodell so vermittelt werden, dass sie nicht dagegen opponierte. Während alle anderen genannten Formen pädagogischer Ambitionen vor allem nach innen gerichtet waren, richtete sich diese auf gesellschaftliche Bereiche ausserhalb der direkten Einflusssphäre der Unternehmen und Wirtschaftsverbände.

Die rekonstruierten Erziehungs- und Bildungsambitionen in der Privatwirtschaft sind also auf einem Kontinuum angesiedelt, das von umfassenden ökonomischen Erziehungsprogrammen und Aufklärungskampagnen bis hin zu einem klar bezifferbaren Fachkräftebedarf reicht. Die dabei aufgerufenen pädagogischen Metaphern, Argumentationsfiguren und Handlungsmodelle beziehen sich neben den Institutionen Schule und Universität auf die Familie, das Meister-Schüler-Verhältnis, die Idee der Tradierung kultureller Gehalte und auf romantische Vorstellungen einer natürlichen Erziehung und Enkulturation. Es finden sich handfeste Tugendlehren genauso wie Reflexionen über einen möglichst umfassenden individuellen Bildungsprozess im Kontext des Arbeitslebens oder eine ökonomische Volksaufklärung. Diese Varianten pädagogischer Ambitionen in der Privatwirtschaft zielen in der Regel auch auf unterschiedlich gefasste Adressatengruppen. Sie reichen von der Gesamtbevölkerung über die Arbeiterschaft, bestimmte Alters-, Personal- oder Berufsgruppen hin zu einfachen Führungskräften und Managern oder selbständigen Unternehmerinnen und Unternehmern.

Wie sieht es nun aber mit dem Wandel pädagogischer Ambitionen in der Privatwirtschaft aus? Augenfällig ist, wie zentral die Erziehungsfunktion in den pädagogischen Reflexionen der ersten Hälfte des 20. Jahrhunderts war und wie diese dann im Laufe der Hochkonjunktur nach Ende des Zweiten Weltkriegs zusehends weniger wichtig wurde. Erziehung spielte zu Beginn des 20. Jahrhunderts selbst dort eine grosse Rolle, wo es konkret um die Qualifizierung des Nachwuchses oder bestimmter Funktionsgruppen ging. Die Lehrlinge, aber auch die Werks- und Handwerksmeister, Unternehmerinnen und Unternehmer oder Manager sollten so erzogen werden, dass sie sich in den grösseren wirtschaftlichen Zusammenhang einfügten und produktiv wurden. Explizit stand also in den innerwirtschaftlichen Auseinandersetzungen zur Berufs- und Weiterbildung nicht allein die Vermittlung von fachlichen Kenntnissen und Fertigkeiten im Mittelpunkt, sondern auch die Frage, wie die notwendigen Haltungen erworben werden konnten, die für ein funktionierendes ökonomisches Gefüge notwendig zu sein schienen.

Im Gewerbe war die Idee einer Erziehung zum Beruf ausgesprochen positiv besetzt und wurde nicht allein auf die Jugend bezogen. Durch Erziehung sollte gleich der gesamte Berufsstand emporgehoben werden, vom Lehrling bis hin zum Meister. Das Ziel war ein gewissenhaftes, am hochwertigen Produkt orientiertes Handeln, mit dem sich Handwerk und Kleingewerbe auch in Zeiten der Massenproduktion behaupten konnten. Doch auch in der schweizerischen Industrie mit ihren Grossbetrieben galt es, die Reihen zu schliessen. Hier galt vor allem die Arbeiterschaft als erziehungsbedürftig. Über Ausbildung, viel mehr aber über eine Gestaltung des ausserbetrieblichen Alltags sollte die Loyalität gegenüber den Arbeitgebern gesichert werden.

Pädagogische Vorhaben mit einem starken Erziehungsanspruch zeigten sich aber nicht allein in der Industrie- und Gewerbepolitik zur Qualifikation des Nachwuchses. Auch durch die industrielle Wohlfahrt sollte das Streikpotenzial bei den Arbeiterinnen und Arbeitern gebrochen werden. Diese Massnahmen waren häufig pädagogisch kodiert. Im Zentrum etwa der betrieblichen Wohnungsbaupolitik stand die Arbeiterfrau, die garantieren sollte, dass die Männer sittsam und arbeitsfähig blieben. Indem die Arbeiter zu Hauseigentümern gemacht wurden, sollten sie eine bürgerliche Haltung verinnerlichen. In verschiedenen Schweizer Betrieben kümmerten sich Fürsorgerinnen um vermeintlich verzweifelte Arbeiter, deren Frauen die Haus- und Familienarbeit nicht mehr übernehmen konnten. Sie suchten die Familien aber auch auf, wenn von den Ehefrauen, von Kollegen oder der Betriebsleitung Probleme gemeldet worden waren, die die Aufrechterhaltung der Arbeitskraft bedrohten. Zudem wurden unterschiedliche Freizeiteinrichtungen auf den Werksgeländen errichtet, um zu garantieren, dass die Arbeiterinnen und Arbeiter auch ausserhalb des Betriebsalltags einer als sinnvoll erachteten Tätigkeit nachgingen, die bürgerliche Presse lasen und sich körperlich betätigten.

Nicht nur die Integration der Arbeiterinnen und Arbeiter stellte für die schweizerische Privatwirtschaft ein fortlaufendes Problem dar. Auch die Arbeitgeberseite war so zu organisieren, dass man in den Arbeitskämpfen und gegenüber dem Staat an einem Strang zog und sich gemeinsamen Standards unterwarf. Im Gewerbe wurde die Verbandsorganisation selbst als pädagogisches Instrument zur Pflege des Berufsstandes begriffen, das Haltungen, Umgangsformen, Qualitätsbewusstsein und Anstand unter den Mitgliedern verbreiten sollte. Für die Vereinigungen der Grossindustrie und des Handels sowie die neuen Kampfverbände der Arbeitgeber, die nach der Jahrhundertwende gegründet worden waren, wurden die nach innen gerichteten Erziehungsambitionen seltener herausgestrichen. Erst in der Rückschau erschienen sie als eines von vielen Instrumenten zur Kultivierung und Disziplinierung des Arbeitgeberlagers.

In den turbulenten Jahrzehnten zu Beginn des 20. Jahrhunderts mit ihren heftigen Arbeitskämpfen, Wirtschaftskrisen und tiefgreifenden Veränderungen in der Wirtschaftsstruktur riefen Unternehmer, Mitglieder des Managements und Verbandsfunktionäre also nach pädagogischen Instrumenten, die Integration und Stabilität durch Erziehung sicherstellen sollten. Dies geschah einerseits unter Rückgriff auf vorindustrielle Vorstellungen der Berufserziehung in einer ständisch gegliederten Gesellschaft. Eine Erziehungsfunktion wurde andererseits aber auch gänzlich neuen, bisher unbekannten Institutionen zugeschrieben, etwa der Konjunkturbeobachtung. Diese eher ungewöhnlichen pädagogischen Vorstellungen verschwanden jedoch schnell wieder und gingen dann vergessen.

Die Erziehungskomponente der beruflichen Bildung wurde auch in der zweiten Hälfte des 20. Jahrhunderts durchaus noch betont. Insgesamt ist aber für die Jahrzehnte der Hochkonjunktur und die Zeit nach der ersten Ölpreiskrise ein Wandel weg von umfassenden Erziehungs- hin zu eher kognitiv ausgerichteten Bildungs- und Wissensvorstellungen festzustellen. Dies galt selbst für Versuche, die kritische Jugend über ökonomische Aufklärungskampagnen zu erreichen. Statt einer direktiven oder gar doktrinären Erziehung versuchten die Protagonisten einer wirtschaftlichen Jugendbildung, ihre Angebote als informativ, sachlich und neutral zu rahmen.

Diese Umstellung von Erziehung auf Bildung entsprach einerseits einer allgemeinen gesellschaftlichen Tendenz, der sich auch die privatwirtschaftlichen Akteure nicht verschliessen konnten. Sie folgte aber auch der Logik der Hochkonjunktur, in der das Personal über Jahrzehnte knapp war und die Unternehmen dafür sorgen mussten, dass sie für mögliche Bewerberinnen und Bewerber attraktiv blieben. Eine gute Aus- und Weiterbildung und eine einladende Aussenkommunikation waren Werbeinstrumente im Wettbewerb um knappes Personal. Arbeitskämpfe gab es deutlich seltener als in der ersten Hälfte des 20. Jahrhunderts, die arbeitsteilige Struktur der Wirtschaftsverbände hatte sich stabilisiert und Gewerbe und Industrie zogen ordnungspolitisch stärker an einem Strang als noch zu Beginn des Jahrhunderts.

Die Untersuchung zeigt den Wandel pädagogischer Ambitionen in der Privatwirtschaft am Beispiel der Schweiz auf. Die Unternehmerinnen und Unternehmer, Verbandsfunktionäre und anderen wirtschaftsnahen Akteure orientierten sich aber häufig an den Entwicklungen in Deutschland, Frankreich und England – und den USA. Seltener wurden in Ad-Hoc-Anleihen auch Ansätze aus Skandinavien, Italien oder anderen europäischen Staaten aufgegriffen. Obwohl die internationale Verflechtung der Volkswirtschaften im Laufe des 20. Jahrhunderts stark zunahm, wurden die pädagogischen Antworten auf den Wandel des Wirtschaftslebens zumeist national respezifiziert. Dabei lassen sich für die Schweiz drei verschiedene Modi unterscheiden: Die nationalen Akteure bedienten sich entweder mehr oder weniger offen bei anderen Ländern. Oder sie entwickelten eigene Lösungen explizit gegen Ansätze aus dem Ausland, um die kulturellen und wirtschaftlichen Eigenheiten der Schweiz zu bewahren. Oder aber sie waren Teil einer institutionalisierten internationalen Bewegung und versuchten, das gemeinsame Programm in der Schweiz umzusetzen.

Wirtschaftsfunktionäre, meinungsstarke Unternehmerinnen und Unternehmer, bürgerliche Interessengruppen und ambitionierte Berater sahen in der Schweiz im Laufe des 20. Jahrhunderts die etablierte Ordnung wiederholt bedroht. Die

Bedrohung konnte dabei sowohl von aussen als auch von innen kommen. Auf ihre Krisendiagnosen und Problemwahrnehmungen antworteten sie häufig mit Erziehungs- und Bildungsmassnahmen. Warum reagierten Unternehmerinnen und Unternehmer, Mitglieder des Managements und Verbandsfunktionäre aber im 20. Jahrhundert so häufig mit pädagogischen Vorschlägen auf Krisensituationen und Problemwahrnehmungen? Zum einen, weil das ökonomische Problem, wie beim Arbeitskräftemangel oder einem Qualifizierungsbedarf, nach einer pädagogischen Antwort verlangte. Dies erklärt aber nicht die zum Teil omnipräsente pädagogische Rhetorik in den analysierten Quellen. Bildung und Erziehung schienen vielmehr immer dann attraktive Antworten gewesen zu sein, wenn die Zukunft ungewiss, das wirtschaftliche Umfeld diffus, die Situation kompliziert schien – Entscheidungen aber angezeigt waren. Pädagogische Vorhaben versprachen dann eine Gestaltung der Zukunft, ohne aber sagen zu müssen, wie diese genau aussehen würde.

Dank

Die Idee zu diesem Buch entstand vor nunmehr zehn Jahren im Rahmen eines Habilitationsprojektes am Lehrstuhl für Berufsbildung der Universität Zürich. Ich danke Philipp Gonon, dass er sich ohne Zögern auf das eher untypische erziehungswissenschaftliche Projekt eingelassen hat. Eine erste Skizze und erste Kapitel konnte ich im Rahmen des Lehrstuhlkolloquiums zur Diskussion stellen. Markus Rieger-Ladich und Christian Grabau haben mich dann umgehend nach Tübingen eingeladen, um meine unfertigen Ideen im Kolloquium vorzustellen. Wertvolle Rückmeldungen erhielt ich in den ersten Jahren auch von Philipp Eigenmann, Veronika Magyar, Carla Aubry, Simone Brauchli, Anja Giudici, Barbara Emma Hof, Anne Rohstock, Thomas Ruoss, Andrea De Vincenti, Anne Bosche und Norbert Grube. Ihnen sei an dieser Stelle herzlich gedankt. Einen ersten Entwurf der Gliederung habe ich in Wuppertal mit Rita Casale diskutiert. Ihr kritisches Feedback zum Projekt hat mich bis in die Endphase der Schreibarbeit begleitet. Dafür herzlichen Dank. In guter Erinnerung ist mir auch das Kolloquium Historische Bildungsforschung in Aachen geblieben, wo ich das Habilitationsprojekt mit Edith Glaser, Rita Casale und Lucien Criblez sowie mit vielen der bereits genannten Personen diskutieren konnte. Im Kolloquium an der HU Berlin erhielt ich von Sabine Reh, Marcelo Caruso, Kerrin Klinger und Heinz-Elmar Tenorth den entscheidenden Anstoss, die Forschungen endlich abzuschliessen und das Manuskript als Habilitationsschrift einzureichen.

Ein grosser Teil des hier veröffentlichten Textes entstand in Schweden an der Universität Uppsala. Johannes Westberg hat alles in Bewegung gesetzt, damit wir mit der ganzen Familie für ein Jahr nach Schweden kommen konnten. Er hat uns nicht nur eine Wohnung im schönsten Viertel der Stadt besorgt, sondern auch dafür gesorgt, dass ich ein eigenes Büro bekomme. Dafür gebührt Johannes mein ewiger Dank! In Uppsala und Stockholm konnte ich einzelne Kapitel zur Diskussion stellen. Stellvertretend für viele andere sei hier Anne Berg, Joakim Landahl und Johanna Ringarp gedankt. In dieser Zeit habe ich begonnen, Twitter zu nutzen. Die vielen Kontroversen auf Twitter, denen ich meist nur lesend beiwohnte, waren bei der Arbeit an den einzelnen Kapiteln wie ein endloses virtuelles Kolloquium, in dem sich meine Schreibversuche immer wieder bewähren mussten. Es ist eine Schande, dass ein verrückter Milliardär diesen einzigartigen intellektuellen Raum nun einfach zerstören kann.

Mein Dank gilt auch den Mitgliedern der Habilitationskommission sowie den anonymen Gutachterinnen respektive Gutachtern. Dass das Habilitationsverfahren mitten in der Pandemie eröffnet werden konnte, verdanke ich, wie viele andere Unterstützungen, Katharina Maag Merki und Lucien Criblez. Lisa Dillinger kennt das Manuskript wahrscheinlich besser als ich selbst. Ihr danke ich für das mehrmalige Korrekturlesen und die vielen sehr wertvollen kritischen Rückmeldungen. Philipp Eigenmann hat mit mir die Geschichte der Lehrlingsproteste erforscht und die Einleitung gegengelesen. Ihm danke ich für die vielen Anregungen und die langsam gewachsene Freundschaft, die uns nun schon so lange verbindet. Carmen Flury, Rosalía Guerrero und Fabian Grütter bildeten in den letzten Jahren den zentralen intellektuellen Kontext, ohne den kein Buch entstehen kann. Unser Projektteam wird mir fehlen.

Für die historischen Recherchen habe ich zahlreiche öffentliche Archive besucht. Den Mitarbeitenden danke ich für ihre stets engagierte und überaus herzliche Unterstützung. Dem Schweizerischen Arbeitgeberverband danke ich dafür, dass er mir den Zugang zu seinem historischen Verbandsarchiv, das bisher nicht öffentlich zugänglich ist, ermöglichte. Christa Seiler und Thomas Oechslin danke ich für den Zugang zum privaten Nachlass von Carl Oechslin.

Den Herausgeberinnen und Herausgebern sowie dem Leiter des Chronos Verlags, Hans-Rudolf Wiedmer, danke ich für die Aufnahme des Buches in die Reihe Historische Bildungsforschung. Dem Schweizerischen Nationalfonds danke ich für die grosszügige finanzielle Unterstützung. Tanja Kevic hat ein hervorragendes Lektorat geleistet. Auch dafür herzlichen Dank.

Weder meine Eltern noch meine Schwiegereltern haben studiert. Ich danke ihnen dafür, dass sie mir ein tieferes Verständnis für berufsgeprägte Biografien und wirtschaftliche Realitäten vermittelt haben. Simone, Milla und Batu danke ich dafür, dass sie auch die Arbeit an diesem Buch unterstützt haben.

Quellen und Literatur

Die gedruckten Quellen werden direkt in den Fussnoten bibliografiert und hier nicht nochmals eigens aufgeführt.

Archive und Dokumentationszentren

Archiv für Zeitgeschichte (AfZ)
Archiv der Gosteli-Stiftung zur Geschichte der schweizerischen Frauenbewegung (AGoF)
Bibliothek am Guisanplatz (BiG)
Historisches Archiv des Schweizerischen Arbeitgeberverbands (ZSAO)
Hochschularchiv der ETH Zürich (ETH)
Privatnachlass Carl Oechslin, Bern (NL Oechslin)
Schweizerische Nationalbibliothek, Plakatsammlung (NB)
Schweizerisches Bundesarchiv (BAR)
Schweizerisches Sozialarchiv (SOZARCH)
Schweizerisches Wirtschaftsarchiv (SWA)
Staatsarchiv St. Gallen (StASG)
Stadtarchiv Schaffhausen (StadtA SH)
Stadtarchiv Zürich (StadtA ZH)
Zentrale für Wirtschaftsdokumentation an der Universität Zürich (ZWD)

Systematisch ausgewertete Periodika

Berufsberatung und Berufsbildung
Der Jungkaufmann
Illustrierte schweizerische Handwerker-Zeitung (www.e-periodica.ch)
Mitteilungsblatt des Delegierten für Arbeitsbeschaffung
Neue Zürcher Zeitung (https://zeitungsarchiv.nzz.ch)
Schweizer Art und Arbeit: Jahrbuch der Schweizerwoche
Schaffhauser Nachrichten (http://archiv.shn.ch)
Schweizerische Arbeitgeber-Zeitung
Schweizerische Techniker-Zeitschrift / Schweizerische Technische Zeitschrift
Schweizer Schule (www.e-periodica.ch)
Schweizerische Bau-Zeitung (www.e-periodica.ch)
Schweizerische Lehrerzeitung (www.e-periodica.ch)

Schweizerische Zeitschrift für Betriebswirtschaft und Arbeitsgestaltung
Swiss American Review

Weitere Quellenbestände

Amtliches Bulletin des Bundesrates: www.amtsdruckschriften.bar.admin.ch
ETH Schulratsprotokolle: www.sr.ethbib.ethz.ch
Bundesgesetze, Bundesrätliche Botschaften, Bundesbeschlüsse: www.admin.ch/gov/de/start/bundesrecht.html
Historische Statistik der Schweiz online (HSSO): https://hsso.ch
Jahresberichte der Universität Zürich: https://suche.staatsarchiv.djiktzh.ch
Stellenmarkt-Monitor Schweiz: https://doi.org/10.23662/FORS-DS-669-5
Bundesamt für Industrie, Gewerbe und Arbeit, Lehrabschlussprüfungen und Lehrverträge, 1935-1983, Separatauszüge aus «Die Volkswirtschaft», gesammelt bereitgestellt durch das Bundesamt für Statistik.

Forschungsliteratur

Aléx, P. (1999). Swedish consumer cooperation as an educational endeavor. In E. Furlough, C. Strikwerda (Hg.), *Consumers against capitalism? consumer cooperation in Europe, North America, and Japan, 1840-1990* (S. 241–265). Lanham, Md.: Rowman & Littlefield.

Amdam, R. P., Kvålshaugen, R., Larsen, E. (2003). The power of content revisited. In R. P. Amdam, R. Kvålshaugen, E. Larsen (Hg.), *Inside the Business Schools: the content of European business education* (S. 11–26). Copenhagen: Copenhagen *Business School* Press.

Andresen, K. (2016). *Gebremste Radikalisierung: die IG Metall und ihre Jugend 1968 bis in die 1980er Jahre*. Göttingen: Wallstein.

Angehrn, C. (2015). Berufsbilder: das Tableau der modernen Arbeit. In B. Bernet, J. Tanner (Hg.), *Ausser Betrieb: Metamorphosen der Arbeit in der Schweiz* (S. 109–124). Zürich: Limmat.

Angehrn, C. (2019). *Arbeit am Beruf: Feminismus und Berufsberatung im 20. Jahrhundert*. Basel: Schwabe.

Augier, M., March, J. G. (2011). *The roots, rituals, and rhetorics of change: North American Business Schools after the Second World War*. Stanford: Stanford Business Books.

Baalen, P. van, Karsten, L. (2010). The social shaping of the early *Business Schools* in the Netherlands. *Journal of Management History*, 16 (3), 153–173.

Bachem, M. (2013a). Beruf und Persönlichkeit. *Geschichte und Gesellschaft*, 39 (1), 69–85.

Bachem, M. (2013b). Dealing with Human Capital in Space. Computergestützte Tests in der Berufsberatung der Schweiz. *Traverse*, 20 (2), 125–138.

Bächi, B. (2001). *Kommunikationstechnologischer und sozialer Wandel. Der schweizerische Weg zur digitalen Kommunikation (1960-1985)*. Zürich: ETH.
Bächtold, K. (1969). Dr. h.c. Ernst Müller-Reiffer. In *Schaffhauser Biographien* (Bd. 3, S. 223–230). Thayngen: Karl Augustin.
Baecker, D. (2006). *Wirtschaftssoziologie*. Bielefeld: transcript.
Baertschi, C. (2012). Sulzer, Carl Jakob (Artikelversion vom 23. Juli 2012). *Historisches Lexikon der Schweiz*. https://hls-dhs-dss.ch/articles/012046/2011-11-10.
Bähler, A. (1996). Die Veränderung des Arbeitsplatzes Haushalt durch das Eindringen der Haushalttechnik, 1930-1980. In U. Pfister, B. Studer, J. Tanner (Hg.), *Arbeit im Wandel: Deutung, Organisation und Herrschaft vom Mittelalter bis zur Gegenwart* (S. 171–192). Zürich: Chronos.
Bálint, A. (2015). *Sulzer im Wandel: Innovation aus Tradition*. Baden: hier + jetzt.
Balthasar, A., Gruner, E., Hirter, H. (1988). *Gewerkschaften und Arbeitgeber auf dem Arbeitsmarkt; Streiks, Kampf ums Recht und Verhältnis zu andern Interessengruppen*. Zürich: Chronos.
Barben, M.-L., Ryter, E. (Hg.). (1988). *Verflixt und zugenäht! Frauenberufsbildung – Frauenerwerbsarbeit 1888-1988 Beiträge zur gleichnamigen Ausstellung im Rahmen des hundertjährigen Jubiläums der Berufs-, Fach- und Fortbildungsschule Bern Oktober 1988*. Zürich: Chronos.
Bauder, T. (2008). Der Entwicklungsprozess des ersten eidgenössischen Berufsbildungsgesetzes. Unterschiedliche Interessen, gemeinsame Ziele. In T. Bauder, F. Osterwalder (Hg.), *75 Jahre eidgenössisches Berufsbildungsgesetz: politische, pädagogische, ökonomische Perspektiven* (S. 11–50). Bern: h.e.p.
Baumann, C. (2014). *Robert Holzach: ein Schweizer Bankier und seine Zeit*. Zürich: Verlag Neue Zürcher Zeitung.
Baumgartner, A. D. (2008). *Die flexible Frau: Frauenerwerbsarbeit im Werte- und Strukturwandel*. Zürich: Seismo.
Beckert, J. (1996). What is sociological about economic sociology? Uncertainty and the embeddedness of economic action. *Theory and Society, 25* (6), 803–840.
Beckert, J. (2003). Economic sociology and embeddedness: how shall we conceptualize economic action? *Journal of Economic Issues, 37* (3), 769–787.
Beckert, J. (2009). Wirtschaftssoziologie als Gesellschaftstheorie. *Zeitschrift für Soziologie, 38* (3), 197–197.
Beckert, J. (2013). Capitalism as a system of expectations: toward a sociological microfoundation of political economy. *Politics & Society, 41* (3), 323–350.
Beckert, J. (2018). *Imaginierte Zukunft: fiktionale Erwartungen und die Dynamik des Kapitalismus*. Berlin: Suhrkamp.
Bellmann, J. (2001a). *Knappheit als Bildungsproblem: die Konstruktion des Ökonomischen im Diskurs Allgemeiner Pädagogik*. Weinheim: Beltz.
Bellmann, J. (2001b). Zur Selektivität des pädagogischen Blicks auf Ökonomie. *Vierteljahrsschrift für wissenschaftliche Pädagogik, 77* (4), 386–408.
Bellmann, J. (2006). Ökonomische Dimensionen der Bildungsreform. Unbeabsichtigte Folgen, perverse Effekte, Externalitäten. In U. Frost (Hg.), *Unternehmen*

Bildung. Die Frankfurter Einsprüche und kontroverse Positionen zur aktuellen Bildungsreform (S. 183–200). Paderborn: Schöningh.

Bellmann, J. (2016). A critique of economization critiques from the field of education sciences: seven hypotheses on a widely held diagnosis of our time within educational discourse. *Bildungsgeschichte: International Journal for the Historiography of Education, 6* (2), 212–229.

Berger, S., Przyrembel, A. (2019). Introduction: moralizing capitalism: agents, discourses and practices of capitalism and anti-capitalism in the modern age. In S. Berger, A. Przyrembel (Hg.), *Moralizing capitalism: agents, discourses and practices of capitalism and anti-capitalism in the modern age* (S. 1–26). Cham: Springer International Publishing.

Berghoff, H., Vogel, J. (2004). Wirtschaftsgeschichte als Kulturgeschichte. Ansätze zur Bergung transdisziplinärer Synergiepotentiale. In H. Berghoff, J. Vogel (Hg.), *Wirtschaftsgeschichte als Kulturgeschichte: Dimensionen eines Perspektivenwechsels* (S. 9–41). Frankfurt am Main: Campus.

Berner, E. (2013). Industrie – Staat – Wissenschaft. Die berufspädagogische Psychotechnik und ihre Akteure in der (West-)Schweiz (1910 - 1940). In H.-U. Grunder, A. Hoffmann-Ocon, P. Metz (Hg.), *Netzwerke in bildungshistorischer Perspektive* (S. 82–93). Bad Heilbrunn: Klinkhardt.

Berner, E. (2017). Citizenship and participation: apprenticeship as a political issue in the Swiss VET-debate of the 1970s/80s. In F. Marhuenda-Fluixá (Hg.), *Vocational education beyond skill formation vet between civic, industrial and market tensions* (S. 65–83). Bern: Lang.

Berner, E. (2019). Der «Lehrling»: Qualifizierung einer Kategorie im schweizerischen Rechtsdiskurs (1870–1930). In C. Imdorf, R. J. Leemann, P. Gonon (Hg.), *Bildung und Konventionen: Die «Economie des conventions» in der Bildungsforschung* (S. 311–339). Wiesbaden: Springer Fachmedien.

Berner, E., Gonon, P. (Hg.). (2016). *History of vocational education and training in Europe: cases, concepts and challenges*. Bern: Lang.

Berner, E., Gonon, P., Ritter, H.-J. (2011). Zwischen Gewerbeförderung, Sozialpolitik und liberalen Bildungsbestrebungen. Zur «Vor»-Geschichte der dualen Berufsausbildung in der Schweiz (1870-1930). *Zeitschrift für Berufs- und Wirtschaftspädagogik, 107* (1), 14–32.

Berner, E., Ritter, H.-J. (2011). Die Entstehung und Entwicklung des Berufsbildungssystems in der Schweiz 1880–1930 – Föderalismus als «Reformlabor» für die Berufsbildung. In U. Fasshauer, J. Aff, B. Fürstenau, E. Wuttke (Hg.), *Lehr-Lernforschung und Professionalisierung. Perspektiven der Berufsbildungsforschung* (S. 187–197). Opladen; Farmington Hills, Mich.: Budrich.

Bernet, B. (2017). Vom «Berufsautomaten» zum «flexiblen Mitarbeiter». Die Krise der Organisation und der Umbau der Personallehren um 1970. In B. Dietz, J. Neuheiser (Hg.), *Wertewandel in der Wirtschaft und Arbeitswelt: Arbeit, Leistung und Führung in den 1970er und 1980er Jahren in der Bundesrepublik Deutschland* (S. 32–54). Boston und Berlin: De Gruyter.

Bernet, B., Gugerli, D. (2011). Sputniks Resonanzen: der Aufstieg der Humankapitaltheorie im Kalten Krieg – eine Argumentationsskizze. *Historische Anthropologie, 19* (3), 433–446.
Boel, B. (2003). *The european productivity agency and transatlantic relations 1953–1961*. Copenhagen: Museum Tusculanum Press.
Bonazzi, G. (2014). *Geschichte des organisatorischen Denkens* (2. Aufl.). Wiesbaden: Springer VS.
Bonhage, B. (2007). Die Einführung der bargeldlosen Lohn- und Gehaltszahlung: der schweizerische Zahlungsverkehr zwischen öffentlicher und privater Dienstleistung. *Schweizerische Gesellschaft für Wirtschafts- und Sozialgeschichte, 22,* 249–264.
Bonoli, L. (2012). La naissance de la formation professionnelle en Suisse – entre compétences techniques et éducation morale. *Education Permanente – Revue Trimestrielle, 192* (3), 209–221.
Bonoli, L. (2016). The development of statistics in the VET domain in Switzerland: issues and difficulties between 1880 and 1930. In E. Berner, P. Gonon (Hg.), *History of VET – cases, concepts and challenges* (S. 387–400). Bern: Lang.
Bonoli, L. (2017). An ambiguous identity: the figure of the apprentice from the XIX century up to today in Switzerland. In F. Marhuenda (Hg.), *Vocational education beyond skill formation. VET between civic, industrial and market Tensions* (S. 31–49). Bern: Lang.
Bonoli, L. (2019). Where are the trade unions? Some insights into the historical evolution of the Swiss VET system. In M. F. Fernando, M. J. Chisvert-Tarazona (Hg.), *Pedagogical concerns and market demands in VET. Proceedings of the 3rd Crossing Boundaries in VET conference, Vocational Education and Training Network (VETNET)* (S. 137–142). Valencia: Zenodo.
Bonoli, L., Berger, J.-L., Lamamra, N. (Hg.). (2018). *Enjeux de la formation professionnelle en Suisse: le «modèle» suisse sous la loupe*. Zürich: Seismo.
Bosche, A., Geiss, M. (2017). Die Fortbildung von Lehrpersonen seit der Bildungsexpansion: das Beispiel des Kantons Zürich. *Beiträge zur Lehrerinnen- und Lehrerbildung, 35* (2), 318–330.
Bosse, H. (2012). *Bildungsrevolution 1770–1830*. Heidelberg: Universitätsverlag Winter.
Bottini, J. (1936). Der Kaufmännische Verein Zürich in der Nachkriegs- und Krisenzeit 1920–1935. In Kaufmännischer Verein Zürich (Hg.), *Fünfundsiebzig Jahre Tätigkeit des Kaufmännischen Vereins Zürich als Förderer der Berufsbildung und der wirtschaftlichen und sozialen Interessen der Handels- und Bureauangestellten, 1861–1936. Denkschrift zur Jubiläumsfeier vom 7. März 1936* (S. 77–128). Zürich: Verlag des Kaufmännischen Vereins Zürich.
Bruce, K. (2006). Henry S. Dennison, Elton Mayo, and human relations historiography. *Management & Organizational History, 1* (2), 177–199.
Bruce, K., Nyland, C. (2011). Elton Mayo and the deification of human relations. *Organization Studies, 32* (3), 383–405.

Brühwiler, I., Criblez, L., Crotti, C., Helfenberger, M., Hofmann, M., Manz, K. (Hg.). (2023). *Schweizer Bildungsgeschichte: Systementwicklung im 19. und 20. Jahrhundert.* Zürich: Chronos (im Erscheinen).

Büchel, K., Hägi, L., Geiss, M. (2023). Die Entwicklung der beruflichen Bildung (1798-1950). In I. Brühwiler, L. Criblez, C. Crotti, M. Helfenberger, M. Hofmann, K. Manz (Hg.), *Schweizer Bildungsgeschichte: Systementwicklung im 19. und 20. Jahrhundert.* Zürich: Chronos (im Erscheinen).

Bühlmann, F., David, T., Mach, A. (2012a). The Swiss business elite (1980-2000): how the changing composition of the elite explains the decline of the Swiss company network. *Economy and Society, 41* (2), 199-226.

Bühlmann, F., David, T., Mach, A. (2012b). Political and economic elites in Switzerland. *European Societies, 14* (5), 727-754.

Buomberger, T. (2017). *Die Schweiz im Kalten Krieg, 1945-1990.* Baden: hier + jetzt.

Bürgi, M. (2008). Hunold, Albert (Artikelversion vom 2. Dezember 2008). *Historisches Lexikon der Schweiz.* https://hls-dhs-dss.ch/articles/012046/2011-11-10.

Burren, S. (2010). *Die Wissenskultur der Betriebswirtschaftslehre: Aufstieg und Dilemma einer hybriden Disziplin.* Bielefeld: transcript.

Busemeyer, M. R., Trampusch, C. (2012). The comparative political economy of collective skill formation. In M. R. Busemeyer, C. Trampusch (Hg.), *The political economy of collective skill formation* (S. 3-40). Oxford: Oxford University Press.

Cassis, Y., Tanner, J., Debrunner, F. (1992). Finance and financiers in Switzerland 1880-1960. In Y. Cassis (Hg.), *Finance and Financiers in European History, 1880-1960* (293-316). Cambridge: Cambridge University Press.

Chessel, M.-E. (2002). From America to Europe: educating consumers. *Contemporary European History, 11* (1), 165-175.

Criblez, L. (2015). Die Verfassungsgrundlage für die schweizerischer Berufsbildung. In K. Kraus, M. Weil (Hg.), *Berufliche Bildung. Historisch – aktuell – international. Festschrift zum 60. Geburtstag von Philipp Gonon* (S. 13-19). Detmold: Eusl.

Criblez, L. (2016). Bundesstaatliche Förderung und föderalistische Verantwortung. Zur Neuregelung der Stipendienpolitik in den 1960er und 1970er Jahren. In L. Criblez, C. Rothen, T. Ruoss (Hg.), *Staatlichkeit in der Schweiz: Regieren und Verwalten vor der neoliberalen Wende* (S. 247-269). Zürich: Chronos.

Daetwyler, M. (1982). Case study: the Centre d'Etudes Industrielles (CEI), Geneva. In M. Kubr (Hg.), *Managing a management development institution* (S. 197-210). Geneva: International Labour Office.

Daub, E. (Hg.). (1996). *Franziska Baumgarten: eine Frau zwischen akademischer und praktischer Psychologie.* Frankfurt am Main: Lang.

David, T., Ginalski, S., Rebmann, F., Schnyder, G. (2009). The Swiss business elite between 1980 and 2000: declining cohesion, changing educational profile and growing internationalization. In F. Sattler, C. Boyer (Hg.), *European economic elites: between a new spirit of capitalism and the erosion of state socialism.* (S. 197–220). Berlin: Duncker, Humblot.

David, T., Schaufelbuehl, J. M. (2015). Transatlantic influence in the shaping of business education: the origins of IMD, 1946–1990. *Business History Review, 89* (1), 75–97.

Deck, D., Bosshart-Pfluger, C. (2001). *Business and Professional Women Switzerland 1947–1997: Geschichte einer Schweizer Frauenorganisation.* Frauenfeld: Huber.

Degen, B. (1993). Zur Geschichte der Arbeitslosigkeit in der Schweiz. In *Arbeitslosigkeit – wirtschaftspolitische Alternativen* (S. 37–46). Zürich: Redaktionskollektiv Widerspruch.

Degen, B. (2013). Streiks (Artikelversion vom 12. März 2013). *Historisches Lexikon der Schweiz.* https://hls-dhs-dss.ch/articles/012046/2011-11-10.

Dejung, C., Dommann, M., Speich Chassé, D. (Hg.). (2014). *Auf der Suche nach der Ökonomie. Historische Annäherungen.* Tübingen: Mohr Siebeck.

Dekker, J. J. H. (2010). *Educational ambitions in history: childhood and education in an expanding educational space from the seventeenth to the twentieth century.* Frankfurt am Main: Lang.

Dekker, J. J. H. (2022). Educational Space in Time: Reflections on Limits and Options for Educational Ambitions in History. *Nordic Journal of Educational History, 9* (1), 3–25. https://doi.org/10.36368/njedh.v9i1.299

Depaepe, M., Herman, F., Surmont, M., Van Gorp, A., Simon, F. (2008). About pedagogization: from the perspective of the history of education. In P. Smeyers, M. Depaepe (Hg.), *Educational research: the educationalization of social problems* (S. 13–30). Dordrecht: Springer Netherlands.

Depaepe, M., Smeyers, P. (2008). Educationalization as an ongoing modernization process. *Educational Theory, 58* (4), 379–389.

Diaz-Bone, R. (2018). *Die «Economie des conventions»: Grundlagen und Entwicklungen der neuen französischen Wirtschaftssoziologie* (2. Auflage.). Wiesbaden: Springer VS.

Drerup, J. (2016). Pädagogische Metaphorologie. Grundlegungs- und Anwendungsprobleme. In F. Ragutt, T. Zumhof (Hg.), *Hans Blumenberg: Pädagogische Lektüren* (S. 71–99). Wiesbaden: Springer Fachmedien. https://doi.org/10.1007/978-3-658-03477-1_6

Eichenberger, P. (2016). *Mainmise sur l'État social: mobilisation patronale et caisses de compensation en Suisse (1908–1960).* Neuchâtel: Éditions Alphil-Presses universitaires suisses.

Eichenberger, P., Mach, A. (2011). Organized capital and coordinated market economy: Swiss business interest associations between socio-economic regulation and political influence. In C. Trampusch, A. Mach (Hg.), *Switzerland in Europe: continuity and change in the Swiss political economy* (S. 63–81). London: Routledge.

Eigenheer, S. (1993). *Bäder, Bildung, Bolschewismus: Interessenkonflikte rund um das Zürcher Volkshaus 1890–1920*. Zürich: Chronos.

Eigenmann, P., Geiss, M. (2016a). Doing it for them: corporatism and apprentice activism in Switzerland, 1880–1950. *History of Education, 45* (5), 570–586.

Eigenmann, P., Geiss, M. (2016b). There is no outside to the system: paternalism and protest in Swiss vocational education and training, 1950–1980. In E. Berner, P. Gonon (Hg.), *History of vocational education and training in Europe: cases, concepts and challenges* (S. 403–428). Bern: Lang.

Eisfeld, K. (1923). Die Aktiengesellschaften in den übrigen Ländern. In L. Elster (Hg.), *Handwörterbuch der Staatswissenschaften* (4., gänzlich umgearb. Aufl., S. 160–205). Jena: Fischer.

Elzinga, A., Jamison, A. (1995). Changing policy agendas in science and technology. In *Handbook of science and technology studies, revised edition* (S. 572–597). Thousand Oaks: SAGE Publications.

Emmenegger, P., Graf, L., Strebel, A. (2019). Social versus liberal collective skill formation systems? A comparative-historical analysis of the role of trade unions in German and Swiss VET. *European Journal of Industrial Relations*, 0959680119844426.

Enz, M. (1957). *Die Zusammenschlüsse der weiblichen Handels- und Büroangestellten in der Schweiz*. Zürich: Selbstverlag.

Farago, P., Kriesi, H. (Hg.). (1986). *Wirtschaftsverbände in der Schweiz: Organisation und Aktivitäten von Wirtschaftsverbänden in vier Sektoren der Industrie*. Grüsch: Rüegger.

Fleury, A., Joye, F. (2002). *Die Anfänge der Forschungspolitik in der Schweiz: Gründungsgeschichte des Schweizerischen Nationalfonds zur Förderung der wissenschaftlichen Forschung 1934–1952*. Baden: hier + jetzt.

Freeman, M., Kirke, A. (2017). Review of periodical literature on the history of education published in 2016. *History of Education, 46* (6), 826–853.

Gees, T. (2004). Die Schweiz als europäische Antithese? Ausländerpolitik zwischen «Überfremdungsdiskurs» und Personenfreizügigkeit nach 1945. *Zeitgeschichte, 31* (4), 226–241.

Gees, T., Frech, S., Meier, M., Kropf, B. (2002). *Schweizerische Aussenwirtschaftspolitik, 1930–1948: Strukturen – Verhandlungen – Funktionen*. Zürich: Chronos.

Geiss, M. (2015). Der Bildungsökonom. In A. Frei, H. Mangold (Hg.), *Das Personal der Postmoderne. Eine Inventur* (S. 33–49). Bielefeld: transcript.

Geiss, M. (2016a). Erosion einer Erzählung: Militär und Gesellschaft in der Jugendpublizistik nach 1945. In L. Boser, P. Bühler, M. Hofmann, P. Müller (Hg.), *Pulverdampf und Kreidestaub. Beiträge zum Verhältnis zwischen Militär und Schule in der Schweiz im 19. und 20. Jahrhundert* (S. 337–359). Bern: Bibliothek am Guisanplatz.

Geiss, M. (2016b). Sanfter Etatismus: Weiterbildungspolitik in der Schweiz. In L. Criblez, C. Rothen, T. Ruoss (Hg.), *Staatlichkeit in der Schweiz: Regieren und Verwalten vor der neoliberalen Wende* (S. 219–246). Zürich: Chronos.

Gelhard, A. (2012). Das Dispositiv der Eignung: Elemente einer Genealogie der Prüfungstechniken. *Zeitschrift für Medien- und Kulturforschung, 3* (1), 43–60.
Gilg, P., Hablützel, P. (1986). Beschleunigter Wandel und neue Krisen (seit 1945). In B. Mesmer, J.-C. Favez, R. Broggini (Hg.), *Geschichte der Schweiz und der Schweizer* (S. 821–959). Basel: Helbing & Lichtenhahn.
Gonon, P. (1998). Berufliche Bildung zwischen Zunft, Handelsfreiheit und Demokratie. *Bildungsforschung und Bildungspraxis, 20* (3), 419–431.
Gonon, P. (2009). Reformsteuerung, Stabilität und Wandlungsfähigkeit der Berufsbildung. «Laboratory Federalism» als Motor der Bildungsreform in der Schweiz. In U. Lange, S. Rahn, W. Seitter, R. Körzel (Hg.), *Steuerungsprobleme im Bildungswesen. Festschrift für Klaus Harney* (S. 249–265). Wiesbaden: VS, Verl. für Sozialwissenschaften.
Gonon, P., Maurer, M. (2012). Education policy actors as stakeholders in the development of the collective skill system: the case of Switzerland. In M. R. Busemeyer, C. Trampusch (Hg.), *The political economy of collective skill formation* (S. 126–149). Oxford: Oxford University Press.
Gonon, P. (2012). Entstehung und Dominanz der dualen Berufsausbildung in der Schweiz. In M. M. Bergman, S. Hupka-Brunner, T. Meyer, R. Samuel (Hg.), *Bildung – Arbeit – Erwachsenwerden: Ein interdisziplinärer Blick auf die Transition im Jugend- und jungen Erwachsenenalter* (S. 221–242). Wiesbaden: Springer.
Gonon, P. (2019). Die Entwicklung der beruflichen Bildung (1798–1950). In I. Brühwiler, L. Criblez, C. Crotti, M. Helfenberger, M. Hofmann, K. Manz (Hg.), *Schweizer Bildungsgeschichte: Systementwicklung im 19. und 20. Jahrhundert*. Zürich: Chronos (im Erscheinen).
Götzl, M. (2015). *Kaufmännische Berufserziehung im Antagonismus zwischen Berufs- und Allgemeinbildung. Zur Entwicklung und Bedeutung der Handelsschule der kaufmännischen Innungshalle zu Gotha (1817–1902)*. Detmold: Eusl.
Greinert, W.-D. (1975). *Schule als Instrument sozialer Kontrolle und Objekt privater Interessen: der Beitrag der Berufsschule zur politischen Erziehung der Unterschichten*. Hannover: Schroedel.
Greinert, W. D. (1987). *Berufsausbildung und Industrie: zur Herausbildung industrietypischer Lehrlingsausbildung*. Berlin und Bonn: Bundesinstitut für Berufsbildung.
Greinert, W.-D. (1998). *Das «deutsche System» der Berufsausbildung: Tradition, Organisation, Funktion* (3., überarb. Aufl.). Baden-Baden: Nomos-Verlagsgesellschaft.
Greinert, W.-D. (2017). *Berufsqualifizierung in Europa: ein Vergleich von Entstehung und Entwicklung der drei klassischen Modelle* (2., überarbeitete Auflage.). Baltmannsweiler: Schneider Verlag Hohengehren GmbH.
Groppe, C. (2004). *Der Geist des Unternehmertums – eine Bildungs- und Sozialgeschichte: die Seidenfabrikantenfamilie Colsman (1649–1840)*. Köln: Böhlau.

Groppe, C. (2018). *Im deutschen Kaiserreich: eine Bildungsgeschichte des Bürgertums 1871–1918*. Wien: Böhlau.
Gruner, E. (1956). Werden und Wachsen der schweizerischen Wirtschaftsverbände im 19. Jahrhundert: Der Einfluss der schweizerischen Wirtschaftsverbände auf das Gefüge des liberalen Staates. *Schweizerische Zeitschrift für Geschichte*, 6 (1,3), 33–101, 315–368.
Gugerli, D. (2001). *«Nicht überblickbare Möglichkeiten»: Kommunikationstechnischer Wandel als kollektiver Lernprozess, 1960–1985*. Zürich: ETH.
Gugerli, D. (2015). Der Programmierer. In A. Frei, H. Mangold (Hg.), *Das Personal der Postmoderne: Inventur einer Epoche* (S. 17–32). Bielefeld: transcript.
Gugerli, D., Kupper, P., Speich Chassé, D. (2005). *Die Zukunftsmaschine: Konjunkturen der ETH Zürich 1855–2005*. Zürich: Chronos.
Gugerli, D., Tanner, J. (2012). Wissen und Technologie. In P. Halbeisen, M. Müller, B. Veyrassat (Hg.), *Wirtschaftsgeschichte der Schweiz im 20. Jahrhundert* (S. 265–316). Basel: Schwabe.
Gull, T. (2015). Kinderarbeit (Artikelversion vom 3. September 2015). *Historisches Lexikon der Schweiz*. https://hls-dhs-dss.ch/articles/012046/2011-11-10.
Hachtmann, R. (2014). Arbeit und Arbeitsfront: Ideologie und Praxis. In M. Buggeln, M. Wildt (Hg.), *Arbeit im Nationalsozialismus*. Berlin, Boston: De Gruyter Oldenbourg.
Halbeisen, P., Müller, M., Veyrassat, B. (Hg.). (2012). *Wirtschaftsgeschichte der Schweiz im 20. Jahrhundert*. Basel: Schwabe.
Hall, P. A., Soskice, D. (Hg.). (2001). *Varieties of capitalism: the institutional foundations of comparative advantage*. Oxford: Oxford University Press.
Hasse, R., Krücken, G. (2012). Ökonomische Rationalität, Wettbewerb und Organisation. Eine wirtschaftssoziologische Perspektive. In A. Engels, L. Knoll (Hg.), *Wirtschaftliche Rationalität: Soziologische Perspektiven* (S. 25–45). Wiesbaden: VS Verlag für Sozialwissenschaften.
Hauser, A. (1956). *Zur Geschichte der Kinderarbeit in der Schweiz*. Zürich: Polygraphischer Verlag.
Heiniger, F. (2003). *Vom Lehrlingspatronat zum Kompetenzzentrum für Berufsberatung: 100 Jahre SVB*. Dübendorf: Schweizerischer Verband für Berufsberatung.
Heise, M. (2002). Entgrenzung des Pädagogischen – empirische Annäherung an ein Konstrukt. In *Datenreport Erziehungswissenschaft. 2. Ergänzende Analysen* (S. 113–123). Opladen: Leske u. Budrich.
Herman, F., Priem, K., Thyssen, G. (2017). Body_machine? Encounters of the human and the mechanical in education, industry and science. *History of Education*, 46 (1), 108–127.
Hodel, M. (1994). *Die Schweizerische Konservative Volkspartei 1918–1929: die goldenen Jahre des politischen Katholizismus*. Freiburg, Schweiz: Univ.-Verlag.
Hoffmann-Ocon, A. (2016). Reflexion und Kritik des Ersten Weltkriegs in der Zürcher Schulsynode und den Schulkapiteln. Die Dynamik der Krisenwahrneh-

mung und der Wandel der individualpädagogischen Perspektive. In L. Boser, P. Bühler, M. Hofmann, P. Müller (Hg.), *Pulverdampf und Kreidestaub. Beiträge zum Verhältnis zwischen Militär und Schule in der Schweiz im 19. und 20. Jahrhundert* (S. 251–278). Bern: Bibliothek am Guisanplatz.

Hofmann, M. (2016). *Gesundheitswissen in der Schule: Schulhygiene in der deutschsprachigen Schweiz im 19. und 20. Jahrhundert*. Bielefeld: transcript.

Hürlimann, G., Mach, A., Rathemann-Lutz, A., Schaufelbuehl, J. M. (Hg.). (2016). *Lobbying: die Vorräume der Macht*. Zürich: Chronos.

Hurter, E. (1946). *Die Bewilligungspflicht als Mittel der Wirtschaftspolitik*. Zürich: Juris-Verlag.

Jaun, R. (1986). *Management und Arbeiterschaft: Verwissenschaftlichung, Amerikanisierung und Rationalisierung der Arbeitsverhältnisse in der Schweiz, 1873–1959*. Zürich: Chronos.

John, R. R. (1997). Elaborations, revisions, dissents: Alfred D. Chandler, Jr.'s «The Visible Hand» after twenty years. *The Business History Review, 71* (2), 151–200.

Joris, E., Knoepfli, A. (1996). *Eine Frau prägt eine Firma: zur Geschichte von Firma und Familie Feller*. Zürich: Chronos.

Jost, H. U. (1986). Bedrohung und Enge (1914–1945). In B. Mesmer, J.-C. Favez, R. Broggini (Hg.), *Geschichte der Schweiz und der Schweizer* (S. 731–814). Basel: Helbing, Lichtenhahn.

Katzenstein, P. J. (1993). *Small states in world markets: industrial policy in Europe* (6th print.). Ithaca, NY: Cornell University Press.

Katzenstein, P. J. (2003). Small states and small states revisited. *New Political Economy, 8* (1), 9–30.

Kipp, M. (2005). Ganzheitliche Facharbeiterausbildung im Volkswagen-Vorwerk Braunschweig. Best Practice-Beispiel der Deutschen Arbeitsfront. *Berufs- und Wirtschaftspädagogik Online*, (9), 1–63.

Kipping, M., Cailluet, L. (2010). Mintzberg's emergent and deliberate strategies: tracking Alcan's activities in Europe, 1928–2007. *The Business History Review, 84* (1), 79–104.

Kirchgässner, G. (2007). *Geschichte und wirtschaftspolitische Konzeption der Kommission für Konjunkturfragen*. St. Gallen: Universität St. Gallen.

Knoll, L. (2012). Wirtschaftliche Rationalitäten. In A. Engels, L. Knoll (Hg.), *Wirtschaftliche Rationalität: Soziologische Perspektiven* (S. 47–65). Wiesbaden: VS Verlag für Sozialwissenschaften.

Koller, C. (2009). *Streikkultur: Performanzen und Diskurse des Arbeitskampfes im schweizerisch-österreichischen Vergleich (1860–1950)*. Wien: LIT.

König, J. (1977). *Entwicklungstendenzen in der schweizerischen Erwachsenenbildung, verglichen anhand sozialisationstheoretischer und bildungstheoretischer Gesichtspunkte*. Zürich: Juris.

König, M. (1984). *Die Angestellten zwischen Bürgertum und Arbeiterbewegung: soziale Lage und Organisation der kaufmännischen Angestellten in der Schweiz, 1914–1920*. Zürich: Limmat-Verlag.
König, M. (1988). Zur Entwicklung der kaufmännischen Ausbildung von Frauen in der Schweiz. In M.-L. Barben, E. Ryter (Hg.), *Verflixt und zugenäht* (S. 89–100). Zürich: Chronos.
König, M. (1990). Diplome, Experten und Angestellte: die gebremste Professionalisierung kaufmännischer Berufe in der Schweiz, 1908–1989. In S. Brändli, D. Gugerli, R. Jaun, U. Pfister (Hg.), *Schweiz im Wandel: Studien zur neueren Gesellschaftsgeschichte: Festschrift für Rudolf Braun zum 60. Geburtstag* (S. 75–98). Basel: Helbing und Lichtenhahn.
König, M. (1997). Die Angestellten neben der Arbeiterbewegung: Aufstieg und Niedergang einer Forschungsthematik. In B. Studer, F. Vallotton (Hg.), *Sozialgeschichte und Arbeiterbewegung 1848–1998* (S. 119–135). Zürich: Chronos.
König, M. (2004). Von der wahren Nationalität der Waren: Schweizerische Wirtschaftspropaganda im 20. Jahrhundert. In E. Pellin, E. Ryter (Hg.), *Weiss auf Rot. Das Schweizer Kreuz zwischen nationaler Identität und Corporate Identity* (S. 129–140). Zürich: Verlag Neue Zürcher Zeitung.
König, M. (2005). Historische Montagen. In Präsidialdepartement der Stadt Zürich, Statistik Stadt Zürich (Hg.), *Ein Strich an Stelle einer Zahl*. Zürich: Statistik Stadt Zürich.
König, M., Siegrist, H., Vetterli, R. (1985). *Warten und Aufrücken: die Angestellten in der Schweiz, 1870–1950*. Zürich: Chronos.
Körzel, R. (1996). *Berufsbildung zwischen Gesellschafts- und Wirtschaftspolitik*. Frankfurt am Main: Verl. der Ges. zur Förderung arbeitsorientierter Forschung u. Bildung.
Kreis, G. (2013). Eine Brücke zu den fernen Brüdern im Ausland: Das Wirken der Auslandschweizer Organisation (ASO) 1919–1939. In *Vorgeschichten zur Gegenwart – Ausgewählte Aufsätze, Band 6, Teil 1* (S. 107–139). Basel: Schwabe.
Kübler, M. (1986). *Berufsbildung in der Schweiz: 100 Jahre Bundessubventionen (1884–1984)*. Bern: Bundesamt für Industrie, Gewerbe und Arbeit.
Kübler, M. (2013). Jucker, Waldemar (Artikelversion vom 17. Oktober 2013). *Historisches Lexikon der Schweiz*. https://hls-dhs-dss.ch/articles/012046/2011-11-10.
Kuhlemann, F.-M., Schäfer, M. (2017). Kreise – Bünde – Intellektuellen-Netzwerke: Forschungskontexte, Fragestellungen, Perspektiven. In F.-M. Kuhlemann, M. Schäfer (Hg.), *Kreise – Bünde – Intellektuellen-Netzwerke: Formen bürgerlicher Vergesellschaftung und politischer Kommunikation 1890–1960* (S. 7–30). Bielefeld: transcript.
Kühschelm, O. (2014). Sagen, Zeigen, Tun. Die Inszenierung patriotischen Konsums in Österreich und der Schweiz während der 1920er und 1930er Jahre. In F. X.

Eder, O. Kühschelm, C. Linsboth (Hg.), *Bilder in historischen Diskursen* (S. 195–219). Wiesbaden: Springer Fachmedien.

Leimgruber, M. (2001). *Taylorisme et management en Suisse romande, 1917–1950*. Lausanne: Antipodes.

Leimgruber, M. (2009). Management (Artikelversion vom 12. März 2009). *Historisches Lexikon der Schweiz*. https://hls-dhs-dss.ch/articles/012046/2011-11-10.

Lenz, T. (2009). Das Warenhaus als Erzieher. Modernisierung und Modernisierungskritik um 1900. *Zeitschrift für Pädagogische Historiographie*.

Lepold, A. (1998). *Der gelenkte Lehrling: industrielle Berufsausbildung von 1933–1939*. Frankfurt am Main: Lang.

Lindemann, U. (2015). *Das Warenhaus: Schauplatz der Moderne*. Köln: Böhlau.

Locke, R. R. (1998). Mistaking a historical phenomenon for a functional one: Postwar *Management Education* reconsidered. In L. Engwall, V. Zamagni (Hg.), *Management Education in historical perspective* (S. 145–156). Manchester: Manchester University Press.

Lüders, C., Kade, J., Hornstein, W. (2004). Entgrenzung des Pädagogischen. In H.-H. Krüger, W. Helsper (Hg.), *Einführung in Grundbegriffe und Grundfragen der Erziehungswissenschaft* (S. 223–232). Wiesbaden: VS Verlag für Sozialwissenschaften.

Lüpold, M. (2010). *Der Ausbau der «Festung Schweiz»: Aktienrecht und Corporate Governance in der Schweiz, 1881–1961*. Zürich: Universität Zürich.

Mach, A., David, T., Ginalski, S., Bühlmann, F. (2017). *Schweizer Wirtschaftseliten 1910–2010*. Baden: hier + jetzt.

Mägli, U. (1989). *Geschichte der gewerblichen und kaufmännischen Berufsbildung im Kanton Zürich: von 1830 bis zur Gegenwart*. Aarau: Sauerländer.

Magnin, C. (2002). Der Alleinernährer: eine Rekonstruktion der Ordnung der Geschlechter im Kontext der sozialpolitischen Diskussion von 1945 bis 1960 in der Schweiz. In B. Studer, S. Guex, H.-J. Gilomen (Hg.), *Von der Barmherzigkeit zur Sozialversicherung: Umbrüche und Kontinuitäten vom Spätmittelalter bis zum 20. Jahrhundert* (S. 387–400). Zürich: Chronos.

Maissen, A. P., Behrens, N. (2005). Sie lieben das zweite Futur. In Präsidialdepartement der Stadt Zürich, Statistik Stadt Zürich (Hg.), *Ein Strich an Stelle einer Zahl...* (S. 104–108). Zürich: Statistik Stadt Zürich.

Mantovani Vögeli, L. (Hg.). (1994). *Fremdbestimmt zur Eigenständigkeit: Mädchenbildung gestern und heute*. Chur: Rüegger.

Martins, A. (2014). *Hans Büchenbacher: Erinnerungen 1933–1949: zugleich eine Studie zur Geschichte der Anthroposophie im Nationalsozialismus mit Kommentaren und fünf Anhängen*. Frankfurt am Main: Mayer Info3.

Maspoli, P. (Hg.). (1993). *Le corporatisme et la droite en Suisse romande*. Lausanne: Université Lausanne.

Mass, S. (2018). *Kinderstube des Kapitalismus? Monetäre Erziehung im 18. und 19. Jahrhundert*. Berlin: De Gruyter Oldenbourg.

Mattmüller, H. (1982). Die eidgenössische Bildungspolitik zwischen 1870 und 1903 und die Entstehung der schweizerischen Schulforschung. *Schweizerische Zeitschrift für Geschichte, 32*, 401–420.
May, P. von. (1945). *Die Gründung der Aktiengesellschaft in ihrer geschichtlichen Entwicklung in der Schweiz, insbesondere in den Kantonen Bern und Zürich.* Bern: Stämpfli.
Mesmer, B. (2007). *Staatsbürgerinnen ohne Stimmrecht: die Politik der schweizerischen Frauenverbände 1914–1971.* Zürich: Chronos.
Messerli, J. (1996). Psychotechnische Rationalisierung: zur Verwissenschaftlichung von Arbeit in der Schweiz im frühen 20. Jahrhundert. In U. Pfister, B. Studer, J. Tanner (Hg.), *Arbeit im Wandel: Organisation und Herrschaft vom Mittelalter bis zur Gegenwart* (S. 233–260). Zürich: Chronos.
Monachon, J.-J. (2002). Le plan Beveridge et les débats sur la sécurité sociale en Suisse entre 1942 et 1945. In B. Studer, S. Guex, H.-J. Gilomen (Hg.), *Von der Barmherzigkeit zur Sozialversicherung: Umbrüche und Kontinuitäten vom Spätmittelalter bis zum 20. Jahrhundert* (S. 321–329). Zürich: Chronos.
Mülhaupt, E. (1948). *Die Arbeitsbeschaffung in der Schweiz 1930–1945.* Turbenthal: Furrer.
Müller, M. (2012). Internationale Verflechtung. In P. Halbeisen, M. Müller, B. Veyrassat (Hg.), *Wirtschaftsgeschichte der Schweiz im 20. Jahrhundert* (S. 339–465). Basel: Schwabe.
Näf, M. (2000). «Die Wirkung ins Grösste ist uns versagt». Rudolf Laemmel (1879–1962) – Reformpädagoge, Erwachsenenbildner, Aufklärer. Versuch einer biografischen Rekonstruktion. *Spurensuche, 11* (3–4), 137–158.
Neumann, D. (1987). *Studentinnen aus dem russischen Reich in der Schweiz (1867–1914).* Zürich: Rohr.
Neumann, H. (Hg.). (1948). *Hundert Jahre Schweizer Arbeiterbildung.* Zürich: o. V.
Nolte, P. (2000). *Die Ordnung der deutschen Gesellschaft: Selbstentwurf und Selbstbeschreibung im 20. Jahrhundert.* München: Beck.
Oberer, T. (1990). Armbrust und Schweizerwoche. Symbole der Nationalen Warenpropaganda in der Schweiz der Zwischenkriegszeit. In K. Eder Matt, T. Gantner, D. Wunderlin (Hg.), *Typisch? Objekte als regionale und nationale Zeichen* (S. 45–53). Basel: Schweizerisches Museum für Volkskunde.
Pavillon, S. (2001). Les affinités économiques et le bon usage du diagnostic conjoncturel en Suisse, 1932–1947. *Traverse, 8* (2), 110–123.
Pierenkemper, T. (2015). *Wirtschaftsgeschichte: Die Entstehung der modernen Volkswirtschaft.* 2., überarb. und akt. Aufl. Berlin und Boston: De Gruyter.
Pfister, C. (Hg.). (1995). *Das 1950er Syndrom: der Weg in die Konsumgesellschaft.* Bern: Haupt.
Pfister, U. (1997). Entstehung des industriellen Unternehmertums in der Schweiz, 18.–19. Jahrhundert. *Zeitschrift für Unternehmensgeschichte, 42* (1), 14–38.
Plickert, P. (2008). *Wandlungen des Neoliberalismus: eine Studie zu Entwicklung und Ausstrahlung der «Mont Pèlerin Society».* Stuttgart: Lucius & Lucius.

Postert, A. (2017). Klubs gegen Parteien: Geschichte eines politischen Modells in der Zwischenkriegszeit. In F.-M. Kuhlemann, M. Schäfer (Hg.), *Kreise – Bünde – Intellektuellen-Netzwerke: Formen bürgerlicher Vergesellschaftung und politischer Kommunikation 1890–1960* (S. 169–187). Bielefeld: transcript.

Projer, E. (1993). Die Arbeitslosigkeit in der Schweiz im intertemporalen Vergleich. *Geld, Währung und Konjunktur: Quartalsheft / Schweizerische Nationalbank*, (1), 73–83.

Rabinbach, A. (Hg.). (1992). *The human motor: energy, fatigue, and the origins of modernity*. Berkeley, CA: University of Califonia Press.

Reichenbach, R. (2014). Schulkritik. Eine «metaphorologische» Betrachtung. In R. Fatke, J. Oelkers (Hg.), *Das Selbstverständnis der Erziehungswissenschaft: Geschichte und Gegenwart* (S. 226–240). Weinheim: Beltz Juventa.

Renold, U. (1998). *«Wo das Männliche anfängt, da hört das Weibliche auf»! Frauenberufsbildungsdiskussionen im Spiegel der sozioökonomischen Entwicklung (1860–1930)*. Brugg: Selbstverlag Renold.

Richter, R. (2007). «Is friendly co-operation worth while?» – Die Netzwerke der Werkzeugmaschinenbauer von Chemnitz (Deutschland) und Cincinnati (USA). In H. Berghoff, J. Sydow (Hg.), *Unternehmerische Netzwerke: eine historische Organisationsform mit Zukunft?* (S. 143–173). Stuttgart: Kohlhammer.

Rohstock, A. (2014). Antikörper zur Atombombe. Verwissenschaftlichung und Programmierung des Klassenzimmers im Kalten Krieg. In P. Bernhard, H. Nehring (Hg.), *Den Kalten Krieg denken* (S. 257–282). Essen: Klartext-Verlag.

Rosenberger, R. (2008). *Experten für Humankapital: die Entdeckung des Personalmanagements in der Bundesrepublik Deutschland*. München: Oldenbourg.

Rossfeld, R. (2018). Das Bürgertum im Landesstreik. Arbeitgeber(verbände), Revolutionsängste und Antikommunismus in der Schweiz im November 1918. In R. Rossfeld, C. Koller, B. Studer (Hg.), *Der Landesstreik. Die Schweiz im November 1918* (S. 184–216). Baden: hier + jetzt.

Rothenbühler, V. (2005). Hummler, Fritz (Artikelversion vom 13. Juli 2005). *Historisches Lexikon der Schweiz*. https://hls-dhs-dss.ch/articles/012046/2011-11-10.

Sacchi, S., Salvisberg, A., Buchmann, M. (2005). Long-term dynamics of skill demand in Switzerland from 1950–2000. In H. Kriesi, P. Farago, M. Kohli, M. Zarin-Nejadan (Hg.), *Contemporary Switzerland: revisiting the special case* (S. 105–134). New York: Palgrave Macmillan.

Schilmar, B. (2004). *Der Europadiskurs im deutschen Exil, 1933–1945*. München: R. Oldenbourg.

Schmitz, E. (1978). *Leistung und Loyalität: berufliche Weiterbildung und Personalpolitik in Industrieunternehmen*. Stuttgart: Klett-Cotta.

Schneider, G. (1989). Der Weg von wissenschaftlichen «Zauberworten»: «qualitatives Wachstum» als Expertenvorschlag, Leitmotiv der Regierungsrichtlinien und Orientierungspunkt in der Sektoralplanung. *Schweizerisches Jahrbuch für politische Wissenschaft, 29*, 165–180.

Schriewer, J. (1986). Intermediaere Instanzen, Selbstverwaltung und berufliche Ausbildungsstrukturen im historischen Vergleich. *Zeitschrift für Pädagogik*, *32* (1), 69–90.
Schütte, F. (1992). *Berufserziehung zwischen Revolution und Nationalsozialismus. Ein Beitrag zur Bildungs- und Sozialgeschichte der Weimarer Republik*. Weinheim: Deutscher Studien-Verl.
Schwarzenbach, J., Taylor, S. (Hg.). (1955). *Who's who in Switzerland: a biographical dictionary*. Zürich: Central European Times Publ.
Schweizerischer Ingenieur- und Architekten-Verein. (1937). *100 Jahre SIA: 1837–1937. Festschrift zum 100jährigen Bestehen des Vereins*. Zürich: Orell-Füssli.
Schweizerischer Ingenieur- und Architekten-Verein. (2012). *175 Jahre SIA: 1837–2012*. Zürich: Verlags-AG der akademischen technischen Vereine.
Senn, T. (2017). *Hochkonjunktur, «Überfremdung» und Föderalismus: kantonalisierte Schweizer Arbeitsmigrationspolitik am Beispiel Basel-Landschaft 1945–1975*. Zürich: Chronos.
Sheldon, G. (2008). *Die Rolle der Berufsbildung in der Bekämpfung des Fachkräftemangels*. Basel: Forschungsstelle für Arbeitsmarkt- und Industrieökonomik, Universität Basel.
Siegenthaler, H. (1976). Switzerland 1920–1970: extent and rhythm of economic growth. In C. M. Cipolla (Hg.), *The Fontana Economic History of Europe, Contemporary Economies* (S. 530–576). Glasgow: Fontana/Collins.
Siegenthaler, H. (1983). Entscheidungshorizonte im sozialen Wandel. *Schweizerische Zeitschrift für Geschichte*, *33* (4), 414–431.
Siegenthaler, H. (1987). Die Schweiz: 1914–1984. In W. Fischer (Hg.), *Handbuch der europäischen Wirtschafts- und Sozialgeschichte; Bd 6.: Europäische Wirtschafts- und Sozialgeschichte vom Ersten Weltkrieg bis zur Gegenwart* (S. 482–512). Stuttgart: Klett-Cotta.
Siegenthaler, H. (Hg.). (1993). *Regelvertrauen, Prosperität und Krisen: die Ungleichmässigkeit wirtschaftlicher und sozialer Entwicklung als Ergebnis individuellen Handelns und sozialen Lernens*. Tübingen: Mohr.
Siegrist, H. (1981). *Vom Familienbetrieb zum Managerunternehmen: Angestellte und industrielle Organisation am Beispiel der Georg Fischer AG in Schaffhausen 1797–1930*. Göttingen: Vandenhoeck & Ruprecht.
Sonderegger, A. (1979). *Mitbestimmung als Gewerkschaftsforderung: die wirtschaftspolitische Rolle der schweizer Gewerkschaften am Beispiel der Mitbestimmung*. Diessenhofen: Rüegger.
Späni, M. (2008). Der Bund und die Berufsbildung – von der «verfassungswidrigen Praxis» zum kooperativen Monopol. In L. Criblez (Hg.), *Bildungsraum Schweiz – Historische Entwicklung und aktuelle Herausforderungen* (S. 184–216). Bern: Haupt.
Staudenmaier, P. (2014). *Between occultism and Nazism: anthroposophy and the politics of race in the fascist era*. Leiden: Brill.

Steinmann, M. (1982). Arbeiterdörfer: zum Wohnungsbau für Arbeiter im späteren 19. Jahrhundert. *Unsere Kunstdenkmäler: Mitteilungsblatt für die Mitglieder der Gesellschaft für Schweizerische Kunstgeschichte, 33* (4), 463–474.

Storrer, W. (Hg.). (2003). *Der Kreis der «Individualität»: Willy Storrer im Briefwechsel mit Oskar Schlemmer, Hermann Hesse, Robert Walser und anderen.* Bern: Haupt.

Straessle, A. (1968). *Eduard Sulzer-Ziegler, 1854–1913: von der politischen und sozialpolitischen Tätigkeit eines Winterthurer Industriellen.* Zürich: Selbstverlag.

Straumann, T. (2001). Rezession, Technologiepolitik und Risikokapital: das Scheitern der Innovationsrisikogarantie, 1985. *Schweizerische Gesellschaft für Wirtschafts- und Sozialgeschichte, 17,* 403–419.

Strebel, E. (1982). «Eine kleine, freundliche, sonnige und saubere Arbeiterstadt»: die Arbeiterkolonie Schwarzadlergut der Architekten Curjel und Moser in Schaffhausen. *Unsere Kunstdenkmäler, 33* (4), 456–463.

Strikwerda, C. (1997). Reinterpreting the history of European integration: business, labor, and social citizenship in 20th Europe. In J. Klausen, L. Tilly (Hg.), *European integration in social and historical perspective: 1850 to the present* (S. 51–70). Lanham, Md.: Rowman & Littlefield Publishers.

Strosetzki, C. (2017). Der Kaufmann von der Patristik zum honnête homme bei Savary. In C. Lütge, C. Strosetzki (Hg.), *Zwischen Bescheidenheit und Risiko: Der Ehrbare Kaufmann im Fokus der Kulturen* (S. 5–20). Wiesbaden: Springer Fachmedien.

Studer, B. (1987). «… da doch die verheiratete Frau vor allem ins Haus gehört»: die Stellung der Frauen im SGB und die Gewerkschaftliche Frauenpolitik unter dem Aspekt des Rechts auf Arbeit, 1880–1945. In *Widerspruch-Sonderband: Arbeitsfrieden – Realität eines Mythos* (S. 37–56). Zürich: Widerspruch.

Sutter, G. (1993). Vom guten und schlechten Ruf: zur Bedeutung des Rufes der Lehrmeisterinnen in der Nachbarschaft und vor Behörden Anfang 20. Jahrhundert. In A.-L. Head-König, A. Tanner (Hg.), *Frauen in der Stadt* (S. 203–215). Zürich: Chronos.

Sutter, G. (Hg.). (2005). *Berufstätige Mütter: subtiler Wandel der Geschlechterordnung in der Schweiz (1945–1970).* Zürich: Chronos.

Tabin, J.-P., Togni, C. (2013). *L'assurance chômage en Suisse: une sociohistoire (1924–1982).* Lausanne: Antipodes.

Tanner, J. (1999). *Fabrikmahlzeit: Ernährungswissenschaft, Industriearbeit und Volksernährung in der Schweiz, 1890–1950.* Zürich: Chronos.

Tanner, J. (2001). «Die Ereignisse marschieren schnell». Die Schweiz im Sommer 1940. *Geschichte und Gesellschaft. Sonderheft, 19,* 257–282.

Tanner, J. (2014). Krise. In C. Dejung, M. Dommann, D. Speich Chassé (Hg.), *Auf der Suche nach der Ökonomie: historische Annäherungen* (S. 153–181). Tübingen: Mohr Siebeck.

Tanner, J. (2015). *Geschichte der Schweiz im 20. Jahrhundert.* München: Beck.

Teixeira, P. N. (2000). A portrait of the economics of education, 1960–1997. *History of Political Economy, 32* (5), 257–288.
Teixeira, P. N. (2020). Loose ends? Discussing human capital and the economic value of education in the first half of the twentieth century1. *The European Journal of the History of Economic Thought, 27* (6), 1011–1032. https://doi.org/10.108 0/09672567.2020.1821741.
Templin, D. (2013). Zwischen APO und Gewerkschaft. Die Lehrlingsbewegung in Hamburg, 1968–1972. *Sozial.Geschichte Online*, (10), 26–70.
Tenorth, H.-E. (2018). «Eisen erzieht» – oder: gibt es eine Pädagogik der «Dinge»? In H.-U. Grunder (Hg.), *Mythen – Irrtümer – Unwahrheiten. Essays über «das Valsche» in der Pädagogik.* (S. 69–76). Bad Heilbrunn: Klinkhardt.
Thelen, K. (2007). *How institutions evolve: the political economy of skills in Germany, Britain, the United States, and Japan.* Cambridge: Cambridge University Press.
Toye, J., Toye, R. (2006). How the UN moved from full employment to economic development. *Commonwealth & Comparative Politics, 44* (1), 16–40.
Trampusch, C. (2010). The politics of institutional change: transformative and self-preserving change in the vocational education and training system in Switzerland. *Comparative Politics, 42* (2), 187–206.
Tröhler, D. (2013). Standardisierung nationaler Bildungspolitiken: Die Erschaffung internationaler Experten, Planern und Statistiken in der Frühphase der OECD. *IJHE Bildungsgeschichte, 3* (1), 60–77.
Tuchtfeldt, E. (1978). Die schweizerische Arbeitsmarktentwicklung: ein Sonderfall? In O. Issing (Hg.), *Aktuelle Probleme der Arbeitslosigkeit* (S. 165–199). Berlin: Duncker & Humblot.
Uhl, K. (2010). Die Geschlechterordnung der Fabrik. Arbeitswissenschaftliche Entwürfe von Rationalisierung und Humanisierung 1900–1970. *Österreichische Zeitschrift für Geschichtswissenschaften, 21*, 93–117.
Uhlig, C. (1996). «Nicht dass es schlecht wäre, aber es ist, wie alles hier, nicht fertig». Das Russlandbild schweizerischer Aufbauhelfer in der Sowjetunion 1917 bis 1939. In H. Urech, P. Brang (Hg.), *Bild und Begegnung: kulturelle Wechselseitigkeit zwischen der Schweiz und Osteuropa im Wandel der Zeit* (S. 105–123). Basel: Helbing & Lichtenhahn.
Unabhängige Expertenkommission Schweiz – Zweiter Weltkrieg (2002). *Die Schweiz, der Nationalsozialismus und der Zweite Weltkrieg: Schlussbericht.* Zürich: Pendo.
Vetterli, R. (1978). *Industriearbeit, Arbeiterbewusstsein und gewerkschaftliche Organisation: dargestellt am Beispiel der Georg Fischer AG (1890–1930).* Göttingen: Vandenhoeck & Ruprecht.
Vinz, C., Olzog, G. (Hg.). (1974). *Dokumentation deutschsprachiger Verlage* (5. Ausg.). München, Wien: G. Olzog.

Voegeli, Y. (1988). «Man legte dar, erzählte, pries – und wich dem Kampfe aus». SAFFA 1928–1958. In M.-L. Barben, E. Ryter (Hg.), *Verflixt und zugenäht* (S. 121–130). Zürich: Chronos.
Vogel, J. (2004). Von der Wissenschafts- zur Wissensgeschichte. Für eine Historisierung der «Wissensgesellschaft». *Geschichte und Gesellschaft, 30* (4), 639–660.
Volles, N. (2016). Lifelong learning in the EU: changing conceptualisations, actors, and policies. *Studies in Higher Education, 41* (2), 343–363.
Walter-Busch, E. (2006). *Faktor Mensch: Formen angewandter Sozialforschung der Wirtschaft in Europa und den USA, 1890–1950*. Konstanz: UVK.
Wecker, R. (1988). Von der Langlebigkeit der «Sonderkategorie Frau» auf dem Arbeitsmarkt: Frauenerwerbstätigkeit 1880–1980. In M.-L. Barben, E. Ryter (Hg.), *Verflixt und zugenäht* (S. 45–54). Zürich: Chronos.
Wecker, R. (2003). Es war nicht Krieg! Die Situation der Schweiz 1939–1945 und die Kategorie Geschlecht. In C. Dejung, R. Stämpfli (Hg.), *Armee, Staat und Geschlecht: die Schweiz im internationalen Vergleich 1918–1945* (S. 29–46). Zürich: Chronos.
Welskopp, T. (2017). Zukunft bewirtschaften. Überlegungen zu einer praxistheoretisch informierten Historisierung des Kapitalismus. *Mittelweg, 36* (1), 81–97.
Werner, C. (2000). *Für Wirtschaft und Vaterland: Erneuerungsbewegungen und bürgerliche Interessengruppen in der Deutschschweiz, 1928–1947*. Zürich: Chronos.
Werner, U. (2014). *Das Unternehmen Weleda 1921–1945: Entstehung und Pionierzeit eines menschengemässen und nachhaltig ökologischen Unternehmens*. Berlin: Berliner Wissenschafts-Verlag.
Wettstein, E. (1987). *Die Entwicklung der Berufsbildung in der Schweiz*. Aarau: Sauerländer.
Wettstein, E. (2020). *Berufsbildung: Entwicklung des Schweizer Systems*. Bern: hep.
Whitley, R. D. (1980). The impact of changing industrial structures on business elites, managerial careers, and the roles of *Business Schools*. *International Studies of Management & Organization, 10* (1–2), 110–136.
Widmer, T. (1992). *Die Schweiz in der Wachstumskrise der 1880er Jahre*. Zürich: Chronos.
Wildi, T. (1998). *Organisation und Innovation bei BBC Brown Boveri AG, 1970–1987*. Zürich: ETH, Technikgeschichte.
Witzel, M. (2005). Casson, Herbert Newton (1869–1951). In M. Witzel (Hg.), *Encyclopedia of history of American management* (S. 61–65). Bristol: thoemmes.
Wolf, S. (2017). Die Rolle der Gewerkschaften bei der Gestaltung und Weiterentwicklung von Berufsbildung. *Zeitschrift für Berufs- und Wirtschaftspädagogik, 113* (4), 614–636.
Wolter, S., Ryan, P. (2011). Apprenticeship. In E. A. Hanushek, S. Machin, L. Woessmann (Hg.), *Handbook of the economics of education* (S. 521–576). Amsterdam: Elsevier.

Wrege, C. D., Greenwood, R. G., Hata, S. (1987). The International Management Institute and political opposition to its efforts in Europe, 1925–1934. *Business and Economic History, 16*, 249–265.

Zander, H. (2007). *Anthroposophie in Deutschland: theosophische Weltanschauung und gesellschaftliche Praxis 1884–1945. 2 Bände.* (2., durchgesehene Aufl.). Göttingen: Vandenhoeck & Ruprecht.

Zimmermann, A. (2009). «Tätigkeit ... nicht müssige Stempelei». Arbeitsbeschaffung, kollektives Arbeitsrecht und Lohnpolitik. In M. Leimgruber, M. Lengwiler (Hg.), *Umbruch an der «inneren Front»: Krieg und Sozialpolitik in der Schweiz, 1938–1948* (S. 47–73). Zürich: Chronos.

Zimmermann, A. (2012). *Klassenkampf und Klassenkompromiss: Arbeit, Kapital und Staat in den Niederlanden und der Schweiz.* Lausanne.

Zimmermann, D. (2013). Den Landesstreik erinnern: Antikommunistische Aktivitäten des Schweizerischen Vaterländischen Verbandes 1919–1948. *Schweizerische Zeitschrift für Geschichte, 63* (3), 479–504.

Zimmermann, Y. (2004). Bilder von Arbeit und Interesse: zur (Selbst-) Darstellung der Eisen- und Stahlindustrie im Industriefilm aus der Schweiz. *Ferrum, 76*, 60–69.

Zürcher, C. (2011). Krebs, Ernst Werner (Artikelversion vom 10. November 2011). *Historisches Lexikon der Schweiz.* https://hls-dhs-dss.ch/articles/012046/2011-11-10.